Word ∞ master

Staff

발행인 정선욱

퍼블리싱 총괄 남형주

기획·개발 김태원 박하영 고원 문지혜 양진희

디자인 김정인 framewalk

유통·마케팅 서준성 김지희

제작·물류 김한길 김경수 신영민

워드마스터 수능 2000 202210 제6판 1쇄 202512 제6판 25쇄

펴낸곳 이투스에듀㈜ 서울시 서초구 남부순환로 2547

고객센터 1599-3225

등록번호 제2007-000035호

ISBN 979-11-389-1100-9 [53740]

"단어는 모르는 이에게는 두려움이고 아는 이에게는 즐거움이다."

1994년 수능이 처음 실시된 이래 영어 영역의 출제 경향은 지문과 문장의 길이는 갈수록 길어졌을 뿐만 아니라, 어휘의 난이도도 지속적으로 높아져 왔고, 복잡해져 가는 사회 변화에 맞추어 다뤄지는 소재와 주제 또한 더욱 다양해지고 있어 폭넓은 단어 학습의 중요성은 더욱 커지고 있습니다.

영어 학습의 가장 기본 요소가 단어라는 사실에 이의를 제기할 사람은 아무도 없을 것입니다. 하지만 이렇듯 중요한 단어를 수험생의 입장에서 최대한 효율적으로 공부할 수 있는 방법은 무엇인가에 대해서는 답을 찾지 못하고 혼란스러워하는 경우가 대부분입니다. 서점의 한 코너를 꽉 채우고 있는 넘쳐나는 단어 학습서들이 이러한 혼란을 더욱 가중시킵니다.

이에 수능 단어 학습에 있어서 많은 학생들과 선생님들에게 큰 호응을 받아 왔던 **Word master 수능 2000**은 새롭게 진화된 온&오프 듀얼 영단어 학습 시스템을 제시합니다.

수능 단어 학습이라는 명확한 목표 아래 지난 수능, 모의평가, 학력평가의 전체 기출 단어와 주요 교과서에 수록된 모든 단어를 DB화하여 중요도순으로 2,000단어를 제공합니다. 또한 언제 어디서나 학습할 수 있는 다양한 버전의 MP3 및 개별 맞춤 온라인 학습 지원 시스템을 통해 **Word master 수능 2000**을 접한 수험생들이 진정한 워드 마스터로 거듭날 수 있도록 총력을 기울였습니다.

"Word master 수능 2000을 통해
그 즐거움을 느껴 보십시오."

Richard E. Eriksson 교수님, 김태희 선생님, 이투스 연구진

Word master 수능 2000
공들인 제작기

☑ 수능, 모의평가, 학력평가, 영어교과서 수록 전체 단어 DB화

Word master 수능 2000은 고등 영어에서 접할 수 있는 모든 단어를 데이터베이스화하여 각 단어의 중요도 및 빈출도에 따라 2,000단어를 선별·배치했습니다. 이를 통해 부족한 시간을 최대한 효율적으로 활용할 수 있도록 중요도에 따라 단어를 학습하는 것이 가능합니다.

☑ Word master 수능 2000 단어 선정 및 중요도 산출

- 표제어 수록 기본 원칙은 단어의 기본 형태
- 파생어의 경우 표제어와 중복인 경우 제외, 철자법이 특이한 경우만 수록
- 명사의 복수형, 동사의 3인칭 단수형, 현재분사형, 과거분사형, 형용사/부사의 비교급·최상급 단어 제외
- 수능 + 모의평가 + 학력평가 + 주요 고등 교과서
- 수능 출제 횟수 및 출제 시기의 최근 순
- 모의평가 출제 횟수 및 출제 시기의 최근 순

Word master 수능 2000은 데이터베이스화된 수많은 단어 중, 위의 기준에 의거하여 수험생에게 꼭 필요한 2,000단어를 엄선하였습니다. 이와 더불어 해당 기준에 각기 다른 가산점을 두어 각 단어 하나하나의 중요도 및 빈출도를 과학적이면서도 체계적으로 산출하여 제공함으로써 수능에 요구되는 필수 단어만을 집중 학습할 수 있도록 하였습니다.

☑ Word master 수능 2000 단어 학습 종합 요소 완성

Word master **수능** 2000은 각 표제어와 관련한 유의어, 반의어, 파생어 등을 제공함으로써 단어 학습의 깊이를 더함과 동시에, 관련 팁과 테마를 바탕으로 단어를 쉽고 재미있게 공부할 수 있도록 구성하였습니다.

또한 손쉬운 셀프 테스트가 가능한 〈영·단·테〉 서비스와 자투리 시간 활용에 최적화된 학습앱, 그리고 두 가지 버전의 MP3 파일을 제공함으로써 단어 하나를 익히는 데 있어서 필요한 모든 학습 장치를 두어, Word master **수능** 2000 하나로 완벽한 단어 학습을 완성할 수 있도록 최선을 다하였습니다.

Word master의 차별화된 학습 서비스

영·단·테	• 매일 꾸준히 테스트를 진행하도록 가이드 제시 • 다양한 테스트 설정 (뜻 맞추기, 단어 맞추기, 빈칸 완성, 스펠링 체크) • **나만의 단어장** 기능으로 취약 단어 무한 복습 　　　　　　　　　　　*www.etoosbook.com에서 서비스
학습앱	• **학습관**에서 단어/음성 암기부터 테스트까지 가능 • **단어장**을 이용해 혼동되는 단어 복습 가능 • **마이룸**에서 누적 테스트 결과 확인과 학습 상태 점검

☑ 아직 끝나지 않은 Word master 수능 2000의 여정

Word master **수능** 2000은 오랜 시간과 정성을 들여 수능, 모의평가, 학력평가, 주요 교과서의 방대한 데이터를 수집·선별하여 제작되었습니다. 현재도 끝없이 최신 기출 데이터를 업데이트하며 완성도를 높여가는 과정을 계속하고 있습니다. 이제 그 결실을 맺을 차례이며 이는 차후 워드 마스터로 성장할 바로 여러분의 몫입니다.

STRUCTURE & FEATURES

수능 빈출 단어를 중요도순으로 50일 일정에 따라 스케줄링하여 체계적·반복적으로 학습할 수 있습니다.

표제어별 난이도를 제시하여 체감 난이도와 비교할 수 있고, 회독 표시 박스를 넣어 반복 학습이 용이합니다.

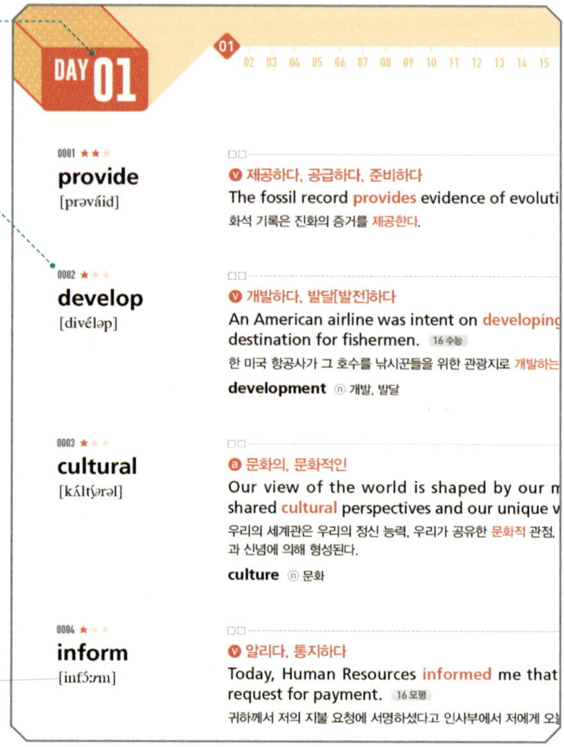

Word master 수능 2000 학습 TIP

표제어의 품사 형태 및 함께 학습하면 도움이 되는 단어를 기호와 함께 제시하여 편리한 학습이 가능합니다.

ⓝ 명사	ⓥ 동사
ⓐ 형용사	ⓐⓓ 부사
ⓟ 전치사	ⓒ 접속사
⊜ 동의어	⊖ 반의어
⊕ 중요 숙어 구문	

각 Day별 단어들을 예습·복습할 때 활용할 수 있고, QR코드를 통해 MP3도 쉽게 들을 수 있습니다.

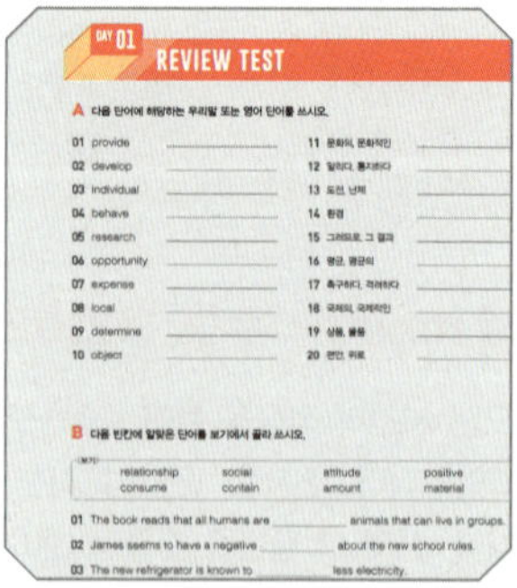

Day별 단어 학습 후에는 Review Test로 성취도를 파악할 수 있습니다. 또한 Study More의 중요 동사구 및 연관 단어 등을 통해 단어/숙어 학습의 수준과 흥미를 한 단계 높일 수 있습니다.

표제어의 품사에 따른 기본적·핵심적 의미 제시와 더불어, 수능 및 모의평가에서 활용된 주요 기출 예문을 수록하여 출제 경향 및 실전 유형을 파악할 수 있습니다.

수능 빈출순 2,000단어와 관련된 유의어, 반의어, 파생어 및 문장에서의 활용까지 제시함으로써 확장된 단어 학습이 가능합니다.

표제어의 어원, 관련 어휘 비교·분석 등 다양한 테마별 팁을 제공함으로써 어휘에 대한 흥미를 유발하여 쉽고 재미있게 외울 수 있습니다.

온&오프 듀얼 영단어 학습 시스템으로 강화된 Word master

워크북
본책 학습 후 셀프 테스트 및 복습이 가능합니다. Daily Check-up으로 Day별 단어와 예문을 테스트할 수 있고, Final Check-up으로 3일 단위로 복습할 수 있습니다.

미니북
표제어와 뜻, 주요 유의어 및 반의어, 듣기 QR코드가 수록된 미니북으로 언제 어디서나 간편하게 단어를 외울 수 있습니다.

학습앱
자투리 시간을 활용하여 단어 암기뿐만 아니라 MP3 파일 재생, 단어 테스트까지 하나의 앱으로 가능합니다.

CONTENTS

Word master **수능** 2000은 수능 빈출순 2,000단어 학습과 더불어 수능에서 꼭 알아야 할 내용들을 선별해 Study More로 구성하여 단어 학습의 수준과 흥미를 높이고 수험생들에게 필요한 내용들을 빠짐없이 제공합니다.

CONTENTS

Word ∞ master

DAY 01

Previous Check

- provide
- develop
- cultural
- inform
- social
- improve
- individual
- require
- volunteer
- behave
- amount
- relationship
- employ
- attitude
- research
- audience
- challenge
- influence
- material
- opportunity
- environment
- expense
- local
- involve
- stress
- therefore
- contain
- average
- ride
- encourage
- determine
- international
- consume
- impress
- object
- available
- positive
- recognize
- commodity
- comfort

0001 ★★☆

provide
[prəváid]

ⓥ 제공하다, 공급하다, 준비하다

The fossil record **provides** evidence of evolution. `23 모평`

화석 기록은 진화의 증거를 **제공한다**.

0002 ★★★

develop
[divéləp]

ⓥ 개발하다, 발달[발전]하다

An American airline was intent on **developing** the lake as a tourist destination for fishermen. `16 수능`

한 미국 항공사가 그 호수를 낚시꾼들을 위한 관광지로 **개발하는** 것에 매우 관심을 보였다.

development ⓝ 개발, 발달

0003 ★★★

cultural
[kʌ́ltʃərəl]

ⓐ 문화의, 문화적인

Our view of the world is shaped by our mental abilities, our shared **cultural** perspectives and our unique values and beliefs.

우리의 세계관은 우리의 정신 능력, 우리가 공유한 **문화적** 관점, 그리고 우리의 독특한 가치관과 신념에 의해 형성된다. `23 모평 변형`

culture ⓝ 문화

0004 ★★★

inform
[infɔ́ːrm]

ⓥ 알리다, 통지하다

Today, Human Resources **informed** me that you had signed my request for payment. `16 모평`

귀하께서 저의 지불 요청에 서명하셨다고 인사부에서 저에게 오늘 **통지해 주었습니다**.

information ⓝ 정보   **informant** ⓝ 정보 제공자

0005 ★★★

social
[sóuʃəl]

ⓐ 사회의, 사교적인

The Internet and communication technologies play an ever-increasing role in the **social** lives of young people in developed societies. `16 모평`

인터넷과 통신 기술은 선진국 젊은이들의 **사회**생활에서 점점 더 큰 역할을 한다.

`Plus` ⊕ social skill 사교술   social relationship 사회적 관계

0006 ★★★

improve
[imprúːv]

ⓥ 향상시키다, 향상하다

He spent hours collecting data that he thought would help him **improve**. `15 모평`

그는 자신을 **향상시키는** 데 도움이 되리라 생각되는 자료를 수집하는 데 많은 시간을 보냈다.

`Plus` ⊜ enhance

0007 ★★☆

individual
[ìndivídʒuəl]

ⓝ 개인   ⓐ 개인의, 개인적인
Pride prevents **individuals** from experiencing their true value or the true value of others.   `15 모평`
자만심은 **개인**으로 하여금 자신의 진정한 가치나 타인의 진정한 가치를 경험하지 못하게 한다.

individualism ⓝ 개인주의

0008 ★★☆

require
[rikwáiər]

ⓥ 필요로 하다, 요구하다
It has been claimed that no specific knowledge or experience is **required** to attain insight in the problem situation.   `18 모평`
문제 상황에서 통찰력을 얻기 위해 특별한 지식이나 경험이 **필요하지** 않다고 주장되어 왔다.

`Plus` ⊕ require A to V   A에게 ~하기를 요구하다
requirement ⓝ 필요, 요구

0009 ★★☆

volunteer
[vàləntíər]

ⓝ 자원봉사, 지원자   ⓥ 자원하다
Many Americans fill their free time with intellectually or physically demanding hobbies or **volunteer** work.   `10 모평`
많은 미국인들은 지적으로나 신체적으로 노력을 요하는 취미나 **자원봉사** 활동으로 자신들의 여가 시간을 채운다.

voluntary[váləntèri] ⓐ 자발적인

0010 ★★☆

behave
[bihéiv]

ⓥ (예의 바르게) 행동하다
In fact, people are more attracted to individuals who are consistently negative than to people who initially **behave** positively and then switch to negative behavior.   `16 모평`
실제로 사람들은 처음에는 긍정적으로 **행동하고** 그 다음에 부정적 행동으로 바뀌는 사람들보다 일관되게 부정적인 사람들에게 더 끌린다.

behavior ⓝ 행동

0011 ★☆☆

amount
[əmáunt]

ⓝ 총액, 총계, 액수, 양   ⓥ 총계가 ~이 되다
Some people give substantial **amounts** to one or two charities, while others give small **amounts** to many charities.   `18 수능`
어떤 사람들은 한두 자선 단체에 상당한 **액수**를 기부하는 반면에, 어떤 사람들은 많은 자선 단체에 적은 **액수**를 기부한다.

`Plus` ⊜ quantity ⓝ 양

`amount와 number`
much, many의 경우와 마찬가지로 amount는 양을 나타낼 때, number는 수를 나타낼 때 사용합니다.

많은 양의 물	a large amount of water (○)	
	a large number of water (×)	
많은 수의 병들	a large number of bottles (○)	
	a large amount of bottles (×)	

0012 ★★☆
relationship
[riléiʃənʃìp]

ⓝ 관계

People often remain in terrible **relationships** simply because they've invested a great deal of themselves into them. 〔23 모평 변형〕

사람들은 그저 자신의 많은 것을 그 관계에 투여했다는 이유만으로 자주 끔찍한 **관계**에 남아 있다.

0013 ★★☆
employ
[implɔ́i]

ⓥ 고용하다, (기술·방법 등을) 쓰다

Her father **employed** her in keeping accounts and in dealing with tenants.

그녀의 아버지는 회계 관리와 세입자들을 관리하는 일에 그녀를 **고용했다**.

〔Plus〕 ＝ hire
＋ the unemployed 실직자들　　unemployment rate 실직률
employment ⓝ 고용　　**unemployment** ⓝ 실업
unemployed ⓐ 실직한

〔접미사 -ee와 -er의 차이〕

접미사 -ee (~된 사람) → **employee** [implɔ́ii:] 고용인, 종업원
접미사 -er (~하는 사람) → **employer** [implɔ́iər] 고용주
사람을 나타내는 접미사 -ee와 -er은 각각 수동과 능동의 의미를 가지고 있습니다. 비슷한 예로 interviewee(면접 받는 사람), interviewer (면접관, 인터뷰 진행자)라는 단어가 있습니다.

0014 ★★☆
attitude
[ǽtitjùːd]

ⓝ 태도, 입장

There is a philosophical and social change in **attitude** and sense of responsibility of our urban-based society to become involved.

도시를 기반으로 하는 우리 사회가 참여해야 하는 책임의 **태도**와 의식에서 철학적이고 사회적인 변화가 있다. 〔22 모평 변형〕

0015 ★★☆
research
[risə́ːrtʃ]

ⓝ 연구　ⓥ 연구하다, 조사하다

Bakers are **researching** methods for producing the handmade sourdough breads of the past. 〔15 모평〕

제빵사들은 손으로 만든 과거의 시큼한 맛이 나는 빵을 생산하는 방법을 **연구하고** 있다.

search ⓥ 찾다, 검색하다

0016 ★★☆
audience
[ɔ́ːdiəns]

ⓝ 청중, 관객

Beautiful piano melodies will help create an enjoyable experience for the **audience**. 〔22 모평〕

아름다운 피아노 선율이 **관객**들에게 즐거운 경험을 만들어 주는 데 도움이 될 것이다.

audio ⓐ 음성의 ⓝ 오디오　　**audit** ⓝ 청강, 회계 감사 ⓥ 청강하다, 회계 감사하다
audition ⓝ 오디션, 심사

0017 ★★★
challenge
[tʃǽlindʒ]

ⓝ 도전, 난제   ⓥ 도전하다

Fighting against the force of the water was a thrilling **challenge**.

물의 힘에 맞서 싸우는 것은 짜릿한 **도전**이었다.   22 모평

challenging   ⓐ 도전적인

0018 ★★☆
influence
[ínfluəns]

ⓝ 영향, 영향을 미치는 것[사람]   ⓥ 영향을 끼치다

Donato Bramante's buildings **influenced** other architects for centuries.   22 수능 변형

Donato Bramante의 건축물들은 수 세기 동안 다른 건축가들에게 **영향을 끼쳤다**.

Plus ⊜ **affect**   ⓥ 영향을 주다
⊕ **have influence on**   ~에 영향을 끼치다

in + flu + ence

in(= into)+**flu**(= flow)+**ence**(명·접) → '안으로 무언가가 흘러 들어오다'라는 의미에서 '영향'을 뜻하게 되었습니다.

0019 ★★☆
material
[mətíəriəl]

ⓝ 자료, 재료, 물질

Historically, privacy was protected by restricting circulation of the damaging **material**.   22 모평

역사적으로 사생활은 피해를 주는 **자료**의 유포를 제한함으로써 보호되었다.

Plus ⊜ **substance**   ⓝ 물질
materialism   ⓝ 물질(만능)주의

0020 ★★☆
opportunity
[àpərtjúːnəti]

ⓝ 기회

Everyone should have an equal **opportunity**.   13 수능

모든 사람은 균등한 **기회**를 가져야 한다.

Plus ⊜ **chance**

0021 ★★☆
environment
[inváiərənmənt]

ⓝ 환경

The brain itself is a social thing, influenced at the level of its connectivities by social **environments**.   21 모평 변형

뇌 그 자체는 사회적인 것이며, 그것의 사회 **환경**에 의한 연결성 수준에서 영향을 받는다.

environmental   ⓐ 환경의, 환경적인

0022 ★★★
expense
[ikspéns]

ⓝ 비용, 지출

It is easy to argue that basic science is not worth the effort and **expense** because it has no known practical use.   16 수능

기초 과학은 알려진 실용성이 없기 때문에 노력과 **비용**의 가치가 없다고 논하기 쉽다.

Plus ⊜ **expenditure**
expend   ⓥ (시간·노력 등을) 쓰다   **expensive**   ⓐ 비싼

0023 ★★☆

local
[lóukəl]

☐☐

ⓐ 지방의, 지역의, 장소의

Also, you'll learn how to cook traditional food from **local** villagers.　15 모평

또한 당신은 **지역의** 주민들로부터 전통 음식을 요리하는 법을 배울 것이다.

Plus ⊜ regional

locate ⓥ 위치를 ~에 두다　　　　**location** ⓝ 위치

local과 provincial

local은 '공간의', '지역의'를 의미하는 데 반해, provincial은 수도 이외의 지역, 즉 '지방의'를 의미합니다. 따라서 서울은 local일 수는 있지만 provincial일 수는 없습니다.

0024 ★★☆

involve
[inválv]

☐☐

ⓥ 포함하다, 관련되다, (사건 등에) 말려들게 하다

Green products **involve**, in many cases, higher ingredient costs than those of mainstream products.　22 모평

많은 경우, 친환경 제품들은 주류 상품의 재료 비용보다 더 높은 재료 비용을 **포함한다**.

Plus ⊜ entail

⊕ be involved in　~과 관련되다, ~에 몰두하다

0025 ★☆☆

stress
[stres]

☐☐

ⓝ 스트레스, 강조　ⓥ 강조하다, 압력을 주다

The biggest problems are damage to the eyes and **stress** on the neck and back.　16 수능

눈에 가해지는 손상과 목과 등에 쌓이는 **스트레스**가 가장 큰 문제이다.

0026 ★★☆

therefore
[ðɛ́ərfɔːr]

☐☐

ⓐⓓ 그러므로, 그 결과

The sense of community and associated responsibility of all citizens to be active participants is **therefore** diminishing.　22 모평

공동체 의식과 적극적인 참가자가 되어야 한다는 모든 시민의 관련된 책임감은 **그러므로** 줄어들고 있다.

결론을 이끌어 내는 표현들

so 그래서	**as a result** 결과적으로	**hence** 따라서
accordingly 따라서	**consequently** 그 결과로서	**in conclusion** 결론적으로

0027 ★★☆

contain
[kəntéin]

☐☐

ⓥ 함유하다, 포함하다, 억제하다

The drawing should **contain** your family and a car.　22 모평

그 그림은 당신의 가족과 자동차를 **포함해야** 한다.

0028 ★☆☆

average
[ǽvəridʒ]

☐☐

ⓝ 평균　ⓐ 평균의　ⓥ 평균 ~이다

In 1978, the **average** French meal lasted 82 minutes.　13 모평

1978년에 프랑스인의 **평균** 식사는 82분간 지속되었다.

DAY 01

0029 ★★★
ride
[raid]

ⓥ (탈것을) 타다   ⓝ 타기, 타고 가기

The island tour bus Jessica was **riding** on was moving slowly toward the ocean cliffs.   23 모평

Jessica가 **타고** 있는 섬 관광버스는 바다에 면한 절벽 쪽으로 천천히 움직이고 있었다.

0030 ★★★
encourage
[inkə́:ridʒ]

ⓥ 촉구하다, 격려하다

This contest is designed to **encourage** high school students to become more aware of the importance of our environment.   16 모평

이 대회는 고등학교 학생들이 우리 환경의 중요성을 더 의식할 것을 **촉구하**려고 계획되었다.

Plus ⊖ discourage ⓥ 낙담시키다, 좌절시키다
courage ⓝ 용기

0031 ★★★
determine
[ditə́:rmin]

ⓥ 결정하다, 결심하다

We may not **determine** how or what a lion eats but we certainly can regulate where the lion feeds.   22 모평

우리는 사자가 어떻게 또는 무엇을 먹는지를 **결정하지** 못할 수도 있지만, 사자가 어디에서 먹이를 먹는지를 확실히 규제할 수 있다.

Plus ⊜ decide
⊕ be determined to V ~하기로 결정[결심]하다
determination ⓝ 결정, 결심

0032 ★★★
international
[ìntərnǽʃənəl]

ⓐ 국제의, 국제적인

I'm reminded of the joyous reunions so visible in the arrivals area of an **international** airport terminal.   20 수능

나는 **국제**공항 터미널 도착 구역에서 흔히 볼 수 있는 즐거운 상봉 장면이 생각난다.

Plus ⊜ global

0033 ★★★
consume
[kənsú:m]

ⓥ 소비하다, 먹다[마시다]

Across all age groups, less than 50 percent of males **consumed** fruits and vegetables 5 or more times per day.   16 모평

모든 연령대에 걸쳐서 50퍼센트 미만의 남성들이 하루 5회 이상 과일 및 채소를 **섭취했다**.

consumption[kənsʌ́mpʃən] ⓝ 소비

0034 ★★★
impress
[imprés]

ⓥ 깊은 인상을 주다, 감동시키다

If you can take a different angle from the rest of the class in a paper, you're more likely to **impress** your professors.   12 모평

만일 당신이 수업을 듣는 다른 학생들과는 다른 관점에서 글을 쓴다면, 교수들에게 **깊은 인상을 남길** 가능성이 더 크다.

Plus ⊜ move, touch
impression ⓝ 인상, 감동

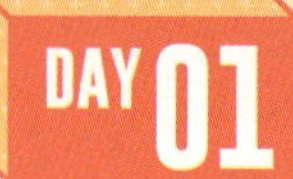

0035 ★★★

object
[ɑ́ːbdʒekt]

ⓝ 물체, 목표 ⓥ 반대하다 [əbdʒékt]

Once a hand or gripper has been directed to an **object** by reaching, it can be grasped. `17 모평`

일단 손이나 집게를 뻗어서 어떤 **물체**로 향하게 하면 그것을 붙잡을 수 있다.

Plus ⊕ object to -ing ~에 반대하다

objection[əbdʒékʃən] ⓝ 반대 **objectionable** ⓐ 불쾌한, 무례한

objective의 다양한 의미

objective는 object의 형용사형이지만 다양한 뜻을 가지고 있습니다. 명사로 '목표'라는 뜻과 형용사로 '목표의'라는 뜻을 가집니다. 그리고 이와 별도로 '객관적인'이라는 새로운 의미도 있으며, 이와 반대 의미인 '주관적인'이라는 표현은 subjective라는 것도 함께 기억합시다.

0036 ★★☆

available
[əvéiləbl]

ⓐ 이용 가능한, 쓸모 있는

The computer makes **available** a range of data unattainable in the age of books. `22 모평`

컴퓨터는 책의 시대에는 얻을 수 없는 다양한 데이터를 **이용 가능하게** 한다.

availability ⓝ 유용성

0037 ★★★

positive
[pɑ́ːzətiv]

ⓐ 긍정적인, 확신하는

We look forward to your **positive** reply. `22 모평`

우리는 귀하의 **긍정적인** 답변을 고대합니다.

Plus ⊖ negative ⓐ 부정적인

0038 ★★★

recognize
[rékəgnàiz]

ⓥ 인지하다, 인정하다

The "trick" here is to **recognize** that individual humans are social constructions themselves. `21 모평 변형`

여기서 '요령'은 개개의 인간이 사회적 구성 그 자체임을 **인식하는** 것이다.

recognition[rèkəgníʃən] ⓝ 인지, 인정

0039 ★★☆

commodity
[kəmɑ́dəti]

ⓝ 상품, 물품

The landscape itself takes on the form of a **commodity**. `21 모평 변형`

경관 자체가 **상품**의 형태를 띤다.

Plus ⊜ product ⓝ 상품, item ⓝ 물품

0040 ★★☆

comfort
[kʌ́mfərt]

ⓥ 편안하게 하다, 위로하다 ⓝ 편안, 위로

His teacher's **comforting** words brought a smile to Tom's face.

자신의 선생님의 **위로하는** 말이 Tom의 얼굴에 미소를 가져다주었다. `14 모평`

Plus ⊖ discomfort ⓥ 불쾌하게 하다 ⓝ 불쾌

comfortable[kʌ́mfərtəbl] ⓐ 편안한 **uncomfortable** ⓐ 불편한

A 다음 단어에 해당하는 우리말 또는 영어 단어를 쓰시오.

01 provide	__________	**11** 문화의, 문화적인	__________
02 develop	__________	**12** 알리다, 통지하다	__________
03 individual	__________	**13** 도전, 난제	__________
04 behave	__________	**14** 환경	__________
05 research	__________	**15** 그러므로, 그 결과	__________
06 opportunity	__________	**16** 평균, 평균의	__________
07 expense	__________	**17** 촉구하다, 격려하다	__________
08 local	__________	**18** 국제의, 국제적인	__________
09 determine	__________	**19** 상품, 물품	__________
10 object	__________	**20** 편안, 위로	__________

B 다음 빈칸에 알맞은 단어를 보기에서 골라 쓰시오.

보기			
relationship	social	attitude	positive
consume	contain	amount	material

01 The book reads that all humans are ____________ animals that can live in groups.

02 James seems to have a negative ____________ about the new school rules.

03 The new refrigerator is known to ____________ less electricity.

04 The boxes will ____________ more than 1,000 shirts for the children.

05 Amy thought she needed to collect some ____________ for her new book.

B **01** 그 책에는 모든 인간은 집단 속에서 살 수 있는 사회적 동물이라고 쓰여 있다. **02** James는 학교의 새 규칙들에 대해 부정적인 입장을 가지고 있는 것 같다. **03** 그 새 냉장고는 전기를 덜 소비하는 것으로 알려져 있다. **04** 그 박스들은 아이들을 위한 1,000벌의 셔츠를 담고 있을 것이다. **05** Amy는 그녀의 새 책을 위한 자료를 모을 필요가 있다고 생각했다.

정답 **01** social **02** attitude **03** consume **04** contain **05** material

구동사(동사+부사/전치사) **정복하기 ①**

<u>away</u>

away는 기본적으로
'특정 장소로부터 떨어져',
'떠나[멀어져]'라는 의미를
갖고 있습니다.

carry away ▶ 넋을 잃게 하다, 열광하게 하다

The audience was **carried away** by the singer's performance.
청중은 그 가수의 공연에 **넋을 잃었다**.

stay away (from) ▶ (~을) 가까이 하지 않다

When animals get too close, these thorns cut them, warning them
to **stay away**. `22 모평`
동물들이 너무 가까이 다가가면, 이 가시들이 그것들을 잘라, 그 동물들에게 **가까이 오지 않도록**
경고한다.

get away ▶ ① 떠나다, 도망치다 ② (with) 죄를 짓고도 무사하다

The suspect tried to **get away** from the police.
그 용의자는 경찰로부터 **도망치**려고 했다.

I wonder how he could **get away** with cheating.
나는 그가 어떻게 부정행위를 하고도 **무사한지** 모르겠다.

멀어짐의 의미가 발전하면
결국에는 사라지는 것을
뜻하므로 **away**는
'소멸', '제거'의 의미도
갖고 있습니다.

pass away ▶ 돌아가시다(지나쳐 사라지다) – die의 완곡 표현

Rawlings **passed away** in 1953, and the land she owned at Cross
Creek has become a Florida State Park honoring her achievements.
Rawlings는 1953년에 **세상을 떠났고**, 그녀가 Cross Creek에 소유한 땅은 Florida 주립 공
원이 되어 그녀의 업적을 기리고 있다. `19 수능`

give away ▶ ① (남에게) 거저 주다 ② (비밀·정보를) 누설하다

I could not decide whether to keep the money or to **give** it **away**.
나는 그 돈을 가질지 남에게 **줘 버릴지**를 결정할 수 없었다.

We had planned a surprise party but Donna **gave** it **away**.
우리는 깜짝 파티를 할 계획이었으나 Donna가 그것을 **발설했다**.

Previous Check

- emotion
- amaze
- reduce
- discover
- decide
- benefit
- affect
- level
- chemistry
- immediate

- thus
- proper
- performance
- essence
- economic
- cell
- focus
- issue
- participate
- demand

- occur
- complex
- define
- proud
- aware
- contact
- profession
- detail
- approach
- career

- package
- disappear
- novel
- secure
- function
- despite
- background
- solution
- generate
- eventually

0041 ★★★

emotion

[imóuʃən]

ⓝ 감정

When we see a happy face (or an angry one), it subtly generates the corresponding **emotion** in us. `17 모평`

우리가 행복한 얼굴(혹은 성난 얼굴)을 볼 때, 그것은 우리 마음속에 미묘하게 그에 상응하는 **감정**을 만들어 낸다.

`Plus` ⊕ with emotion 감동해서

e + motion

e(= ex: out)+**motion**(움직임) → out을 의미하는 ex-의 축소된 접두사 e와 '움직임'을 뜻하는 motion이 결합되어 마음속 움직임을 밖으로 표출하는 '감정'이라는 뜻이 되었습니다.

0042 ★★★

amaze

[əméiz]

ⓥ 놀라게 하다

He was **amazed** to see that he had achieved a 5% to 10% annual increase in sales while at his firm. `11 모평 변형`

그는 자신이 회사에 근무하는 동안 해마다 5퍼센트에서 10퍼센트의 매출 증가를 이루어 냈다는 사실을 알고 **놀랐다**.

`Plus` ⊜ astonish, surprise

0043 ★★★

reduce

[ridʒúːs]

ⓥ 줄이다, 낮추다

The No Paper Cup Challenge encourages you to **reduce** your use of paper cups. `22 수능 변형`

'종이컵 사용 않기 챌린지'는 여러분이 종이컵의 사용을 **줄이도록** 권장한다.

0044 ★★★

discover

[diskʌ́vər]

ⓥ 발견하다

New ideas are **discovered** through logical reasoning. `22 모평 변형`

새로운 사상은 논리적 추론을 통해 **발견된다**.

`Plus` ⊜ find, detect

0045 ★★★

decide

[disáid]

ⓥ 결심하다, 결정하다

That's when he **decided** to focus more on building positive attitudes within the classroom. `15 수능`

그때 그는 교실 안에서 긍정적인 태도를 형성하는 것에 더 집중하기로 **결심했다**.

0046 ★★★

benefit

[bénəfit]

ⓝ 이익 ⓥ 이익이 되다

New research suggests there is a limit to the **benefit** top talents bring to a team.

새로운 연구는 정상급 기량의 선수들이 팀에 가져다주는 **이점**에는 한계가 있다는 것을 보여 준다.

beneficial ⓐ 유익한

DAY 02

0047 ★★★
affect
[əfékt]

ⓥ 영향을 미치다, ~인 체하다

Not everything that **affects** your customer's experience with you is within your control.

당신과 함께하는 고객의 경험에 **영향을 미치는** 모든 것들을 당신이 통제할 수는 없다.

0048 ★★★
level
[lévəl]

ⓝ 수준, 수평 ⓐ 수평의 ⓥ 평평하게 하다

When people try to control situations that are essentially uncontrollable, they are inclined to experience high **levels** of stress. `17 모평`

사람들이 근본적으로 통제할 수 없는 상황을 통제하려고 할 때, 그들은 높은 **수준**의 스트레스를 경험하는 경향이 있다.

0049 ★★★
chemistry
[kémistri]

ⓝ 화학, 교감(交感)

William Buckland developed his scientific knowledge there while attending John Kidd's lectures on **chemistry**. `23 모평 변형`

William Buckland는 그곳에서 **화학**에 관한 John Kidd의 강의를 들으면서 자신의 과학 지식을 발전시켰다.

chemical ⓐ 화학의 ⓝ 화학 제품

0050 ★★★
immediate
[imíːdiət]

ⓐ 즉각적인, 가까이에 있는

The preindustrial blacksmith made things to order for people in his **immediate** community. `22 수능`

산업화 이전의 대장장이는 **가까이에 있는** 지역 사람들을 위해 주문에 따라 물건들을 만들었다.

immediately ⓐd 곧, 즉각

0051 ★★★
thus
[ðʌs]

ⓐd 그러므로, 따라서

Thus, a key factor in high achievement is bouncing back from the low points. `15 수능`

따라서 대성공에서 중요한 요인은 최악의 상태에서 회복하는 것이다.

`Plus` ⊕ thus far 지금까지는(= so far)

0052 ★★☆
proper
[prápər]

ⓐ 적절한, 알맞은

Proper planning forces detailed thinking about the project. `22 모평`

적절한 계획은 그 사업 계획에 대해 면밀한 사고를 하게 한다.

`Plus` ⊜ appropriate
⊖ improper ⓐ 적절하지 않은

proper와 property

proper는 '적절한'이라는 의미를 갖지만, 명사 property는 '자산'이라는 의미를 갖습니다.

0053 ★★☆

performance
[pərfɔ́ːrməns]

ⓝ 공연, 성적, 성과

During and after the day's **performances**, the sea lions could have all the fish they wanted. `15 모평`

그날의 **공연** 동안과 후에, 바다사자들은 그들이 원하는 모든 물고기들을 먹을 수 있었다.

perform ⓥ 실행하다 **performer** ⓝ 실행자, 연기자, 연주자

0054 ★☆☆

essence
[ésəns]

ⓝ (사물의) 본질, 정수(精髓)

The **essence** of science is to uncover patterns and regularities in nature. `12 모평 변형`

과학의 **본질**은 자연의 패턴과 규칙성을 파악해 내는 것이다.

`Plus` ⊕ in essence 본질에 있어서

essential ⓐ 본질적인, 필수적인

0055 ★☆☆

economic
[ìːkənáːmik]

ⓐ 경제의, 경제학의

Its mission is to move the nation and the world towards social, racial, and **economic** justice.

그것의 임무는 국가와 세계를 사회적, 인종적, 그리고 **경제적** 정의를 향해 나아가게 하는 것이다.

economics ⓝ 경제학 **economy** [ikáːnəmi] ⓝ 경제, 절약

0056 ★★☆

cell
[sel]

ⓝ 세포, 작은 방, 독방

Regardless of type, however, no **cell** can 'make' energy.

그러나 유형에 상관없이 어떤 **세포**도 에너지를 '만들어 내지'는 못한다.

`Plus` ⊕ stem cell 줄기세포

cellular ⓐ 세포의, 휴대 전화의

0057 ★☆☆

focus
[fóukəs]

ⓝ 초점 ⓥ 초점을 맞추다, 집중하다

Many major companies are fundamentally changing their business models by **focusing** on profitable units and cutting off less profitable ones. `22 수능`

많은 주요 기업들은 수익성이 있는 부문에는 **집중하**고 수익성이 낮은 부문은 잘라 냄으로써 자신들의 사업 모델을 근본적으로 변화시키고 있다.

`Plus` ⊕ focus on ~에 집중하다(= concentrate on)

0058 ★★☆

issue
[íʃuː]

ⓝ 화제, 문제, 발행(물) ⓥ 발행하다

The oldest member of the family makes the decisions on important **issues**. `22 모평 변형`

중요한 **문제**에 관해서 그 가족의 최고 연장자가 결정을 내린다.

DAY 02

0059 ★★☆

participate
[pɑːrtísəpèit]

ⓥ 참여하다, 참가하다 (in)

The Harmony Youth Orchestra is for you if you wish to participate in great musical performances under Harmony's conductor. `14 수능`

여러분이 Harmony의 지휘자 아래에서 훌륭한 음악 연주에 참여하고 싶다면 Harmony 청소년 관현악단이야말로 여러분을 위한 것입니다.

`Plus` ≡ take part (in) (~에) 참가하다

participation ⓝ 참여, 참가

0060 ★★☆

demand
[dimǽnd]

ⓥ 요구하다 ⓝ 수요

There was a certain panic in his voice that demanded attention.

주의를 요구하는 그의 목소리에는 어떤 공포가 배어 있었다. `12 수능`

`Plus` ↔ supply ⓥ 공급하다 ⓝ 공급
　　　 ⊕ on demand 요구에 따라, 요구가 있을 때마다

demanding ⓐ 지나치게 요구하는

0061 ★★☆

occur
[əkə́ːr]

ⓥ (사건이) 일어나다, 발생하다

A bias occurs when what the scientist expects changes how the results are viewed. `13 수능`

편견은 과학자들이 기대하는 것이 결과가 보이는 방식을 바꿀 때 발생한다.

`Plus` ≡ happen, take place

0062 ★★☆

complex
[kəmpléks]

ⓐ 복잡한 ⓝ 복합체 [kɑ́ːmpleks]

Complex behavior does not imply complex mental strategies.

복잡한 행동이 복잡한 정신적 전략을 암시하지는 않는다. `15 수능`

`Plus` ≡ complicated, intricate ⓐ 복잡한
　　　 ↔ simple ⓐ 단순한

complexity ⓝ 복잡함, 복잡성

'종합'이라는 뜻의 complex

sports complex가 '종합 운동장'을 뜻하는 것처럼, 종합적으로 합쳐진 복합체를 complex라고 합니다. 비슷한 예로 hospital complex 는 '종합 병원'을 의미합니다.

0063 ★★☆

define
[difáin]

ⓥ 정의하다, 한계 짓다, 한정하다

African American women defined themselves as "softly strong" — owning both strength and femininity without conflict. `15 모평`

아프리카계 미국인 여성들은 자신들을 힘과 여성스러움을 서로 상충하지 않게 둘 다 지니면서 '부드럽게 강하다'고 정의했다.

definition [dèfəníʃən] ⓝ 정의　　　**definitely** [défənìtli] ⓐⓓ 명확히

0064 ★★★

proud
[praud]

ⓐ **자랑스러워하는**, 자만하는

What this library is most **proud** of is its book collection.　20 모평

이 도서관이 가장 **자랑스러워하는** 것은 도서 컬렉션이다.

Plus　↔ humble　ⓐ 겸손한
　　　⊕ be proud of　~을 자랑으로 여기다

pride　ⓝ 자존심, 자만

0065 ★★☆

aware
[əwέər]

ⓐ **인지하는, 알고 있는**

The experience made her more **aware** of what was going on in the world.　15 모평

그 경험은 그녀로 하여금 세상 물정을 더 잘 **알게** 해 주었다.

Plus　↔ ignorant　ⓐ 무지한, 모르는
　　　⊕ be aware of　~을 알다

0066 ★★☆

contact
[kɑ́:ntækt]

ⓝ **접촉**　ⓥ **접촉하다**

Human societies in **contact** affect each other's development.

서로 **접촉**하고 있는 인간 사회들은 서로의 발전에 영향을 미친다.　13 모평

Plus　⊕ be in contact with　~과 접촉하고 있다

con + tact

con(= together)+**tact**(= touch) → '서로 건드리다'에서 '접촉하다'라는 뜻으로 발전되었습니다.

0067 ★★☆

profession
[prəféʃən]

ⓝ **전문직, 직종**

Historically, the **professions** and society have engaged in a negotiating process intended to define the terms of their relationship.　22 모평

역사적으로 **전문직**과 사회는 그들의 관계의 조건을 규정하고자 의도된 협상 과정에 참여해 왔다.

profess　ⓥ 공언하다　　　　**professional**　ⓐ 전문적인　ⓝ 전문가

'직업'을 나타내는 단어들

occupation 직업	**job** 일, 직업	**work** 일자리
career (전문적인) 직업, 경력	**vocation** 천직, 소명	**calling** 천직, 소명

0068 ★★☆

detail
[dí:teil]

ⓝ **세부적인 것**　ⓥ **상술하다** [ditéil]

We can make every **detail** of a watch or of a gun by machinery.

우리는 기계로 손목시계나 총의 모든 **세부적인 것**을 만들 수 있다.　22 수능 변형

Plus　⊕ in detail　상세히

DAY 02

0069 ★★☆

approach
[əpróutʃ]

v 접근하다　**n** 접근, 접근법

Their novel **approach** was to pursue rational inquiry through adversarial discussion.　15 모평

그들의 새로운 **접근법**은 대립적 토론을 통해 합리적인 탐구를 추구하는 것이었다.

Plus ⊜ come close to

> **전치사 없이 쓰이는 approach**
>
> approach는 타동사이기 때문에 전치사를 같이 사용하지 않습니다.
>
> 달에 접근하다　approach the moon (o)　approach to the moon (x)

0070 ★★☆

career
[kəríər]

n 직업, 경력

It'll be an excellent opportunity for any student who is considering a **career** in law.　14 모평

그것은 법조계에서의 **직업**을 고려하고 있는 어떤 학생에게든 아주 좋은 기회가 될 것이다.

0071 ★☆☆

package
[pǽkidʒ]

n 꾸러미, 포장　**v** 포장하다

Just before they ripen, they are picked, **packaged**, and finally delivered to our local supermarkets.

그것들은 익기 바로 전에 따서 **포장되어**, 마침내 우리 지역의 슈퍼마켓에 배달된다.

0072 ★★☆

disappear
[dìsəpíər]

v 사라지다

It's not so much that your memory of last week's lunch has **disappeared**.　18 수능

지난주의 점심에 대한 여러분의 기억이 **사라졌다**는 것은 아니다.

Plus ⊜ vanish
　　　 ⊖ appear　**v** 나타나다

0073 ★☆☆

novel
[nάvəl]

n (장편) 소설　**a** 참신한

We need more screenplays and **novels** that present scientists in a positive light.　22 모평

우리는 긍정적인 관점에서 과학자를 보여 주는 더 많은 영화 대본과 **소설**이 필요하다.

0074 ★★☆

secure
[sikjúər]

a 안전한　**v** 안전하게 하다, 확보하다

A child must be **secure** in his parents' power, as represented by their loving authority.　14 수능

아이는 애정 어린 권위로 나타나는 부모의 영향력 안에서 **안전해**야 한다.

Plus ⊖ insecure　**a** 불안정한
security　**n** 보안, 안전

0075 ★★☆

function
[fʌ́ŋkʃən]

ⓝ 기능 **ⓥ 기능하다, 작용하다**

Enabling animals to operate in the presence of harmless stimuli is an almost universal **function** of learning. 22 모평

동물이 무해한 자극 앞에서 움직일 수 있게 하는 것은 학습의 거의 보편적인 **기능**이다.

functional ⓐ 기능의, 기능적인

0076 ★★☆

despite
[dispáit]

ⓟ ～에도 불구하고

Brunel, **despite** being in ill health, attended the opening ceremony. 21 모평 변형

Brunel은 건강이 좋지 않음**에도 불구하고** 개통식에 참석했다.

Plus ⊜ in spite of

비슷한 의미의 표현들

in spite of ＋구: ～에도 불구하고
though, although, even though, even if ＋절: 비록 ～일지라도

0077 ★★☆

background
[bǽkgràund]

ⓝ 배경, 배경 지식, 이유

Its body usually has a light brown **background** with a series of darker markings or bands on it. 18 모평

그것의 몸은 대개 어두운 무늬나 띠로 이루어진 밝은 갈색 **배경**을 가진다.

Plus ⊖ foreground ⓝ 전경, 앞모습

0078 ★★☆

solution
[səlúːʃən]

ⓝ 해결, 해결책, 용액

We live in a time when everyone seems to be looking for quick and sure **solutions**. 22 모평

우리는 모든 이가 빠르고 확실한 **해결책**을 찾고 있는 듯한 시대에 살고 있다.

solve ⓥ 풀다, 해결하다   **soluble** ⓐ 수용성의, 해결 가능한

0079 ★★☆

generate
[dʒénərèit]

ⓥ 일으키다, 발생시키다

The average school kid **generates** 65 pounds of lunch bag waste every year. 14 모평 변형

일반 학교의 학생들이 매년 65파운드의 점심 도시락 쓰레기를 **발생시킨다**.

generation[dʒènəréiʃən] ⓝ 세대   **generator**[dʒénərèitər] ⓝ 발전기

0080 ★★☆

eventually
[ivéntʃuəli]

ⓐⓓ 결국

Eventually, they may say what you want to hear. 10 수능

결국, 그들은 당신이 듣고 싶어 하는 이야기를 할지도 모른다.

Plus ⊜ in the end, finally, as a result
eventual ⓐ 최후의

REVIEW TEST

A 다음 단어에 해당하는 우리말 또는 영어 단어를 쓰시오.

01 decide	_________	**11** 감정	_________
02 immediate	_________	**12** 발견하다	_________
03 thus	_________	**13** 화학, 교감(交感)	_________
04 performance	_________	**14** 경제의, 경제학의	_________
05 focus	_________	**15** 세포, 작은 방, 독방	_________
06 issue	_________	**16** 참여하다, 참가하다	_________
07 demand	_________	**17** 접촉, 접촉하다	_________
08 complex	_________	**18** 사라지다	_________
09 profession	_________	**19** (장편) 소설, 참신한	_________
10 generate	_________	**20** ~에도 불구하고	_________

B 다음 빈칸에 알맞은 단어를 보기에서 골라 쓰시오.

보기			
reduce	essence	proper	proud
career	affect	benefit	aware

01 I needed some ice to _____________ the swelling of my legs.

02 The doctor said in his lecture that parents' attitudes can _____________ a child's behavior.

03 Cooking can be a good way to increase some vegetables' health _____________s.

04 We should have a(n) _____________ discussion before making a final decision.

05 Emma must be very _____________ of her kids just because they are healthy and smart.

B **01** 나는 다리의 붓기를 줄이기 위해 얼음이 좀 필요했다.　**02** 부모의 태도는 아이의 행동에 영향을 줄 수 있다고 그 박사는 강연에서 말했다.　**03** 요리는 일부 채소의 건강상의 이점을 높이는 좋은 방법이 될 수 있다.　**04** 우리는 최종 결정을 내리기 전에 적절한 토론을 해야 한다.　**05** Emma는 그녀의 아이들이 건강하고 똑똑해서 자랑스러워함에 틀림없다.

정답　**01** reduce　**02** affect　**03** benefit　**04** proper　**05** proud

back

back은
'뒤에', '뒤로'라는
의미에서 발전하여
'본래 자리로',
'되돌아와서'라는 의미를
갖습니다.

come back ▶ ① 돌아오다 ② 생각나다, 상기되다

He's worried that there'll be no fresh tomatoes left in his backyard by the time he **comes back**. 　21 수능
그는 **돌아올** 때쯤이면 뒤뜰에 있는 신선한 토마토가 남아 있지 않을까 봐 걱정한다.

His old school days **came back** to him. 　그는 옛날 학창 시절이 **생각났다.**

get back ▶ ① 돌아오다 ② 되찾다(= take back)

He **got back** from his trip to Europe. 　그는 유럽 여행에서 **돌아왔다.**

He decided to **get back** his money. 　그는 자신의 돈을 **되찾**기로 결심했다.

bring back ▶ ① 돌려주다, 소생시키다 ② ～을 생각나게 하다

The doctor **brought** him **back** to life.
그 의사는 그를 **소생시켰다.**

Your letter **brought back** many pleasant memories.
당신의 편지는 즐거웠던 기억들을 많이 **생각나게 했다.**

back은
터져 나오는 것을
다시 제자리로 돌려놓아,
즉 '억눌러서'의 뜻을
갖습니다.

hold back ▶ 억제하다, ～을 말리다

The police were unable to **hold back** the protesters.
경찰은 그 시위자들을 **저지할** 수 없었다.

keep back ▶ 감추다

He couldn't **keep back** his tears when he heard the sad news.
그는 그 슬픈 소식을 들었을 때 눈물을 **감출** 수가 없었다.

DAY 03

Previous Check

- decrease
- recycle
- desire
- balance
- negative
- follow
- account
- publish
- occasion
- replace
- constant
- expert
- term
- relieve
- describe
- congratulate
- due
- equipment
- biology
- imagine
- compose
- genius
- reflect
- cause
- frequent
- factor
- extreme
- tend
- politics
- insist
- extend
- lonely
- habitat
- mental
- steady
- exchange
- active
- species
- athletic
- dental

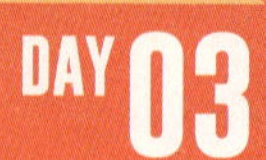

0081 ★★★
decrease
[dikríːs]

ⓥ 줄다[감소하다], 줄이다   ⓝ 감소 [díːkriːs]

By internalizing the costs of trash to consumers, there has been an observed **decrease** in the flow of garbage from households. `22 수능`

소비자에게 쓰레기 비용을 내면화함으로써, 가정에서 발생하는 쓰레기의 흐름이 **감소**한 것으로 관찰되었다.

Plus ⊜ decline ⓥ 감소하다, 거절하다
⊖ increase ⓥ 증가하다 ⓝ 증가
⊕ be on the decrease 감소 추세에 있다

0082 ★★★
recycle
[riːsáikl]

ⓥ 재활용하다

The fabric is partially made from **recycled** plastic bottles. `14 모평`

그 직물은 부분적으로 **재활용된** 플라스틱병으로 만들어진다.

Plus ⊜ reuse, reprocess

0083 ★★★
desire
[dizáiər]

ⓝ 욕망, 욕구   ⓥ 바라다

But to this ancient **desire** to live forever on the page, he added a new sense of fame. `16 수능`

하지만 그는 지면 위에서 영원히 살고자 하는 이러한 오래된 **열망**에 명성의 새로운 의미를 추가했다.

0084 ★★★
balance
[bǽləns]

ⓝ 균형, 은행 잔고   ⓥ 균형을 이루다

Sophia's friends Mia and Rebecca were paddling eagerly behind her to **balance** the boat. `22 모평 변형`

Sophia의 친구들인 Mia와 Rebecca는 보트의 **균형을 이루**려고 그녀의 뒤에서 열심히 노를 젓고 있었다.

Plus ⊕ in balance 균형이 잡혀

0085 ★★★
negative
[négətiv]

ⓐ 부정적인

Others may always have a **negative** comment to make about what you are doing or talking about. `15 모평`

다른 사람들은 당신이 행동하거나 이야기하는 것에 대해 항상 **부정적인** 말을 할지도 모른다.

Plus ⊖ positive ⓐ 긍정적인

0086 ★★★
follow
[fáːlou]

ⓥ 따라가다, (규칙을) 따르다

The ant may be **following** a simple rule: get out of the sun and back to the nest. `15 모평`

그 개미는 단순한 규칙, 즉 태양에서 벗어나 보금자리로 돌아가는 규칙을 **따르고** 있는 것일지 모른다.

0087 ★★★

account
[əkáunt]

ⓝ 은행 계좌, 이야기, 설명   ⓥ 설명하다

Therefore, for some, it may offer a means of communication; and for others, a means of managing **accounts**.

따라서 그것이 어떤 사람들에게는 의사소통 수단을 제공할 수 있고, 또 어떤 사람들에게는 **계좌**를 관리하는 수단을 제공할 수도 있다.

> **Plus** ⊕ on account of ~ 때문에
> **accounting** ⓝ 회계(학)   **accountant** ⓝ 회계사

0088 ★★★

publish
[pʌ́bliʃ]

ⓥ 발표하다, 출판하다

The Cherokee people began to use the system in their schools and **publish** books and newspapers in their language. 17 모평

Cherokee 사람들은 자신들의 학교에서 그 체계를 사용하고, 자신들의 언어로 책과 신문을 **출판하**기 시작했다.

> **Plus** ⊜ announce, issue
> **publication** ⓝ 발표, 출판

0089 ★★★

occasion
[əkéiʒən]

ⓝ 경우, 특별한 일

When a formal **occasion** comes along, however, such as a family wedding or a funeral, they are likely to cave in to norms that they find overwhelming. 17 모평

하지만 가족 결혼이나 장례식 같은 공식 **행사**가 생길 때 그들은 저항하기 어렵다고 느끼는 규범에 마지못해 따르기 쉽다.

> **occasionally** ⓐd 때때로, 가끔

0090 ★★★

replace
[ripléis]

ⓥ 대체하다

Then I have to find a student who can **replace** you in the contest.

그러면 난 그 대회에서 너를 **대신할** 수 있는 학생을 찾아야겠다. 18 모평

> **Plus** ⊜ substitute, take the place of

0091 ★★★

constant
[kɑ́:nstənt]

ⓐ 일정한, 불변의   ⓝ (수학에서의) 상수

Animals under normal circumstances maintain a very **constant** body weight and they eat and drink enough for their needs at regular intervals. 23 모평

보통의 상황에서 동물은 매우 **일정한** 체중을 유지하며, 그들은 규칙적인 간격으로 자신들에게 필요한 만큼 충분히 먹고 마신다.

con + sta(nt)

con(= com: together)+**sta**(nt)(= stand) → '(늘) 함께 서 있다'라는 뜻에서 '일정한'의 뜻을 가집니다.

0092 ★★★

expert
[ékspəːrt]

☐☐

ⓝ 전문가

Each week, you'll be advised by our health **experts** and introduced to new physical activity targets. `15 모평`

매주, 여러분은 우리의 건강 **전문가**로부터 조언을 받고 새로운 신체 활동 목표를 소개받을 것입니다.

Plus ⊜ specialist
ⓧ amateur ⓝ 아마추어, 비전문가
expertise ⓝ 전문적 기술[지식]

0093 ★☆☆

term
[təːrm]

☐☐

ⓝ 용어, 기간, 학기

The general **term** companionship usually translates into partaking in shared activities, such as walking the dog, playing with the cat.

교제라는 일반적인 **용어**는 보통 개를 산책시키고 고양이와 놀아 주는 것처럼, 같이 하는 활동에 참여하는 것으로 해석된다. `13 모평`

Plus ⊕ in terms of ~ 면에서, ~의 관점에서

0094 ★★☆

relieve
[rilíːv]

☐☐

ⓥ 경감하다, 안도시키다

He was **relieved** to hear the continued announcement.

그는 이어지는 안내 방송을 듣고 **안도했다**.

Plus ⊜ soothe
relief ⓝ (고통의) 경감, 안도

0095 ★★☆

describe
[diskráib]

☐☐

ⓥ 묘사하다, 표현하다

Many aspects of human culture have what archaeologists **describe** as low archaeological visibility. `22 모평 변형`

인류 문화의 많은 측면은 고고학자들이 낮은 고고학적 가시성이라고 **표현하는** 것을 지니고 있다.

Plus ⊜ depict
description ⓝ 묘사   **descriptive** ⓐ 설명적인

0096 ★★★

congratulate
[kəngrǽtʃəlèit]

☐☐

ⓥ 축하하다

Tony won the race, and Zach **congratulated** him. `14 모평`

Tony가 그 경주에서 승리했고, Zach는 그를 **축하해 주었다**.

congratulation ⓝ 축하

0097 ★★★

due
[djuː]

☐☐

ⓐ 만기의, ~하기로 되어 있는

I have a big history project **due** next week. `14 수능`

나는 다음 주가 **마감인** 큰 역사 연구 과제가 있다.

Plus ⊕ due to ~ 때문에

DAY 03

0098 ★★☆

equipment

[ikwípmənt]

ⓝ 장치, 장비

Many of you have asked about what climbing **equipment** to buy, such as boots, ropes, helmets, and gloves. `20 모평`

여러분 중 많은 분들이 부츠, 로프, 헬멧, 그리고 장갑과 같은 어떤 등산 **장비**를 사야 하는지 물어보셨습니다.

`Plus` ⓔ device

device와 equipment

둘 다 '장치, 장비'라는 의미로 사용되지만, device는 셀 수 있는 명사이고 equipment는 셀 수 없는 명사입니다.

0099 ★★★

biology

[baiɑ́:lədʒi]

ⓝ 생물학

Excuse me, I'm looking for the book *The World of Biology*. `19 모평`

실례합니다. '**생물학**의 세계'라는 책을 찾고 있어요.

0100 ★☆☆

imagine

[imǽdʒin]

ⓥ 상상하다

Imagine you are a photographer. `22 모평`

당신이 사진작가라고 **상상해 보라**.

imagination ⓝ 상상(력)

imaginative와 imaginary

imagine의 파생어인 형용사 imaginative는 '상상력이 풍부한', imaginary는 '상상의, 가상의'라는 의미로 구분하여 쓰입니다.

0101 ★★★

compose

[kəmpóuz]

ⓥ 구성하다, 작곡하다, 작문하다

Do the parents have too much experience of the child, and can they no longer **compose** it into a unity? `13 모평`

부모는 자녀에 대해서 너무 많은 경험이 있는가, 그리고 그들은 더 이상 그것을 하나로 통합해서 **구성할** 수 없는가?

`Plus` ⓔ comprise ⓥ 구성하다

composition ⓝ 구성, 작곡, 작문　　　**composer** ⓝ 작곡가, 작자

0102 ★★☆

genius

[dʒí:njəs]

ⓝ 천재, 천재성

Conventional wisdom in the West credits individuals and especially **geniuses** with creativity and originality. `21 모평 변형`

서양의 일반 통념은 개인, 특히 **천재들**에게 창의력과 독창성이 있다고 믿는다.

0103 ★★☆

reflect

[riflékt]

ⓥ 반영하다, 반사하다, 숙고하다

Thus, these prices do **reflect** the interaction of demand and supply in the wider marketplace for potatoes. `19 모평`

따라서 이러한 가격은 더 광범위한 감자 시장에서의 수요와 공급의 상호 작용을 실제로 **반영하는** 것이다.

reflection ⓝ 반영, 반사, 숙고

0104 ★★☆
cause
[kɔːz]

ⓥ ~의 원인이 되다, 야기하다 ⓝ 원인

What **causes** climate change? Increased CO_2 in the atmosphere.

무엇이 기후 변화를 **야기하는가**? 대기 중에 증가된 이산화탄소 때문이다.　15 모평

Plus ⊕ be caused by ~에 기인하다

0105 ★★☆
frequent
[fríːkwənt]

ⓐ 빈번한 ⓥ (장소·모임에) 자주 가다 [frikwént]

Our ancestors faced **frequent** periods of drought and freezing.

우리 조상들은 가뭄과 한파에 **빈번하게** 직면했다.　18 모평 변형

frequency ⓝ 빈번함, 빈도

0106 ★★☆
factor
[fǽktər]

ⓝ 요인, 요소

As for men, 'sustainability' is the second most favored **factor** in choosing a job.

남자들의 경우, '안정성'은 직업을 고를 때 두 번째로 우선시되는 **요인**이다.

0107 ★★☆
extreme
[ikstríːm]

ⓐ 극단의, 극단적인 ⓝ 극단

Animals — and people — who have been raised in **extreme** social isolation are poor at reading emotional cues in those around them.　17 모평 변형

극단적인 사회적 고립 상태에서 자란 동물들, 그리고 인간은, 자신들 주변 존재의 감정적 신호를 읽는 데 서툴다.

Plus ⊜ utmost
　　　 ⊕ go to extremes 극단으로 치우치다

0108 ★★☆
tend
[tend]

ⓥ (~하는) 경향이 있다 (to V), 돌보다

Concerns of the present **tend** to seem larger than potentially greater concerns that lie farther away.　21 모평

현재의 우려는 더 멀리 떨어져 있는 잠재적으로 더 큰 우려보다 더 커 보이는 **경향이 있다**.

Plus ⊜ be inclined to V ~하는 경향이 있다
　　　　 take care (of) (~을) 돌보다

tendency ⓝ 경향　　　　　　**tendance** ⓝ 돌봄, 간호

0109 ★★☆
politics
[pάːlətiks]

ⓝ 정치, 정치학

He was also dedicated to the prosperity of the nation in **politics** and philosophy.

그는 또한 그 나라의 **정치학**과 철학의 번영에 헌신했다.

poli-를 포함하는 단어들

politic 지각이 있는　　　**political** 정치적인　　　**policy** 정책　　　**politician** 정치인

0110 ★★☆

insist
[insíst]

DAY 03

☐☐

Ⓥ **주장하다**

If you **insist** on always having a plan, you cut yourself off from your intuitive self and the inner joy it provides. `16 모평`

언제나 계획이 있어야 한다고 **주장하**면, 자신을 직관적 자아와 그것이 제공하는 내적인 기쁨으로부터 단절시키게 된다.

`Plus` ⊜ persist, assert, contend
⊕ insist on ~을 고집하다

insistence ⓝ 주장

`in + sist`

in(= on)+**sist**(= stand) → '서서 움직이지 않는 것'에서 '주장하다'라는 뜻이 나왔습니다.

0111 ★★☆

extend
[iksténd]

☐☐

Ⓥ **연장하다, 넓히다**

On behalf of the school, I would like to **extend** our invitation to you and your family.

학교를 대표해 저는 귀하와 귀하의 가족들에게까지 초대를 **넓히**고자 합니다.

`Plus` ⊜ stretch, prolong

extent ⓝ 넓이, 범위　　　　　**extension** ⓝ 확장
extensive ⓐ 넓은, 광대한

`extend와 expand`

extend와 expand는 철자와 뜻이 비슷하여 혼동하는 경우가 많습니다. 하지만 미묘한 의미 차이가 있으므로 정확히 알아둘 필요가 있습니다.
extend　　'연장하다', '넓히다' 등의 의미를 가지는데, 특히 길이가 늘어나는 것을 의미합니다.
expand　　'넓히다', '팽창하다'라는 의미로, 부피나 용적 등 공간이 커지는 것을 의미합니다.

0112 ★★★

lonely
[lóunli]

☐☐

ⓐ **외로운**

He was a **lonely** child with few friends.

그는 친구가 거의 없는 **외로운** 아이였다.

loneliness ⓝ 외로움

0113 ★★★

habitat
[hǽbitæt]

☐☐

ⓝ **서식지, 주거지**

Humans have been replacing diverse natural **habitats** with artificial monoculture for millennia. `21 모평 변형`

인간은 수천 년 동안 인위적인 단일 경작으로 다양한 자연 **서식지**를 대체해 오고 있다.

habitation ⓝ 거주　　　　　**habitant** ⓝ 주민, 거주자
inhabit Ⓥ ~에 살다, 거주하다

0114 ★★★

mental
[méntl]

☐☐

ⓐ **정신의**

A number of 'youth friendly' **mental** health websites have been developed. `16 모평`

많은 수의 '젊은이 친화적인' **정신** 건강 웹사이트들이 개발되어 왔다.

`Plus` ⊖ physical ⓐ 신체의

mentality ⓝ 지력, 지성

0115 ★★☆
steady
[stédi]

ⓐ 안정된, 한결같은, 꾸준한

Slow muscle fibers perform better in endurance exercises which require slow, **steady** muscle activity.　13 수능 변형

느린 근섬유는 느리고 **꾸준한** 근육 활동이 필요한 지구력 운동에서 더 잘 작동한다.

Plus ⊜ stable

0116 ★☆☆
exchange
[ikstʃéindʒ]

ⓥ 교환하다　ⓝ 교환

They could **exchange** remaining stocks with neighbors or **exchange** them in the local market.　10 모평

그들은 남아 있는 저장품을 이웃들과 **교환하**거나 지역 시장에서 그것들을 **교환할** 수 있었다.

Plus ⊕ in exchange for ~에 대한 답례로, ~과 교환하여

0117 ★☆☆
active
[ǽktiv]

ⓐ 활동적인, 적극적인

After graduating from the institute, she remained **active** with it and the museum there.　15 모평

그녀는 그 학교를 졸업한 뒤, 그곳과 거기에 있는 박물관에서 계속 **활동**했다.

Plus ⊖ passive ⓐ 수동적인
activity ⓝ 활동

0118 ★★★
species
[spíːʃiːz]

ⓝ 〈생물 분류상의〉 종(種)

Within just a few years the last of this once-plentiful **species** was entirely eliminated.　17 모평

단 몇 년 이내에 한때 수많았던 이 **종**의 마지막 개체가 완전히 제거되었다.

0119 ★★☆
athletic
[æθlétik]

ⓐ 운동의, 운동 경기의

Nowadays, we can enjoy **athletic** competition of every kind without leaving our homes.

오늘날 우리는 집을 떠나지 않고도 모든 종류의 **운동** 경기를 즐길 수 있다.

athlete[ǽθliːt] ⓝ 운동선수

0120 ★★☆
dental
[déntl]

ⓐ 치아의

He has **dental** surgery scheduled in the morning.　16 수능

그는 오전에 **치아** 수술이 예정되어 있다.

dentist ⓝ 치과 의사

REVIEW TEST

A 다음 단어에 해당하는 우리말 또는 영어 단어를 쓰시오.

01 desire	_____________	**11** 재활용하다	_____________
02 balance	_____________	**12** 은행 계좌, 이야기	_____________
03 constant	_____________	**13** 발표하다, 출판하다	_____________
04 relieve	_____________	**14** 전문가	_____________
05 describe	_____________	**15** 용어, 기간, 학기	_____________
06 equipment	_____________	**16** 생물학	_____________
07 compose	_____________	**17** 극단적인; 극단	_____________
08 reflect	_____________	**18** 서식지, 주거지	_____________
09 factor	_____________	**19** 종(種)	_____________
10 tend	_____________	**20** 치아의	_____________

B 다음 빈칸에 알맞은 단어를 보기에서 골라 쓰시오.

보기			
decrease	replace	negative	genius
frequent	insist	lonely	politics

01 There was a dramatic _____________ in the number of students last year.

02 Jane is a _____________ visitor to my restaurant.

03 People say that the accident even had a _____________ effect on the economy.

04 He _____________(e)d that we should attend the conference on time.

05 His father doesn't want him to go into _____________.

B 01 작년에 학생 수의 급격한 감소가 있었다.　02 Jane은 나의 식당에 빈번하게 오는 손님이다.　03 사람들은 그 사고가 심지어 경제에도 부정적인 영향을 주었다고 말한다.　04 그는 우리가 그 회의에 정각에 참석해야 한다고 주장했다.　05 그의 아버지는 그가 정치에 들어서는 것을 원하지 않는다.

정답　01 decrease　02 frequent　03 negative　04 insist　05 politics

구동사(동사＋부사/전치사) 정복하기 ③

up은
'위로', '위쪽으로'라는
뜻을 가지고 있습니다.

pick up ▶ ① 줍다, 집어 올리다 ② 차에 태워다 주다 ③ ~을 찾아오다

Jane bent down to **pick up** the paper bag.
Jane은 종이봉투를 **주우**려고 허리를 굽혔다.

Kevin promised to **pick** me **up** here at 10 a.m.
Kevin이 이곳에서 오전 10시에 나를 **차에 태워 주겠다**고 약속했다.

I'm calling to see if I can **pick up** my camera today.　22 수능
제가 오늘 카메라를 **찾아 올** 수 있는지 알아보려고 전화했습니다.

bring up ▶ 키우다, 양육하다

They **brought up** a son and two daughters.
그들은 한 아들과 두 딸을 **키웠다**.

throw up ▶ 토하다

At the end of the long bus trip, he **threw up** everything he ate.
긴 버스 여행 끝에 그는 먹은 것을 모두 **토했다**.

up은 어떤 상태가
최고로 증가한 것을
강조하는 의미로,
'완전히', '끝까지'라는
뜻이 있습니다.

dress up ▶ 차려입다

Rather than sit at home, she'll get **dressed up** and eat out.
집에 앉아 있느니, 그녀라면 (옷을) **차려입고** 외식을 할 것이다.

sum up ▶ 요약하다

He **summed** his weekend **up** in a word; "disastrous."
그는 자신의 주말을 '재앙 같은'이라는 한 단어로 **요약했다**.

Previous Check

- delight
- confident
- gradually
- shadow
- access
- announce
- allow
- firm
- vary
- injure
- permit
- response
- increase
- electricity
- disabled
- lack
- possibility
- concentrate
- emphasize
- astronomy
- flood
- fuel
- manufacture
- movement
- capable
- combine
- gene
- threat
- victim
- pressure
- accompany
- frustrate
- construct
- launch
- commerce
- entertain
- predict
- apologize
- sight
- quantity

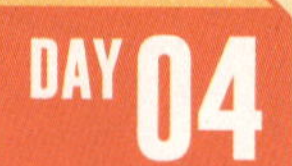

0121 ★★☆

delight
[diláit]

ⓝ 기쁨 ⓥ 기쁘게 하다

"Sophia, your choice was excellent!" she said with a **delighted** smile. `21 수능`

"Sophia, 네 선택은 탁월했어!"라고 그녀는 **기쁜** 미소를 띠면서 말했다.

Plus ⊜ pleasure

0122 ★★☆

confident
[káːnfidənt]

ⓐ 자신 있는

After that, she had become more **confident** and active. `16 수능`

그 이후, 그녀는 더 **자신 있어**지고 활발해졌다.

confidence ⓝ 자신감

confident와 confidential

confident의 뒤에 -ial이 붙으면 '기밀의'라는 뜻이 됩니다. '자신 있는'이라는 뜻과 의미가 달라지므로 혼동하지 않도록 주의합시다.

0123 ★★☆

gradually
[grǽdʒuəli]

ⓐⓓ 점차, 서서히

Believing that your work should be perfect, you **gradually** become convinced that you cannot do it. `13 모평`

당신의 작품이 완전해야 한다고 믿기 때문에, 당신은 **점차** 그런 일은 할 수 없다고 확신하게 된다.

grade ⓝ 등급, 학년, 성적   **gradual** ⓐ 점진적인

0124 ★☆☆

shadow
[ʃǽdou]

ⓝ 그림자 ⓥ 그늘지게 하다

The paintings become abstract arrangements of color and line, light and **shadow**. `14 모평`

그 그림들은 색과 선, 빛과 **그림자**의 추상적인 배열이 된다.

Plus ⊜ shade

0125 ★★☆

access
[ǽkses]

ⓝ 접근, 입장, 이용 ⓥ 접근하다

He was the only photographer granted backstage **access** for the Beatles' final full concert. `18 수능`

그는 비틀스의 마지막 콘서트 전체를 위해 무대 **입장**을 허가받은 유일한 사진작가였다.

0126 ★★☆

announce
[ənáuns]

ⓥ 발표하다, 알리다

In 1824, William Buckland **announced** the discovery of the bones of a giant creature. `23 모평 변형`

1824년에, William Buckland는 거대한 생물의 뼈를 발견했다고 **발표했다**.

DAY 04

0127 ★★☆

allow
[əláu]

☐☐

ⓥ 허락하다, 인정하다

Proper planning **allows** the project manager (or team) to "build the project in his or her head." `22 모평 변형`

적절한 계획은 건설 사업 책임자(또는 팀)가 '그 사업을 자기 머릿속에 지어 보게' **(허락)해 준다.**

0128 ★☆☆

firm
[fəːrm]

☐☐

ⓐ 확고한, 단단한   ⓝ 회사

Changing, which always stems from a **firm** decision, becomes job number one. `16 수능`

항상 **확고한** 결심에서 생겨나는 변화는 가장 우선적으로 해야 할 일이 된다.

> `Plus` ⊖ flexible ⓐ 융통성 있는   tender ⓐ 부드러운

0129 ★☆☆

vary
[vέəri]

☐☐

ⓥ 바꾸다, 변하다, 다르다

The profit ratio **varied** from country to country.

그 이익률은 나라마다 **달랐다.**

variable ⓐ 변하기 쉬운   **various** ⓐ 다양한
variety ⓝ 변화, 다양성   **variation** ⓝ 변화

0130 ★☆☆

injure
[índʒər]

☐☐

ⓥ 상처를 입히다, 손상시키다

I got so badly **injured** that I couldn't swim and come up for air.

나는 너무 심하게 **상처를 입어서** 헤엄을 칠 수도, 공기를 찾아 (수면) 위로 올라갈 수도 없었다.

> `Plus` ⊜ hurt

injury ⓝ 상처, 부상

0131 ★☆☆

permit
[pəːrmít]

☐☐

ⓥ 허용[허락]하다

Our innate stubbornness refuses to **permit** us to accept the criticism we are receiving. `15 모평`

우리의 타고난 완고함은 우리가 받고 있는 비판을 받아들이도록 **허용하는** 것을 거부한다.

> `Plus` ⊖ forbid ⓥ 금지하다

permission ⓝ 허락, 허가

0132 ★★☆

response
[rispάːns]

☐☐

ⓝ 응답, 반응

In some cases, when an individual detects a predator, its best **response** is to seek shelter. `23 모평`

어떤 경우에는 개체가 포식자를 탐지할 때, 그것의 최선의 **반응**은 피난처를 찾는 것이다.

> `Plus` ⊕ in response to ~에 응하여

respond ⓥ 응답하다   **respondent** ⓝ 응답자
responsive ⓐ 바로 대답하는, 대답의   **responsible** ⓐ 책임이 있는
responsibility ⓝ 책임

0133 ★★☆

increase
[inkríːs]

☐☐

ⓥ (수량이) 증가하다   ⓝ 증가, 이자 [ínkriːs]

Rising incomes inevitably lead to **increases** in motorization.   `23 모평`

소득 증가는 필연적으로 자동차 보급의 **증가**로 이어진다.

Plus ⊜ enlarge   ⓥ (크기·양 등이) 증가하다. 확대하다

0134 ★★☆

electricity
[ilèktrísəti]

☐☐

ⓝ 전기

In order to operate it, you need either **electricity** or a battery.

그것을 작동하기 위해, 당신은 **전기** 또는 배터리가 필요하다.

electrician ⓝ 전기 기사

0135 ★★☆

disabled
[diséibld]

☐☐

ⓐ 장애를 가진, 무능력하게 된

They provide free medical treatment for **disabled** children of poor families.   `17 수능 변형`

그들은 가난한 가정의 **장애를 가진** 아이들에게 무료 의료 행위를 제공한다.

Plus ⊕ the disabled   장애인들

disability ⓝ 장애

0136 ★☆☆

lack
[læk]

☐☐

ⓝ 부족   ⓥ ～이 부족하다

Just less than a year after the initial work on the tomb began, it stopped because of **lack** of funds.   `16 모평`

그 무덤에 대한 초기 작업이 시작되고 겨우 일 년도 채 되지 않아, 그것은 자금 **부족** 때문에 중단되었다.

Plus ⊜ shortage   ⓝ 부족

⊖ abundance   ⓝ 풍부

0137 ★☆☆

possibility
[pàsəbíləti]

☐☐

ⓝ 가능성, 가망

A good scientific theory always allows for the **possibility** of rejection.   `23 모평`

좋은 과학 이론은 항상 거부의 **가능성**을 허용한다.

0138 ★★☆

concentrate
[kánsəntrèit]

☐☐

ⓥ 집중하다

The design process **concentrates** on how the agents will cooperate and coordinate with each other to accomplish the team goals.   `23 모평`

설계 과정은 그 행위자들이 팀의 목표를 달성하기 위해 어떻게 서로 협력하고 조정하는지에 **집중한다**.

Plus ⊕ concentrate on   ～에 집중하다(= focus on)

concentration ⓝ 집중

con + centrate

con(모으다)+**centrate**(가운데로) → '(정신·마음을) 가운데로 모으다'에서 '집중하다'라는 뜻이 됩니다.

DAY 04

0139 ★★☆
emphasize
[émfəsàiz]

ⓥ 강조하다

Some physicians **emphasize** the functions of the body and attempt to find new medicines.

일부 내과 의사들은 몸의 기능을 **강조하고** 새로운 약을 찾아보려고 시도한다.

Plus ⊜ stress
emphasis ⓝ 강조

0140 ★★☆
astronomy
[əstrá:nəmi]

ⓝ 천문학

Ideas in the science of **astronomy** can change.

천문학에서의 개념들은 바뀔 수 있다.

astronomer ⓝ 천문학자   **astrology** ⓝ 점성술

astro + nomy

astro(= star)+nomy(학문을 나타내는 명·접) → 별에 관한 학문이니 '천문학'입니다. 관련된 말로는 astronaut(우주 비행사)이 있습니다. -naut이 '선원'을 의미하므로, 별 사이를 항해하는 선원, 즉 '우주 비행사'가 됩니다.

0141 ★☆☆
flood
[flʌd]

ⓝ 홍수   ⓥ 범람시키다

I can't tell you how sorry I was to learn that the **flood** caused almost total damage to your home. `13 모평`

홍수로 인해 당신의 집이 거의 다 파괴될 정도의 피해를 입었다는 것을 알고 얼마나 마음이 아팠는지 모릅니다.

0142 ★☆☆
fuel
[fjú:əl]

ⓝ 연료   ⓥ 연료를 가하다

It's not just that it saves **fuel**, time, and money, but it helps to decrease the amount of traffic in the village.

그것은 단지 **연료**, 시간, 그리고 돈을 절약하는 것만이 아니라, 마을의 통행량을 줄이는 데도 도움을 준다.

0143 ★★☆
manufacture
[mæ̀njufǽktʃər]

ⓥ 제조하다   ⓝ 제조(업), 제품

At age 44, he moved to Los Angeles to design and **manufacture** metal furniture. `13 모평`

44세에, 그는 금속 가구를 설계하고 **제작하기** 위해 로스앤젤레스로 이주했다.

manual ⓐ 손으로 하는 ⓝ 지침서   **manuscript** ⓝ 원고

0144 ★☆☆
movement
[mú:vmənt]

ⓝ 움직임, 운동

He demonstrated magic has little to do with fast **movements**.

그는 마술이 빠른 **움직임**과는 거의 관계가 없음을 입증했다.

Plus ⊕ in the movement 시류를 타고, 풍조를 따라

0145 ★★★

capable
[kéipəbl]

ⓐ 할 수 있는, 유능한

Perfect courage is to do unwitnessed what we should be **capable** of doing before all men. `11 수능`

완전한 용기란 모든 사람들 앞에서 우리가 **할 수 있어야** 하는 것을 아무도 보지 않는데 하는 것이다.

> **Plus** ⊖ incapable ⓐ 할 수 없는, 무능한
> ⊕ be capable of ～을 할 수 있다

capacity ⓝ 수용 능력, 용량

0146 ★★☆

combine
[kəmbáin]

ⓥ 결합시키다, 겸비하다

All the five countries spent over seven percent of their GDP on direct expenditures on education for all institutions **combined**.

5개 국가 모두는 모든 기관을 **합한** 것에 대한 직접 교육비에 자국의 GDP의 7퍼센트 이상을 사용했다. `18 모평`

combination ⓝ 결합, 조합

0147 ★★☆

gene
[dʒiːn]

ⓝ 유전자

A common error in current Darwinian thinking is the assumption that "selfish **genes**" are the prime mover in evolution. `21 모평`

현재의 다윈적 사고에서 흔히 볼 수 있는 오류는 '이기적인 **유전자**'가 진화의 원동력이라는 가정이다.

genetics ⓝ 유전학

gene과 관련된 단어들

gene	유전자 [gen(e)(= birth)]
generate	만들어 내다 [gener(= birth)+ate(동·접)]
generation	세대(약 30년) [gener(= birth)+(a)tion(명·접)]

0148 ★★☆

threat
[θret]

ⓝ 위협, 협박

If one group member departs, it might have done so for a number of reasons that have little to do with predation **threat**. `23 모평`

무리 구성원 하나가 이탈하는 경우, 그것은 포식 **위협**과 관계가 거의 없는 여러 이유로 그렇게 했을 수 있다.

> **Plus** ⊜ menace

threaten ⓥ 위협하다

0149 ★★☆

victim
[víktim]

ⓝ 희생, 희생자

The "offender" and the "**victim**" usually see the event differently.

'가해자'와 '**희생자**'는 대개 사건을 다르게 본다. `13 수능`

> **Plus** ⊜ casualty

victimize ⓥ 희생시키다

0150 ★★☆

pressure
[préʃər]

🅝 압력, 압박 🅥 압력을 가하다

The approach goes against the grain of others' expectations and the **pressures** they put on you. `22 모평 변형`

그 접근 방식은 다른 사람들의 기대와 그들이 여러분에게 가하는 **압박**에 맞지 않는다.

press ⓥ 누르다, 압박하다 ⓝ 언론, 보도

DAY 04

0151 ★★☆

accompany
[əkʌ́mpəni]

🅥 동반[동행]하다, 수반하다

When Napoleon invaded Egypt in 1798, Fourier and other scholars **accompanied** the expedition. `14 수능`

나폴레옹이 1798년에 이집트를 침공했을 때, Fourier와 다른 학자들이 그 원정에 **동행했다**.

`Plus` ⊕ be accompanied by ～을 동반하다(= go with)

0152 ★★☆

frustrate
[frʌ́streit]

🅥 좌절시키다

Feeling **frustrated**, she began to think about giving up on the race. `19 모평`

좌절감을 느끼면서 그녀는 경주를 포기하는 것에 대해 생각하기 시작했다.

frustration ⓝ 좌절   **frustrated** ⓐ 낙담한, 좌절한

0153 ★★☆

construct
[kənstrʌ́kt]

🅥 건설하다

Before they began **constructing** this new building in 1847, the older church of the Holy Virgin had burned down in 1813. `12 모평`

그들이 1847년에 이 새 건물을 **짓기** 시작하기 전에, 성모 마리아의 옛 교회는 1813년에 불타 버렸다.

construction ⓝ 건설   **constructive** ⓐ 건설적인

0154 ★★☆

launch
[lɔːntʃ]

🅥 (로켓 등을) 발사하다, (새로운 일을) 시작하다, 출시하다 🅝 발사, 개시, 출시

Once upon a time, there was only one way to **launch** a hit album: radio. `13 수능`

예전에는, 인기 앨범을 **내는** 데 한 가지 방법밖에 없었는데, 그것은 라디오였다.

론칭(launching)

일상생활에서 자주 쓰이는 '론칭(launching)'은 주로 '어떤 서비스나 상품이 처음 출시되는 것'을 의미합니다. 그리고 어떤 계획이나 전략을 새로 시작할 때도 론칭이라는 말을 씁니다.

0155 ★★☆

commerce
[kɑ́məːrs]

🅝 상업, 교역

We use this technology in **commerce** and industry.

우리는 이 기술을 **상업**과 공업에 사용한다.

commercial ⓐ 상업의 ⓝ 상업 광고

0156 ★★☆

entertain
[èntərtéin]

□□

ⓥ 접대하다, 즐겁게 하다

An Egyptian executive, after **entertaining** his Canadian guest, offered him joint partnership in a new business venture. `16 모평`

캐나다인 손님을 **접대한** 후에, 한 이집트인 중역이 그에게 새로운 벤처 사업에서의 합작 제휴를 제의했다.

`Plus` ⊜ amuse

entertaining ⓐ 즐겁게 해 주는　　**entertainment** ⓝ 연예
entertainer ⓝ 연예인

0157 ★★☆

predict
[pridíkt]

□□

ⓥ 예언하다, 예측하다

Evolutionary theory **predicts** that single-celled organisms evolved before multicelled organisms. `23 모평 변형`

진화론은 단세포 생물이 다세포 생물 이전에 진화했다고 **예측한다**.

prediction ⓝ 예언, 예측　　**predictable** ⓐ 예언[예측]할 수 있는

0158 ★★☆

apologize
[əpá:lədʒàiz]

□□

ⓥ 사과하다

To **apologize** sincerely we must first listen attentively to how the other person really feels about what happened. `13 수능`

진심으로 **사과하기** 위해서 우리는 일어난 일에 대해 상대방이 정말로 어떻게 느끼는지를 먼저 주의 깊게 들어야 한다.

apology ⓝ 사과　　**apologetic** ⓐ 사과의

0159 ★☆☆

sight
[sait]

□□

ⓝ 시야, 광경, 시력

If you've ever gone snorkeling, you may have seen an amazing **sight**: an entire school of fish suddenly changes direction as one unit. `13 모평`

여러분이 스노클링을 가 본 적이 있다면, 여러분은 전체 물고기 떼가 하나의 단일체를 이루어 갑자기 방향을 바꾸는 놀라운 **광경**을 본 적이 있을지도 모른다.

`Plus` ⊜ vision, view, landscape
　　　⊕ at first sight 첫눈에

sight와 sightseeing

sight에는 '관광지'라는 뜻도 있으며, sightseeing은 '관광지를 봄', 즉 '관광'의 뜻입니다.

0160 ★★☆

quantity
[kwá:ntəti]

□□

ⓝ 양(量)

Sometimes **quantity** is more important than quality.

가끔은 질보다 **양**이 더 중요하다.

`Plus` ⊜ amount
　　　⊖ quality ⓝ 질
　　　⊕ a quantity of 많은 ~

REVIEW TEST

A 다음 단어에 해당하는 우리말 또는 영어 단어를 쓰시오.

01 delight	__________	**11** 그림자	__________
02 gradually	__________	**12** 전기	__________
03 access	__________	**13** 부족, ~이 부족하다	__________
04 allow	__________	**14** 천문학	__________
05 firm	__________	**15** 연료, 연료를 가하다	__________
06 vary	__________	**16** 유전자	__________
07 injure	__________	**17** 위협, 협박	__________
08 permit	__________	**18** 희생, 희생자	__________
09 possibility	__________	**19** 동반[동행]하다	__________
10 concentrate	__________	**20** 사과하다	__________

B 다음 빈칸에 알맞은 단어를 보기에서 골라 쓰시오.

보기			
confident	announce	entertain	manufacture
flood	disabled	quantity	construct

01 Though he looked ____________, actually he was extremely anxious.

02 Every attempt to ____________ his ideal building has failed.

03 The man will ____________ the result of the contest in a minute.

04 Visitors responded that the building needed more facilities for ____________ people.

05 The company decided not to ____________ the product any longer because its sales were very low.

B **01** 그는 자신감 있어 보였지만, 사실은 몹시 긴장하고 있었다.　**02** 그의 이상적인 건물을 건설하려는 모든 시도는 실패했다.　**03** 그 남자가 일 분 후에 경연 대회의 결과를 발표할 것이다.　**04** 방문자들은 그 건물이 장애를 지닌 사람들을 위한 더 많은 시설이 필요하다고 답변했다.　**05** 회사는 그 제품의 판매가 매우 저조해서 그것을 더 이상 제조하지 않기로 결정했다.

정답　**01** confident　**02** construct　**03** announce　**04** disabled　**05** manufacture

구동사(동사＋부사/전치사) 정복하기 ④

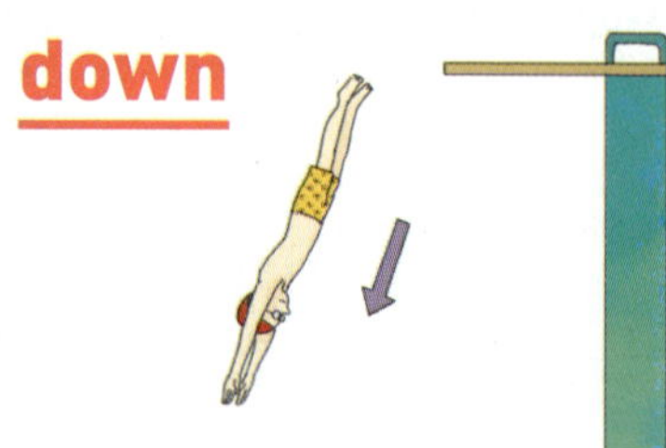

---

catch up ▶ 따라잡다

I'd like to **catch up** to the leader both in the race and in studying.
나는 경주에서나 학업에서나 모두 선두를 **따라잡는** 것을 좋아한다.

keep up (with) ▶ 따라가다

The pace increased so fast that Bob could not **keep up with** the back-and-forth interpretation.
속도가 너무나 빨라져 Bob은 오가는 통역을 **따라갈** 수가 없었다.

draw up ▶ (길가로 가서) 멈추다, 세우다

I waved my hands and he **drew up** his car alongside the porch.
내가 손을 흔들자 그는 현관에 차를 **댔다**.

---

fall down ▶ 넘어지다

There was a heavy storm last night and some trees **fell down**.
어젯밤에 심한 폭풍우가 쳐서 나무 몇 그루가 **넘어졌다**.

hand down ▶ ～을 (후세에) 전하다(= pass down)

A coveted union card was **handed down** from father to son. `17 모평`
부러움을 사는 노조 회원 카드가 아버지에게서 아들에게로 **전해[물려]졌다**.

turn down ▶ ① 거절하다 ② 줄이다

I thanked him for the offer but **turned** it **down**.
나는 그의 제안에 대해 감사했지만 그것을 **거절했다**.

Would you **turn down** the music a little, please?
음악 소리를 좀 **줄여** 주시겠어요?

Previous Check

- conclude
- donate
- personality
- struggle
- advantage
- variety
- enable
- instruction
- assume
- attempt
- incredible
- feature
- confuse
- electronic
- absorb
- indicate
- analyze
- stock
- resident
- labor
- remark
- moral
- embarrassed
- claim
- reasonable
- interrupt
- limit
- creature
- heal
- establish
- revolution
- criticize
- convince
- efficient
- stranger
- tide
- obtain
- assist
- disaster
- terrific

0161 ★★☆ conclude
[kənklúːd]

ⓥ 결론짓다, 끝내다

The critics **conclude** that classical music is no longer popular.
그 평론가들은 고전 음악이 더 이상 인기가 없다고 **결론짓는다**.

Plus ⊜ come to an end

conclusion ⓝ 결론   **conclusive** ⓐ 결정적인
concluding ⓐ 끝맺는

0162 ★★☆ donate
[dóuneit]

ⓥ 기부하다

All profits will be **donated** to the local children's hospital.   23 모평
수익금 전액은 지역 아동 병원에 **기부될** 것이다.

donor ⓝ 기부자   **donation** ⓝ 기부

0163 ★★☆ personality
[pə̀ːrsənǽləti]

ⓝ 개성, 성격, 특색

We are influenced by our **personality** but not controlled by it.
우리는 우리의 **성격**에 영향을 받지만 그것에 의해 지배되지는 않는다.

Plus ⊜ character, nature

0164 ★★☆ struggle
[strʌ́gl]

ⓥ 싸우다, 노력하다   ⓝ 투쟁, 노력

She then continued to cry for help and **struggle** to get out.   19 모평
곧이어 그녀는 계속해서 도와 달라고 울부짖으며 밖으로 나가려고 **몸부림쳤다**.

Plus ⊜ strive ⓥ 노력하다, 애쓰다

0165 ★☆☆ advantage
[ədvǽntidʒ]

ⓝ 유리한 점, 이익

Laughter can turn any disadvantage into an **advantage**.   13 모평
웃음은 어떤 불리한 점도 **유리한 점**으로 바꿀 수 있다.

Plus ⊖ disadvantage ⓝ 불리한 점, 약점
     ⊕ take advantage of ～을 이용하다

0166 ★★☆ variety
[vəráiəti]

ⓝ 다양, 다양성

A **variety** of theoretical perspectives provide insight into immigration.   22 모평
다양한 이론적 관점은 이주에 대한 통찰을 제공한다.

Plus ⊜ diversity
     ⊕ a variety of 다양한(= various)

vary ⓥ 바뀌다, 다르다   **various** ⓐ 다양한

0167 ★☆☆

enable
[inéibl]

☐☐

ⓥ 가능하게 하다

Television picture tubes **enable** viewers to see the image that is formed inside the tube.

텔레비전 영상 브라운관은 그 안에 형성되는 영상을 시청자들이 볼 수 있게 해 준다.

able ⓐ ~할 수 있는 (to)　　　　**ability** ⓝ 능력

en + able

en(동·접)+**able**(가능한) → '~하게 하다'를 의미하는 동사화 접두사 en-과 '가능한'을 의미하는 able이 결합해 '가능하게 하다'를 의미합니다.

0168 ★★☆

instruction
[instrʌ́kʃən]

☐☐

ⓝ 지시, 제품 사용 설명서, 가르침

Read these **instructions** to learn how to play with and care for Tommy.　21 모평 변형

Tommy와 함께 놀고 돌보는 방법을 배우기 위해 이 **사용 설명서**를 읽으세요.

instructor ⓝ 강사

0169 ★★☆

assume
[əsjúːm]

☐☐

ⓥ 추정하다, (태도 등을) 취하다

Restoration **assumes** that one can recreate an artist's original intent and product.　13 모평

복원은 예술가의 본래 의도와 작품을 재창조할 수 있다고 **가정한다**.

Plus ⊜ presume ⓥ 추정하다

assume의 다양한 의미

assume에는 '추정하다'라는 의미 외에도 '맡다', '취하다'라는 중요한 의미가 있습니다. 이 의미들 사이에는 큰 연관 관계가 없기 때문에 한 가지 의미만을 외우는 경우가 많습니다. 하지만 명사형 assumption(추정, 인수, 취임)도 다른 의미를 모두 갖고 있기 때문에 주의해야 합니다.

0170 ★★☆

attempt
[ətémpt]

☐☐

ⓥ 시도하다　ⓝ 시도

Praise your children for **attempting** a task, even if it was unsuccessful, and for taking risks.　15 모평

비록 과업이 성공적이지 않았다고 하더라도 그것을 **시도하는 것**과 위험을 감수하는 것에 대해서 당신의 자녀들을 칭찬하라.

Plus ⊜ try

0171 ★★☆

incredible
[inkrédəbl]

☐☐

ⓐ 믿을 수 없는, (믿기 어려울 만큼) **굉장한**

The Roman Empire had an **incredible** variety of trademarks.　17 모평

로마 제국에는 **믿을 수 없을 만큼** 다양한 상표가 있었다.

0172 ★★☆

feature
[fíːtʃər]

☐☐

ⓝ 특징, 특집 기사, 얼굴 생김새　**ⓥ 특징으로 하다**, 주연하다

This phenomenon reflects a unique **feature** in the health care industry.　18 모평 변형

이러한 현상은 의료 산업의 고유한 **특징**을 반영한다.

0173 ★★☆

confuse
[kənfjúːz]

ⓥ 혼동하다, 혼란시키다

Yet so often we **confuse** means with ends, and sacrifice happiness (end) for money (means). `16 수능`

그러나 너무 자주 우리는 수단과 목적을 **혼동하**며, 돈(수단)을 위해 행복(목적)을 희생한다.

`Plus` ⊕ be confused by ~에 의해 혼란스러워하다
confusion ⓝ 혼란

0174 ★☆☆

electronic
[ilèktrάːnik]

ⓐ 전자의, 전자 공학의

To watch a play is to step into a world that seems far removed from **electronic** beeping and ringing.

연극을 관람하는 것은 **전자** 신호음과 벨소리로부터 멀리 떨어져 있는 것처럼 보이는 세계 안으로 발을 들여놓는 것이다.

electron ⓝ 전자　　　　**electricity** ⓝ 전기

0175 ★★☆

absorb
[əbsɔ́ːrb, əbzɔ́ːrb]

ⓥ 흡수하다, (사람·마음을) 열중시키다

The cell **absorbs** water, sugars, amino acids, and other nutrients.

세포는 물, 당, 아미노산, 그리고 다른 영양소들을 **흡수한다**. `22 수능 변형`

`Plus` ⊜ soak up
　　　⊕ be absorbed in ~에 열중하다

0176 ★★☆

indicate
[índikèit]

ⓥ 가리키다, 나타내다

They adjust themselves to any social signal that **indicates** appropriate or inappropriate behavior. `14 수능`

그들은 적절하거나 부적절한 행위를 **가리키는** 어떤 사회적 신호에 자기 자신들을 맞춘다.

indication ⓝ 지시, 징조

0177 ★★☆

analyze
[ǽnəlàiz]

ⓥ 분석하다

Use your critical thinking skills to **analyze** when feedback will do the most good. `16 모평`

피드백이 언제 가장 도움이 될지를 **분석하기** 위해 여러분의 비판적 사고 기능을 활용하라.

analysis ⓝ 분석

0178 ★★☆

stock
[stɑk]

ⓝ 재고품, 저장, 가축　ⓥ 저장하다, (물품을) 들여놓다

Helen tells the customer that it's the last one in **stock** at the moment. `15 모평`

Helen은 고객에게 현재 그것이 마지막 **재고**라고 말한다.

`Plus` ⊕ out of stock 재고가 없는

DAY 05

0179 ★★☆
resident
[rézidənt]

@ 거주하는　ⓝ 거주자, 레지던트(전문의 수련자)

A former **resident** of Canton, Ohio, was trying to describe her image of the city to her classmates.　13 모평

Ohio 주 Canton의 이전 **거주자**가 자신의 학급 친구들에게 그 도시의 모습을 묘사하려고 애쓰고 있었다.

reside[rizáid]　ⓥ 거주하다　　　　**residence**　ⓝ 거주

0180 ★★★
labor
[léibər]

ⓝ 노동, 산고　ⓥ 노동하다

Planning for such cost reductions should be done jointly by **labor** and management.　22 수능 변형

그러한 비용 절감을 위한 계획은 **노동**과 경영[노사]이 함께해야 한다.

0181 ★★☆
remark
[rimá:rk]

ⓥ 의견을 말하다, ~에 주목하다　ⓝ 의견, 주목

When we **remark** with surprise that someone "looks young" for his or her chronological age, we are observing that we all age biologically at different rates.　16 수능

우리가 어떤 사람이 그 사람의 실제 연령에 비해 '젊어 보인다'고 놀라면서 **말할** 때, 우리는 우리 모두가 생물학적으로 다른 속도로 나이 든다고 말하고 있는 것이다.

Plus　⊜ state　ⓥ 진술하다, 말하다
　　　　⊕ make a remark　한마디 하다
remarkable　@ 주목할 만한

0182 ★★★
moral
[mɔ́:rəl]

@ 도덕적인

Scientists have no special purchase on **moral** or ethical decisions.

과학자들은 **도덕적** 혹은 윤리적 결정에 대한 특별한 강점이 없다.　22 수능

Plus　⊖ immoral　@ 부도덕한
morality　ⓝ 도덕

0183 ★★☆
embarrassed
[imbǽrəst]

@ 당황한

The class captain erupted into a roar of laughter, and we were **embarrassed** beyond belief.

반장이 폭소를 터뜨렸고, 우리는 믿을 수 없을 정도로 **당황했**다.

embarrass　ⓥ 당황하게 하다　　　　**embarrassment**　ⓝ 당황

0184 ★★★
claim
[kleim]

ⓥ 주장하다　ⓝ 요구, 주장

Almost every man **claimed** he was innocent.　13 모평

거의 모든 남자가 자신이 무죄라고 **주장했다**.

0185 ★★☆

reasonable
[ríːzənəbl]

ⓐ 논리적인, 분별력이 있는

When we behave irrationally, our behavior usually seems **reasonable** to us. `13 모평`

우리가 비이성적으로 행동할 때, 우리의 행동은 대개 우리에게 **타당한** 것처럼 보인다.

reason ⓝ 이유

0186 ★★☆

interrupt
[ìntərʌ́pt]

ⓥ 방해하다, 중단하다

Office workers are regularly **interrupted** by ringing phones.

사무직 근로자들은 전화벨 소리로 인해 자주 **방해를 받는다.** `14 수능 변형`

Plus ⩵ disturb, interfere with

interruption ⓝ 방해, 중단

inter + rupt

inter(= between: ~ 사이의) + **rupt**(= break) → '사이를 깨고 들어가는 것', 즉 '방해하다'가 됩니다.

0187 ★★★

limit
[límit]

ⓥ 제한하다, 한정하다   ⓝ 제한(점)

The number of participants will be **limited** to 50.

참가자 수는 50명으로 **제한될** 것이다.

Plus ⩵ restrict

limitation ⓝ 제한, 국한

0188 ★★☆

creature
[kríːtʃər]

ⓝ 생물, 피조물

This tiny **creature** has the distinction of being the first fly to be declared an endangered species in the U.S.

이 작은 **생물**은 미국에서 멸종 위기의 종으로 선포된 최초의 파리라는 영예를 갖고 있다.

create ⓥ 창조하다

0189 ★★☆

heal
[hiːl]

ⓥ 치료하다, 낫게 하다

Musicians seem to have a unique ability to **heal** the human body.

음악가는 인체를 **치유하는** 독특한 능력을 가진 것처럼 보인다.

0190 ★★☆

establish
[istǽbliʃ]

ⓥ 설립하다, 확립하다, 제정하다

Artists are perceived to **establish** a strong bond with their art to the point of combining into one "entity." `18 모평`

예술가들은 하나의 '실체'로 합쳐질 정도까지 자신들의 예술과 강력한 유대 관계를 **확립한다고** 인식된다.

Plus ⩵ set up, found

establishment ⓝ 설립, 창설

0191 ★★☆

revolution
[rèvəlúːʃən]

ⓝ 혁명, 갑작스러운 변화, 회전

The green **revolution** was a mixed blessing.　12 모평

녹색 **혁명**은 뒤섞인 축복이었다.

revolutionary ⓐ 혁명의　　　　**revolve** ⓥ 회전하다

0192 ★★☆

criticize
[krítisàiz]

ⓥ 비난하다, 비평하다

We may **criticize** the UN and its member governments for failing to keep their promises.　20 모평 변형

우리는 유엔과 그 회원국 정부들이 자신들의 약속을 지키지 못한 것에 대해 **비난할** 수도 있을 것이다.

critic ⓝ 비평가　　　　**criticism** ⓝ 비평
critical ⓐ 비평의, 위기의, 결정적인

'비난하다'라는 의미의 단어들

criticize 좋지 않은 점을 찾아 비난하다　　**blame** 잘못·과실에 대해 책임을 묻다　　**condemn** 강하게 비난하다

0193 ★★☆

convince
[kənvíns]

ⓥ 확신시키다, 납득시키다

He became **convinced** that it was his destiny in life to make good beginnings and then watch them fade away.　14 모평

그는 순조로운 시작을 했다가 그것들이 사라져 버리는 것을 지켜보는 것이 자기 삶의 운명이라고 **확신하게** 되었다.

Plus ⊜ assure
conviction ⓝ 확신, 유죄의 판결　　　　**convincible** ⓐ 설득할 수 있는

0194 ★★☆

efficient
[ifíʃənt]

ⓐ 효율적인, 유능한

It is a faster, more **efficient** technique, and much of the increased efficiency is due to the use of searching images.　16 모평

그것은 더 빠르고 더 **효율적인** 기법인데, 향상된 효율성의 많은 부분은 탐색 이미지의 활용에 기인한다.

efficiency ⓝ 효율성, 능력

0195 ★☆☆

stranger
[stréindʒər]

ⓝ 낯선 사람, 문외한

Doing the right thing means thinking about everybody else, using the emotional brain to mirror the emotions of **strangers**.　12 모평

옳은 일을 한다는 것은 **낯선 사람들**의 감정을 비춰 보기 위해 감정적 뇌를 이용해서 다른 모든 사람에 대하여 생각하는 것을 의미한다.

strange ⓐ 이상한, 낯선(= foreign)

strange + (e)r

strange(이상한)+(e)r(사람을 나타내는 명·접) → '이상한 사람', 즉 '낯선 사람'입니다.

0196 ★★☆

tide
[taid]

ⓝ 조수(潮水), 흐름

Why does the ocean have **tides**? The moon. 15 모평
바다에는 왜 **조수**가 있는가? 달 때문이다.

0197 ★★☆

obtain
[əbtéin]

ⓥ 얻다, 획득하다

Clarity is often a difficult thing for a leader to **obtain**. 21 모평
명료함은 흔히 지도자가 **얻기** 어려워하는 것이다.

-tain이 포함된 단어들

contain 포함하다   **sustain** 지속하다   **retain** 유지하다

0198 ★★☆

assist
[əsíst]

ⓥ 도움을 주다

Please feel free to use any additional methods you want to **assist** you in solving the problems.
당신이 문제들을 해결하는 데 **도움을 줄** 수 있는, 당신이 원하는 어떠한 추가적인 방법들이라도 자유롭게 사용하십시오.

Plus ⊜ help, support
assistance ⓝ 도움, 보조   **assistant** ⓝ 조수, 보조 수단

0199 ★★☆

disaster
[dizǽstər]

ⓝ 재앙, 재난, 재해

Adding to their importance is that many of the lifeline systems serve vital roles in **disaster** recovery. 13 모평
생명선 시스템의 다수가 **재난** 복구에서 중대한 역할을 한다는 것이 그것들의 중요성을 더해 주고 있다.

Plus ⊜ catastrophe
disastrous ⓐ 비참한

0200 ★★☆

terrific
[tərífik]

ⓐ 굉장한, 훌륭한

Great people have **terrific** advice about what helped them succeed. 13 수능
위대한 사람들은 자신들이 성공하도록 도움을 주었던 것에 대한 **훌륭한** 충고를 지니고 있다.

Plus ⊖ **terrible** ⓐ 지독한, 형편없는
terrify ⓥ 무섭게 하다

REVIEW TEST

A 다음 단어에 해당하는 우리말 또는 영어 단어를 쓰시오.

01 conclude	_____________	**11** 개성, 성격	_____________
02 donate	_____________	**12** 다양, 다양성	_____________
03 struggle	_____________	**13** 시도하다, 시도	_____________
04 enable	_____________	**14** 분석하다	_____________
05 assume	_____________	**15** 방해하다, 중단하다	_____________
06 incredible	_____________	**16** 설립하다, 확립하다	_____________
07 confuse	_____________	**17** 확신시키다	_____________
08 indicate	_____________	**18** 효율적인, 유능한	_____________
09 moral	_____________	**19** 조수(潮水), 흐름	_____________
10 reasonable	_____________	**20** 재앙, 재난, 재해	_____________

B 다음 빈칸에 알맞은 단어를 보기에서 골라 쓰시오.

보기			
advantage	instruction	resident	feature
embarrassed	creature	criticize	obtain

01 There was a(n) _____________ meeting of this apartment yesterday.

02 The panda is one of the rarest _____________s in the world today.

03 We're going to learn how to _____________ poems in this chapter.

04 His remark made all the people in the room _____________.

05 The _____________ manual was not understandable because many parts of in it were not clear.

B **01** 어제 이 아파트의 주민 회의가 있었다. **02** 판다는 오늘날 세상에서 가장 보기 드문 생물 중 하나이다. **03** 이 챕터에서 우리는 시를 비평하는 방법을 배울 것이다. **04** 그의 발언은 그 방에 있는 모든 사람들을 당황하게 했다. **05** 그 사용 설명서는 많은 부분들이 분명하지 않아서 이해할 수 없었다.

정답 **01** resident **02** creature **03** criticize **04** embarrassed **05** instruction

<u>on</u>

on은 기본적으로
'접촉'을 의미합니다.

try on ▶ (시험 삼아) 입어 보다

Where can I **try on** this shirt?
어디에서 이 셔츠를 **입어 볼** 수 있나요?

turn on ▶ 켜다, 나오게 하다

She **turned on** the TV but nothing was interesting.　20 모평
그녀는 TV를 **켰지만** 아무것도 재미있지 않았다.

stay on ▶ 제자리에 놓여 있다, 계속 머무르다

The family **stayed on** the farm during their summer vacation.
그 가족은 여름 방학 동안에 그 농장에 **계속 머물렀다**.

on의 접촉은
지속적이기 때문에
'지속', '진행'의 의미를
갖습니다.

go on ▶ 계속해서 ～하다

We decided to **go on** working until we finish it.
우리는 그것을 끝낼 때까지 **계속해서 일하기로** 결정했다.

carry on ▶ 계속하다, 속행하다

He decided to **carry on** teaching.　그는 **계속해서** 가르치기로 결심했다.

on은 접촉되어 있어
영향이 미치는 관계물,
즉 대상을 나타내기도
합니다.

dwell on ▶ ～을 곰곰이 생각하다, ～을 숙고하다

You'd rather not **dwell on** the past.　과거**에 대해 생각하지** 않는 편이 좋다.

live on ▶ ～을 먹고 살다

They **lived** mainly **on** fruits.　그들은 주로 과일을 **먹고 살았다**.

pick on ▶ ～을 괴롭히다

He got scolded for **picking on** other kids.
그는 다른 아이들을 **괴롭혀서** 꾸중을 들었다.

Previous Check

- specific
- react
- independent
- theory
- qualify
- consider
- recall
- risk
- treatment
- engage
- motivate
- clue
- resource
- probable
- depress
- fascinate
- violent
- alarm
- edge
- deserve
- route
- psychology
- passion
- import
- purchase
- conscience
- pose
- length
- severe
- decade
- occupy
- acquire
- interact
- brief
- observe
- poetry
- salary
- grain
- skip
- meaningful

0201 ★★☆

specific
[spəsífik]

ⓐ **구체적인, 특정한**

Our individuality is not denied, but it is viewed as a product of **specific** social and cultural experiences. 21 모평

우리의 개인성은 부인되는 것이 아니라, **특정한** 사회적, 문화적 경험의 산물로 여겨지는 것이다.

Plus ⊖ vague ⓐ 모호한
species ⓝ 종(種), 종류

0202 ★☆☆

react
[riǽkt]

ⓥ **반응하다, 반작용하다**

There are few people who do not **react** to music to some degree.

어느 정도라도 음악에 **반응하지** 않는 사람들은 거의 없다.

Plus ⊜ respond
reaction ⓝ 반응, 반작용

0203 ★★☆

independent
[ìndipéndənt]

ⓐ **독립적인**

The **independent** self may be more driven to cope by appealing to a sense of agency or control. 21 모평

독립적 자아는 주체 의식이나 통제 의식에 호소함으로써 대처하도록 더 많이 유도될 수도 있다.

Plus ⊖ dependent ⓐ 의존하는
independence ⓝ 독립, 자립

0204 ★★☆

theory
[θíəri]

ⓝ **이론**

His mathematical **theory** of heat conduction earned him lasting fame. 14 수능

열전도에 대한 그의 수학적 **이론**은 그가 지속적인 명성을 얻게 해 주었다.

0205 ★★☆

qualify
[kwɑ́:ləfài]

ⓥ **자격을 얻다**

Among them, only thirty-two teams **qualified** to play in the tournaments in Korea and Japan.

그들 중 단지 32개 팀만이 한국과 일본에서 열리는 토너먼트에 참가할 **자격을 얻었다**.

Plus ⊖ disqualify ⓥ 실격시키다
qualification ⓝ 자격증, 자격

0206 ★☆☆

consider
[kənsídər]

ⓥ **숙고하다, 고려하다**

To fully understand science, it must be **considered** within the society in which it functions. 16 모평

과학을 충분히 이해하기 위해서, 과학은 그것이 기능하는 사회 내에서 **고려되어야** 한다.

0207 ★☆☆

recall
[rikɔ́ːl]

☐☐

ⓥ 상기하다, 철회하다, 회수하다   **ⓝ 상기, 철회, 회수**

Many of us believe that amnesia, or sudden memory loss, results in the inability to **recall** one's name and identity.   13 모평

우리 중 많은 사람은 기억 상실증, 즉 갑작스러운 기억 상실이 자신의 이름과 정체성을 **기억해 낼** 수 없는 결과를 초래한다고 믿는다.

DAY 06

0208 ★☆☆

risk
[risk]

☐☐

ⓝ 위험   ⓥ 위험을 감수하다

Scientists used to think that animals would **risk** their lives like this only for kin with whom they shared common genes.   15 모평

과학자들은 동물들이 오직 공통 유전자를 공유하는 친족을 위해서만 이처럼 자신의 생명을 건 **위험을 감수할** 것이라고 생각했었다.

> **Plus** ⊕ at the risk of ∼의 위험을 무릅쓰고, ∼을 희생하여
> at all risks 모든 위험을 무릅쓰고

0209 ★★☆

treatment
[tríːtmənt]

☐☐

ⓝ 취급, 대우, 치료(법)

Thus pets are important in the **treatment** of depressed or chronically ill patients.   17 수능

그러므로 반려동물은 우울증이 있거나 만성적인 질병이 있는 환자들의 **치료**에 중요하다.

treat ⓥ 대우하다, 치료하다

0210 ★★☆

engage
[ingéidʒ]

☐☐

ⓥ 관여하다, 약속하다, 약혼하다

In areas that are not especially relevant to our self-definition, we **engage** in reflection, whereby we flatter ourselves by association with others' accomplishments.   18 모평

우리는 우리의 자기 인식과 특히 상관이 없는 영역에서 반영에 **관여하고**, 그것에 의해 우리는 타인의 성취와 연관시킴으로써 우쭐해한다.

> **Plus** ⊖ disengage ⓥ 풀다, 해방하다
> ⊕ be engaged in ∼에 종사하다, ∼으로 바쁘다
> be engaged to ∼와 약혼하다

0211 ★★☆

motivate
[móutəvèit]

☐☐

ⓥ 동기를 부여하다

People from more individualistic cultural contexts tend to be **motivated** to maintain self-focused agency or control.   21 모평 변형

더 개인주의적인 문화 환경의 출신자들은 자신에게 초점을 맞춘 주체성이나 통제력을 유지하려는 **동기를 얻는** 경향이 있다.

motive ⓝ 동기   **motivation** ⓝ 자극, 동기 부여

motiv + ate

motiv(동기)+**ate**(동·접) → '동기'라는 의미의 motiv(e)에 동사화 접미사 -ate가 붙어 '동기를 부여하다'라는 동사가 되었습니다.

0212 ★★☆

clue
[kluː]

ⓝ 실마리, 단서

Reading such **clues** helps Denise understand Jennie better. 　10 모평

그런 **단서**를 읽는 것은 Denise가 Jennie를 더 잘 이해하는 데 도움을 준다.

Plus ⊜ hint

0213 ★★☆

resource
[ríːsɔ̀ːrs]

ⓝ 자원, (-s) 지략

We are now witnessing a fundamental shift in our **resource** demands. 　20 수능

우리는 이제 **자원** 수요에 있어서 근본적인 변화를 목격하고 있다.

resourceful ⓐ 자원이 풍부한, 지략이 있는

0214 ★★☆

probable
[prábəbl]

ⓐ 가능한, 개연성이 있는, 그럴싸한

The **probable** cause of her death is not traceable by modern medical science.

그녀의 죽음에 대한 **가능한** 원인은 현대 의학으로 추적이 가능하지 않다.

Plus ⊜ possible, likely
probability ⓝ 개연성, 확률

0215 ★★☆

depress
[diprés]

ⓥ 우울하게 하다, 의기소침[낙담]하게 하다

Children who visit cannot help but remember what their parents once were and be **depressed** by their incapacities. 　17 수능 변형

방문하는 자녀들은 자신들의 부모님이 예전에 어떠했는지를 기억하고 그들의 무능함에 **의기소침해**질 수밖에 없다.

depression ⓝ 우울, 불경기　　　　**depressive** ⓐ 우울한 ⓝ 우울증 환자

0216 ★★☆

fascinate
[fǽsənèit]

ⓥ 매료시키다, 마음을 빼앗다

She was **fascinated** by the majesty of the desert. 　14 수능 변형

그녀는 사막의 장엄함에 **매료되었다**.

Plus ⊕ be fascinated with[by] ~에 매료되다

0217 ★★☆

violent
[váiələnt]

ⓐ 난폭한, 폭력적인

Your work won't be considered if the content is **violent**.

만약 내용이 **폭력적이**라면 당신의 작품은 배제될 것이다.

Plus ⊜ brutal
violence ⓝ 폭력, 격렬함

0218 ★★★
alarm
[əlάːrm]

□□

ⓝ 놀람, 경보

New evidence suggests that squirrels also sound alarm calls for former playmates, not genetically related.　15 모평

새로운 증거는 다람쥐들이 유전적으로 관련 없는 이전의 놀이 동무들을 위해서도 경보를 발한다는 것을 보여 준다.

Plus ⊜ warning, alert
　　⊕ in[with] alarm 놀라서

0219 ★★★
edge
[edʒ]

□□

ⓝ 가장자리, 날카로움, 우위

The leaf is usually deeply toothed, but in some species it is almost smooth at the edge.

그 잎은 대체로 깊게 파인 톱니 모양이지만, 어느 종의 경우에는 잎의 테두리가 거의 매끄럽다.

Plus ⊕ on the edge of　~의 가장자리에, ~하는 찰나에
　　　on edge　초조하게, 불안하게

0220 ★★☆
deserve
[dizə́ːrv]

□□

ⓥ (보수·벌 등을) 받을 만하다[가치가 있다]

Old people deserve respect for their experience.

노인들은 그들의 경륜에 대해 존경을 받을 자격이 있다.

Plus ⊕ You deserve it.　자업자득이다.

0221 ★★★
route
[ruːt]

□□

ⓝ 길, 통로, 항로

Each person picks that particular road for the logical reason that it's the fastest route.　14 모평

각각의 사람들은 그것이 가장 빠른 길이라는 논리적인 이유로 그 특정 도로를 선택한다.

Plus ⊕ on route　도중에
routine ⓝ 판에 박힌 일　ⓐ 일상적인

0222 ★★☆
psychology
[saikάːlədʒi]

□□

ⓝ 심리, 심리학

William McDougall left his mark on experimental and physiological psychology.　21 모평 변형

William McDougall은 실험 심리학과 생리 심리학에 자신의 발자취를 남겼다.

0223 ★★☆
passion
[pǽʃən]

□□

ⓝ 열정

But, as time passed, his commitment and passion seemed to fade gradually.　16 모평

그러나 시간이 지남에 따라, 그의 헌신과 열정은 점차 희미해지는 것 같았다.

Plus ⊜ enthusiasm
　　⊖ indifference ⓝ 무관심
passionate ⓐ 정열적인

0224 ★★★

import
[impɔ́:rt]

□□

ⓥ 수입하다, 의미하다　**ⓝ 수입** [impɔ:rt]

Some are concerned with the **import** or export of goods or services between one country and another.

어떤 사람들은 한 국가와 또 다른 국가 간의 상품 또는 서비스의 **수입**이나 수출에 관계가 있다.

Plus ⊖ export ⓥ 수출하다　ⓝ 수출
importation ⓝ 수입, 수입품

im + port

im(= in)+**port**(항구) → '항구로 들여오다'에서 '수입하다'가 되었습니다.

0225 ★★☆

purchase
[pə́:rtʃəs]

□□

ⓥ 구매하다　**ⓝ 구매**

When I **purchased** your newest model, the Superimage 2000, I could not have been more disappointed.　13 모평

저는 귀사의 최신 모델인 Superimage 2000을 **구매했을** 때 더할 나위 없이 실망했습니다.

Plus ⊖ sell ⓥ 팔다

0226 ★★☆

conscience
[kɑ́:nʃəns]

□□

ⓝ 양심

Zach's **conscience** whispered that a true victory comes from fair competition.　14 모평

Zach의 **양심**은 진정한 승리란 공정한 경쟁으로부터 나오는 것이라고 속삭였다.

conscientious ⓐ 양심적인, 성실한　　**conscious** ⓐ 의식하고 있는

0227 ★★★

pose
[pouz]

□□

ⓥ 자세를 취하다, (문제를) 제기하다　**ⓝ 자세**

Riddles provide commonplace instances of such insight problems, such as the classic riddle that the Sphinx **posed** to Oedipus.　16 모평

수수께끼가 그런 통찰 문제의 아주 흔한 사례를 제공하는데, 스핑크스가 오이디푸스에게 **제기했던** 고전적인 수수께끼 같은 것이다.

position ⓝ 위치, 자세, 맡은 임무[구역]

0228 ★★★

length
[leŋkθ]

□□

ⓝ 길이

Geometrical shapes do not move the imagination to free and new (mental) **lengths**.　22 모평

기하학적 모양은 상상력을 자유롭고 새로운 (정신적인) **길이**[범위]로 움직이게 하지 않는다.

Plus ⊕ at length 드디어, 마침내
long ⓐ 긴　　　　　　　　　　**lengthen** ⓥ 길게 하다

측량의 표현들

length 길이	**volume** 부피	**area** 넓이
depth 깊이	**height** 높이	**density** 밀도

0229 ★★★

severe
[sivíər]

ⓐ 심한, 엄격한

As a result, using animal images for commercial purposes was faced with **severe** criticism from animal rights activists.　18 모평

그 결과로, 상업적인 목적을 위해 동물의 이미지를 사용하는 것은 동물 권리 보호 운동가들로부터의 **혹독한** 비판에 맞닥뜨렸다.

severity ⓝ 엄격, 혹독

0230 ★★☆

decade
[dékeid, dikéid]

ⓝ 10년, 10년간

During photography's first **decades**, exposure times were quite long.　10 모평

사진 촬영 기술의 초기 **몇십 년** 동안에는 노출 시간이 꽤 길었다.

0231 ★★☆

occupy
[ɑ́:kjupai]

ⓥ (시간·장소를) 차지하다, 전념하다

You cannot fit objects that **occupied** a 5,000-square-foot house in a 2,000-square-foot condominium.　14 모평

당신은 5천 제곱피트의 집을 **차지했던** 물건들을 2천 제곱피트의 아파트 안에 넣을 수 없다.

occupation ⓝ 직업, 점유

0232 ★★☆

acquire
[əkwáiər]

ⓥ 습득하다

An animal **acquires** a behavior pattern by imitating it from another.

동물은 다른 동물로부터 어떤 행동 유형을 모방함으로써 그것을 **습득한다**.

acquisition ⓝ 습득

0233 ★★☆

interact
[intərǽkt]

ⓥ 상호 작용하다

Bacteria fundamentally shape each other as they **interact**.　13 모평

박테리아는 **상호 작용을 하**면서 근본적으로 서로 모양을 형성한다.

interaction ⓝ 상호 작용　　　　**interfere, interrupt** ⓥ 방해하다

0234 ★★★

brief
[bri:f]

ⓐ 간단한　ⓝ 간단한 보고　ⓥ 간단히 알리다

After a **brief** skills test, participants will be trained based on their levels.　18 수능

간단한 기술 테스트 후에 참가자들은 자신들의 수준에 따라 훈련을 받게 될 것이다.

Plus ⊕ **to be brief** 간단히 말해서(= briefly speaking, in brief)
briefing ⓝ 상황 설명, 요약 보고

0235 ★★☆

observe
[əbzə́:rv]

ⓥ 관찰하다, 보다, 준수하다

They are not in the habit of **observing** closely the play of features of their fellow men — either in real life or at the movies. `18 모평`

그들은 실제 삶이나 영화에서 다른 사람들의 이목구비의 움직임을 자세히 **관찰하는** 습관을 갖고 있지 않다.

observation ⓝ 관찰　　　　　　**observatory** ⓝ 관측소
observance ⓝ 준수

0236 ★★☆

poetry
[póuətri]

ⓝ 시, 운문

She wrote some pioneering **poetry** and essays focused on women's rights. `14 모평`

그녀는 여성 인권에 초점을 맞춘 선구적인 몇 편의 **시**와 수필을 썼다.

0237 ★★☆

salary
[sǽləri]

ⓝ 급료, 봉급

She gave Betty two months' **salary** as severance pay. `12 수능`

그녀는 Betty에게 두 달 치의 **급여**를 퇴직금으로 주었다.

0238 ★☆☆

grain
[grein]

ⓝ 곡물, 낟알

Sometimes this is used for storing hay and **grain**, too.

종종 이것은 또한 건초와 **곡물**을 저장하기 위해서도 사용된다.

`Plus` ⊕ **in grain** 타고난, 철저한
grainy ⓐ (입자가) 거친

0239 ★★☆

skip
[skip]

ⓥ 거르다, 깡충깡충 뛰다

I often **skip** dinner to lose weight.

나는 체중을 줄이기 위해서 자주 저녁을 **거른다**.

0240 ★☆☆

meaningful
[mí:niŋfəl]

ⓐ 의미 있는, 의미심장한

It is the only path to a more **meaningful** and efficient existence.

그것이 좀 더 **의미 있고** 효율적인 생활로 가는 유일한 경로이다. `13 모평`

`Plus` ⊖ **meaningless** ⓐ 의미 없는
careful ⓐ 주의 깊은　　　　　　**thoughtful** ⓐ 사려 깊은

`mean + ing + ful`

mean (의미하다) + ing (-ing) + ful (형·접) → meaning은 '의미'라는 뜻이고 -ful이 붙으면 '의미가 가득한', 즉 '의미심장한'이라는 형용사가 됩니다.

REVIEW TEST

A 다음 단어에 해당하는 우리말 또는 영어 단어를 쓰시오.

01 consider	______________	11 반응하다	______________
02 recall	______________	12 이론	______________
03 risk	______________	13 실마리, 단서	______________
04 treatment	______________	14 난폭한, 폭력적인	______________
05 resource	______________	15 수입하다	______________
06 depress	______________	16 양심	______________
07 fascinate	______________	17 길이	______________
08 route	______________	18 10년, 10년간	______________
09 passion	______________	19 상호 작용하다	______________
10 pose	______________	20 곡물, 낟알	______________

B 다음 빈칸에 알맞은 단어를 보기에서 골라 쓰시오.

보기			
deserve	acquire	edge	qualify
purchase	severe	specific	brief

01 Some students think it's very difficult to ______________ a foreign language.

02 You ______________ for a parking permit if you have lived in this area for more than a year.

03 You ______________ the reward for helping many other people around you.

04 In fact, the funds were not raised for a(n) ______________ purpose.

05 If untreated, the illness can become ______________.

B **01** 어떤 학생들은 외국어를 습득하는 것이 매우 어렵다고 생각한다. **02** 이 지역에서 1년 넘게 살면 주차 허가증을 얻을 자격을 얻는다.
03 당신은 주변의 많은 사람들을 도운 것에 대해 보상을 받을 자격이 있다. **04** 사실 그 자금은 특정한 목적을 위해 모아진 것이 아니다.
05 치료되지 않으면, 병은 심해질 수 있다.

정답 **01** acquire **02** qualify **03** deserve **04** specific **05** severe

off

off는 기본적으로
'~으로부터 떨어져'라는
뜻을 지닙니다.

get off ▶ 내리다

Jessica quickly **got off** the bus and she ran up the cliff that was famous for its ocean views.　23 모평
Jessica는 재빨리 버스에서 **내려** 바다 전망으로 유명했던 그 절벽으로 뛰어 올라갔다.

put off ▶ 연기하다, 늦추다

Some people tend to **put** things **off** until the last minute.
어떤 사람들은 일을 마지막 순간까지 **미루는** 성향이 있다.

take off ▶ ① 이륙하다　② (옷·신발 따위를) 벗다

We **took off** at 9 o'clock and arrived in Tokyo at 11.
우리는 9시에 **이륙하여** 11시에 도쿄에 도착했다.

When she **took off** her glasses, we were surprised at her beauty.
그녀가 안경을 **벗었을** 때, 우리는 그녀의 아름다움에 놀랐다.

off의 떨어져 나가는
의미가 강조되어 '제거',
'소멸'을 뜻하기도 합니다.

call off ▶ 취소하다

We had no choice but to **call off** the trip because of the accident.
그 사고 때문에 우리는 그 여행을 **취소할** 수밖에 없었다.

shake off ▶ 털어 내다

Once I have a bad cold, it's hard to **shake** it **off**.
나는 한번 독감에 걸리면 **털어 내기가** 어렵다.

off는 분리를 완전히 이룬
것을 강조해 '성취'의 뜻을
갖기도 합니다.

pay off ▶ ① 완불하다　② 성과가 있다, 이득을 보다

He seems to be happy because he **paid off** all his debts yesterday.
그는 어제 모든 빚을 **청산해서** 행복해 보인다.

I hope all my hard work **pays off**.　22 모평
나의 모든 노력이 **성과가 있기를** 바랍니다.

Previous Check

- survival
- comment
- leap
- plain
- typical
- mere
- mechanic
- mood
- approve
- rural
- finance
- seek
- operation
- crime
- awful
- series
- exhausted
- absolute
- surround
- display
- policy
- mass
- committee
- accurate
- arrange
- facility
- consult
- refer
- attach
- recover
- reward
- enormous
- domestic
- wealth
- elementary
- gap
- except
- journey
- survey
- downtown

0241 ★★☆

survival
[sərváivəl]

☐☐

ⓝ 생존

On the one hand, oxygen free radicals help guarantee our **survival**. 　14 수능

한편으로, 활성 산소들은 우리의 **생존**을 보장하도록 돕는다.

survive ⓥ 살아남다

0242 ★☆☆

comment
[ká:ment]

☐☐

ⓝ 논평, 주석(註釋)　**ⓥ 논평하다**

No one **commented** on his mistake — apart from his drama teacher. 　14 모평

그의 연극 선생님 외에는 아무도 그의 실수에 대해 **평하지** 않았다.

Plus ⊕ No comment. 할 말이 없다.

commentary ⓝ 주석, 논평, 실황 방송

comment, remark, observation	
comment	어떤 문제, 서적, 인물, 상태에 대한 논평이나 비평
remark	의견, 판단 등을 간단히 말하거나 적은 것
observation	관찰, 경험에 의거해 충분히 생각한 의견이나 판단

0243 ★★☆

leap
[li:p]

☐☐

ⓥ 뛰다, 도약하다　**ⓝ 도약**

She thought about working hard on her **leaps** and jumps. 　15 모평

그녀는 **도약**과 점프를 열심히 연습하는 것에 대해 생각했다.

0244 ★☆☆

plain
[plein]

☐☐

ⓐ 평범한, 명백한　**ⓝ 평원, 평야**

The **plain** old telephone was interactive, but not integrated as it only transmitted speech and sounds and it did not work with digital code. 　15 수능

평범한 구식 전화는 쌍방향이었지만, 그것은 오로지 말과 소리만 전송하기 때문에 통합적이지 않았으며, 디지털 코드로 작동하지 않았다.

0245 ★☆☆

typical
[típikəl]

☐☐

ⓐ 전형적인, 대표적인

The class concluded that Canton is a **typical**, boring, industrialized city. 　13 모평

그 학급은 Canton 시를 **전형적**이고 지루하며 산업화된 도시라고 결론을 내렸다.

Plus ⊜ standard, usual
⊖ unusual ⓐ 별난

type ⓝ 유형

typ + ical

typ(e)(유형, 전형)+**ical**(성질을 나타내는 형·접) → '전형이 되는 성질'이므로, '전형적인'의 뜻을 가집니다.

0246 ★☆☆

mere
[miə*r*]

ⓐ 단지 ~에 불과한

He judged by the sound that the fall was a mere slip and could not have hurt Meredith. 11 모평

그는 그 소리를 듣고 넘어진 것이 단지 미끄러진 것에 불과해서 Meredith가 다치지 않았을 것이라고 판단했다.

Plus ⊜ nothing more than, only

merely ⓐⓓ 단지

0247 ★★☆

mechanic
[məkǽnik]

ⓝ 기계공, 정비공

Many gas stations have gotten rid of on-duty mechanics.

많은 주유소들이 근무 중인 정비공들을 없애 버렸다.

mechanism ⓝ 기계 장치, (정해진) 절차

0248 ★★★

mood
[mu:d]

ⓝ 기분, 분위기

It seemed that the brief humorous comment momentarily put the participants in a good mood and encouraged them to be more giving. 12 모평

그 짧은 재미있는 언급이 순간적으로 참가자들을 좋은 분위기에 있게 해서 그들로 하여금 더 많이 기부하도록 장려했던 것 같다.

0249 ★★☆

approve
[əprúːv]

ⓥ 찬성하다, 승인하다

I would like to thank you for approving my request that the company pay for my college tuition. 16 모평

제 대학 등록금을 회사에서 지불해 달라는 요청을 승인해 주셔서 귀하께 감사드리고 싶습니다.

Plus ⊖ disapprove ⓥ 찬성하지 않다, 못마땅해하다

approval ⓝ 승인, 찬성　　　　**disapproval** ⓝ 불허, 반대

0250 ★★☆

rural
[rúrəl]

ⓐ 시골의

Some methods used in "organic" farming can make important contributions to the sustainability of rural ecosystems. 22 수능 변형

'유기농' 경작에서 사용되는 몇몇 방식들은 시골 생태계의 지속 가능성에 중요한 기여를 할 수 있다.

Plus ⊖ urban ⓐ 도시의

countryside ⓝ 시골

0251 ★★☆

finance
[fáinæns]

ⓝ 재정, 재무, 금융　　ⓥ 자금을 조달하다

English is the international language for finance.

영어는 금융 분야의 국제 언어이다.

financial ⓐ 재정의, 금융의

0252 ★★☆

seek
[si:k]

ⓥ 찾다, 추구하다, 노력하다

Those who donate to one or two charities **seek** evidence about what the charity is doing and whether it is really having a positive impact. `18 수능`

한두 자선단체에 기부하는 사람들은 그 자선단체가 무슨 일을 하고 있는지와 그것이 실제로 긍정적인 영향을 끼치고 있는지에 관한 증거를 **찾는다**.

0253 ★★☆

operation
[àpəréiʃən]

ⓝ 작업, 운영, 수술

Most organic farmers have no choice but to rely on chemicals as necessary supplements to their **operations**. `14 모평`

대부분의 유기농법 농부들은 그들의 **작업**에 필요한 보충제로서 화학 물질에 의존할 수밖에 없다.

0254 ★★☆

crime
[kraim]

ⓝ 범죄

In this workshop, you will investigate **crime** scenes and learn skills necessary to become a detective and solve mysteries! `21 모평 변형`

이 워크숍에서 여러분은 **범죄** 현장을 조사하고 탐정이 되어 수수께끼를 해결하는 데 필요한 기술을 배울 것입니다!

criminal ⓝ 범인 ⓐ 범죄의

0255 ★★☆

awful
[ɔ́:fəl]

ⓐ 끔찍한, 지독한

Awful things have been done on this island.

끔찍한 일들이 이 섬에서 일어났다.

`Plus` ⊜ terrible
⊖ terrific ⓐ 굉장한
awe ⓝ 외경심   **awesome** ⓐ 아주 멋진

0256 ★★☆

series
[síri:z]

ⓝ 연속, 시리즈물

Jim's doctor gave him a **series** of tests. `15 모평`

Jim의 의사는 그에게 **일련**의 테스트를 했다.

`Plus` ⊜ sequence, succession
⊕ a series of 일련의 ~
in series 연속하여, 연속(간행)물로서
serial ⓝ 연속물 ⓐ 연쇄의

0257 ★★☆

exhausted
[igzɔ́:stid]

ⓐ 고갈된, 기진맥진한

The participants were asked to do these tasks until they felt **exhausted**. `14 모평`

참가자들은 이러한 과제들을 **진이 다 빠진** 기분이 들 때까지 수행하도록 요청받았다.

`Plus` ⊜ weary
exhaust ⓥ 소모시키다 ⓝ 배기, 배기가스

DAY 07

0258 ★★☆
absolute
[ǽbsəlùːt]

ⓐ 완전한, 절대적인

You'd better disconnect the Internet, phone, and television set and try spending twenty-four hours in **absolute** solitude. `18 모평`

여러분은 인터넷, 전화, 텔레비전의 연결을 끊고, **완전한** 고립 상태에서 24시간을 보내 보는 것이 더 낫다.

0259 ★★☆
surround
[səráund]

ⓥ 둘러싸다

Firms need to take into account the entire ecosystem of units **surrounding** them. `22 수능 변형`

기업들은 자신들을 **둘러싸고** 있는 부문들의 전체 생태계를 고려할 필요가 있다.

> Plus ⊜ encompass, besiege
> ⊕ be surrounded by[with] ~에 둘러싸이다

surroundings ⓝ 주변, 환경

0260 ★★☆
display
[displéi]

ⓥ 전시하다, 나타내다 ⓝ 전시

All winning pictures will be **displayed** at the KGM gallery for a period of one year. `12 모평`

모든 입상 사진들은 1년의 기간 동안 KGM 미술관에서 **전시될** 것이다.

0261 ★☆☆
policy
[páːləsi]

ⓝ 정책, 수단, 방법

Scientifically designed **policies** can serve interests that run counter to the public interest. `14 수능`

과학적으로 입안된 **정책들**은 공공의 이익에 역행하는 관심사에 부합할 수 있다.

0262 ★☆☆
mass
[mæs]

ⓝ 많은 양, 덩어리, 집단, 대중

Its **mass** of plants and other organic material absorb and store tons of carbon. `19 모평`

그것의 **수많은** 식물 및 다른 유기 물질은 많은 양의 탄소를 흡수하고 저장한다.

> Plus ⊜ lump
> ⊕ in the mass 대체로, 통틀어

0263 ★★☆
committee
[kəmíti]

ⓝ (상급 기관에 소속된) 위원회

The teachers' **committee** will evaluate each entry and decide on the winner.

교사 **위원회**에서 각 참가작을 심사해서 수상자를 결정할 것이다.

> Plus ⊜ commission (독립된 역할을 하는) 위원회

commit와 committee

commit(위탁하다)+**(t)ee**(사람을 뜻하는 명·접) → '(상급 기관의 일을) 위임받은 사람'의 뜻에서 '위원회'가 되었습니다. commit의 다른 뜻으로 '(죄 등을) 범하다'라는 뜻이 있으므로 혼동하지 않도록 주의합시다.

0264 ★★☆

accurate
[ǽkjərət]

ⓐ 정확한

Being accurate is not always smart. 　14 수능
정확한 것이 항상 현명한 것은 아니다.

Plus ⊕ to be accurate　정확히 말해서
accuracy ⓝ 정확성

0265 ★★☆

arrange
[əréindʒ]

ⓥ 정리하다, 준비하다, 각색하다

What I try to do is to arrange rides for my kids with other parents.
내가 하려고 하는 것은 다른 부모들과 함께 내 아이들을 위한 교통편을 준비하는 일이다.

arrangement　ⓝ 정리, 합의, 편곡

0266 ★★☆

facility
[fəsíləti]

ⓝ 시설, 편의, 재능

She described Canton as a city with major manufacturing facilities and a downtown revitalization program. 　13 모평
그녀는 Canton 시를 주요 제조 시설들과 도심지 활성화 프로그램이 있는 도시로 묘사했다.

Plus ⊕ with facility　수월하게
facilitate　ⓥ 용이하게 하다

0267 ★★★

consult
[kənsʌ́lt]

ⓥ 상담하다, 참고하다

Any reader who feels she or he needs legal advice should consult legal counsel.
법률 자문이 필요하다고 생각하는 독자는 법률 고문과 상담해야 한다.

consultant　ⓝ 컨설턴트, 고문　　　consultation　ⓝ 상담

0268 ★★★

refer
[rifə́:r]

ⓥ 언급하다, 위탁하다

Most organic farmers might refer to these substances as "botanical extracts." 　14 모평
대부분의 유기농법 농부들은 이러한 물질들을 '식물성 추출물'이라고 언급할지도 모른다.

Plus ⊕ refer to A as B　A를 B라고 언급하다
　　　 refer to　~에 대해 언급하다
reference　ⓝ 참조, 언급　　　referee　ⓝ 심판

0269 ★★☆

attach
[ətǽtʃ]

ⓥ 붙이다, 붙다, 첨부하다, 소속시키다

The bottom of the downhill boot attaches completely to the ski.
활강용 장화의 바닥은 스키에 완전히 부착되어 있다. 　10 모평

Plus ＝ stick
　　　 ⊖ detach　ⓥ 떼다
attached　ⓐ 애착을 가진, 첨부한

0270 ★★★

recover
[rikʌ́vər]

□□ ——————

ⓥ 회복하다, 되찾다

Several years after **recovering** from my illness, I started skateboarding. 12 수능

병에서 **회복하고** 몇 년이 지난 후에, 나는 스케이트보드를 타기 시작했다.

recovery ⓝ 회복, 되찾기

re + cover

re(= again)+**cover**(덮다) → again의 뜻을 가진 re-와 '덮다'라는 의미의 cover가 결합하여 '다시 덮다'가 되었습니다. 즉, 이것은 '되찾다' 를 의미합니다.

0271 ★★★

reward
[riwɔ́ːrd]

□□ ——————

ⓝ 보상 ⓥ 보답하다

When artists show that they are truly gifted, their genius will be recognized and **rewarded**.

예술가들은 자신들이 진정으로 재능이 있다는 것을 보여 줄 때, 그들의 천재성을 인정받고 **보상받을** 것이다.

0272 ★★☆

enormous
[inɔ́ːrməs]

□□ ——————

ⓐ 엄청난, 거대한

Fish schools vary in size from a few individuals to **enormous** populations extending over several square kilometers. 13 모평

물고기 떼는 몇몇 개체들부터 몇 제곱킬로미터에 걸쳐 펼쳐진 **엄청난** 개체군에 이르기까지 규모가 다양하다.

'큰'이라는 의미의 여러 단어들

huge 크기, 양, 정도 등이 대단히 큰   **enormous** 보통의 크기나 양을 훨씬 넘는

immense 보통의 기준으로는 상상도 못 할 만큼 큰   **tremendous** 놀람, 두려움을 줄 정도로 큰

huge, enormous보다 immense와 tremendous가 더 큰 표현이라는 점을 알아 둡시다.

0273 ★★☆

domestic
[dəméstik]

□□ ——————

ⓐ 국내의, 가정의

The pie charts above show the Breakdown of Solid Waste, particularly focusing on **Domestic** Waste, of the state of New South Wales, Australia. 15 모평

위의 원그래프는 호주 New South Wales 주의 고체 폐기물 내역을 보여 주며, 특히 **가정** 폐기물에 초점을 두고 있다.

Plus ⊖ **international** ⓐ 외국의, 국제의

domesticate ⓥ 길들이다

0274 ★★★

wealth
[welθ]

□□ ——————

ⓝ 부(富), 재산

A report entitled *Yearning for Balance* concluded that people were 'deeply ambivalent about **wealth** and material gain'.

'Yearning for Balance'라는 제목의 보고서는 사람들이 '**부**와 물질적 이익에 관해 대단히 양면 가치적'이라고 결론지었다. 21 모평 변형

wealthy ⓐ 부유한

0275 ★★☆

elementary
[èləméntəri]

ⓐ 초보의, 기초적인

Researchers found that 136 second-year **elementary** school pupils who learned to play the piano and read music improved their numeracy skills. `22 모평 변형`

연구원들은 피아노 치는 것과 악보를 읽는 것을 배운 136명의 **초등**학교 2학년 학생들이 그들의 수리 감각 기술을 향상시켰다는 것을 발견했다.

`Plus` ≡ primary, basic, fundamental

element ⓝ 요소, 원소　　　　**elemental** ⓐ 요소의, 기본적인

`element + ary`

element(구성 요소) + **ary**(형·접) → 사물의 구성 요소처럼 '기초적인'이라는 뜻입니다.

0276 ★☆☆

gap
[gæp]

ⓝ 격차, 틈

As for the percentage **gap** between advertising spending and consumer time spent, Radio showed the smallest **gap**. `15 모평`

광고비 지출과 소비자 사용 시간 사이의 비율 **격차**에 대해서라면, 라디오가 가장 작은 **격차**를 보였다.

`Plus` ⊕ open a gap 기회를 주다　　　　close a gap 간격을 줄이다, 따라잡다

0277 ★★☆

except
[iksépt]

ⓟ ～을 제외하고는　ⓥ 제외하다

From 1998 to 2000, the college graduates employment rate continuously increased in all areas **except** one.

1998년부터 2000년까지, 대졸자 취업률은 한 분야**를 제외한** 모든 분야에서 계속적으로 증가했다.

`Plus` ⊕ except for ～을 제외하고는

0278 ★☆☆

journey
[dʒə́ːrni]

ⓝ 여행, 여정

That is why we heavily depend on aphorisms whenever we face difficulties and challenges in the long **journey** of our lives. `20 수능`

그것이 우리가 삶의 긴 **여정**에서 어려움과 도전에 직면할 때마다 격언에 매우 의존하는 이유이다.

0279 ★☆☆

survey
[sə́ːrvei]

ⓝ 설문 조사　ⓥ 조사하다, 둘러보다 [sərvéi]

Can I ask you a couple of questions for this **survey**?

이 **설문 조사**를 위해 몇 가지 질문을 해도 되겠습니까?

`Plus` ≡ investigate, observe

0280 ★☆☆

downtown
[dàuntáun]

ⓝ 도심　ⓐ 도심의　ⓐⓓ 도심지에

Our city has only one fire station located **downtown**. `13 수능`

우리 시에는 소방서가 **시내에** 하나밖에 없다.

REVIEW TEST

A 다음 단어에 해당하는 우리말 또는 영어 단어를 쓰시오.

01 leap		**11** 생존	
02 mere		**12** 시골의	
03 mechanic		**13** 범죄	
04 finance		**14** 둘러싸다	
05 operation		**15** 정책, 수단	
06 awful		**16** 정확한	
07 display		**17** 시설, 편의	
08 committee		**18** 회복하다, 되찾다	
09 consult		**19** 부(富), 재산	
10 enormous		**20** 도심, 도심의	

B 다음 빈칸에 알맞은 단어를 보기에서 골라 쓰시오.

보기			
approve	series	survey	exhausted
arrange	domestic	refer	comment

01 The company didn't ____________ of us starting the new project.

02 A recent ____________ showed 60% of those questioned were in favor of the policy.

03 Mr. Jang made helpful ____________s on my team's research.

04 The government tries to protect ____________ industries from foreign companies.

05 The party was ____________(e)d for Ms. Anderson's retirement.

B **01** 회사는 우리가 새로운 프로젝트를 시작하는 것을 승인하지 않았다. **02** 최근 설문 조사는 질문을 받은 사람들의 60퍼센트가 그 정책에 찬성하고 있다는 것을 보여 주었다. **03** Jang 선생님은 내 팀 연구에 관해 유익한 논평을 해 주셨다. **04** 정부는 국내 산업들을 해외 기업들로부터 보호하려고 노력하고 있다. **05** 그 파티는 Anderson 씨의 퇴임을 위해 준비되었다.

정답 **01** approve **02** survey **03** comment **04** domestic **05** arrange

구동사(동사＋부사/전치사) 정복하기 ⑦

for

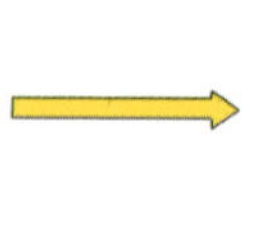

for는 기본적으로 '~ 앞의'라는 의미를 갖고, 여기서 파생되어 '~을 향해서', '~을 위해'라는 의미로 쓰입니다.

go for ▶ ① ~을 얻으려 하다 ② ~을 좋아하다

Are you planning to **go for** the scholarship?
당신은 장학금을 **타려고** 계획하고 있습니까?

She really **goes for** chocolate with almond.
그녀는 아몬드가 있는 초콜릿을 정말 **좋아한다**.

head for ▶ ~을 향해 가다

Some abandoned their hometowns and **headed for** the new town.
일부 사람들은 그들의 고향을 버리고 신도시를 **향해 갔다**.

call for ▶ ① ~을 큰소리로 부르다, ~을 청하다 ② ~을 데리러 가다[오다] ③ ~을 요구하다

He **called for** a cup of coffee. 그는 커피 한 잔을 **청했다**.

I will **call for** you at seven o'clock. 나는 7시에 당신을 **데리러 가겠다**.

They angrily **called for** his resignation. 그들은 화가 나서 그의 사임을 **요구했다**.

run for ▶ ~에 출마하다

Many people recommended him to **run for** the presidential election. 많은 사람들이 대통령 선거에 **출마할** 것을 그에게 권했다.

for는 '~에 대해'라는 뜻으로 동사의 행위가 미치는 대상을 나타냅니다.

account for ▶ ① ~을 설명하다 ② ~을 차지하다

Unlike lawyers, scientists must explicitly **account for** the possibility that they might be wrong. `17 모평`
변호사들과 달리 과학자들은 자신들이 틀릴 수도 있다는 가능성을 명시적으로 **설명해야** 한다.

The group of university graduates aged 22 to 24 **accounted for** the largest single share. `19 모평 변형`
22~24세의 대학 졸업자 집단이 가장 큰 단일 점유율을 **차지했다**.

answer for ▶ ~에 대해 책임을 지다(= be[feel] responsible for)

He should **answer for** the terrible crime.
그는 그 끔찍한 범죄에 대해 **책임을 져야** 한다.

He still **felt responsible for** her death.
그는 여전히 그녀의 죽음에 대해 **책임을 느꼈다**.

Previous Check

- previous
- produce
- remain
- entitle
- slight
- include
- delay
- file
- ethic
- instant
- reveal
- suppose
- leisure
- urban
- witness
- admit
- muscle
- device
- borrow
- owe
- intend
- aspect
- potential
- award
- preserve
- spot
- underground
- consequence
- target
- spark
- accomplish
- adopt
- unique
- slip
- civilization
- row
- horizon
- atmosphere
- label
- decorate

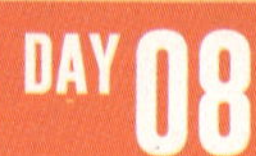

0281 ★★★
previous
[príːviəs]

ⓐ 앞의, 이전의

Historical insight is not a matter of a continuous "narrowing down" of **previous** options, not of an approximation of the truth.

역사적 통찰은 **이전의** 선택들을 지속해서 '좁혀 가는' 것의 문제, 즉 진리에 근접함의 문제가 아니다. 　22 수능 변형

Plus ⊖ later ⓐ 후의 ⓐⓓ 나중에
　　　 ⊕ previous to ～ 이전에, ～에 앞서

0282 ★★★
produce
[prədjúːs]

ⓥ 생산하다, 제조하다

The result is an explosion of information, and that has **produced** a "paradox of plenty." 　19 모평

그 결과로 정보가 폭발적으로 증가하게 되었고, 그로 인해 '풍요의 역설'이 **생겨났다**.

product ⓝ 제품, 생산물　　　**producer** ⓝ 제작자, 생산자
productive ⓐ 생산적인, 비옥한

0283 ★★☆
remain
[riméin]

ⓥ 여전히 ～이다, 남다

The seeds of many wild plants **remain** dormant for months until winter is over and rain sets in. 　14 수능

많은 야생 식물의 씨앗들은 겨울이 끝나고 비가 내리기 시작할 때까지 여러 달 동안 휴면 상태로 **남아 있다**.

remains ⓝ 남은 것, 유해

0284 ★★★
entitle
[intáitl]

ⓥ 자격[권리]을 주다, 제목을 붙이다

We feel **entitled** to ask the world, "What good are you?" 　21 모평

우리는 세상을 향해 "당신은 무슨 쓸모가 있는가?"라고 물어볼 **자격이 있다고** 느낀다.

Plus ⊕ be entitled to V ～할 자격이 있다

0285 ★★★
slight
[slait]

ⓐ 약간의, 경미한

Their faces showed only the **slightest** hints of reaction.

그들의 얼굴은 가장 **경미한** 반응의 기색만을 보였다.

Plus ⊕ make slight of ～을 얕보다, ～을 경시하다

0286 ★★☆
include
[inklúːd]

ⓥ 포함하다

Our weekly activities **include** basketball, soccer, tennis, badminton, and much more. 　14 모평

우리의 주간 활동은 농구, 축구, 테니스, 배드민턴과 훨씬 더 많은 것을 **포함한다**.

Plus ⊖ exclude ⓥ 제외하다, 배제하다
inclusion ⓝ 통합, 포함

0287 ★★★

delay
[diléi]

ⓥ 연기하다, 미루다 ⓝ 지연

One reason many people keep **delaying** things they should do is that they fear they will do them wrong or poorly, so they just don't do them at all. 15 모평

많은 사람들이 자신이 해야 할 일들을 계속 **미루는** 한 가지 이유는 자신이 그 일들을 잘못하거나 제대로 하지 못할 것이라고 두려워해서 아예 그 일들을 하지 않기 때문이다.

Plus ⊜ put off, postpone
　　　⊝ rush, hurry ⓥ 서두르다

delay와 postpone

delay	주로 실패, 과실 등으로 인해 해야 할 일을 미루는 것	**postpone**	어떤 이유로 일정 시점까지 연기하는 것

0288 ★★★

file
[fail]

ⓝ 서류철, (컴퓨터) 파일 ⓥ 파일에 철하다, (소송 등을) 제기하다

The size of your image **file** cannot exceed 100 megabytes. 12 모평

이미지 **파일**의 크기는 100메가바이트를 초과할 수 없다.

0289 ★★☆

ethic
[éθik]

ⓝ 윤리

Some people believe this may be due to the Protestant work **ethic**. 10 모평

어떤 사람들은 이것이 개신교도들의 직업 **윤리** 때문일지도 모른다고 생각한다.

ethics ⓝ 윤리학

ethic의 형용사형 ethical

ethic의 형용사형 ethical은 moral(도덕적인)보다 더 엄격한 개념으로서 '정의로운', '공정한'이라는 뜻이 포함되어 있습니다.

0290 ★★★

instant
[ínstənt]

ⓐ 즉각의, 즉석의 ⓝ 순간

Its detailed description of Irish characters made the book an **instant** success.

그것의 아일랜드인 등장인물들에 관한 상세한 묘사는 그 책을 **즉각적**으로 성공시켰다.

instantly ⓐⓓ 즉시

'즉시'의 의미를 가진 다른 표현들

immediately 당장에	**at once** 즉시	**in an instant** 눈 깜짝할 사이에

이와는 달리 for an instant는 '잠시 동안'이라는 뜻을 가지고 있으니 주의합시다.

0291 ★★☆

reveal
[riví:l]

ⓥ 드러내다, 폭로하다 ⓝ 출현, 폭로

Every tiny movement **reveals** your private thoughts.

작은 동작 하나하나가 당신의 개인적 생각을 **드러낸다**.

Plus ⊜ disclose ⓥ 드러내다
　　　⊝ hide, conceal ⓥ 숨기다

revelation ⓝ 폭로, 〈신학〉 계시

0292 ★★☆

suppose
[səpóuz]

ⓥ 가정하다, 추측하다

Suppose you are conducting a meeting and you want to ensure that everyone there has a copy of the agenda. 21 모평

당신이 회의를 진행하고 있고 그곳에 있는 모든 사람이 의제의 사본을 확실히 갖게 하고 싶다고 **가정해 보라**.

> Plus ⊕ be supposed to V ~하기로 되어 있다
> **supposition** ⓝ 가정, 추정

0293 ★☆☆

leisure
[líːʒər, léʒər]

ⓝ 여가, 자유 시간 ⓐ 한가한

Industrial capitalism not only created work, it also created '**leisure**' in the modern sense of the term. 19 수능

산업 자본주의는 일거리를 만들어 냈을 뿐만 아니라, 그 말의 현대적 의미로의 '**여가**'도 또한 만들어 냈다.

> Plus ⊜ **leisurely** ⓐ 한가한
> ⊕ **at leisure** 한가하여, 천천히

0294 ★★☆

urban
[ə́ːrbən]

ⓐ 도시의

They are a costly public health problem and a constant irritation to **urban** civil life.

그것들은 비용이 많이 드는 공중보건 문제이고 **도시**민의 생활에 있어 지속적인 골칫거리이다.

> Plus ⊖ **rural** ⓐ 시골의
> **urbanized** ⓐ 도시화된   **suburban** ⓐ 근교의, 시외의

0295 ★★☆

witness
[wítnis]

ⓝ 목격자, 증인 ⓥ 목격하다

At the zoo, visitors may **witness** a great beast pacing behind the bars of its cage. 16 모평

동물원에서 방문객들은 큰 동물이 우리의 창살 뒤에서 걸어 다니는 것을 **목격할** 수 있다.

> Plus ⊜ **observer** ⓝ 목격자
> ⊕ **with a witness** 틀림없이, 명백히

0296 ★☆☆

admit
[ædmít]

ⓥ 인정하다, 입장을 허락하다

Admitting being lost feels like **admitting** stupidity. 13 모평

길을 잃었다고 **인정하는** 것은 어리석음을 **인정하는** 것처럼 느껴진다.

> Plus ⊜ **accept**
> **admission** ⓝ 입학, 입장료   **admittance** ⓝ 입장, 허가
> **admitted** ⓐ 허가된

DAY 08

0297 ★★★
muscle
[mʌ́sl]

☐☐

ⓝ 근육, 힘, 강제

It's never too late to start building up **muscle** strength, regardless of your age. `12 수능`

연령에 상관없이 **근육**의 힘을 기르기 시작해도 결코 늦지 않다.

Plus ⊜ strong → **strength** ⓝ 힘
muscular[mʌ́skjələr] ⓐ 근육의, 강건한

0298 ★★★
device
[diváis]

☐☐

ⓝ 장치, 고안, 방책

Personal robotic assistants are **devices** that have no physical manipulation or locomotion capabilities. `22 모평`

개인용 로봇 도우미는 신체 조작이나 이동 능력이 없는 **장치**이다.

Plus ⊜ **equipment** ⓝ 장비, 설비
⊕ **safety device** 안전장치
devise[diváiz] ⓥ 고안하다, 발명하다

0299 ★★★
borrow
[bɔ́(:)rou]

☐☐

ⓥ 빌리다

The percentage of parents who browsed shelves is the same as that of parents who **borrowed** print books. `16 수능`

서가를 둘러본 부모의 비율은 인쇄된 책을 **빌린** 부모의 비율과 같다.

Plus ⊖ **lend** ⓥ 대출하다, 빌려주다

0300 ★★★
owe
[ou]

☐☐

ⓥ 빚지고 있다, (명예·성공 등을) ~에 돌리다

Modern people **owe** much to their ancestors. `11 모평`

현대인들은 그들의 조상에게 많은 것을 **빚지고 있다**.

Plus ⊕ **owing to** ~ 때문에(= due to)
owe A to B A는 B 덕분이다

0301 ★★★
intend
[inténd]

☐☐

ⓥ (~할) 작정이다, 의도하다

Words can carry meanings beyond those consciously **intended** by speakers or writers. `17 수능 변형`

단어는 화자나 작가에 의해 의식적으로 **의도된** 의미를 넘어서는 의미를 전달할 수 있다.

intent ⓝ 의지, 의향　　　　　　**intention** ⓝ 의도

0302 ★★★
aspect
[ǽspekt]

☐☐

ⓝ 관점, 양상, 면

It is important to be mindful about every single **aspect** of purchasing food.

음식을 구입하는 데 있어서의 모든 **면**을 고려하는 것은 중요하다.

Plus ⊕ **from every aspect** 모든 견지에서(= in all aspects)

0303 ★★☆
potential
[pəténʃəl]

ⓐ 잠재적인 ⓝ 잠재력

If a colleague around you doesn't understand your idea, or its **potential**, you are being given an important message. `14 모평`

만약 당신 주변의 동료가 당신의 생각, 또는 그것의 **잠재력**을 이해하지 못한다면, 당신은 중요한 메시지를 받고 있는 것이다.

potent ⓐ 강력한, 유력한   **potentiality** ⓝ 잠재 가능성

0304 ★☆☆
award
[əwɔ́:rd]

ⓥ 수여하다 ⓝ 상

New York even has an annual **award** ceremony for the best sidewalk chefs. `13 모평`

뉴욕은 심지어 최고의 길거리 주방장을 위한 연례 **시상**식을 거행한다.

reward ⓥ 보답하다 ⓝ 보상

0305 ★★☆
preserve
[prizə́:rv]

ⓥ 보존하다, 보호하다

With your donation, we can **preserve** fragile coral reefs around the world. `16 모평`

여러분의 기부로 우리는 전 세계의 손상되기 쉬운 산호초를 **보호할** 수 있습니다.

preservative ⓐ 보존의 ⓝ 방부제   **preservation** ⓝ 보존

> **-serve를 포함하는 단어들**
>
> **pre**(= before)+**serve**(= keep) → '미리 지키는 것'에서 '보존하다'라는 뜻이 나왔습니다.
>
> '지키다'라는 의미의 serve가 들어가는 단어에는 conserve, reserve 등이 있습니다.
>
> **conserve** 보존하다(**con-**: 강조의 뜻)   **reserve** 뒤에(**re-**) 보관하는 것 → 예약하다

0306 ★★☆
spot
[spɑt]

ⓝ 지점, 얼룩 ⓥ 발견하다, 얼룩지게 하다

Paul wanted to buy some souvenirs, and he **spotted** a carving that he liked. `17 수능`

Paul은 몇 가지 기념품을 사고 싶어 했고 마음에 드는 조각품을 **발견했다**.

0307 ★☆☆
underground
[ʌ́ndərgràund]

ⓐ 지하의, 비밀의 ⓝ 지하

Many factors **underground** determine if a street tree will make it.

지하의 많은 요소들이 가로수가 살아남을지의 여부를 결정한다. `10 모평`

0308 ★★★
consequence
[kɑ́nsikwèns]

ⓝ 결과, 중요성

The **consequences** are that you waste energy, sacrifice productivity, and lose people's trust. `13 모평`

결과적으로 당신은 에너지를 낭비하고, 생산성을 희생하며, 사람들의 신뢰를 잃게 된다.

`Plus` ⊕ in consequence 결과적으로

consequent ⓐ 결과로서 생기는   **consequently** ⓐⓓ 결과적으로

DAY 08

0309 ★★★

target
[tá:rgit]

ⓝ 목표, 표적 ⓥ 목표로 삼다

During World War II Canton was a major U.S. **target** of the Germans. `22 모평 변형`

제2차 세계 대전 중에 Canton 시는 독일군의 주요한 미국 **표적**이었다.

Plus ⊜ goal, aim

0310 ★★★

spark
[spɑ:rk]

ⓝ 불꽃, 불똥 ⓥ 불꽃을 일으키다, 촉발하다

A shower of **sparks** flew at the people in the park.

수많은 **불꽃**이 공원에 있는 사람들에게 날아갔다.

0311 ★★★

accomplish
[əká:mpliʃ]

ⓥ 이루다, 성취하다

Without them, our lives would be in chaos, and we would not get much **accomplished**. `11 모평`

그것들이 없다면, 우리의 삶은 혼란에 빠질 것이고, 우리는 많은 것을 **성취하지** 못할 것이다.

accomplishment ⓝ 완성, 성취

ac + compl + ish

ac(= to)+**compl**(ete)+**ish**(동·접) → '완전하게 하다'에서 '이루다'라는 동사가 되었습니다.

0312 ★★★

adopt
[ədá:pt]

ⓥ 채택하다, 입양하다

So some cultural changes may be **adopted** quite quickly by a whole population. `16 모평`

그래서 일부 문화적인 변화는 전체 인구에 의해 상당히 빠르게 **채택될** 수 있다.

0313 ★★★

unique
[ju:ní:k]

ⓐ 독특한, 유일한

Standing up and sitting down, Keith played the unplayable piano to produce something **unique**. `17 수능`

섰다가 앉았다가 하면서 Keith는 연주할 수 없는 그 피아노를 연주해 **독특한** 무엇인가를 만들어 냈다.

uniform ⓐ 한결같은 ⓝ 제복   **unify** ⓥ 통일하다
unite ⓥ 결합하다   **unicorn** ⓝ 일각수(一角獸), 유니콘

0314 ★★★

slip
[slip]

ⓥ 미끄러지다, 실수하다 ⓝ 종잇조각

At that moment, two tickets to Ace Amusement Park, the prize, **slipped** out of the envelope. `21 모평`

그 순간 상품인 Ace 놀이공원 입장권 두 장이 봉투에서 **미끄러져** 나왔다.

Plus ⊕ slip over 깜빡 빠뜨리다

slippery ⓐ 미끄러운   **slide** ⓥ 미끄러지다   **slope** ⓝ 비탈길

0315 ★★☆
civilization
[sìvəlizéiʃən]

ⓝ 문명

The huge growth in the understanding of **civilization** raised awareness of other important roles of trade.

문명에 대한 이해가 크게 증가하면서 무역의 다른 중요한 역할들에 대한 인식을 고취시켰다.

civilize ⓥ 문명화하다   **civil** ⓐ 시민의, 문명의

0316 ★★☆
row
[rou]

ⓝ 열, 줄   ⓥ 배를 젓다

Right in front of his eyes were **rows** of delicious-looking chocolate bars waiting to be touched.   17 수능

바로 그의 눈앞에 손을 대 주기를 기다리는 맛있어 보이는 초콜릿바가 줄지어 있었다.

Plus ⊕ in a row 연속으로

0317 ★★☆
horizon
[həráizən]

ⓝ 수평선, 지평선

Look at that ship on the **horizon**.

수평선에 있는 저 배를 보라.

Plus ⊖ **vertical** ⓝ 수직선 ⓐ 수직의
horizontal ⓐ 수평의, 수평선의

0318 ★★☆
atmosphere
[ǽtməsfìər]

ⓝ 대기, 분위기

The auditorium was filled with aspiring artists, distinguished teachers, and well-known performers; the **atmosphere** was competitive and electric.   12 모평

강당은 야망이 있는 예술가들, 저명한 교사들, 그리고 유명한 연주자들로 가득 차 있었고, 분위기는 경쟁적이고 열광적이었다.

atmo+sphere

atmo(= air)+**sphere**(구) → '지구를 둘러싼 공기'라는 의미에서 '대기'가 되었습니다.

0319 ★☆☆
label
[léibl]

ⓝ 꼬리표, 상표   ⓥ 라벨을 붙이다, ～을 …이라고 부르다

Natural objects do not come with **labels**, but these days, most physical artifacts do.

자연물에는 꼬리표가 붙지 않지만, 오늘날 대부분의 물질적 인공물에는 (꼬리표가) 붙는다.

Plus ⊕ label A (as) B A에게 B라는 명칭을 붙이다

0320 ★★☆
decorate
[dékərèit]

ⓥ 장식하다, ～에게 훈장을 주다

My grandmother **decorated** a cake with "HAPPY BIRTHDAY BETTY."   14 수능

나의 할머니가 'Betty의 생일을 축하합니다.'라는 문구로 케이크를 장식하셨다.

decoration ⓝ 장식, 훈장

A 다음 단어에 해당하는 우리말 또는 영어 단어를 쓰시오.

01 produce		**11** 여가, 자유 시간	
02 remain		**12** 목격자, 목격하다	
03 include		**13** 근육, 힘	
04 delay		**14** 관점, 양상	
05 ethic		**15** 수여하다, 상	
06 instant		**16** 지하의, 비밀의	
07 suppose		**17** 결과, 중요성	
08 urban		**18** 목표, 표적	
09 device		**19** 독특한, 유일한	
10 borrow		**20** 수평선, 지평선	

B 다음 빈칸에 알맞은 단어를 보기에서 골라 쓰시오.

보기			
previous	slight	reveal	admit
owe	potential	civilization	label

01 The technologies of modern ____________ have helped people have a comfortable life.

02 The position doesn't require any ____________ experience.

03 Amy stubbornly refuses to ____________ that she got a bad grade.

04 Max woke up with a(n) ____________ stomachache.

05 He told me not to ____________ the secret to anyone.

B **01** 현대 문명의 기술들은 사람들이 편안한 삶을 가지도록 도왔다.　**02** 그 직책은 그 어떤 이전의 경험을 필요로 하지 않는다.　**03** Amy 는 자신이 좋지 않은 성적을 받았다는 것을 인정하기를 완고하게 거부한다.　**04** Max는 약간의 복통을 가지고 잠에서 깨었다.　**05** 그는 나에게 그 비밀을 누구에게도 폭로하지 말라고 말했다.

정답　**01** civilization　**02** previous　**03** admit　**04** slight　**05** reveal

구동사(동사 + 부사/전치사) 정복하기 ⑧

over

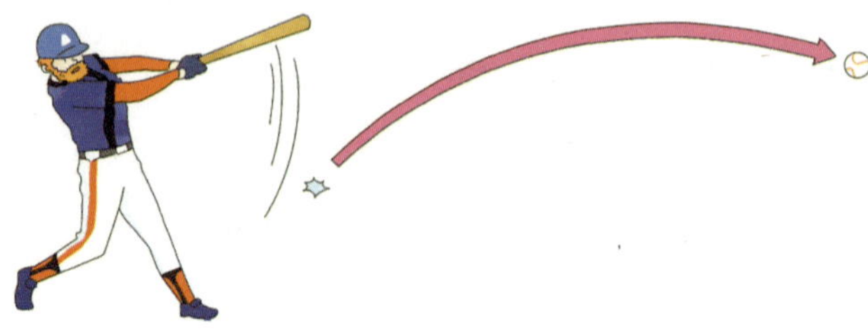

---

over는 기본적으로 포물선을 떠올리면 좋습니다. 위에서 전체를 내려다본다는 점에서 '조사', '검토'를 뜻하며, 덮고 있다는 점에서는 '반복', '~ 너머로'라는 기본 의미에서 파생된 '극복'을 나타내기도 합니다.

look over ▶ ① 훑어보다 ② 눈감아 주다

> He **looked over** the paper in a minute. 그는 순식간에 그 논문을 **훑어보았다**.
> The manager **looked over** my fault. 매니저는 내 잘못을 **눈감아 주었다**.

do over ▶ 다시 하다

> We just have to **do** it **over** if we can't find it.
> 그것을 찾지 못하면 우리는 그것을 **다시 해야**만 한다.

get over ▶ 극복하다, 회복하다

> I tried to **get over** my shyness when I was young.
> 나는 어렸을 때 수줍음을 **극복하려고** 노력했다.

---

over는 소유의 이동과 관련 있는 동사와 함께 쓰여 '넘겨주고 넘겨받는' 것을 나타냅니다.

hand over ▶ 넘겨주다

> He **handed over** a letter of apology to her.
> 그는 사과의 편지를 그녀에게 **건네주었다**.

take over ▶ 인수하다, 인계받다

> Jonathan **took over** my work because he is my successor.
> Jonathan이 나의 후임자여서 내 업무를 **인계받았다**.

---

over는 이쪽에서 저쪽으로 넘어가는 '이동의 의미를 강조'하는 데에도 쓰입니다.

come over ▶ ① 다가오다, 건너오다 ② 엄습하다

> When Anna took a break, Jane **came over** to her.
> Anna가 휴식을 취했을 때, Jane이 그녀에게 **다가왔다**.
> Feeling of chilliness **came over** me. 오한이 나를 **엄습했다**.

pull over ▶ (차를) 길가에 세우다

> He **pulled over** because the police officer followed and signaled to.
> 경찰관이 따라오며 그렇게 하라고 신호했기 때문에 그는 **차를 길가에 세웠다**.

DAY 09

Previous Check

- identify
- standard
- scale
- evident
- seldom
- secretary
- basis
- automatic
- region
- empower
- addict
- disappoint
- artificial
- possess
- rid
- realistic
- encounter
- differ
- principle
- memorize
- physics
- evaluate
- tremendous
- application
- vote
- spread
- impact
- cooperate
- emit
- request
- guarantee
- resist
- fulfill
- stink
- grant
- rely
- permanent
- emergency
- substance
- theme

0321 ★★☆

identify
[aidéntəfài]

☐☐ ──────────

v (신원 등을) **확인하다, 식별하다**, 동일시하다

By using this definition, it is easy to identify media as old or new.
이 정의를 사용하면 매체가 구식인지 신식인지 쉽게 **확인할** 수 있다.　15 수능

Plus ⊕ identify A with B　A와 B를 동일시하다
identity ⓝ 신분, 동일함

0322 ★☆☆

standard
[stǽndərd]

☐☐ ──────────

n 기준, 표준　**a** 기준의, 표준의

We assume that we are the world's standard, that all things should be compared to us.　21 모평
우리는 우리가 세상의 **기준**이라고, 즉 모든 것이 우리와 비교되어야 한다고 추정한다.

standardize ⓥ 규격화하다

0323 ★★☆

scale
[skeil]

☐☐ ──────────

n 규모, 저울, 비늘

On a global scale, the same thing can befall environmental issues.
세계적인 **규모**에서, 똑같은 일이 환경적인 문제들에도 닥칠 수 있다.　14 모평

0324 ★★☆

evident
[évidənt]

☐☐ ──────────

a 명백한

It soon became evident that their knowledge was limited and of no practical value.　11 모평
곧 그들의 지식은 제한되어 있으며 아무런 현실적 가치가 없다는 점이 **명백해**졌다.

Plus ⊜ plain, obvious
evidence ⓝ 증거　　　　　**evidently** ⓐ 분명히, 명백히

0325 ★☆☆

seldom
[séldəm]

☐☐ ──────────

ad 거의 ~ 않는

She seldom made eye contact with me.　12 모평
그녀는 나와 **거의** 눈을 마주치지 **않**았다.

Plus ⊜ rarely, hardly, scarcely

0326 ★★☆

secretary
[sékrətèri]

☐☐ ──────────

n 비서, 서기관, 장관

Around 1323, Machaut became secretary and chaplain to John, king of Bohemia.　12 모평
1323년 무렵, Machaut는 보헤미아의 왕인 John의 **비서**이자 군목(軍牧)이 되었다.

0327 ★☆☆

basis
[béisis]

☐☐ ──────────

n 기초, 원리, 기준

Seating is limited and available on a first-come basis.　14 모평
좌석이 제한되어 있으므로 선착순의 **기준**으로 앉을 수 있다.

Plus ⊜ base

DAY 09

0328 ★★★
automatic
[ɔ̀:təmǽtik]

ⓐ 자동적인, 기계적인
Much of what we do each day is automatic and guided by habit.
우리가 매일 하는 일의 많은 부분은 자동적이고 습관에 의해 좌우된다.　20 모평

Plus ⊖ manual ⓐ 손으로 하는, 수동의
automation ⓝ 자동 조작　　　automate ⓥ 자동화하다

0329 ★★★
region
[rí:dʒən]

ⓝ 지역
Now consider the thinking of potential steel investors in the region.　22 모평
이제 그 지역에 있는 잠재적 강철 투자자들의 생각을 고려해 보라.

regional ⓐ 지역의

0330 ★★☆
empower
[impáuər]

ⓥ 권한을 주다
Computers have empowered people to dramatically increase their performance.
컴퓨터는 인간이 업무 능력을 급격하게 증가시키도록 권한을 주었다.

Plus ⊜ authorize
empowerment ⓝ 권한 부여

0331 ★★☆
addict
[ədíkt]

ⓥ 중독시키다　ⓝ 중독자 [ǽdikt]
We are addicted to our cars.　10 모평
우리는 우리의 자동차들에 중독되었다.

Plus ⊕ be addicted to A A에 중독되다
addiction ⓝ 중독

0332 ★★☆
disappoint
[dìsəpɔ́int]

ⓥ 실망시키다
Disappointed, I changed my order to a cup of coffee, which the waiter soon brought over.　12 모평
실망하여 나는 주문을 커피 한 잔으로 바꿨고, 종업원은 그것을 바로 가져왔다.

disappointment ⓝ 실망　　　disappointed ⓐ 실망한, 낙담한

0333 ★★☆
artificial
[à:rtəfíʃəl]

ⓐ 인공적인, 인조의
The greatest benefit of the arrival of artificial intelligence is that AIs will help define humanity.　18 수능
인공 지능의 도래가 주는 가장 큰 이점은 AI가 인간성을 정의하는 데 도움을 주리라는 것이다.

Plus ⊖ natural ⓐ 자연의
artifact ⓝ 인공물, 공예품

0334 ★★☆

possess
[pəzés]

ⓥ 소유하다, ~의 마음을 사로잡다

The creativity that children **possess** needs to be cultivated throughout their development. 〔17 수능〕

아이들이 **지닌** 창의력은 그들의 성장 기간 내내 육성되어야 할 필요가 있다.

possession ⓝ 소유, 재산   **possessive** ⓐ 소유의

0335 ★★☆

rid
[rid]

ⓥ 제거하다

Get **rid** of your belongings and buy the condominium. 〔14 모평〕

당신의 소유물들을 **처분하고** 아파트를 사라.

〔Plus〕 ⊕ **get rid of** ~을 제거하다

0336 ★★☆

realistic
[ri:əlístik]

ⓐ 현실적인, 현실주의의

Be sure to make your budget **realistic**.

반드시 당신의 예산을 **현실적**으로 만들어라.

〔Plus〕 ⊖ **idealistic** ⓐ 이상적인, 이상주의의

realism ⓝ 현실주의   **realist** ⓝ 현실주의자

0337 ★★☆

encounter
[inkáuntər]

ⓥ (우연히) 만나다   ⓝ 마주침

The most normal and competent child **encounters** what seem like insurmountable problems in living. 〔15 수능〕

가장 정상적이고 유능한 아이라 할지라도 살면서 극복할 수 없는 문제들처럼 보이는 것을 **만난다.**

0338 ★☆☆

differ
[dífər]

ⓥ 다르다, 의견을 달리하다

There is evidence that groups with an even number of members **differ** from groups with an odd number of members. 〔15 수능〕

짝수의 구성원들이 있는 집단이 홀수의 구성원들이 있는 집단과 **다르다**는 증거가 있다.

〔Plus〕 ⊕ **A differ from B** A와 B는 다르다
A and B differ in A와 B는 ~이 다르다

0339 ★★☆

principle
[prínsəpl]

ⓝ 원칙, 원리

The existing world faced by the individual is in **principle** an infinite chaos of events and details before it is organized by a human mind. 〔22 수능〕

개인이 직면한 기존 세계는 **이론**상으로는 인간의 정신에 의해 조직되기 전에는 사건들과 세부 사항들의 무한한 혼돈 상태이다.

principle과 principal

principle과 혼동하기 쉬운 단어로 principal이 있습니다. 두 단어는 모두 first의 뜻을 지닌 접두사 prin-이 앞에 붙어 있지만 principle은 '원리', principal은 '(단체의) 장, 주요한'을 뜻합니다.

0340 ★☆☆

memorize
[méməràiz]

ⓥ 기억하다, 암기하다

Studying history is not about **memorizing** what we have been told. `13 모평`

역사를 공부한다는 것은 우리가 들어 왔던 것을 **암기하는** 것에 관한 것이 아니다.

Plus ⊜ remember
　　　⊝ forget ⓥ 잊다
memory ⓝ 기억　　　　　　　**memorization** ⓝ 기억, 암기
memorial ⓐ 기념의 ⓝ 기념관

0341 ★★☆

physics
[fíziks]

ⓝ 물리학

Only in terms of the **physics** of image formation do the eye and camera have anything in common. `13 수능`

단지 상(像) 형성에 대한 **물리학**의 관점에서만 눈과 카메라는 공통점이 있다.

Plus ⊕ physical education 체육(= P.E.)
physical ⓐ 신체의, 물질의, 물리의　　　**physician** ⓝ 내과 의사
physicist ⓝ 물리학자

0342 ★★☆

evaluate
[ivǽljuèit]

ⓥ 평가하다

Therefore, one should not **evaluate** the tea's drinkability or taste merely because its leaves are not tightly rolled. `18 모평`

그러므로, 단지 찻잎이 단단히 말려 있지 않다는 이유로 그 차의 음용 가능성과 맛을 **평가해**서는 안 된다.

Plus ⊜ assess
evaluation ⓝ 평가

0343 ★★☆

tremendous
[triméndəs]

ⓐ 굉장한, 무시무시한

Part of the reason may be the **tremendous** cost of making a new production these days. `11 모평`

부분적인 이유는 오늘날 새로운 제작을 하는 데 드는 **엄청난** 비용일지도 모른다.

0344 ★★☆

application
[æplikéiʃən]

ⓝ 적용, 신청

Not all interesting discoveries have an obvious **application**. `15 모평`

흥미로운 발견들이 모두 다 명백한 **적용성**을 가지고 있는 것은 아니다.

Plus ⊕ make an application for ~을 신청하다(= apply for)
apply ⓥ 적용하다, 신청하다　　　**applicant** ⓝ 지원자

apply to와 apply for

apply에 to가 붙는 경우에는 '적용하다'라는 의미가 되고, for가 붙는 경우에는 '지원하다'라는 뜻이 됩니다.

0345 ★★☆

vote
[vout]

n 투표 v 투표하다

73 percent of Canadian voters surveyed denied in the strongest possible terms that their **votes** had been influenced by physical appearance. `13 수능`

조사에 참여한 캐나다 유권자들 중 73퍼센트가 자신들의 **투표**가 신체적인 외모에 의해 영향을 받았다는 것을 가능한 한 가장 강력한 어조로 부인했다.

Plus ⊕ vote for[against] ～에 대해 찬성[반대] 투표를 하다

'선거'와 관련된 단어들

candidate 후보자	**the elected** 당선자	**run for** ～에 출마하다
poll 투표, 여론 조사	**election** 선거	**voter** 유권자

0346 ★★☆

spread
[spred]

n 퍼짐, 확산 v 퍼지다, 펼치다

The **spread** of a species into a new area is called colonisation.

어떤 종이 새로운 지역으로 **퍼지는 현상**을 군체 형성이라고 부른다. `18 모평`

0347 ★★☆

impact
[ímpækt]

n 충격, 영향 v 충격[영향]을 주다 [impǽkt]

A purely rational view would have predicted that interest rates would be the only factor that had an **impact**. `12 모평`

순전히 합리적인 견해라면 이자율이 **영향**을 미친 유일한 요인이라고 예측했을 것이다.

Plus ⊕ have an impact on ～에 영향을 주다

0348 ★★☆

cooperate
[kouápərèit]

v 협력하다

Sperm whales travel in social groups that **cooperate** to defend and protect each other. `12 수능`

향유고래는 서로를 방어하고 보호하기 위해 **협력하는** 사회적 집단들을 이루어 이동한다.

cooperation n 협력

co-를 포함하는 단어들

co(= together)+operate(운영하다) → '함께 운영해 나가다'가 바로 '협력하다'입니다.

'함께'라는 의미의 co-가 들어가는 단어에는 다음과 같은 것들이 있습니다.

coed 남녀공학의	**colleague** 동료	**collaborate** 협동하다

0349 ★★★

emit
[imít]

v (빛·열·소리 등을) 방출하다

Paper production **emits** air pollution, specifically 70 percent more pollution than the production of plastic bags. `11 모평`

종이 생산은 공기 오염 물질을 **방출하는데**, 특히 비닐 봉투를 생산할 때보다 70퍼센트 더 많은 오염 물질을 방출한다.

Plus ⊜ give out

emission n 방출

DAY 09

0350 ★★☆
request
[rikwést]

☐☐

ⓝ 요청 ⓥ 요청하다

After accepting our **request**, he immediately started working on one of the pieces. `13 모평`

우리의 **요청**을 수락한 후, 그는 즉시 작품들 중 하나를 만들기 시작했다.

`Plus` ⊜ ask for, require

requisite ⓐ 필요한 ⓝ 필수품　　　　**requisition** ⓝ 요구, 명령서

0351 ★★☆
guarantee
[gæ̀rəntíː]

☐☐

ⓥ 보증하다 ⓝ 보증

A well-developed plan does not **guarantee** that the executing process will proceed flawlessly. `22 모평 변형`

잘 만들어진 계획이, 실행 과정이 완벽하게 진행될 것이라고 **보장하는** 것은 아니다.

`Plus` ⊜ warrant

0352 ★★☆
resist
[rizíst]

☐☐

ⓥ 저항하다

We have to **resist** the urge to do everything for children, and let them fry eggs or paint trash cans for themselves.

우리는 아이들을 위해 모든 것을 해 주려는 충동에 **저항해야** 하며, 그들이 혼자 힘으로 달걀을 부치거나 쓰레기통을 페인트칠하게 내버려 둬야 한다.

resistance ⓝ 저항　　　　**resistant** ⓐ 저항하는 ⓝ 저항자

0353 ★★☆
fulfill
[fulfíl]

☐☐

ⓥ 달성하다, 이행하다, 실현하다

She was one step closer to **fulfilling** her lifelong dream of becoming a ballerina. `15 모평`

그녀는 발레리나가 되려는 자신의 일생의 꿈을 **실현하는** 데 한 걸음 더 가까이 갔다.

fulfillment ⓝ 달성, 이행

`ful + fill`

ful (l)(완전한)+**fill**(채우다) → '완전히 채우다'라는 의미에서 '달성하다'가 되었습니다.

0354 ★★★
stink
[stiŋk]

☐☐

ⓥ 역겹다, 악취를 풍기다 ⓝ 악취

Being happy means that you realize that there are times that you will be unhappy and recognize that life sometimes **stinks**. `12 모평`

행복하다는 것은, 당신이 불행할 때도 있다는 점을 깨달으며 때로는 삶이 **역겨울** 수도 있음을 인식하는 것을 의미한다.

0355 ★★☆
grant
[grænt]

☐☐

ⓥ 승인하다, 수여하다

We take it for **granted** that film directors are in the game of recycling. `13 수능`

우리는 영화감독들이 재활용 게임을 하고 있다는 것을 **당연시한다**.

`Plus` ⊕ take ~ for granted　～을 당연시하다

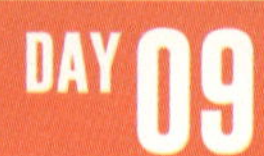

0356 ★★★
rely
[rilái]

ⓥ 의지하다, 믿다

Modern economies **rely** on the ability to move goods, people, and information safely and reliably. `13 모평`

현대 경제는 상품, 사람들, 그리고 정보를 안전하고 믿을 만하게 이동시켜 줄 수 있는 능력에 **의존한다**.

`Plus` ⊕ rely on[upon] ~에 의지하다

0357 ★★☆
permanent
[pə́ːrmənənt]

ⓐ 영원한, 영구적인

We'll spend the next three decades in a **permanent** identity crisis, continually asking ourselves what humans are good for. `18 수능 변형`

우리는 다가올 30년을 **영속적인** 정체성 위기 속에서 보내며, 인간이 무엇에 소용이 있는지를 우리 자신에게 계속 질문하게 될 것이다.

`Plus` ⊜ eternal, everlasting, immortal

0358 ★★★
emergency
[imə́ːrdʒənsi]

ⓝ 비상(사태)

Mr. Grey was clapping his hands to mark the rhythm when he heard the town **emergency** siren. `14 모평`

Grey 선생님이 마을의 **비상** 사이렌 소리를 들었을 때, 그는 리듬을 표시하기 위해 손뼉을 치고 있었다.

`Plus` ⊕ emergency room 응급실

emergence와 emergency

| emergence | emerge(나타나다)의 뜻을 그대로 이어 '출현'의 뜻을 가집니다. |
| emergency | '갑자기 튀어나오다'라는 의미에서 '비상사태'의 뜻이 됩니다. |

0359 ★★☆
substance
[sʌ́bstəns]

ⓝ 물질, 본질, 실체

It was discovered that the properties of a material could be altered by heat treatments and by the addition of other **substances**. `22 모평 변형`

물질의 특성이 열처리와 여타 다른 **물질**의 첨가로 바뀔 수 있다는 것이 발견되었다.

`Plus` ⊜ material
⊕ in substance 실질적으로는, 사실상
substantial ⓐ 많은, 물질의, 실질적인

0360 ★★★
theme
[θiːm]

ⓝ 주제, 화제, 논제

When I was a freshman in high school, I won second prize in our local newspaper's essay contest on the **theme** of 'future career.'

나는 고등학교 1학년이었을 때, 지역 신문사가 주최한 '미래 직업'이라는 **주제**의 에세이 대회에서 2등상을 탔다. `12 수능`

REVIEW TEST

A 다음 단어에 해당하는 우리말 또는 영어 단어를 쓰시오.

01 standard	____________	**11** 규모, 저울, 비늘	____________
02 evident	____________	**12** 비서, 서기관	____________
03 region	____________	**13** 자동적인, 기계적인	____________
04 encounter	____________	**14** 중독시키다, 중독자	____________
05 tremendous	____________	**15** 인공적인, 인조의	____________
06 spread	____________	**16** (빛·열·소리 등을) 방출하다	____________
07 cooperate	____________	**17** 보증하다, 보증	____________
08 resist	____________	**18** 영원한, 영구적인	____________
09 grant	____________	**19** 비상사태	____________
10 substance	____________	**20** 주제, 화제	____________

B 다음 빈칸에 알맞은 단어를 보기에서 골라 쓰시오.

보기

identify	seldom	disappoint	possess
realistic	differ	physics	vote

01 What skills do you ____________ for this job?

02 My father advised me that I need to set ____________ aims for my life.

03 I have ____________ watched movies since I started writing my novel.

04 Ideas on childcare may ____________ between parents.

05 His latest movie received good reviews from many people and will not ____________ you.

B **01** 당신은 이 직업을 위해서 어떤 기술을 가지고 있습니까? **02** 나의 아버지는 내가 인생을 위한 현실적인 목적을 세울 필요가 있다고 조언해 주셨다. **03** 나는 나의 소설을 쓰기 시작한 이래로 영화를 거의 본 적이 없다. **04** 육아에 대한 생각은 부모마다 다를 수 있다. **05** 그의 최신 영화는 많은 사람들로부터 호평을 받았고 당신을 실망시키지 않을 것이다.

정답 **01** possess **02** realistic **03** seldom **04** differ **05** disappoint

구동사(동사＋부사／전치사) 정복하기 ⑨

in은 기본적으로 '안에[안으로]', '내부에'라는 뜻을 지니고 있습니다.

break in ▸ 침입하다

Masked robbers **broke in** and stole the diamond.
복면을 쓴 강도들이 **침입해서** 그 다이아몬드를 훔쳐 갔다.

hand in ▸ 넘겨주다, 제출하다(= turn in)

I'm supposed to **hand in** the science report today.
나는 오늘 과학 보고서를 **제출하게** 되어 있다.

set in ▸ 시작되다

Summer **set in** again, and it became very hot.
여름이 다시 **시작되었고**, 무척 더워졌다.

take in ▸ ① 맞아들이다 ② 속이다 ③ 받아들이다, 호흡하다

He persuaded Charles to **take in** the man.
그는 Charles에게 그 남자를 **맞아들이라고** 설득했다.

I married in my late twenties and was **taken in** by his charm.
나는 20대 후반에 결혼했는데, 그의 매력에 **속았다**.

They often **take in** the overemphasized expression of film actors more easily than any that is too naturalistic. 18 모평 변형
그들은 너무 자연스러운[사실적인] 그 어떤 것보다 영화배우들의 지나치게 강조된 표현을 흔히 더 쉽게 **받아들인다**.

in은 어떤 활동에 '참여'하거나 '참견'하는 뜻을 지닙니다.

cut in ▸ 끼어들다

He doesn't know that it is rude to **cut in**.
그는 **끼어드는** 것이 무례하다는 것을 모른다.

sit in ▸ ① (on) ～에 참관하다 ② (for) ～을 대신하다

Do you mind if I **sit in** on your discussion?
제가 여러분의 토론을 **참관해도** 괜찮겠습니까?

He will **sit in** for the president at this meeting.
이 회의에서 그가 회장을 **대신할** 것이다.

Previous Check

☐ hesitate	☐ suitable	☐ recite	☐ alternative
☐ location	☐ curve	☐ rub	☐ retire
☐ restrict	☐ annoy	☐ cabin	☐ appeal
☐ organism	☐ frighten	☐ gear	☐ identical
☐ interpret	☐ estimate	☐ ray	☐ investment
☐ offer	☐ refuse	☐ release	☐ autograph
☐ distribute	☐ adventure	☐ rank	☐ slave
☐ rainforest	☐ entrance	☐ symphony	☐ harm
☐ circumstance	☐ persuade	☐ envy	☐ authority
☐ resolve	☐ perceive	☐ corporate	☐ innocence

0361 ★★★

hesitate
[hézətèit]

Ⓥ 주저하다, 망설이다

She wrapped a large scarf around her and **hesitated** for a moment.

그녀는 큰 스카프를 두르고는 잠시 동안 **머뭇거렸다**.

Plus ⊕ hesitate to V ~하기를 주저하다
without hesitation 망설임 없이(= right away)

0362 ★★☆

location
[loukéiʃən]

Ⓝ 장소, 위치

When you design an amusement park for children, you should carefully consider the **location** of the roller coaster. 14 수능

아이들을 위한 놀이공원을 설계할 때, 당신은 롤러코스터의 **위치**를 신중하게 고려해야 한다.

locate Ⓥ ~에 위치하다　　　　**local** ⓐ 지역의

0363 ★★☆

restrict
[ristríkt]

Ⓥ 제한하다, 한정하다

The narrow neck of a bottle **restricts** the flow into or out of the bottle. 14 모평

병의 좁은 목은 병 안으로 흘러들어 가거나 병 밖으로 흘러나오는 것을 **제한한다**.

restriction Ⓝ 제한, 한정

re + strict

re(again)+**strict**(엄격한) → again의 뜻을 갖는 접두사 re-와 '엄격한'이라는 의미를 갖는 strict가 결합하여 '한정하다', '제한하다'가 되었습니다.

0364 ★★☆

organism
[ɔ́:rgənìzəm]

Ⓝ 유기체, 생물, 생명체

Organisms must compete for resources not only with members of their own species, but with members of other species. 15 모평

유기체는 자신과 같은 종의 구성원들뿐만 아니라, 다른 종의 구성원들과도 자원을 두고 경쟁해야 한다.

Plus ⊜ creature

organ + ism

organ(기관)+**ism**(현상을 나타내는 명·접) → '(생체) 기관이 모여 있는 것'에서 '생물'의 뜻을 가지게 되었습니다.

0365 ★★☆

interpret
[intə́:rprit]

Ⓥ 해석하다, 통역하다

Cultures are different, and other people rarely behave or **interpret** experience according to our cultural plan. 12 수능

문화들은 서로 다르며, 다른 사람들이 우리의 문화 방침에 따라 행동하거나 경험을 **해석하는** 일은 드물다.

Plus ⊜ translate

interpreter Ⓝ 통역가　　　　**interpretation** Ⓝ 통역

inter + pret

inter(= between)+**pret**(= price) → '중간에서 양측의 가격을 설명하는 것'에서 '통역하다'라는 뜻이 되었습니다.

0366 ★★★
offer
[ɔ́:fər]

☐☐

ⓥ 제공하다, 제안하다 ⓝ 제공, 제안

Feedback is usually most effective when you **offer** it at the earliest opportunity, particularly if your objective is to teach someone a skill. `16 모평`

여러분의 목적이 특히 누군가에게 어떤 기술을 가르치는 것이라면 피드백은 가급적 빨리 **줄** 때 대개 가장 효과적이다.

0367 ★★☆
distribute
[distríbju:t]

☐☐

ⓥ 분배하다. 분포시키다

All human societies have economic systems within which goods and services are produced, **distributed**, and consumed. `14 모평`

모든 인간 사회는 상품과 서비스가 생산되고, **분배되고**, 소비되는 경제 체제를 가지고 있다.

Plus ⊕ distribute A into B A를 B로 분류하다
distribution ⓝ 분배

0368 ★★☆
rainforest
[réinfɔ:rist]

☐☐

ⓝ (열대) 우림

Rainforest Alliance recorded the second highest sales in 2010 and recorded the highest sales in 2015. `18 수능`

열대 우림 연합은 2010년에 두 번째로 높은 판매를 기록했고 2015년에는 가장 높은 판매를 기록했다.

0369 ★★☆
circumstance
[sə́:rkəmstæns]

☐☐

ⓝ 상황, 환경

Under those **circumstances**, the destruction of our enemy might have been a victory for us.

그러한 **상황** 속에서, 우리 적의 파멸이 우리에게는 승리였을지도 모른다.

Plus ⊜ situation, condition, environment

0370 ★★☆
resolve
[rizá:lv]

☐☐

ⓥ 결심하다. 해결하다, 분해하다

If you eat badly, you might **resolve** to start eating well. `12 모평`

만일 당신이 형편없게 먹고 있다면, 당신은 잘 먹기 시작하기로 **결심할** 수도 있다.

Plus ⊜ decide, determine
resolution [rèzəlú:ʃən] ⓝ 결의, 해결

0371 ★★☆
suitable
[sú:təbl]

☐☐

ⓐ 적절한, 적합한

As a source of plot, character, and dialogue, the novel seemed more **suitable**. `13 수능`

줄거리, 등장인물, 대화의 공급원으로서, 그 소설이 더 **적합해** 보였다.

Plus ⊜ fit, appropriate, proper

0372 ★★★
curve
[kəːrv]

□□

ⓝ 곡선(길), 속임수

As he came around a sloping **curve** on his bicycle, Jim hit a car parked on the side of the road. 15 모평

자전거를 타고 경사진 **곡선길**을 돌다가 Jim은 길가에 주차된 차를 들이받았다.

Plus ⊕ throw a curve 속이다. (뜻밖의 질문으로) 당혹하게 하다
curve ball 책략, 속임수

0373 ★★★
annoy
[ənɔ́i]

□□

ⓥ 괴롭히다, 귀찮게 하다

I was so **annoyed** and upset by his response that I worked tirelessly for the remainder of the school year. 11 모평

나는 그의 대답에 너무 **짜증이 나고** 속이 상해서 학년의 나머지 기간 동안 지칠 줄 모르고 공부를 했다.

Plus ⊜ bother, harass, disturb, irritate
annoyance ⓝ 성가심, 불쾌함   **annoyed** ⓐ 화가 난, 짜증난

0374 ★★★
frighten
[fráitn]

□□

ⓥ 겁먹게 하다

I was **frightened** of the dark, of the wind in the trees.

나는 어둠과, 나무 사이로 부는 바람에 **겁이 났다**.

fright ⓝ 공포, 경악   **frightened** ⓐ 깜짝 놀란

0375 ★★★
estimate
[éstəmət]

□□

ⓝ 견적, 평가   ⓥ 평가하다 [éstəmèit]

If you cannot get confirmed prices, get as many **estimates** as you can.

만약 당신이 확정된 가격을 얻을 수 없다면, 가능한 한 많은 **견적**을 받아 두어라.

Plus ⊜ evaluate
overestimate ⓥ 과대평가하다 ⓝ 과대평가
underestimate ⓥ 과소평가하다 ⓝ 과소평가, 경시

estimate와 evaluate

estimate   (추측으로) 가치나 수량 등을 어림잡아 평가할 때
evaluate   (근거를 가지고) 사물이나 사람의 가치를 평가할 때
물건의 가격을 어림잡아 묻고 싶을 때 estimate는 쓸 수 있지만 evaluate는 쓸 수 없습니다.

0376 ★★★
refuse
[rifjúːz]

□□

ⓥ 거절하다

No matter how we shake or tap the bottle of ketchup, some of it **refuses** to come out. 10 모평

아무리 우리가 케첩 병을 흔들고 두드리더라도, 그중의 일부는 나오기를 **거부한다**.

refusal ⓝ 거절

0377 ★☆☆

adventure
[ædvéntʃər]

ⓝ 모험　**ⓥ 위험에 빠뜨리다**

Having taken the first step into this new world, he is now about to begin a new **adventure**.　[11 모평]

이 새로운 세계에 첫걸음을 디딘 그는 이제 새로운 **모험**을 시작하려 한다.

adventurous ⓐ 모험적인

ad + venture

ad(강조의 어두)+**venture**(모험) → 벤처(venture) 회사는 '모험'을 무릅쓰고 큰 가치를 창출해 내려고 노력하는 회사입니다. adventure 는 venture의 뜻을 그대로 이어 '모험심', '모험'의 뜻을 가지게 되었습니다.

DAY 10

0378 ★☆☆

entrance
[éntrəns]

ⓝ 입장, 입구, 입학

Upon hearing Rita's cry, her mother rushed to the railing, shouting for help, from the **entrance** of the store a hundred feet or so away.　[19 모평]

Rita의 울음소리를 듣자마자, 그녀의 어머니는 도와 달라고 외치며 백 피트 정도 떨어진 가게 **입구**에서 난간으로 달려갔다.

Plus ⊖ exit ⓝ 출구
enter ⓥ 들어가다　　　　　　　**entry** ⓝ 출품, 응모작, 참가작

0379 ★★☆

persuade
[pəːrswéid]

ⓥ 설득하다

Students need to learn how to **persuade** other people of the value of their ideas.　[14 모평]

학생들은 자신들의 생각의 가치에 대해 다른 사람들을 **설득하는** 법을 배울 필요가 있다.

Plus ⊖ dissuade ⓥ 단념시키다
persuasive ⓐ 설득력 있는　　　　**persuasion** ⓝ 설득

0380 ★★☆

perceive
[pərsíːv]

ⓥ 인지하다, 인식하다

What we **perceive** as color is not made up of color.

우리가 색깔로 **인지하는** 것은 색깔로 구성되어 있지 않다.

perception ⓝ 지각, 인식

0381 ★★☆

recite
[risáit]

ⓥ 암송하다

You don't simply **recite** the names of roads as an abstract list, but have to construct your route by mentally retracing it.　[21 모평 변형]

여러분은 추상적인 목록으로 길의 이름을 **암송하지** 않고, 마음속에서 그것을 되짚어감으로써 여러분의 경로를 구성해야 한다.

recital ⓝ 연주회, 낭송

0382 ★★☆

rub
[rʌb]

ⓥ 문질러 닦다, 문지르다

Kevin **rubbed** himself with a towel.

Kevin은 수건으로 자신을 **문질러 닦았다.**

0383 ★☆☆

cabin
[kǽbin]

ⓝ 오두막집, 객실, 선실

When he went on board, he found another passenger was to share the **cabin** with him.　11 모평

배에 탔을 때, 그는 또 다른 승객이 그와 **선실**을 함께 쓰게 될 것이라는 사실을 알게 되었다.

0384 ★★☆

gear
[giər]

ⓝ 장비, 기어　ⓥ 맞게 조정하다

Children who wear protective **gear** during their games have a tendency to take more physical risks.　13 수능

게임 중에 보호 **장비**를 착용한 어린이들이 더 많은 신체적 위험을 무릅쓰는 경향이 있다.

> **Plus**　⊕ gear up for ～에 준비를 갖추다

0385 ★☆☆

ray
[rei]

ⓝ 광선

Both eye and camera have a lens that focuses light **rays** from the outside world into an image.　13 수능

눈과 카메라 둘 다 외부 세계에서 온 **빛**을 상(像)에 집중시키는 렌즈를 가지고 있다.

> **Plus**　⊜ beam

0386 ★★☆

release
[rilíːs]

ⓥ 놓아주다, 방출하다, 발표하다　ⓝ 석방, 발표

The heat **releases** an aroma that attracts certain insects.

그 열은 특정 곤충들을 유인하는 향기를 **방출한다.**

> **Plus**　⊕ release A from ～에서 A를 석방하다

re + leas(e)

re(= back)+**leas**(e)(= loosen: 느슨하게 하다) → '다시 느슨하게 해 주는 것'에서 '놓아주다'의 뜻이 됩니다.

0387 ★☆☆

rank
[ræŋk]

ⓝ 등급, 지위　ⓥ 매기다, (등급을) 차지하다

Among the four types of ethical produce, the sales of Organic **ranked** the highest in 2010 but **ranked** the second highest in 2015.　18 수능

4가지 유형의 윤리적 농산물 중에서 유기농 농산물의 판매가 2010년에 가장 높은 순위를 **차지했**으나 2015년에는 두 번째로 높은 순위를 **차지했**다.

ranking ⓝ 순위　ⓐ 일류의

0388 ★★★

symphony
[símfəni]

☐☐

ⓝ 교향곡, (소리의) 조화

When you're feeling tired, Mozart's **Symphony** No. 25 can give you energy. 〔14 모평〕

피곤함을 느낄 때 Mozart의 **교향곡** 25번이 당신에게 기운을 줄 수 있다.

symphonic ⓐ 교향악의, 조화를 이루는

0389 ★★★

envy
[énvi]

☐☐

ⓝ 부러움 ⓥ 부러워하다

Too much of it leads to **envy**, especially if you're ungenerous toward yourself. 〔11 모평〕

그것이 너무 지나치면, 특히 당신이 스스로에게 관대하지 않은 경우에 **부러움**으로 이어진다.

Plus ⊕ in envy of ~을 부러워하여

0390 ★★☆

corporate
[kɔ́ːrpərit]

☐☐

ⓐ 회사의, 법인의

Some users take advantage of this privilege by hacking into government and **corporate** systems.

몇몇 사용자들은 정부와 **기업의** 시스템 안으로 해킹해 들어감으로써 이러한 특권을 이용한다.

corporation ⓝ 주식회사, 법인

corporate와 cooperate

cooperate는 '협동하다'라는 뜻의 동사입니다. corporate와 철자는 유사하지만, 그 뜻은 다르므로 유의해야 합니다.

0391 ★★★

alternative
[ɔltə́ːrnətiv]

☐☐

ⓝ 대안 ⓐ 대안의

Improving the quality of **alternative** options, such as walking, cycling, and public transport, is a central element of this strategy.

걷기, 자전거 타기, 대중교통과 같은 **대안적인** 선택 사항의 질을 향상하는 것이 이 전략의 핵심 요소이다. 〔23 모평〕

0392 ★★☆

retire
[ritáiər]

☐☐

ⓥ 은퇴하다

Millions of workers who **retired** with pensions during the 1960s and 1970s found that inflation pushed up costs far beyond their expected expenses. 〔16 모평〕

1960년대와 1970년대에 연금을 받고 **퇴직한** 수백만 명의 근로자들은 인플레이션이 비용을 밀어 올려 자신들이 예상했던 경비를 훨씬 넘어서게 했다는 것을 알게 되었다.

retirement ⓝ 은퇴

0393 ★★☆

appeal
[əpíːl]

☐☐

ⓥ 호소하다, 항의하다, 관심을 끌다 ⓝ 호소, 항의, 매력

Persuasion works by **appealing** to our emotion as well as by **appealing** to our reason. 〔13 모평〕

설득은 우리의 이성에 **호소함**으로써뿐만 아니라, 감정에 **호소함**으로써도 작용한다.

0394 ★★☆

identical
[aidéntikəl]

ⓐ **동일한**, 일란성의

The **identical** claim, expressed in two social contexts, may have different qualifiers. `12 수능`

두 개의 사회적 맥락에서 표현된 **동일한** 주장이 다른 수식어를 가질 수도 있다.

0395 ★★☆

investment
[invéstmənt]

ⓝ **투자**

Companies serving mainstream consumers with successful mainstream products face what seems like an obvious **investment** decision. `22 모평`

성공적인 주류 제품으로 주류 소비자의 요구를 충족하는 기업들은 마치 뻔한 **투자** 결정처럼 보이는 것에 직면한다.

invest ⓥ 투자하다

0396 ★★☆

autograph
[ɔ́:təgræf]

ⓝ **서명, 사인** ⓥ **서명하다**

I rushed to him and said, "Mr. Mays, could I please have your **autograph**?"

나는 그에게 달려가서 "Mays 씨, **사인** 좀 받을 수 있을까요?"라고 말했다.

autograph와 signature

유명인에게 '사인' 받는다는 표현은 autograph로 나타냅니다. signature는 편지나 서류에 하는 서명을 의미합니다.

0397 ★★☆

slave
[sleiv]

ⓝ **노예**

As he passed the crew of **slaves**, he asked several of them what their offenses were. `13 모평`

노예들로 이루어진 선원의 무리를 지나다가, 그는 그들 중 몇 명에게 죄가 무엇인지 물었다.

0398 ★☆☆

harm
[hɑ:rm]

ⓝ **손해, 손상** ⓥ **해치다**

Such natural extinctions appear to cause little **harm**. `11 모평`

그런 자연적 멸종들은 거의 **해**를 끼치지 않는 것으로 보인다.

0399 ★★★

authority
[əθɔ́:riti]

ⓝ **권위**, 당국

Whenever he feels threatened, he turns back toward the safety of his parents' love and **authority**. `14 수능`

위협을 느낄 때마다, 그는 부모의 사랑과 **권위**라는 안전한 쪽으로 되돌아온다.

authorize ⓥ 위임하다, 인가하다

0400 ★★☆

innocence
[ínəsns]

ⓝ **결백, 무죄, 순진**

They gathered some facts that might prove his **innocence**.

그들은 그의 **결백**을 증명할 만한 사실을 몇 개 모았다.

Plus ↔ **guilt** ⓝ 유죄
innocent ⓐ 순진한, 결백한

REVIEW TEST

A 다음 단어에 해당하는 우리말 또는 영어 단어를 쓰시오.

01 location	_______________	**11** 유기체, 생물	_______________
02 restrict	_______________	**12** 해석하다, 통역하다	_______________
03 distribute	_______________	**13** 곡선(길), 속임수	_______________
04 circumstance	_______________	**14** 견적, 평가, 평가하다	_______________
05 resolve	_______________	**15** 입장, 입구, 입학	_______________
06 annoy	_______________	**16** 설득하다	_______________
07 refuse	_______________	**17** 부러움, 부러워하다	_______________
08 perceive	_______________	**18** 대안, 대안의	_______________
09 recite	_______________	**19** 동일한, 일란성의	_______________
10 release	_______________	**20** 서명, 서명하다	_______________

B 다음 빈칸에 알맞은 단어를 보기에서 골라 쓰시오.

보기			
hesitate	offer	rainforest	suitable
frighten	adventure	ray	investment

01 She said that she didn't mean to _____________ me at that time.

02 The minister of economy encouraged foreign _____________ at the conference.

03 Mr. Smith _____________(e)d him 100 dollars to do the work.

04 The documentary team met several tribes living in the Amazon _____________.

05 Never _____________ to raise your hand if you have any questions.

B **01** 그녀는 그 당시에 나를 겁먹게 할 의도가 없었다고 말했다.　　**02** 경제 장관은 그 회의에서 해외 투자를 장려했다.　　**03** Smith 씨는 그가 그 일을 하는 데 100달러를 주겠다고 제안했다.　　**04** 그 다큐멘터리 팀은 아마존 열대 우림에 살고 있는 여러 부족들을 만났다.　　**05** 어떤 질문이 있으면 주저하지 말고 손을 드세요.

정답　**01** frighten　**02** investment　**03** offer　**04** rainforest　**05** hesitate

구동사(동사+부사/전치사) 정복하기 ⑩

out

out은 기본적으로 '밖으로', '밖에서'를 의미합니다.

break out ▸ 일어나다, 발생하다

As the war **broke out**, many people crossed the border.
전쟁이 **일어나자** 많은 사람이 국경을 넘어갔다.

carry out ▸ 실행하다, 수행하다

The researchers planned to **carry out** a survey first.
연구원들은 설문 조사를 먼저 **실시하**려고 계획했다.

come out ▸ 나타나다, 드러나다

When did Rowling's new novel **come out**?
Rowling의 새 소설이 언제 **나왔나요**?

turn out ▸ ① 내쫓다 ② 폭로하다, 판명되다

Nobody can **turn** him **out** of his house.
아무도 그를 그의 집에서 **내쫓을** 수 없다.

It **turned out** that this simple suggestion helped Michael to relax.
이 간단한 제안은 Michael이 긴장을 풀도록 도와주었다고 **판명되었다.**　`19 모평 변형`

out은 밖으로 나가 보이지 않는 '소멸', '소진'된 상태를 나타내기도 합니다.

put out ▸ (불 따위를) 끄다

Firefighters tried to free the injured and **put out** the fire.
소방관들은 부상자들을 구하고 불을 **끄고자** 노력했다.

run out ▸ (of) ~이 바닥나다

The plane was **running out** of fuel.　그 비행기는 연료가 **바닥나고** 있었다.

'소멸'의 out이 강조되어 '완전히'라는 뜻을 갖습니다.

fill out ▸ (서류의 빈칸을) 채우다

To participate, please visit the science department and **fill out** an entry form.　`17 모평`
참여하시려면, 과학부를 방문하셔서 참가 신청서를 **작성하**세요.

sell out ▸ 매진하다, 다 팔다

Sorry, but this menu is **sold out**.　죄송하지만 이 메뉴는 **다 팔렸습니다.**

Previous Check

- receive
- infant
- calculate
- charity
- accept
- depend
- whereas
- broad
- treat
- ignorant
- pure
- extinct
- household
- refund
- continue
- institute
- lately
- ashamed
- dense
- rescue
- destination
- expand
- compete
- evolution
- hire
- genuine
- status
- military
- logic
- gravity
- isolate
- commit
- sum
- conserve
- concept
- swing
- sensible
- marriage
- reproduce
- tone

0401 ★★★
receive
[risíːv]

ⓥ 받다

A minimum of 15 participants is necessary for group bookings to **receive** a 10% discount. `17 모평`

10퍼센트의 할인을 **받는** 단체 예약을 위해서는 최소 15명의 참가자가 필요하다.

`Plus` ⊜ accept, admit

reception ⓝ 수신, 환영회　　　　**receipt** ⓝ 영수증, 증서

0402 ★★★
infant
[ínfənt]

ⓝ 유아　ⓐ 유아의, 미발달의

Infants enter the world ready to respond to pain as bad and to sweet (up to a point) as good. `16 수능`

유아는 고통이 나쁘다고 반응하고 (어느 정도까지는) 달콤함은 좋다고 반응할 준비가 된 상태로 세상에 나온다.

infancy ⓝ 어릴 때, 유년기

0403 ★★★
calculate
[kǽlkjəlèit]

ⓥ 계산하다

We have enough information to be able to **calculate** the distance to another planet.

우리에게는 다른 행성까지의 거리를 **계산할** 수 있는 정보가 충분히 있다.

calculation ⓝ 계산　　　　**calculator** ⓝ 계산기

0404 ★★★
charity
[tʃǽrəti]

ⓝ 자비, 자선 단체, 구호물자

She showed **charity** to the poor, the hungry and the sick.

그녀는 가난한 사람들, 배고픈 사람들, 그리고 아픈 사람들에게 **자비**를 보였다.

0405 ★★★
accept
[əksépt]

ⓥ 받아들이다, (설명·학설 등을) 인정하다

If you want to change your lifestyle, you must **accept** the consequences of that decision. `14 모평`

만약 당신이 생활 방식을 바꾸고 싶다면, 당신은 그 결정으로 인한 결과를 **받아들여**야 한다.

acceptance ⓝ 수용, 받아들임

0406 ★★★
depend
[dipénd]

ⓥ 의지하다

So our self-esteem in this world **depends** entirely on what we back ourselves to be and do. `11 모평`

그래서 이 세상에서 우리의 자긍심은 전적으로 우리가 어떤 존재가 되도록 또 무엇을 하도록 스스로를 밀어붙이는가에 **달려 있다**.

`Plus` ⊕ depend on ~에 달려 있다

0407 ★☆☆
whereas
[*hwɛərǽz*]

ⓒ ~인 반면에

Print ranked second in advertising spending, **whereas** it ranked last in consumer time spent. 15 모평

인쇄물은 광고비 지출에서 두 번째를 차지한 **반면**, 소비자 사용 시간에서는 마지막 자리를 차지했다.

0808 ★☆☆
broad
[brɔːd]

ⓐ 넓은, 광범위한, (빛 등이) 가득한

Reading was the cause — pleasure-reading in **broad** daylight.

독서가 그 이유였는데, **환한** 대낮의 독서의 즐거움 때문이었다. 13 모평

Plus ⊜ **wide** ⓐ 넓은. 광범위한
　　　⊖ **narrow** ⓐ 좁은

0409 ★★☆
treat
[triːt]

ⓥ 여기다, 대우하다, 처리하다, 치료하다

Fortunately, Ricky was very good at it, and was **treated** like a hero among his playmates. 18 모평

운 좋게도, Ricky는 그것을 매우 잘했고, 자신의 친구들 사이에서 영웅으로 **여겨졌다**.

treatment ⓝ 처리, 치료

0410 ★★☆
ignorant
[íɡnərənt]

ⓐ 무식한, 모르는

It is not that Serafina is **ignorant** of the alternatives offered by urban life. 11 모평

그것은 Serafina가 도시 생활에서 제공되는 대안들을 **모르기** 때문이 아니다.

Plus ⊜ **unaware**
ignore ⓥ 무시하다　　　　　　**ignorance** ⓝ 무지, 무식

ignor(e) + ant

ignor(e)(무시하다, 모르는 체하다)+ant(형·접) → '모르는'이라는 뜻이 됩니다.

0411 ★☆☆
pure
[pjuər]

ⓐ 순수한

Stieglitz hailed them as the "**purest**, finest, sincerest things." 14 모평

Stieglitz는 그것들을 '가장 **순수하고**, 가장 섬세하며, 가장 진지한 것들'이라고 묘사했다.

Plus ⊜ **sheer**
purify ⓥ 정화하다　　　　　　**purity** ⓝ 맑음, 순수

0412 ★★☆
extinct
[ikstíŋkt]

ⓐ 멸종된, 꺼진

Some species of whales are already **extinct**.

일부 고래 종은 이미 **멸종됐**다.

extinction ⓝ 멸종　　　　　　**extinctive** ⓐ 소멸적인

0413 ★★★

household
[háushòuld]

ⓝ 가정 ⓐ 가정[가족]의
It's the best place to sell your secondhand **household** items, clothing, jewelry, and crafts. 〔13 수능〕
그곳은 당신의 중고 **가정**용품, 의류, 보석류, 그리고 공예품을 팔 수 있는 최고의 장소이다.

0414 ★★★

refund
[rí:fʌnd]

ⓝ 반환, 환불 ⓥ 환불하다 [rifʌ́nd]
I'll go to the store and ask for a **refund**.
나는 그 가게에 가서 **환불**을 요청할 것이다.

0415 ★★★

continue
[kəntínju:]

ⓥ 계속하다
The woman did not acknowledge him at all but **continued** to sketch.
그 여성은 그를 전혀 알아차리지 못하고 **계속** 스케치를 **했다**.

0416 ★★★

institute
[ínstətjù:t]

ⓝ 연구소, 협회 ⓥ 설립하다, 제정하다
The ABC Marketing **Institute** also offers very good presentation skills courses. 〔11 모평〕
ABC 마케팅 **협회**는 또한 아주 훌륭한 발표 기술 강좌를 제공한다.

institution ⓝ 협회, 시설, 제도, 설립

0417 ★★★

lately
[léitli]

ⓐⓓ 최근에
I know you've been having a hard time **lately**, and you aren't feeling really good or positive about your life. 〔15 수능〕
나는 네가 **최근에** 힘든 시간을 보내고 있고 네 생활에 대해 정말로 좋거나 긍정적으로 느끼지 않고 있다는 것을 알고 있단다.

late ⓐ 늦은 ⓐⓓ 늦게

0418 ★★★

ashamed
[əʃéimd]

ⓐ 부끄러워하는
At length he saw one and went in, a little **ashamed** of selling something so worthless. 〔12 모평〕
마침내 그는 한 곳을 발견했고 그다지 가치가 없는 것을 파는 것에 대해 약간 **부끄러워하며** 안으로 들어갔다.

〔Plus〕 ⊜ sorry, embarrassed
⊖ proud ⓐ 자랑스러워하는
shame ⓝ 부끄러움, 수치 ⓥ 부끄럽게 하다

0419 ★★☆

dense
[dens]

ⓐ 조밀한, 밀집한

If the soil is so **dense** that the roots cannot get in, it will surely die. `10 모평`

만약 흙이 너무 **조밀해서** 뿌리를 내릴 수 없다면, 그것은 확실히 죽을 것이다.

density ⓝ 밀도

0420 ★★☆

rescue
[réskju:]

ⓥ 구조하다   ⓝ 구조

It is tempting to think "if only he had managed to walk to the village, he would have been **rescued**." `14 모평`

"그가 어떻게든 그 마을까지 걸어가기만 했다면, 그는 **구조되었을** 텐데."라고 생각하고 싶은 유혹도 든다.

0421 ★★☆

destination
[dèstənéiʃən]

ⓝ 목적지

Bangkok was the top **destination** in the Asia-Pacific region with 22.8 million international overnight arrivals. `21 모평 변형`

방콕은 2,280만 명의 숙박하는 해외 방문객으로 아시아 태평양 지역에서 최고의 (여행) **목적지**였다.

0422 ★★☆

expand
[ikspǽnd]

ⓥ 확장하다

Warming may ease extreme environmental conditions, **expanding** the production frontier. `14 수능`

(지구) 온난화는 극한의 환경 조건을 완화하여, 생산 한계 지역을 **확장할** 수도 있다.

expansion ⓝ 확장, 팽창   **expanse** ⓝ 넓은 공간, 팽창

0423 ★☆☆

compete
[kəmpí:t]

ⓥ 경쟁하다

Individuals and teams, **competing** with each other, stopped sharing information. `12 수능`

개인들과 팀들은 서로 **경쟁하며** 정보 공유하기를 중지했다.

competition ⓝ 경쟁   **competitive** ⓐ 경쟁적인, 경쟁의
competence ⓝ 능숙함, 능력   **competent** ⓐ 유능한, 자격이 있는

0424 ★★☆

evolution
[èvəlú:ʃən]

ⓝ 진화

The process of **evolution** ensures that a species migrates only if it pays it to do so. `12 모평`

진화의 과정은 한 가지 종(種)이 이동을 하는 것은 그렇게 함으로써 그것이 이득을 얻는 경우에 한해서임을 확실히 한다.

`Plus` ↔ devolution ⓝ 퇴화
evolutionary ⓐ 진화적인   **evolve** ⓥ 진화시키다, 진화하다

0425 ★★☆

hire
[háiər]

□□

ⓥ 고용하다

One grandmother **hires** her grandchildren to help with gardening chores.

어떤 할머니는 정원 일을 도와주는 데 손주들을 **고용한다**.

0426 ★★☆

genuine
[dʒénjuin]

□□

ⓐ 진짜의, 성실한

The absence of fear in expressing a disagreement is a source of **genuine** freedom. `18 모평 변형`

이견을 표현할 때에 두려움이 없는 것이 **진정한** 자유의 원천이다.

`Plus` ⊜ sincere, real
genuinely ⓐd 진정으로

0427 ★★☆

status
[stéitəs, stǽtəs]

□□

ⓝ 상태, 지위, 현상

Status symbols can indicate the cultural values of a society.

지위의 상징은 한 사회의 문화적 가치를 알려 줄 수 있다.

`status와 유사한 형태의 단어들`

statue 조각상 　　　　**state** 상태, 국가, 진술하다 　　　　**statement** 연설, 진술

0428 ★★☆

military
[mílitèri]

□□

ⓐ 군대의 　ⓝ 군대

A charitable lady helped him attend a local **military** school. `14 수능`

한 자비로운 여인은 그가 지역 **군사** 학교에 다니게끔 도와주었다.

`Plus` ⊕ serve in the military 군 복무를 하다

0429 ★★★

logic
[láːdʒik]

□□

ⓝ 논리, 논리학

No apparent **logic** governs the category into which a species falls.

한 종(種)이 어느 범주에 드는지 결정하는 분명한 **논리**는 없다. `10 모평`

logical ⓐ 논리적인

0430 ★★★

gravity
[grǽvəti]

□□

ⓝ 중력

Newton's theory of **gravity** is one example; Einstein's theory of **gravity** is another. `13 수능`

Newton의 **중력** 이론이 한 가지 예이고, Einstein의 **중력** 이론이 또 다른 예이다.

`Plus` ⊜ gravitation
grave ⓐ 중요한, 심각한 　　　　**gravitate** ⓥ 중력에 끌리다, 자연히 끌리다

0431 ★★☆

isolate
[áisəlèit]

ⓥ 고립시키다

If you are **isolated** in your private life afterwards, your success will not last long.

만약 당신이 나중에 당신 혼자만의 생활 속에 **고립된다**면, 당신의 성공은 오래 지속되지 않을 것이다.

isolation ⓝ 고립, 격리　　　　**isolated** ⓐ 고립된

isol + ate

isol(= island: 섬)+**ate**(동·접) → '섬처럼 만들다'에서 '고립시키다'가 되었습니다.

DAY 11

0432 ★★☆

commit
[kəmít]

ⓥ (죄를) 저지르다, 전념[충실]하다, 맡기다

The increasing social pressure discourages us from **committing** ourselves to shared social conventions of behavior.　17 모평 변형

증가하는 사회적 압력은 우리가 행동에 대한 공유된 사회적 관습에 **충실하지** 못하게 한다.

commitment ⓝ 위탁, 언질, 범행

0433 ★☆☆

sum
[sʌm]

ⓝ 총합, 합계　ⓥ 합계하다

In one sense, the economic aspect of culture is simply the **sum** of the choices people make regarding these areas of their lives.

어떤 의미에서는, 문화의 경제적인 측면이란 단순히 사람들이 자신들의 삶의 이러한 영역들에 대해 행하는 선택들의 **총합**일 뿐이다.　14 모평

Plus ⊜ total amount
summarize ⓥ 요약하다

0434 ★★☆

conserve
[kənsə́:rv]

ⓥ 보존하다

The great Emperor penguin **conserves** heat through contact with its fellows in large groups.　10 모평

황제펭귄은 큰 집단들 속에서 자신의 동료들과의 접촉을 통해 열을 **보존한다**.

Plus ⊜ preserve
conservative ⓐ 보수적인　　　　**conservation** ⓝ 보존

0435 ★★☆

concept
[kάːnsept]

ⓝ 개념

Concepts of nature are always cultural statements.　22 모평

자연에 대한 **개념**은 항상 문화적 진술이다.

conceptualize ⓥ 개념화하다

0436 ★ ☆ ☆

swing
[swiŋ]

ⓥ 흔들(리)다, 진동하다   ⓝ 그네

As night fell, she could just perceive outside a huge tree **swinging** its branches.

어둠이 내리면서, 그녀는 바깥에 있는 거대한 나무의 가지들이 **흔들리고 있는** 것을 인식할 수 있을 뿐이었다.

0437 ★ ★ ☆

sensible
[sénsəbl]

ⓐ 분별 있는, 현명한

The **sensible** thing to do is to help them understand your position.

분별 있는 행동은 그들이 당신의 입장을 이해할 수 있도록 돕는 것이다.

sensitive ⓐ 민감한   **sense** ⓝ 감각 ⓥ 느끼다

0438 ★ ★ ☆

marriage
[mǽridʒ]

ⓝ 결혼, 혼인

After becoming a professional artist, **marriage** followed, then the birth of two daughters.   `12 수능`

전문 화가가 된 후에, 뒤이어 **결혼**을 했고, 그다음으로 두 딸의 탄생이 이어졌다.

marry ⓥ 결혼하다

0439 ★ ★ ☆

reproduce
[rìːprədjúːs]

ⓥ 재생하다, 복제하다, 번식하다

Others are being reduced in number faster than they can **reproduce**.

다른 것들은 그들이 **번식할** 수 있는 것보다 더 빠르게 수가 감소하고 있다.

`Plus` ⊕ reproduce oneself 번식하다

produce ⓥ 생산하다

0440 ★ ★ ☆

tone
[toun]

ⓝ 어조, 말투, 음, 색조   ⓥ 어떤 어조로 하다

David wants to tell Jane that she should change some of the direct and strong language to **tone** down the speech.   `16 수능`

David는 Jane에게 몇몇 직접적이고 극단적인 표현을 바꾸어 연설문을 부드러운 **어조로 고쳐야** 한다고 말하고 싶어 한다.

`Plus` ⊕ tone down (어조 등을) 부드럽게 하다

REVIEW TEST

A 다음 단어에 해당하는 우리말 또는 영어 단어를 쓰시오.

01 receive	__________	**11** 계산하다	__________
02 accept	__________	**12** 자비, 자선 단체	__________
03 whereas	__________	**13** 넓은, 광범위한	__________
04 pure	__________	**14** 멸종된, 꺼진	__________
05 institute	__________	**15** 반환, 환불	__________
06 ashamed	__________	**16** 조밀한, 밀집한	__________
07 hire	__________	**17** 구조하다, 구조	__________
08 genuine	__________	**18** 목적지	__________
09 conserve	__________	**19** 경쟁하다	__________
10 reproduce	__________	**20** 중력	__________

B 다음 빈칸에 알맞은 단어를 보기에서 골라 쓰시오.

보기

infant	depend	military	continue
expand	evolution	isolate	sensible

01 Every woman in the department says he's a ____________ person.

02 Whenever he has a hardship, he tends to ____________ on others for help.

03 Metals ____________ when they are heated.

04 The declaration will ____________ the country from many other countries around the world.

05 He has studied the ____________ of the human species for more than 30 years.

B **01** 그 부서에 있는 모든 여성은 그가 현명한 사람이라고 말한다. **02** 어려움에 처할 때마다, 그는 다른 사람의 도움에 의존하는 경향이 있다. **03** 금속은 열이 가해지면 확장한다. **04** 그 선언은 세계의 많은 다른 나라들로부터 그 나라를 고립시킬 것이다. **05** 그는 30년 넘는 동안 인간의 진화를 연구해 왔다.

정답 **01** sensible **02** depend **03** expand **04** isolate **05** evolution

구동사(동사＋부사/전치사) 정복하기 ⑪

through   to   with

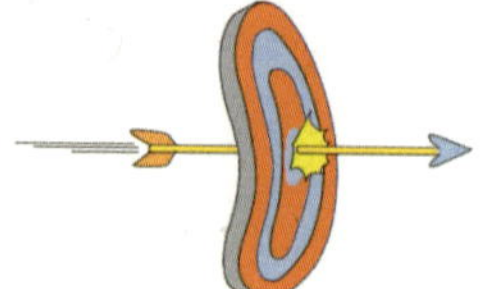  

through는 기본적으로 '～을 관통해 지나감'을 의미하며, 나아가 '(지나감의) 완결'을 의미합니다.

put through ▶ ① 연결하다 ② (시련 등을) 겪게 하다

I tried to **put through** a call to him, but his line was always busy.
나는 그와 전화 **연결을 하려** 했지만, 그는 항상 통화 중이었다.

I'm really sorry to have **put** you **through** all this trouble.
이런 불편을 **겪게 해서** 정말 죄송합니다.

go through ▶ ① 겪다 ② 조사하다, 검토하다

My grandfather's generation **went through** the war.
나의 할아버지 세대는 전쟁을 **겪었다.**

It was evident that someone had **gone through** my possessions.
누군가가 내 소지품을 **조사했던** 것이 분명했다.

come through ▶ 성공하다, 해내다, 이겨 내다

Her friends hope that she will **come through** all the difficulties.
그녀의 친구들은 그녀가 그 모든 어려움을 **이겨 낼** 것으로 기대한다.

---

to는 기본적으로 '～에게', '～에게로'의 뜻을 가지고 있습니다.

adhere to ▶ ～을 고수하다(= cling to, stick to)

Don't simply **adhere to** your own assertions.   자기주장만 **고수하지** 마세요.

bring to ▶ ～의 정신을 들게 하다, ～을 소생시키다(= come to)

With the help of fresh air, he was soon **brought to**.
신선한 공기 덕분에, 그는 곧 **정신이 들었다.**

---

with는 기본적으로 '～과 함께'라는 의미를 가집니다.

deal with ▶ 처리하다, 다루다(= cope with)

In **dealing with** a single decision separated from its context, the computer supplies tools unimaginable even a decade ago.   22 모평
맥락과 분리된 단 한 가지 결정을 **처리할** 때 컴퓨터는 10년 전만 해도 상상할 수 없었던 도구들을 제공한다.

rest with ▶ (결정권 등이) ～에게 달려 있다

The final decision **rested with** the boss.   최종 결정은 상사에게 달려 있다.

Previous Check

- cancel
- return
- invitation
- precise
- formal
- apparent
- departure
- visual
- current
- agriculture
- leak
- portion
- trend
- particle
- rite
- distinct
- component
- poverty
- sculpture
- descend
- universal
- surface
- eager
- legal
- annual
- trap
- demonstrate
- companion
- democracy
- mature
- brilliant
- faith
- aim
- spare
- transfer
- oppose
- desperate
- remote
- offend
- awake

0441 ★★☆

cancel

[kǽnsəl]

Ⓥ 취소하다

If it is rainy on the day of the event, the program will be **canceled**.

만약 행사 당일에 비가 오면, 그 프로그램은 **취소될** 것이다. | 14 모평

0442 ★☆☆

return

[ritə́ːrn]

Ⓥ 돌아오다, 돌려주다 Ⓝ 귀환, 반납, 수익

They readily **return** to areas where they have been heavily hunted in the past.

그들은 과거에 심하게 쫓겼던 지역으로 즉시 **되돌아온다**.

Plus ⊕ in return 답례로
without return 수익 없이

0443 ★★☆

invitation

[ìnvitéiʃən]

Ⓝ 초대, 초대장

It was difficult for anyone to decline that **invitation**. | 13 수능

누구라도 그 **초대**를 거절하는 것은 어려웠다.

0444 ★★☆

precise

[prisáis]

ⓐ 정확한

Even the most refined and **precise** research data are only raw materials which may or may not become literature. | 11 모평

가장 정제되고 **정확한** 연구 자료조차도 문학이 될지 안 될지 모르는 소재일 뿐이다.

Plus ⊕ to be precise 정확히 말하면
precision Ⓝ 정밀, 정확

0445 ★★☆

formal

[fɔ́ːrməl]

ⓐ 공식적인, 정식의

Although Patience had received little **formal** education and what she knew about art was mostly self-taught, she was very skilled, and her work quickly became popular. | 13 모평

Patience는 **정식** 교육을 거의 받지 못했고 예술에 대해 아는 것은 대부분 독학을 통한 것이었지만, 그녀는 매우 기술이 뛰어났고 그녀의 작품은 빠르게 인기를 얻었다.

Plus ⊖ informal ⓐ 형식을 따지지 않는, 비공식의

former와 formal

former (이전의)와 formal (공식적인)은 철자와 발음이 유사하지만, 그 뜻은 전혀 다르므로 유의해야 하며 특히 듣기 평가 시 주의합시다.

0446 ★★☆

apparent

[əpǽrənt, əpɛ́ərənt]

ⓐ 분명한, 명백한

Scientists have good evidence that this **apparent** difference is real. | 16 수능

과학자들은 이 **명백한** 차이가 진짜라는 좋은 증거를 갖고 있다.

Plus ⊜ obvious

0447 ★★☆
departure
[dipá:rtʃər]

ⓝ 출발

To secure your seat, please arrive at least 15 minutes prior to **departure** or book online 24 hours in advance. `15 모평`

좌석을 확보하려면, 적어도 **출발** 15분 전에 도착하거나 24시간 전에 미리 온라인으로 예약하십시오.

`Plus` ⊖ **arrival** ⓝ 도착
depart ⓥ 출발하다

0448 ★☆☆
visual
[víʒuəl]

ⓐ 시각의

A fire provides a constant flickering change in **visual** information.

불은 **시각** 정보에 있어 지속적으로 흔들리는 변화를 제공한다. `21 모평 변형`

`Plus` ⊕ **near-sighted** ⓐ 근시의
far-sighted ⓐ 원시의
visually ⓐd 시각적으로   **visualize** ⓥ 시각화하다, 마음에 떠올리다
vision ⓝ 시력

0449 ★★☆
current
[kə́:rənt]

ⓐ 현재의 ⓝ 해류, 흐름

The navigation app tells you the best route to the airport based on **current** traffic patterns.

내비게이션 앱은 당신에게 **현재의** 교통 상황을 근거하여 공항으로 가는 최적의 경로를 알려준다.

0450 ★★☆
agriculture
[ǽgrikʌ̀ltʃər]

ⓝ 농업

Cattle were domesticated both for meat and skin and as work animals for **agriculture**. `10 모평`

소들은 고기와 가죽 둘 다를 위해서 그리고 **농업**을 위해 일하는 동물로 길들여졌다.

`Plus` ⊜ **farming**

0451 ★★☆
leak
[li:k]

ⓝ 새는 곳[구멍] ⓥ 새다, 누설하다

In spite of these blanketing layers, some energy must **leak** through from the Sun's center to its outer regions. `15 모평`

이렇게 덮어 주는 층이 있음에도 불구하고, 얼마간의 에너지는 태양의 중심부에서 그것의 외부 구역들로 **새어 나오는** 것임에 틀림없다.

`Plus` ⊜ **spill**
⊕ **leak out to** ~에 누설되다
leaky ⓐ 새는

0452 ★★☆
portion
[pɔ́ːrʃən]

ⓝ 일부, 부분 ⓥ 분할하다

A major **portion** of our funding comes from our fund-raising events.

우리 기금의 많은 **부분**은 우리의 모금 행사에서 나온다.

0453 ★★☆
trend
[trend]

ⓝ 추세, 경향

Likewise, understanding how climate has changed over millions of years is vital to properly assess current global warming **trends**.

마찬가지로, 수백만 년에 걸쳐 기후가 어떻게 변해 왔는지를 이해하는 것은 현재의 지구 온난화 **추세**를 제대로 가늠하기 위해 매우 중요하다. ⟨18 모평⟩

Plus ⊜ tendency, inclination

0454 ★★★
particle
[pɑ́ːrtikl]

ⓝ 입자, 극소량

Instead of trapping warm air in the atmosphere like carbon dioxide, fine **particles** like sulfate reflect the sun's light and heat.

이산화탄소처럼 대기에 따뜻한 공기를 가두는 대신, 황산염과 같은 미세한 **입자들**은 태양의 빛과 열을 반사한다. ⟨14 모평⟩

0455 ★★☆
rite
[rait]

ⓝ (종교적) 의식, 의례

Obvious examples would be the use of uniforms to communicate a particular social role and the modern white wedding dress Western cultures use to mark this **rite** of passage. ⟨15 모평⟩

분명한 예는 특정한 사회적 역할을 전달하기 위한 제복의 사용과 이 통과 **의례**를 기념하기 위해서 서구 문화권이 사용하는 현대의 흰색 웨딩드레스일 것이다.

Plus ⊜ ritual

0456 ★★☆
distinct
[distíŋkt]

ⓐ 별개의, 뚜렷한

Even the most complex cell has only a small number of parts, each responsible for a **distinct**, well-defined aspect of cell life. ⟨22 수능⟩

가장 복잡한 세포조차도 그저 몇몇 부분만을 가지고 있는데, 각각은 세포 생명의 **뚜렷하**고, 명백한 측면을 맡고 있다.

distinguish ⓥ 구별하다   **distinction** ⓝ 구별, 특징

0457 ★★☆
component
[kəmpóunənt]

ⓝ 구성 요소 ⓐ 구성하는

As a major **component** that accounts for 70% of our bodies, water supplies oxygen.

우리 몸의 70퍼센트를 차지하는 주요 **구성 요소**로서, 물은 산소를 제공한다.

0458 ★★☆
poverty
[pá:vərti]

🄝 빈곤, 가난
Schubert spent his whole life in **poverty**.
Schubert는 **가난** 속에서 평생을 보냈다.

Plus ⊖ **wealth** ⓝ 부　　　**abundance** ⓝ 풍부함
poor ⓐ 가난한　　　**impoverish** ⓥ 빈곤하게 만들다

0459 ★★☆
sculpture
[skʌ́lptʃər]

🄝 조각　🅥 조각하다
Come and enjoy the fabulous drawings, **sculptures**, photographs, digital works, and the great music!　16 수능
오셔서 멋진 그림, **조각**, 사진, 디지털 작품, 그리고 훌륭한 음악을 즐기십시오!

Plus ⊜ **carve** ⓥ 조각하다
sculptor ⓝ 조각가

0460 ★★☆
descend
[disénd]

🅥 내려오다, 물려주다
We'll be slowing down once we start to **descend** for landing.
착륙을 위해 **하강하기** 시작하면 속도가 줄어들 것이다.

Plus ⊖ **ascend** ⓥ 오르다
　　　⊕ **be descended from** ~의 자손이다. (언어 등이) ~에서 유래하다
descendant ⓝ 자손

de + scend
de(= down) + **scend**(움직임) → 아래로의 움직임을 나타내어 '내려오다'가 되었습니다.

0461 ★☆☆
universal
[jù:nəvə́:rsəl]

🄐 보편적인, 우주의
Science is **universal** in principle but in practice it speaks to very few.　14 수능
과학은 원리에 있어서는 **보편적**이지만 실제에 있어서는 극히 소수에게만 말을 건넨다.

universe ⓝ 우주

0462 ★★☆
surface
[sə́:rfis]

🄝 표면, 수면, 지면
If the solar **surface**, not the center, were as hot as this, the radiation emitted into space would be great.　15 모평 변형
태양의 중심부가 아니라 태양의 **표면**이 이만큼 뜨겁다면, 우주로 방사되는 방사에너지는 엄청날 것이다.

0463 ★☆☆
eager
[í:gər]

🄐 갈망하는
He is **eager** to achieve something for himself.
그는 자기 힘으로 무엇인가를 성취하기를 **갈망한**다.

Plus ⊕ **be eager to V** 간절히 ~하고 싶어 하다

0464 ★★★
legal
[líːɡəl]

ⓐ **법률의, 합법의**

This decision created a new category of **legal** right — the performing right — and with it a new economic relationship between music user and copyright owner.   17 모평

이 판결로 공연권이라는 새로운 범주의 **법적** 권리가 생겨났고, 그와 더불어 음악 사용자와 저작권 소유자 사이의 새로운 경제적 관계가 생겨났다.

Plus ⊜ legitimate, lawful
⊖ illegal ⓐ 불법의

legalize ⓥ 법적으로 공인하다   **legality** ⓝ 적법, 합법

0465 ★★★
annual
[ǽnjuəl]

ⓐ **연례의**, 1년의, 1년간의

It was a year later, and the inspector was back again at the village school for his **annual** visit.   14 모평

1년 후, 그 장학사는 **연례** 방문을 위해 그 마을 학교에 다시 돌아왔다.

'연도'와 관련된 단어들

biennial[baiéniəl] 2년마다의   **biannual**[baiǽnjuəl] 연 2회의
triennial[traiéniəl] 3년마다의   **triannual**[traiǽnjuəl] 연 3회의
centennial[senténiəl] 100주년의   **centurial**[sentjúəriəl] 1세기의

0466 ★★☆
trap
[træp]

ⓝ **함정** ⓥ 덫을 놓다, 막다

The foxes also manage to dig up hidden **traps** and set them off without being caught.

여우들은 또한 잡히지 않은 채 숨겨진 **덫**을 파내기도 하고 그것들을 해체하기도 한다.

0467 ★★☆
demonstrate
[démənstrèit]

ⓥ **논증하다, 설명하다**, 시위하다, 보여 주다

Comic book superheroes also **demonstrate** how myths can be communicated to consumers of all ages.

만화책의 초인적인 영웅들 또한 신화가 어떻게 모든 연령의 소비자들에게 전해질 수 있는가를 **증명해 준다**.

demonstration ⓝ 논증, 실연, 데모   **demonstrably** ⓐⓓ 명백히

0468 ★★☆
companion
[kəmpǽnjən]

ⓝ **동료, 동반자**

He has been her constant **companion**.

그는 그녀의 영원한 **동반자**였다.

'동료'를 나타내는 표현

company 회사, 친구, 일행   **colleague** (주로 관직·교수·직업상의) 동료
coworker 함께 일하는 사람, 동료

0469 ★★☆

democracy
[dimάkrəsi]

ⓝ **민주주의**, 민주주의 국가

What does **democracy** mean to us without the freedom to tell the truth?

진실을 말할 자유 없이 **민주주의**가 우리에게 무슨 의미가 있는가?

Plus ↔ autocracy ⓝ 독재 정치
democratic ⓐ 민주적인, 민주주의의

0470 ★★☆

mature
[mətʃúər]

ⓐ **성숙한, 익은**, 지불 만기의 ⓥ **성숙해지다**

Children go from helpless babies to **mature** adults while our back is turned.

아이들은 우리가 보고 있지 않는 동안 무력한 아기들에서 **성숙한** 어른들이 된다.

Plus ≡ ripe
↔ immature ⓐ 미숙한
premature ⓐ 조숙한

0471 ★★★

brilliant
[bríljənt]

ⓐ **훌륭한, 명석한**

My lectures became less organized and less **brilliant**, but my students seemed to understand me better. 10 모평

나의 강의는 덜 정리되고 덜 **훌륭한** 것이 되었지만, 나의 학생들은 내 말을 더 잘 이해하는 것 같았다.

0472 ★★★

faith
[feiθ]

ⓝ **신념, 믿음**

Sometimes promises made in good **faith** can't be kept.

때때로 선의의 **믿음**으로 맺어진 약속은 지켜지지 못할 수도 있다.

faithful ⓐ 충실한

0473 ★★★

aim
[eim]

ⓥ **겨냥하다** ⓝ **조준**

At age twelve, he was reading works **aimed** at professional mathematicians. 15 모평

12세에, 그는 전문 수학자들을 **겨냥한** 저작물을 읽고 있었다.

0474 ★★☆

spare
[spɛər]

ⓐ **여분의, 검소한** ⓥ **용서하다, 남겨주다**

The product warranty says that you provide **spare** parts and materials for free. 14 수능 변형

제품 보증서에는 귀사에서 **여분의** 부품과 재료들을 무료로 제공한다고 나와 있습니다.

Plus ≡ extra ⓐ 여분의

0475 ★★☆

transfer
[trænsfə́ːr]

ⓥ **이동하다, 옮기다**, 갈아타다
The animals can die from bacteria **transferred** from your hands.
동물들이 당신의 손에서 **옮겨진** 박테리아로 인하여 죽을 수도 있다.

0476 ★☆☆

oppose
[əpóuz]

ⓥ **반대하다**
The dorsal fin is one continuous fin (as **opposed** to the separated dorsal fin of the largemouth). 　10 수능
등지느러미는 (큰입배스의 분리된 등지느러미와는 **반대로**) 하나의 연속적인 지느러미이다.

　Plus　⊕ oppose A to B　A를 B에 대비시키다
opposite ⓐ 반대의　　　　　　**opposition** ⓝ 반대

op + pose
op(반대의)＋**pose**(자세를 잡다) → '반대의'라는 뜻을 가진 접두사 op-가 '자세를 잡다'라는 뜻의 동사 pose와 결합하여 '반대하다'라는 동사가 되었습니다.

0477 ★★☆

desperate
[déspərit]

ⓐ **필사적인, 절망적인**
Charles Dickens used his **desperate** experience as a child laborer in Victorian England to write *David Copperfield*. 　18 수능
Charles Dickens는 *David Copperfield*를 쓰기 위해 빅토리아 시대 영국에서 미성년 노동자로서의 자신의 **절망적인** 경험을 사용했다.

despair ⓥ 절망하다 ⓝ 절망　　　　**desperately** ⓐⓓ 절망적으로, 필사적으로

0478 ★☆☆

remote
[rimóut]

ⓐ **멀리 떨어진**, 희박한, 드문
There is an old Japanese legend about a man renowned for his flawless manners visiting a **remote** village. 　11 모평
흠잡을 곳 없는 예의범절로 잘 알려진 한 남자가 어느 **외딴** 마을을 방문한 것에 관한 오래된 일본 전설이 있다.

0479 ★★☆

offend
[əfénd]

ⓥ **기분을 상하게 하다**, (범죄를) 저지르다
We were so **offended** by your new situation comedy show.
저희는 당신의 신규 시트콤에 아주 **감정이 상했습니다**.

offense ⓝ 공격, 위반

0480 ★☆☆

awake
[əwéik]

ⓐ **깨어 있는**　ⓥ **깨우다, 깨다**
I need to get enough sleep to stay **awake** in class. 　13 수능
나는 수업 시간에 **깨어 있도록** 잠을 충분히 잘 필요가 있다.

　Plus　⊖ asleep ⓐ 잠들어 있는

A 다음 단어에 해당하는 우리말 또는 영어 단어를 쓰시오.

01 precise	__________	11 초대, 초대장	__________
02 apparent	__________	12 시각의	__________
03 departure	__________	13 농업	__________
04 current	__________	14 새는 곳, 새다	__________
05 portion	__________	15 추세, 경향	__________
06 distinct	__________	16 입자, 극소량	__________
07 eager	__________	17 빈곤, 가난	__________
08 annual	__________	18 조각, 조각하다	__________
09 demonstrate	__________	19 보편적인, 우주의	__________
10 desperate	__________	20 표면, 수면	__________

B 다음 빈칸에 알맞은 단어를 보기에서 골라 쓰시오.

보기			
cancel	formal	leak	descend
transfer	oppose	remote	awake

01 He criticized all the people who ____________(e)d him.

02 They declared ____________ diplomatic relations between the countries.

03 All the baseball games have been ____________(e)d because of the bad weather today.

04 The hot-air balloon finally began to ____________ after completing an hour-long flight.

05 Many film studios plan to ____________ to the new movie complex in the city.

B 01 그는 자신에게 반대하는 모든 사람들을 비난했다.　02 그들은 그 나라들 사이의 공식적인 외교 관계를 선포했다.　03 오늘 악천후 때문에 모든 야구 경기가 취소되었다.　04 그 열기구가 한 시간의 비행을 마치고 드디어 내려오기 시작했다.　05 많은 영화 스튜디오들이 그 도시의 새 영화 단지로 옮기려고 계획하고 있다.

정답　**01** oppose　**02** formal　**03** cancel　**04** descend　**05** transfer

의외의 뜻이 숨어 있는 단어 ①

▪ account

n 예금, 계좌	I opened a new savings **account** at the bank. 나는 그 은행에서 새 예금 **계좌**를 개설했다.
설명, 이야기	He gave a detailed **account** of what happened in the office. 그는 사무실에서 일어난 일을 상세히 **설명**했다.
중요성, 가치, 고려	Education is a matter of great **account**. 교육은 매우 **중요**한 문제이다.
이유, 근거	On this **account** we will not attend the conference this time. 이런 **이유**로 우리는 이번에 그 회의에 참석하지 않을 것이다.

v ~이라고 생각하다	We **accounted** her to be a math genius. 우리는 그녀가 수학 천재라고 **생각했다**.
설명하다	No doubt it is this utopian aspect of movies that **accounts for** why we enjoy them so much.　20 수능 우리가 왜 그렇게 많이 영화를 즐기는지를 **설명해** 주는 것은 바로 영화의 이 이상적인 측면임이 틀림없다. ★ 자동사로도 쓰이기 때문에 전치사 for와 함께 쓰입니다.

▪ air

n 공기	We should die without **air**.　우리는 **공기**가 없으면 죽을 것이다.
하늘	The eagle flew in the **air**.　독수리가 **하늘**을 날았다.
느낌, 풍모, 태도	She has an **air** of elegance in her manner.　그녀의 태도에는 우아한 **느낌**이 있다.

v 떠벌리다, 자랑하다	He **aired** his troubles to everyone he met. 그는 만나는 사람마다 자신의 걱정거리를 **떠벌렸다**.
환기하다	My mother **aired** each room after having dinner. 저녁을 먹은 뒤 어머니는 각 방을 **환기시키셨다**.
방송하다	Tonight GBS will **air** a documentary on animal communication. 오늘 밤 GBS에서 동물들의 의사소통에 관한 다큐멘터리를 **방송할** 것이다.

▪ apprehend

v 걱정하다, 두려워하다	I **apprehended** that she should fail in the entrance exam. 나는 그녀가 입학시험에서 떨어질까 봐 **걱정했다**.
체포하다, 붙잡다	Police have not **apprehended** his killer. 경찰은 그를 살해한 사람을 **체포하지** 못했다.
이해하다, 깨닫다	It took a long time for me to **apprehend** what my grandfather had said. 내가 할아버지께서 말씀하셨던 것을 **이해하는** 데는 오랜 시간이 걸렸다.

Previous Check

- option
- insight
- achieve
- civil
- pause
- prove
- lecture
- minor
- duty
- vigor
- organize
- chief
- complicated
- digest
- shortage
- laboratory
- stream
- forbid
- laundry
- transform
- discipline
- generous
- ultimate
- thrive
- fiction
- bet
- royal
- ruin
- worship
- evil
- scarce
- afterward
- client
- insure
- fancy
- surgery
- assign
- regulate
- mindset
- utility

0481 ★★★

option
[á:pʃən]

🄝 선택, 선택권

That's why you shouldn't even attempt to consider all your **options** and possibilities. `21 모평`

그것이 바로 여러분이 자신의 모든 **선택권**과 가능성을 고려하려는 시도조차 해서는 안 되는 이유이다.

optional ⓐ 임의의, 선택적인

0482 ★★★

insight
[ínsàit]

🄝 통찰, 통찰력

The **insights** I gained through journal-keeping led me into a new career as an art therapist and teacher of diary writing and drawing. `12 수능`

일기를 쓰면서 내가 얻은 **통찰력**은 나를 예술 치료가이자 일기 쓰기와 그리기 교사라는 새로운 직업으로 이끌었다.

sight 🄝 시야, 시각

in + sight

in(안)+sight(시야) → '안을 보다'에서 '통찰력'이라는 뜻이 되었습니다.

0483 ★★★

achieve
[ətʃíːv]

🅥 이루다, 달성하다

Henry Moore **achieved** financial success from his hard work. `22 모평`

Henry Moore는 각고의 노력으로 경제적인 성공을 **달성했다**.

achievable ⓐ 달성할 수 있는   **achievement** 🄝 성취, 업적

0484 ★★★

civil
[sívəl]

🄐 시민의, 민간의

They said that the law would infringe on **civil** liberties.

그들은 그 법이 **시민의** 자유를 침해하게 될 것이라고 말했다.

citizen 🄝 시민   **civilian** 🄝 민간인

0485 ★★★

pause
[pɔːz]

🄝 중단   🅥 중단하다, 잠시 멈추다

When there is a long **pause** in the conversation, people feel an overwhelming need to fill it. `10 수능`

대화가 한참 **중단**되었을 때, 사람들은 그것을 채우려는 강한 욕구를 느낀다.

`Plus` ⊖ continue ⓥ 계속하다

0486 ★★★

prove
[pruːv]

🅥 입증하다, (~임이) 판명되다

To **prove** the existence of premonitory dreams, scientific evidence must be obtained. `12 수능`

예감을 갖게 하는 꿈의 존재를 **증명하기** 위해서는, 과학적인 증거가 확보되어야 한다.

`Plus` ⊜ turn out (~임이) 판명되다

0487 ★★☆

lecture
[léktʃər]

ⓝ 강의 ⓥ 강의하다

I am sure the **lecture** will help our teachers manage successful online science classes. `22 수능 변형`

나는 그 **강의**가 우리 선생님들이 성공적인 온라인 과학 수업을 해내는 데 도움이 되리라고 확신한다.

0488 ★★★

minor
[máinər]

ⓐ 사소한, 소수의 ⓝ 미성년자, 부전공 ⓥ 부전공하다

I had a **minor** bike accident on my way home. `14 수능`

내가 집에 오는 길에 **경미한** 자전거 사고가 났다.

> **Plus** ⊖ major ⓐ 주요한, 심각한
> ⊕ minor in ~을 부전공하다

minority ⓝ 소수, 소수 민족   **majority** ⓝ 대부분, 과반수

0489 ★★☆

duty
[djúːti]

ⓝ 의무, 관세

From a Japanese perspective, it is their **duty** to protect those who do not know any better. `12 모평`

일본 사람들의 관점에서는, 더 나은 어떤 것을 모르는 사람들을 보호하는 것이 그들의 **의무**이다.

> **Plus** ⊕ duty free 면세품

0490 ★★☆

vigor
[vígər]

ⓝ 활력

You'll set the stage for more **vigor** throughout the evening hours along with a weight-loss benefit if you stay active after your meal. `12 수능`

식사 후에 활동적인 상태를 유지하면 체중 감량의 효과와 함께 저녁 시간 내내 더 많은 **활력**을 얻을 수 있는 밑거름이 될 것이다.

0491 ★★☆

organize
[ɔ́ːrgənàiz]

ⓥ 조직하다, 구성하다, 정리하다

The representatives for each ward in the capital would have to be responsive to citizens **organized** in this way. `17 모평`

수도에 있는 각 구의 대표자들은 이러한 방식으로 **조직된** 시민들에게 반응해야 할 것이다.

organization ⓝ 조직, 단체, 구성

> **organ + ize**
> **organ**(조직)+**ize**(동·접) → '조직화하다'에서 '조직하다', '구성하다'의 의미가 됩니다.

0492 ★★☆

chief
[tʃiːf]

ⓐ 주요한, 우두머리의 ⓝ 우두머리

Chief among these advantages is the ability to control the first messages and how a story is first framed. `18 모평 변형`

이러한 장점들 중에서 **주요한** 것은 최초의 메시지와 이야기가 처음 표현되는 방식을 조절하는 능력이다.

> **Plus** ⊜ main, major, primary ⓐ 주요한

0493 ★★☆

complicated
[kɑ́:mpləkèitid]

ⓐ 복잡한

Our brains involve a much more **complicated** system than can be accounted for by images taken from nineteenth-century technology.

우리의 뇌는 19세기 과학 기술이 이끌어 낸 이미지들에 의해 설명될 수 있는 것보다 훨씬 더 **복잡한** 시스템을 포함하고 있다.

complication ⓝ 복잡, 합병증   **complicate** ⓐ 복잡한 ⓥ 복잡하게 하다

0494 ★★☆

digest
[daidʒést, didʒést]

ⓥ 소화하다, (완전히) 이해하다   ⓝ 요약

Humans obtain energy from molecules present in the plant and animal matter they eat and **digest**.

인간은 그들이 먹고 **소화하는** 식물질과 동물질에 내재하는 분자들로부터 에너지를 확보한다.

digestion ⓝ 소화   **digestive** ⓐ 소화의

0495 ★★☆

shortage
[ʃɔ́:rtidʒ]

ⓝ 부족, 결함

We have accidentally put ourselves at risk for food **shortages** in the future.   `12 모평`

우리는 뜻하지 않게 우리 자신을 미래에 있을 식량 **부족**의 위험에 처하게 했다.

`Plus` ⊜ lack
       ⊖ abundance ⓝ 풍부함

`short + age`

short(부족한)+**age**(명·접) → short는 '부족한'이라는 의미를 가지므로 명사형 shortage는 '부족'이라는 뜻이 됩니다.

0496 ★★☆

laboratory
[lǽbərətɔ̀:ri]

ⓝ 실험실   ⓐ 실험(실)의

It's probably an image of a **laboratory** filled with glassware and sophisticated equipment.   `13 모평`

그것은 아마도 유리 용기들과 복잡한 장비로 가득한 **실험실**의 모습일 것이다.

`Plus` ⊜ lab

0497 ★★☆

stream
[stri:m]

ⓝ 흐름, 경향, 개울

He said his life was part of the great **stream** of history.

그는 자신의 인생이 위대한 역사의 **흐름**의 일부라고 말했다.

0498 ★★☆

forbid
[fərbíd]

ⓥ 금지하다

Playing with food was **forbidden**.

음식을 가지고 장난치는 것은 **금지되어** 있었다.

`forbid와 prohibit`

둘 다 '금지하다'라는 의미의 동사지만, forbid는 to부정사를 목적어로 취하는 데 반해, prohibit은 동명사(-ing)를 목적어로 취합니다.

0499 ★★☆

laundry
[lɔ́:ndri]

ⓝ 세탁물

She had sauce stains on her apron and sometimes allowed the **laundry** to pile up. `13 모평`

그녀의 앞치마에는 소스 얼룩이 묻어 있었고, 가끔 **세탁물**이 쌓이도록 내버려 두었다.

`Plus` ⊕ do the laundry 세탁하다

0500 ★★☆

transform
[trænsfɔ́:rm]

ⓥ 변형시키다, 변환하다

This term refers to the standardization of everyday life, a process that is **transforming** our lives. `12 모평`

이 용어는 우리 삶을 **변화시키는** 과정인 일상생활의 표준화와 관련이 있다.

transformation ⓝ 변형, 변환   **transport** ⓥ 운송하다

`trans + form`

trans(이쪽에서 저쪽으로)+**form**(형태) → '형태를 바꾸다'에서 '변환하다'의 뜻이 되었습니다.

0501 ★★★

discipline
[dísəplin]

ⓝ 훈련, 규율, 학과, 학문 분야

Mobilities in transit offer a broad field to be explored by different **disciplines** in all faculties, in addition to the humanities. `23 모평`

통행의 이동성은 인문학뿐만 아니라 모든 학부의 여러 다른 **학과**에서도 탐구할 수 있는 광범위한 분야를 제공한다.

`Plus` ⊕ self-discipline 자기 수양, 자제

0502 ★☆☆

generous
[dʒénərəs]

ⓐ 관대한, 넉넉한

Hobbes, his heart touched, immediately gave the man a **generous** offering. `13 모평`

Hobbes는 마음이 움직여서 즉시 그 남자에게 **넉넉한** 돈을 주었다.

`Plus` ⊜ liberal
generosity ⓝ 관용

0503 ★★☆

ultimate
[ʌ́ltəmit]

ⓐ 궁극적인, 최후의

The **ultimate** life force lies in tiny cellular factories of energy, called mitochondria, that burn nearly all the oxygen we breathe in. `14 수능`

궁극적인 생명력은 우리가 들이쉬는 거의 모든 산소를 태우는, 미토콘드리아라고 불리는 매우 작은 에너지 세포 공장에 있다.

`Plus` ⊜ final
ultimately ⓐⓓ 최후로, 마침내

0504 ★★☆
thrive
[θraiv]

ⓥ 번영하다, 발전하다, 잘되다

So, specialist species **thrive** only when conditions are perfect.
그래서 전문종은 조건이 완벽할 때만 **번성한다**.

> Plus ⊜ prosper, flourish
> ⊕ thrive on ~을 즐기다, ~을 잘 해내다

thrift ⓝ 절약   **thrifty** ⓐ 절약하는, 검소한

0505 ★★★
fiction
[fíkʃən]

ⓝ 허구, 소설

In **fiction**, one can enter possible worlds. 22 모평
허구에서 사람들은 있을 법한 세계로 들어갈 수 있다.

> Plus ⊖ non-fiction ⓝ 실화, 논픽션

fictional ⓐ 허구적인, 소설의

0506 ★★☆
bet
[bet]

ⓥ 돈을 걸다, 내기를 하다, (~이) 틀림없다   ⓝ 내기

I **bet** it takes a moment's effort. 18 수능
틀림없이 잠깐의 노력이 필요할 것이다.

0507 ★★☆
royal
[rɔ́iəl]

ⓐ 왕족의, 왕의

He studied theology and spent much of his life in the service of various **royal** families. 12 모평
그는 신학을 공부했으며 일생의 많은 부분을 여러 **왕**가를 위해 봉사하며 보냈다.

> Plus ⊜ regal
> ⊕ battle royal 대혼전, 큰 싸움

loyal ⓐ 충성스러운, 성실한   **royalty** ⓝ 왕위, 왕의 특권

0508 ★★☆
ruin
[rú:in]

ⓝ 파멸, 파산   ⓥ 망치다, 파멸[파산]시키다

As Hardin put it, "Freedom in a commons brings **ruin** to all."
Hardin이 말한 것처럼, "공유지에서의 자유는 모든 사람들에게 **파멸**을 가져온다." 14 모평

ruins ⓝ 유적, 폐허

0509 ★★☆
worship
[wə́:rʃip]

ⓥ 예배하다, 숭배하다   ⓝ 예배, 숭배

Animals, however, have no expectations about mental capacity. They do not **worship** youth. 17 수능
그러나 동물은 정신적 능력에 대한 기대를 하지 않는다. 그것들은 젊음을 **숭배하지** 않는다.

> Plus ⊜ praise, revere
> ⊖ despise ⓥ 경멸하다

0510 ★★★

evil
[íːvəl]

ⓐ 사악한　ⓝ 악

Local people use the fruit to keep **evil** spirits away and to cure skin problems.　14 수능

지역민들은 **악**령을 쫓아내고 피부 질환을 치료하기 위해 그 열매를 사용한다.

0511 ★★★

scarce
[skέərs]

ⓐ 부족한, 드문

When space and food are **scarce**, the trout remain smaller and reproduce more slowly.　14 모평

공간과 먹이가 **부족할** 때, 송어는 더 작은 크기를 유지하고 더 천천히 번식을 한다.

scarcely ⓐⓓ 거의 ～ 않다

> **'거의 ～ 않다'라는 뜻의 부사**
>
> scarcely와 마찬가지로 hardly, rarely, seldom은 '거의 ～ 않다'라는 부정적인 의미를 가집니다.

0512 ★★★

afterward
[ǽftərwərd]

ⓐⓓ 나중에, 그 후에

The photos were beautiful, but he lamented **afterward** he felt that he had missed out on the most important first moment of his son's life.　11 수능

그 사진들은 아름다웠지만 자기 아들의 삶에서 가장 중요한 첫 번째 순간을 놓쳤다는 생각이 들었다고 그는 **나중에** 탄식했다.

Plus ⼀ afterwards, later

0513 ★★★

client
[kláiənt]

ⓝ 고객, (변호사 등의) 의뢰인

For a substantial fee, they would impart their knowledge to their **clients**.　11 모평

상당한 액수의 비용을 받고, 그들은 **고객들**에게 자신의 지식을 전해 주곤 했다.

0514 ★★★

insure
[inʃúər]

ⓥ 보험을 계약하다, 안전하게 하다

Insurance companies might not **insure** people if something is wrong with their DNA.

만약 사람들의 DNA에 문제가 있다면 보험 회사에서는 그들과 **보험을 계약하지** 않을지도 모른다.

insurance ⓝ 보험　　　　**ensure** ⓥ 확실하게 하다

0515 ★★★

fancy
[fǽnsi]

ⓝ 공상, (일시적인) 기호　ⓥ 공상하다　ⓐ 화려한

For this metaphor to gain currency, it must capture the **fancy** of many other people for a period of time.　11 모평

이 은유가 통용되기 위해서는, 일정 기간 동안 많은 다른 사람들의 **마음**을 사로잡아야 한다.

0516 ★★☆

surgery
[sə́:rdʒəri]

ⓝ 외과 수술

Remembering the **surgery**, he said to himself, "I thought my basketball career was completely over." 22 모평

그 **수술**을 회상하며, "나는 내 농구 경력이 완전히 끝났다고 생각했어."라고 그는 자신에게 말했다.

'의사'의 종류

surgeon 외과 의사 (surgery 외과 수술)	**dentist** 치과 의사
cosmetic surgeon 성형외과 의사 (cosmetic 화장의, 미용의)	**physician** 내과 의사 (물리학자 physicist와는 구분)
veterinarian 수의사(= vet)	**ENT doctor** 이비인후과 의사

0517 ★★☆

assign
[əsáin]

ⓥ 할당하다, 지정하다

You'll be **assigned** a personal adviser, have your work evaluated by experienced experts, and receive insightful suggestions on how to make it better. 12 수능

당신에게는 개별 조언자가 **배정되고**, 당신의 작품은 경험이 풍부한 전문가들에 의해 평가되며, 그것을 좀 더 잘 만드는 방법에 대해 통찰력 있는 조언을 받을 것이다.

assignment ⓝ 과제

0518 ★★☆

regulate
[régjəlèit]

ⓥ 규제하다, 조절하다

This has led to calls for legislation to **regulate** advertising in Europe and the United States. 15 모평

이로 인해 유럽과 미국에서 광고를 **규제하는** 법률 제정에 대한 요구가 이어졌다.

regulation ⓝ 규칙, 규제

0519 ★★☆

mindset
[máindset]

ⓝ 마음가짐, 사고방식

It's a real advantage to graduate from college with the **mindset** of a daring adventurer. 22 모평

위험을 마다하지 않는 모험가의 **마음가짐**으로 대학을 졸업하는 것은 정말 유리한 점이다.

Plus ⊜ mentality

mind + set

mind(마음)+**set**(묶음) → '마음'이라는 뜻의 mind와 '묶음'이라는 의미를 갖는 set가 결합하면서, '마음가짐'이라는 명사가 되었습니다.

0520 ★★☆

utility
[ju:tíləti]

ⓝ 유용(성), (수도·가스 등의) 공익사업

Scientific and professional expertise often relies on a particular type of knowledge that is limited to **utility** and rationality considerations. 14 수능

과학적이고 전문적인 지식은 종종 **유용성**과 합리적인 고려에 한정된 특정 유형의 지식에 의존한다.

Plus ⊕ of no utility 소용없는, 무익한

REVIEW TEST

A 다음 단어에 해당하는 우리말 또는 영어 단어를 쓰시오.

01 achieve	__________	11 통찰, 통찰력	__________
02 prove	__________	12 강의, 강의하다	__________
03 minor	__________	13 조직하다, 구성하다	__________
04 duty	__________	14 실험실, 실험(실)의	__________
05 vigor	__________	15 세탁물	__________
06 transform	__________	16 궁극적인, 최후의	__________
07 discipline	__________	17 예배하다, 숭배하다	__________
08 generous	__________	18 고객, 의뢰인	__________
09 thrive	__________	19 외과 수술	__________
10 scarce	__________	20 마음가짐, 사고방식	__________

B 다음 빈칸에 알맞은 단어를 보기에서 골라 쓰시오.

보기			
option	civil	pause	complicated
shortage	chief	digest	bet

01 I don't like oily food because it is hard to ____________.

02 The instructions looked too ____________ for kids to understand.

03 There was no ____________ but to stay at home because it was raining hard outside.

04 There was a(n) ____________ of clean water in the area.

05 People said that the compulsory dress inspections would infringe ____________ liberties.

B 01 나는 소화가 잘 안 되기 때문에 기름진 음식을 좋아하지 않는다.　02 그 설명서는 아이들이 이해하기에는 너무 복잡해 보였다.　03 밖에 비가 많이 와서 집에 있는 것 외에 선택의 여지가 없었다.　04 그 지역에는 깨끗한 물이 부족했다.　05 사람들은 강제적인 복장 검사가 시민의 자유를 침해할 것이라고 말했다.

정답　01 digest　02 complicated　03 option　04 shortage　05 civil

▪ arm

n 팔	Is your **arm** still hurt? 네 팔은 아직 아프니? 20 수능
병기, 무기(-s)	Poland imported their **arms** from Korea. 폴란드는 그들의 **무기**를 한국에서 수입했다.

v 무장시키다	They **armed** themselves and prepared for the enemy's invasion. 그들은 스스로 **무장하고** 적군의 침입에 대비했다.

▪ art

n 예술, 미술	Actually, my **art** teacher is taking us on a field trip there next week. 사실, 우리 **미술** 선생님이 다음 주에 우리를 그곳으로 견학을 데려갈 거야. 21 수능
기술, 기교	I need to learn the **art** of investment. 나는 투자의 **기술**을 배울 필요가 있다.

▪ ball

n 공	The pitcher threw a **ball** at the batter. 투수가 타자에게 **공**을 던졌다.
공 모양의 것	A cat is playing with a **ball** of yarn. 고양이가 털실 **뭉치**를 가지고 놀고 있다.
무도회	I met him at the masked **ball** that I attended alone. 나는 혼자서 참석했던 가면 **무도회**에서 그를 만났다.

▪ bill

n 청구서, 계산서	They couldn't afford to pay the **bills**. 그들은 **계산서**를 지불할 능력이 없었다.
지폐	I don't know what a one-dollar **bill** looks like. 나는 1달러짜리 **지폐**가 어떻게 생겼는지 모른다.
광고, 벽보	Post no **bills**. **벽보** 금지
법안	The **bill** was approved. 그 **법안**은 승인되었다.
(새의) 부리	Can you describe the **bill** of a duck? 오리의 **부리**를 묘사할 수 있습니까?

▪ book

n 책	I bought this **book** at an outdoor stand at a very low price. 나는 이 **책**을 노점에서 매우 싼 가격에 샀다.
회계 장부, 명부	Around 30 percent of the people on the **books** are female. 그 **명부**에 있는 사람들 중 30퍼센트 정도가 여성이다.

v 예약하다	Please **book** a room for her. 그녀를 위해 방을 **예약해** 주세요.
경찰 기록에 올리다	The police stopped his car and **booked** him for speeding. 경찰이 그의 차를 세우고 그를 속도위반으로 **조서에 적었다.**

DAY 14

Previous Check

- ☐ necessity
- ☐ yield
- ☐ decline
- ☐ apply
- ☐ aside
- ☐ contemporary
- ☐ bless
- ☐ explain
- ☐ prior
- ☐ tolerate
- ☐ measure
- ☐ abstract
- ☐ cottage
- ☐ correct
- ☐ confirm
- ☐ imitate
- ☐ prey
- ☐ defeat
- ☐ illustrate
- ☐ fuse
- ☐ pupil
- ☐ intellect
- ☐ spice
- ☐ tempt
- ☐ inspire
- ☐ dine
- ☐ literally
- ☐ appropriate
- ☐ resort
- ☐ grab
- ☐ propose
- ☐ wreck
- ☐ document
- ☐ suspect
- ☐ alien
- ☐ prohibit
- ☐ install
- ☐ triumph
- ☐ scholarship
- ☐ execute

0521 ★★☆

necessity
[nisésəti]

ⓝ 필수, 필수품, 필요

Young people treat the mobile phone as an essential **necessity** of life and often prefer to use text messages to communicate with their friends. 〔16 모평〕

젊은이들은 휴대 전화를 생활에 꼭 필요한 **필수품**으로 다루고 친구들과 소통하기 위해 문자 메시지를 사용하는 것을 보통 선호한다.

Plus ↔ **luxury** ⓝ 사치, 사치품
necessary ⓐ 필요한

0522 ★★☆

yield
[ji:ld]

ⓥ **생산하다**, 양도하다, 굴복하다　ⓝ 수확(물)

This apple tree **yields** seven pounds of fruit a year.

이 사과나무는 연간 7파운드의 열매를 **생산한다**.

0523 ★★☆

decline
[dikláin]

ⓝ 감소, 쇠퇴　ⓥ 감소하다, 쇠퇴하다, (정중히) 거절하다

The rise in commerce and the **decline** of authoritarian religion allowed science to follow reason in seventeenth-century Europe.

상업의 융성과 권위주의적인 종교의 **쇠락**이 17세기 유럽에서 과학이 이성을 따르는 것을 가능하게 했다. 〔15 수능〕

Plus ≡ **decrease** ⓝ 감소 ⓥ 감소하다
⊕ **in decline** 기울어, 쇠퇴하여

0524 ★☆☆

apply
[əplái]

ⓥ 적용하다, 지원하다

Apply the same principle to all your routine activities. 〔12 모평〕

모든 일상적인 활동들에도 같은 원칙을 **적용하라**.

application ⓝ 적용, 애플리케이션　　**applicant** ⓝ 지원자

0525 ★★☆

aside
[əsáid]

ⓐⓓ 한쪽으로, 제쳐 두고

They finally gave up, putting the work **aside** so that they could concentrate on other activities.

그들은 결국 다른 활동들에 집중하기 위해서 그 일을 **제쳐 두고** 포기했다.

0526 ★★☆

contemporary
[kəntémpərèri]

ⓐ 동시대의, 현대의

The origins of **contemporary** Western thought can be traced back to the golden age of ancient Greece. 〔15 모평 변형〕

현대 서양 사고의 기원은 고대 그리스의 전성기로 거슬러 올라갈 수 있다.

0527 ★★☆
bless
[bles]

ⓥ 축복하다, 감사하다

Andrew arrived at the nursing home in a gloomy mood, but he was **blessed** with good news. `18 모평`

Andrew는 우울한 기분으로 양로원에 도착했지만, 좋은 소식에 **감사해했다**.

Plus ↔ **curse** ⓥ 저주하다

0528 ★☆☆
explain
[ikspléin]

ⓥ 설명하다

Make constant efforts until everyone you **explain** your idea to understands it. `14 모평`

당신의 생각을 **설명하는** 모든 사람이 그것을 이해할 때까지 끊임없이 노력하라.

explanation ⓝ 설명　　　　**explanatory** ⓐ 설명적인

0529 ★☆☆
prior
[práiər]

ⓐ 이전의, 우선하는

Prior to low-cost printing, ideas could and did spread by word of mouth. `19 수능`

비용이 적게 드는 인쇄술이 있기 **전에**, 생각은 구전으로 퍼져 나갈 수 있었고 실제로 그렇게 퍼져 나갔다.

Plus ⊕ **prior to** ~에 앞서

priority ⓝ 우선순위, 상위　　　　**prioritize** ⓥ 우선시하다

0530 ★★☆
tolerate
[tá:lərèit]

ⓥ 참다, 용인하다

He warned me that he would not **tolerate** lateness or excuses.

그는 지각이나 핑계를 **용인하지** 않을 것이라고 나에게 경고했다.

Plus ≒ **endure, bear, stand**

tolerance ⓝ 관용, 인내　　　　**tolerant** ⓐ 관대한

0531 ★★☆
measure
[méʒər]

ⓥ 측정하다　ⓝ 측정, 수단

One study that **measured** participants' exposure to thirty-seven major negative events found a curvilinear relationship between lifetime adversity and mental health. `21 모평`

참가자들의 서른일곱 가지 주요 부정적인 사건 경험을 **측정한** 한 연구는 생애에서 겪은 역경과 정신 건강 사이의 곡선 관계를 발견했다.

measurement ⓝ 측정, 치수

0532 ★★☆
abstract
[æbstrǽkt]

ⓐ 추상적인　ⓝ 추상, 개요 [æbstrækt]

O'Keeffe began a series of simple, **abstract** charcoal drawings that expressed her own ideas and feelings. `14 모평`

O'Keeffe는 자신만의 생각들과 느낌들을 표현한 단순하면서도 **추상적인** 일련의 목탄화를 (그리기) 시작했다.

Plus ↔ **concrete** ⓐ 구체적인

0533 ★★★
cottage
[kɑ́:tidʒ]

☐☐

ⓝ 오두막집

It took four years to build the small **cottage**, and when they moved in, the roof wasn't even on! 14 수능

그 작은 **오두막집**을 짓는 데 4년이 걸렸으며, 그들이 이사 들어갔을 때에는 심지어 지붕조차 없었다!

Plus ⊜ cabin, hut

0534 ★★★
correct
[kərékt]

☐☐

ⓐ 올바른, 정확한   ⓥ 바로잡다, 정정하다

Often in social scientific practice, even where evidence is used, it is not used in the **correct** way for adequate scientific testing.

증거가 사용되는 사회 과학 연구의 실제에서조차도 종종 그것은 적절한 과학적 검증을 위해 **정확한** 방법으로 활용되지 않는다. 12 수능

0535 ★★☆
confirm
[kənfə́:rm]

☐☐

ⓥ 입증[확인]하다, (결심을) 굳게 하다

In 2005 Belgian researchers at Leuven University **confirmed** just how the link between temperature and taste works. 11 모평

2005년에 Leuven 대학의 벨기에 연구원들은 온도와 맛 사이의 연결이 어떻게 작용하는지를 **입증했다**.

Plus ⊜ verify
confirmation ⓝ 확인, 입증

con + firm

con (= com: 강조의 어두) + **firm** (확고한) → '확고하게 하다'에서 '입증하다, 확인하다'가 되었습니다.

0536 ★★☆
imitate
[ímitèit]

☐☐

ⓥ 모방하다

Everyone looked at how the man held his chopsticks, so that they could **imitate** him. 11 모평

모든 사람은 그 남자를 **따라 하기** 위해서 그가 젓가락을 어떻게 잡는지를 보았다.

Plus ⊜ mimic
imitation ⓝ 모방, 모조품

0537 ★★★
prey
[prei]

☐☐

ⓝ 먹이, 희생자

Tigers normally attack their **prey** from behind.

호랑이는 보통 뒤에서 **먹이**를 덮친다.

prey와 pray

pray는 **prey**와 유사한 형태이지만, '기도하다'라는 전혀 다른 의미를 가집니다. 이 두 단어는 발음이 같기 때문에 듣기 평가 시 각별히 유의해야 할 단어들입니다.

0538 ★★☆

defeat
[difíːt]

ⓥ 패배시키다   **ⓝ 패배**

Although we shall get honey and other products, the objective for pollination of mustard may be **defeated**. 15 모평

비록 우리는 꿀과 다른 생산물들을 얻기는 하겠지만, 겨자 꽃가루받이의 목적은 **실패할** 수도 있다.

0539 ★★☆

illustrate
[íləstrèit]

ⓥ 설명하다, 예증하다, 삽화를 넣다

Often, however, these regulations do not work adequately, as the Enron scandal in 2001 clearly **illustrates**. 18 모평

그러나 종종 이러한 규제들은 2001년 Enron 스캔들이 명확히 **보여 주**듯이 적절히 작용하지 않는다.

illustration ⓝ 삽화, 예증

0540 ★★☆

fuse
[fjuːz]

ⓝ 퓨즈, 도화선 **ⓥ 융합하다**

He **fused** cells from two separate species.

그는 별개인 두 종의 세포를 **융합했다**.

0541 ★★☆

pupil
[pjúːpəl]

ⓝ 학생, 눈동자

The cliché that teachers learn as much as their **pupils** is certainly true. 15 모평

교사들이 그들의 **학생들**만큼 많이 배운다는 상투적인 말은 틀림없이 사실이다.

Plus ⊜ student ⓝ 학생

0542 ★★☆

intellect
[íntəlèkt]

ⓝ 지성

His **intellect** led the way from earlier work to later achievements of modern science.

그의 **지성**이 현대 과학의 초기 연구에서부터 후기의 업적에 이르기까지 선도해 나갔다.

Plus ⊜ intelligence
intellectual ⓐ 지적인 ⓝ 지식인   **intellective** ⓐ 지성의

0543 ★☆☆

spice
[spais]

ⓝ 향신료, 양념

She flavored the food with **spices** and placed it on the decorated table.

그녀는 음식에 **향신료**로 맛을 더하고 그것을 장식된 식탁 위에 놓았다.

spicy ⓐ 양념을 넣은, 매운

DAY 14

0544 ★★★
tempt
[tempt]

ⓥ **유혹하다**, (관심을) 끌다

If she is short of money, she may resent that the fruit is overpriced; meanwhile her friend may feel **tempted** by some juicy peaches.　18 모평

만약 그녀가 돈이 부족하다면, 그녀는 과일이 너무 비싸다는 것에 화를 낼 수도 있는 반면, 그녀의 친구는 과즙이 풍부한 복숭아 몇 개를 사고 싶은 **유혹을 받을** 수도 있다.

Plus ＝ attract
temptation ⓝ 유혹

0545 ★★☆
inspire
[inspáiər]

ⓥ **영감을 주다, 고무시키다**, 격려하다

Moreover, the desire to make money can challenge and **inspire** us.　16 수능

더욱이, 돈을 벌려는 욕구는 우리에게 도전 정신을 갖게 하고 **영감을 줄** 수 있다.

inspiration ⓝ 영감, 자극

0546 ★☆☆
dine
[dain]

ⓥ **만찬을 대접하다, 식사하다**

It is not true that Westerners always split the bill when they **dine** out.

서양 사람들이 밖에서 **식사할** 때 항상 돈을 각자 낸다는 것은 사실이 아니다.

Plus ＋ dine in　집에서 식사하다
　　　dine out　밖에서 식사하다, 외식하다
dinner ⓝ 저녁 식사

0547 ★★☆
literally
[lítərəli]

ⓐⓓ **문자 그대로**

In extremely dry conditions, rock cactus **literally** shrinks into the surrounding rocky soil.　15 모평 변형

극히 건조한 환경에서 돌선인장은 **문자 그대로** 주변의 돌투성이 토양 속으로 오그라든다.

Plus ⊖ verbally ⓐⓓ 말로, 구두로
literal ⓐ 문자 그대로의　　　　　**literature** ⓝ 문학

0548 ★★☆
appropriate
[əpróupriət]

ⓐ **적절한**

We often fail to take **appropriate** measures to reduce potential losses from natural disasters.　19 수능 변형

우리는 자연재해로부터의 잠재적인 손실을 줄이기 위한 **적절한** 조치를 하지 못할 때가 흔히 있다.

Plus ＝ proper, suitable
　　　⊖ inappropriate ⓐ 부적절한, 알맞지 않은

0549 ★★☆

resort
[rizɔ́ːrt]

ⓝ 휴양지, 의지   ⓥ 의지하다, 자주 가다

They didn't **resort** to violence to achieve their goal.

그들은 자신들의 목표를 이루기 위해서 폭력에 **의지하**지 않았다.

> **Plus** ⊜ depend on, rely on ~에 의지하다
> ⊕ resort to ~에 호소하다, ~에 의지하다

0550 ★☆☆

grab
[græb]

ⓥ 움켜쥐다   ⓝ 움켜쥠

She **grabbed** the whistle out of her bag and blew it hard three times. `14 모평`

그녀는 자신의 가방에서 호루라기를 꺼내 **움켜쥐고** 그것을 힘차게 세 번 불었다.

> **Plus** ⊜ grip, grasp

0551 ★★☆

propose
[prəpóuz]

ⓥ **제안하다**, 청혼하다

The sociologist Glen Elder **proposed** that there is a sensitive period for growth during which failures are most beneficial.

사회학자 Glen Elder는 성장에 민감한 시기가 있는데, 그 기간 동안에는 실패가 대단히 유익하다고 **제안했다**. `14 모평`

proposal ⓝ 제안, 청혼

0552 ★★☆

wreck
[rek]

ⓝ 난파선, 사고   ⓥ 난파시키다

It meant that a **wreck** or a rock was buried there that could tear the life out of the strongest vessel that ever floated. `10 모평`

그것은 이제까지 수면에 띄워진 것 중 가장 튼튼한 배로부터 생명을 파괴할 수 있는 **난파선**이나 암석이 그곳에 묻혀 있다는 것을 의미했다.

wreckage ⓝ 난파 잔해물

0553 ★★☆

document
[dάkjumənt]

ⓝ 문서, 서류   ⓥ 기록하다 [dάkjumènt]

We'll screen the applications and select the top ten applicants based on the submitted **documents**. `14 모평`

우리는 지원서를 심사하고 제출된 **서류**를 기반으로 최고의 지원자 열 명을 선정할 것이다.

documentary ⓐ 문서의, 사실을 기록한 ⓝ 다큐멘터리

0554 ★★☆

suspect
[səspékt]

ⓥ 의심하다   ⓝ 용의자 [sʌ́spekt]

People began to **suspect** that the old king was dead.

사람들은 그 늙은 왕이 죽은 건 아닐까 하고 **의심하기** 시작했다.

> **Plus** ⊕ be suspected of ~의 혐의를 받다

suspicious ⓐ 의심하는   **suspicion** ⓝ 혐의

0555 ★★☆
alien
[éiljən, éiliən]

ⓝ 외국인, 외계인 ⓐ 외국의, 이질적인

Oxygen will be left in the stratosphere — perhaps misleading **aliens** into thinking the planet is still inhabited — while the hydrogen is light enough to escape into space. `13 모평`

산소는 성층권에 남아서 어쩌면 **외계인들**이 지구에 여전히 생명체가 살고 있다고 착각을 하게 만들 수도 있는 반면, 수소는 아주 가벼워서 우주 공간으로 달아난다.

Plus ⊕ illegal alien 불법 체류자

0556 ★★☆
prohibit
[prəhíbit]

ⓥ 금지하다

In all cases, tricks and physical threats are **prohibited**.

모든 경우에 있어. 속임수와 신체적인 위협은 **금지된다**.

Plus ⊜ forbid, ban
prohibition ⓝ 금지

0557 ★★★
install
[instɔ́:l]

ⓥ 설치하다

The city should consider **installing** traffic lights as soon as possible.

시 당국은 가능한 한 빨리 교통 신호등을 **설치하는 것**을 고려해야 한다. `14 모평`

installation과 installment

installation 설치. 장치　　　　　　　　　**installment** 분할. 할부 구입

두 명사형의 의미가 판이하게 다르므로 정확히 구별할 수 있어야 합니다.

0558 ★★☆
triumph
[tráiəmf]

ⓝ 승리 ⓥ 승리하다

Yesterday's victory was his third competitive individual event this year, following two 400m **triumphs**.

어제의 승리는 두 번의 400미터 **승리**에 이어. 그의 올해 세 번째 경쟁력 있는 개인 경기 이벤트였다.

triumphant[traiʌ́mfənt] ⓐ 승리를 얻은, 의기양양한

0559 ★★☆
scholarship
[skáːlərʃìp]

ⓝ 학문, 장학금

One of those things is to set up a **scholarship** fund for students with special financial needs. `13 모평`

그런 일들 중 하나가 특별한 재정적 지원이 필요한 학생들을 위해 **장학** 기금을 설립하는 것이다.

0560 ★★★
execute
[éksikjùːt]

ⓥ 실행하다, 처형하다

They urged her to **execute** the plan as soon as possible.

그들은 그녀에게 가능한 한 빨리 계획을 **실행하라고** 재촉했다.

A 다음 단어에 해당하는 우리말 또는 영어 단어를 쓰시오.

01 necessity ________________

02 yield ________________

03 decline ________________

04 aside ________________

05 prior ________________

06 tolerate ________________

07 confirm ________________

08 imitate ________________

09 intellect ________________

10 prohibit ________________

11 축복하다, 감사하다 ________________

12 측정하다, 측정 ________________

13 먹이, 희생자 ________________

14 학생, 눈동자 ________________

15 향신료, 양념 ________________

16 영감을 주다 ________________

17 문자 그대로 ________________

18 제안하다, 청혼하다 ________________

19 의심하다, 용의자 ________________

20 학문, 장학금 ________________

B 다음 빈칸에 알맞은 단어를 보기에서 골라 쓰시오.

보기			
contemporary	grab	abstract	illustrate
defeat	tempt	appropriate	wreck

01 She helped many ____________ American scientists.

02 Mr. Collins used to ____________ definitions with some examples.

03 I managed to ____________ his hand.

04 He said we can talk of beautiful things but beauty is a(n) ____________ concept.

05 John has been badly frustrated by the ____________ of his soccer team.

B 01 그녀는 많은 동시대의 미국 과학자들을 도왔다. 02 Collins 선생님은 몇몇 예를 들어서 정의들을 설명하곤 하셨다. 03 나는 그의 손을 붙잡으려고 애썼다. 04 그는 우리가 아름다운 것들에 대해서 말할 수는 있지만 아름다움은 추상적인 개념이라고 말했다. 05 John은 그의 축구팀의 패배로 인해 몹시 좌절해 있다.

정답 01 contemporary 02 illustrate 03 grab 04 abstract 05 defeat

의외의 뜻이 숨어 있는 단어 ③

• cabinet

n 장식장, 진열장	Did you see the china pot that I put in this **cabinet**? 제가 이 **장식장**에 넣어 둔 도자기 단지를 보셨습니까?
내각	The British worried about the breakup of the **cabinet**. 영국인들은 **내각**의 붕괴를 우려했다.

• calling

n 호출, 소환	He left home because of the **calling** of Congress a while ago. 그는 의회의 **소환** 때문에 조금 전에 집에서 나갔다.
직업, 생업	He was a doctor, a serious man dedicated to his **calling**. 그는 의사로, 자신의 **직업**에 헌신한 진지한 사람이었다.
내적 충동	I have a **calling** for a nurse. 나는 간호사가 **되고 싶은 마음**이 있다.

• cause

n 원인, 이유	Smoking is the biggest **cause** of lung cancer. 흡연은 폐암의 가장 큰 **원인**이다.
소송	When is the day of **cause**? **재판** 날짜가 언제입니까?
운동, 주의	You have to subscribe to the noble **cause** of temperance. 당신은 고귀한 금주 **운동**에 동참해야 한다.

v 야기하다, ～의 원인이 되다	Careless driving **causes** accidents. 부주의한 운전이 사고를 **야기한다**.
～에게 …을 시키다, ～이 …되게 하다	The rain **caused** the river to overflow. 비가 그 강을 범람**하게 했다**.

• cross

n 십자가	He died on the **cross** like Jesus. 그는 예수처럼 **십자가**에 못 박혀 죽었다. ★ on the cross는 '1) 십자가에 못 박혀, 2) 어긋나게, 비스듬하게, 3) 부정 수단으로, 나쁜 짓을 하여'라는 뜻을 가지고 있습니다.
기독교	My uncle is the preacher of the **Cross**. 나의 삼촌은 **기독교**의 목사이다.
고난, 시련	No **cross**, no crown. **고난** 없이 영광 없다.

v 가로줄을 긋다	He told me to **cross** out a wrong word. 그는 나에게 잘못된 단어를 **줄을 그어** 지우라고 했다.
가로지르다, 건너다	Don't **cross** the bridge until you come to it. 지레 걱정하지 마라.

Previous Check

- ensure
- receipt
- defect
- trait
- modest
- virtual
- compare
- address
- inner
- contrary
- split
- supervise
- inhabit
- appear
- commute
- earthquake
- enroll
- debate
- abandon
- conquer
- nevertheless
- seal
- greed
- contract
- nutrition
- retail
- prejudice
- register
- agency
- nurture
- priest
- elegant
- impose
- arise
- attack
- masterpiece
- harsh
- drought
- criteria
- extraordinary

0561 ★★☆
ensure
[inʃúər]

ⓥ 확실하게 하다, 보증하다

Most of the complications were settled with no delay in order to **ensure** the animals' health and safety. 〔12 모평〕

대부분의 복잡한 문제들은 동물들의 건강과 안전을 **확실히 하기** 위해 지체 없이 해결되었다.

Plus ⊕ make sure 확인하다, 확실하게 하다

sure ⓐ 확신하는, 확실한 　　　　　**insure** ⓥ 보험에 들다

0562 ★★★
receipt
[risíːt]

ⓝ 영수증

Enclosed is a copy of the original **receipt** and the repair bill. 〔13 모평〕

원래의 **영수증** 사본과 수리비 계산서를 동봉합니다.

receive ⓥ 받다 　　　　　**reception**[risépʃən] ⓝ 수신, 환영회

0563 ★★☆
defect
[díːfekt]

ⓝ 결점　ⓥ (국가·당 등을) 버리다 [difékt]

I believe the machine's failure is caused by a manufacturing **defect**. 〔14 수능〕

나는 기계의 고장이 제조 **결함**에 의해 발생한 것이라고 생각한다.

Plus ⊜ deficiency ⓝ 결핍, 결점
　　　　 ⊖ merit ⓝ 장점
　　　　 ⊕ in defect 부족하여, 모자라서

0564 ★★☆
trait
[treit]

ⓝ 특성, 특징

Such a pattern seems to promote the **trait** sometimes called equanimity. 〔14 모평〕

그런 패턴은 때때로 마음의 평정이라고 불리는 **특징**을 증진시키는 것 같다.

Plus ⊜ feature

0565 ★★★
modest
[máːdist]

ⓐ 겸손한, 알맞은

Really great men are **modest**.

진정 위대한 사람들은 **겸손하**다.

Plus ⊜ humble ⓐ 겸손한 　　　　moderate ⓐ 적당한
modesty ⓝ 겸손, 소박함

0566 ★★☆
virtual
[vә́ːrtʃuəl]

ⓐ 가상의, 사실상의

Many **virtual** reality games and rides now allow audiences and players to feel sensations of motion and touch. 〔15 모평〕

많은 **가상** 현실 게임들과 탈것들은 이제 관객들과 이용자들에게 움직이는 감각과 만지는 감각을 느끼게 해 준다.

0567 ★★★

compare
[kəmpέər]

🅥 비교하다

We could **compare** a thought and its verbal expression with toothpaste and its 'expression' from a tube　17 모평

우리는 생각과 그것의 언어적 표현을 치약과 튜브에서 그것이 '나오는 것'과 **비교할** 수 있다.

Plus ⊕ compared with ~과 비교해서

0568 ★★★

address
[ədrés]

🅥 연설하다　🅝 연설, 인사말 [ǽdres]

If you **address** a labor union, it will make a great difference whether you refer to the members as workers, comrades, or just people.　13 모평

만약 당신이 노동조합에서 **연설한다**면, 당신이 조합원들을 근로자나 동료, 혹은 그저 사람이라는 표현 중에서 어느 것으로 부르는지가 큰 차이를 만들 것이다.

0569 ★★★

inner
[ínər]

🅐 내부의

The great scientists are driven by an **inner** quest to understand the nature of the universe.　13 모평

위대한 과학자들은 우주의 본질을 이해하려는 **내적인** 탐구에 의해 동기 부여를 받는다.

Plus ⊖ outer ⓐ 외부의

0570 ★★☆

contrary
[ká:ntreri]

🅐 반대의, 불리한　🅝 반대의 것

Forms or phenomena, on the **contrary**, that possess a degree of immeasurability, or that do not appear constrained, stimulate the human imagination.　22 모평 변형

반대로, 어느 정도의 헤아릴 수 없음을 가지거나 제약되어 보이지 않는 형태나 현상은 인간의 상상력을 자극한다.

Plus ⊜ opposite
⊕ on the contrary 이에 반하여

0571 ★★★

split
[split]

🅥 찢다, (세로로) 쪼개다　🅝 틈, 분열

A school of fish will **split** in two to avoid a predator and then quickly regroup behind it.　14 모평

물고기 떼는 포식자를 피하기 위해 둘로 **쪼개진** 다음 그것의 뒤에서 재빨리 다시 모일 것이다.

0572 ★★☆

supervise
[súːpərvàiz]

🅥 감독하다, 관리하다, 통제하다

Companies will still need leaders who can **supervise** business deals and decision-making.

회사들은 사업적인 거래와 의사 결정을 **감독할** 수 있는 지도자들이 여전히 필요할 것이다.

Plus ⊜ oversee
supervisor ⓝ 감독관

super + vise

super(= over)+**vis**(e)(= see) → '위에서 지켜보다'라는 뜻에서 '감독하다'가 됩니다.

0573 ★★☆

inhabit
[inhǽbit]

☐☐

ⓥ 살다, 거주하다

Ichthyologists say that this 'seal fish' belongs to a group that typically **inhabits** very deep water, off the edge of the continental shelf. `14 모평`

어류학자들은 이 '물개 어류'가 대개 대륙붕의 가장자리에서 떨어진 아주 깊은 물에 **서식하는** 한 집단에 속한다고 말한다.

habitat ⓝ 서식지　　　　　**inhabitant** ⓝ 거주자, 주민

`inhabit과 inhibit`

inhabit과 철자가 비슷한 inhibit은 '금지하다'라는 전혀 다른 의미를 가집니다.

0574 ★☆☆

appear
[əpíər]

☐☐

ⓥ 나타나다

Suddenly delight **appeared** on their faces. `11 수능`

갑자기 그들의 얼굴에 기쁨이 **나타났다**.

`Plus` ↔ **disappear** ⓥ 사라지다
appearance ⓝ 외모, 출현

0575 ★★☆

commute
[kəmjúːt]

☐☐

ⓝ 통근　ⓥ 통근하다

All the people seeking to minimize their own driving time add up to a longer **commute** for everyone. `14 모평`

자신들의 운전 시간을 최소화하려고 하는 모든 사람들이 합해져서 모두에게 더 길어진 **통근**이 되어 버리고 만다.

commuter ⓝ 통근자　　　　**telecommute** ⓥ (컴퓨터로) 재택근무하다

0576 ★★☆

earthquake
[ə́ːrθkwèik]

☐☐

ⓝ 지진, (사회·정치적) 대변동

A strong **earthquake** hit a small town in Sri Lanka.

강력한 **지진**이 스리랑카의 조그만 마을을 강타했다.

0577 ★★☆

enroll
[inróul]

☐☐

ⓥ 입학하다, 등록하다

You can start by **enrolling** in our fantastic program today. `15 모평`

당신은 우리의 환상적인 프로그램에 오늘 **등록함**으로써 시작할 수 있다.

0578 ★★☆

debate
[dibéit]

☐☐

ⓝ 토론　ⓥ 토론하다

The **debates** between social and cultural anthropologists concern not the differences between the concepts but the analytical priority. `20 모평 변형`

사회 인류학자와 문화 인류학자 사이의 **논쟁**은 개념들 간의 차이에 관한 것이 아니라 분석적 우선순위에 관한 것이다.

0579 ★★☆

abandon
[əbǽndən]

ⓥ 버리다, 포기하다

The idea leads people to continue on paths or pursuits that should clearly be **abandoned**. `23 모평 변형`

그 생각은 사람들이 분명히 **그만두어야** 하는 경로를 계속 따르거나 추구를 계속하게 한다.

0580 ★★☆

conquer
[kɑ́:ŋkər]

ⓥ 정복하다, 극복하다

The thought of **conquering** the mountain stirs me with anticipation. `10 모평`

산을 **정복한다**는 생각은 나에게 기대감을 불러일으킨다.

conqueror ⓝ 정복자   **conquest** ⓝ 정복

DAY **15**

0581 ★★☆

nevertheless
[nèvərðəlés]

ⓐⓓ 그럼에도 불구하고

Nevertheless, the kind of help that computers can provide is very limited. `10 모평`

그럼에도 불구하고, 컴퓨터가 제공할 수 있는 도움의 종류는 매우 제한되어 있다.

Plus ⊜ regardless, nonetheless

0582 ★☆☆

seal
[si:l]

ⓝ 도장, 봉인, 바다표범   ⓥ 봉인하다

A few days later, a police officer came to our house with a **sealed** paper.

며칠 후, 한 경찰관이 **봉인된** 서류를 가지고 우리 집으로 왔다.

0583 ★★☆

greed
[gri:d]

ⓝ 탐욕

To describe what happens to common resources as a result of human **greed**, Garrett Hardin used the example of an area of pasture on which all the cattle-owners are permitted to graze their animals free of charge. `13 수능`

인간의 **탐욕**의 결과로 공동 자원에 일어나는 일을 설명하기 위해, Garrett Hardin은 모든 가축 소유주들이 무료로 자신의 가축들에게 풀을 뜯어먹게 할 수 있는 목초지의 예를 사용했다.

greedy ⓐ 탐욕스러운

0584 ★★☆

contract
[kəntrǽkt]

ⓥ 계약하다, 수축하다   ⓝ 계약서 [kɑ́:ntrækt]

The sun is slowly getting brighter as its core **contracts** and heats up. `13 모평`

태양은 그 핵이 **수축하고** 가열되면서 서서히 더 밝아지고 있다.

contraction ⓝ 수축

0585 ★★☆

nutrition
[njuːtríʃən]

ⓝ 영양

They identified one element engaged in the process of **nutrition** without fully comprehending how the system as a whole truly functions. `14 모평`

그들은 사실상 전체적으로 체계가 어떻게 작용하는지를 제대로 이해하지 못한 채로 **영양** 처리 과정과 관련된 한 가지 요인을 확인했다.

nutritionist ⓝ 영양학자

0586 ★★☆

retail
[ríːteil]

ⓝ 소매 ⓥ 소매하다

Although prices in most **retail** outlets are set by the retailer, this does not mean that these prices do not adjust to market forces over time. `19 모평`

대부분의 **소매**점에서 가격은 소매상에 의해 결정되지만, 이것은 시간이 지나면서 이 가격이 시장의 힘에 조정되지 않는다는 것을 의미하는 것은 아니다.

`Plus` ↔ wholesale ⓝ 도매 ⓐ 도매의
retailer ⓝ 소매업자, 소매점

0587 ★★★

prejudice
[prédʒədis]

ⓝ 편견, 선입관

They found that they could understand and predict events better if they reduced passion and **prejudice**, replacing these with observation and inference. `15 수능`

열정과 **편견**을 줄이고 이것을 관찰과 추론으로 바꾸면 사건을 더 잘 이해하고 예측할 수 있다는 것을 그들은 알아냈다.

`Plus` ≡ bias

0588 ★★☆

register
[rédʒistər]

ⓥ 등록하다, 기재하다 ⓝ 등록

Dave cleared his throat and replied with surprise, "Actually, I've just **registered** my name, too!" `18 수능`

Dave는 목청을 가다듬고 놀라면서 답했다. "사실, 나도 방금 내 이름을 **등록했어**!"

`Plus` ≡ enroll ⓥ 등록하다
registration ⓝ 등록, 기재

0589 ★☆☆

agency
[éidʒənsi]

ⓝ 대리점

I think I'd like to work for a hotel or travel **agency** in this area.

나는 이 지역의 호텔 또는 여행**사**에서 일하고 싶은 생각이 있다.

agent ⓝ 대리인

0590 ★★★

nurture

[nə́ːrtʃər]

ⓥ 양육하다, 교육하다   ⓝ 양육, 교육

We are part of and **nurtured** by the earth.

우리는 지구의 일부이자 지구에 의해 **양육된다**.

0591 ★★☆

priest

[priːst]

ⓝ 성직자

In any case, the names of **priests** serving in the church have been preserved from the eighteenth century on. 12 모평

어쨌든, 교회에서 헌신하던 **성직자들**의 이름이 18세기 이후부터 간직되어 왔다.

'종교'와 관련된 단어들

minister 목사, 장관   **monk** 승려, 수도사   **clergyman** 성직자   **nun** 수녀, 여승

0592 ★★☆

elegant

[éləgənt]

ⓐ 고상한, 우아한

Roman doll-makers were constantly trying to make dolls more **elegant** and beautiful.

로마의 인형 제작자들은 인형들을 더 **우아하고** 아름답게 만들려고 끊임없이 노력하고 있었다.

elegance ⓝ 우아

0593 ★★☆

impose

[impóuz]

ⓥ 부과하다, 강요하다

Schools should not **impose** religion on students.

학교는 학생들에게 종교를 **강요해서는** 안 된다.

Plus ⊕ impose A on[upon] B A를 B에 강요하다

0594 ★★☆

arise

[əráiz]

ⓥ 발생하다, 생겨나다

This dynamic may encourage policymakers to wait for an issue to **arise** rather than anticipate it. 22 모평 변형

이런 역학은 정책 입안자들이 쟁점을 예상하기보다는 **발생하기**를 기다리게 한다.

Plus ⊕ arise from ~에서 생겨나다, ~에 기인하다
arouse ⓥ 깨우다, 자극하다

0595 ★★☆

attack

[ətǽk]

ⓥ 공격하다   ⓝ 공격

If I am fighting with a strong and solid opponent, he will **attack** me; his ideas send mine soaring.

만약 내가 강하고 견고한 상대와 싸우게 된다면, 그는 나를 **공격할** 것이고, 그의 사상은 나의 사고를 높여 줄 것이다.

DAY
15

0596 ★★☆

masterpiece
[mǽstərpìːs]

☐☐

ⓝ 명작, 대작

No sooner had he completed his **masterpiece**, Julie stepped into the cafe. `17 모평`

그가 **명작**을 완성하자마자 Julie가 카페로 걸어 들어왔다.

master + piece

master(장인)+**piece**(작품) → '장인'이라는 뜻의 master와 '작품'이라는 의미를 갖는 명사 piece가 결합하면서, '명작'이라는 명사가 되었습니다.

0597 ★★☆

harsh
[hɑːrʃ]

☐☐

ⓐ 거친, 가혹한

Unfortunately, deforestation left the soil exposed to **harsh** weather. `12 수능`

불행히도, 삼림 벌채로 인해 토양은 **혹독한** 날씨에 노출된 상태가 되었다.

Plus ⊜ cruel
⊕ harsh on ~을 (부당하게) 나무라다, ~에게 듣기 싫은 소리를 하다

0598 ★★☆

drought
[draut]

☐☐

ⓝ 가뭄

Moisture is stored in the root, and during **droughts** the root shrinks, dragging the stem underground. `15 모평`

수분은 뿌리 속에 저장되고, **가뭄** 동안에는 뿌리가 오그라들어 줄기를 땅속으로 끌어당긴다.

Plus ⊖ flood ⓝ 홍수
dry ⓥ 말리다 ⓐ 마른

0599 ★★★

criteria
[kraitíəriə]

☐☐

ⓝ (pl.) 기준, 표준

In a shifting pattern of life in search of new sources of food, qualities such as lightness, portability, and adaptability were dominant **criteria**. `16 모평 변형`

새로운 식량원을 찾아 이동하는 생활양식에서는 경량성, 이동성, 그리고 적응성과 같은 특징들이 지배적인 **기준**이었다.

criterion[kraitíəriən] ⓝ 기준 (단수)

0600 ★★☆

extraordinary
[ikstrɔ́ːrdənèri]

☐☐

ⓐ 비범한, 놀라운

Cats have the **extraordinary** ability to see in the dark.

고양이는 어둠 속에서 볼 수 있는 **비범한** 능력을 가지고 있다.

REVIEW TEST

A 다음 단어에 해당하는 우리말 또는 영어 단어를 쓰시오.

01 ensure	__________	**11** 영수증	__________
02 defect	__________	**12** 나타나다	__________
03 trait	__________	**13** 통근, 통근하다	__________
04 modest	__________	**14** 지진, 대변동	__________
05 inner	__________	**15** 정복하다, 극복하다	__________
06 contrary	__________	**16** 도장, 봉인, 바다표범	__________
07 split	__________	**17** 계약하다, 수축하다	__________
08 inhabit	__________	**18** 소매, 소매하다	__________
09 enroll	__________	**19** 편견, 선입관	__________
10 nevertheless	__________	**20** 고상한, 우아한	__________

B 다음 빈칸에 알맞은 단어를 보기에서 골라 쓰시오.

보기			
virtual	compare	abandon	masterpiece
greed	supervise	nurture	criteria

01 I was thinking about what ____________ should be used for assessing a student's ability.

02 His work is a(n) ____________ of simplicity.

03 Her mistake was motivated by ____________.

04 Mr. Young told me to ____________ the physical properties of the two substances.

05 Tommy insisted he was the ____________ ruler of the country.

B **01** 나는 학생의 능력을 평가하기 위해서 어떤 기준이 사용되어야 하는지에 대해 생각하고 있었다. **02** 그의 작품은 단순함의 걸작이다. **03** 그녀의 실수는 탐욕에서 유발되었다. **04** Young 선생님은 내게 그 두 물질의 물리적 성질을 비교해 보라고 말씀하셨다. **05** Tommy는 자신이 그 나라의 사실상의 통치자라고 주장했다.

정답 **01** criteria **02** masterpiece **03** greed **04** compare **05** virtual

의외의 뜻이 숨어 있는 단어 ④

degree

n 정도	We could understand the manual to some **degree**. 우리는 어느 **정도**는 그 설명서를 이해할 수 있었다.
(온도 등의) 도	It's over 30 **degrees** outside now. 밖은 지금 30**도**가 넘는다.
학위	After receiving a **degree** in natural sciences in Cambridge University, he became interested in human behavior. 21 모평 Cambridge 대학에서 자연 과학 **학위**를 받은 후, 그는 인간의 행동에 관심을 갖게 되었다.

develop

v 발달시키다	We've **developed** faster and more reliable delivery systems. 20 수능 우리는 더 빠르고 안정적인 배달 시스템을 **발전시켰다.**
(소질 · 비밀 등을) 드러내다	The child began to **develop** a tendency to become independent. 그 아이는 독립하려는 성향을 **드러**내기 시작했다.
(사진을) 현상하다	It was not easy for him to **develop** a roll of film by himself. 필름 한 통을 스스로 **현상하는** 것이 그에게 쉽지 않았다.

ear

n 귀	I got my **ears** pierced. 나는 **귀**를 뚫었다.
청각	My father often wakes up while sleeping because he has a keen **ear**. 나의 아버지는 **귀**가 밝아서 주무시다가 자주 깨신다.
(보리 등의) 이삭	It is the time that people gather **ears** of barley. 사람들이 보리 **이삭**을 주울 때이다.

even

a 평평한	This road has an **even** surface. 이 도로는 **평평하다.**
규칙적인, 고른	Can you feel this kitten's **even** pulse? 이 아기 고양이의 **규칙적인** 맥박을 느낄 수 있니?
짝수의	An **even** number can be divided exactly by the number two. **짝수**는 숫자 2로 정확히 나누어떨어질 수 있다.
공평한	It was an **even** game. 그것은 **공평한** 게임이었다.
~과 같은 높이로	The snow was **even** with my knees. 눈은 내 무릎 **높이까지** 쌓여 있었다.

ad ~조차도, ~까지도 (극단적 사례 강조)	I had never **even** heard of it. 나는 그것을 들어 본 일**조차** 없었다.
더욱, 한층, 훨씬 (비교급 강조)	This book is **even** better than that one. 이 책은 저 책보다 **한결** 더 좋다.
오히려, 정말로	I am willing, **even** eager, to help. 내가 기꺼이, **정말로** 열심히 도와주겠다.

Previous Check

- general
- spill
- usual
- routine
- eliminate
- deny
- scream
- sensitive
- swallow
- glare
- tragic
- deprive
- conscious
- interfere
- temporary
- council
- adolescent
- associate
- arctic
- capture
- dilute
- figure
- dim
- neighbor
- crew
- barrier
- tradition
- pedestrian
- glance
- irritate
- cruel
- fold
- trial
- tribe
- profound
- distinguish
- errand
- welfare
- statement
- prevail

0601 ★★★

general
[dʒénərəl]

ⓐ 일반적인 ⓝ (육군·공군·해병대의) 대장

She believed that human nature is pretty much the same the whole world over; at least the **general** plot and motivation of the great tragedy would always be clear. [12 수능]

그녀는 인간 본성이 세계 전역에서 아주 많이 비슷하다고 믿었는데, 최소한 그 위대한 비극 작품의 **일반적인** 줄거리와 동기는 언제나 분명할 것이라고 생각했다.

generally ⓐⓓ 일반적으로, 보통

0602 ★★☆

spill
[spil]

ⓥ 엎지르다, 흘리다 ⓝ 엎질러짐, 유출

As she was drinking, Scott **spilled** his milk and Anderson had to help him clean it up. [16 모평]

그녀가 마시고 있는 동안, Scott은 자신의 우유를 **엎질렀고** Anderson은 그가 그것을 닦는 것을 도와야 했다.

0603 ★★★

usual
[júːʒuəl]

ⓐ 보통의, 통상의

You will find that the second solution tastes less sour than **usual**.

당신은 두 번째 용액이 **보통** 때보다 신맛이 덜 난다는 것을 발견하게 될 것이다. [12 모평]

Plus ⊕ as usual 평소와 같이

usually ⓐⓓ 보통, 늘, 대개

0604 ★★★

routine
[ruːtíːn]

ⓝ 일상적인 일, 일과 ⓐ 일상적인

Customizing the product, modifying or transforming it according to the user, was **routine**. [22 수능 변형]

제품을 주문 제작하는 것, 즉 사용자에게 맞게 그것을 수정하거나 변형하는 것이 **일상적**이었다.

route ⓝ 길

0605 ★★☆

eliminate
[ilímənèit]

ⓥ 제거하다, 배제하다

Social and cultural influences and causes are minimized, ignored, or **eliminated** from consideration at all. [21 모평]

사회적, 문화적 영향과 원인은 최소화되거나 무시되거나 고려로부터 완전히 **배제된다**.

Plus ⊜ get rid of, remove

elimination ⓝ 제거, 〈스포츠〉 예선

0606 ★★★

deny
[dinái]

ⓥ 부인하다, 거절하다

Censorship **denies** personal liberty.

검열은 개인의 자유를 **부정한다**.

Plus ⊖ admit ⓥ 인정하다

denial ⓝ 부정, 부인

0607 ★★☆
scream
[skri:m]

ⓥ 절규하다, 비명 지르다, 소리치다   **ⓝ 비명, 절규**

Henry glanced at his coach who looked furious as he **screamed** at him.

Henry는 화나 보이는 코치가 자신에게 **소리치자** 그를 흘긋 쳐다보았다.

0608 ★★☆
sensitive
[sénsətiv]

ⓐ 민감한, 예민한, 세심한

Politics cannot be suppressed, whichever policy process is employed and however **sensitive** it might be.   18 모평 변형

어떤 정책 과정이 사용되든 그리고 그 정책 과정이 얼마나 **민감하든** 정치적 견해는 억압될 수 없다.

> **sensitive와 sensible**
>
> **sensitive** 민감한, 예민한, 세심한
> A tongue is one of the most **sensitive** body parts. 혀는 가장 민감한 신체 부위 중 하나이다.
> **sensible** 분별 있는, 느낄 수 있는
> He acts on his mother's **sensible** advice when he has trouble. 그는 어려움이 있을 때 어머니의 분별 있는 충고를 따른다.

0609 ★★☆
swallow
[swá:lou]

ⓥ 삼키다   **ⓝ 삼킴, 제비**

My throat also hurts when I **swallow** something.

나는 무엇인가를 **삼킬** 때 목도 아프다.

0610 ★★☆
glare
[glɛər]

ⓥ (눈부시게) 빛나다, 노려보다   **ⓝ 눈부신 빛, 노려봄**

Tropical storms are accompanied by heavy rains and **glaring** lightning.

열대 폭풍들은 폭우와 **번쩍이는** 번개를 동반한다.

Plus ⊕ **glare at** ~을 노려보다

0611 ★★☆
tragic
[trǽdʒik]

ⓐ 비극의, 비참한

The **tragic** heroes in Shakespeare's plays have free will.   10 모평

셰익스피어 연극의 **비극적** 주인공들은 자유 의지를 가진다.

Plus ⊖ **comic** ⓐ 희극의
tragedy ⓝ 비극   **comedy**[ká:mədi] ⓝ 희극

0612 ★★☆
deprive
[dipráiv]

ⓥ 박탈하다

Anyone who lost his or her temper too easily was **deprived** of the right to be accepted as a member of the community.

너무 쉽게 화를 냈던 사람은 공동체의 일원으로 받아들여질 권리를 **박탈당했다**.

Plus ⊕ **deprive A of B** A에게서 B를 박탈하다
deprivation[dèprəvéiʃən] ⓝ 박탈, 상실

DAY **16**

0613 ★★★
conscious
[kάːnʃəs]

ⓐ 의식하고 있는, 의도적인

Generally, people are not **conscious** of how quickly time passes.

일반적으로, 사람들은 시간이 얼마나 빨리 지나가는지에 대해 **의식하지** 못한다.

> **Plus** ⊖ unconscious ⓐ 의식이 없는
> **consciousness** ⓝ 의식, 자각　　**subconscious** ⓐ 잠재의식의

0614 ★★☆
interfere
[ìntərfíər]

ⓥ 방해하다, 간섭하다

Consistently second-guessing ourselves would **interfere** with our daily functioning and promote a negative effect.　14 모평

지속적으로 뒤늦게 우리 자신을 비판하는 것은 우리의 일상적인 기능을 **방해할** 것이고 부정적인 효과를 촉진할 것이다.

> **Plus** ⊜ intervene, interrupt
> ⊕ interfere with ~을 방해하다
> **interference** ⓝ 방해, 간섭

0615 ★★☆
temporary
[témpərèri]

ⓐ 일시적인, 임시의

Clothing might have a **temporary** effect on the behavior of the child, but not a lasting effect.　10 모평

옷이 아이의 행동에 **일시적인** 영향을 미칠 수는 있으나, 지속적인 영향은 아니다.

> **Plus** ⊖ permanent ⓐ 영구적인

contemporary와 temporary

contemporary 같은 시대의	contemporary painters	동시대 화가들
temporary 임시의, 일시적인	temporary job	임시직

0616 ★★☆
council
[káunsəl]

ⓝ 협의회, 회의, 의회

A week ago, we were asked by the city **council** to paint pictures on some of the factory walls.　14 수능

일주일 전에, 우리는 시 **의회**로부터 공장 벽의 일부에 그림을 그려 달라는 요청을 받았다.

0617 ★★★
adolescent
[ædəlésənt]

ⓝ 청소년　ⓐ 청소년기의

Adolescents have been quick to immerse themselves in technology with most using the Internet to communicate.　16 모평

청소년들은 대부분 소통을 위해 인터넷을 사용하면서 빠른 속도로 과학 기술에 몰입해 왔다.

> **Plus** ⊜ juvenile [dʒúːvənəl]
> **adolescence** ⓝ 청소년기

'사람의 성장 단계'를 나타내는 단어들

infancy 유아기	**adolescence** 청소년기
manhood 장년기	**old age** 노년기

0618 ★★☆

associate

[əsóuʃièit]

□□

ⓥ 연관 짓다, 교제하다   ⓝ 동료 [əsóuʃiət]

This process creates an illusion of neutrality and implies a transcendence of the pitfalls and inequalities commonly **associated** with policymaking.   14 수능

이 과정은 중립성에 대한 환상을 만들어 내고 정책 결정과 흔하게 **연관된** 함정 및 불평등을 초월하는 것을 내포한다.

Plus ⊕ associate A with B   A와 B를 연관시키다

association ⓝ 협회, 교제

0619 ★★★

arctic

[ɑ́ːrktik]

□□

ⓐ 북극의

There are many common **arctic** plants with wintergreen leaves.

녹색으로 겨울을 나는 잎들을 가진 흔한 **북극** 식물들이 많이 있다.   13 모평

Plus ⊕ the Arctic   북극   the Antarctic   남극

0620 ★★★

capture

[kǽptʃər]

□□

ⓥ 붙잡다, 포획하다   ⓝ 포획

The technique of suggestion, which **captures** people's minds, plays a key role in the process.

사람들의 마음을 **사로잡는** 암시의 기법은 그 과정에서 중요한 역할을 한다.

capture의 유래

cap이라는 단어는 영어의 고어로 '머리'라는 의미가 있습니다. 우리가 모자를 cap이라고 부르는 것이나 국가의 수도를 capital이라고 하는 것도 바로 여기에 이유가 있습니다. capture의 cap도 이러한 의미인데, 과거에 짐승이나 전쟁 포로 등을 잡을 때 머리를 낚아채어 잡았던 것에 유래를 두어, 현재는 '붙잡다'라는 의미가 되었습니다.

0621 ★★★

dilute

[dailúːt]

□□

ⓐ 묽은   ⓥ 희석시키다

Then try tasting some other sour solution, such as **dilute** vinegar.

그런 다음 **묽은** 식초와 같이 신맛이 나는 다른 용액을 맛보십시오.   12 모평

0622 ★★★

figure

[fíɡjər, fíɡər]

□□

ⓥ 생각[판단]하다, 계산하다   ⓝ 수치, 계산, 형체

We'd better **figure** out who our competitors will be.   19 모평

우리는 우리의 경쟁자가 누가 될지 **알아내는** 것이 좋다.

Plus ⊕ figure out   알아내다

0623 ★★☆

dim

[dim]

□□

ⓐ 흐릿한, 어두운   ⓥ (불빛이) 흐려지다

As we wait in the concert hall, the lights grow **dim** and silence falls.

우리가 연주회장에서 기다리고 있을 때, 조명은 **어두워지고** 침묵이 흐른다.

DAY
16

0624 ★ ★ ★

neighbor
[néibər]

ⓐ 이웃의, 근처에 사는 ⓝ 이웃 (사람)

Emma Brindley has investigated the responses of European robins to the songs of **neighbors** and strangers. 22 모평

Emma Brindley는 **이웃** 새와 낯선 새의 노래에 유럽 울새가 보이는 반응을 조사해 왔다.

neighborhood ⓝ 이웃, 근처, 동네

0625 ★ ★ ★

crew
[kru:]

ⓝ 승무원

The study also revealed the commanders had given more attention and praise to the **crew** members for whom they had the higher expectations. 15 모평

또한 그 연구에 따르면, 지휘관들은 자신들의 기대치가 더 높았던 **승무원**들에게 더 많은 관심을 기울였고 더 많은 칭찬을 했음이 드러났다.

'승무원'을 나타내는 단어들

crew 모든 종류의 승무원 (특히 배의 선원) **flight attendant** 비행기 승무원

trainman 열차 승무원

0626 ★ ★ ☆

barrier
[bǽriər]

ⓝ 장벽, 장애물

It is not hard to see that a strong economy, where opportunities are plentiful and jobs go begging, helps break down social **barriers**. 17 모평

기회가 풍부하고 일자리가 남아도는 튼튼한 경제는 사회적 **장벽**을 무너뜨리는 데 도움이 된다는 것을 이해하기란 어렵지 않다.

Plus ⊜ obstacle

0627 ★ ★ ☆

tradition
[trədíʃən]

ⓝ 전통, 관습

It must be emphasized, however, that **tradition** was not static, but constantly subject to minute variations appropriate to people and their circumstances. 16 모평

그러나 **전통**은 정적인 것이 아니라 사람들과 그들의 환경에 적절한, 아주 작은 변화를 끊임없이 겪었다는 것이 강조되어야 한다.

Plus ⊜ convention

0628 ★ ★ ★

pedestrian
[pədéstriən]

ⓝ 보행자 ⓐ 보행자의

Marked crosswalks may give **pedestrians** an unrealistic picture of their own safety. 15 모평

표시가 있는 건널목은 **보행자**들에게 그들 자신의 안전에 대한 비현실적인 모습을 심어 줄 수도 있다.

peddler ⓝ 행상인 **pedal** ⓝ (자전거) 페달

0629 ★★☆

glance
[glæns]

ⓥ 흘긋 보다 ⓝ 흘긋 봄

A **glance** at the shelves can inspire a whole range of questions.

선반들을 **흘긋 보기**만 해도 온갖 범위의 질문들이 떠오를 수 있다. `13 수능`

Plus ⊕ at first glance 얼핏 보기에

0630 ★★☆

irritate
[írətèit]

ⓥ 짜증 나게 하다, 화나게 하다

Because of this, when someone bangs his fist on our car's hood after we have **irritated** him at a crosswalk, we take it personally.

이것 때문에, 우리가 건널목에서 누군가를 **짜증 나게 한** 후에 그 사람이 우리 자동차의 덮개를 주먹으로 칠 때 우리는 그것을 자신의 일로 받아들인다. `21 모평`

irritation ⓝ 짜증, 불쾌

0631 ★★☆

cruel
[krúːəl]

ⓐ 잔인한, 고통을 주는

If someone told you that Chinese Emperor Qin Shihuang was a **cruel** ruler, would you simply accept this as the truth? `13 모평`

만약 누군가가 당신에게 중국의 황제인 진시황이 **잔인한** 통치자였다고 말한다면, 당신은 이것을 단순히 사실로 받아들이겠는가?

Plus ⊜ harsh
cruelty ⓝ 잔인함

0632 ★☆☆

fold
[fould]

ⓥ 접다, 포개다 ⓝ 주름, (동물의) 우리

You will like the reusable lunch bag because you can **fold** it up and put it in your backpack. `14 모평`

당신은 재사용될 수 있는 점심 도시락 가방을 **접어서** 배낭에 넣을 수 있기 때문에 그것을 마음에 들어 할 것이다.

0633 ★★☆

trial
[tráiəl]

ⓝ 재판, 실험, 시도

On various **trials**, they held the hand of their husband, a man they did not know, or no one. `13 모평`

여러 번의 **시도들**에서, 그들은 자기 남편의 손을 잡거나, 자신들이 알지 못하는 남자의 손을 잡거나, 혹은 그 누구의 손도 잡지 않았다.

Plus ⊕ trial and error 시행착오
try ⓥ 시도하다, 노력하다

0634 ★★☆

tribe
[traib]

ⓝ 부족, 종족

Boomerangs were often used by native **tribes**.

부메랑은 종종 토착 **부족들**에 의해 사용되었다.

Plus ⊜ race ⓝ 인종, 씨족   clan ⓝ 씨족, 혈족
tribal ⓐ 부족의, 종족의

0635 ★★☆
profound
[prəfáund]

ⓐ 깊은, 심오한

Fourteenth-century approaches to music had a **profound** and continuing impact on music in later centuries.　13 모평

음악에 대한 14세기의 접근법은 그 후 세기들의 음악에 **깊고** 지속적인 영향을 미쳤다.

Plus ⊜ deep

0636 ★★☆
distinguish
[distíŋgwiʃ]

ⓥ **구별하다**, 식별하다

For books, there are various filters that help readers **distinguish** between reliable and unreliable information.　14 모평

책들의 경우에는, 독자들이 신뢰할 만한 정보와 신뢰할 수 없는 정보를 **구별하도록** 도와주는 다양한 여과 장치들이 있다.

Plus ⊕ distinguish A from B　A와 B를 구분하다
distinguished ⓐ 유명한, 뛰어난

0637 ★★☆
errand
[érənd]

ⓝ 심부름, 잡일

Every day, opportunities exist in the form of **errands**, meal preparation, and chores.

심부름, 식사 준비, 그리고 소소한 잡일의 형태로 기회들이 매일 존재한다.

0638 ★★☆
welfare
[wélfɛ̀ər]

ⓝ 복지

Everybody must be a good citizen concerned with the health and **welfare** of all.

모든 사람들은 모두의 건강과 **복지**에 대해 관심을 가지는 훌륭한 시민이 되어야만 한다.

0639 ★★☆
statement
[stéitmənt]

ⓝ 진술, 성명서

We may not always notice how Beethoven keeps finding fresh uses for his motto or how he develops his material into a large, cohesive **statement**.　23 모평 변형

우리는 Beethoven이 자신의 반복 악구를 어떻게 계속 새롭게 사용하는 것을 찾는지 또는 그의 제재를 거대하고 응집력 있는 **진술**로 어떻게 전개하는지를 항상 알아보지는 못할 수도 있다.

state ⓝ 상태, 국가　ⓥ 진술하다

0640 ★★☆
prevail
[privéil]

ⓥ **우세하다**, 만연하다

Sometimes truth will win, but other times falsehood will **prevail**.

때로 진실이 승리하겠지만, 다른 때에는 거짓이 **우세할** 것이다.

Plus ⊜ be widespread
prevalent[prévələnt] ⓐ 널리 퍼진　　**prevailing** ⓐ 지배적인

pre + vail

pre(= before)+**vail**(= strong) → '힘에서 앞서는'에서 '우세하다'라는 의미가 되었습니다.

REVIEW TEST

A 다음 단어에 해당하는 우리말 또는 영어 단어를 쓰시오.

01 spill _______________

02 usual _______________

03 deny _______________

04 scream _______________

05 glare _______________

06 deprive _______________

07 conscious _______________

08 associate _______________

09 capture _______________

10 profound _______________

11 일상적인 일, 일과 _______________

12 민감한, 예민한 _______________

13 청소년, 청소년기의 _______________

14 북극의 _______________

15 묽은, 희석시키다 _______________

16 장벽, 장애물 _______________

17 보행자, 보행자의 _______________

18 흘긋 보다, 흘긋 봄 _______________

19 부족, 종족 _______________

20 복지 _______________

B 다음 빈칸에 알맞은 단어를 보기에서 골라 쓰시오.

보기			
eliminate	swallow	tragic	temporary
interfere	crew	tradition	distinguish

01 He has suffered from trauma since he had a(n) _______________ accident at the age of 20.

02 He claimed that the governmental subsidies rather _______________ with cultural development.

03 It hurt to _______________ food because I had a sore throat.

04 Parents should try to teach their children to _______________ between right and wrong.

05 He said this diet would _______________ toxins from my body.

의외의 뜻이 숨어 있는 단어 ⑤

▪ fast

a 빠른	He is a **fast** reader. 그는 책을 **빨리** 읽는 사람이다.
(색이) 바래지 않는	The fabric was ironed to make the colors **fast**. 그 천은 색이 **바래지 않도록** 다림질을 거쳤다.

ad 빨리	Light travels **faster** than sound. 빛은 소리보다 **더 빨리** 이동한다.
꽉	She climbed the staircase cautiously, holding **fast** to the rail. 그녀는 난간을 **꽉** 잡고 계단을 조심스럽게 올라갔다.
단단히	The tank is stuck **fast** on the rocks. 탱크가 바위들 사이에 **단단히** 끼었다. ★ stuck fast는 '단단히 낀', '꼼짝달싹할 수 없는'이라는 의미의 관용 표현입니다.

v 단식하다 **n** 단식	He **fasted** for ten days to resist the legislation. 그는 그 입법안에 저항하기 위해 열흘 동안 **단식했다**.

▪ game

n 놀이, 경기	I went to see the **game** last year. [21 모평] 나는 작년에 그 **경기**를 보러 갔다.
(경쟁이 따르는) 직업	How long have you been in the newspaper **game**? 신문사 **일**을 얼마 동안 하셨어요?
사냥감	Europe's first *Homo sapiens* lived primarily on large **game**, particularly reindeer. [19 수능] 유럽 최초의 '호모 사피엔스'는 주로 큰 **사냥감**, 특히 순록을 먹고 살았다.

a ~할 용의가 있는	She was **game** for anything. 그녀는 무엇이든 **할 용의가 있었다**.

▪ hand

n 손	I put my **hand** into my pocket and pulled out the letter. 나는 주머니에 **손**을 넣어 그 편지를 꺼냈다.
원조, 도움	Come and give me a **hand** in garden. 이리 와서 정원 일을 좀 **도와줘요**.
솜씨	He has good **hands** in riding. 그는 말을 타는 **솜씨**가 좋다.
체, 필적	Amy writes with a good **hand**. Amy는 **글씨**를 잘 쓴다.

v 건네주다	I **handed** the pen to him. 나는 그에게 펜을 **건네주었다**.

DAY 17

Previous Check

- widespread
- result
- fade
- progress
- weapon
- drastic
- reinforcement
- wonder
- pile
- protect
- infection
- stiffen
- endanger
- adjust
- peer
- renew
- germ
- atom
- realize
- enrich
- noble
- repair
- candidate
- ideal
- crop
- ethnic
- foretell
- wholesale
- debt
- representative
- shift
- fame
- strict
- appliance
- furthermore
- command
- ecosystem
- excess
- oral
- drift

0641 ★★☆

widespread
[wáidspred]

ⓐ 널리 퍼진

Apocalypse Now, a film produced and directed by Francis Ford Coppola, gained **widespread** popularity, and for good reason.

Francis Ford Coppola가 제작하고 감독한 영화인 '*Apocalypse Now*'는 **폭넓은** 인기를 얻었는데, 그럴 만한 이유가 있었다. `18 수능`

wide + spread

wide(넓은)+**spread**(퍼지다) → '널리 퍼진'의 의미가 됩니다.

0642 ★★★

result
[rizʌ́lt]

ⓝ 결과   ⓥ (결과로) 생기다

The sounds might be very strange, but the **results** are still decidedly classical in terms of organization.

그 소리는 매우 이상할지 모르지만, 그 **결과**는 여전히 구성 측면에서 분명히 고전적이다.

`Plus` ⊕ as a result of ~의 결과로

0643 ★★★

fade
[feid]

ⓥ 사라지다, 희미해지다

It is delicate and **faded** — you can no longer read the pattern name printed on the back. `14 모평`

그것은 깨지기 쉽고 (색이) **희미해져서**, 더 이상 뒷면에 인쇄된 문양 이름을 읽을 수 없다.

0644 ★★☆

progress
[prəgrés]

ⓥ 진보하다, 전진하다   ⓝ 진전, 진보 [prágres, próugres]

It can be frustrating for athletes to work extremely hard but not make the **progress** they wanted. `23 모평`

운동선수가 정말로 열심히 하지만 자신이 원한 **진전**을 이루지 못하는 것은 좌절감을 줄 수 있다.

`Plus` ⊕ in progress 진행 중
make progress 진행하다

0645 ★☆☆

weapon
[wépən]

ⓝ 무기, 병기

The hunters, armed only with primitive **weapons**, were no real match for an angry mammoth. `17 모평`

원시적인 **무기**로만 무장한 사냥꾼들은 화난 매머드의 실제 적수가 되지 못했다.

0646 ★★☆

drastic
[drǽstik]

ⓐ 격렬한, 과감한

I firmly believe **drastic** measures should be taken before it's too late.

나는 너무 늦기 전에 **과감한** 조치가 취해져야 한다고 굳게 믿고 있다.

0647 ★★★

reinforcement
[rìːinfɔ́ːrsmənt]

ⓝ 강화, 보강

The **reinforcement** of friendly relations between two countries will have much impact on Korea.

두 나라 간의 우호 관계 강화는 한국에 큰 영향을 미칠 것이다.

reinforce ⓥ 강화하다　　　　**enforce** ⓥ 집행하다

re + in + force + ment

re(강조의 어두)+**in**(= en)+**force**(힘)+**ment**(명·접) → '힘을 강화하는 것'에서 '강화', '보강'이라는 뜻이 됩니다.

0648 ★★☆

wonder
[wʌ́ndər]

ⓥ 궁금해하다, 놀라다　ⓝ 경탄, 경이

Again she did not acknowledge him, and Jonathan began to **wonder** if she might be deaf.

다시 한번 그녀는 그를 알아보지 못했고, Jonathan은 그녀가 청각 장애가 있는 게 아닐까 궁금해하기 시작했다.

wonderful ⓐ 불가사의한, 훌륭한

0649 ★☆☆

pile
[pail]

ⓝ 쌓아 올린 더미, 많은 양　ⓥ 쌓아 올리다, 축적하다

What survives these ancient societies is, for the most part, a **pile** of receipts.　20 수능

이런 고대 사회에서 살아남은 것은 대부분 영수증 더미이다.

Plus ⊕ pile up ～을 쌓다, ～을 축적하다
　　　　 a pile of ～의 더미

0650 ★★☆

protect
[prətékt]

ⓥ 보호하다

World leaders should have the vision to **protect** our environment.

세계 지도자들은 우리의 환경을 보호하고자 하는 비전을 가져야 한다.

Plus ⊜ defend, guard

0651 ★★☆

infection
[infékʃən]

ⓝ 감염, 전염(병)

Transmission of culture is rather like transmission of an **infection**.

문화의 전달은 전염병의 전염과 다소 비슷하다.　16 모평

infect ⓥ 감염시키다　　　　**infectious** ⓐ 전염성의

0652 ★★★

stiffen
[stífən]

ⓥ 굳어지다

Her legs started to shake and she felt her body **stiffen**.　11 수능

그녀의 다리가 후들거리기 시작했으며, 그녀는 자신의 몸이 굳어지는 것을 느꼈다.

0653 ★★★
endanger
[indéindʒər]

ⓥ 위험에 빠뜨리다
Many species of tree are now **endangered**. [14 모평]
많은 종들의 나무가 지금 **위험에 처해** 있다.

en + danger
en('~하게 하다'라는 뜻의 접두사)+**danger**(위험) → '위험에 빠뜨리다'라는 뜻이 됩니다.

0654 ★★☆
adjust
[ədʒʌ́st]

ⓥ 조절하다, 조정하다
The timeout can break the momentum and allows the coach to **adjust** the game plan.
타임아웃(경기의 일시 중지)은 그 여세를 깰 수 있고 코치가 경기 전략을 **조정하게** 한다.

adjustment ⓝ 조절, 조정

adapt와 adjust
adapt 새로운 환경에 적합하도록 유연하게 변경하다
adapt oneself to the new life 새 생활에 적응하다
adjust 비교적 작은 차이를 기술, 계산 또는 판단에 의해 조절하다
adjust differences of opinion 의견 차이를 조절하다

0655 ★★☆
peer
[piər]

ⓝ 동료, 또래
One study showed that, within the workplace, **peers** influence each other to spot opportunities and act on them. [21 모평 변형]
한 연구는, 직장 내에서 **동료들**이 서로에게 영향을 미쳐 기회를 포착하고 그에 따라 행동하도록 한다는 것을 보여 주었다.

'동료'를 나타내는 단어들
peer 연배가 비슷한 동료
coworker 같이 일하는 사람
colleague 직장의 동료
comrade 뜻을 같이하는 동지

0656 ★☆☆
renew
[rinjúː]

ⓥ 새롭게 하다, 갱신하다
The pleasant relief will not last very long, of course, and you will soon be shivering behind the rock again, driven by your **renewed** suffering to seek better shelter. [16 수능]
물론 그 즐거운 안도는 아주 오래 지속되지는 않을 것이고, 여러분은 곧 바위 뒤에서 다시 몸을 떨고 있게 될 것이며, **새로워진** 고통에 의해 마침내 더 좋은 피난처를 찾을 것이다.

renewal ⓝ 갱신, 재개
renovate ⓥ 새롭게 하다, 수리하다

0657 ★★☆
germ
[dʒəːrm]

ⓝ 미생물, 세균
We must protect ourselves from every **germ**.
우리는 모든 **세균**으로부터 우리 자신을 보호해야 한다.

0658 ★★★
atom
[ǽtəm]

ⓝ 원자
Although an apple may appear red, its **atoms** are not themselves red.
사과가 빨갛게 보일지 모르지만, 그것의 **원자** 자체는 빨간색이 아니다.

'원자'와 관련된 단어들

atom 원자	particle 미립자	molecule 분자

0659 ★★★
realize
[ríːəlàiz]

ⓥ 깨닫다, 실현하다
We sometimes solve number problems almost without **realizing** it. 21 모평
우리는 가끔 거의 그것을 **깨닫지**도 못한 채 숫자 문제를 풀기도 한다.

Plus ⊖ idealize ⓥ 이상화하다
real ⓐ 진짜의, 현실의　　　　**reality** ⓝ 현실, 실제

0660 ★★★
enrich
[inrítʃ]

ⓥ 풍성하게 하다, 부유하게 하다
Art **enriches** our spirit.
예술은 우리의 영혼을 **풍성하게 한다**.

en + rich

en(~하게 하다)+**rich**(부유한) → '부유하게 하다'라는 뜻이 됩니다.

0661 ★★☆
noble
[nóubl]

ⓐ 귀족의, 고결한
As they sat to eat, all eyes were on their **noble** guest. 11 모평
그들이 음식을 먹기 위해 앉았을 때, 모든 시선이 **귀한** 손님에게 집중되었다.

Plus ⊖ ignoble ⓐ 비천한, 비열한
nobility ⓝ 귀족, 고결

0662 ★★☆
repair
[ripέər]

ⓥ 수선[수리]하다, (건강 등을) 회복하다　ⓝ 수선[수리], 회복
They had to begin selling service contracts for their equipment in addition to installing and **repairing** them. 17 모평 변형
그들은 장비를 설치하고 **수리하는** 것뿐만 아니라 장비에 대한 서비스 계약 판매를 시작해야 했다.

Plus ⊕ under repair 수리 중

0663 ★★☆
candidate
[kǽndidèit, kǽndidət]

ⓝ 후보자
Those are qualities you want in any **candidate**. 14 모평
그것들은 당신이 어떤 **후보자**에게라도 바라는 자질들이다.

0664 ★★☆
ideal
[aidíːəl]

ⓐ 이상적인　ⓝ 이상

He was presented as the **ideal** human being who was selfless and disciplined.

그는 사심이 없고 절제력이 있는 **이상적인** 인간으로 제시되었다.

Plus ⊖ real ⓐ 현실적인
idealistic ⓐ 이상주의적인　　　**idealism** ⓝ 이상주의

0665 ★★★
crop
[krɑp]

ⓝ 작물, 수확

The main food **crop** was the wild mongongo nut, millions of which were harvested every year. 　17 모평

주요한 식량 **작물**은 야생 mongongo 견과였는데, 매년 그것이 수백만 개나 수확되었다.

0666 ★★☆
ethnic
[éθnik]

ⓐ 인종의, 민족의

The Nuer are one of the largest **ethnic** groups in South Sudan, primarily residing in the Nile River Valley. 　20 모평

Nuer 족은 South Sudan의 가장 큰 **민족** 집단 중 하나로, 주로 Nile River Valley에 거주한다.

ethnicity ⓝ 민족성

0667 ★★☆
foretell
[fɔːrtél]

ⓥ 예언하다, 예고하다

We desperately need people who can **foretell** the future.

우리는 미래를 **예견해** 줄 수 있는 사람들을 몹시 필요로 한다.

fore (~ 앞의)를 포함하는 단어들

forehead 이마　　　　**forethought** (사전의) 고려, 예상　　　**forearm** 팔뚝
forewarn 미리 경고하다　　**forecast** 예상, 예보　　　　　　**foresight** 선견지명

0668 ★★☆
wholesale
[hóulsèil]

ⓝ 도매　ⓐ 도매의

Generally, a **wholesale** price is much cheaper than a retail price.

일반적으로, **도매**가격은 소매가격보다 훨씬 더 저렴하다.

Plus ⊖ retail ⓝ 소매 ⓐ 소매의
wholesaler ⓝ 도매업자

whole + sale

whole (전체의) + **sale** (판매) → '전체의'를 의미하는 whole과 '판매'를 뜻하는 sale이 결합해 '도매'를 뜻합니다.

0669 ★★☆
debt
[det]

ⓝ 빚, 부채

I saved money and started to pull myself out of **debt**.

나는 돈을 저축했고 **빚**에서 벗어나기 시작했다.

0670 ★★★

representative
[rèprizéntətiv]

◉ **대표**, 국회의원(R-) ◉ **대표하는**

He is supposed to run as the class **representative** in the school sports competition next month.　11 모평

그는 다음 달 학교 운동회에서 학급 **대표**로 달리기로 되어 있다.

represent ⓥ 나타내다, 대표하다

국가 대표 선수들 (the Representatives)

올림픽에 참가하는 국가 대표 선수들을 the Representatives라고 표현합니다. 이 단어는 형용사형이면서 명사의 뜻도 함께 가지는 특이한 단어입니다. 비슷한 예로 relative(상대적인; 친척)가 있습니다.

0671 ★★★

shift
[ʃift]

◉ **변화, 이동, 교대** ◉ **바꾸다, 이동하다**

With that one crucial **shift** in thinking, my whole attitude changed.　15 모평

그 하나의 결정적인 생각의 **변화**와 더불어, 내 태도 전체가 바뀌었다.

Plus ⊕ **night shift** 야간 근무

0672 ★★★

fame
[feim]

◉ **명성**

He gained **fame** as leader of the Fauves' 1905 show.　13 모평

그는 야수파 화가들의 1905년 전시회의 대표로서 **명성**을 얻었다.

famed ⓐ 유명한　　　　**infamous**[ínfəməs] ⓐ 수치스러운

0673 ★★★

strict
[strikt]

◉ **엄한, 엄격한**

Set **strict** rules for the benefit of your kids.

당신의 아이들을 위해 **엄격한** 규칙들을 정하십시오.

0674 ★★★

appliance
[əpláiəns]

◉ **(가정용) 기구, 장치**

The panels help heat water and provide power for home **appliances**.

그 패널들은 물을 데우고 가정 **기구**에 전기를 공급하는 것을 돕는다.

apply ⓥ 적용하다, 신청하다　　　　**applicable** ⓐ 적용[응용]할 수 있는

0675 ★★★

furthermore
[fə́ːrðərmɔ̀ːr]

◉ **게다가, 더욱이**

Furthermore, which species is competitively superior sometimes depends on the conditions.　15 모평

더욱이 어떤 종이 경쟁적으로 우수한가 하는 것은 때때로 상황에 좌우된다.

Plus ⊜ **moreover, besides**

further + more

further(더 나아가서)+**more**(더 많은) → '게다가'의 뜻이 됩니다.

0676 ★★☆

command
[kəmǽnd]

ⓝ 명령, 지배력　ⓥ 명령하다, 지휘하다

Rita immediately bonded with her, petting her, feeding her, teaching her basic **commands**, and letting her sleep on Rita's bed.

Rita는 곧바로 그 개와 유대를 형성해서, 그 개를 어루만지고, 먹이를 주고, 기본적인 **명령들**을 가르치고, Rita의 침대에서 잠들게 했다.　19 모평

commander ⓝ 지휘관　　**commend** ⓥ 칭찬하다

0677 ★★☆

ecosystem
[íːkousìstəm]

ⓝ 생태계

Some species seem to have a stronger influence than others on their **ecosystem**.　12 모평

몇몇 종(種)들은 다른 종들보다 자신들의 **생태계**에 더 강한 영향력을 가지는 것처럼 보인다.

eco- (환경, 생태)를 포함하는 단어들

ecology 생태학　　**ecologist** 생태학자

ecoactivity 환경 보호 활동　　**eco-friendly** 환경친화적인

0678 ★★☆

excess
[iksés]

ⓝ 초과, 초과량, 과도함　ⓐ 초과한, 여분의 [ékses]

If you have more than two pieces of luggage, we collect an **excess** baggage charge.

여행 가방이 두 개를 넘으면 **초과** 수하물 요금을 받습니다.

Plus ⊕ in excess of ~을 초과하여

exceed ⓥ 초과하다　　**excessive** ⓐ 지나친, 과도한

0679 ★☆☆

oral
[ɔ́ːrəl]

ⓐ 구두(口頭)의, 구술의

There are a few pointers about the **oral** recitation of poetry.

시를 **구두**로 낭송하는 데 대한 몇 가지 조언이 있다.

Plus ⊜ verbal

⊖ written ⓐ 문자로 된, 기록된

aural [ɔ́ːrəl] ⓐ 귀의, 청각의

0680 ★★★

drift
[drift]

ⓝ 표류　ⓥ 표류하다

The result gives the impression that the dancer is **drifting** through the air.

그 결과는 무용수가 공중을 **부유하고** 있다는 인상을 준다.

draft ⓥ 초안[밑그림]을 그리다

REVIEW TEST

A 다음 단어에 해당하는 우리말 또는 영어 단어를 쓰시오.

01 progress		**11** 보호하다	
02 drastic		**12** 위험에 빠뜨리다	
03 pile		**13** 동료, 또래	
04 stiffen		**14** 미생물, 세균	
05 adjust		**15** 원자	
06 realize		**16** 귀족의, 고결한	
07 repair		**17** 후보자	
08 ideal		**18** 도매, 도매의	
09 representative		**19** 생태계	
10 appliance		**20** 구두(口頭)의, 구술의	

B 다음 빈칸에 알맞은 단어를 보기에서 골라 쓰시오.

보기			
widespread	fade	reinforcement	infection
renew	enrich	foretell	strict

01 It is better to teach kids how to be responsible rather than to set ____________ rules.

02 The old building needs some ____________ for safety.

03 Some actions are needed for the health of abandoned pets because they are exposed to ____________.

04 Development of technologies has ____________(e)d all our lives.

05 The painting has ____________(e)d in the sun.

B **01** 엄격한 규칙을 정하기보다는 아이들에게 책임지는 법을 가르치는 것이 더 낫다. **02** 그 낡은 건물은 안전을 위한 보강(작업)이 필요하다. **03** 버려진 반려동물들은 감염(병)에 노출되어 있기 때문에 그들의 건강을 위한 조치들이 좀 필요하다. **04** 기술의 발전이 우리 모두의 삶을 풍요롭게 했다. **05** 그 그림은 햇빛에 색이 바랬다.

정답 **01** strict **02** reinforcement **03** infection **04** enrich **05** fade

의외의 뜻이 숨어 있는 단어 ⑥

· line

n 선, 열	Draw a **line** down that page's center. 그 페이지 중앙에 아래로 **선**을 그어라.
짧은 대사	He forgot his **lines**. 그는 자신의 **대사**를 잊어버렸다.
(글자의) 행(行)	Look at the sixth **line** of the page. 그 페이지의 여섯 번째 **행**을 봐라.

v 안감을 대다	My mom would **line** a coat with cotton. 엄마는 솜으로 외투의 **안감을 대셨다**.
집어넣다	Female bears tend to **line** their dens with leaves or grass. 암컷 곰은 나뭇잎이나 풀로 자신들의 동굴을 **채워 넣는** 경향이 있다.

· pupil

n 학생, 제자	After his education, he became a **pupil** of the conductor Karajan. 그의 지도를 받은 후, 그는 지휘자 Karajan의 **제자**가 되었다.
눈동자, 동공	There seems to be a serious problem in your **pupil**. 당신의 **동공**에 심각한 문제가 있는 것 같다.

· right

a 바른, 옳은	He was **right** to apologize to her. 그가 그녀에게 사과한 것은 **옳았다**.
오른쪽의	I had surgery on my **right** leg. 나는 **오른쪽** 다리에 수술받았다.

ad 바로	The phone rang **right** after my mother left home. 어머니가 집을 나서자 **바로** 후에 전화가 울렸다.

n 권리	All of you have a **right** to speak out. 여러분 모두 의견을 말할 **권리**를 가지고 있다.

· solution

n 해결, 해결책	Are you a working mom or dad who's having a hard time finding childcare **solutions**? `18 모평` 여러분은 육아 **해결책**을 찾는 데 어려움을 겪고 있는 일하는 엄마나 아빠인가요?
용액	Kemper needs to buy some contact lens **solution**. Kemper는 콘택트렌즈 **용액**을 좀 사야 한다.

· sound

n 소리, 소음	I could not receive training in distinguishing the **sounds** of frogs and toads. `17 모평` 나는 개구리와 두꺼비의 **소리**를 구별하는 훈련을 받지 못했다.

v ~하게 들리다	The music **sounds** sweet. 그 음악은 감미롭게 **들린다**.
(생각 등을) 떠보다	I have **sounded** out his views about the matter. 나는 그 문제에 관해 그의 의중을 **떠보았다**.

a 건강한, 건전한	A **sound** mind in a **sound** body. **건전한** 정신은 **건전한** 신체에 깃든다.

Previous Check

☐ solar	☐ initial	☐ thread	☐ cease
☐ outstanding	☐ destiny	☐ dynasty	☐ review
☐ mislead	☐ hardship	☐ scatter	☐ ceiling
☐ dedicate	☐ escape	☐ gamble	☐ unify
☐ crush	☐ valid	☐ temper	☐ combat
☐ sink	☐ dispose	☐ undoubtedly	☐ bump
☐ entire	☐ exist	☐ raft	☐ primary
☐ confront	☐ optimal	☐ minimal	☐ genre
☐ beard	☐ hydrogen	☐ soak	☐ erase
☐ haste	☐ perspective	☐ craft	☐ doom

0681 ★★☆

solar
[sóulər]

ⓐ 태양의, 태양열을 이용한

Fortunately, rare metals are key ingredients in green technologies such as electric cars, wind turbines, and **solar** panels. `20 수능`

다행히, 희귀한 금속들이 전기 자동차, 풍력 발전용 터빈, **태양** 전지판과 같은 친환경 기술의 핵심 재료이다.

Plus ⊖ lunar ⓐ 달의
⊕ solar system 태양계   solar power 태양(열) 에너지
solar radiation 태양 복사   solar calendar 태양력

0682 ★★☆

outstanding
[àutstǽndiŋ]

ⓐ 뛰어난, 두드러진, 미해결의

Jim Nelson, a junior at Manti High School, was an **outstanding** athlete. `15 모평`

Manti 고등학교 2학년생인 Jim Nelson은 **눈에 띄는** 운동선수였다.

0683 ★★☆

mislead
[mislíːd]

ⓥ 잘못 인도하다, 오해하게 하다

This definition of the vocabulary is incomplete and **misleading**.

그 어휘에 대한 이러한 정의는 불완전하며 **오해를 낳을 소지가 있다**.

misleading ⓐ 오해하게 하는   **mistake** ⓥ 실수하다

0684 ★★☆

dedicate
[dédikèit]

ⓥ 헌납하다, 바치다

The Nature Foundation is a world-wide organization **dedicated** to the preservation of our natural environment. `14 수능`

The Nature Foundation은 우리의 자연환경 보호에 **헌신하는** 전 세계적인 기구이다.

Plus ⊜ devote
⊕ dedicate A to B A를 B에게 바치다
dedication ⓝ 헌납, 헌신

0685 ★★☆

crush
[krʌʃ]

ⓥ 으깨다, 밀어 넣다

Lions bit and **crushed** the prey.

사자들이 먹이를 물어뜯고 **으깼다**.

Plus ⊕ have a crush on ~에게 반하다

0686 ★★☆

sink
[siŋk]

ⓥ 가라앉다

Suddenly the engine died, and for mysterious reasons, the boat began to **sink**.

갑자기 엔진이 꺼졌고, 알 수 없는 이유로 배가 **가라앉기** 시작했다.

Plus ⊕ sink into ~에 스며들다, ~에 빠지다

0687 ★★☆

entire
[intáiər]

☐☐

ⓐ 전체의, 완전한　ⓝ 전부, 전체

Effective leaders set the tone for the **entire** organization.　12 모평

유능한 지도자들은 **전체** 조직을 위한 분위기를 설정한다.

0688 ★★☆

confront
[kənfrʌ́nt]

☐☐

ⓥ 직면하다

In one study, chimps were **confronted** by a simple choice.　14 모평

한 연구에서, 침팬지들은 단순한 선택에 **직면하게** 되었다.

> **Plus**　⊜ face
> ⊕ be confronted by[with] (어려움 등에) 직면하다

0689 ★☆☆

beard
[biərd]

☐☐

ⓝ 턱수염

The director angrily tells the make-up artist to fix the actor's **beard**.

그 감독은 화가 나서 메이크업 아티스트에게 그 배우의 **턱수염**을 손질하라고 말한다.

'수염'과 관련된 단어들

beard 턱수염	mustache 콧수염	whisker 구레나룻, (고양이 등의) 수염

0690 ★☆☆

haste
[heist]

☐☐

ⓝ 급함, 서두름

In his **haste**, Henry didn't realize that his teammates weren't anywhere near him.

서두르다가, Henry는 자신의 팀 동료들이 근처 어디에도 없다는 것을 깨닫지 못했다.

> **Plus**　⊜ hurry, quickness

hasten ⓥ 서두르다, 재촉하다　　　　**hasty** ⓐ 급한

0691 ★★☆

initial
[iníʃəl]

☐☐

ⓐ 처음의, 초기의　ⓝ 머리글자(이니셜)

After their **initial** shock, they gather their resources, overcome their problem and see opportunities where most of us fail to see them.　13 모평

처음의 충격 이후에, 그들은 자신들의 지략을 끌어 모아 문제를 극복하고 우리 대부분은 보지 못하는 상황에서도 기회를 본다.

initiate[iníʃièit] ⓥ 시작하다, 창시하다　　　**initiative**[iníʃətiv] ⓝ 개시, 진취적 정신

0692 ★★☆

destiny
[déstəni]

☐☐

ⓝ 운명

In other words, the **destiny** of a community depends on how well it nourishes its members.　19 모평

다시 말하자면, 한 공동체의 **운명**은 그 공동체가 얼마나 잘 그 구성원들을 기르는지에 달려 있다.

0693 ★★★

hardship
[háːrdʃip]

n 고난, 어려움

These rituals were more important than the potential **hardships** such celebrations might later bring. [15 모평]

이러한 의례는 그러한 축하 행사가 후에 가져올지 모르는 잠재적인 **어려움**보다 더 중요했다.

hard + ship

hard(단단한, 어려운)+**ship**(명·접) → '단단함'이 아니라 '고난', '역경'입니다. '단단함'은 **hardness**로 표현합니다.

0694 ★★★

escape
[iskéip]

v 탈출하다, 벗어나다　**n** 탈출, 도망

Scientific and professional policy design does not necessarily **escape** the pitfalls of degenerative politics. [14 수능]

과학적이고 전문적인 정책의 입안이 반드시 퇴행적인 정치의 함정을 **피하는** 것은 아니다.

0695 ★★★

valid
[vælid]

a 타당한, 유효한

Valid experiments also must have data that are measurable. [13 수능]

타당한 실험은 또한 측정할 수 있는 자료를 가지고 있어야 한다.

Plus ⊖ **invalid** @ 타당하지 않은

0696 ★★★

dispose
[dispóuz]

v 배치하다, 처리하다, 경향을 갖게 하다

Break the plastic rings which hold drink cans together before you **dispose** of them.

음료수 캔들을 **버리기** 전에 그것들을 묶어 놓은 플라스틱 고리를 끊으십시오.

Plus ⊕ **dispose of** ～을 처리하다[없애다]

disposal @ 처분, 처리　　　　**disposable** @ 처분할 수 있는　@ 일회용품

0697 ★★★

exist
[igzíst]

v 존재하다, 살아가다

This rather general usage erroneously suggests that the concept or word "artist" **existed** in original contexts. [18 모평]

이러한 다소 일반적인 용례는 '예술가'라는 개념이나 용어가 본래의 맥락에 **존재했다**고 잘못 암시한다.

0698 ★★★

optimal
[áptəməl]

a 최상의, 최적의

If the rival is likely to win the fight, then the **optimal** decision would be to give up immediately and not risk getting injured.

상대가 싸움에서 이길 것 같다면, 즉시 포기하고 부상당할 위험을 무릅쓰지 않는 것이 **최적의** 결정일 것이다. [23 모평]

0699 ★★★

hydrogen
[háidrədʒən]

ⓝ 수소

Water will escape into the stratosphere and be broken down by UV light into oxygen and hydrogen. `13 모평`

물은 성층권 속으로 달아나 자외선에 의해 산소와 **수소**로 분해될 것이다.

hydrant ⓝ 소화전　　　　　　　　　**dehydration** ⓝ 탈수

중요한 화학 원소 4가지

carbon[kɑ́ːrbən] 탄소　　　　　　　　　**hydrogen**[háidrədʒən] 수소
oxygen[ɑ́ksidʒən] 산소　　　　　　　　　**nitrogen**[náitrədʒən] 질소

0700 ★★☆

perspective
[pəːrspéktiv]

ⓝ 관점, 견해, 원근법, 전망

With a positive perspective and persistence, you will get through and find a way through all obstacles. `15 모평`

긍정적인 **관점**과 끈기를 가지면, 당신은 모든 장애물을 헤쳐 나가 길을 발견하게 될 것이다.

Plus ⊕ in perspective　전체적 시야로, 올바른 견해로, 원근법에 의하여

spectacular ⓐ 장관인, 극적인　　　　　　**prospect** ⓝ 전망

0701 ★★☆

thread
[θred]

ⓝ 실　ⓥ 실을 꿰다

Ghost spiders have tremendously long legs, yet they weave webs out of very short threads. `17 모평 변형`

유령거미는 굉장히 긴 다리를 가지고 있지만, 매우 짧은 **가닥**으로 거미집을 짓는다.

'실'과 관련된 단어들

needle 바늘　　　　　　**textile** 직물(= fabric)　　　　　　**dyeing** 염색

0702 ★★☆

dynasty
[dáinəsti]

ⓝ 왕조, 왕가

It was constructed during the Ming Dynasty.

그것은 명 **왕조** 때 건축되었다.

0703 ★★☆

scatter
[skǽtər]

ⓥ 흩뿌리다, 분산시키다

When the transmitted light hits the dew drops, it becomes scattered. `10 수능`

전달된 빛이 그 이슬방울들과 부딪치면 그것은 **분산된다**.

0704 ★★★

gamble
[ɡǽmbl]

ⓥ 도박하다, 모험하다　ⓝ 도박, 모험

Today they are used in gambling and other games of chance.

오늘날 그것들은 **도박**과 다른 확률 게임들에 사용된다.

Plus ⊜ bet
　　　⊕ go on the gamble　도박을 하다, 노름을 하다

0705 ★★☆

temper
[témpər]

🅝 성질, 기질　🅥 완화시키다

John was as famous for his tennis skills as he was for his fits of **temper** on the court.　11 모평

John은 코트에서 **성질**을 내는 것만큼이나 그의 테니스 기술로도 유명했다.

Plus ⊕ lose one's temper　화내다

temperate와 temperature

temperate 온건한, 온화한　　　　**temperature** 온도, 기온

temper로 시작하는 단어들이지만 그 뜻은 다릅니다.

0706 ★★☆

undoubtedly
[ʌndáutidli]

🅐🅓 의심할 여지 없이, 확실히

This **undoubtedly** contributed to his sensitivity as a portrait painter.

이것은 **확실히** 초상화가로서의 그의 감수성에 기여했다.

Plus ⊜ certainly

doubt 🅝 의심

0707 ★☆☆

raft
[ræft]

🅝 뗏목, 고무보트

We can cross the river on that **raft**.

우리는 저 **뗏목**을 타고 강을 건널 수 있다.

rafting 🅝 래프팅

0708 ★★☆

minimal
[mínəməl]

🅐 최소의, 아주 적은

Why is it necessary to buy the **minimal** cooperation of children with rewards and treats?　11 수능

보상과 대접을 해 주고 아이들에게서 **최소한의** 협력을 얻는 것이 왜 필요한가?

0709 ★★☆

soak
[souk]

🅥 적시다, 젖다, 흡수하다

Soak your tongue for 15 seconds in a sour solution, such as unsweetened lemon juice.　12 모평

혀를 15초 동안 무가당 레몬주스와 같은 신맛을 지닌 용액으로 **적셔라**.

Plus ⊜ dip

0710 ★★☆

craft
[kræft]

🅝 (수)공예, 기술, 선박, 비행기

You taught us through arts and **crafts**, music, and pictures.

당신은 **공예**, 음악, 그리고 사진들을 통해서 우리를 가르쳤다.

0711 ★★☆

cease
[si:s]

ⓥ 그만두다, 중지하다

It was as difficult to stop being a lord as, more darkly, it was to **cease** being a servant.

주인이기를 멈추는 것은, 더 음울하게는, 하인이기를 **그만두는** 것만큼이나 어려웠다.

Plus ⊜ stop, end, finish

0712 ★☆☆

review
[rivjú:]

ⓝ 재검토, 논평　ⓥ 재검토하다

Throwing himself with his leather bag on the long, comfortable sofa, he closed his eyes and **reviewed** the events of the day.

가죽 가방과 함께 길고 편안한 소파에 몸을 던지면서 그는 눈을 감고 그날의 일들을 **되새겨 보았다.**　16 모평

preview ⓝ 미리 보기, 사전 검토　　**overview** ⓝ 개관, 개요

re + view

re(= again)+**view**(보기, 보다) → '보기'라는 뜻의 명사와 '보다'라는 뜻의 동사로 쓰이는 view 앞에 **again**을 의미하는 접두사 **re**-가 오면서 '재검토, 재검토하다'라는 뜻이 되었습니다.

0713 ★☆☆

ceiling
[síːliŋ]

ⓝ 천장, 상한선

He noticed several cracks in the **ceiling**.

그는 **천장**에 몇 군데 금이 간 것을 알아차렸다.

'집의 구조'와 관련된 단어들

roof 지붕　　**ceiling** 천장　　**wall** 벽　　**floor** 바닥

0714 ★★☆

unify
[júːnəfài]

ⓥ 통합하다, 통일하다

The two Germanies were **unified** the following year.

두 개의 독일은 그 다음 해에 **통일되었다.**

unification ⓝ 통일　　　**united** ⓐ 연합한
unit ⓝ 단위　　　　　**unanimous** ⓐ 만장일치의

0715 ★★☆

combat
[kəmbǽt]

ⓥ 싸우다　ⓝ 전투 [kámbæt]

And muscle isn't all you gain — strength training can help **combat** risk factors for heart disease and diabetes.　12 수능 변형

그리고 당신이 얻게 되는 것은 근육이 전부가 아닌데, 체력 훈련은 심장 질환과 당뇨병을 일으킬 수 있는 위험 요인들과 맞서 **싸우는** 데에도 도움을 줄 수 있다.

Plus ⊜ fight

0716 ★★★

bump
[bʌmp]

☐☐

ⓥ 부딪치다 ⓝ 충돌, 혹

They **bump** their helmets against one another.

그들은 서로 안전모를 **부딪친다**.

> **Plus** ⊕ bump into (아는 사람을) 우연히 만나다
> bumper-to-bumper (자동차가) 꼬리를 물고, 교통이 정체된

0717 ★★☆

primary
[práimeri]

☐☐

ⓐ 주요한, 최초[초기]의

The famous nineteenth-century critic Eduard Hanslick regarded 'the measurable tone' as 'the **primary** and essential condition of all music'. 20 수능

19세기의 유명 평론가인 Eduard Hanslick은 '측정할 수 있는 음조'를 '모든 음악의 **주요하고** 본질적인 조건'으로 간주했다.

0718 ★★☆

genre
[ʒɑ́:nrə]

☐☐

ⓝ 장르, 유형, 형식

Theorists of the novel commonly define the **genre** as a biographical form that came to prominence in the late 18th and 19th centuries. 19 모평

소설의 이론가들은 흔히 그 **장르**를 18세기 말과 19세기에 명성을 얻은 전기 형식으로 정의한다.

0719 ★★★

erase
[iréis]

☐☐

ⓥ 지우다, 없애다

Over the sky a plump black cloud moved, **erasing** the stars. 13 모평

하늘 위로 커다란 먹구름이 별들을 **지워 가면서** 움직였다.

eraser[iréisər] ⓝ 지우개　　　　**erasure**[iréiʃər] ⓝ 삭제, 말소

0720 ★★☆

doom
[du:m]

☐☐

ⓥ (~할) 운명이다 (to) ⓝ 운명, 비운, 파멸

Dinosaurs were **doomed** to disappear on Earth.

공룡들은 지구상에서 사라질 **운명이었다**.

> **Plus** ⊕ be doomed[destined] to ~할 운명이다

doom과 destiny

doom은 좋지 않은 운명을 뜻하고, destiny는 좋고 나쁨을 따지지 않는 중립적인 의미의 운명을 뜻합니다.

REVIEW TEST

A 다음 단어에 해당하는 우리말 또는 영어 단어를 쓰시오.

01 outstanding	_____	**11** 가라앉다	_____
02 mislead	_____	**12** 존재하다	_____
03 dedicate	_____	**13** 최상의, 최적의	_____
04 crush	_____	**14** 수소	_____
05 entire	_____	**15** 실, 실을 꿰다	_____
06 beard	_____	**16** 왕조, 왕가	_____
07 haste	_____	**17** 도박하다, 도박	_____
08 hardship	_____	**18** 최소의, 아주 적은	_____
09 valid	_____	**19** (수)공예, 기술	_____
10 perspective	_____	**20** 재검토, 논평	_____

B 다음 빈칸에 알맞은 단어를 보기에서 골라 쓰시오.

보기			
initial	solar	destiny	escape
dispose	scatter	temper	ceiling

01 Joey must learn how to control his _____.

02 Our volunteer group is in the _____ stages of the new campaign.

03 My grandfather _____(e)d the flower seeds in the garden.

04 The _____ of the nation depended on the king's decision.

05 He _____(e)d his soldiers for the battle in the field the next day.

B **01** Joey는 자신의 성질을 조절하는 법을 배워야 한다. **02** 우리 자원봉사단은 새로운 캠페인의 첫 단계에 놓여 있다. **03** 할아버지께서 정원에 꽃씨를 뿌리셨다. **04** 그 나라의 운명은 왕의 결정에 달려 있었다. **05** 그는 다음 날에 그 들판에서 있을 전투를 위해 병사들을 배치했다.

정답 **01** temper **02** initial **03** scatter **04** destiny **05** dispose

의외의 뜻이 숨어 있는 단어 ⑦

▪ tail

n 꼬리	I have a black dog with a long **tail**. 나는 **꼬리**가 긴 검은 개 한 마리를 가지고 있다.
동전의 뒷면	We played heads and **tails**. 우리는 동전을 던져 앞면인지 **뒷면**인지 알아맞히는 놀이를 했다.

v 뒤를 쫓다, 미행하다	He didn't trust her at all, so he had her **tailed**. 그는 그녀를 전혀 믿지 않아서 그녀에게 **미행을 붙였다**.

▪ trade

n 무역, 상업	Professional or **trade** magazines are specialized magazines. `18 수능 변형` 직업이나 **무역** 잡지는 전문적인 잡지이다.
직업	He is in the retail **trade**. 그는 소매업에 종사하고 있다.

v 장사하다, 매매하다	My parents have **traded** in furniture for 10 years. 우리 부모님은 10년 동안 가구 **장사를 하셨다**.
교환하다	The girls **traded** their secrets in the room. 그 소녀들을 그 방에서 비밀을 **교환했다**.

▪ treat

v 대우하다	They **treated** his mother with respect. 그들은 그의 어머니를 존경심을 갖고 **대했다**.
다루다, 취급하다	Let's **treat** the matter lightly. 그 문제는 가볍게 **다루기로** 합시다.
치료하다	We rescue and **treat** wild animals that are seriously sick or injured. 우리는 심각하게 아프거나 다친 야생 동물들을 구조하고 **치료한다**. `19 모평`
대접하다	He **treated** me to a movie. 그는 내게 영화를 **보여 주었다**.

▪ vice

n 결점	Intellectual pretension was never one of his **vices**. 지적인 자만은 결코 그의 **결점** 중 하나가 아니었다.
악덕	Virtue leads to happiness, and **vice** to misery. 덕행은 행복에 이르는 길이고, **악덕**은 불행에 이르는 길이다.

a 대리의, 부(副)의	He became the new **vice** president. 그는 새로운 **부사장**이 됐다.

Previous Check

- ☐ vital
- ☐ incident
- ☐ session
- ☐ obvious
- ☐ moderate
- ☐ budget
- ☐ graze
- ☐ fragile
- ☐ myth
- ☐ ingredient
- ☐ indifferent
- ☐ strain
- ☐ nutrient
- ☐ dismiss
- ☐ geometry
- ☐ glacier
- ☐ urge
- ☐ celebrity
- ☐ antique
- ☐ profit
- ☐ sphere
- ☐ inherit
- ☐ editorial
- ☐ crawl
- ☐ scratch
- ☐ diabetes
- ☐ congestion
- ☐ constitute
- ☐ flow
- ☐ investigate
- ☐ barter
- ☐ circular
- ☐ chilly
- ☐ ancestor
- ☐ fierce
- ☐ vague
- ☐ rough
- ☐ content
- ☐ obstacle
- ☐ disgrace

0721 ★★☆
vital
[váitl]

ⓐ **필수적인, 중요한**, 생명 유지와 관련된
Chunking is **vital** for cognition of music. 〔21 모평〕
덩어리로 나누는 것은 음악의 인식에서 **필수적인** 것이다.

vitality ⓝ 생명력, 활기

vi + tal
vit(= life)+**al**(형·접) → '생명의'에서 '매우 중요한'이라는 뜻이 파생되었습니다. vitamin(비타민)에서 알 수 있듯, vit은 '생명'과 연관된 단어입니다.

0722 ★★☆
incident
[ínsədənt]

ⓝ **일어난 일, 사건** ⓐ **일어나기 쉬운**
Each year, only a few people are attacked by tigers or bears, and most of these **incidents** are caused by the people themselves.
매년, 소수의 사람들만이 호랑이나 곰의 공격을 받는데, 이러한 **사건들**의 대부분은 그들 자신에 의해 야기된다. 〔14 수능〕

Plus ⊜ accident
incidental ⓐ 부수적으로 일어나는, 우연히 일어나는
coincident ⓐ 동시에 일어나는

0723 ★★☆
session
[séʃən]

ⓝ **시간, 기간, 회의**, (대학의) 학기
Course **sessions** will be held three days a week (Mondays, Wednesdays, and Fridays) for 4 weeks from June 20 to July 15.
강습 **기간**은 6월 20일부터 7월 15일까지 4주 동안 일주일에 3일씩(월요일, 수요일, 그리고 금요일) 운영될 것입니다. 〔17 모평〕

Plus ⊕ in session 개회 중의

0724 ★★☆
obvious
[á:bviəs]

ⓐ **명백한, 분명한**
It was an easy task and the correct answer was **obvious**. 〔11 수능〕
그것은 쉬운 일이었고 정답은 **명백했**다.

0725 ★★☆
moderate
[má:dərət]

ⓐ **온건한, 적당한**
Thus, having to deal with a **moderate** amount of stress may build resilience in the face of future stress. 〔21 모평〕
따라서 **적당한** 양의 스트레스를 해결하기 위해 노력해야 하는 것은 미래에 스트레스를 직면할 때의 회복력을 기를 수도 있다.

Plus ⊖ extreme ⓐ 극단적인

0726 ★☆☆
budget
[bʌ́dʒit]

ⓝ **예산, 예산안**
Plan your **budget** in advance to give yourself time to research the costs fully.
비용에 대해 연구할 시간을 스스로에게 충분히 주기 위해 미리 **예산**을 계획하라.

0727 ★★☆

graze
[greiz]

☐☐

ⓥ 풀을 뜯다, 방목하다

I could see a small group of cattle **grazing**.
나는 **풀을 뜯고 있는** 작은 무리의 소를 볼 수 있었다.

> **Plus** ⊕ send A to graze ('풀을 뜯어 먹게 내버려 두다'라는 의미에서) A를 내쫓다
> **grazing** ⓝ 방목, 목초지

graze와 glaze

두 단어의 철자가 비슷하지만, **graze**는 '방목하다'라는 뜻을 갖고, **glaze**는 '광택제'라는 전혀 다른 의미를 갖습니다.

0728 ★★☆

fragile
[frǽdʒəl]

☐☐

ⓐ 부서지기 쉬운

DNA is very **fragile** and can survive millions of years only under favorable conditions.
DNA는 매우 **약해서** 유리한 조건하에서만 수백만 년간 살아남을 수 있다.

> **Plus** ⊜ frail, vulnerable
> ⊖ **durable** ⓐ 내구성 있는, 영속적인

0729 ★★☆

myth
[miθ]

☐☐

ⓝ 신화, 사회적 통념

We can never identify any individual creator of a **myth**. ｜14 모평｜
우리는 **신화**에 대한 어떤 개인적 창작자들도 결코 확인할 수 없다.

mythical ⓐ 신화의, 가공의   **mythology** 신화, 근거 없는 믿음

0730 ★★☆

ingredient
[ingríːdiənt]

☐☐

ⓝ 재료, 성분

This changing of the properties of metals by very small additions of other **ingredients** is what makes the study of metals so fascinating.
매우 적은 양의 다른 **성분**을 아주 적게 첨가함으로써 금속의 성질을 이렇게 변화시키는 것이 금속에 대한 연구를 아주 매력적으로 만드는 것이다.

> **Plus** ⊜ component, element

0731 ★★☆

indifferent
[indífərənt]

☐☐

ⓐ 무관심한

Higher-status individuals can be **indifferent** while lower-status persons are required to be attentive with their gaze. ｜14 수능｜
더 낮은 직급의 사람들은 그들의 시선에 신경을 쓰도록 요구받는 반면, 더 높은 직급의 사람들은 **무관심할** 수 있다.

> **Plus** ⊜ unconcerned
> **indifference** ⓝ 무관심

뜻을 오해하기 쉬운 단어 indifferent

different(다른)에 접두사 **in**(= not)이 붙어 '다르지 않은', 즉 '같은'의 뜻이 된다고 생각하면 안 됩니다.

0732 ★★☆
strain
[strein]

ⓥ **긴장시키다, 잡아당기다**, 혹사하다　ⓝ **긴장, 압박**

People were **straining** to see what was going on.
사람들은 무슨 일이 일어나고 있는지 보려고 **긴장하고 있었다**.

Plus ＝ tension ⓝ 긴장
　　　↔ ease ⓥ 완화시키다 ⓝ 편안함

0733 ★★★
nutrient
[nútriənt]

ⓝ **영양소, 영양분**

What **nutrients** could better defend against colds?　22 모평
어떤 **영양소들**이 감기를 더 잘 막을 수 있을까?

nutrition ⓝ 영양　　　　**nutritionist** ⓝ 영양학자
nutritional ⓐ 영양의　　　**nutritious** ⓐ 영양분이 많은, 영양가가 높은

0734 ★★☆
dismiss
[dismís]

ⓥ **해고하다, 해산시키다**, 묵살하다

Suddenly the teacher **dismissed** the class.
갑자기 그 교사는 학급을 **해산시켰다**.

Plus ＝ discharge, fire, lay off
dismissal ⓝ 해산, 해고

0735 ★★☆
geometry
[dʒi:ámətri]

ⓝ **기하학**

Renaissance artists achieved perspective, using **geometry**.
르네상스 예술가들은 **기하학**을 이용하여 원근법을 터득했다.

geometrical ⓐ 기하학의

geo-로 시작하는 단어들

geo-라는 접두사는 '토지', '지리'라는 뜻을 가지고 있습니다. geometry는 고대 이집트 사람들이 '지형(geo)'을 '측정(meter)'하는 데서 유래하여 '기하학'이라는 의미가 되었습니다.

geography [dʒiáːɡrəfi] 지리학　　　　**geology** [dʒiáːlədʒi] 지질학

0736 ★★☆
glacier
[gléiʃər]

ⓝ **빙하**

Unlike a stream, a **glacier** cannot be seen to move.
하천과 달리, **빙하**가 움직이는 것은 볼 수 없다.

glacial ⓐ 빙하의, 얼음의

0737 ★★☆
urge
[ə:rdʒ]

ⓥ **촉구하다, 강요하다**

Academic archaeologists have been **urged** to conduct their research and excavations according to hypothesis-testing procedures.　20 모평 변형
학계의 고고학자들은 가설 검증 절차에 따라 연구와 발굴을 수행하라고 **촉구받아** 왔다.

urgent ⓐ 긴급한　　　　**urgency** ⓝ 긴급

0738 ★★☆

celebrity

[səlébrəti]

ⓝ **명성, 유명 인사**

Comic book heroes, familiar to most consumers, may even be more credible and effective than real-life **celebrities**.

대부분의 소비자들에게 친숙한 만화책 속 영웅들은 심지어 현실의 **유명 인사들**보다 더 믿을 만하고 유능할 수도 있다.

celebrate와 celebrated

celebrate 축하하다   **celebrated** 유명한

celebrate는 '축하하다'이지만, 명사형인 celebrity와 과거분사형 celebrated는 '유명하다'라는 뜻과 연관이 있음에 유의합시다.

0739 ★★☆

antique

[æntí:k]

ⓐ **옛날의, 고대의, 고풍의**   ⓝ **골동품**

There's an exhibit of **antique** cars at the park.

공원에서 **골동품** 자동차 전시회가 열리고 있다.

antiquity[æntíkwəti] ⓝ 낡음, 고대, 유물

0740 ★★☆

profit

[prá:fit]

ⓝ **이익, 이윤**   ⓥ **이익을 얻다**

In short, America was mistakenly expected to be a land of plenty that would quickly turn a **profit**. 14 모평

요약해 보면, 아메리카는 빠르게 **이익**을 내 줄 풍요의 땅이 될 것으로 잘못 기대가 되었다.

profitable ⓐ 이익이 되는

0741 ★★☆

sphere

[sfiər]

ⓝ **구체(球體), 구**

Suppose the world is a perfect **sphere**.

지구가 완벽한 **구체**라고 가정해 보라.

hemisphere ⓝ 반구(半球)   **atmosphere** ⓝ (지구를 둘러싼) 대기

0742 ★★☆

inherit

[inhérit]

ⓥ **상속하다, (유전으로) 물려받다**

Instead of being **inherited** by the process of Mendelian genetics, cultural behavior is '**inherited**' by imitation.

문화적인 행동은 Mendel의 유전학적 과정에 의해 **유전되는** 것이 아니라, 모방에 의해 '**유전된다**'.

inheritance ⓝ 상속 재산, 유산   **heritage** ⓝ 유산, 전통

0743 ★★☆

editorial

[èdətɔ́:riəl]

ⓝ **사설, 논설**   ⓐ **편집자의**

I am reading yesterday's **editorial** opposing the plan.

나는 그 계획에 반대하는 어제 **사설**을 읽고 있다.

editor ⓝ 편집자   **edit** ⓥ 편집하다

0744 ★★★
crawl
[krɔːl]

ⓥ 기어가다, 서행하다 ⓝ 기어가기, 서행

At some point, however, each car reduces the average speed, and eventually there are so many drivers that the traffic slows to a **crawl**. `14 모평`

그러나 어느 시점에서는 각각의 차가 평균 속도를 떨어뜨리고 결국에는 운전자가 너무 많아서 차가 **기어가는 수준**으로 속도가 늦춰진다.

crawly ⓐ 소름 끼치는, 기어 다니는

creep과 crawl

creep '유아 등이 네 발로 기어 다님'을 나타내고 느릿느릿, 슬금슬금의 느낌이 듭니다.

crawl '뱀 따위가 기어 다님'을 나타내고 비유적으로는 '굽실거리다'라는 의미도 있습니다.

0745 ★★★
scratch
[skrætʃ]

ⓥ 긁다, 할퀴다 ⓝ 긁힌 자국, 찰과상

If the itches do not disappear, stop **scratching** and take the medicine. `10 수능`

만약 그 가려움이 사라지지 않는다면, **긁는 것**을 멈추고 약을 복용하세요.

`Plus` ⊕ **from scratch** 처음부터

0746 ★★★
diabetes
[dàiəbíːtis]

ⓝ 당뇨병

People with **diabetes** use insulin to help their bodies process sugars normally.

당뇨병 환자들은 신체가 당분을 정상적으로 대사하도록 돕기 위해 인슐린을 사용한다.

diabetic[dàiəbétik] ⓝ 당뇨병 환자 ⓐ 당뇨병의

0747 ★★★
congestion
[kəndʒéstʃən]

ⓝ 밀집, 혼잡

Some residents express concern that tourists overcrowd the local fishing, hunting, and other recreation areas or may cause traffic **congestion**. `17 수능 변형`

일부 주민들은 관광객들이 현지의 낚시터, 사냥터 그리고 기타 휴양지를 혼잡하게 하거나 교통 **혼잡**을 초래할지도 모른다는 우려를 표한다.

congest ⓥ 혼잡하게 하다

0748 ★★★
constitute
[kɑ́ːnstətjùːt]

ⓥ 구성하다, 제정하다, 설립하다

Those theories, though they describe the same phenomenon, **constitute** very different versions of reality. `13 수능`

그 이론들은 비록 동일한 현상을 설명하고 있지만 현실에 대한 매우 다른 견해들을 **구성한다**.

constitution ⓝ 구성, 헌법, 체질 　　**constitutional** ⓐ 헌법의, 체질의

0749 ★☆☆

flow
[flou]

ⓥ 흐르다 ⓝ 흐름

A filter is a mechanism that lets some things **flow** in but screens other things out.

필터는 어떤 것들은 **흘러** 들어오게 하지만 다른 것들은 차단하는 장치이다.

0750 ★★☆

investigate
[invéstəgèit]

ⓥ 조사하다, 수사하다

Some researchers **investigated** the effects of different media on children's ability to produce imaginative responses. 15 모평

일부 연구원들은 각기 다른 매체가 상상력이 풍부한 응답들을 만들어 내는 어린이들의 능력에 미치는 영향을 **조사했다**.

investigation ⓝ 조사, 수사   **investigator** ⓝ 조사자, 수사관

0751 ★★☆

barter
[bá:rtər]

ⓥ 물물 교환하다 ⓝ 물물 교환, 교역품

Mankind used the **barter** system to trade objects.

인류는 물건을 거래하기 위해 **물물 교환** 시스템을 이용했다.

Plus ⊕ barter with ~과 물물 교환하다

0752 ★★☆

circular
[sə́:rkjələr]

ⓐ 원의, 순환의

The downdraft spreads out when it hits the ground and forms an inward **circular** pattern. 13 모평

하강 기류는 땅에 부딪쳐 내부 **순환** 패턴을 형성할 때 확산된다.

circle ⓝ 원, 순환 ⓥ 돌다   **circulate** ⓥ 순환하다
circulation ⓝ 순환   **circuit** ⓝ 회로, 순회

circul + ar

circul(= circle: 원)+**ar**(형·접) → 말 그대로 '원형의'라는 뜻이 됩니다. 의미가 조금 더 확장되어 '순환하는'이라는 뜻으로도 사용됩니다.

0753 ★★☆

chilly
[tʃíli]

ⓐ 쌀쌀한, 냉담한

We were taking pictures in **chilly** weather.

우리는 **쌀쌀한** 날씨에 사진을 촬영하고 있었다.

chill ⓝ 냉기, 한기

0754 ★★☆

ancestor
[ǽnsestər]

ⓝ 조상, 선조

Most animals including our **ancestors** lived very close to the margin of survival. 18 모평 변형

우리의 **조상**을 포함한 대부분의 동물들은 생존이 힘든 상황에 매우 근접하게 살았다.

0755 ★★☆

fierce
[fiərs]

☐☐

ⓐ 사나운, 맹렬한

It is difficult to study the eagle's habits because it is dangerous and **fierce**.

독수리들은 위험하고 **사나워서** 그 습성을 연구하기가 어렵다.

0756 ★★☆

vague
[veig]

☐☐

ⓐ 막연한, 모호한, 흐릿한

More often than not, the worst that we fear is much less terrible than our **vague**, unarticulated fear. `13 모평`

대개, 우리가 두려워하는 최악의 것은 우리의 **막연하고** 불분명한 두려움보다 훨씬 덜 끔찍하다.

`Plus` ≡ ambiguous, obscure, blurred, fuzzy
↔ clear ⓐ 밝은, 명확한
vagueness ⓝ 막연함, 분명치 않음

0757 ★★☆

rough
[rʌf]

☐☐

ⓐ 거친, 난폭한, 대강의

Her attention was distracted by a **rough**, noisy quarrel taking place at the ticket counter. `14 수능`

그녀는 매표소에서 벌어지고 있는 **거칠고** 시끄러운 다툼에 의해 주의가 산만해졌다.

0758 ★★☆

content
[kəntént]

☐☐

ⓐ 만족하는　ⓝ 내용(물), 목차 [káːntent]

The author has selected the **content** according to his own worldview and his own conception of relevance. `22 수능 변형`

그 작가는 자신의 세계관과 적절성에 대한 자신의 개념에 따라 **내용**을 선정했다.

0759 ★★☆

obstacle
[áːbstəkl]

☐☐

ⓝ 장애물, 방해가 되는 것

On the path to excellence, some **obstacles** may initially seem overwhelming. `15 모평`

탁월한 경지로 가는 길에, 몇몇 **장애물들**이 처음에는 압도적으로 보일 수도 있다.

0760 ★★☆

disgrace
[disgréis]

☐☐

ⓝ 불명예, 수치

The condition of the subway is a **disgrace** to this city.

지하철의 그러한 상태는 이 도시의 **수치**이다.

`Plus` ≡ dishonor
disgraceful ⓐ 불명예스러운

`dis + grace`

dis(= bad)+**grace**(기품, 우아함) → '기품 없는'에서 '불명예'가 됩니다. 비슷하게 honor(명예) 앞에 접두사 dis(= bad)가 붙은 dishonor 역시 '불명예'라는 뜻입니다.

REVIEW TEST

A 다음 단어에 해당하는 우리말 또는 영어 단어를 쓰시오.

01 incident		**11** 예산, 예산안	
02 session		**12** 부서지기 쉬운	
03 obvious		**13** 무관심한	
04 graze		**14** 기하학	
05 ingredient		**15** 빙하	
06 strain		**16** 이익, 이윤	
07 nutrient		**17** 구체(球體), 구	
08 celebrity		**18** 사설, 논설	
09 antique		**19** 긁다, 할퀴다	
10 crawl		**20** 물물 교환하다	

B 다음 빈칸에 알맞은 단어를 보기에서 골라 쓰시오.

보기			
vital	myth	dismiss	urge
disgrace	inherit	congestion	fierce

01 I don't like driving in the city because of traffic ______________ and pollution.

02 She ______________(e)d the family business and tried her best to manage it.

03 We can meet many heroes of ______________ and legend by reading the book.

04 Vitamins and some nutrients are ______________ for our health.

05 Ryan said he was unfairly ______________(e)d from his company.

의외의 뜻이 숨어 있는 단어 ⑧

▪ wear

v 입다	What am I **wearing** today? 오늘 난 무엇을 **입을**까요? `21 모평`
닳다	Each corner of the marble table began to **wear**. 그 대리석 식탁의 각 모서리가 **마모되기** 시작했다.
지치게 하다	The endless heavy work **wore** him out. 끝없는 과중한 업무가 그를 **지치게 했다**.

▪ well

ad 잘, 훌륭하게	White wouldn't match the painting **well**. `20 모평` 흰색은 그 그림과 **잘** 어울리지 않을 거예요.
상당히, 족히	He drove at **well** over 100 km per hour. 그는 시속 100킬로미터는 **족히** 넘게 운전했다.

a 건강한	He is a very **well** and cheerful man. 그는 매우 **건강하고** 활기찬 사람이다.
좋은, 만족한	I'm very **well** as I am. 나는 지금의 나 자신에 매우 **만족한**다.

n 우물, 샘	He is a **well** of information. 그는 지식의 **샘**이다.

▪ will

aux ~일 것이다(미래)	You'll be in time if you hurry. 서두르면 시간에 댈 수 있을 **것이다**.

n 의지, 의사	I'm sure he is a man of strong **will**. 나는 그가 강한 **의지**를 지닌 사람이라고 확신한다.
유언, 유서	A letter written to his wife before his death was attached to his **will**. 그가 사망하기 전에 자신의 아내에게 쓴 편지가 **유언장**에 첨부되어 있었다.

v (의지의 힘으로) ~시키다	She **wills** herself into contentment. 그녀는 스스로를 만족시키고 **있다**.

▪ wrap

v (감)싸다, 포장하다	He had carefully bought and **wrapped** the presents for her. 그는 그녀에게 줄 선물들을 사서 조심스럽게 **포장했다**.
몰두하다	She is too serious and **wrapped** up in her career. 그녀는 너무 심각하게 자신의 직업에 **몰두해 있다**.
끝내다, 마치다	He hoped they could **wrap** it up quickly. 그는 그들이 그것을 빨리 **끝낼** 수 있기를 바랐다.

n 포장지	I tucked some plastic **wrap** around the sandwiches and pies. 나는 샌드위치와 파이를 비닐 **포장지**로 감쌌다.

DAY 20

Previous Check

- abolish
- assure
- form
- gender
- innovation
- opponent
- present
- fertile
- emperor
- dwell
- chore
- grateful
- fossil
- glitter
- miserable
- portray
- protein
- backward
- translate
- refresh
- tissue
- lord
- remove
- scan
- pottery
- layer
- property
- justify
- polish
- flavor
- ceremony
- relate
- strive
- radiant
- exclaim
- asset
- decay
- administer
- wage
- subscribe

0761 ★★☆

abolish
[əbáːliʃ]

ⓥ 폐지하다

My friend was disappointed that scientific progress has not cured the world's ills by **abolishing** wars and starvation. `15 수능 변형`

내 친구는 과학적 발전이 전쟁과 기아를 **없앰**으로써 세상의 불행을 치유하지 못했다는 것에 실망했다.

abolishment ⓝ 폐지(= abolition)

0762 ★★☆

assure
[əʃúər]

ⓥ 보증하다, 확실하게 하다

Imaginary playmates are very real to him, very important, and, we can **assure** you, quite harmless. `10 수능`

가상의 놀이 친구들은 그에게 매우 진짜 같고, 매우 중요하며, 우리가 당신에게 **보증할** 수 있는 것은, 전혀 해롭지 않다는 것이다.

assurance ⓝ 보증, 확신

sure (확신하는)가 포함된 단어들

assure 확실하게 하다	ensure 보증하다	insure 보험에 들다, 안전하게 하다

0763 ★★★

form
[fɔːrm]

ⓝ 형태, 종류 ⓥ 형성하다

Another positive effect of tourism is the aid it provides for the survival of a society's culture, especially the culture's art **forms**.

관광의 또 다른 긍정적인 효과는 그것이 한 사회의 문화, 특히 그 문화의 예술 **형태**의 생존을 위해 제공하는 도움이다. `16 모평`

0764 ★★★

gender
[dʒéndər]

ⓝ 성(性), 성별

The above graph shows the percentages of fruit and vegetable consumption 5 or more times per day by age group and **gender** in Canada in 2008. `16 모평`

위 그래프는 2008년 캐나다에서 연령대와 **성별**에 따른 하루 5회 이상 과일 및 채소 섭취 비율을 보여 준다.

sex와 gender

sex	생물학적인 성별로 성(性) 자체를 의미하는 경우가 많습니다.
gender	생물학적인 성별을 의미하는 것 외에도 사회학적인 성별로 문화적으로 학습된 남성다움과 여성다움을 의미하기도 합니다.

0765 ★★☆

innovation
[ìnəvéiʃən]

ⓝ 혁신

Many **innovations** languished in labs for years until they were matched to a product. `15 모평`

많은 **혁신들**이 상품으로 연결될 때까지 수년간 실험실에 버려져 있었다.

innovate ⓥ 혁신하다   **renovation** ⓝ 수리

0766 ★★☆

opponent
[əpóunənt]

☐☐

🄝 반대자, 상대　🄐 반대하는

Instead of deliberately choosing someone, however, he decided to select his **opponent** randomly by making himself into a human spin-wheel. `16 수능`

하지만 누군가를 신중히 고르는 대신에 그는 자신을 인간 회전판으로 만들어 자신의 **상대**를 무작위로 선택하기로 했다.

oppose ⓥ 반대하다　　　　**opposite** ⓐ 반대의

0767 ★☆☆

present
[prézənt]

☐☐

🄐 현재의　🄝 현재, 선물　ⓥ 제출하다, 나타내다 [prizént]

Today the term artist is used to refer to a broad range of creative individuals across the globe from both past and **present**. `18 모평`

오늘날 예술가라는 용어는 과거와 **현재** 모두로부터 전 세계적으로 넓은 범위의 창의적인 사람들을 언급하기 위해 사용된다.

0768 ★★☆

fertile
[fə́:rtl]

☐☐

🄐 비옥한, 기름진

The land through which the river flows is very rich and **fertile**.

그 강이 관통해 흐르는 땅은 매우 기름지고 **비옥하**다.

`Plus` ⊜ productive, fruitful
　　　⊝ sterile ⓐ 불모의, 메마른, 무균의

fertilize ⓥ 비옥하게 하다　　　　**fertilizer** 🄝 비료

0769 ★★☆

emperor
[émpərər]

☐☐

🄝 황제

In the third century, there was a cruel **emperor** named Claudius.

3세기에, Claudius라는 무자비한 **황제**가 있었다.

empire 🄝 제국　　　　**emperorship** 🄝 제위, 통치권

0770 ★★☆

dwell
[dwel]

☐☐

ⓥ 살다, 거주하다

My parents enjoy the peace and quiet so they **dwell** in the country.

나의 부모님은 평화롭고 조용한 것을 즐기셔서 시골에 **사신다**.

`Plus` ⊜ reside
dweller 🄝 거주자

`dwell과 inhabit`
dwell은 사람이 오랫동안 한곳에 '정착해서 살다'라는 의미가 강하고, inhabit는 동물이나 사람에 관계없이 '살다'라는 뉘앙스를 가집니다.

0771 ★★☆

chore
[tʃɔ:r]

☐☐

🄝 집안일, 허드렛일

In the midst of her **chores**, my mother spent time reading. `13 모평`

집안일을 하시는 도중에, 나의 어머니는 독서를 하며 시간을 보내셨다.

`Plus` ⊜ household

0772 ★★☆
grateful
[gréitfl]

ⓐ 고마워하는, 감사하는

She was extremely **grateful** to all her friends for their help.
그녀는 도움을 준 것에 대해 자신의 모든 친구들에게 **고마워했다**.

Plus ⊜ thankful, appreciative
gratefulness ⓝ 고마움(= gratitude)

0773 ★★☆
fossil
[fɑ́ːsl]

ⓝ 화석

Clothes document personal history for us the same way that **fossils** chart time for archaeologists. `12 수능`
화석들이 고고학자들을 위해 시간을 기록하는 것과 똑같은 방식으로 옷은 우리를 위해 개인의 이력을 기록한다.

Plus ⊕ fossil fuel 화석 연료

0774 ★★☆
glitter
[glítər]

ⓥ 반짝이다   ⓝ 반짝임

All that **glitters** is not gold.
반짝이는 모든 것이 황금은 아니다.

Plus ⊜ glisten, gleam

'빛나다'라는 뜻의 여러 동사들

glitter 강한 빛이 번쩍이다
glimmer 희미하게 빛나다
shine 빛나다

glare 불쾌할 정도로 강하게 빛나다
flash 순간적으로 빛나다
twinkle 반짝거리다

0775 ★★☆
miserable
[mízərəbl]

ⓐ 비참한, 불쌍한

I feel **miserable** and totally left out.
나는 **비참하고** 완전히 배제된 느낌이 든다.

misery ⓝ 고통, 불행, 비참

0776 ★★☆
portray
[pɔːrtréi]

ⓥ 묘사하다, 설명하다, 초상을 그리다

Early Greek actors used large masks to **portray** their characters.
초기 그리스의 배우들은 자신들의 배역을 **묘사하기** 위해 커다란 가면을 썼다.

Plus ⊜ describe
portrayal ⓝ 묘사   **portrait** ⓝ 초상화

0777 ★★★
protein
[próutiːn]

ⓝ 단백질

This food contains mostly carbohydrates without much **protein**.
이 식품은 **단백질**은 별로 없고 주로 탄수화물을 함유하고 있다.

'영양소' 관련 단어들

fat 지방   **carbohydrate** 탄수화물   **grape sugar** 포도당   **mineral** 무기질

0778 ★★☆

backward

[bǽkwərd]

ad 후방에, 뒤쪽으로, 거꾸로

Now the reader could easily move **backward** in the text to find a previously read passage.

이제 독자는 본문에서 쉽게 **뒤로** 가서 예전에 읽은 구절을 찾을 수 있다.

Plus ⊜ backwards

'방향'을 나타내는 단어들

toward ~ 쪽으로	**forward** 앞으로	**upward** 위로
downward 아래로	**bedward** 침대 쪽으로	

0779 ★★☆

translate

[trænsléit]

V 번역하다, 옮기다

Jokes that involve a play on words are difficult, and in some cases virtually impossible to **translate** into other languages. 11 모평

언어의 유희가 포함된 농담들은 다른 언어들로 **번역하**기가 어려운데, 일부 경우에서는 사실상 불가능하다.

0780 ★★★

refresh

[rifréʃ]

V 상쾌하게 하다, 새롭게 하다

But taking a walk will **refresh** you, and you may get some new ideas. 18 모평

하지만 산책을 하면 **상쾌해**질 거고, 당신은 새로운 생각을 좀 얻을 수 있을지도 모른다.

refreshment ⓝ 상쾌하게 함, (-s) 다과

0781 ★★☆

tissue

[tíʃuː]

ⓝ (생물의 근육·신경 등의) 조직

It is likely that age changes begin in different parts of the body at different times and that the rate of annual change varies among various cells, **tissues**, and organs. 16 수능 변형

나이 변화는 서로 다른 시기에 신체의 다른 부위에서 시작되고 매년의 변화 속도는 다양한 세포, **조직**, 그리고 기관마다 다를 가능성이 있다.

0782 ★★☆

lord

[lɔːrd]

ⓝ 군주

He was a young English **lord**.

그는 영국의 젊은 **군주**였다.

lord와 비슷한 발음의 단어들

load[loud] 짐, 화물, (짐을) 싣다	**lode**[loud] 광맥	**road**[roud] 길, 도로	**rod**[rɑːd, rɔd] 막대, 장대

0783 ★★☆

remove

[rimúːv]

V 제거하다

They simply couldn't figure out how to **remove** the truck without damaging the freeway above.

그들은 위에 있는 간선도로에 피해를 주지 않고 그 트럭을 **제거하는** 방법을 쉽게 알아낼 수 없었다.

0784 ★★★

scan
[skæn]

ⓥ 정밀 검사하다, 유심히 쳐다보다

She stopped for a moment and anxiously **scanned** the river before her. 11 수능

그녀는 잠시 멈추고 걱정스러운 듯이 자신의 앞에 있는 강을 **쳐다보았다**.

0785 ★★☆

pottery
[pá:təri]

ⓝ 도자기, 도예

The Modern **Pottery** Museum also offers information about the history and development of modern **pottery**. 14 수능

현대 **도자기** 박물관은 또한 현대 **도자기**의 역사와 발전에 대한 정보도 제공한다.

Plus ⊜ ceramics

pot ⓝ 항아리, 도자기　　　　**potter** ⓝ 도공

0786 ★★☆

layer
[léiər]

ⓝ 층, 겹

The outer **layers** of the Sun provide a sort of blanket that protects us from its inner fires. 15 모평

태양의 외**층**은 내부의 불로부터 우리를 보호하는 일종의 담요를 제공해 준다.

Plus ⊕ ozone layer 오존층

lay ⓥ 놓다, 쌓다

파장에 따른 빛의 종류

ultraviolet 자외선　　　　**infrared** 적외선　　　　**visible light[rays]** 가시광선

0787 ★★☆

property
[prá:pərti]

ⓝ 재산, 소유물, 부동산

However, **property** owners cannot reduce the amount of space available for rent in their buildings. 15 모평

하지만 **부동산** 소유자는 자신들 건물의 임대 가능한 공간의 양을 줄일 수 없다.

proper ⓐ 적절한, 예의바른

0788 ★★☆

justify
[dʒʌ́stəfài]

ⓥ 정당화하다

It is easy to **justify** your failure to help by telling yourself someone else will stop. 14 모평

다른 누군가가 멈춰 설 것이라고 스스로에게 말함으로써 도와주지 못한 당신의 불이행을 **정당화하는** 것은 쉽다.

justification ⓝ 정당화, 정당한 이유

0789 ★★☆

polish
[pá:liʃ]

ⓥ 닦다, 윤을 내다, (문장 등을) 다듬다

We **polish** our lenses and clean the equipment.

우리는 렌즈를 **닦고** 장비를 씻는다.

Plus ⊕ **nail polish** 매니큐어(= manicure)

0790 ★ ★ ★

flavor
[fléivər]

□□
ⓝ 맛 ⓥ 맛을 내다

Apparently, the higher the temperature, the more intense the **flavor**. 11 모평

분명히, 온도가 높을수록 **맛**이 더 강렬해진다.

flavor와 taste

flavor 어떤 음식 특유의 향과 맛　　　　**taste** 일반적인 맛

0791 ★ ★ ★

ceremony
[sérəmòuni]

□□
ⓝ 의식, 식, 의례

The graduation **ceremony** will be held next Friday in Hutt High School's Assembly Hall.

졸업**식**은 다음 주 금요일에 Hutt 고등학교 강당에서 열릴 것이다.

0792 ★ ★ ★

relate
[riléit]

□□
ⓥ 관련시키다, 관련이 있다

When a new story appears, we attempt to find a belief of ours that **relates** to it. 17 모평

새로운 이야기가 등장할 때, 우리는 우리가 가진 신념 중에서 그것과 **관련이 있는** 것을 찾으려고 노력한다.

Plus ⊕ relate to ~과 관련되다

0793 ★ ★ ★

strive
[straiv]

□□
ⓥ 노력하다, 애쓰다, 투쟁하다

Even though we **strive** to be error-free, it's inevitable that problems will occur.

비록 실수가 없도록 **노력한다**고 할지라도, 문제가 발생하는 것은 피할 수가 없다.

strife ⓝ 분쟁, 투쟁

struggle, try, attempt

struggle 고군분투하다　　　**try** 시도하다, 노력하다　　　**attempt** 시도하다(try보다 격식을 차린 말)

0794 ★ ★ ★

radiant
[réidiənt]

□□
ⓐ 빛나는, 아주 밝은

She was serving mashed potatoes and looking **radiant**.

그녀는 으깬 감자를 내오고 있었고 **빛나** 보였다.

radiation ⓝ 방사(선), 발광(發光)　　　**radiate** ⓥ 빛나다　　　**radial** ⓐ 광선의

0795 ★ ★ ★

exclaim
[ikskléim]

□□
ⓥ (감탄하며) 외치다

After seeing the bride, the groom **exclaimed** that she was beautiful.

신부를 본 후, 신랑은 그녀가 아름답다고 **외쳤다**.

excellent ⓐ 뛰어난

ex + claim

ex(= out)+**claim**(= cry) → '밖으로 외치다'에서 '외치다'가 됩니다.

0796 ★★☆

asset
[ǽset]

🅝 **자산, 재산**

Essentially, your reputation is your most valuable **asset** — so guard it well. `12 모평`

기본적으로, 당신의 명성은 당신의 가장 귀중한 **자산**이므로, 그것을 잘 지키도록 하라.

`Plus` ⊜ property, fortune, estate

0797 ★★★

decay
[dikéi]

🅥 **부패하다**, 쇠퇴하다   🅝 **부패**, 쇠퇴

The problem for growers and retailers is that ripening is followed sometimes quite rapidly by deterioration and **decay** and the product becomes worthless. `21 모평`

재배자와 소매업자에게 문제는 숙성 이후에 때로는 아주 빠르게 품질 저하와 **부패**가 뒤따라서 제품이 가치 없게 된다는 것이다.

`Plus` ⊜ rot
⊕ decayed tooth 충치(= cavity)

0798 ★★☆

administer
[ədmínəstər]

🅥 **관리[운영]하다, 집행하다**, 주다

These composers and others including music publishers founded a society to enforce and **administer** their performing rights.

이 작곡가들과 음악 발행인을 포함한 다른 사람들은 자신들의 공연 권리를 시행하고 **관리하기** 위해 협회를 설립했다. `17 모평 변형`

administration 🅝 행정부, 행정 관청, 경영

0799 ★☆☆

wage
[weidʒ]

🅝 **임금, 급료**

The above graph shows the percentage of women in **wage** employment in the non-agricultural sector in 1990 and 2006. `14 모평`

위 그래프는 1990년과 2006년에 비농업 분야의 **임금** 고용에서 여성들의 비율을 보여 준다.

`'급료'를 나타내는 단어들`

pay 가장 일반적인 급료

salary 지적인 일에 대한 고정적 급료

wage 보통 육체노동에 대한 급료

fee (의사 · 변호사 등의) 전문적인 일에 대해 지불되는 급료

0800 ★★☆

subscribe
[səbskráib]

🅥 **구독하다, 가입하다**

I asked them to **subscribe**, promising that I would deliver their paper every day.

나는 그들에게 매일 신문을 배달해 주겠다고 약속하며 **구독해** 달라고 부탁했다.

subscription 🅝 구독(료), 가입

REVIEW TEST

A 다음 단어에 해당하는 우리말 또는 영어 단어를 쓰시오.

01 assure　　________________

02 gender　　________________

03 present　　________________

04 dwell　　________________

05 glitter　　________________

06 miserable　　________________

07 portray　　________________

08 refresh　　________________

09 tissue　　________________

10 decay　　________________

11 형태, 종류, 형성하다　　________________

12 반대자, 상대　　________________

13 집안일, 허드렛일　　________________

14 화석　　________________

15 단백질　　________________

16 번역하다, 옮기다　　________________

17 군주　　________________

18 정당화하다　　________________

19 임금, 급료　　________________

20 구독하다　　________________

B 다음 빈칸에 알맞은 단어를 보기에서 골라 쓰시오.

보기			
abolish	innovation	ceremony	flavor
asset	administer	fertile	grateful

01 The tribe traveled thousands of kilometers in search of ____________ areas.

02 It was not until 1848 that France was able to ____________ slavery.

03 ____________ is needed for every company to survive in the Information Age.

04 She realized honesty is the most important ____________ in life.

05 The company award ____________ will be held next week.

1 동의어, 유의어

· 금지하다

□ **forbid**	□ **prohibit**	□ **ban**

forbid	**개인적으로** 또는 **직접** 금지하다
prohibit	법령 등에 의해 **공적으로** 금지하다
ban	**법률적** 또는 **사회적으로** 금지하다 (강한 비난의 뜻을 포함)

Ex 1 My father **forbade** anyone to touch the antique vase.
나의 아버지는 누구라도 그 골동품 화병을 만지는 것을 **금지했다**.

Ex 2 The regulations **prohibit** smoking in this room.
규정은 이 방에서 흡연하는 것을 **금지한다**.

Ex 3 The dictator **banned** all political gatherings.
그 독재자는 모든 정치적 모임을 **금지했다**.

2 반의어

· 영구적인 / 일시적인

□ **permanent**	□ **temporary**

Ex 1 Heavy smoking can cause **permanent** damage to the lungs.
심한 흡연은 폐에 **영구적인** 손상을 일으킬 수 있다.

Ex 2 His job here is only **temporary**.
여기서의 그의 일은 **임시직**일 뿐이다.

· 내부의 / 외부의

□ **internal**	□ **external**

Ex 1 We differ mainly in terms of our outside contours and a few **internal** tweaks.
우리는 주로 우리의 외부 윤곽과 몇 가지 **내부적인** 조정 면에서 다르다. `21 모평 변형`

Ex 2 Such events occur only when **external** conditions are the worst.
그런 사건은 **외부** 조건이 최악일 때만 일어난다.

3 혼동 단어

· 늦은, 늦게 / 요즘, 최근에

□ **late**	□ **lately**

Ex 1 I was worried you might be **late** for the live weather report. `21 모평`
저는 당신이 생방송 날씨 예보에 **늦을**까 봐 걱정했어요.

Ex 2 Have you heard from his family **lately**?
최근에 그의 가족 소식을 들은 적이 있습니까?

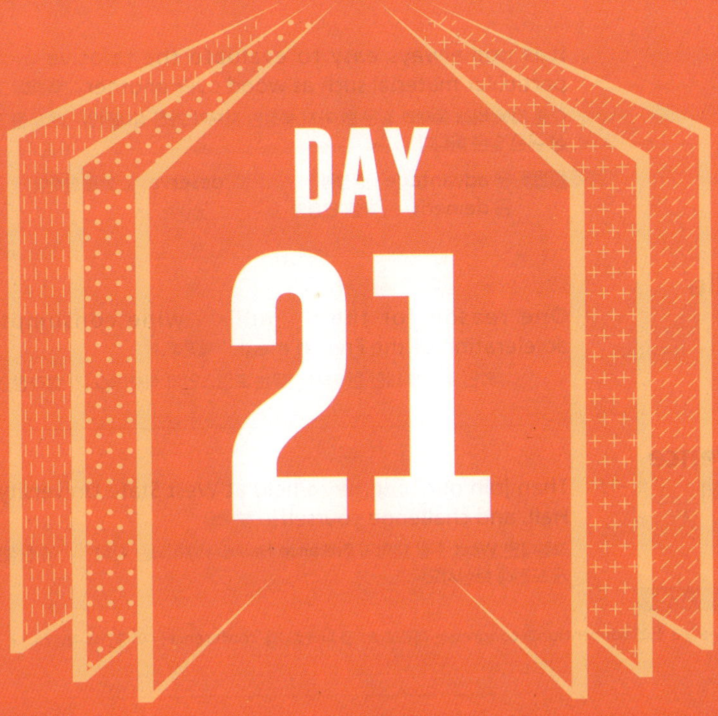

Previous Check

- merit
- dwindle
- conference
- accuse
- enhance
- intimate
- reception
- overwhelm
- coincidence
- majesty
- shrug
- vicious
- cherish
- eternal
- shrink
- colleague
- transmit
- discard
- copper
- orbit
- famine
- pill
- immune
- raw
- superior
- string
- cope
- loan
- obedient
- procedure
- bond
- angle
- subtle
- depict
- radical
- caution
- persist
- reverse
- stuff
- therapy

DAY 21

0801 ★★★

merit
[mérit]

ⓝ 장점, 공로   ⓥ 받을 만하다

It is not always easy to evaluate the relative **merits** of one particular material such as wood over another. ⠀14 모평

다른 것에 비해 목재와 같은 한 가지 특정한 자재가 가진 상대적인 **장점들**을 평가하는 것이 항상 쉬운 일은 아니다.

Plus ⊜ advantage ⓝ 장점　　　deserve ⓥ 받을 만하다
⊖ demerit ⓝ 과실. 단점

0802 ★★★

dwindle
[dwíndl]

ⓥ 점점 줄어들다, 저하되다

One reason for the **dwindling** wine consumption is the acceleration of the French meal. ⠀13 모평

줄어드는 와인 소비에 대한 한 가지 이유는 프랑스인의 식사(속도)가 빨라진 것이다.

0803 ★★☆

conference
[ká:nfərəns]

ⓝ 회담, 회의

Then join our **conference** held at West State University's Brilliance Hall, and challenge yourself! ⠀16 수능

그렇다면 West 주립 대학의 Brilliance Hall에서 개최되는 저희 **회의**에 참석하셔서 스스로에게 도전해 보십시오!

'회의'를 나타내는 단어들

meeting은 소규모 회의, convention과 congress는 대규모 회의를 나타냅니다. conference는 이 중간의 개념입니다.

0804 ★★☆

accuse
[əkjú:z]

ⓥ 고발하다, 비난하다

A prosecuting attorney constructs an argument to persuade the judge or a jury that the **accused** is guilty. ⠀17 모평 변형

기소 검사는 **피고**가 유죄라고 판사나 배심원을 설득하기 위한 논거를 구성한다.

Plus ⊕ accuse A of B A를 B라는 이유로 비난하다(= blame[condemn] A for B)
the accused 피고

0805 ★★☆

enhance
[inhǽns]

ⓥ 향상하다

Activities like these also **enhance** the value of hard work and persistence.

이와 같은 활동들은 또한 열심히 일하는 것과 끈기의 가치를 **높여 준다**.

Plus ⊜ improve

en + hance

en(= make)+**hance**(= high) → '높게 하다'라는 뜻에서 '향상하다'가 됩니다.

0806 ★★☆

intimate
[íntəmit]

ⓐ 친밀한

The journey will be an **intimate** experience.

그 여행은 **친밀한** 경험이 될 것이다.

intimacy ⓝ 친밀함

0807 ★★☆

reception
[risépʃən]

□□
🔴 ⓝ 환영회, 접수
I'm going to a reception, and I can't be late.
나는 환영회에 가는 중인데, 늦으면 안 된다.

receive ⓥ 받다 **receipt** ⓝ 영수증
receptive ⓐ 수용적인 **recipient** ⓝ 수신인, 수령자

0808 ★★★

overwhelm
[òuvərhwélm]

□□
🔴 ⓥ 압도하다, 당황하게 하다
Weighing all of these factors can take up so much of your working memory that it becomes overwhelmed. 18 모평
이 요인들을 모두 저울질하는 것은 작동 기억의 아주 많은 부분을 차지할 수도 있어서, 그 작동 기억은 압도당하게 된다.

overwhelming ⓐ 압도적인, 굉장한

0809 ★★★

coincidence
[kouínsidəns]

□□
🔴 ⓝ 우연의 일치, 동시에 일어난 사건
You have absolutely no evidence — only a suspicion based on coincidence. 11 모평
당신에게는 단지 우연의 일치에 근거한 의심만 있을 뿐 증거는 전혀 없다.

coincide ⓥ 동시에 일어나다

co + incide + (e)nce

co(동시에)+**incide**(사건)+**(e)nce**(명·접) → '동시에'라는 의미를 갖는 접두사 co-와 '사건'이라는 뜻의 명사 incide(nt)에 명사형 접미사 -(e)nce가 결합해서 '우연의 일치'라는 뜻을 만들었습니다.

0810 ★★☆

majesty
[mǽdʒəsti]

□□
🔴 ⓝ 위엄, 장엄, (M-) 왕
He was awed by the majesty of the mountain and couldn't keep his mouth shut.
그는 그 산의 웅장함에 경외심을 느끼게 되어 입을 다물 수가 없었다.

majestic[mədʒéstik] ⓐ 위엄 있는

0811 ★★☆

shrug
[ʃrʌg]

□□
🔴 ⓥ (어깨를) 으쓱하다
Today, more and more parents shrug their shoulders, saying it's okay, maybe even something special. 13 모평
오늘날, 더욱더 많은 부모들이 그것은 괜찮다고, 심지어 특별한 것일지 모른다고 말하면서 어깨를 으쓱한다.

0812 ★★☆

vicious
[víʃəs]

□□
🔴 ⓐ 사악한, 악의 있는
We are so addicted that we have become trapped in a vicious circle.
우리는 너무 중독돼서 악순환에 갇혀 버리게 되었다.

vice[vais] ⓝ 악

0813 ★★☆

cherish
[tʃériʃ]

ⓥ 소중히 하다

For fifteen minutes I **cherish** the view as the highest person on earth.

15분 동안 나는 지구상에서 가장 높은 곳에 있는 사람으로서 볼 수 있는 경치를 **소중히 여긴다**.

Plus ⊖ neglect ⓥ 무시하다

0814 ★★☆

eternal
[itə́:rnəl]

ⓐ 영원한

Early photographs represented the world as stable, **eternal**, and unshakable. 10 모평

초기의 사진들은 세상을 안정적이고 **영원하며** 확고부동한 것으로 표현했다.

0815 ★★★

shrink
[ʃriŋk]

ⓥ 축소하다, 수축하다

As a result, the world's food supply has become largely dependent on a **shrinking** list of breeds designed for maximum yield. 12 모평

그 결과, 세계의 식량 공급은 생산량의 극대화를 위해 만들어진 **줄어드는** 품종들의 목록에 크게 의존하게 되었다.

0816 ★★☆

colleague
[kɑ́:li:g]

ⓝ 동료

This twist in the tale of the trait that gives fireflies their name was discovered by Jesse Barber and his **colleagues**. 21 모평

반딧불이의 이름을 지어 주는 특성에 대한 이야기에서의 이 반전은 Jesse Barber와 그의 **동료들**에 의해 발견되었다.

0817 ★★☆

transmit
[trænsmít]

ⓥ 전달하다

Electric bulbs **transmit** light but keep out the oxygen that would cause their hot filaments to burn up.

전구는 빛을 **전달하지만** 뜨거운 필라멘트가 전소하게 만들 산소는 들어오지 못하게 한다.

Plus ＝ send
　　　 ⊖ receive ⓥ 받다
transmission ⓝ 전달　　　　**transform** ⓥ 변형시키다

trans + mit

trans(= across)+**mit**(= send) → '가로질러 보내다'에서 '전달하다'가 됩니다.

0818 ★★☆

discard
[diskɑ́:rd]

ⓥ 버리다, 처분하다

She told us to keep or **discard** whatever we pleased. 14 모평

그녀는 우리에게 우리 좋을 대로 어떤 것이든 가지거나 **버리라고** 말했다.

Plus ＝ get rid of, dispose
dismiss ⓥ 해고하다(= discharge)

0819 ★★☆
copper
[kάːpər]

① 구리　**ⓐ** 구리의, 구릿빛의

A layer of gold dust was put in the bottom of a **copper** or brass pot, and covered with wax.

구리나 황동 도가니의 바닥에 사금층을 씌운 다음 왁스로 덮었다.

'금속(metal)'과 관련된 단어들

| gold 금 | silver 은 | bronze 청동 |
| iron 철 | lead 납 | tin 주석 |

0820 ★★☆
orbit
[ɔ́ːrbit]

① 궤도　**ⓥ** 궤도를 그리며 돌다

Smooth sailing after the storm, the aircar arrived at the **orbit** of the Island of Paradise.

폭풍이 지나간 후 매끄럽게 항해하며 비행선은 낙원의 섬의 **궤도**에 진입했다.

orbital ⓐ 궤도의

0821 ★★☆
famine
[fǽmin]

① 굶주림, 기아

Chinese peasants no longer suffer from the **famines**.

중국 소작농들은 더 이상 그러한 **기아**를 겪지 않는다.

Plus ⊜ starvation

'굶주림'과 관련된 단어들

hungry는 hunger의 형용사형으로 '배고픈'의 뜻을, starve는 starvation의 동사형으로 '굶어 죽다'라는 뜻을 가집니다. starve to death도 마찬가지로 '굶어 죽다'라는 뜻입니다.

0822 ★☆☆
pill
[pil]

① 알약

Take this **pill** for now.　12 모평

우선은 이 **알약**을 복용해라.

Plus ⊜ tablet
　⊕ sleeping pill 수면제　　　powdered medicine 가루약
　　liquid medicine 물약

0823 ★★☆
immune
[imjúːn]

ⓐ 면역성의, 면제된

The nutrients in apples help you strengthen your **immune** system, and prevent cancer.　14 모평

사과에 있는 영양분이 **면역** 체계를 강화하고, 암을 예방하는 데 도움을 준다.

Plus ⊕ immune to ～에 면역된
immunity ⓝ 면제, 면역

0824 ★★☆
raw
[rɔː]

ⓐ 날것의, 가공하지 않은

We can reduce prices by buying **raw** materials at a lower cost.

우리는 **원**자재를 더 싼값에 구입함으로써 가격을 낮출 수 있다.

0825 ★★☆

superior

[səpíəriər]

ⓐ 우월한   ⓝ 상사

Now many kinds of **superior** coffee beans are being decaffeinated in ways that conserve strong flavor.

이제 많은 종류의 **고급** 커피콩들이 강한 향을 보존하는 방식으로 카페인이 제거되고 있다.

Plus ⊖ inferior   ⓐ 열등한

[illegible] ⊕ be superior to A   A보다 우월하다

'비교급 + to'를 쓰는 경우들

superior는 '매우 **훌륭한**'이라는 뜻의 super 뒤에 비교급 접미사 -ior가 붙어서 만들어진 말로, 그 자체가 비교급의 의미를 가집니다. 주의할 것은 뒤에 이어지는 비교 대상 앞에 than이 아니라 to가 옵니다. 반의어인 inferior(열등한)나 prior(우선적인)도 마찬가지입니다.

0826 ★☆☆

string

[striŋ]

ⓝ 끈, 줄, 일련

A violin creates tension in its **strings** and gives each of them an equilibrium shape: a straight line.

바이올린은 그것의 **줄들**에 장력을 만들어 내고 각각의 줄에 평형 형상, 즉 직선을 부여한다.

Plus ⊕ no strings attached   무조건으로

0827 ★★☆

cope

[koup]

ⓥ 대처하다, 잘 처리하다

But by playing them out, he may become able to **cope** with them in a step-by-step process.   `15 수능`

하지만 그것들을 놀이로 해 봄으로써 아이는 단계적인 과정을 통해 그것들에 **대처할** 수 있게 될지도 모른다.

Plus ⊕ cope with   ∼에 대처하다(= deal with, handle)

0828 ★★☆

loan

[loun]

ⓝ 대출, 대출금   ⓥ 대출하다

A team of economists looked at how consumers reacted to various pitches by banks to take out a **loan**.   `12 모평`

한 팀의 경제학자들은 소비자들이 **대출**을 받기 위해 은행의 다양한 권유들에 어떻게 반응하는지를 살펴보았다.

borrow ⓥ 빌리다   **lend** ⓥ 빌려주다

rent ⓥ 임대하다

0829 ★★☆

obedient

[əbíːdiənt]

ⓐ 순종하는, 유순한

She was **obedient** at first.

그녀는 처음에는 **순종적이**었다.

obedience ⓝ 순종   **obey** ⓥ 복종하다

obe + dient

obe(y)(복종하다)+dient(형·접) → '복종하다'를 뜻하는 동사 obe(y) 뒤에 형용사형 접미사 -dient가 붙으면서 '유순한', '순종하는'이라는 형용사가 되었습니다.

0830 ★★☆

procedure
[prəsíːdʒər]

ⓝ 절차, 과정

Analysis of the errors leads the teacher to modify the teaching of these **procedures.**　16 모평 변형

그 실수에 대한 분석은 교사로 하여금 이러한 **절차**를 가르치는 것을 수정하게 한다.

proceed ⓥ 나아가다　　　　　**process** ⓝ (구체적인) 과정

0831 ★★☆

bond
[bɑːnd]

ⓝ 유대, 결속, 속박, 계약, 채권

He formed special **bonds** with the artists he worked with and those relationships helped him capture some of his most vivid and iconic imagery.　18 수능

그는 함께 작업한 예술가들과 특별한 **유대 관계**를 맺었고, 그런 관계로 인해 그는 자신의 가장 생생하고 상징적인 이미지의 일부를 포착하는 데 도움을 받았다.

bondage ⓝ 노예 신분, 속박　　　　**band** ⓝ 묶는 것, 띠
bandage ⓝ 붕대

0832 ★★☆

angle
[ǽŋgl]

ⓝ 각도, 모서리

I know a beautiful barn where the corners are not at right **angles.**

나는 모서리가 **직각**이 아닌 아름다운 헛간을 알고 있다.

Plus ⊕ right angle 직각
angular ⓐ 각도의, 모난　　　　**triangle** ⓝ 삼각형
rectangle ⓝ 직사각형

0833 ★★☆

subtle
[sʌ́tl]

ⓐ 미묘한, 교묘한

Poe dismisses the argument that any ideas are so deep or **subtle** that they're "beyond the compass of words."　13 수능

Poe는 어떤 생각들은 매우 심오하고 **미묘해서** '말의 범주를 넘어선다'라는 주장을 일축한다.

Plus ⊖ obvious ⓐ 분명한

0834 ★★☆

depict
[dipíkt]

ⓥ 묘사하다, 그리다

His idea was to **depict** humorous crowd scenes in various locations.　14 모평

그의 생각은 다양한 장소들에 있는 재미있는 군중 장면들을 **묘사하는** 것이었다.

Plus ⊜ describe
depiction ⓝ 묘사, 서술

de + pict
de(자세한)+**pict**(그리다) → '자세한'이라는 뜻을 갖는 접두사 de-가 '그리다'라는 뜻의 어원 pict 앞에 붙어서 '묘사하다'의 뜻이 되었습니다.

0835 ★★☆
radical
[rǽdikəl]

ⓐ 과격한, 급진적인, 근본적인 ⓝ 급진주의자
The country needs a period of calm without more **radical** change.
그 나라는 더 이상의 **급진적인** 변화 없이 조용한 시기가 필요하다.

Plus ＝ **extreme** ⓐ 극도의, 극심한

0836 ★★☆
caution
[kɔ́ːʃən]

ⓝ 조심, 주의 ⓥ 주의를 주다
Unfamiliar objects may be dangerous; treating them with **caution** has survival value.　22 모평
익숙하지 않은 대상은 위험할 수 있으므로, 그것을 **조심**해서 다루는 것은 생존가(生存價)를 갖는다.

Plus ＝ **care**
precaution ⓝ 예방

'조심하다'라는 의미의 표현들

| caution | be careful | look out |
| watch out | be alert | beware |

0837 ★★☆
persist
[pərsíst]

ⓥ 고집하다, 지속하다
She would **persist** in trying to get him to talk when he didn't want to.
그녀는 그가 원하지 않을 때 **계속** 그가 말을 하도록 노력하곤 **했다**.

persistent ⓐ 지속하는, 끈기 있는　　**persistence** ⓝ 고집, 지속

0838 ★★☆
reverse
[rivə́ːrs]

ⓝ 역(逆), 반대 ⓐ 역의, 반대의 ⓥ 뒤바꾸다
Seasons in South America are the **reverse** of those in Korea.
남아메리카의 계절은 한국의 계절과 **반대**이다.

0839 ★★☆
stuff
[stʌf]

ⓝ 것(들), 물건 ⓥ (빽빽이) 채워 넣다, 쑤셔 넣다
Try to brush aside the **stuff** that offends or upsets you.　20 모평 변형
여러분을 불쾌하게 하거나 속상하게 하는 **것**들을 제쳐 놓아라.

stuffed ⓐ 속을 채운, 박제한, 잔뜩 먹은

0840 ★★☆
therapy
[θérəpi]

ⓝ 치료, 요법
Music **therapy** is literally **therapy** through music.
음악 **요법**이란 말 그대로 음악을 통한 **치료법**이다.

A 다음 단어에 해당하는 우리말 또는 영어 단어를 쓰시오.

01 merit ___________________
02 enhance ___________________
03 intimate ___________________
04 reception ___________________
05 overwhelm ___________________
06 majesty ___________________
07 transmit ___________________
08 cope ___________________
09 subtle ___________________
10 depict ___________________

11 (어깨를) 으쓱하다 ___________________
12 영원한 ___________________
13 구리, 구리의 ___________________
14 궤도 ___________________
15 알약 ___________________
16 면역성의, 면제된 ___________________
17 날것의 ___________________
18 우월한, 상사 ___________________
19 끈, 줄 ___________________
20 절차, 과정 ___________________

B 다음 빈칸에 알맞은 단어를 보기에서 골라 쓰시오.

보기			
conference	accuse	vicious	cherish
discard	famine	obedient	radical

01 I think we'd better ___________ the clothes soaked in sewage.

02 Many people ___________ their childhood memories when they are grown up.

03 We have no grounds to ___________ him of cheating.

04 Parents often say they want their children to be ___________.

05 She attended a three-day ___________ on world carbon management.

B 01 하수도에 젖은 옷들을 버리는 것이 좋을 것 같다. 02 많은 사람들이 성장했을 때 그들의 어린 시절에 대한 기억을 소중히 여긴다. 03 그를 부정행위로 고발할 근거가 우리에게 없다. 04 부모들은 그들의 아이들이 순종적이기를 원한다고 종종 말한다. 05 그녀는 세계 탄소 관리에 관한 3일 동안의 회의에 참석했다.

정답 01 discard 02 cherish 03 accuse 04 obedient 05 conference

연관 단어 통째로 외우기 ②

1 동의어, 유의어

· 만족, 만족감

□ **contentment**	□ **satisfaction**

contentment	욕망의 충족에 관계없이 불만 없고 마음이 편한 상태
satisfaction	욕망이 **충족되었을 때** 뒤따르는 쾌감

Ex 1 She expressed her **contentment** with a bright smile. 그녀는 환한 미소로 **만족**을 표시했다.

Ex 2 **Satisfaction** has never been the elixir of happiness. `20 모평 변형`
만족이 행복의 특효약이었던 적은 없다.

· 의무

□ **duty**	□ **obligation**

duty	**양심, 도덕, 법률** 등에 따라 행동해야 하는 것
obligation	보다 좁은 뜻으로 **약속, 계약** 등에 따라야 하는 것

Ex 1 My **duty** was to clean up the backyard. 내 **의무**는 뒷마당을 깨끗이 하는 것이었다.

Ex 2 They were under no **obligation** to buy anything.
그들은 무언가를 구입해야 할 **의무**는 없었다.

2 반의어

· 협력하다 / 경쟁하다

□ **cooperate**	□ **compete**

Ex 1 The couple is **cooperating** in raising their children.
그 부부는 아이들을 기르는 데 있어 **협력하고** 있다.

Ex 2 The stores near my home are **competing** with each other.
우리 집 근처 가게들은 서로 **경쟁하고** 있다.

· 동의하다 / 거부하다

□ **consent**	□ **refuse**

Ex 1 He finally **consented** to go with me. 그는 마침내 나와 함께 가기로 **동의했다**.

Ex 2 He can take what's offered or **refuse** to take anything. `19 모평`
그는 주어지는 것을 받거나, 아무것도 받지 않겠다고 **거절할** 수 있다.

3 혼동 단어

· 분별 있는 / 민감한

□ **sensible**	□ **sensitive**

Ex 1 I often ask her advice as she is a **sensible** woman.
그녀는 **분별력 있는** 사람이기 때문에 나는 종종 그녀에게 조언을 구한다.

Ex 2 She is unusually **sensitive** to the cold. 그녀는 남달리 추위에 **민감하다**.

DAY 22

Previous Check

- skeleton
- strategy
- attract
- hence
- architecture
- handle
- wilderness
- category
- funeral
- prefer
- outcome
- humiliation
- ban
- flush
- omit
- despair
- alert
- compact
- likewise
- astonish
- panic
- optimistic
- murder
- fundamental
- loyal
- humid
- pretend
- graduate
- delicate
- inflate
- adequate
- physician
- joint
- via
- passage
- vessel
- restore
- passive
- marble
- classify

0841 ★★★

skeleton
[skélətn]

☐☐

ⓝ 골격, 뼈대

Animals with backbones all share the same basic **skeleton**, organs, nervous systems, hormones, and behaviors.　21 모평 변형

척추동물은 모두 동일한 기본 **골격**, 장기, 신경계, 호르몬, 그리고 행동을 공유한다.

'뼈'와 관련하여 자주 등장하는 단어들

bone 뼈	**skull** 두개골	**rib** 갈비뼈
joint 관절	**fracture** 골절(상을 입다)	

0842 ★★☆

strategy
[strǽtədʒi]

☐☐

ⓝ 전략

One must select a particular **strategy** appropriate to the occasion and follow the chosen course of action.　16 모평

사람들은 그 경우에 알맞은 특별한 **전략**을 선택해야 하고 선택된 행동 방침을 따라야 한다.

Plus ⊜ policy, tactics

0843 ★★★

attract
[ətrǽkt]

☐☐

ⓥ (주의·흥미 등을) 끌다

Lord Avenbury once made an experiment to see if the color of flowers **attracted** bees.　15 모평

한번은 Avenbury 경이 꽃들의 색깔이 벌들을 **끌어들이는지** 알아보기 위해 실험을 했다.

0844 ★★★

hence
[hens]

☐☐

ⓐⓓ 그러므로, 지금부터

Hence, studying history trains us not to accept everything we read or hear as the truth.　13 모평

따라서 역사를 공부하는 것은 우리가 읽거나 들은 모든 것을 사실로 받아들이지 않도록 우리를 훈련시킨다.

Plus ⊜ therefore, thus

0845 ★★☆

architecture
[áːrkitèktʃər]

☐☐

ⓝ 건축, 건축물

I remember one project I spent weeks working on at my **architecture** firm.

나는 나의 **건축** 회사에서 작업하는 데 몇 주를 보냈던 한 프로젝트를 기억한다.

architect ⓝ 건축가

'건축'과 관련된 단어들

architecture는 대개 '건축' 자체를 의미하며, construction은 '건설', building은 '건축'이나 '건축물'을 나타냅니다. structure는 '건축물'을 가리킵니다.

0846 ★★☆

handle
[hǽndl]

☐☐

ⓥ 다루다

Archaeologists tend to focus on tangible (or material) aspects of culture: things that can be **handled** and photographed, such as tools, food, and structures.　22 모평

고고학자들은 문화의 유형적인 (혹은 물질적인) 측면, 즉 도구, 음식, 구조물처럼 **다룰** 수 있고 사진을 찍을 수 있는 것들에 초점을 맞추는 경향이 있다.

0847 ★★☆

wilderness
[wíldərnis]

ⓝ 황무지, 황야

Landscape protection in the US traditionally focuses on protecting areas of **wilderness**, typically in mountainous regions. `21 모평`

미국에서 경관 보호는 일반적으로 산악지대에 있는 **황무지** 지역을 보호하는 데 전통적으로 초점을 두고 있다.

wild[waild] ⓐ 황량한　　　　**wildness**[wáildnis] ⓝ 황폐

0848 ★★☆

category
[kǽtəgɔ̀:ri]

ⓝ 범주

I think you should arrange your books by author rather than by **category**.

당신의 책들을 작가별로 분류하는 것이 **종류**별로 분류하는 것보다 좋을 것 같다.

categorize ⓥ 범주화하다　　　　**categorical** ⓐ 무조건적인, 범주에 속하는

0849 ★★☆

funeral
[fjú:nərəl]

ⓝ 장례식　ⓐ 장례의

She did not show her grief at his **funeral**.

그녀는 그의 **장례식**에서 자신의 슬픔을 내색하지 않았다.

'장례'와 관련된 단어들

grave 무덤(= tomb)　　　　**coffin** 관(= casket)　　　　**epitaph** 묘비명
gravestone 묘비(= tombstone)　　　　**cemetery** 묘지, 공동묘지

0850 ★★☆

prefer
[prifə́:r]

ⓥ 선호하다

Some novelists **prefer** to include as many characters as possible in their stories. `15 모평`

일부 소설가들은 자신들의 이야기 속에 가능한 한 많은 등장인물들을 포함하는 것을 **선호한다**.

0851 ★★☆

outcome
[áutkʌ̀m]

ⓝ 결과

Now we have two possible **outcomes** — what economists call "multiple equilibria." `22 모평`

이제 우리는 경제학자들이 '복수 균형'이라고 부르는 가능한 두 가지 **결과**를 갖게 된다.

out + come

out(밖)+**come**(오다) → '밖으로 나옴'이라는 뜻에서 '결과'라는 뜻이 되었습니다. 한편 income은 '안으로 들어오다'라는 의미에서 '소득'이라는 뜻을 가집니다.

0852 ★★★

humiliation
[hju:mìliéiʃən]

ⓝ 창피함, 굴욕

With no attempt there can be no failure and with no failure no **humiliation**. `11 모평`

도전이 없다면 실패도 없고, 실패 없이는 **굴욕**도 없다.

humiliate ⓥ 굴욕을 주다

0853 ★☆☆
ban
[bæn]

ⓥ 금지하다　**ⓝ 금지**

They point to a government study which says that laws **banning** specific dog breeds do not work.

그들은 특정 개를 키우는 것을 **금지하는** 법은 효력이 없다는 정부의 연구를 지적한다.

0854 ★★☆
flush
[flʌʃ]

ⓥ (얼굴이) 붉어지다, 물이 쏟아져 나오다

Although the freezing wind pounds upon me, I feel **flushed** with warmth.　10 모평

비록 얼어붙을 듯한 바람이 나를 때리지만, 나는 따뜻함으로 **상기되는** 것을 느낀다.

Plus ≒ blush
flow ⓥ 흘러가다　　**fluid** ⓝ 액체

0855 ★★☆
omit
[oumít]

ⓥ 생략하다, 빼다

We'll **omit** the reports of officers and of committees.

임원 및 위원회의 보고는 **생략하**겠습니다.

Plus ≒ exclude ⓥ 제외하다
　　　 ⊖ include ⓥ 포함하다
omission ⓝ 생략

0856 ★★☆
despair
[dispέər]

ⓝ 절망　**ⓥ 절망하다**

Meanwhile my father took me to a pony fair and let me try some ponies, but he always found some fault with them, leaving me in **despair**.　17 모평

그러는 동안 아버지는 나를 조랑말 시장에 데려가서 조랑말 몇 마리를 타 보게 하셨지만, 그는 늘 그 녀석들에게서 어떤 결점을 찾아내어 나를 **절망**에 빠지게 하셨다.

Plus ⊕ in despair　절망하여
desperate ⓐ 절망적인, 필사적인

de + spair
de(= away from)+**spair**(= hope) → '희망을 잃다'에서 '절망', '절망하다'가 됩니다.

0857 ★★☆
alert
[ələ́ːrt]

ⓐ 기민한, 경계하는　**ⓝ 경계 (태세)**　**ⓥ 경고하다**

Some **alert** parents can detect their children's learning disabilities.

몇몇 **예민한** 부모들은 자녀들의 학습 장애를 감지할 수 있다.

0858 ★☆☆
compact
[kəmpǽkt]

ⓐ 소형의, 조밀한　**ⓥ 꽉 채우다**

As far as **compact** cars are concerned, our market share ranks first in the world.

소형차에 한해서는, 우리의 시장 점유율이 세계 최고이다.

0859 ★★☆
likewise
[láikwaiz]

@ 마찬가지로, 게다가

Likewise, the absence of hominin fossil evidence at a particular time or place does not have the same implication as its presence.

마찬가지로, 특정 시기나 장소에 인류 화석 증거가 없다는 것은 그것이 있을 때와 같은 암시를 나타내지는 않는다.   `21 모평`

0860 ★★☆
astonish
[əstá:niʃ]

ⓥ 놀라게 하다

She handed the **astonished** child a beautifully wrapped gift.

그녀는 **놀란** 아이에게 아름답게 포장된 선물을 건넸다.

'놀라게 하다'라는 뜻의 여러 동사들

surprise	예기치 않은 일로 상대방을 놀라게 하다
astonish	surprise보다 뜻이 강하며, 믿을 수 없는 일로 사람을 놀라게 하다
amaze	상대방이 당황하거나 어찌할 바를 모를 정도로 놀라움을 주다
startle	별안간 펄쩍 뛸 정도의 놀라움을 주다

0861 ★★☆
panic
[pǽnik]

ⓝ 갑작스러운 공포, 공황   **@** 공황적인

Michael's futile attempts to open the door only increased his **panic**.   `11 모평`

문을 열려고 하는 Michael의 헛된 시도는 그의 **공포**만 배가시켰을 뿐이었다.

Plus ⊜ fear
 in (a) panic 공포에 싸여, 공황 상태에 빠져

0862 ★★☆
optimistic
[àptəmístik]

@ 낙관적인, 낙천적인

Keep an open mind and be **optimistic**.

마음을 열고 **낙천적인** 자세를 가져라.

Plus ⊖ pessimistic ⓐ 부정적인

optimism ⓝ 낙천[낙관]주의	**optimist** ⓝ 낙관주의자
pessimism ⓝ 비관주의	**pessimist** ⓝ 비관주의자

0863 ★★☆
murder
[mə́:rdər]

ⓝ 살인   **ⓥ** 살인하다

My editor sent me to cover the **murder** case.

편집장이 그 **살인** 사건 취재를 위해 나를 보냈다.

murderer ⓝ 살인자

'살인하다'와 관련된 단어들

kill 사람·동식물을 죽이다	**murder** 사람을 불법·계획적으로 죽이다
massacre 대량으로 학살하다	**assassinate** 정치적으로 암살하다
homicide 살인, 살인범	**suicide** 자살

0864 ★★☆
fundamental
[fʌ̀ndəméntl]

ⓐ 근본적인, 기본적인 ⓝ 근본

The Greeks' focus on the salient object and its attributes led to their failure to understand the **fundamental** nature of causality.

그리스인들은 핵심적인 물체와 그것의 속성에 초점을 맞추느라 인과 관계의 **근본적인** 성질을 이해하지 못했다. `16 수능`

fundamentally ⓐⓓ 근본적으로

0865 ★☆☆
loyal
[lɔ́iəl]

ⓐ 충성스러운, 성실한

They were taught to be obedient children and **loyal** subjects to the king.

그들은 말을 잘 듣는 자녀이자 왕에게 **충성스러운** 신하가 되라고 배웠다.

loyalty ⓝ 충실, 충성   **royal** ⓐ 왕의

0866 ★★☆
humid
[hjú:mid]

ⓐ (날씨가) 습기 있는, 눅눅한

I tried to go sightseeing, but the weather was too hot and **humid**.

나는 관광을 하려고 했는데, 날씨가 너무 덥고 **습했**다.

humidity ⓝ 습기

'일기예보(weather forecast)'와 관련된 단어들

temperature 기온   **thermometer** 온도계
rainfall 강우량   **atmospheric pressure** 기압
high pressure 고기압   **shower** 소나기(= passing rain)
typhoon 태풍

0867 ★★☆
pretend
[priténd]

ⓥ ~인 척하다, 주장하다

She then made the long walk home, **pretending** that she was carrying a heavy load. `21 모평`

곧이어 그녀는 자신이 무거운 짐이라도 가지고 가는 **척하면서** 먼 길을 걸어 집으로 갔다.

0868 ★☆☆
graduate
[grǽdʒueit]

ⓥ 졸업하다 ⓝ 졸업생, 대학원 학생 [grǽdʒuət]

Warren McArthur **graduated** from Cornell in 1908 with a degree in mechanical engineering. `13 모평`

Warren McArthur는 1908년에 기계공학 학위를 받으며 Cornell 대학을 **졸업했다**.

`Plus` ⊕ **graduate from** ~을 졸업하다
graduation ⓝ 졸업(식)

0869 ★★☆

delicate
[délikət]

ⓐ 섬세한

An egg requires a more **delicate** touch than a rock.　17 모평

달걀은 바위보다 더 **섬세한** 접촉을 요구한다.

Plus ＝ fine, exquisite

delicacy ⓝ 섬세함

0870 ★★☆

inflate
[infléit]

ⓥ 부풀리다, 과장하다, (물가 등을) 인상하다

This vest will **inflate** when it gets wet.

이 조끼는 젖으면 **부풀어 오를** 것이다.

Plus ⊖ **deflate** ⓥ 수축시키다

inflation ⓝ 인플레이션, 팽창　　　　**deflation** ⓝ 디플레이션, 수축

0871 ★★★

adequate
[ǽdikwit]

ⓐ 적당한

When consumers lack **adequate** information to make informed choices, governments frequently step in to require that firms provide information.　18 모평

소비자들이 정보에 근거한 선택을 하기 위한 **적절한** 정보가 결여되어 있을 때, 자주 정부가 개입해 회사가 정보를 제공하도록 요구한다.

adequacy ⓝ 적절성, 타당성　　　　**adequately** ⓐⓓ 충분히, 적절하게

0872 ★★☆

physician
[fizíʃən]

ⓝ 의사, 내과 의사

Doctor Foulke, the family **physician**, sounded upset at being called out of bed at midnight.　12 모평

가정**의**인 Foulke 박사는 한밤중에 침대에서 전화를 받고서 당황해하는 것처럼 들렸다.

0873 ★★☆

joint
[dʒɔint]

ⓐ 공동의, 연합의　ⓝ 이음매, 관절

Nations should develop a **joint** defense against these terrorists.

국가들은 이러한 테러리스트들에 대비한 **공동** 방어망을 만들어야 한다.

Plus ⊕ Joint Security Area 공동 경비 구역(JSA)

0874 ★★☆

via
[víːə, váiə]

ⓟ ~을 거쳐[경유해서], ~을 통해

If the event is cancelled due to the weather conditions, notice will be given **via** text message.　23 모평

행사가 기상 상황으로 인해 취소될 경우, 문자 메시지를 **통해** 공지될 것입니다.

Plus ＝ by means of

0875 ★★☆
passage
[pǽsidʒ]

ⓝ 통로, (시간의) 경과, (인용문의) 한 절

Early astronomy provided information about when to plant crops and gave humans their first formal method of recording the **passage** of time. 22 모평

초기 천문학은 언제 작물을 심어야 하는지에 대한 정보를 제공했고 인간에게 시간의 **흐름**을 기록하는 그들 최초의 공식적인 방법을 제공했다.

Plus ⊕ the passage of time 시간의 경과

0876 ★★☆
vessel
[vésəl]

ⓝ (물건을 담는) 용기, 배, 선박, 혈관

Cholesterol can clog up the blood **vessels** and cause a heart attack.

콜레스테롤은 **혈관**을 막아 심장 마비를 일으킬 수도 있다.

Plus ⊕ blood vessel 혈관

0877 ★★☆
restore
[ristɔ́:r]

ⓥ 회복하다, 복구하다, 돌려주다

It may be best if the offended person tries to **restore** their friendship.

기분이 상한 사람이 우정을 **회복하려고** 노력한다면 그것이 최선일 수도 있다.

Plus ⊜ revive, recover, regain

re + store

re(= again)+**store**(축적하다) → '다시 축적하다'에서 '복구하다'가 됩니다.

0878 ★★☆
passive
[pǽsiv]

ⓐ 수동적인, 수동형의

Our body becomes more and more a **passive** non-moving container. 23 모평

우리의 몸은 점점 **수동적이고** 움직이지 않는 컨테이너가 되어 간다.

Plus ⊜ inactive, submissive
　　　 ⊝ active ⓐ 능동적인

0879 ★★☆
marble
[má:rbl]

ⓝ 대리석, 구슬 ⓐ 대리석의

The cabins are beautifully decorated and each with a private **marble** bathroom.

선실들은 아름답게 장식되어 있고, 각 선실마다 개인 **대리석** 욕실이 있다.

0880 ★★☆
classify
[klǽsəfài]

ⓥ 분류하다

Music has traditionally been **classified** by musical instruments.

음악은 전통적으로 악기들에 의해 **분류되어** 왔다. 15 모평

classification ⓝ 분류

A 다음 단어에 해당하는 우리말 또는 영어 단어를 쓰시오.

01 skeleton	_________	11 전략	_________
02 category	_________	12 건축, 건축물	_________
03 prefer	_________	13 황무지, 황야	_________
04 ban	_________	14 장례식, 장례의	_________
05 flush	_________	15 절망, 절망하다	_________
06 omit	_________	16 소형의, 조밀한	_________
07 alert	_________	17 살인, 살인하다	_________
08 astonish	_________	18 ~인 척하다	_________
09 panic	_________	19 졸업하다	_________
10 fundamental	_________	20 수동적인, 수동형의	_________

B 다음 빈칸에 알맞은 단어를 보기에서 골라 쓰시오.

보기			
attract	classify	humiliation	outcome
optimistic	delicate	joint	restore

01 He couldn't help suffering the _____________ of being criticized by his classmates.

02 I managed to _____________ the books by genre.

03 The teacher raised her hand to _____________ her students' attention.

04 The company struggled to come up with some measures to _____________ consumer confidence.

05 She often suffers from skin trouble because she has _____________ skin.

B 01 그는 학급 친구들로부터 비난을 받는 굴욕을 당할 수밖에 없었다.　02 나는 그 책들을 장르별로 분류해 냈다.　03 그 교사는 학생들의 주의를 끌기 위해 손을 들어 올렸다.　04 그 회사는 소비자 신뢰를 회복하기 위해 몇몇 조치들을 생각해 내느라 애를 썼다.　05 그녀는 섬세한 피부를 가지고 있어서 종종 피부 질환으로 고생을 한다.

정답　01 humiliation　02 classify　03 attract　04 restore　05 delicate

연관 단어 통째로 외우기 ③

1 동의어, 유의어

· 우연의

□ **accidental**	□ **incidental**	□ **casual**

accidental	뜻밖이며 우연한
incidental	다른 일에 **부수적으로** 우연히 일어난
casual	**무심코** 우연히 일어난

Ex 1 I remember an **accidental** meeting with him in Italy.
나는 그와 이탈리아에서 **우연히** 만난 것을 기억한다.

Ex 2 At the bottom of the bill you will notice various **incidental** expenses like faxes.
청구서 하단에서 팩스 비용과 같은 여러 가지 **부대** 비용을 볼 수 있을 것이다.

Ex 3 She gave me a **casual** glance.
그녀는 나에게 **무심코** 눈길을 던졌다.

2 반의어

· 분명한 / 모호한, 애매한

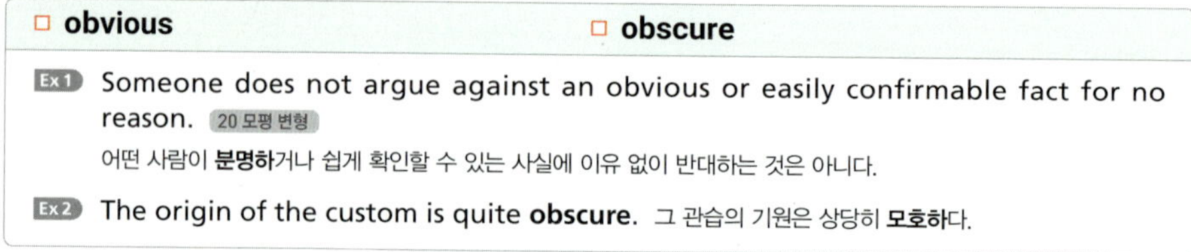

□ **obvious**	□ **obscure**

Ex 1 Someone does not argue against an obvious or easily confirmable fact for no reason. `20 모평 변형`
어떤 사람이 **분명하**거나 쉽게 확인할 수 있는 사실에 이유 없이 반대하는 것은 아니다.

Ex 2 The origin of the custom is quite **obscure**. 그 관습의 기원은 상당히 **모호하**다.

· 조상, 선조 / 자손, 후예

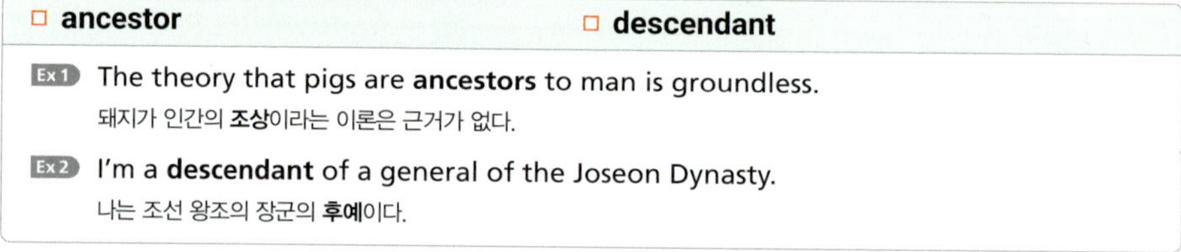

□ **ancestor**	□ **descendant**

Ex 1 The theory that pigs are **ancestors** to man is groundless.
돼지가 인간의 **조상**이라는 이론은 근거가 없다.

Ex 2 I'm a **descendant** of a general of the Joseon Dynasty.
나는 조선 왕조의 장군의 **후예**이다.

3 혼동 단어

· 경제(학)의 / 경제학 / 경제적인

□ **economic**	□ **economics**	□ **economical**

Ex 1 The professor forecasts an **economic** recovery.
그 교수는 **경제(의)** 회복을 예측한다.

Ex 2 He studied **economics** as his major at college.
그는 대학에서 **경제학**을 전공으로 공부했다.

Ex 3 The more **economical** the systematization, the deeper our understanding of what is explained. `22 수능`
그 체계화 작업이 더 **경제적일**수록 설명되는 것에 대한 우리의 이해는 더 깊어진다.

Previous Check

- prepare
- transaction
- sufficient
- stable
- concern
- sympathy
- principal
- by-product
- anxiety
- edible
- federal
- suffer
- casual
- tablet
- trade
- liquid
- characteristic
- anticipate
- outlook
- desert
- infinite
- roam
- decent
- behalf
- distortion
- bud
- symbolic
- municipal
- phenomenon
- devote
- peasant
- diminish
- jealous
- exclude
- flexible
- tenant
- worthwhile
- pavement
- nominate
- sacred

0881 ★★★

prepare
[pripɛ́ər]

☐☐

Ⓥ 준비하다

He began his presentation, "I'm sorry that I am not well **prepared**." 17 모평 변형

그는 "제가 잘 **준비하지** 못해서 죄송합니다."라는 말로 자신의 발표를 시작했다.

0882 ★★☆

transaction
[trænzǽkʃən]

☐☐

Ⓝ 거래, 처리

Finally, local residents may feel that this process reduces their identities to mere commercial **transactions**. 18 모평 변형

마침내, 지역 주민들은 이 과정이 자신들의 정체성을 단순한 상**거래**로 축소한다고 느낄지도 모른다.

transact Ⓥ 집행하다, 거래하다　　　**transmit** Ⓥ 보내다

trans + action

trans(넘어서, 가로질러)+**action**(행동) → '서로 행동하다'에서 '거래'라는 의미가 되었습니다.

0883 ★★☆

sufficient
[səfíʃənt]

☐☐

ⓐ 충분한

The animal in a conflict between attacking a rival and fleeing may initially not have **sufficient** information to enable it to make a decision straight away. 23 모평

상대를 공격하는 것과 도피하는 것 사이에서 갈등하는 동물은 처음에는 즉시 결정을 내릴 수 있게 해 줄 만큼 **충분한** 정보를 갖지 못할 수도 있다.

0884 ★★☆

stable
[stéibl]

☐☐

ⓐ 안정된　Ⓝ 마구간

Stable patterns are necessary lest we live in chaos; however, they make it difficult to abandon entrenched behaviors. 17 모평 변형

우리가 혼돈 속에서 살지 않기 위해서는 **안정적인** 패턴이 필요하지만 그것은 굳어 버린 행동을 버리는 것마저 어렵게 만든다.

Plus ⊖ unstable ⓐ 불안정한

0885 ★★★

concern
[kənsə́ːrn]

☐☐

Ⓥ 관련되다, 걱정하게 하다　Ⓝ 걱정, 관심사

Jessica sighed with **concern**, "I'm going to miss the sunset because of the traffic." 23 모평

Jessica는 "나는 교통 때문에 일몰을 놓치게 될 거야."라고 **걱정**을 하며 한숨을 쉬었다.

0886 ★★☆

sympathy
[símpəθi]

☐☐

Ⓝ 동정, 공감

Or did Spindle experience an emotion similar to that which we call **sympathy**?

아니면 Spindle은 우리가 **동정**이라고 부르는 것과 비슷한 감정을 경험했는가?

sympathize Ⓥ 동정하다, 공감하다　　　**sympathetic** ⓐ 동정적인

0887 ★★☆

principal
[prínsəpəl]

□□

ⓐ **주요한, 제1의** ⓝ (단체의) **장**, 주역

When this happens, manipulation of information replaces reflection as the **principal** policy tool. 22 모평

이런 일이 일어나면, 정보 조작이 **주요한** 정책 도구로서의 숙고를 대체한다.

0888 ★★☆

by-product
[báiprÀdəkt]

□□

ⓝ **부산물**

In contrast, most plastic is manufactured using oil **by-products** and natural gas. 11 모평

이와 대조적으로, 대부분의 플라스틱은 석유 **부산물**과 천연가스를 이용하여 제조된다.

0889 ★★☆

anxiety
[æŋzáiəti]

□□

ⓝ **걱정, 불안**, 열망

The studied nonchalance of patients in a dentist's waiting room is a poor indication of their inner **anxiety**. 23 모평

연구된 치과 병원 대기실 환자의 무관심은 그들의 내면의 **불안**을 제대로 보여 주지 않는다.

> **Plus** ⊕ be anxious for[to] ~하기를 열망하다
> be anxious about ~에 대해 걱정하다
>
> **anxious**[æŋkʃəs] ⓐ 걱정하는, 불안한, 열망하는

0890 ★★☆

edible
[édəbl]

□□

ⓐ **먹을 수 있는, 식용의**

With his **edible** produce sculptures, Elffers hopes to share that joy.

Elffers는 그가 만든 **먹을 수 있는** 농산물 조각품들로 그 즐거움을 나누길 바란다.

> **Plus** ⊖ inedible ⓐ 먹을 수 없는

eat + able

eat(먹다)+**able**(가능한)의 구조에서 변형되어 현재의 **edible**이 되었습니다.

0891 ★★☆

federal
[fédərəl]

□□

ⓐ **연방의, 연합의**

The percentage of **federal** and state taxes is more than 20% in the price of the product.

연방과 주의 세금 비율은 제품 가격의 20퍼센트 이상을 차지한다.

federation ⓝ 연합, 동맹

0892 ★☆☆

suffer
[sÁfər]

□□

ⓥ **고통받다**, 겪다

An introvert would enjoy reflecting on their thoughts, and thus would be far less likely to **suffer** from boredom without outside stimulation. 19 모평

내성적인 사람은 자신의 생각을 즐겨 성찰할 것이고, 이리하여 외부 자극이 없어도 지루함에 **시달릴** 가능성이 훨씬 더 작을 것이다.

DAY 23

0893 ★★★

casual
[kǽʒuəl]

ⓐ 우연한, 무심결의, 격식을 차리지 않는

My boss prefers **casual** clothes to formal dresses, suits, or ties.

나의 상사는 격식을 갖춘 옷이나 양복, 넥타이보다는 **격식을 차리지 않는** 옷을 선호한다.

casually ⓐⓓ 우연하게　　　　**casualty** ⓝ 사상자

0894 ★★☆

tablet
[tǽblit]

ⓝ 〈의학〉 정제, 알약, (평평한) 판

I would like to engrave an inscription on a **tablet**.

나는 **판(板)**에 글을 새기고 싶다.

Plus ⊜ pill ⓝ 알약

0895 ★★★

trade
[treid]

ⓥ 거래[교환]하다　ⓝ 무역

In earlier times, people **traded** crops or objects they had made in exchange for the goods they needed.

초기 시절에, 사람들은 작물이나 자신들이 만든 물건들을 그들이 필요로 하는 상품들과 교환하여 **거래했다**.

0896 ★★☆

liquid
[líkwid]

ⓝ 액체　ⓐ 액체의

The doctor placed a drop of the **liquid** on his eyes.

의사는 그의 눈에 **액체** 한 방울을 넣었다.

물질의 상태

물질의 세 가지 상태에는 solid (고체), liquid (액체), gas (기체)가 있습니다.

0897 ★★☆

characteristic
[kæ̀riktərístik]

ⓝ 특징, 특색　ⓐ 독특한, 특징적인

Tens of thousands of different materials have evolved with rather specialized **characteristics**.　22 모평 변형

상당히 특화된 **특성**을 가진 수만 가지의 다양한 물질이 생성되었다.

0898 ★★☆

anticipate
[æntísəpèit]

ⓥ 예상하다, 기대하다

We **anticipate** the future as if we found it too slow in coming and we were trying to hurry it up.　11 수능

우리는 마치 미래가 너무 느리게 오고 있다는 것을 알아서 그것을 서둘러 오게 하려고 하는 것처럼 미래를 **고대한다**.

Plus ⊜ expect, predict, foretell

0899 ★★☆

outlook
[áutlùk]

ⓝ 전망, 조망

You have a good mind, a beautiful physique, and a successful future **outlook**.

당신은 좋은 생각, 아름다운 신체, 그리고 성공적인 미래 **전망**을 가지고 있다.

Plus ⊕ on the outlook 경계하여, 조심하여

out + look

out(밖으로)+**look**(보다) → '바깥에 보이는 것', 즉 '전망'이 되었습니다.

0900 ★☆☆

desert
[dézərt]

ⓝ 사막 ⓐ 사막의, 불모의 ⓥ 버리다, 도주하다

They live in the Kalahari **Desert** in southern Africa. [17 모평]

그들은 남아프리카에 있는 Kalahari **사막**에 산다.

0901 ★★☆

infinite
[ínfinət]

ⓐ 무한한

After two days at sea, I finally saw the land of **infinite** opportunities. [13 수능]

바다에서 이틀을 보낸 후에, 나는 마침내 **무한한** 기회의 땅을 보았다.

Plus ⊖ finite [fáinait] ⓐ 한정된, 유한의
　　　 definite ⓐ 한정된, 명확한
infinity [infínəti] ⓝ 무한대

0902 ★★☆

roam
[roum]

ⓥ 배회하다, 돌아다니다

According to Cambodian legends, lions once **roamed** the countryside attacking villagers and their precious buffalo. [12 모평]

캄보디아의 전설에 따르면, 사자들은 한때 마을 사람들과 그들의 귀중한 물소들을 공격하면서 시골을 **돌아다녔다.**

Plus ⊕ roaming service (통신) 로밍 서비스

roam과 wander

roam　마음 내키는 대로 자유롭게, 또는 종종 넓은 지역을 돌아다니다
wander　목적이나 정처 없이 어슬렁거리다

0903 ★★☆

decent
[díːsnt]

ⓐ 제대로 된, 품위 있는

You are a good and **decent** person.

당신은 착하고 **고상한** 사람이다.

Plus ⊖ indecent ⓐ 버릇없는, 품위 없는
decency ⓝ 예의 바름

DAY
23

0904 ★★★

behalf
[bihǽf, bihάːf]

ⓝ 이익, 자기편

On **behalf** of all the executives, we hope you enjoy your well-earned retirement.

모든 경영진들을 대신해서, 당신이 충분히 누릴 자격이 있는 은퇴를 만끽하시길 바랍니다.

Plus ⊕ on[in] behalf of A   A의 대신으로, A를 위하여

0905 ★★★

distortion
[distɔ́ːrʃən]

ⓝ 왜곡, 찌그러뜨림

High prices must be attributed to market **distortions**.

높은 물가는 시장 왜곡에 그 탓을 돌려야 한다.

distort ⓥ 왜곡하다   **torture** ⓝ 고문

0906 ★★★

bud
[bʌd]

ⓝ 싹 ⓥ 싹트다

He began working in the **budding** field of industrial design — patenting ten lamps between 1911 and 1914.   13 모평

그는 1911년과 1914년 사이에 열 개의 램프에 특허를 따내면서 싹트기 시작한 산업 디자인 분야에서 일하기 시작했다.

0907 ★★★

symbolic
[simbάːlik]

ⓐ 상징적인

These same chimps had already been taught the **symbolic** concept of simple numbers.   14 모평

이 동일한 침팬지들은 이미 간단한 숫자들의 상징적인 개념을 학습해 왔다.

symbol ⓝ 상징, 기호   **symbolize** ⓥ 상징하다, 나타내다

0908 ★★★

municipal
[mjuːnísəpəl]

ⓐ 지방(자치제)의, 시의

It is postulated that such contamination may result from airborne transport from remote power plants or **municipal** incinerators.

그러한 오염은 멀리 떨어진 발전소 혹은 지방자치단체의 소각로로부터 공기를 통해 전파된 결과로 발생할 수 있다는 것이 가정된다.   18 수능

0909 ★★★

phenomenon
[finάːmənὰn]

ⓝ 현상, 사건, 비범한 인물

This **phenomenon** Aristotle explained as being due to the wood having the property of "levity"!   16 수능

이 현상을 아리스토텔레스는 나무가 '가벼움'이라는 성질을 가지고 있기 때문이라고 설명했다!

phenomena ⓝ 현상들 (복수)   **phenomenal** ⓐ 자연 현상의, 경이적인

0910 ★★☆

devote
[divóut]

ⓥ (노력·시간 등을) 바치다

A good 25 percent of his athletic time was **devoted** to externals other than working out. 15 모평

그의 운동 시간 중 상당 부분인 25퍼센트가 운동이 아닌 외적인 것들에 **바쳐졌다**.

Plus ⊕ devote oneself to ~에 전념[몰두]하다

0911 ★★☆

peasant
[péznt]

ⓝ 농민, 소작농

The prosperity brought about by the international trade in olive oil spread to the **peasants**. 11 모평

국제적인 올리브유 거래가 가져온 호황은 **농민들**에게도 나누어졌다.

farmer와 peasant

farmer는 일반적인 '농부'를 뜻하고, peasant는 영세한 규모의 농사를 짓는 농부, 특히 '소작농'을 뜻합니다.

0912 ★★☆

diminish
[dimíniʃ]

ⓥ 감소하다

The earth's forests are expected to **diminish**.

지구의 숲은 **감소할** 것으로 예상된다.

Plus ≡ reduce, decrease, lessen, decline

diminution ⓝ 감소

0913 ★☆☆

jealous
[dʒéləs]

ⓐ 질투하는

Mike began to feel more and more **jealous** of Tom.

Mike는 점점 더 Tom에 대해 **질투**를 느끼기 시작했다.

jealousy ⓝ 질투

0914 ★★☆

exclude
[iksklú:d]

ⓥ 배제하다, 제외하다

Many people will be **excluded** from participation or avoid other physical activities that are defined as "second class." 21 모평 변형

많은 사람들이 참여에서 **배제되**거나 '이류'로 정의되는 다른 신체 활동을 피할 것이다.

exclusion ⓝ 배제   **exclusive** ⓐ 배타적인

-clude가 포함된 단어들

include 포함하다   **conclude** 결론짓다   **seclude** ~에서 떼어 놓다

0915 ★★☆

flexible
[fléksəbl]

ⓐ 융통성 있는, 유연한

The company went through a complex process to become a **flexible** company.

그 회사는 복잡한 과정을 거쳐 **융통성 있는** 회사가 되었다.

flexibility ⓝ 융통성, 유연성

DAY
23

0916 ★★☆

tenant
[ténənt]

☐☐

ⓝ 세입자, 주민

Would you mind asking the **tenant** in 4B to keep his music down?

4B호의 세입자에게 음악 소리를 줄여 달라고 요청해 주시겠습니까?

Plus ⓔ resident
　　　⊖ landlord ⓝ 집주인

0917 ★★☆

worthwhile
[wəːrθhwáil]

☐☐

ⓐ ～할 가치가 있는

The beautiful view at the top made the hard climb **worthwhile**.

꼭대기에서의 아름다운 전망은 그 힘든 등반을 가치 있게 만들었다.

Plus ⊖ worthless ⓐ 가치 없는
worth ⓝ 가치 ⓐ ～할 가치가 있는

worth와 worthwhile

be worth -ing ～할 가치가 있다　　　　　**be worthwhile to V** ～할 가치가 있다

worth 뒤에는 동명사가, worthwhile 뒤에는 to부정사가 오는 것에 주의합시다.

0918 ★★☆

pavement
[péivmənt]

☐☐

ⓝ 보도, 포장도로

It is hard for street trees to survive with only foot-square holes in the **pavement**. 〔10 모평〕

가로수는 1제곱피트밖에 되지 않는 구멍으로는 포장도로에서 살아남기 힘들다.

Plus ⓔ sidewalk
pave ⓥ 길을 포장하다

0919 ★★☆

nominate
[námənèit]

☐☐

ⓥ (후보자로) 지명[추천]하다, 임명하다

You can **nominate** a friend as well as yourself for this award.

당신은 이 상에 당신 자신뿐만 아니라 친구도 추천할 수 있다. 〔10 모평〕

nomination ⓝ 지명, 임명

0920 ★★☆

sacred
[séikrid]

☐☐

ⓐ 신성한, 성스러운

The **sacred** text at the center of Christianity is the Bible.

기독교의 중심에 있는 신성한 책이 성경이다.

scared ⓐ 무서워하는

REVIEW TEST

A 다음 단어에 해당하는 우리말 또는 영어 단어를 쓰시오.

01	transaction	__________	11	동정, 공감	__________
02	sufficient	__________	12	부산물	__________
03	principal	__________	13	연방의, 연합의	__________
04	anxiety	__________	14	액체, 액체의	__________
05	casual	__________	15	왜곡, 찌그러뜨림	__________
06	tablet	__________	16	싹, 싹트다	__________
07	outlook	__________	17	상징적인	__________
08	roam	__________	18	농민, 소작농	__________
09	decent	__________	19	질투하는	__________
10	municipal	__________	20	보도, 포장도로	__________

B 다음 빈칸에 알맞은 단어를 보기에서 골라 쓰시오.

보기			
edible	anticipate	infinite	phenomenon
diminish	exclude	tenant	devote

01 The negative impact of the accident has ____________(e)d with time.

02 We don't know the cause of the ____________.

03 I'd like to advise you to ____________ what the interviewers will ask.

04 There are many kinds of ____________ plants in my garden.

05 They met their ____________s to talk about the non-payment of rent.

1 동의어, 유의어

· 의식적인, 알고 있는

□ **conscious**	□ **aware**

conscious 사실이나 상태에 **의식적으로 관심을 집중하고 있는**
aware 관찰이나 감각에 의해, 혹은 배워서 알고 있는

Ex 1 He's always very **conscious** of his fashion.   그는 항상 자신의 패션에 대해 몹시 **의식하고** 있다.

Ex 2 Ms. Green is **aware** that information on the Internet is not always accurate.
Green 씨는 인터넷의 정보가 항상 정확한 것은 아니라는 것을 **알고 있다.**   `20 모평 변형`

· 친숙한

□ **familiar**	□ **intimate**

familiar 알게 된 지 오래되어 친숙한 사이인
intimate 몹시 친숙하여 **마음속까지 서로 터놓는**

Ex 1 They are already **familiar** faces on our TV screens.   그들은 이미 TV 화면에서 **익숙한** 얼굴들이다.

Ex 2 I discussed my **intimate** friends whether I would enter the university.
나는 그 대학에 입학해야 할지 여부를 나의 **친한** 친구들과 의논했다.

2 반의어

· 긍정적인 / 부정적인

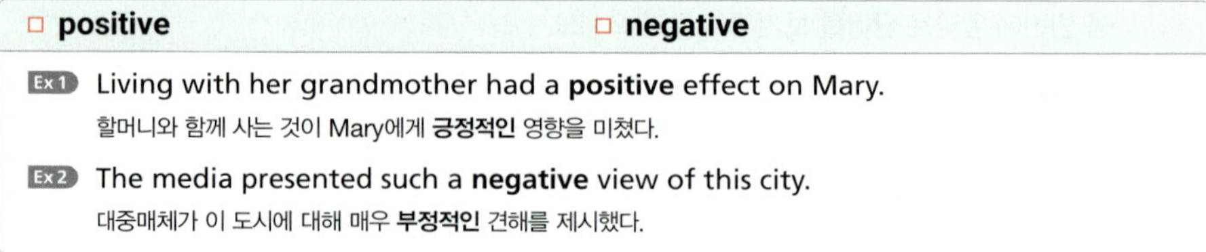

□ **positive**	□ **negative**

Ex 1 Living with her grandmother had a **positive** effect on Mary.
할머니와 함께 사는 것이 Mary에게 **긍정적인** 영향을 미쳤다.

Ex 2 The media presented such a **negative** view of this city.
대중매체가 이 도시에 대해 매우 **부정적인** 견해를 제시했다.

· 낙관적인 / 비관적인

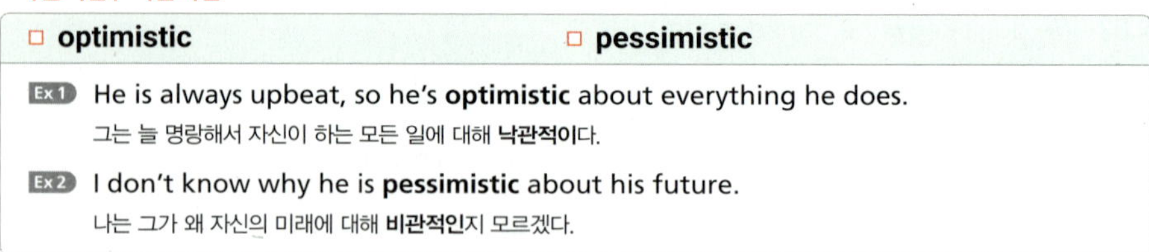

□ **optimistic**	□ **pessimistic**

Ex 1 He is always upbeat, so he's **optimistic** about everything he does.
그는 늘 명랑해서 자신이 하는 모든 일에 대해 **낙관적이**다.

Ex 2 I don't know why he is **pessimistic** about his future.
나는 그가 왜 자신의 미래에 대해 **비관적인지** 모르겠다.

3 혼동 단어

· 상당한, 중요한 / 이해심 있는

□ **considerable**	□ **considerate**

Ex 1 This is why we give **considerable** leeway to people telling funny stories.   `22 수능`
이것이 우리가 재미있는 이야기를 하는 사람들에게 **상당한** 여유를 주는 이유이다.

Ex 2 She is very **considerate** of the weak and the elderly.
그녀는 약자와 어르신들에 대해 매우 **이해심이 많**다.

DAY 24

Previous Check

□ support	□ dynamic	□ collapse	□ fate
□ revise	□ nerve	□ trigger	□ pursue
□ suggest	□ prompt	□ martial	□ Atlantic
□ control	□ suspend	□ monologue	□ weird
□ mammal	□ industry	□ deliberate	□ booth
□ internal	□ iceberg	□ plot	□ prescribe
□ resent	□ monetary	□ rod	□ erupt
□ abrupt	□ judge	□ partial	□ insult
□ diverse	□ gloom	□ mutual	□ gaze
□ refine	□ distraction	□ priceless	□ supreme

0921 ★★★

support
[səpɔ́:rt]

Ⓥ **지지하다, 받치다**, 부양하다　Ⓝ **지지, 지탱함, 부양**

My grandmother wanted to go to school, but the harsh immigrant life pushed her to **support** her family. 　145 수능

나의 할머니는 학교에 다니고 싶어 하셨지만, 혹독한 이주민의 삶이 그분으로 하여금 가족을 **부양하도록** 내몰았다.

Plus ⊜ uphold

0922 ★★★

revise
[riváiz]

Ⓥ **변경하다, 개정[수정]하다**

Then, you can go back to **revise** and polish your writing. 　15 모평

그런 다음, 당신은 다시 돌아가서 당신이 쓴 글을 **교정하**고 다듬을 수 있다.

revision Ⓝ 개정, 교정

re + vise

re(= again)+**vis**(e)(= see) → '다시 보다'에서 '개정하다'가 됩니다.

0923 ★★★

suggest
[səɡdʒést]

Ⓥ **암시하다, 넌지시 말하다**

Steve agreed and **suggested** that they could start personalizing the room like Noah wanted, the next day. 　23 모평

Steve는 동의했고, 다음날 Noah가 원하는 대로 방을 개인화하는 것을 시작할 수 있을 거라고 **넌지시 말했다**.

suggestion Ⓝ 제안, 암시　　　　**suggestive** ⓐ 암시하는

0924 ★★★

control
[kəntróul]

Ⓥ **지배하다, 제어하다**　Ⓝ **지배, 제어**

You cannot act like a greedy brute or let your anger get out of **control**. 　12 모평

당신은 탐욕스러운 야수처럼 행동하거나 당신의 분노를 **제어**할 수 없을 정도로 내버려 두면 안 된다.

Plus ⊕ without control 제멋대로
out of control 제어할 수 없는

0925 ★★★

mammal
[mǽməl]

Ⓝ **포유동물**

Most **mammals** are biologically programmed to put their digestive waste away from where they eat and sleep. 　17 모평

대부분의 **포유동물**은 자신이 먹고 자는 곳으로부터 자신의 소화 배설물을 치우도록 생물학적으로 타고났다.

동물의 종류

reptile 파충류　　　**amphibian** 양서류　　　**bird** 조류　　　　**fish** 어류

0926 ★★☆
internal
[intə́:rnl]

ⓐ **내부의**

Few places are more conducive to **internal** conversations than a moving plane, ship, or train. 11 수능

움직이는 비행기, 배, 혹은 기차보다 **내면적인** 대화에 더 도움이 되는 장소는 거의 없다.

Plus ⊖ **external** ⓐ 외부의
internalize ⓥ 내면화하다

0927 ★★☆
resent
[rizént]

ⓥ **분개하다, 화를 내다**

People rooted in landscape may **resent** the invasion of outsiders who they believe are different and challenge their common identity. 18 모평 변형

풍경에 뿌리를 둔 사람들은 자신들이 다르다고 생각하고 자신들의 공통의 정체성에 도전하는 외부인들이 몰려드는 것에 **분개할**지도 모른다.

resentment ⓝ 분개, 분노

'분노', '격노'를 뜻하는 단어들

fury (격렬한) 분노   **anger** 화, 분노   **rage** (격렬한) 분노   **wrath** (극도의) 분노, 노여움

0928 ★★☆
abrupt
[əbrʌ́pt]

ⓐ **갑작스러운**

One of my dreams came to an **abrupt** halt in a photography class.

나의 꿈 중 하나는 사진 수업 시간에 **갑작스럽게** 중단되게 되었다. 12 모평

Plus ⊜ **sudden, unexpected**
abruptly ⓐⅾ 갑자기

0929 ★★☆
diverse
[daivə́:rs]

ⓐ **다른, 다양한**

The power of music is **diverse** and people respond in different ways.

음악의 힘은 **다양하며** 사람들은 각각 다르게 반응한다.

diversity ⓝ 다양성   **diversify** ⓥ 다양화하다
diversion ⓝ 전환

0930 ★★☆
refine
[rifáin]

ⓥ **정제하다, 개선하다**

Each day nearly a billion gallons of crude oil are **refined** and used in the United States.

매일 거의 10억 갤런의 원유가 미국에서 **정제되고** 사용된다.

refined ⓐ 정제된, 세련된   **refinement** ⓝ 정제
refinery ⓝ 정제소

re + fine

re(다시)+**fine**(좋은) → '다시 좋게 하다'에서 '정제하다'가 되었습니다.

0931 ★★☆

dynamic
[dainǽmik]

□□

ⓐ **동적인, 역학의**

Our mind is strengthened by contact with **dynamic** and well-ordered minds.

우리의 정신은 **역동적**이고 질서가 잡힌 정신과의 접촉으로 강화된다.

Plus ⊜ energetic
　　 ⊖ static ⓐ 정적인

dynamics ⓝ 역학

0932 ★★☆

nerve
[nəːrv]

□□

ⓝ **신경**

The doctor concluded that he had suffered **nerve** damage and that he might never regain the full use of his right arm. 15 모평

의사는 그가 **신경** 손상을 입었고 오른팔을 다시 완전히 사용하지 못할 수도 있다고 결론을 내렸다.

nervous ⓐ 신경질적인, 불안한

0933 ★★☆

prompt
[prɑːmpt]

컴퓨터 용어 **prompt**

□□

ⓐ **즉각적인, 신속한** ⓥ **촉구하다, 자극하다**

Maize cultivation **prompted** people to adopt a new lifestyle based on farming. 14 모평

옥수수 경작은 사람들로 하여금 농사에 기반을 둔 새로운 생활 양식을 택하도록 **촉구했다.**

prompt는 컴퓨터상에서 문자를 입력할 때 깜빡거리는 수직의 긴 막대를 의미하기도 합니다. 빨리 입력하라고 '촉구하는' 데서 나온 말입니다.

0934 ★★☆

suspend
[səspénd]

□□

ⓥ **매달다, 중지하다**

In 1973, a campaign forced the project to be **suspended.** 10 모평

1973년, 한 캠페인에 의해 그 계획은 어쩔 수 없이 **중지되었다.**

suspense ⓝ 미결, 서스펜스 (영화 장르)　　**suspension** ⓝ 매달기, 일시 중지

0935 ★☆☆

industry
[índəstri]

□□

ⓝ **산업**, 공업

This destruction was driven by the needs of a fast growing mat-making **industry.** 16 수능

이런 파괴는 빠르게 성장하는 매트 제조 **산업**의 필요에 의해 추진되었다.

industrial ⓐ 산업[공업]의　　**industrious** ⓐ 근면한
industrialize ⓥ 산업[공업]화하다

0936 ★☆☆

iceberg
[áisbəːrg]

□□

ⓝ **빙산**

A few hours later, the boat was hit by an **iceberg** and began sinking.

몇 시간 후, 그 배는 **빙산**에 충돌해서 침몰하기 시작했다.

0937 ★★☆

monetary
[mʌ́nətèri]

ⓐ 화폐의

The **monetary** unit is different in most countries.
화폐 단위는 대부분의 나라에서 다르다.

Plus ⊕ International Monetary Fund (IMF) 국제 통화 기금
money ⓝ 돈

0938 ★★☆

judge
[dʒʌdʒ]

ⓥ 판단하다　ⓝ 재판관

He wanted his sons to learn not to **judge** things too quickly.
그는 자신의 아들들이 무언가를 너무 성급히 **판단하지** 않는 법을 배우길 원했다.

Plus ⊕ judge by ～으로 판단하다

0939 ★★☆

gloom
[glu:m]

ⓝ 어둠, 우울

Why are you so full of **gloom** on such a beautiful day?
이렇게 아름다운 날에 당신은 왜 그렇게 **우울**해합니까?

gloomy ⓐ 어두운, 우울한

0940 ★★★

distraction
[distrǽkʃən]

ⓝ 주의 산만, (정신을) 산만하게 하는 것, 기분 전환

You'll be able to read faster without **distractions**.　17 수능
당신은 **정신이 흐트러지**지 않고 더 빨리 읽을 수 있을 것이다.

distract ⓥ 흐트러뜨리다

0941 ★★☆

collapse
[kəlǽps]

ⓥ 무너지다, 붕괴하다　ⓝ 붕괴

Many buildings **collapsed**, and there were several fires.
많은 건물들이 **무너졌고**, 여러 군데에서 화재가 났다.

0942 ★★☆

trigger
[trígər]

ⓥ 촉발하다, 유발하다　ⓝ 방아쇠, 계기

Experts have found that reading classical texts benefits the mind by catching the reader's attention and **triggering** moments of self-reflection.　15 모평
전문가들은 고전 텍스트를 읽는 것이 독자들의 관심을 사로잡아 자기 성찰의 순간을 **촉발함**으로써 정신에 유익하다는 것을 알아냈다.

0943 ★★☆

martial
[mɑ́:rʃəl]

ⓐ 전쟁의, 군대의

Generally, **martial** music is simple and energetic.
일반적으로 **군**가는 단순하고 힘이 넘친다.

Plus ⊕ martial art 무예

0944 ★★☆

monologue
[mɑ́:nəlɔ̀:g]

ⓝ 독백

These **monologues** were recorded by famous comedians.
이 **독백들**은 유명한 코미디언들이 녹음했다.

monopoly [mənɑ́:pəli] ⓝ 독점
monotonous [mənɑ́:tənəs] ⓐ 단조로운

mono + logue

mono(= one)+**log**(ue) → '혼자 하는 말'에서 '독백'이 됩니다. '둘이 하는 말', 즉 '대화'는 dialog(= dia(둘)+log(ue))입니다.

0945 ★★☆

deliberate
[dilíbərət]

ⓐ 의도적인, 신중한 ⓥ 숙고하다 [dilíbərèit]

The nonverbal message is **deliberate**, but designed to let the partner know one's candid reaction indirectly. `15 모평`
그 비언어적 메시지는 **의도적인** 것이지만, 상대방에게 자신의 솔직한 반응을 간접적으로 알게 하려고 계획된 것이다.

deliberately ⓐⓓ 고의적으로, 신중히   **deliberation** ⓝ 숙고, 고려

0946 ★☆☆

plot
[plɑt]

ⓝ 줄거리, 음모 ⓥ 음모를 꾸미다

Toward the end of the American Revolution, she became deeply involved in a **plot** to overthrow the king. `13 모평`
미국의 독립 전쟁이 끝날 무렵, 그녀는 왕을 전복시키려는 **음모**에 깊이 관여하게 되었다.

0947 ★☆☆

rod
[rɑd]

ⓝ 막대기, 회초리

He was holding a fishing **rod** on the river bank.
그는 강둑에서 낚싯**대**를 잡고 있었다.

Plus ＝ stick, bar
　　　 ＋ fishing rod 낚싯대　　　　　　lightning rod 피뢰침

0948 ★☆☆

partial
[pɑ́:rʃəl]

ⓐ 부분적인, 편파적인

As well as losing **partial** use of one hand, he also lost his sight.
그는 한 손을 **부분적**으로 사용할 수 없었을 뿐만 아니라 시력도 잃었다.

Plus ⊖ total ⓐ 전체의(= whole, entire)
part ⓝ 부분, 일부(= portion)　　　　**impartial** ⓐ 공정한

0949 ★★☆

mutual
[mjú:tʃuəl]

ⓐ 서로의, 공통의

You can't have a democracy if you can't talk with your neighbors about matters of **mutual** interest or concern. `17 모평`
서로의 흥미나 관심거리에 대해 당신의 이웃과 이야기할 수 없다면 민주주의 체제를 가질 수 없다.

mutuality ⓝ 상호 관계

0950 ★★☆

priceless
[práislis]

price + less

ⓐ 대단히 귀중한

We must put together this **priceless** information.

우리는 이러한 **소중한** 정보를 종합해야 한다.

price(가격, 가치)+less('없음'을 뜻하는 형·접) → '가치를 매길 수 없는'에서 '대단히 귀중한'이 됩니다. '가치 없는'의 뜻이라고 생각해서는 안 됩니다. 유사한 형태로, invaluable 또한 '가치 없는'이 아니라 '가치를 따질 수 없는'의 뜻입니다. 하지만 valueless라고 하면 '가치 없는'이라는 뜻이 됩니다.

0951 ★★★

fate
[feit]

ⓝ 운명

Despite what you might think, luck isn't a matter of **fate** or destiny, according to research by psychologist Richard Wiseman.

심리학자인 Richard Wiseman의 연구에 따르면, 당신이 생각하는 것과 달리 행운은 **운명**이나 숙명의 문제가 아니다. `12 모평`

Plus ⊜ destiny, doom

0952 ★★☆

pursue
[pərsú:]

ⓥ 추구하다, 쫓다

Unfortunately, I cannot accept your offer because I have decided to **pursue** another opportunity. `15 모평`

유감스럽게도, 저는 또 다른 기회를 **추구하기**로 결정했기 때문에 귀하의 제안을 받아들일 수가 없습니다.

pursuit ⓝ 추구

0953 ★★☆

Atlantic
[ætlǽntik]

ⓝ 대서양 ⓐ 대서양의

It was built where the slow-moving Duoro River flows to the **Atlantic** through the steep hills guarding the seashore.

그것은 유유히 흐르는 Duoro 강이 해안을 망보는 가파른 언덕들을 지나 **대서양**으로 흘러가는 곳에 지어졌다.

0954 ★★☆

weird
[wiərd]

ⓐ 이상한, 기묘한

Perfect vision is a little **weird** when you're used to weak eyesight.

시력이 나쁜 것에 익숙해져 있으면 완벽하게 보이는 것이 약간 **이상하**다.

Plus ⊜ strange, peculiar, eccentric

weirdo[wíərdou] ⓝ 기묘한 사람

0955 ★★★

booth
[bu:θ]

ⓝ 칸막이한 공간, 부스, 노점

The driver must get out of the car, pump the gas, and walk over to the **booth** to pay.

운전사는 차에서 내려, 휘발유를 넣고, 돈을 내기 위해 **부스**로 걸어가야 한다.

Plus ⊕ phone booth 공중전화 부스

0956 ★★☆

prescribe
[priskráib]

ⓥ 규정하다, (약을) 처방하다

Average consumers of health care do not have a license to order services or **prescribe** medications. **18 모평 변형**

의료 서비스의 일반적인 고객들은 서비스를 주문하거나 약물을 **처방하는** 면허를 가지고 있지 않다.

prescription ⓝ 규정, 처방

pre + scribe

pre(= before)+**scribe**(= write) → '(일이 있기 전에) 미리 쓰다'의 뜻에서 '규정하다', '처방하다'가 됩니다.

0957 ★★☆

erupt
[irʌ́pt]

ⓥ 분출하다, 폭발하다

When we were on top of the volcanoes, they started **erupting**.

우리가 화산 꼭대기에 있었을 때, 그것들이 **분출하기** 시작했다.

eruption ⓝ 폭발, 분화   **bankrupt** ⓐ 파산한

e + rupt

e(= out)+**rupt**(= break) → '밖으로 깨고 나오다'에서 '분출하다'가 됩니다.

0958 ★★☆

insult
[insʌ́lt]

ⓥ 모욕하다 ⓝ 모욕 [ínsʌlt]

Basic scientific research has yet one more important use that is so valuable it seems an **insult** to refer to it as merely functional.

기초 과학 연구는 또 다른 한 가지 중요한 쓰임을 지니고 있는데, 그것은 매우 중요한 것이어서 그것을 단순히 기능적인 것으로 언급하는 것은 **모욕적인 말**처럼 들린다. **16 수능**

Plus ⌸ indignity ⓝ 모욕

0959 ★★☆

gaze
[geiz]

ⓥ 뚫어지게 보다, 응시하다

I **gazed** at my old home.

나는 내 옛집을 **바라보았다**.

0960 ★★☆

supreme
[su:príːm]

ⓐ 최고의

You are in a state of **supreme** delight.

당신은 지금 **최고로** 기쁜 상태이다.

Plus ⊕ Supreme Court 최고 사법 재판소, 대법원
supremacy ⓝ 최고, 우위   **superb** ⓐ 최고의, 훌륭한
superior ⓐ ~보다 나은

슈프림 피자(supreme pizza)

피자 종류 중 하나인 슈프림 피자의 **supreme**도 '최고의(supreme)'라는 의미로 쓰인 것입니다.

REVIEW TEST

A 다음 단어에 해당하는 우리말 또는 영어 단어를 쓰시오.

01 suggest	__________	**11** 갑작스러운	__________
02 internal	__________	**12** 정제하다, 개선하다	__________
03 resent	__________	**13** 신경	__________
04 diverse	__________	**14** 매달다, 중지하다	__________
05 prompt	__________	**15** 산업, 공업	__________
06 deliberate	__________	**16** 빙산	__________
07 partial	__________	**17** 어둠, 우울	__________
08 mutual	__________	**18** 촉발하다, 방아쇠	__________
09 priceless	__________	**19** 독백	__________
10 weird	__________	**20** 분출하다, 폭발하다	__________

B 다음 빈칸에 알맞은 단어를 보기에서 골라 쓰시오.

보기			
support	revise	mammal	dynamic
monetary	distraction	collapse	rod

01 The roof of the house ____________(e)d under the weight of snow.

02 It is hard for me to study at home because there are many ____________s.

03 I don't like paperwork very much, so I prefer a job that's very ____________.

04 I think the government should ____________ its health care policy as soon as possible.

05 The ____________ unit of Korea is the "won."

연관 단어 통째로 외우기 ⑤

1 동의어, 유의어

· 요소

□ **element**	□ **component**	□ **ingredient**	□ **factor**

element	세분할 수 없는 최종적 요소의 뜻으로, 요소를 의미하는 **가장 일반적인 말**
component	복합체나 화합물의 **구성 분자**
ingredient	**혼합물의 성분**으로 추가 · 제거 가능
factor	어떤 일의 **원인이 되는 요소**

Ex1 Good health has become an important **element** in modern life.
건강은 현대 생활에서 중요한 **요소**가 되었다.

Ex2 Uranium is one of the main **components** of a nuclear weapon.
우라늄은 핵무기의 주요 **요소** 중 하나이다.

Ex3 He created it by putting together some basic **ingredients** when running out of food. 그는 음식이 다 떨어졌을 때 몇 가지 기본적인 **재료들**을 모아서 그것을 만들었다.

Ex4 Exercise is an important **factor** in maintaining fitness.
운동은 건강을 유지하는 데 중요한 **요소**이다.

2 반의어

· 절약하는 / 낭비하는

□ **thrifty**	□ **wasteful**

Ex1 My mother was a **thrifty** shopper. 나의 어머니는 **알뜰한** 구매자셨다.
Ex2 Try to avoid a **wasteful** wedding ceremony. **낭비하는** 결혼식을 피하도록 하라.

· 심오한, 중대한 / 표면적인, 피상적인

□ **profound**	□ **superficial**

Ex1 His discovery in genetics had a **profound** effect on many areas of medicine.
그의 유전학상의 발견은 많은 의료 분야에 **중대한** 영향을 미쳤다.

Ex2 James had a **superficial** knowledge. James는 **피상적인** 지식을 갖고 있었다.

3 혼동 단어

· 산업의 / 근면한

□ **industrial**	□ **industrious**

Ex1 Only one million tons of plastic waste were generated in the **industrial** machinery sector. `21 모평 변형`
산업 기계 부문에서 발생한 플라스틱 쓰레기는 100만 톤에 불과했다.

Ex2 Though he was not **industrious** in his youth, he now works very hard.
그는 젊었을 때에는 **근면하지** 않았지만 지금은 아주 열심히 일한다.

Previous Check

- context
- complete
- race
- dominate
- vehicle
- complain
- brochure
- force
- nest
- gain
- curriculum
- sew
- masculine
- frown
- astound
- dictator
- assessment
- crucial
- paralysis
- deck
- cheer
- carve
- tease
- aggressive
- cure
- attribute
- foster
- psychologist
- postpone
- rob
- abuse
- bystander
- breakdown
- disguise
- blueprint
- rear
- output
- sermon
- sprout
- tin

0961 ★★☆
context
[kά:ntekst]

☐☐
ⓝ 전후 관계, 맥락, 문맥
You can often tell the meaning of a word from its **context**.
종종 말의 뜻을 그 **전후 관계**로 알 수가 있다.

0962 ★★☆
complete
[kəmplí:t]

☐☐
ⓐ 완전한, 완벽한, 완료된 **ⓥ 완료하다**
An old man holding a puppy can relive a childhood moment with **complete** accuracy. 17 수능
강아지를 안고 있는 노인은 **완전히** 정확하게 어린 시절의 순간을 다시 체험할 수 있다.

0963 ★☆☆
race
[reis]

☐☐
ⓥ 경주[경쟁]하다, 질주하다 **ⓝ 경주, 경쟁, 인종**
Waking up at 7 a.m., my little sisters and I **raced** for the fireplace downstairs. 17 모평
아침 7시에 잠에서 깨어, 나와 내 여동생들은 아래층의 난로 쪽으로 **달려갔다**.

racial ⓐ 인종의

race와 관련된 단어들

racism ⓝ 인종 차별주의 [**race**(인종)+**ism**(명·접)]
racist ⓝ 인종 차별주의자 [**race**(인종)+**ist**(명·접)]

0964 ★★★
dominate
[dά:minèit]

☐☐
ⓥ 지배하다
By the turn of the twentieth century, the permanent repertoire of musical classics **dominated** almost every field of concert music.
20세기로 바뀔 무렵, 음악 고전 작품의 영구적인 레퍼토리가 콘서트 음악의 거의 모든 분야를 **지배했다**. 19 모평 변형

dominant ⓐ 지배적인　　　**domination** ⓝ 지배

0965 ★★☆
vehicle
[ví:ikəl]

☐☐
ⓝ 탈것, 수단, 매개체
Natural objects are not taken as **vehicles** of meanings and messages. 21 모평 변형
자연의 물체들은 의미와 메시지의 **매개체**로 받아들여지지 않는다.

0966 ★★☆
complain
[kəmpléin]

☐☐
ⓥ 불평하다, 항의하다
Roman authors had a sense that their intellectual creations were valuable, as they **complained** about the exploitation of those creations. 17 모평 변형
작가의 그러한 창작물들이 부당하게 이용되는 것에 대해서 **불평했으므로**, 로마의 작가들은 자신들의 지적 창작물이 가치가 있다는 생각을 갖고 있었다.

complaint ⓝ 불평, 항의

0967 ★★☆
brochure
[brouʃúər]

n (안내·광고용) 소책자, 브로슈어

Are there any sightseeing **brochures** for this city?

이 도시에 대한 관광 **책자**가 있습니까?

Plus ⊜ pamphlet

0968 ★☆☆
force
[fɔːrs]

n 힘, 영향력 **v** 강요하다

Drive applies direct **force** on your physical and technical gears.

추진력은 신체와 기술 장치에 직접적인 **힘**을 가한다. `23 모평 변형`

Plus ⊕ net force 알짜 힘, 순수 힘

0969 ★☆☆
nest
[nest]

n 둥지, 보금자리 **v** 둥지를 틀다, (둥지에서) 살다

It is impossible to guess from their bodies that birds make **nests**.

새들이 **둥지**를 트는 것을 그것들의 몸에서 추측하는 것은 불가능하다. `12 모평`

0970 ★☆☆
gain
[gein]

v 얻다 **n** 이익

This process **gained** pace after the invention of hybrid breeding of maize in the late 1920s. `16 수능`

이 과정은 1920년대 말에 옥수수의 잡종 번식 발명 이후에 속도를 **얻었다**.

Plus ⊜ acquire, get ⓥ 얻다, 취득하다

0971 ★★☆
curriculum
[kəríkjələm]

n 교육 과정, 커리큘럼

The **curriculum** consists of running and climbing.

그 **교육 과정**은 달리기와 등산으로 구성되어 있다.

0972 ★★☆
sew
[sou]

v 꿰매다, 바느질하다

He thought about the miners' problem and began **sewing** new pants for them.

그는 광부들의 문제에 대해 생각하며 그들을 위해 새 바지를 **바느질하기** 시작했다.

Plus ⊜ stitch

---

sew와 발음이 유사한 단어들

saw[sɔː] 톱(see의 과거형) **sow**[sou] (씨를) 뿌리다 **show**[ʃou] 보여 주다

0973 ★★☆

masculine
[mǽskjəlin]

ⓐ 남자의, 남자다운

What could be more **masculine** than a soldier?

무엇이 군인보다 더 **남자다울** 수 있겠는가?

Plus ⊖ feminine ⓐ 여성의, 여성스러운

0974 ★★☆

frown
[fraun]

ⓥ 눈살을 찌푸리다 ⓝ 찡그린 얼굴

If you are the sort of parent who **frowns** when you hear the word "messy," then relax.

만약 당신이 '어질러진'이라는 말을 들을 때 **눈살을 찌푸리는** 부류의 부모라면, 여유를 가져라.

0975 ★★☆

astound
[əstáund]

ⓥ 놀라게 하다

We were **astounded** by the huge ice-covered mountain standing before us.

우리는 우리 앞에 서 있는 얼음으로 덮인 거대한 산을 보고 **놀랐다**.

Plus ⊜ amaze, astonish, surprise, startle

0976 ★★☆

dictator
[díkteitər]

ⓝ 독재자, 구술하는 사람

Many countries are run by **dictators** who act according to their own interests.

많은 나라들은 자신들의 사리사욕에 따라 행동하는 **독재자들**에 의해 운영되고 있다.

Plus ⊜ tyrant

dictate ⓥ 구술하다, 명령하다　　　　**dictation** ⓝ 구술, 받아쓰기, 명령

0977 ★★☆

assessment
[əsésmənt]

ⓝ 평가, 판단

The idea of meeting regularly to compare notes, plan common **assessments**, and share what we did well never occurred to us.

의견을 교환하고, 공동 **평가**를 계획하고, 자신이 잘했던 것을 공유하기 위해서 정기적으로 만난다는 생각을 우리는 결코 해 보지 않았다.　　　17 수능

Plus ⊜ evaluation, estimation

assess ⓥ 평가하다, 할당하다

0978 ★★☆

crucial
[krú:ʃəl]

ⓐ 중대한, 중요한

In order to allow the different units to cooperate successfully, the existence of a common platform is **crucial**. 　22 수능 변형

서로 다른 부문들이 성공적으로 협력할 수 있도록 하기 위해서는, 공동 플랫폼의 존재가 매우 **중요하다**.

Plus ⊜ decisive, vital, important

0979 ★★★

paralysis
[pərǽləsis]

□□

ⓝ 마비

His arm and leg were stricken with **paralysis**.

그의 한쪽 팔과 다리는 **마비**가 되었다.

Plus ⊕ be stricken with paralysis 중풍에 걸리다
paralyze[pǽrəlàiz] ⓥ 마비시키다

0980 ★☆☆

deck
[dek]

□□

ⓝ 갑판

The thought appealed to him as he powered up the aircar and it lifted a half-meter or so off the **deck** of the hangar.

그가 비행선의 동력을 올리고 그것이 격납고 **갑판**에서 50센티미터쯤 올라갔을 때 그 생각이 그의 마음을 사로잡았다.

dock ⓝ 선창, 부두

'배'와 관련된 단어들

| **captain** 선장 | **crew** 선원 | **anchor** 닻 | **mast** 돛대 | **oar** 노 |

0981 ★★☆

cheer
[tʃiər]

□□

ⓝ 환호, 갈채 ⓥ 환호[성원]하다

Some individuals sit and watch a football game or tennis match without **cheering** for anyone or any team.

일부 사람들은 어느 누구 또는 어떤 팀도 **응원하지** 않고 축구 경기나 테니스 시합을 앉아서 관람한다.

Plus ⊕ cheer up 격려하다

0982 ★★☆

carve
[kɑːrv]

□□

ⓥ 조각하다, 새기다

Americans **carve** pumpkins but they never use the stem.

미국인들은 호박을 **조각하**지만 그 줄기는 절대 사용하지 않는다.

Plus ⊜ engrave

0983 ★★☆

tease
[tiːz]

□□

ⓥ 괴롭히다, 약 올리다

Boys **tease** the girls they like to get their attention.

남자아이들은 관심을 얻기 위해 자신들이 좋아하는 여자아이들을 **괴롭힌다**.

0984 ★★☆

aggressive
[əɡrésiv]

□□

ⓐ 공격적인, 적극적인

Your feeding the animals can lead to **aggressive** behavior towards humans.

동물들에게 먹이를 주는 것은 인간에게 **공격적인** 행위를 초래할 수도 있다.

Plus ⊖ defensive ⓐ 방어적인
aggress ⓥ 공격하다, 침입하다   **aggression** ⓝ 공격, 공격성

0985 ★★☆

cure
[kjuər]

□□

Ⓥ **치료하다**, 해결하다   Ⓝ **치유, 회복**

The doctor came and informed me that I had a disease that no one knew how to **cure**.   11 모평

의사가 와서 내가 아무도 **치료하는** 법을 모르는 질병에 걸렸다는 것을 내게 알려 주었다.

0986 ★★★

attribute
[ətríbjuːt]

□□

Ⓥ **~의 결과로 여기다**   Ⓝ **속성** [ǽtribjùːt]

When he contracts influenza, he never **attributes** this event to his behavior toward the tax collector or his mother-in-law.   18 수능

독감에 걸릴 때, 그는 이 사건을 결코 세금 징수원이나 자신의 장모에 대한 그의 행동 **때문으로 여기**지 않는다.

Plus ⊕ attribute A to B   A를 B의 결과로 여기다

tribute Ⓝ 찬사, 공물   **attribution** Ⓝ 귀착시킴, 속성
contribute Ⓥ 공헌하다   **distribute** Ⓥ 분배하다

0987 ★★☆

foster
[fɔ́ːstər]

□□

Ⓥ **육성하다, 촉진하다**   Ⓐ **수양의, 위탁의**

Moderate amounts of stress can **foster** resilience.   21 모평 변형

적당한 양의 스트레스는 회복력을 **촉진할** 수 있다.

Plus ⊕ foster parent   양부모
        foster home   입양 가정

0988 ★★★

psychologist
[saikɑ́ːlədʒist]

□□

Ⓝ **심리학자**

No **psychologist** has ever succeeded in proving the unburdening effects of the supposed safety valves of tears and anger.

어떤 **심리학자**도 지금까지 눈물과 분노의 가상 안전밸브를 풀어 감정을 토로하는 것의 효과를 입증하는 데 성공하지 못했다.

psychology Ⓝ 심리

0989 ★★☆

postpone
[poustpóun]

□□

Ⓥ **연기하다, 뒤로 미루다**

They **postponed** marriage into their late twenties.

그들은 결혼을 20대 후반으로 **미뤘다**.

'연기하다'라는 뜻의 여러 단어들

delay (미룬다는 의미에서) 연기하다   **prolong** (연장한다는 의미에서) 연기하다
suspend (정지시킨다는 의미에서) 연기하다   **put off** postpone의 구어적 표현

0990 ★★★

rob
[rɑ:b]

ⓥ 훔치다, 강탈하다
Knowing the truth can also **rob** one of the will to live.
진실을 아는 것이 또한 한 사람에게서 살아갈 의지를 **강탈할** 수도 있다.

> **Plus** ⊕ rob A of B A에게서 B를 훔치다[빼앗다]

robber ⓝ 강도, 도둑　　　　　　**robbery** ⓝ 강도질, 도둑질

0991 ★★☆

abuse
[əbjúːs]

ⓝ 남용, 욕설, 학대　ⓥ 남용하다, 학대하다 [əbjúːz]
Obviously, this sort of freedom can be **abused**.
분명히, 이런 종류의 자유는 **남용될** 수 있다.

> **ab + use**

ab(강조의 접두)+**use**(사용하다) → '많이 사용하다'에서 '남용하다'라는 뜻이 되었습니다. 비슷한 예로, misuse는 mis(잘못된)+use(사용하다) → '잘못 사용하다', 즉 '오용하다'라는 의미입니다.

0992 ★★☆

bystander
[báistændə(r)]

ⓝ 방관자, 행인, 구경꾼
Armed with tools that can provide them options, the consumer moves from passive **bystander** to active participant.　23 모평
그들에게 선택권을 제공할 수 있는 도구로 무장한 소비자는 수동적 **방관자**에서 능동적 참여자로 이동한다.

> **by + stander**

by(옆에)+**stander**(서 있는 사람) → '옆에 서 있는 사람'이라는 의미에서 '방관자', '행인', '구경꾼' 등의 뜻으로 쓰이게 되었습니다.

0993 ★★★

breakdown
[bréikdàun]

ⓝ 고장, 쇠약
It looked like he was having a public nervous **breakdown**.　11 모평
그는 많은 사람들 앞에서 신경 **쇠약**에 걸린 것처럼 보였다.

> **Plus** ⊕ nervous breakdown 신경 쇠약(증)

0994 ★★★

disguise
[disgáiz]

ⓥ 변장하다, 숨기다　ⓝ 변장, 은폐
The detective had to **disguise** as a soldier to get into the building.
그 탐정은 그 건물에 들어가기 위해 군인으로 **변장해**야만 했다.

disgust ⓝ 혐오, 역겨움　　　　　　**disrupt** ⓥ 방해하다

0995 ★★★

blueprint
[blú:prìnt]

ⓝ 청사진
They inherit the basic **blueprints** of what they make.　20 모평
그들은 자신들이 만드는 것의 기본 **청사진**을 물려받는다.

0996 ★★★

rear
[riər]

ⓝ 뒤 ⓐ 뒤의, 후방의 ⓥ 기르다

The Tasmanian tiger had a wolf's head and a kangaroo's **rear** legs.

태즈메이니아 호랑이는 늑대의 머리와 캥거루의 **뒷**다리를 가지고 있었다.　　　14 모평

0997 ★★☆

output
[áutput]

ⓝ 생산(량), 산출(량)

Television programming costs were too high, and program **output** correspondingly low.

텔레비전의 프로그램 비용은 너무 높았고, 상대적으로 프로그램의 **산출량**은 낮았다.

0998 ★★☆

sermon
[sə́ːrmən]

ⓝ 설교

Especially, the **sermons** have been so dry.

특히, 그 **설교들**은 매우 재미없었다.

　Plus　⊜ preachment

0999 ★★☆

sprout
[spraut]

ⓥ 싹이 트다, 자라나다 ⓝ 싹

In fact, seeds with thinner coats were preferred as they are easier to eat or process into flour, and they allow seedlings to **sprout** more quickly when sown.　14 수능

사실, 더 얇은 껍질을 가진 씨앗은 그것이 먹거나 가루로 가공하기가 더 수월하고, 파종되었을 때 묘목이 더 빠르게 **발아하기** 때문에 선호되었다.

spring ⓝ 봄, 샘　　　　　　　　　　**sprinkle** ⓥ 뿌리다
sprinkler ⓝ 스프링클러

'싹'과 관련된 단어들

seed 씨앗	**bud** (식물의) 눈, 꽃봉오리	**plant** 식물(= vegetation)	**stem** 줄기

1000 ★★★

tin
[tin]

ⓝ 양철, 주석

His **tin** legs were his only supports.

그의 **양철** 다리들이 그가 유일하게 의지할 수 있는 것이었다.

'금속'과 관련된 단어들

copper 구리	**lead**[led] 납	**iron** 철	**steel** 강철	**bronze** 청동

A 다음 단어에 해당하는 우리말 또는 영어 단어를 쓰시오.

01 vehicle _______________
02 gain _______________
03 astound _______________
04 assessment _______________
05 crucial _______________
06 deck _______________
07 tease _______________
08 attribute _______________
09 postpone _______________
10 abuse _______________

11 둥지, 보금자리 _______________
12 꿰매다, 바느질하다 _______________
13 눈살을 찌푸리다 _______________
14 마비 _______________
15 심리학자 _______________
16 고장, 쇠약 _______________
17 변장하다, 숨기다 _______________
18 뒤, 뒤의, 기르다 _______________
19 생산(량), 산출(량) _______________
20 싹이 트다, 자라나다 _______________

B 다음 빈칸에 알맞은 단어를 보기에서 골라 쓰시오.

보기			
complete	dominate	complain	brochure
masculine	dictator	aggressive	foster

01 He tends to get _______________ when he plays soccer.

02 The campaign is expected to _______________ better relations between students.

03 He grew up to be handsome and very _______________.

04 My wife _______________(e)d to the manager about the waiter's ignorant behavior.

05 She was talkative, and she tended to _______________ the conversation at the gathering.

B 01 그는 축구를 할 때 공격적이 되는 경향이 있다. 02 그 캠페인은 학생들 간의 더 나은 관계를 촉진할 것으로 기대된다. 03 그는 자라서 잘생기고 매우 남자다워졌다. 04 내 아내는 종업원의 무례한 행동에 대해 매니저에게 항의했다. 05 그녀는 수다스러웠고 그 모임에서 대화를 지배하는 경향이 있었다.

정답 01 aggressive 02 foster 03 masculine 04 complain 05 dominate

1 동의어, 유의어

· 일, 직업

□ occupation	□ calling	□ profession	□ vocation

occupation	일이나 직업을 나타내는 **보편적인 일**
calling	**천직, 소명**
profession	고도의 학식이나 훈련을 요구하는 **전문직**
vocation	**천직**과 같은 개념으로 특히 자신에게 잘 어울린다고 생각되는 직업

Ex 1 I'm looking for an **occupation** but it's not easy.
나는 **일자리**를 찾고 있지만 쉽지 않다.

Ex 2 He was an English teacher, who was dedicated to his **calling**.
그는 영어 교사였는데, 자신의 **일**에 헌신적이었다.

Ex 3 More and more jobs in **professions** are held by women.
여성들이 점점 더 많은 **전문직**을 차지하고 있다.

Ex 4 Mary was a young kindergarten teacher convinced of her **vocation**.
Mary는 자신의 **천직**에 대해 확신을 갖고 있는 젊은 유치원 교사였다.

2 반의어

· 보수적인 / 진보적인

□ conservative	□ progressive

Ex 1 I don't like a **conservative** style of dress. 나는 **보수적인** 스타일의 옷을 좋아하지 않는다.

Ex 2 The new president advocates **progressive** education.
새 대통령은 **진보적인** 교육을 옹호한다.

· 급진적인 / 점진적인

□ radical	□ gradual

Ex 1 Korea underwent **radical** changes in 1970s. 한국은 1970년대에 **급진적인** 변화를 겪었다.

Ex 2 Losing weight is a slow and **gradual** process.
체중을 줄이는 것은 느리고 **점진적인** 과정이다.

3 혼동 단어

· 성공한 / 연속적인, 연속의

□ successful	□ successive

Ex 1 They look at the last year's program, which was very **successful**. [18 수능 변형]
그들은 작년 프로그램을 보는데, 그것은 매우 **성공적이었다**.

Ex 2 It snowed for five **successive** days. 5일 **연속** 눈이 내렸다.

DAY 26

Previous Check

- reform
- deal
- recruit
- maintain
- workshop
- patient
- convention
- devastate
- reap
- overlook
- deliver
- reject
- nourish
- bay
- stun
- particular
- bulletin
- fluid
- affair
- dawn
- hostile
- contend
- respect
- await
- concrete
- satisfy
- literate
- variable
- lease
- rule
- perseverance
- fatal
- substitute
- invert
- tension
- reign
- crack
- startle
- discourage
- compensate

1001 ★★★
reform
[riːfɔ́ːrm]

ⓝ 개혁   ⓥ 개혁하다
Artists during the Renaissance **reformed** painting.
르네상스 시대의 예술가들은 회화에 **혁신을 일으켰다**.

renovate ⓥ 수리하다, 혁신하다   **renew** ⓥ 갱신하다
restore ⓥ 회복하다

1002 ★★★
deal
[diːl]

ⓥ 다루다, 대처하다(with)   ⓝ 거래
Any learning environment that **deals** with only the database instincts or only the improvisatory instincts ignores one half of our ability. `20 수능`
데이터베이스에 근거한 직감만을 혹은 즉흥적인 직감만을 **다루는** 어떤 학습 환경이든 우리 능력의 절반은 무시한다.

1003 ★★★
recruit
[rikrúːt]

ⓥ 모집하다, 징집하다   ⓝ 신병, 신입 사원
After graduation, Jeremy joined an organization that **recruits** future leaders to teach in low-income communities. `15 수능`
졸업 후에 Jeremy는 저소득 지역 사회에서 가르칠 미래의 지도자들을 **모집하는** 한 단체에 들어갔다.

Plus ⊜ **enlist** ⓥ 징집하다, 입대하다
recruitment ⓝ 채용, 징병

1004 ★★★
maintain
[meintéin]

ⓥ 유지하다, 지지하다
For example, in a factory, the temperature was **maintained** at 72℉ and the walls were painted a cool blue-green. `15 수능`
예를 들어, 어떤 공장에서는 온도가 72℉로 **유지되었으며** 벽은 시원한 청록색으로 칠해졌다.

maintenance ⓝ 유지, 지속

1005 ★★★
workshop
[wə́ːrkʃàp]

ⓝ 워크숍, 작업장, 연구 집회
I am planning a special **workshop** for our science teachers. `22 수능`
나는 우리 학교의 과학 선생님들을 위한 특별 **워크숍**을 계획하고 있다.

1006 ★★★
patient
[péiʃənt]

ⓝ 환자   ⓐ 인내심 있는
The participants will assist **patients** in a hospital, help children in need, or teach English. `19 모평`
참가자들은 병원에서 **환자들**을 돕거나, 도움이 필요한 아이들을 돕거나, 영어를 가르치게 될 것이다.

patience ⓝ 인내심, 인내

1007 ★★☆

convention
[kənvénʃən]

□□

ⓝ 집회, 총회, 관습

My partner and I will be attending the **convention**.

내 동업자와 나는 그 **집회**에 참석할 것이다.

1008 ★★★

devastate
[dévəstèit]

□□

ⓥ 황폐시키다

The quake **devastated** 24,000 square miles of wilderness, much of it glaciated. 19 모평

그 지진은 2만4천 제곱마일의 황무지를 **황폐시켰**는데, 그 황무지의 많은 부분이 빙하로 덮여 있었다.

devastation ⓝ 황폐, 참상   **demolish** ⓥ 파괴하다

1009 ★★☆

reap
[riːp]

□□

ⓥ 수확하다

The farmer sowed seeds and **reaped** what he sowed.

그 농부는 씨를 뿌렸고 자신이 뿌린 것을 **수확했다**.

Plus ⊜ harvest
⊕ As you sow, so shall you reap. 뿌린 대로 거둔다.

1010 ★★☆

overlook
[òuvərlúk]

□□

ⓥ 간과하다, 너그럽게 봐주다, 내려다보다

Individuals from extremely diverse backgrounds have learned to **overlook** their differences and live harmoniously. 11 수능

완전히 다른 배경을 가진 개인들이 자신들의 차이를 **너그럽게 보고** 조화롭게 사는 것을 배웠다.

Plus ⊜ neglect, ignore ⓥ 간과하다, 무시하다
⊖ notice ⓥ 주목하다

over + look

over(넘어)+**look**(보다) → '(대충) 넘겨짚어 보다', 즉 '간과하다'라는 뜻이 됩니다.

1011 ★☆☆

deliver
[dilívər]

□□

ⓥ 배달하다, 전달하다

Reading on, Steven realized the letter had been **delivered** mistakenly. 21 모평

계속 읽었을 때, Steven은 그 편지가 잘못 **배달되었다는** 것을 깨달았다.

1012 ★★☆

reject
[ridʒékt]

□□

ⓥ 거부하다, 거절하다

Based on a complex sensory analysis, the final decision whether to swallow or **reject** food is made. 16 수능

복합적인 감각의 분석을 토대로, 음식을 삼킬지 또는 **거부할**지에 대한 최종 결정이 이루어진다.

Plus ⊜ refuse
⊖ allow ⓥ 허용하다

1013 ★★☆
nourish
[nə́ːriʃ]

☐☐

ⓥ 영양분을 주다, 기르다
The bodies of dead insects **nourish** other organisms.
곤충의 사체는 다른 생물체들에게 **영양분을 준다.**

Plus ⊜ nurture, feed

1014 ★☆☆
bay
[bei]

☐☐

ⓝ 만(灣)
Churchill sits on the edge of Hudson **Bay** at the point where the ice first forms every winter.   12 모평
Churchill은 매년 겨울마다 얼음이 최초로 어는 지점인 허드슨**만**의 가장자리에 자리 잡고 있다.

Plus ⊕ keep A at bay A를 저지하다
harbor ⓝ 항구

'바다'와 관련된 지형 단어들

channel 해협   **archipelago**[àːrkəpéləgou] 다도해, 군도   **beach** 해변

1015 ★★☆
stun
[stʌn]

☐☐

ⓥ 놀라게 하다, 기절시키다
The **stunned** faces that surrounded me proved that everyone else had also understood.
나를 둘러싸고 있는 **놀란** 표정들로 보건대 다른 모든 사람들 또한 이해했음을 알 수 있었다.

stunning ⓐ 놀라게 하는, 멋진

1016 ★★★
particular
[pərtíkjələr]

☐☐

ⓐ 특정한, 개개의   ⓝ 사항, (-s) 상세
So the teacher reinforces this **particular** language pattern in subsequent oral work with the whole class.   16 모평
따라서 교사는 전체 학급을 대상으로 하는 그 이후의 구두 수업에서 이 **특정한** 언어의 유형을 강화한다.

Plus ⊜ distinct, specific
particularly ⓐ𝒹 특히, 개별적으로

1017 ★★☆
bulletin
[búlətin]

☐☐

ⓝ 게시, 게시물
All notices will be posted on the **bulletin** board.
모든 공지 사항들은 **게시**판에 게시될 것이다.

Plus ⊕ bulletin board 게시판

bulletin의 유래

게시판에 게시물을 꽂을 때, 압정으로 꾹 눌러 박는 것이 총알(bullet)을 박는 것과 비슷하다고 하여 '게시판'이 bulletin board가 되었습니다.

1018 ★★★
fluid
[flú:id]

ⓝ 유동체(액체·기체의 총칭) **ⓐ 유동체의, 유동적인**

At least in the workplace, jobs chasing people obviously does more to promote a **fluid** society than people chasing jobs. `17 모평`

적어도 직장에서는 일이 사람을 쫓아다니는 것이 사람이 일을 쫓아다니는 것보다 **유동적인** 사회 조성에 분명히 더 많은 기여를 한다.

1019 ★★☆
affair
[əféər]

ⓝ 사건, 일

This program is about current **affairs**.

이 프로그램은 시**사**에 관한 것이다.

1020 ★☆☆
dawn
[dɔ:n]

ⓝ 새벽 ⓥ 이해되기 시작하다, 날이 새다

It **dawned** on me that the batteries were dead.

나는 배터리가 다 되었다는 **생각이 들기 시작했다**.

Plus ⊜ **daybreak** ⓝ 새벽

'하루의 시간'과 관련된 단어들

sunrise 일출   **sunset** 일몰   **noon** 정오   **midnight** 자정

1021 ★★☆
hostile
[há:stl]

ⓐ 적대적인

Many reports describe aliens that are not **hostile**.

많은 보고서에서 **적대적이지** 않은 외계인을 묘사하고 있다.

Plus ⊜ **unfriendly**
⊖ **friendly** ⓐ 친한, 호의 있는
hostility ⓝ 적대감   **hospitality** ⓝ 환대

1022 ★★☆
contend
[kənténd]

ⓥ 싸우다, 주장하다, 경쟁하다

He has **contended** against his fate.

그는 자신의 운명과 **싸워** 왔다.

contention ⓝ 말다툼, 싸움

1023 ★★★
respect
[rispékt]

ⓥ 존중하다 ⓝ 존경, 관련

Such a reader, who **respects** the autonomy of a work, achieves an understanding of it by looking inside it, not outside it or beyond it. `23 모평`

작품의 자율성을 **존중하는** 그러한 독자는 그것의 외부나 그것을 넘어서가 아니라 그것의 내부를 들여다봄으로써 그것에 대한 이해를 달성한다.

Plus ⊕ **as respects** ~에 관하여

1024 ★ ☆ ☆

await
[əwéit]

ⓥ 기다리다

The decisions are **awaiting** your action.

그 결정들은 당신이 행동하기만을 **기다리고** 있다.

Plus ⊜ wait for, expect

wait와 await

await는 awake와 마찬가지로 접두사 a-(= ad-)와 결합한 단어지만, wait와 비교했을 때 뜻에는 변화가 없습니다. 다만 wait의 경우 뒤에 전치사 for가 와야 목적어가 올 수 있지만, await의 경우는 전치사 없이 바로 뒤에 목적어가 올 수 있습니다.

1025 ★ ★ ☆

concrete
[kɑ́ːnkriːt]

ⓐ 구체적인 ⓝ 콘크리트

Making such a description **concrete** and detailed requires not just inspiration but certain practical tools and skills. `10 모평`

그러한 묘사를 **구체적이고** 상세하게 만들려면 단지 영감뿐만 아니라 어떤 실질적인 도구와 기술이 필요하다.

Plus ⊖ abstract ⓐ 추상적인 ⓝ 논문 요약본

1026 ★ ☆ ☆

satisfy
[sǽtisfài]

ⓥ 만족시키다, 충족시키다

We know within limits, not absolutely, even if the limits can usually be adjusted to **satisfy** our needs. `21 모평`

우리는 한계 내에서, 비록 그 한계가 보통 우리의 필요를 **충족시키기** 위해 조정될 수 있을지라도, 완전히 아는 것은 아니다.

Plus ⊜ gratify

satisfaction ⓝ 만족   **satisfactory** ⓐ 만족스러운

1027 ★ ★ ☆

literate
[lítərit]

ⓐ 읽고 쓸 수 있는

Korea now has one of the most **literate** populations.

한국은 현재 **읽고 쓸 수 있는** 사람이 가장 많은 나라 중 하나이다.

Plus ⊖ illiterate ⓐ 문맹의, 읽고 쓸 줄 모르는
　　　⊕ literacy rate 식자율　　　　　illiteracy rate 문맹률
　　　　financial literacy 재정 관리 능력　　media literacy 미디어 정보 독해력

literacy ⓝ 읽고 쓸 줄 앎, (특정 분야의) 능력

1028 ★ ★ ☆

variable
[vέəriəbl]

ⓝ 변수 ⓐ 변하기 쉬운, 변덕스러운

The answers to these questions depend on **variables** that cannot be predicted in advance. `16 모평`

이 질문들에 대한 대답은 미리 예측될 수 없는 **변수**에 의해 결정된다.

Plus ⊜ changeable, unstable ⓐ 변하기 쉬운
　　　⊖ invariable ⓐ 변함없는

vary ⓥ 바꾸다, 다르다   **various** ⓐ 다양한

1029 ★★☆

lease
[liːs]

ⓝ 임대 ⓥ 임대하다

The **lease** of this apartment was renewed.

이 아파트의 **임대**가 갱신되었다.

loan과 lease

loan은 '돈을 빌리는 것'을 말하는 데 반해, lease는 건물 임대, 자동차 임대 등과 같이 '실물을 빌리는 것'을 뜻합니다.

1030 ★☆☆

rule
[ruːl]

ⓝ 지배, 규칙   ⓥ 지배하다, 통치하다

Their **rule** ended when another group of Polynesians from the Society Islands arrived.

그들의 **지배**는 소시에테 제도에서 온 또 다른 무리의 폴리네시아인들이 도착했을 때 끝났다.

Plus ⊕ rule out 제외하다

1031 ★★★

perseverance
[pə̀ːrsivíːrəns]

ⓝ 인내심

I appreciate your **perseverance** in settling this matter.

나는 이 문제를 해결하는 데 있어 당신의 **인내심**을 고맙게 생각한다.

Plus ⊜ endurance, patience
persevere ⓥ 인내하다   **perseverant** ⓐ 인내심 강한

1032 ★★☆

fatal
[féitl]

ⓐ 치명적인

The speeding bikes caused the **fatal** accident.

과속하는 자전거들이 **치명적인** 사고를 일으켰다.

fatality[feitǽləti] ⓝ (사고·재해로 인한) 사망자 (수), 운명

1033 ★★☆

substitute
[sʌ́bstitjùːt]

ⓝ 대리자, 대체물   ⓥ 대체하다

Jim never became a starter, but he was always the first **substitute** to go in the game. `15 모평`

Jim은 결코 선발 선수는 되지 못했지만 항상 경기에 나갈 첫 번째 **대체 선수**였다.

Plus ⊜ replace, take the place of
⊕ substitute A for B = substitute B by A B를 A로 대체하다

1034 ★★☆

invert
[invə́ːrt]

ⓥ (위치·순서 등을) 거꾸로 하다, 뒤집다

In questions, the subject and the verb are often **inverted**.

의문문에서, 주어와 동사는 종종 **자리가 바뀐다**.

inverse ⓐ 반대의   **version** ⓝ 번역문, 각색, ~판
reverse ⓝ 반대   **convert** ⓥ 전환하다

1035 ★★☆

tension
[ténʃən]

ⓝ 긴장, 불안   ⓥ 긴장시키다

Presentational styles have been subject to a **tension** between an informational-educational purpose and the need to engage us entertainingly. `22 수능`

표현 방식은 정보 제공 및 교육적 목적과 재미있게 우리의 주의를 끌 필요성 사이의 **긴장 상태**에 영향을 받아 왔다.

1036 ★★★

reign
[rein]

ⓝ 통치 기간, 치세 ⓥ 군림하다

Buffon was a famous zoologist and botanist during the **reign** of the French monarch Louis XVI. `11 모평`

Buffon은 프랑스 군주 Louis 16세의 **통치 기간**에 유명한 동물학자이자 식물학자였다.

> **reign과 govern**
>
> **reign**   제왕으로서 만인 위에 군림한다는 의미 강조
> **govern** 권력자가 '통치'하면서 국민을 다스린다는 의미
> The King reigns but does not govern. 왕은 군림하되 통치하지 않는다.

1037 ★★★

crack
[kræk]

ⓝ 갈라진 틈 ⓥ 금 가다

Sea water is swallowed up by these **cracks** in the ocean bed.

바닷물이 해저에 있는 이러한 **갈라진 틈들**에 의해 유입된다. `10 모평`

`Plus` ⊜ break
cracker ⓝ 크래커 (과자)

1038 ★★★

startle
[stáːrtl]

ⓥ 깜짝 놀라게 하다

He was **startled**, because she seemed to know what he was thinking about. `17 모평`

그는 **깜짝 놀랐는데**, 왜냐하면 그가 생각하고 있는 것을 그녀가 알고 있는 것처럼 보였기 때문이었다.

`Plus` ⊜ surprise, astonish, amaze

1039 ★★★

discourage
[diskə́ːridʒ]

ⓥ 낙담시키다, 단념시키다

Fish schools might even **discourage** hungry predators with the illusion of an impressively large and formidable opponent.

물고기 떼는 심지어 엄청나게 크고 가공할 만한 적으로 착각하게 함으로써 배고픈 포식자들을 **낙담시킬** 수도 있다. `13 모평 변형`

`Plus` ⊝ encourage ⓥ 격려하다, 장려하다

1040 ★★★

compensate
[káːmpənsèit]

ⓥ 보상하다

Salespeople have a genius for doing what's **compensated** rather than what's effective. `20 모평`

판매원들은 효과적인 일보다는 **보상받는** 일을 하는 데 비범한 재능이 있다.

`Plus` ⊜ make up for
⊕ compensate for A A를 메우다[보충하다]
compensation ⓝ 보상

A 다음 단어에 해당하는 우리말 또는 영어 단어를 쓰시오.

01 reform	__________	**11** 집회, 총회, 관습	__________
02 devastate	__________	**12** 배달하다, 전달하다	__________
03 reap	__________	**13** 존중하다, 존경	__________
04 overlook	__________	**14** 변수, 변하기 쉬운	__________
05 nourish	__________	**15** 임대, 임대하다	__________
06 stun	__________	**16** 지배, 규칙	__________
07 fluid	__________	**17** 치명적인	__________
08 affair	__________	**18** 긴장, 불안	__________
09 satisfy	__________	**19** 갈라진 틈, 금 가다	__________
10 perseverance	__________	**20** 낙담시키다	__________

B 다음 빈칸에 알맞은 단어를 보기에서 골라 쓰시오.

보기			
recruit	maintain	patient	reject
hostile	concrete	startle	compensate

01 Nothing can ____________ for the wasted time because of laziness.

02 It ____________(e)d me to find someone standing in my room.

03 The management firmly ____________(e)d our proposal yesterday.

04 The two companies have ____________(e)d close relations for 30 years.

05 The man got a ____________ reception from the soldiers.

B **01** 게으름으로 낭비한 시간을 그 무엇으로도 보상할 수 없다. **02** 나는 누군가가 내 방에 서 있는 것을 발견하고서 깜짝 놀랐다. **03** 경영진은 어제 우리의 제안을 단호하게 거부했다. **04** 그 두 회사는 30년 동안 가까운 관계를 유지해 왔다. **05** 그 남자는 군인들로부터 적대적인 반응을 받았다.

정답 **01** compensate **02** startle **03** reject **04** maintain **05** hostile

1 동의어, 유의어

• 이해하다

☐ **understand**	☐ **comprehend**	☐ **apprehend**	☐ **appreciate**

understand	가장 **일반적인 의미**의 이해하다
comprehend	**완전히** 이해하다 (이해하는 과정을 강조)
apprehend	**불완전하긴 하지만** 어쨌든 이해하다
appreciate	**진가를** 제대로 이해하다

Ex 1 We also teach you how to **understand** your dog. `22 수능 변형`
저희는 또한 여러분의 개를 **이해하는** 방법을 가르쳐 드립니다.

Ex 2 It's very difficult to **comprehend** the minds of others.
다른 사람의 마음을 **이해하는** 것은 매우 어렵다.

Ex 3 He will **apprehend** better what life is like next time.
그는 다음에는 인생이 어떤 것인지 더 잘 **알게 될** 것이다.

Ex 4 The students don't seem to **appreciate** him as a teacher.
학생들은 교사로서 그의 **진가를 알지** 못하는 것 같다.

2 반의어

• 절대적인 / 상대적인

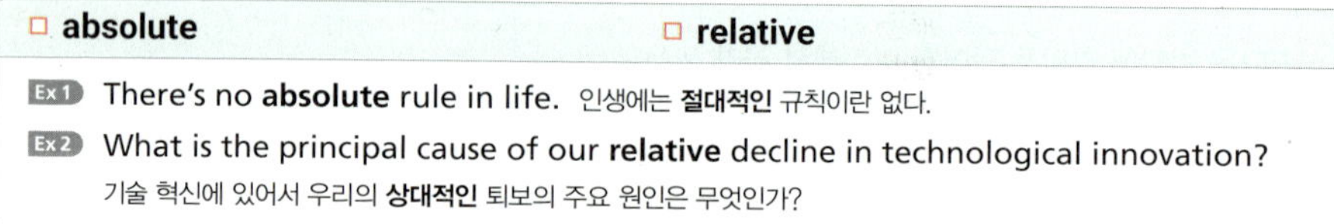

☐ **absolute**	☐ **relative**

Ex 1 There's no **absolute** rule in life. 인생에는 **절대적인** 규칙이란 없다.

Ex 2 What is the principal cause of our **relative** decline in technological innovation?
기술 혁신에 있어서 우리의 **상대적인** 퇴보의 주요 원인은 무엇인가?

• 경멸 / 존경

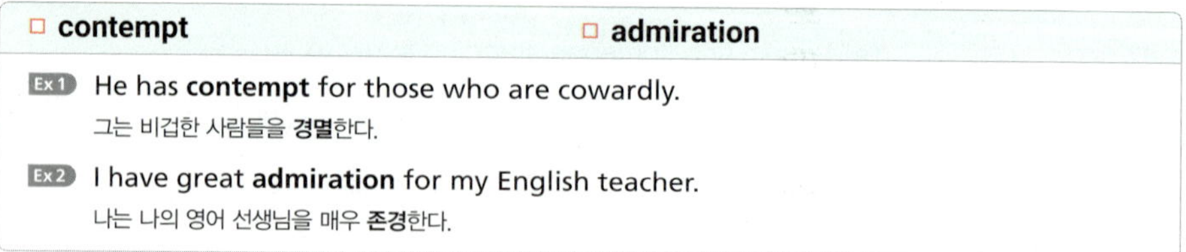

☐ **contempt**	☐ **admiration**

Ex 1 He has **contempt** for those who are cowardly.
그는 비겁한 사람들을 **경멸**한다.

Ex 2 I have great **admiration** for my English teacher.
나는 나의 영어 선생님을 매우 **존경**한다.

3 혼동 단어

• 사회의 / 사교적인

☐ **social**	☐ **sociable**

Ex 1 Older adults might show gains in some aspects of **social** perception. `22 모평 변형`
노년의 성인은 **사회적** 지각의 일부 측면에서 이득을 얻을 수 있다.

Ex 2 You'd better consider that he is not a **sociable** man.
그가 **사교적인** 사람이 아니라는 것을 고려하는 것이 좋다.

Previous Check

- convert
- strike
- suppress
- core
- contribute
- spear
- renowned
- era
- withdraw
- separate
- dignity
- notify
- animate
- prevent
- bilingual
- mischief
- discriminate
- exemplify
- adhere
- superb
- peculiar
- sake
- choke
- folktale
- simultaneously
- range
- groom
- supernatural
- tender
- instinct
- gigantic
- meditate
- mow
- evolve
- chase
- afflict
- empirical
- coherent
- intolerable
- fountain

1041 ★★☆

convert
[kənvə́:rt]

Ⓥ 전환하다, 바꾸다

The timber was sold on the open market and the soil **converted** to crops and pasture land. 12 수능

목재는 공개 시장에서 판매되었고, 땅은 농경지와 목초지로 **바뀌었다**.

converter ⓝ 컨버터, (전기) 변환기
convertible ⓐ 바꿀 수 있는 ⓝ 컨버터블(지붕이 접히는 차)

1042 ★★★

strike
[straik]

Ⓥ 치다, (머릿속에) 떠오르다　ⓝ 치기, 동맹 파업

There are things which in a sense I remembered, but which did not **strike** me as strange or interesting until quite recently.

내가 어느 정도는 기억했지만, 바로 최근까지도 이상하거나 흥미 있는 것으로 **떠오르지** 않았던 일들이 있다.

1043 ★★☆

suppress
[səprés]

Ⓥ 억압하다, 참다

It's part of the larger trend toward celebrating, rather than **suppressing**, individuality in kids. 13 모평

그것은 아이들의 개성을 **억압하기**보다는 축하하는 쪽으로 가는 더 큰 추세의 일부이다.

Plus ⊜ subdue

suppression ⓝ 억압, 억제　　**express** Ⓥ 표현하다
impress Ⓥ 인상을 주다

sup + press

sup(= sub: down)＋**press**(누르다) → '아래로 누르다'에서 '억압하다'가 됩니다.

1044 ★★☆

core
[kɔ:r]

ⓝ 핵심　ⓐ 핵심의

Core rules were offered as guidelines.

핵심 규칙들이 지침으로 제시되었다.

1045 ★★☆

contribute
[kəntríbjut]

Ⓥ 기여하다, 공헌하다, 기부하다

Genes, development, and learning all **contribute** to the process of becoming a decent human being. 20 수능

유전자, 발달, 그리고 학습은 모두 예의 바른 인간이 되는 과정에 **기여한다**.

contribution ⓝ 공헌, 기부

1046 ★☆☆

spear
[spiər]

ⓝ 창

He is catching fish with his **spear**.

그는 자신의 **창**으로 물고기를 잡고 있다.

'무기'를 나타내는 단어들

lance 창　　**sword** 검　　**dagger** 단검　　**shield** 방패

1047 ★★☆
renowned
[rináund]

ⓐ 유명한, 명성 있는

According to a **renowned** French scholar, the growth in the size and complexity of human populations was the driving force in the evolution of science. 15 수능

한 **유명한** 프랑스 학자에 따르면, 인구의 규모와 복잡성의 증가가 과학 발전의 추진력이었다고 한다.

renown ⓝ 명성, 유명

1048 ★☆☆
era
[érə]

ⓝ 시대

It signaled the start of a new **era** for the Korean Peninsula.
그것은 한반도에 새 **시대**가 시작됨을 알렸다.

'시대'를 나타내는 단어들

period	길고 짧음에 관계없이 어떤 일이나 현상이 계속되는 기간
era	근본적 변화나 중요 사건 등으로 특징지어진 시대
age	주목할 만한 특색 또는 어떤 권력자로 대표되는 시대

1049 ★★☆
withdraw
[wiðdrɔ́ː]

ⓥ 철수하다, 철회하다, (돈을) 인출하다

Malaysia's new government decided to **withdraw** all Malaysian troops from Saudi Arabia.

말레이시아의 새 정부는 모든 말레이시아 군대를 사우디아라비아에서 **철수하기로** 결정했다.

withdrawal ⓝ 인출, 취소　　**deposit** ⓝ 예금
balance ⓝ 잔고　　**transfer** ⓝ 송금 ⓥ 송금하다

1050 ★★☆
separate
[sépərèit]

ⓥ 분리하다　ⓐ 갈라진, 개개의 [sépərət]

The modified extended family does not require geographical proximity and ties are maintained even when kin are **separated** by considerable distances. 22 모평 변형

수정확대가족은 지리적 근접이 필요치 않으며, 유대 관계는 친척이 상당히 멀리 **떨어져 있더라도** 유지된다.

separation ⓝ 분리

1051 ★★☆
dignity
[dígnəti]

ⓝ 존엄(성)

The cloning technology threatens the **dignity** of life.
복제 기술은 생명의 **존엄성**을 위협한다.

dignify ⓥ 위엄 있게 하다

1052 ★★☆
notify
[nóutəfài]

ⓥ 통지하다, 알리다

You will be **notified** of the final results by e-mail about a week after the audition.　14 수능

당신은 오디션 일주일쯤 후 이메일로 최종 결과를 **통지받을** 것이다.

Plus ⊕ notify A of B　A에게 B를 통지하다

notification ⓝ 알림, 통지　　　　**notice** ⓝ 공고문, 알림
note ⓝ 짧은 기록

1053 ★★☆
animate
[ǽnəmèit]

ⓥ 생기 있게 하다, 고무하다　ⓐ 살아 있는 [ǽnəmət]

The success **animated** him to more efforts.

그 성공은 그를 더 노력하도록 **고무했다.**

animation ⓝ 만화 영화

anim + ate

anim(= live)+**ate**(동·접) → '살게 하다'에서 '생기 있게 하다'가 됩니다.
animal(동물)이나 animism(애니미즘: 무생물에도 영혼이 있다는 믿음)에서 알 수 있듯이 anim-은 live의 뜻을 가집니다.

1054 ★☆☆
prevent
[privént]

ⓥ 막다, 예방하다

Plato is sure that the representation of cowardly people makes us cowardly; the only way to **prevent** this effect is to suppress such representations.　15 수능

플라톤은 비겁한 사람들의 표현은 우리를 비겁하게 만들기 때문에, 이러한 영향을 **막는** 유일한 방법은 그러한 표현들을 억누르는 것이라고 확신한다.

1055 ★★☆
bilingual
[bailíŋgwəl]

ⓐ 2개 국어의

People who lived in many cultures can be **bilingual** or multilingual.

여러 문화권에서 살았던 사람들은 **2개 국어**를 하거나 여러 언어를 할 수 있다.

bicycle ⓝ 자전거　　　　**tricycle** ⓝ 세발자전거

bi + lingual

bi(둘의)+**lingual**(말의)이 결합해 '2개 국어의'를 뜻하는 bilingual이 되었습니다.

1056 ★★☆
mischief
[místʃif]

ⓝ 장난, 해악

He was a wild boy, always getting into **mischief**.

그는 항상 **장난**을 치는 다루기 힘든 아이였다.

mischievous ⓐ 유해한, 짓궂은　　　**misbehave** ⓥ 나쁜 짓을 하다
misguide ⓥ 잘못 인도하다　　　　**mistake** ⓝ 실수

mis + chief

mis(= bad)+**chief**(우두머리) → '잘못 이끌어진'의 뜻에서 '해악', '장난'이 됩니다.

1057 ★★☆

discriminate
[diskrímənèit]

ⓥ **구별하다, 차별하다**

Insects generally do not **discriminate** between organic and conventional as well as we do. `14 모평`

벌레들은 일반적으로 유기농법과 재래농법을 우리만큼 잘 **구별하지** 못한다.

discrimination ⓝ 차별

1058 ★★★

exemplify
[igzémpləfài]

ⓥ **예시하다**, ~의 좋은 예가 되다

This is **exemplified** by toys, games, and lessons that are an end in and of themselves and require little of the individual other than to master the planned objective. `17 수능`

이것은 그 자체로 목적이 되어, 계획된 목표를 숙달하는 것 이외에 개인에게 거의 아무것도 요구하지 않는 장난감, 게임, 그리고 수업에서 전형적인 **사례를 보여 준다**.

1059 ★★☆

adhere
[ædhíər]

ⓥ **고수하다**, 충실하다, 집착하다

The great companies **adhere** to the principles that produced success in the first place. `12 모평`

훌륭한 기업들은 애초에 성공을 창출해 낸 원칙들을 **고수한다**.

`Plus` ⊕ adhere to ~을 고수하다
adherence ⓝ 고수

1060 ★★☆

superb
[supə́:rb]

ⓐ **최고의, 훌륭한**

"Andrew," said Grandad, inspired by his grandson's **superb** victory, "you are now all set to fulfill my dream." `18 모평`

"Andrew, 네가 이제 나의 꿈을 이루어 줄 만반의 준비가 되었구나."라고 할아버지가 그의 손자의 **훌륭한** 승리에 고무되어 말했다.

1061 ★★☆

peculiar
[pikjú:ljər]

ⓐ **독특한**

Living rock cactus is one of the most **peculiar** plants found in the desert. `15 모평`

살아 있는 돌선인장은 사막에서 발견되는 가장 **독특한** 식물들 중 하나이다.

`Plus` ⊜ unusual

1062 ★★☆

sake
[seik]

ⓝ **위함, 목적**

I have always taught my children that something good is to be desired and developed for its own **sake**. `11 수능 변형`

나는 항상 나의 아이들에게 좋은 것은 그 자체를 **위해** 바라고 발전하게 되는 것이라고 가르쳐 왔다.

`Plus` ⊕ for A's sake (= for the sake of A) A를 위해

DAY **27**

1063 ★★★
choke
[tʃouk]

ⓥ 질식시키다, 숨이 막히다

All of a sudden, one of your friends starts to **choke**.

갑자기, 당신 친구들 중 한 명이 **숨이 막히기** 시작한다.

chalk [tʃɔːk] ⓝ 분필

1064 ★★☆
folktale
[fóuktèil]

ⓝ 민간 설화, 전설

Korean **folktales** are most appealing to me.

나에게는 한국의 **민간 설화**가 가장 매력적이다.

fairy tale 동화

folk + tale

folk (= people) + **tale** (이야기) → '사람들 사이에서 전해 오는 이야기'에서 '민간 설화'가 되었습니다.

1065 ★★★
simultaneously
[sàiməltéiniəsli]

⒜d 동시에

By recognizing where one's true value lies, one **simultaneously** recognizes the true value of others. 14 모평

자신의 진정한 가치가 어디에 있는지 인식함으로써, 사람은 **동시에** 다른 사람들의 진정한 가치도 인식하게 된다.

Plus ⊜ at the same time, concurrently
simultaneous ⓐ 동시의

1066 ★☆☆
range
[reindʒ]

ⓝ 범위　ⓥ 정렬시키다

Further, more diverse communities are believed to be more stable because they use a broader **range** of niches than species-poor communities. 20 수능

게다가, 더 다양한 군집은 종이 빈약한 군집보다 더 광**범위**한 생태적 지위를 사용하기 때문에 더 안정적인 것으로 여겨진다.

Plus ⊕ out of range 사정거리 밖에

1067 ★★★
groom
[gru(ː)m]

ⓝ 신랑

The **groom** should not see the bride's wedding gown before the wedding.

신랑은 결혼식 전에 신부의 웨딩드레스를 보아서는 안 된다.

Plus ⊜ bridegroom
⊖ bride ⓝ 신부
gloom [gluːm] ⓝ 우울　　　**gloomy** ⓐ 우울한

1068 ★★☆
supernatural
[sùːpərnǽtʃərəl]

ⓐ 초자연적인

Rowling's books do contain **supernatural** creatures.

Rowling의 책들에는 정말로 **초자연적인** 생명체들이 등장한다.

superb ⓐ 뛰어난　　　**superior** ⓐ ~보다 나은
supreme ⓐ 최상의

1069 ★☆☆
tender
[téndər]

ⓐ 부드러운 ⓥ 입찰하다 ⓝ 입찰

The **tender** songs of birds came floating in from the fields beyond the city.

도시 외곽의 들판에서는 새들의 **부드러운** 노랫소리가 울려 퍼졌다.

1070 ★★☆
instinct
[ínstiŋkt]

ⓝ 본능

Zoo life is utterly incompatible with an animal's most deeply-rooted survival **instincts**. 12 모평

동물원 생활은 동물의 가장 뿌리 깊은 생존 **본능들**과 전혀 맞지 않는다.

1071 ★★☆
gigantic
[dʒaigǽntik]

ⓐ 거대한

Many were probably killed or severely injured in the close encounters that were necessary to slay one of these **gigantic** animals. 17 모평

이 **거대한** 동물들 중 한 마리를 잡기 위해 불가피하게 그것과 가까이 맞닥뜨렸을 때 많은 사람들이 아마도 죽거나 심각한 상처를 입었을 것이다.

Plus ⊜ huge, immense, enormous, tremendous

1072 ★★☆
meditate
[médətèit]

ⓥ 명상하다

We have to slow down a bit and take the time to contemplate and **meditate**. 13 모평

우리는 속도를 조금 늦추고 심사숙고하며 **명상할** 시간을 가져야 한다.

meditation ⓝ 명상   **mediate** ⓥ 중재하다

meditate와 mediate

meditate는 '명상하다', mediate는 '중재하다'라는 의미로 사용됩니다. 이 두 단어 간의 연관성은 전혀 없지만, 철자가 비슷해 혼동할 수 있으니 주의합시다.

1073 ★★☆
mow
[mou]

ⓥ (풀 등을) 베다

He hired me to **mow** his vast lawn.

그는 나를 고용해 그의 무성한 잔디를 **깎게** 했다.

mower ⓝ 잔디 깎는 기계

1074 ★★☆
evolve
[ivá:lv]

ⓥ 진화하다, 발전하다

The Atitlán Giant Grebe was a large, flightless bird that had **evolved** from the much more widespread and smaller Pied-billed Grebe. 16 수능

Atitlán Giant Grebe는 훨씬 더 널리 퍼져 있던 더 작은 Pied-billed Grebe(얼룩부리논병아리)에서 **진화한** 날지 못하는 큰 새였다.

1075 ★★☆
chase
[tʃeis]

ⓥ 쫓다, 추적하다

She **chases** him through the rain, crying.

그녀는 울면서 빗속에서 그를 **쫓는다**.

1076 ★★☆
afflict
[əflíkt]

ⓥ 괴롭히다

People are sometimes **afflicted** with loneliness.

사람들은 종종 외로움으로 **괴로워한다**.

affliction ⓝ 고통, 괴로움

1077 ★★★
empirical
[impírikl]

ⓐ 경험적인, 실증적인

Scientific explanations organize and systematize our knowledge of the **empirical** world. 22 수능 변형

과학적 설명은 **경험적** 세계에 대한 우리의 지식을 조직하고 체계화한다.

Plus ⟷ **theoretical** ⓐ 이론의, 이론적인

1078 ★★☆
coherent
[kouhíərənt]

ⓐ 통일성 있는, 조리 있는

The painting is a visually **coherent** work of art.

그 그림은 시각적으로 **통일성이 있는** 예술 작품이다.

cohere ⓥ 일관되다   **coworker** ⓝ 동료(= colleague)
cooperate ⓥ 협동하다   **cohesion** ⓝ 결합, 응집력

cohere와 형태가 유사한 단어들

cohere 일관되다   **coherent** 통일성 있는   **cohesive** 결합력 있는
adhere 들러붙다, 고집하다   **adherent** 점착성의, 신봉자   **adhesive** 접착제

1079 ★★☆
intolerable
[intá:lərəbl]

ⓐ 참을 수 없는

This is an **intolerable** discomfort.

이것은 **참을 수 없을 정도의** 불편함이다.

Plus ⟷ **tolerable** ⓐ 참을 수 있는
intolerance ⓝ 참을 수 없음, 편협   **tolerance** ⓝ 인내

1080 ★☆☆
fountain
[fáuntin]

ⓝ 분수, 근원

The **fountain** of her wisdom is all the books she read.

그녀의 지혜의 **근원**은 그녀가 읽은 모든 책들이다.

Plus ＝ **spring, fount** ⓝ 샘, 원천

REVIEW TEST

A 다음 단어에 해당하는 우리말 또는 영어 단어를 쓰시오.

01 strike	_____________	**11** 창	_____________
02 contribute	_____________	**12** 철수하다, 철회하다	_____________
03 notify	_____________	**13** 장난, 해악	_____________
04 animate	_____________	**14** 질식시키다	_____________
05 discriminate	_____________	**15** 동시에	_____________
06 exemplify	_____________	**16** 초자연적인	_____________
07 adhere	_____________	**17** 본능	_____________
08 peculiar	_____________	**18** 명상하다	_____________
09 sake	_____________	**19** 진화하다, 발전하다	_____________
10 gigantic	_____________	**20** 통일성 있는	_____________

B 다음 빈칸에 알맞은 단어를 보기에서 골라 쓰시오.

보기			
convert	suppress	renowned	core
dignity	prevent	bilingual	folktale

01 Few people would consider a _____________ about the snow monster as true.

02 We couldn't _____________ Mary from making such a big mistake.

03 Would you help me to _____________ this audio file into MP3 format?

04 He was one of the most _____________ scholars in the world.

05 Taking drugs that _____________ the appetite may be harmful to your health.

1 동의어, 유의어

· 얻다, 획득하다

□ gain	□ obtain	□ acquire

gain	경쟁하여 가치 있는 것을 얻다
obtain	상당한 노력 또는 시간을 들여서 얻다
acquire	부단한 노력을 거듭하여 획득하다

Ex 1 Advertisers **gain** considerable benefits from the price competition between the numerous broadcasting stations. `20 수능 변형`
광고주들은 많은 방송국들 간의 가격 경쟁으로부터 상당한 이익을 **얻는다**.

Ex 2 He finally managed to **obtain** a copy of the report.
그는 마침내 보고서 사본 한 부를 **얻을** 수 있었다.

Ex 3 No one can **acquire** a foreign language without a lot of effort.
많은 노력이 없이는 누구도 외국어를 **습득할** 수 없다.

2 반의어

· 붙이다 / 떼어 내다

□ attach	□ detach

Ex 1 The trainer **attaches** an "emotional charge" to a particular scent. `20 모평 변형`
그 조련사는 어느 특정한 냄새에 '정서적 감흥'을 **붙인다**.

Ex 2 It is impossible to use this sticker again once you **detach** it from the wall.
이 스티커는 한번 벽에서 **떼어 내면** 다시 쓸 수 없다.

· 척박한 / 비옥한, 풍부한

□ barren	□ fertile

Ex 1 To buy this **barren** land, I was deceived by him.
이런 **척박한** 땅을 사다니, 나는 그에게 속았다.

Ex 2 A storyteller must have a **fertile** imagination.
이야기꾼은 **풍부한** 상상력을 가지고 있어야 한다.

3 혼동 단어

· 상승 / 동의

□ **ascent** [əsént]	□ **assent** [əsént]

Ex 1 The sudden **ascent** of the elevator made her dizzy.
엘리베이터의 갑작스러운 **상승**으로 그녀는 어지러웠다.

Ex 2 He nodded **assent** and that made her happy.
그는 **동의**의 뜻으로 고개를 끄덕였고, 그것은 그녀를 행복하게 했다.

Previous Check

- bold
- compliment
- summit
- troop
- alter
- conceive
- durability
- destroy
- shallow
- face

- promote
- weep
- grasp
- overall
- superstition
- colony
- absurd
- conduct
- dormitory
- prone

- conceal
- retreat
- compulsive
- clinic
- banner
- formulate
- vow
- malnutrition
- heritage
- undergo

- boast
- neutral
- stain
- incentive
- float
- tendency
- applause
- wrestle
- sensation
- Confucian

DAY 28

1081 ★★★

bold
[bould]

ⓐ **대담한**, 선이 굵은

I was **bold** enough to stand on the edge of a cliff and smile at the camera.

나는 절벽 끝에 서서 카메라를 보고 웃을 정도로 **대담했**다.

boldly ⓐⓓ 대담하게　　　　　　**boldness** ⓝ 대담함

1082 ★★☆

compliment
[kάːmpləmənt]

ⓝ **칭찬**　ⓥ **칭찬하다**

When the applause subsided, Zukerman **complimented** the artist.

박수 소리가 가라앉았을 때, Zukerman은 그 예술가를 **칭찬했다**.　　　12 모평

Plus ⊜ praise
complement ⓝ 보충, 보어

1083 ★☆☆

summit
[sΛ́mit]

ⓝ **꼭대기, 정상**

I am the two hundred and ninth person to stand on the **summit** of Mount Everest.　10 모평

나는 에베레스트산의 **정상**에 선 209번째 사람이다.

summit의 다양한 쓰임

summit는 '정상 회담'을 의미할 때도 있고 '산 정상'을 의미할 때도 있으며, 수학적 의미로 '원뿔의 꼭짓점'을 의미하기도 합니다.

1084 ★★☆

troop
[truːp]

ⓝ **무리, 떼**, 군대, 군사

A **troop** of monkeys came to the lake.

한 **무리**의 원숭이가 그 호수로 왔다.

1085 ★★☆

alter
[ɔ́ːltər]

ⓥ **바꾸다, 변경하다**

An ecosystem that is **altered** or damaged in some way will be out of balance with the biome for that area.　18 모평

어떠한 방식으로 **바뀌거**나 손상된 생태계는 그 지역의 생물군계와 균형이 깨질 것이다.

Plus ⊜ change
⊕ alternative energy　대체 에너지
alternation ⓝ 교체　　　　　　**alternative** ⓐ 대안적인 ⓝ 대안
altar [ɔ́ːltər] ⓝ 제단

1086 ★★☆

conceive
[kənsíːv]

ⓥ **생각해 내다, 마음속에 그리다**

She had **conceived** the idea of a series of novels.

그녀는 일련의 소설들에 대한 아이디어를 **생각해 냈다**.

conception ⓝ 개념　　　　　　**conceit** ⓝ 자만

1087 ★★★
durability
[djùərəbíləti]

ⓝ 내구성

Price is a secondary consideration and **durability** is not value at all.

가격은 2차적인 고려 사항이며 **내구성**은 아예 가치가 없다.

durable ⓐ 내구성 있는　　　　**endure** ⓥ 견디다

1088 ★★★
destroy
[distrɔ́i]

ⓥ 파괴하다

But sound and color threatened to create just such an illusion, thereby **destroying** the very essence of film art.　22 수능

그러나 소리와 색채는 바로 그러한 착각을 불러일으킬 우려가 있었으며, 그럼으로써 영화 예술의 바로 그 본질을 **파괴했다**.

destruction ⓝ 파괴

1089 ★★☆
shallow
[ʃǽlou]

ⓐ **얕은, 얇은**, 피상적인, 천박한

The classic explanation proposes that trees have deep roots while grasses have **shallow** roots.　17 모평

전형적인 설명에 따르면 나무는 뿌리가 깊고, 반면에 풀은 뿌리가 **얕다**.

Plus ↔ **deep** ⓐ 깊은

1090 ★★★
face
[feis]

ⓥ 직면하다　ⓝ 얼굴, 표면

You will always **face** the challenge of other people's comments and opinion.　15 모평

당신은 다른 사람들의 논평과 의견이라는 도전에 항상 **직면할** 것이다.

1091 ★★☆
promote
[prəmóut]

ⓥ 증진하다, 승진시키다

A student exchange program is designed to **promote** cultural understanding between our two schools.

교환 학생 프로그램은 우리 두 학교 간의 문화적 이해를 **증진하기** 위해 마련되었다.

promotion ⓝ 승진, 승격　　　　**promotive** ⓐ 장려하는

1092 ★★☆
weep
[wiːp]

ⓥ 울다

He **wept** over his child's death.

그는 아이의 죽음에 슬퍼하며 **울었다**.

'울다'라는 뜻의 여러 동사들

cry	소리 내어 울다
weep	소리를 내지 않고 울다 (특히 문어적인 표현으로 많이 사용)
sob	목메어 울거나 흐느끼면서 훌쩍훌쩍 울다

DAY **28**

1093 ★★☆

grasp
[ɡræsp]

ⓥ **붙잡다**, 이해하다, 파악하다   ⓝ **꽉 쥐기**, 이해

The **grasp** and support forces must also match overall object mass and fragility.   17 모평

붙잡고 지지하는 힘은 또한 전반적인 물체의 질량과 연약함에 부합해야 한다.

Plus ⊜ grip ⓥ 붙잡다 ⓝ 꽉 쥐기, 이해

1094 ★★☆

overall
[óuvərɔ̀ːl]

ⓐ **전반적인, 전체의**   ⓝ 작업복

The cloning and transgenic alteration of domestic animals makes little difference to the **overall** situation.   21 모평

가축의 복제와 이식 유전자에 의한 변형은 **전반적인** 상황에 거의 변화를 주지 않는다.

Plus ⊜ general ⓐ 전반적인

1095 ★★☆

superstition
[sùːpərstíʃən]

ⓝ **미신**

According to ancient **superstitions**, moles reveal a person's character.

고대의 **미신들**에 따르면, 점은 개인의 성격을 드러낸다.

1096 ★★☆

colony
[kάːləni]

ⓝ **식민지, (새·개미·꿀벌 등의) 집단**

A climate scientist is no more qualified to comment on health care reform than a physicist is to judge the causes of bee **colony** collapse.   22 수능 변형

기후 과학자가 의료 개혁에 대해 견해를 밝힐 자격이 없는 것은 물리학자가 꿀벌 **집단**의 붕괴 원인을 판단할 자격이 없는 것과 같다.

1097 ★★☆

absurd
[əbsə́ːrd]

ⓐ **불합리한, 우스꽝스러운**

It would be **absurd** to suggest that the government support great plumbers or bankers.

정부가 훌륭한 배관공 또는 은행원들을 후원해야 한다고 제안하는 것은 **불합리할** 것이다.

absurdity ⓝ 부조리

1098 ★★☆

conduct
[kəndʌ́kt]

ⓥ **수행하다, 실시하다**   ⓝ 행위, 안내 [kάːndʌkt]

Scientific experiments should be **conducted** completely objectively with no possible subjective influence on the outcome.   16 모평 변형

과학 실험은 결과에 대해 있을 법한 그 어떤 주관적 영향도 없이 완벽하게 객관적으로 **수행되어야** 한다.

1099 ★★☆
dormitory
[dɔ́ːrmətɔ̀ːri]

🄝 **기숙사**

Mae, a Chinese student, appeared in the **dormitory** room with a bruise on his face.

Mae라는 중국 학생이 얼굴에 멍이 든 채 **기숙사** 방에 나타났다.

dormant ⓐ 잠자는

dormitory (= dorm)

구어로는 줄여서 dorm이라고 하기도 합니다. 비슷하게 laboratory(연구실)를 줄여서 lab이라고 합니다.

1100 ★★☆
prone
[proun]

🄐 **~하는 경향이 있는**

It seems that we are **prone** to adjust our messages to our listeners, and, having done so, to believe the altered message.　12 모평

우리는 듣는 사람들에 맞춰 우리의 메시지를 조정하고, 그렇게 한 다음에는 그 변경된 메시지를 믿는 **경향이 있는** 것 같다.

Plus ⊕ be prone to ~하기 쉽다, ~에 취약하다

1101 ★★☆
conceal
[kənsíːl]

🅥 **숨기다**

It was his practice to **conceal** himself at previews of his paintings in order to hear the public's opinions of his masterpieces.　11 수능

자신의 걸작들에 대한 대중의 의견을 듣기 위해 자신의 그림들을 시연할 때 **숨어 있는** 것이 그의 습관이었다.

Plus ⊜ hide
⊖ reveal ⓥ 드러내다, 보여 주다

1102 ★★☆
retreat
[ritríːt]

🅥 **후퇴하다, 물러서다**　🄝 **퇴각, 후퇴**

Those ill-fated children had no idea what the sea's strange **retreat** meant.

그 불운한 아이들은 바다가 이상하게 **물러가는 것**이 무엇을 의미하는지 몰랐다.

Plus ⊜ withdraw
⊖ advance ⓥ 전진하다

1103 ★★★
compulsive
[kəmpʌ́lsiv]

🄐 **강제적인, 강박의**

He suffered from **compulsive** online gambling.

그는 온라인 도박 **강박**증을 겪었다.

compulsion 🄝 강제　　**compulsory** ⓐ 강제적인
compel ⓥ 강요하다

1104 ★★★

clinic
[klínik]

ⓝ 전문 병원, 개인 병원

I found an all-night animal **clinic**.
나는 밤새 문을 여는 동물 **병원**을 발견했다.

1105 ★★☆

banner
[bǽnər]

ⓝ 깃발, 현수막

Under **banners**, protesters are singing and chanting.
깃발들 아래에서, 시위자들이 노래를 부르고 구호를 되풀이하고 있다.

Plus ⊜ flag, placard

1106 ★★☆

formulate
[fɔ́ːrmjulèit]

ⓥ 만들어 내다, 공식화하다

A skilled explainer learns to see the intent behind the question and **formulate** an answer that focuses on understanding instead of efficiency. 15 모평
설명하는 데 유능한 사람은 질문 뒤에 있는 의도를 보고 효율성 대신에 이해에 초점을 맞춘 답변을 **만들어 내는** 것을 배운다.

1107 ★★☆

vow
[vau]

ⓝ 맹세 ⓥ 맹세하다

Silently, I made **vows** that would keep me from sharing my mother's fate. 13 모평
아무 말 없이, 나는 내가 어머니의 운명을 공유하지 않게 막겠다고 **맹세**를 했다.

Plus ⊜ swear
⊕ bow ⓥ [bau] 허리 굽혀 인사하다 ⓝ [bou] 활

1108 ★★★

malnutrition
[mæ̀lnjuːtríʃən]

ⓝ 영양실조

It is hard to believe that some people still suffer from **malnutrition**.
몇몇 사람들이 여전히 **영양실조**로 고통받는다는 것은 믿기 어렵다.

'나쁜'의 뜻을 가진 단어들

mal(= bad)+**nutrition**(영양) → '영양이 나쁜'에서 '영양실조'가 되었습니다. 접두사 mal-은 주로 '결핍', '나쁨'을 나타냅니다.
maltreat 학대하다　　　　**malfunction** 고장　　　　**malcontent** 불평분자

1109 ★★☆

heritage
[héritidʒ]

ⓝ 유산, 세습 재산

The Welsh people are very proud of their spirit of resistance and rich cultural **heritage**.
웨일스 사람들은 자신들의 저항 정신과 풍부한 문화**유산**을 매우 자랑스러워한다.

inherit ⓥ 상속하다

1110 ★★☆

undergo

[ʌ̀ndərgóu]

ⓥ 겪다

A special feature of the real estate rental market is its tendency to **undergo** a severe and prolonged contraction phase, more so than with manufactured products.   15 모평

부동산 임대 시장의 특별한 특징은 그것이 심한 장기적 경기 수축기를 **겪는** 경향이 있다는 것인데, 공산품보다 그 경향이 더 강하다.

Plus ⊜ experience

under + go

under(밑으로)+**go**(가다)가 결합하여 '밑으로 지나가다'가 되었고, 이 말은 곧 '겪다'를 뜻합니다.

1111 ★★☆

boast

[boust]

ⓥ 자랑하다, 떠벌리다

The ship's owners **boasted** that it was unsinkable.

선주들은 그것이 침몰하지 않는다고 **자랑했다**.

Plus ⊜ brag

boastful ⓐ 자랑하는

1112 ★★☆

neutral

[njú:trəl]

ⓐ 중립의, 공평한

A mediator who 'takes sides' is likely to lose all credibility, as is an advocate who seeks to adopt a **neutral** position.   12 수능

'한편을 드는' 중재자는 **중립적인** 입장을 취하기를 원하는 옹호자가 그렇듯, 모든 신뢰를 잃을 가능성이 있다.

neutralize ⓥ 중립화하다

1113 ★★☆

stain

[stein]

ⓝ 얼룩   ⓥ 얼룩지게 하다

He laughed and wiped away the tear **stains** from my face — his heartfelt gesture of apology for such a long-delayed present.

그는 웃으면서 내 얼굴의 눈물 **자국**을 닦아 주었는데, 그것은 그렇게 오래 지체된 선물에 대한 그의 진심 어린 사과의 표시였다.   17 모평

stainless ⓐ 얼룩이 없는, 녹이 슬지 않는

1114 ★☆☆

incentive

[inséntiv]

ⓝ 자극, 장려책, 동기   ⓐ 격려하는, 자극하는

Poor distribution combined with minimal offerings provided little **incentive** to purchase the new product.

최소한의 제공과 결합된 빈약한 배급은 그 새로운 상품을 구매할 **동기**를 거의 제공하지 못했다.

1115 ★☆☆

float

[flout]

ⓥ 뜨다, 떠다니다   ⓝ 부유물

Why does oil **float** on top of water in a glass?   15 모평

왜 기름은 유리잔 속의 물 위에 **뜨는가**?

Plus ⊕ on the float 떠서

1116 ★★☆

tendency
[téndənsi]

ⓝ **경향**, 추세

This illustrates the **tendency** that most city dwellers get tired of urban lives and decide to settle in the countryside. `21 모평`

이것은 대부분의 도시 거주자들이 도시 생활에 지쳐서 시골에서 정착하기로 하는 **경향**을 설명해 준다.

1117 ★★☆

applause
[əplɔ́ːz]

ⓝ **박수갈채**

The audience gave the speaker a big round of **applause**.

청중들이 그 연사에게 큰 **박수갈채**를 보냈다.

Plus ⊕ give ~ a big applause[hand] ~에게 큰 박수를 보내다
applaud ⓥ 박수를 치다

1118 ★★☆

wrestle
[résl]

ⓥ **싸우다, (일과) 씨름하다**, 레슬링하다

Competitors are trying to use various techniques to **wrestle** each other.

경쟁자들은 다양한 기술을 사용하여 서로 **싸우려고** 애쓰고 있다.

Plus ⊕ arm wrestling 팔씨름
wrestling ⓝ 레슬링

1119 ★★☆

sensation
[senséiʃən]

ⓝ **감각, 느낌**, 대사건(센세이션)

There are many **sensations** and feelings that we can experience but not fully define.

우리가 경험할 수는 있지만 완전히 정의 내릴 수는 없는 **감각들**과 감정들이 많이 있다.

sensationalism ⓝ 선정주의

1120 ★★☆

Confucian
[kənfjúːʃən]

ⓐ **공자의, 유교의**

He was held up as a model of morality for all people in the **Confucian** society.

그는 **유교** 사회의 모든 사람들에게 도덕의 본보기로 여겨졌다.

세계의 종교

Confucianism 유교	**Buddhism** 불교	**Christianity** 기독교
Roman Catholicism 천주교	**Islam** 이슬람교	**Hinduism** 힌두교

REVIEW TEST

A 다음 단어에 해당하는 우리말 또는 영어 단어를 쓰시오.

01 troop	__________	**11** 꼭대기, 정상	__________
02 conceive	__________	**12** 내구성	__________
03 face	__________	**13** 얕은, 얇은	__________
04 weep	__________	**14** 미신	__________
05 grasp	__________	**15** 식민지, 집단	__________
06 absurd	__________	**16** 기숙사	__________
07 conduct	__________	**17** 후퇴하다, 물러서다	__________
08 prone	__________	**18** 깃발, 현수막	__________
09 conceal	__________	**19** 중립의, 공평한	__________
10 boast	__________	**20** 경향, 추세	__________

B 다음 빈칸에 알맞은 단어를 보기에서 골라 쓰시오.

보기			
bold	compliment	alter	destroy
promote	sensation	malnutrition	undergo

01 The new government came up with many policies to __________ economic growth.

02 The earthquake __________(e)d many buildings and houses in the city.

03 Countless people suffered from __________ for a few years because of the famine.

04 It was a(n) __________ move for the company to establish a new professional soccer team.

05 So much had __________(e)d in the village that I felt like I was in a completely different place.

B **01** 새 정부는 경제 성장을 증진하기 위해 많은 정책들을 생각해 냈다.   **02** 지진은 그 도시의 많은 건물과 가옥을 파괴했다.   **03** 기근 때문에 수많은 사람들이 몇 년 동안 영양실조에 시달렸다.   **04** 그 회사가 새 프로 축구팀을 창단하는 것은 대담한 행동이었다.   **05** 그 마을이 너무 많이 변해서 내가 마치 전혀 다른 곳에 온 것 같이 느껴졌다.

정답 **01** promote **02** destroy **03** malnutrition **04** bold **05** alter

1 동의어, 유의어

· 꺼리는, 주저하는

□ **reluctant**	□ **unwilling**	□ **hesitant**	□ **disinclined**

reluctant	하지 않으면 안 되지만 하기 싫은
unwilling	강한 저항까지 내포하여 꺼리는
hesitant	두려움, 불안, 혐오, 우유부단 따위로 망설이는
disinclined	취미나 성향이 맞지 않거나 찬성할 수 없어 **마음이 내키지 않는**

Ex 1 I was **reluctant** to give my presentation first.　나는 먼저 발표하는 것을 **꺼렸다**.

Ex 2 She is **unwilling** to compromise with him.　그녀는 그와 타협하는 것을 **꺼리고** 있다.

Ex 3 Steven was **hesitant** at first but soon disclosed his secret.　`21 모평`
Steven은 처음에는 **주저했**지만 곧 자신의 비밀을 털어놓았다.

Ex 4 The boy was **disinclined** to go with her because he was shy.
그 소년은 수줍음을 타서 그녀와 함께 가는 것을 **꺼렸다**.

2 반의어

· 부족한 / 풍부한

□ **scarce**	□ **plentiful**

Ex 1 Food and water was increasingly **scarce** in the area.
그 지역에서 식량과 물이 점점 **부족해지고** 있었다.

Ex 2 As fish are **plentiful** in this lake, fishers like to come here.
이 호수에는 물고기가 **풍부하여** 낚시꾼들이 여기에 오기를 좋아한다.

· 인위적인 / 자연적인

□ **artificial**	□ **natural**

Ex 1 He didn't want his life to be prolonged by **artificial** means.
그는 자신의 생명이 **인공적인** 수단에 의해 연장되는 것을 바라지 않았다.

Ex 2 Anger is **natural** reaction we feel when frustrated.
분노는 좌절했을 때 우리가 느끼는 **자연스러운** 반응이다.

3 혼동 단어

· 보충물 / 찬사, 칭찬

□ **complement**	□ **compliment**

Ex 1 The beige wallpaper is the perfect **complement** to the torn part.
그 베이지색 벽지는 찢어진 부분에 대한 완벽한 **보충물**이다.

Ex 2 You can do no harm by giving a child **compliments**.
아이에게 **칭찬**을 해서 해가 될 건 없다.

DAY 29

Previous Check

draft	reservoir	subtract	impulse
crude	conform	breed	attend
supplement	spacious	utmost	trim
velocity	weave	proficient	navigate
tame	boundary	accumulate	remedy
adapt	motive	embody	consist
manage	tangible	equity	imprint
dismay	prominent	violate	modify
diagnose	rigid	ambitious	confine
molecule	archaeology	intact	dispatch

1121 ★★☆

draft
[dræft]

☐☐

ⓝ 원고, 초안　**ⓥ 초안을 그리다**

Make writing as easy for you as you can by not being concerned with how good the first **draft** is.

초고가 얼마나 훌륭한지에 대해 상관하지 않음으로써, 당신이 할 수 있는 한 글쓰기를 당신에게 쉬운 것으로 만들라.

1122 ★★☆

crude
[kru:d]

☐☐

ⓐ 가공하지 않은, 조잡한

Often his ways appear incredibly **crude** to us.　12 모평 변형

종종 그의 방법들은 우리에게 믿을 수 없을 정도로 **조악해** 보인다.

Plus ⊕ crude oil　원유

1123 ★★☆

supplement
[sʌ́pləmənt]

☐☐

ⓝ 보충, 보충물　**ⓥ 보충하다** [sʌ́pləmènt]

The beta carotene **supplement** actually increased the risk of certain cancers.　14 모평

베타카로틴 **보충제**는 실제로 특정 암에 걸릴 위험성을 증가시켰다.

supplementary　ⓐ 보충하는　ⓝ 추가된 것

1124 ★★★

velocity
[vəlá:səti]

☐☐

ⓝ 속도

The **velocity** of the river was dramatically reduced.

강물의 **속도**가 현저히 줄어들었다.

Plus ⊜ speed

1125 ★★★

tame
[teim]

☐☐

ⓥ 길들이다　**ⓐ 길들여진**

Learning how to **tame** lions is not an easy task.

사자를 **길들**이는 방법을 익히는 것은 쉬운 일이 아니다.

1126 ★★☆

adapt
[ədǽpt]

☐☐

ⓥ 적응하다, 적응시키다

Mice can **adapt** to different cultures, diets and weather systems.

쥐들은 다른 문화, 먹이, 날씨 체계에 **적응할** 수 있다.

adaptation　ⓝ 적응, 개조　　　　**adaptive**　ⓐ 순응적인

1127 ★☆☆

manage
[mǽnidʒ]

☐☐

ⓥ 잘 해내다, 다루다

If someone was tickling you and you **managed** to remain relaxed, it would not affect you at all.

만약 누군가가 당신을 간지럽히고 당신이 계속 차분함을 **잘** 유지**한다면**, 그것은 당신에게 전혀 영향을 주지 않을 것이다.

management　ⓝ 관리

1128 ★★☆
dismay
[disméi]

dis + may

v 실망시키다, 낙담시키다　**n** 걱정, 실망

To my **dismay**, the other team scored three points.
실망스럽게도, 상대 팀이 3점을 획득했다.

dis(= bad)+**may**(기원을 나타내는 may) → '기원이 이루어지지 않다'에서 '실망시키다'가 됩니다.

1129 ★★★
diagnose
[dàiəgnóus]

v 진단하다

A man was **diagnosed** with a terminal illness and given six months to live. 　10 모평
한 남자가 불치병을 **진단받고** 6개월의 시한부 인생을 선고받았다.

diagnosis ⓝ 진단　　　　**prognosis** ⓝ 예측, 예후

1130 ★★☆
molecule
[má:ləkju:l]

'분자'와 관련된 단어들

n 분자

The air just above a glass contains **molecules** that are layered like a cake.
유리잔 바로 위에 있는 공기는 케이크처럼 층이 진 **분자들**을 포함한다.

atom 원자　　　　**electron** 전자　　　　**proton** 양성자　　　　**neutron** 중성자
nucleus 핵　　　　**mass** 질량　　　　**nuclear fission** 핵분열

1131 ★★☆
reservoir
[rézərvwà:r]

reserv(e) + oir

n 저장소, 저수지

They have a large **reservoir** where they store that information.
그들은 그런 정보를 저장해 두는 커다란 **저장소**를 가지고 있다.

reserve ⓥ 남겨 두다, 예약하다　　　　**reservation** ⓝ 보류, 예약

reserv(e)(남겨 두다)+**oir**(명·접) → '남겨 두다'를 뜻하는 reserve와 명사형 접미사 -oir가 결합해 '남겨 두는 곳', 즉 '저장소' 또는 '저수지'를 뜻하게 되었습니다.

1132 ★★☆
conform
[kənfɔ́:rm]

confirm과 conform

v 순응하다, 일치하다

Larger groups also put more pressure on their members to **conform**. 　15 수능
규모가 더 큰 집단은 또한 구성원들에게 **순응하도록** 더 큰 압력을 가한다.

conformity ⓝ 적합, 일치　　　　**conformist** ⓝ 순응자, 준수자

confirm은 con+firm(확고한)에서 '확고하게 하다', 즉 '확신시키다'를 의미하고, conform은 con+form(형식)에서 '형식을 따르다', 즉 '순응하다'를 의미합니다.

1133 ★★★

spacious
[spéiʃəs]

ⓐ 넓은, 훤히 트인

The camp has excellent camp leaders and great facilities, including **spacious** cabins, wireless Internet access, and a swimming pool.

캠프는 뛰어난 캠프 지도자들과 **넓은** 객실, 무선 인터넷 접속, 그리고 수영장을 포함한 훌륭한 설비를 갖추고 있다. 〔15 모평〕

Plus ⊜ **roomy** ⓐ 넓은

spac(e) + ious

spac(e)(공간)+**ious**(형·접) → '공간'을 나타내는 단어 spac(e)에 형용사형 접미사 -ious가 붙으면서 '넓은'이라는 뜻이 되었습니다.

1134 ★★★

weave
[wiːv]

ⓥ 엮다, 짜다, (생각 등을) 엮어 넣다

It is better to "**weave**" something more into the context of the existing structure.

기존 구조의 맥락 안에 무언가를 더 '**엮어 넣는**' 것이 더 낫다.

1135 ★★★

boundary
[báundəri]

ⓝ 경계, 경계선

In many situations, the **boundary** between good and bad depends on the immediate circumstances. 〔16 수능〕

많은 경우에 좋음과 나쁨의 **경계**는 당면한 상황에 의해 결정된다.

Plus ⊜ frontier, border
bound ⓥ 경계를 짓다

1136 ★★★

motive
[móutiv]

ⓝ 동기(행동의 원인)

Whatever the **motives**, the author's subjective conception of the world stands between the reader and the original, untouched world. 〔22 수능 변형〕

동기가 무엇이든, 세계에 대한 작가의 주관적인 개념은 독자와 원래의 손대지 않은 세계 사이에 존재한다.

motivate ⓥ 동기를 부여하다   **motivation** ⓝ 자극, 동기 부여
motif ⓝ (작품의) 주제

1137 ★★★

tangible
[tǽndʒəbl]

ⓐ 유형적인, 유형의, 만질 수 있는

Reconstructing intangible aspects of culture is more difficult, requiring that one draw more inferences from the **tangible**. 〔22 모평〕

문화의 무형적 측면을 재구성하는 것은 더 어려워서, 우리는 **유형적인** 것에서 더 많은 추론을 끌어내야 한다.

Plus ⊜ real, actual ⓐ 실제의
⊖ intangible ⓐ 무형의, 만질 수 없는

1138 ★★☆

prominent
[prάːminənt]

ⓐ 현저한, 저명한

That's why one **prominent** scholar said, "Anything can look like a failure in the middle." `15 수능`

그래서 한 **저명한** 학자가 다음과 같이 말했다. "진행되는 도중에는 무엇이든 잘못된 것처럼 보일 수 있다."

eminent ⓐ 저명한   **imminent** ⓐ 긴박한

1139 ★★☆

rigid
[rídʒid]

ⓐ 엄격한, 융통성이 없는

Argument is often considered disrespectful in **rigid** families.

엄격한 가정에서는 흔히 논쟁이 예의 없는 것이라고 간주된다.

`Plus` ⊜ **strict** ⓐ 엄격한   **inflexible** ⓐ 융통성이 없는

1140 ★★★

archaeology
[àːrkiάːlədʒi]

ⓝ 고고학

She was appointed Honorary Assistant in Mexican **Archaeology** at the Peabody Museum of Harvard University. `14 모평`

그녀는 Harvard 대학의 Peabody 박물관에서 멕시코 **고고학**의 명예 조수로 임명되었다.

archaeologist ⓝ 고고학자

-(o)logy가 포함되어 학문을 나타내는 단어들

biology 생물학	**zoology** 동물학	**theology** 신학 (기독교)
mythology 신화학	**geology** 지질학	**psychology** 심리학
physiology 생리학	**meteorology** 기상학	**anthropology** 인류학

1141 ★★☆

subtract
[səbtrǽkt]

ⓥ 빼다

Subtract 3 from 5, and then you get 2.

5에서 3을 **빼면** 2이다.

'계산'과 관련된 단어들

add 더하다	**plus** ～을 더한, 양수의	**minus** ～을 뺀, 음수의	**multiply** 곱하다
divide 나누다	**square** 제곱, 제곱하다	**equation** 방정식	

1142 ★★☆

breed
[briːd]

ⓥ 낳다, 양육하다

Tides also impact the breeding of fish that use extra-large spring tides to **breed**. `14 수능`

조수는 또한 **번식하기** 위해 엄청나게 큰 한사리(음력 보름과 그믐 무렵 밀물이 가장 높은 때)를 이용하는 물고기의 번식에도 영향을 미친다.

`Plus` ⊕ **breed out** (어떤 특성·성질을) 품종 개량해서 제거하다

breeding ⓝ 번식

breed와 bleed

breed는 '양육하다'라는 의미를 갖고 있지만, 이와 철자가 유사한 단어인 **bleed**는 '출혈하다'라는 의미를 갖습니다. 철자와 발음이 모두 비슷하므로, 특히 듣기 평가 시 주의합시다.

1143 ★★☆

utmost
[ʌ́tmòust]

ⓐ 최대한의, 최고의   ⓝ 최대한도

These are things of the **utmost** importance to human happiness.
이것들은 인간의 행복에 **최고로** 중요한 것들이다.

> **Plus** ⊜ supreme ⓐ 최고의, 최대의
> ⊕ at (the) utmost 기껏해야   to the utmost 최대한으로

ut + most

ut(= out)+**most**(가장 많은) → '가장 많은 것보다 더 많은'에서 '최대한'이 됩니다.

1144 ★★☆

proficient
[prəfíʃənt]

ⓐ 숙달된

He tried to be **proficient** in speaking English.
그는 영어 말하기에 **능숙해**지기 위해서 노력했다.

proficiency ⓝ 숙달

1145 ★★☆

accumulate
[əkjú:mjəlèit]

ⓥ 모으다, 축적하다

The challenge is not to let those moments **accumulate** and affect your self-belief. 15 모평
문제는 그러한 순간이 **축적되어** 여러분의 자기 확신에 영향을 주도록 그냥 두지 않는 것이다.

> **Plus** ⊜ amass

accumulation ⓝ 축적

1146 ★★★

embody
[embá:di]

ⓥ 구현하다, 구체화하다

But there is also a ready-made system of classification **embodied** in our language. 22 수능
하지만 우리 언어에 **구현되어** 있는 기성의 분류 체계도 있다.

1147 ★★☆

equity
[ékwəti]

ⓝ 공평

Working **equity** hours was a challenge for him.
같은 시간을 일하는 것은 그에게 어려운 일이었다.

> **Plus** ⊖ inequity ⓝ 불공평

equal ⓐ 같은   **equation** ⓝ 등식, 방정식
equality ⓝ 평등   **equator** ⓝ 적도

1148 ★★☆

violate
[váiəleit]

ⓥ 위반하다, 침해하다

The person will tend to feel guilty when his or her own conduct **violates** that principle. 15 수능 변형
그 사람은 자신의 행동이 그 원칙을 **위반하**면 죄책감을 느끼는 경향이 있을 것이다.

> **Plus** ⊕ in violation of ~을 위반하여

violation ⓝ 위반

1149 ★★☆

ambitious
[æmbíʃəs]

ⓐ **야심 있는**

Donato Bramante planned the new Basilica of St. Peter in Rome — one of the most **ambitious** building projects in the history of humankind. `22 수능`

Donato Bramante는 로마의 성 베드로 대성당의 새로운 바실리카를 구상했는데, 그것은 인류 역사상 가장 **야심 찬** 건축 프로젝트 중 하나였다.

ambition ⓝ 야심, 큰 뜻

1150 ★★☆

intact
[intǽkt]

ⓐ **온전한, 손상되지 않은**

Amnesia most often results from a brain injury that leaves the victim unable to form new memories, but with most memories of the past **intact**. `13 모평`

기억 상실증은 환자가 새로운 기억을 형성할 수는 없으나 대부분의 과거 기억이 **온전한** 채로 남아 있는 뇌 손상에서 가장 흔히 비롯된다.

`Plus` ⊜ undamaged

1151 ★★☆

impulse
[ímpʌls]

ⓝ **충동, 추진**

An instantaneous and strong **impulse** moved him to battle with his desperate fate. `11 모평`

순간적이고 강력한 **충동**은 그로 하여금 자신의 절망적인 운명에 맞서 싸우게 했다.

impulsive ⓐ 충동적인, 추진력 있는

1152 ★☆☆

attend
[əténd]

ⓥ **출석하다, 보살피다**

He did not **attend** school till he was nine, but he was taught at home by a British tutor.

그는 9살 때까지 학교에 **출석하지** 않았지만, 집에서 영국인 가정교사에게 교육을 받았다.

1153 ★★☆

trim
[trim]

ⓥ **다듬다, 잘라 내다, 장식하다**

One of the joys of home ownership is having trees, but when their branches get too long, your trees need to be **trimmed**.

자택 소유의 즐거움 중 하나는 나무를 갖는 것인데, 그것들의 가지가 너무 길어지면, 당신의 나무들은 **다듬어**질 필요가 있다.

cut과 trim

cut의 경우에는 그 목적을 불문하고 '자르다'라는 의미가 있는 반면, trim은 그 대상을 '잘 다듬기 위해 자르다'라는 뜻을 갖습니다.

1154 ★★☆

navigate
[nǽvəgèit]

ⓥ **길을 찾다, 항해[비행]하다**

They sailed across the ocean in large canoes, **navigating** by the sun and stars.

그들은 커다란 카누를 타고, 태양과 별들을 보고 **길을 찾으며** 바다를 항해했다.

navigation ⓝ 항해

1155 ★★☆

remedy
[rémədi]

ⓝ 치료, 요법
It's a natural **remedy** for colds.
그것은 감기의 자연 **치료법**이다.

Plus ⊜ cure
　　　 ⊕ home remedy 민간요법

1156 ★☆☆

consist
[kənsíst]

ⓥ (부분·요소로) 이루어지다
Dinner **consists** of a freeze-dried meal, "cooked" by pouring hot water into the package. 15 수능
저녁 식사는 용기 안에 뜨거운 물을 부어 '조리되는' 동결 건조식으로 **구성된다**.

Plus ⊕ consist in ~에 있다
　　　　 consist of ~으로 이루어지다[구성되다]

1157 ★★☆

imprint
[imprínt]

ⓥ (도장 등을) 찍다, 감명시키다　ⓝ 찍은 자국, 인상 [ímprint]
It became clear that I was **imprinting** the woodchuck and vice versa. 13 수능
내가 그 마멋을 내 마음에 **새기고** 반대로 그 마멋 또한 나를 그 마음에 새기고 있다는 것이 확실해졌다.

Plus ⊜ impress

1158 ★★☆

modify
[má:dəfài]

ⓥ 변형하다, 수정하다
A painter working with tempera could **modify** and rework the image, but the process was painstaking and slow. 15 모평
템페라를 작업하는 화가는 그림을 **수정하고** 다시 작업할 수 있었지만, 그 과정은 고생스럽고 느렸다.

modification과 modifier
modify에는 두 가지 명사형이 있는데 modification은 '수정', modifier는 '수식어구'라는 의미를 갖습니다.

1159 ★★☆

confine
[kənfáin]

ⓥ 제한하다, 가두다　ⓝ 한계
Rachel was **confined** to the house because of a broken leg.
Rachel은 다리가 골절되어 집에 갇혀 지냈다.　20 모평 변형

finite ⓐ 한정된　　　　　　　　**infinite** ⓐ 무한한
define ⓥ 정의를 내리다

con + fine
con(= com: together) +**fin**(e)(= end) → '경계가 같다'에서 '경계 짓다', '제한하다'가 되어 '가두다'라는 뜻으로까지 발전하게 되었습니다.

1160 ★★☆

dispatch
[dispǽtʃ]

ⓥ 급파하다, 발송하다　ⓝ 급파, 발송
All items have been **dispatched** to you today.
모든 품목들이 오늘 당신에게 **발송되었습니다**.

Plus ⊜ send ⓥ 보내다, 발송하다

REVIEW TEST

A 다음 단어에 해당하는 우리말 또는 영어 단어를 쓰시오.

01 draft		**11** 길들이다, 길들여진	
02 supplement		**12** 저장소, 저수지	
03 velocity		**13** 빼다	
04 adapt		**14** 위반하다, 침해하다	
05 dismay		**15** 야심 있는	
06 spacious		**16** 충동, 추진	
07 weave		**17** 출석하다, 보살피다	
08 prominent		**18** 다듬다, 잘라 내다	
09 utmost		**19** 치료, 요법	
10 proficient		**20** 급파하다, 발송하다	

B 다음 빈칸에 알맞은 단어를 보기에서 골라 쓰시오.

보기			
crude	molecule	diagnose	conform
rigid	archaeology	accumulate	navigate

01 She was brought up under the ______________ discipline of her family.

02 James ______________(e)d a large fortune in a very unique way.

03 This simple kit was invented to ______________ a variety of cancers.

04 All the people in the area have ______________(e)d to their customs.

05 Thousands of gallons of ______________ oil were spilled into the ocean.

1 동의어, 유의어

· 필수적인

□ **necessary**	□ **essential**	□ **indispensable**

necessary	없어서 안 될 것은 아니지만 **있는 것이 매우 바람직한**
essential	**어떤 것의 본질을 이루며** 그것이 없으면 그 자체의 존재나 기능이 상실되는
indispensable	어떤 목적을 달성하기 위해 **없어서는 안 되는**

Ex 1 Precision and determinacy are a **necessary** requirement for all meaningful scientific debate.　22 수능 변형
정확성과 확정성은 모든 의미 있는 과학 토론을 위한 **필요** 조건이다.

Ex 2 Elections became **essential** for democracy.
선거는 민주주의를 위해 **필수적이** 되었다.

Ex 3 Computers are an **indispensable** part of our lives.
컴퓨터는 우리 삶에 **없어서는 안 되는** 부분이다.

2 반의어

· 추상적인 / 구체적인

□ **abstract**	□ **concrete**

Ex 1 **Abstract** plans are useless in this project.　이 과제에 **추상적인** 계획은 쓸모가 없다.

Ex 2 A **concrete** example is always helpful for the students.
구체적인 예시는 학생들에게 항상 도움이 된다.

· 객관적인 / 주관적인

□ **objective**	□ **subjective**

Ex 1 He had no **objective** evidence in that case.
그는 그 사건에 대한 **객관적인** 증거를 갖고 있지 않았다.

Ex 2 This **subjective** world, interpreted in a particular way, is for us the "objective" world.　19 모평
특정한 방식으로 해석되는 이 **주관적** 세계는 우리에게 있어 '객관적인' 세계이다.

3 혼동 단어

· 적당한 / 하락 / 반대

□ **decent** [díːsnt]	□ **descent** [disént]	□ **dissent** [disént]

Ex 1 Nearby is a village with a **decent** coffee shop.
근처에 **적당한** 커피숍이 있는 동네가 있다.

Ex 2 His swift **descent** from owner to small businessman is very miserable.
그가 사장에서 영세 사업자로 갑자기 **하락**한 것은 매우 불행한 일이다.

Ex 3 They carried a motion without **dissent**.　그들은 **반대** 없이 발의를 가결했다.

Previous Check

- diameter
- anecdote
- spatial
- blame
- geology
- pledge
- cost
- earn
- detect
- temperate
- soar
- mock
- disclose
- exhibit
- symptom
- invent
- awkward
- grind
- expose
- closet
- damp
- script
- signify
- discuss
- sibling
- lay
- surveillance
- discharge
- thorough
- undertake
- panel
- linguistic
- flourish
- feed
- sophomore
- remind
- sole
- pillar
- explode
- illusion

1161 ★★☆

diameter
[daiǽmitər]

ⓝ 지름, 직경
Our galaxy is one hundred thousand light years in **diameter**.
우리 은하계는 **직경**이 십만 광년이다.

기하학 용어 총정리

radius 반지름, 반경	**middle point** 중점
parabola 포물선	**sector** 부채꼴

1162 ★★☆

anecdote
[ǽnikdòut]

ⓝ 일화, 비화
Anecdotes are neither biographies nor fictitious stories.
일화는 전기도 허구의 이야기도 아니다.

1163 ★★★

spatial
[spéiʃəl]

ⓐ 공간의, 공간적인
Spatial reference points are larger than themselves. `22 모평`
공간 기준점(공간적으로 기준이 되는 장소)은 그것들 자체보다 더 크다.

space ⓝ 공간　　　　**spacious** ⓐ (공간이) 넓은

1164 ★★☆

blame
[bleim]

ⓥ 비난하다, ~의 탓으로 돌리다　　ⓝ 비난, 책망
A currently popular attitude is to **blame** technology or technologists for having brought on the environmental problems we face today. `15 수능 변형`
현재 대중의 태도는 오늘날 우리가 직면한 환경 문제들을 초래했던 것에 대해 기술이나 기술자들을 **비난하는** 것이다.

1165 ★★★

geology
[dʒì:á:lədʒi]

ⓝ 지질학
Scientists are searching the cosmos for a life based on astronomy and **geology**.
과학자들은 천문학과 **지질학**을 기반으로 생명체를 찾아 우주를 탐색하고 있다.

geo + logy

geo(= earth)+**logy**(학문을 나타내는 명·접) → '땅을 연구하는 학문'에서 '지질학'이 됩니다.
geography(지리학)　지질학과 다르게 땅 자체의 성질이 아니라 땅에서 형성된 여러 지형들에 대해 연구하는 학문
geometry(기하학)　공간 및 도형의 성질을 연구하는 학문

1166 ★★☆

pledge
[pledʒ]

ⓝ 약속, 맹세　　ⓥ 약속하다, 맹세하다
The singer asked TV viewers to phone in **pledges** of money to give to African relief.
그 가수는 TV 시청자들에게 아프리카 구호 기금의 모금 **약속** 전화를 해 줄 것을 부탁했다.

`Plus` ⊜ promise, swear, vow

1167 ★★★

cost
[kɔːst]

ⓥ (비용이) 들다 ⓝ 비용, 대가
Sunk **cost** doesn't always have to be a bad thing. 　23 모평
매몰 **비용**이 언제나 나쁜 것은 분명히 아니다.

1168 ★★☆

earn
[əːrn]

ⓥ (신용·평판 등을) 얻다, (돈을) 벌다
There, studying and interacting with local villagers, he patiently **earned** their trust. 　11 모평
그곳에서 연구하고 지역 주민들과 상호 작용하며 그는 끈기 있게 그들의 신뢰를 **얻었다**.

1169 ★★☆

detect
[ditékt]

ⓥ 발견하다, 감지하다
Special radar systems are being installed at major airports to **detect** the location of unpredictable thunderstorms. 　13 모평
예기치 못한 심한 뇌우의 위치를 **감지하기** 위해 특수 레이더 시스템이 주요 공항들에 설치되고 있다.

1170 ★★☆

temperate
[témpərət]

ⓐ (기후가) 온화한, 절제하는
The Koreans enjoy the **temperate** climate.
한국인들은 **온대** 기후를 누린다.

Plus ⊜ moderate
temper ⓥ 부드럽게 하다　　　　**temperance** ⓝ 절제, 금주

1171 ★★☆

soar
[sɔːr]

ⓥ 높이 치솟다
"I want to **soar** to the moon," Delia thought. 　15 모평
"나는 달까지 **솟아오르고** 싶어."라고 Delia는 생각했다.

Plus ⊜ surge, skyrocket
⊖ nosedive ⓥ 급강하하다, 폭락[격감]하다(= plunge, plummet)
sore ⓐ 아픈, 쑤시는

1172 ★★☆

mock
[mɑːk]

ⓥ 조롱하다 ⓐ 가짜의
Children tend to **mock** their peers to irritate them.
아이들은 또래들을 괴롭히기 위해 그들을 **조롱하는** 경향이 있다.

mockery ⓝ 조롱

'비웃다'라는 뜻의 다양한 표현들

laugh at ~을 비웃다　　　　　　　　**tease** 놀리다
ridicule 비웃다, 조롱하다　　　　　　**mock** (남의 모습이나 동작을 흉내 내며) 조롱하다

1173 ★★☆

disclose
[disklóuz]

Ⓥ 드러내다, 폭로하다

I was almost stunned when she **disclosed** her true intention.

그녀가 진심을 **드러냈을** 때 나는 거의 기절할 뻔했다.

Plus ≡ expose, reveal

disclosure ⓝ 폭로　　　　　　**exposure** ⓝ 드러남, 폭로

1174 ★☆☆

exhibit
[igzíbit]

Ⓥ 전시하다, 보여 주다　ⓝ 전시, 전시품

The only continent that **exhibits** a negative percentage in forest loss, which translates to forest gain, is Europe. 　11 모평

삼림 손실률에 있어서 삼림의 증가로 해석되는 마이너스 비율을 **보여 주고 있는** 유일한 대륙은 유럽이다.

Plus ⊕ on exhibit 진열되어

1175 ★★☆

symptom
[símptəm]

ⓝ 증상

The disabling neurological **symptoms** were subsequently called Minamata disease. 　18 수능

이 장애를 초래하는 신경학적 **증상**은 나중에 미나마타병으로 불렸다.

1176 ★☆☆

invent
[invént]

Ⓥ 발명하다

The first true piece of sports equipment that man **invented** was the ball.

인간이 **발명한** 최초의 진정한 운동용품은 공이었다.

invention ⓝ 발명　　　　　　**inventive** ⓐ 독창적인

1177 ★★☆

awkward
[ɔ́:kwərd]

ⓐ 어색한, 서투른

She was criticized for her poor, **awkward** acting skills.

그녀는 부족하고 **어색한** 연기력으로 비난을 받았다.

aw(= afraid)로 시작하는 단어들

awe 외경심　　　　**awesome** 굉장한　　　　**awful** 지독한, 무서운

1178 ★★☆

grind
[graind]

Ⓥ 갈다, 빻다

Corn in Latin America is traditionally **ground** or soaked with limestone, which makes available a B vitamin in the corn.

라틴 아메리카에서는 옥수수를 전통적으로 석회암과 함께 **갈거나** 담가 두었는데, 그것은 옥수수에 있는 비타민 B를 섭취할 수 있게 해 준다.

ground Ⓥ 땅 위에 내리다, 착륙하다　ⓐ 간, 빻은

1179 ★★☆

expose
[ikspóuz]

ⓥ 드러내다, (비밀을) 폭로하다, 노출시키다

You had better **expose** your new ideas to the criticism of others.

당신의 새로운 생각들을 다른 사람들의 비평에 **노출시키는** 것이 좋을 것이다.

exposure ⓝ 노출, 폭로

1180 ★☆☆

closet
[klɑ́:zit]

ⓝ 벽장

A worn-thin dress may hang in the back of a **closet** even though it hasn't been worn in years. `12 수능`

닳아서 얇아진 옷은 여러 해 동안 입지 않았더라도 **벽장** 뒤편에 걸려 있을 수 있다.

1181 ★★☆

damp
[dæmp]

ⓐ 축축한 ⓝ 습기

Combines work in quite **damp** conditions.

콤바인은 매우 **습한** 상황에서 작동한다.

`Plus` ⊜ moist, wet ⓐ 습한, 젖은

1182 ★★☆

script
[skript]

ⓝ 손으로 쓰기, 대본

Have you ever seen someone talking in a low voice, with eyes fixed on the **script**?

누군가가 낮은 목소리로 **대본**에 눈을 고정한 채 말하는 것을 본 적이 있는가?

1183 ★★☆

signify
[sígnəfài]

ⓥ 의미하다, 중요하다

His remarks **signify** that he has no intention to get back home.

그의 발언은 그가 집으로 돌아갈 의도가 없다는 것을 **의미한다**.

`Plus` ⊜ mean ⓥ 의미하다
significant ⓐ 의미심장한, 중요한, 상당한

1184 ★☆☆

discuss
[diskʌ́s]

ⓥ 토론하다

This is your big chance to meet the nation's BEST authors and **discuss** their works. `17 모평`

이것은 우리나라 '최고의' 저자들을 만나 그들의 작품에 대해 **토론할** 수 있는 대단한 기회이다.

`Plus` ⊜ debate, dispute

1185 ★★☆

sibling
[síbliŋ]

ⓝ 형제자매, 동기

Louise, a mother who attended my seminars, shared how her mother dealt with **sibling** fighting. `18 모평`

내 세미나에 참석했던 한 어머니인 Louise는 자신의 어머니가 어떻게 **형제자매** 싸움을 다루었는지 공유했다.

DAY **30**

1186 ★☆☆

lay
[lei]

ⓥ (물건을) 놓다, (알을) 낳다

When the spring tide is at its height, some birds mate and **lay** their eggs on beaches. `14 수능`

한사리가 최고조일 때, 어떤 새들은 짝짓기를 하고 해안가에 알을 **낳는다**.

1187 ★★★

surveillance
[sərvéiləns]

ⓝ 감시

Social personal assistant robots can be used as **surveillance** devices. `22 모평 변형`

소셜 개인용 도우미 로봇들은 **감시** 장치로 사용될 수 있다.

Plus ⊜ observation ⓝ 관찰, 감시
　　　 ⊕ surveillance device 감시 장치　surveillance camera 감시 카메라

1188 ★★☆

discharge
[distʃá:rdʒ]

ⓝ 배출, 내보냄, 방전　ⓥ 배출하다, 내보내다, 해고하다

Control over direct **discharge** of mercury from industrial operations is clearly needed for prevention. `18 수능`

산업 가동에 의한 수은의 직접 **배출**에 대한 통제가 예방을 위해서 분명히 필요하다.

charge ⓝ 충전

1189 ★★☆

thorough
[θə́:rou]

ⓐ 철저한

Our socialization is so **thorough** that we usually *want* to do what our roles indicate is appropriate. `17 모평 변형`

우리의 사회화는 매우 **철저해서** 우리는 대개 우리의 역할이 적절하다고 말해 주는 것을 하기를 '원한다'.

though, thought와 through, thorough

철자가 비슷한 이 네 단어는 의미와 발음이 각기 다릅니다. though[ðou]는 '비록 ～일지라도'라는 뜻이고, thought[θɔ:t]는 think(생각하다)의 과거·과거분사형이며, through[θru:]는 '～을 통하여'라는 뜻으로 쓰입니다.

1190 ★★☆

undertake
[ʌndərtéik]

ⓥ 수행하다, (일을) 떠맡다, 착수하다

War should be a last resort, obviously, **undertaken** when all other options have failed. `14 수능`

전쟁은 분명 다른 모든 선택권이 실패했을 때 **착수되는** 최후의 수단이어야 한다.

under + take

under(아래에)＋**take**(받다) → '받다'라는 뜻의 동사 take 앞에 '아래에'를 뜻하는 접두사 under-가 붙어 '아래에서 (짐을) 받다', 즉 '수행하다'라는 뜻이 되었습니다.

1191 ★★☆

panel
[pǽnl]

ⓝ 토론자단, 패널, 넓은 직사각형의 합판

You should begin by giving a quick introduction of the people on the **panel**.

당신은 **토론자단**에 있는 사람들을 빠르게 소개하면서 시작해야 한다.

1192 ★★☆

linguistic
[liŋgwístik]

ⓐ 언어의, 언어학의

English is the **linguistic** passport to our success.

영어는 성공으로 가는 **언어적** 여권이다.

lingual ⓐ 혀의, 언어의　　**monolingual** ⓐ 1개 국어의
bilingual ⓐ 2개 국어의　　**multilingual** ⓐ 다중 언어의

1193 ★★☆

flourish
[flə́:riʃ]

ⓥ 번영하다, 번창하다

Within only three years, Gregg's business was **flourishing**.

겨우 3년 만에, Gregg의 사업은 **번창하고** 있었다.

Plus ⊜ thrive, prosper

1194 ★☆☆

feed
[fi:d]

ⓥ 먹이를 주다, 부양하다

The rich soil could help farmers grow enough crops to **feed** the people in the cities.

비옥한 토양은 농부들이 도시 사람들을 **먹일** 수 있는 충분한 농작물을 기르게 도와줄 수 있었다.

1195 ★☆☆

sophomore
[sάːfəmɔ̀ːr]

ⓝ (대학·고등학교의) 2학년생

I will be a **sophomore** in September when our new school year begins.

나는 새 학기가 시작되는 9월에 **2학년**이 될 것이다.

'학년'을 나타내는 단어들

freshman 신입생　　　**junior** (4년제 대학의) 3학년생　　　**senior** 최상급생(high school senior: 고3)

1196 ★☆☆

remind
[rimáind]

ⓥ 생각나게 하다, 상기시키다

Many African-Americans are **reminded** of their kinship with the continent in which their ancestors originated centuries earlier.

많은 아프리카계 미국인들은 그들의 조상이 수 세기 전에 기원한 대륙과의 친족 관계를 **상기한다**.

19 모평 변형

Plus ⊕ remind A of B　A에게 B를 생각나게 하다

1197 ★☆☆

sole
[soul]

□□

ⓐ 유일한

The loss of cognitive intrigue may be initiated by the **sole** use of play items with predetermined conclusions. `17 수능`

인지적 호기심의 상실은 미리 결정된 결론에 따라 놀잇감을 **유일한** 방식으로 사용하는 것에 의해 시작되는지도 모른다.

Plus ＝ only

solely ⓐd 혼자서, 오로지   **solo** ⓝ 독주
solitude ⓝ 고독   **solitary** ⓐ 고독한

1198 ★★☆

pillar
[pílər]

□□

ⓝ 기둥

These critical times are referred to as the four **pillars**, *saju*.

이 중요한 시간들이 4개의 **기둥**, 즉 '사주'라고 일컬어진다.

Plus ＝ column

pillow ⓝ 베개

1199 ★★☆

explode
[iksplóud]

□□

ⓥ 폭발하다

Any item like hair spray may **explode** under extreme pressure.

헤어스프레이와 같은 어떤 품목은 극도의 압력하에서 **폭발할** 수도 있다. `14 모평`

explosion ⓝ 폭발   **explosive** ⓐ 폭발성의 ⓝ 폭발물
erupt ⓥ 분출하다   **emit** ⓥ 내뿜다
escape ⓥ 탈출하다

ex + plode

ex(= out)+**plod**(e)(박수 치다) → '박수를 쳐서 밖으로 쫓아내다'에서 '폭발적으로 박수 치다'라는 뜻을 거쳐 '폭발하다'가 되었습니다.

1200 ★★☆

illusion
[ilú:ʒən]

□□

ⓝ 환상, 착각

Berendt points out that there are few 'acoustical **illusions**' — something sounding like something that in fact it is not — while there are many optical **illusions**. `15 수능`

Berendt는 시각적 **착각**은 많은 반면 '청각적 **착각**', 즉 어떤 것이 실상 그것이 아닌 어떤 것처럼 들리는 일은 거의 없다고 역설한다.

illusory ⓐ 환상에 불과한, 현혹시키는

'환상'의 뜻을 포함한 단어들

fantasy 터무니없는 공상, 상상   **hallucination** 환각
mirage 신기루   **delusion** 망상, 현혹

delusion은 '개인의 잘못된 생각'을 뜻하는 반면, illusion은 '누구나 빠지기 쉬운 감각적 착오'를 말합니다.

REVIEW TEST

A 다음 단어에 해당하는 우리말 또는 영어 단어를 쓰시오.

01	pledge	___________	**11** 지름, 직경	___________
02	earn	___________	**12** 일화, 비화	___________
03	mock	___________	**13** 지질학	___________
04	disclose	___________	**14** 갈다, 빻다	___________
05	expose	___________	**15** 벽장	___________
06	damp	___________	**16** 손으로 쓰기, 대본	___________
07	sibling	___________	**17** 언어의, 언어학의	___________
08	undertake	___________	**18** 2학년생	___________
09	flourish	___________	**19** 기둥	___________
10	remind	___________	**20** 환상, 착각	___________

B 다음 빈칸에 알맞은 단어를 보기에서 골라 쓰시오.

보기			
blame	detect	temperate	soar
exhibit	symptom	cost	surveillance

01 The device rings a noisy bell when it ___________(e)s harmful gases.

02 We set up some ___________ cameras around the building to catch the criminal.

03 She always speaks to others in a(n) ___________ manner.

04 The doctor told me to keep a(n) ___________ diary to record the response to treatment.

05 Fire officers ___________(e)d the forest fire on a dropped cigarette.

B 01 그 장비는 유해한 가스를 감지할 때 시끄러운 벨소리를 울린다.　　02 우리는 그 범인을 붙잡기 위해 몇 대의 감시 카메라를 그 건물 주변에 설치했다.　　03 그녀는 항상 절제하는 태도로 남들에게 말을 한다.　　04 의사는 나에게 치료에 대한 반응을 기록하기 위해 증상 일지를 쓰라고 했다.　　05 소방관들은 그 산불을 버려진 담배 탓으로 돌렸다.

정답　**01** detect　**02** surveillance　**03** temperate　**04** symptom　**05** blame

1 동의어, 유의어

· 모으다, 모이다

□ **gather**	□ **collect**	□ **assemble**

gather	가장 **일반적인** 뜻으로 모으다
collect	**취미나 연구를 목적으로** 선택하여 모으다
assemble	특별한 목적을 가지고 **사람을 모으거나 기계의 부품을 모아서** 조립하다

Ex1 Our family members **gather** on Wednesday evenings for dinner.
우리 가족들은 저녁 식사를 위해 수요일 저녁마다 **모인다**.

Ex2 She likes to **collect** all kinds of coloring books. 　21 모평 변형
그녀는 모든 종류의 색칠 책을 **모으**는 것을 좋아한다.

Ex3 There wasn't even a proper place for students to **assemble** to have a meeting.
심지어 학생들이 회의를 하기 위해 **모일** 만한 적당한 장소조차 없었다.

2 반의어

· 충분한 / 부족한, 결핍된

□ **sufficient**	□ **deficient**

Ex1 There's **sufficient** sunlight for taking pictures without flash.
플래시 없이 사진을 찍기에 **충분한** 태양 광선이 있다.

Ex2 He has had diets **deficient** in vitamin B. 　그는 비타민 B가 **결핍된** 식사를 해 왔다.

· 건설하다 / 파괴하다

□ **construct**	□ **demolish**

Ex1 It is difficult to **construct** a house for oneself. 　혼자서 집을 **짓는** 것은 힘들다.

Ex2 The building is now being **demolished** to make a new highway.
그 건물은 지금 새 고속도로를 내기 위해 **철거되고** 있다.

3 혼동 단어

· 올리다 / 오르다 / 일으키다 / 발생하다

□ **raise**	□ **rise**	□ **arouse**	□ **arise**

Ex1 **Raise** your hands and don't move! 　손을 **올리고** 움직이지 마시오!

Ex2 The sun is **rising** above the horizon. 　태양이 수평선 위로 **떠오르고** 있다.

Ex3 She left in the daytime so as not to **arouse** suspicion.
그녀는 의심을 **일으키지** 않기 위해 낮 시간에 떠났다.

Ex4 A serious problem has **arisen** from his carelessness.
그의 부주의로 인해 심각한 문제가 **발생했다**.

Previous Check

- regret
- submit
- divine
- revenue
- corrupt
- mention
- factual
- swamp
- expedition
- abnormal
- storage
- revive
- equator
- motion
- patent
- virtue
- arithmetic
- consistent
- cognitive
- hinder
- humble
- bounce
- imprison
- enlist
- carbon
- upcoming
- trace
- pulse
- locate
- controversy
- flattery
- regard
- convenience
- hygiene
- rush
- contaminate
- external
- herd
- allocate
- gorgeous

1201 ★★★
regret
[rigrét]

ⓥ 후회하다, 한탄하다 ⓝ 유감, 후회

She knew she would **regret** it later, but it seemed like there was nothing she could do. 19 모평

그녀는 그러면 나중에 **후회하**리라는 것을 알았지만 자신이 할 수 있는 일이라곤 아무것도 없는 것 같았다.

regretful ⓐ 한탄하는, 애석해하는　　**regrettable** ⓐ 유감스러운, 후회스러운

1202 ★★☆
submit
[səbmít]

ⓥ 복종시키다, 복종하다, 제출하다

They said they wouldn't press charges if we **submit** to their demands.

그들은 우리가 자신들의 요구에 **복종한다**면 고발을 하지 않겠다고 말했다.

Plus ⊜ subject ⓥ 복종시키다
submission ⓝ 복종　　**subway** ⓝ 지하철
submarine ⓝ 잠수함　　**submerge** ⓥ 물속에 잠기다, 잠수하다

sub + mit

sub(아래로)+**mit**(= send) → '아래로 보내다'에서 '복종시키다', '제출하다'가 됩니다.

1203 ★★☆
divine
[diváin]

ⓐ 신(神)의, 신성한

Your writing ability is a **divine** gift.

당신의 집필 능력은 **신의** 선물이다.

divinity ⓝ 신성(神性)

1204 ★★★
revenue
[révənjùː]

ⓝ 수입, 수익

Once again, they discussed the company's expenses and dwindling **revenue**. 12 수능

또 다시, 그들은 회사의 비용과 줄어드는 **수익**에 대해 논의했다.

1205 ★★☆
corrupt
[kərʌ́pt]

ⓐ 부정한, 부패한 ⓥ 타락시키다

I am also convinced that users should be protected from **corrupt** knowledge by intermediary services. 14 모평

나는 또한 사용자들이 중개 서비스에 의해 **부패한** 지식으로부터 보호받아야 한다고 확신한다.

corruption ⓝ 부패

1206 ★★☆
mention
[ménʃən]

ⓥ 언급하다 ⓝ 언급

He borrowed lessons from my positive psychology class and even **mentioned** my name to his students. 15 수능

그는 나의 긍정 심리학 수업에서 배운 수업 내용을 빌렸고 심지어 그의 학생들에게 내 이름을 **언급했다**.

1207 ★★☆
factual
[fǽktʃuəl]

ⓐ 실제의

Giving direct, accurate, and factual answers may seem to solve the problem from the perspective of the answerer. 15 모평

직접적이고 정확하며 실제적인 해답들을 제공하는 것은 대답하는 사람의 시각에서 보면 문제를 해결하는 것처럼 보일지도 모른다.

1208 ★★☆
swamp
[swɑ:mp]

ⓝ 늪, 습지

We hear a lot about wetlands such as swamps and bogs.

우리는 늪과 수렁 같은 습지에 대해 이야기를 많이 듣는다.

'지형'과 관련된 단어들

plateau 고원	plain 평지	grassland 초원
woodland 삼림지	basin 분지	lagoon 석호

1209 ★★☆
expedition
[èkspədíʃən]

ⓝ 탐험(대)

The first eight expeditions to Everest were British. 12 수능

처음 여덟 팀의 에베레스트 원정대는 영국인들이었다.

explore ⓥ 탐험하다   explorer ⓝ 탐험가

의외의 뜻을 가진 expedite

expedite (일을) 진척시키다

expedition은 expedite의 명사형이지만, 뜻이 '탐험'으로 달라지므로 주의해야 합니다.

1210 ★★☆
abnormal
[æbnɔ́:rməl]

ⓐ 비정상적인

The abnormal pattern returned to normal only after all the shrimps had died.

새우가 모두 죽고 나서야 그 비정상적인 패턴이 정상으로 돌아왔다.

Plus ⓔ unusual, eccentric, bizarre

abnormality ⓝ 이상

ab + normal

ab(= away)＋normal(정상의) → '정상에서 벗어난'이라는 의미에서 '비정상의'가 되었습니다. norm은 '기준', '표준'을 의미합니다.

1211 ★☆☆
storage
[stɔ́:ridʒ]

ⓝ 저장, 저장고

More recent technological advances, such as data storage, digital images, and the Internet, pose new threats to privacy. 22 모평 변형

자료 저장, 디지털 이미지, 그리고 인터넷과 같은 더 근래의 기술 발전은 사생활에 새로운 위협을 제기한다.

store ⓥ 저장하다

DAY 31

1212 ★★★
revive
[riváiv]

v 되살아나다

The project was **revived** four years later in a new and greatly modified form. [10 모평]

그 사업 계획은 엄청나게 변형된 새로운 형태로 4년 후에 **되살려졌다**.

revival ⓝ 재생, 부활	**survive** ⓥ 살아남다
survival ⓝ 생존	**vital** ⓐ 생명의, 중요한

re + vive

re(= again)+**viv**(**e**)(= live) → 말 그대로 '다시 살아나다'라는 뜻입니다.

1213 ★★☆
equator
[ikwéitər]

n 적도

Here, indeed, south of the **equator**, the waxing moon appears to be on the left. [10 모평]

실제로, **적도**의 남쪽인 이곳에서 상현달은 왼쪽에 있는 것처럼 보인다.

longitude ⓝ 경도   **latitude** ⓝ 위도

equ + ator

equ(= same)+(**a**)**tor**(명·접) → '북위와 남위가 같은 곳'에서 '적도'가 되었습니다. 남미에 있는 Ecuador(에콰도르)는 위치상 적도에 걸쳐 있어 그런 이름을 얻게 되었습니다.

1214 ★★★
motion
[móuʃən]

n 운동, 움직임, 몸짓   **v** 몸짓으로 지시[신호]하다

He had the magicians participate in a range of tests measuring their speed of movement and accuracy of finger **motion**.

그는 그 마술사들을 그들의 동작의 속도와 손가락 **움직임**의 정확성을 측정하는 다양한 실험에 참여하게 했다.

1215 ★★☆
patent
[pǽtənt]

n 특허, 특허권   **v** ~의 특허를 얻다

Between 1930 and 1933, the inventor filed five **patents** on FM.

1930년과 1933년 사이에, 그 발명가는 FM에 관한 다섯 개의 **특허권**을 출원했다. [12 모평]

'특허'와 관련된 단어들

register 등록부, 등록하다	**patent on a new device** 실용신안 특허	**file the patent** 특허를 신청하다
letter of patent 특허증	**patent agent** 변리사	

1216 ★★☆
virtue
[və́ːrtʃuː]

n 미덕

Patience is clearly an important **virtue**, yet so many people stand in front of their microwaves thinking "Hurry up!" [10 수능]

인내는 분명히 중요한 **미덕**이지만, 여전히 너무 많은 사람들이 "서둘러!"라고 생각하며 전자레인지 앞에 서 있다.

> **Plus** ⊖ vice ⓝ 악덕
> ⊕ by virtue of ~에 의해, ~ 덕분에

1217 ★★☆

arithmetic
[əríθmətik]

☐☐

ⓝ **산수, 연산**

You have then solved this problem without resorting to **arithmetic** and without explicit counting. `21 모평`

그렇다면 여러분은 **산수**에 의존하지 않고, 명시적인 계산 없이 이 문제를 해결한 것이다.

Plus ＝ calculation ⓝ 계산
　　　 ＋ mathematics ⓝ 수학　　　equation ⓝ 방정식
　　　　 function ⓝ 함수　　　　geometry ⓝ 기하학

사칙연산(arithmetic operations)

addition 덧셈	**subtraction** 뺄셈	**multiplication** 곱셈	**division** 나눗셈

1218 ★★☆

consistent
[kənsístənt]

☐☐

ⓐ **일관된**, 모순이 없는

Sociologists have a desire to be **consistent** with their words, beliefs, attitudes, and deeds. `13 모평`

사회학자들은 자신들의 말, 믿음, 태도, 그리고 행위와 **일관적**이려는 욕구를 갖는다.

consist ⓥ 이루어져 있다, 일치하다　　　**consistency** ⓝ 일관성

1219 ★★★

cognitive
[kɑ́:gnətiv]

☐☐

ⓐ **인식의, 인지력 있는**

Humour involves not just practical disengagement but **cognitive** disengagement. `22 수능`

유머는 실제적인 이탈뿐만 아니라 **인식의** 이탈을 포함한다.

cognition ⓝ 인식

1220 ★★☆

hinder
[híndər]

☐☐

ⓥ **방해하다**

A single rock was **hindering** the rushing flow of sparkling water.

바위 하나가 반짝이는 물이 세차게 흐르는 것을 **방해하고** 있었다.

Plus ＝ obstruct, impede

1221 ★☆☆

humble
[hʌ́mbl]

☐☐

ⓐ **겸손한**, 비천한

Be **humble**, if you want to be respected by others.

다른 사람들로부터 존경받고 싶다면 **겸손하**라.

Plus ＝ modest

1222 ★★☆

bounce
[bauns]

☐☐

ⓥ **(공이) 튀다, 되튀다, 뛰어오르다**

Ordinarily, the sound waves you produce travel in all directions and **bounce** off the walls at different times and places. `22 모평 변형`

보통 여러분이 만드는 음파는 모든 방향으로 이동하고 각기 다른 시간과 장소에서 벽에 **반사된다**.

rebound ⓥ (공 등이) 되튀다

1223 ★★☆

imprison
[imprízən]

ⓥ 투옥하다

Rapunzel is a young lady who lives locked up in a castle **imprisoned** by an old witch.

Rapunzel은 늙은 마녀에 의해 **감금된** 채 성에 갇혀 사는 젊은 여성이다.

Plus ⓔ jail

imprisonment ⓝ 투옥, 감금

1224 ★★☆

enlist
[inlíst]

ⓥ (군인을) **모집하다**, 도움을 얻다

I felt honored to be **enlisted** in the great adventure.

나는 그 위대한 모험에 **뽑히게** 된 것이 영광스러웠다.

enroll ⓥ 등록하다

1225 ★★☆

carbon
[kά:rbən]

ⓝ 탄소

This question is particularly relevant since we are living in an era of skyrocketing fuel costs and humans' ever-growing **carbon** footprints. 16 모평

이 질문은 유가는 치솟고 인간의 **탄소** 발자국은 끊임없이 커지는 시대에 우리가 살고 있기 때문에 특히 적절하다.

1226 ★★☆

upcoming
[ʌ́pkʌ̀miŋ]

ⓐ 다가오는

For information about **upcoming** special events, press 1.

다가오는 특별 행사에 관한 정보를 들으려면 1번을 누르십시오.

Plus ⓔ forthcoming

upcoming

'다가오다'라는 뜻의 숙어 come up이 형용사화된 것입니다.

1227 ★☆☆

trace
[treis]

ⓝ 흔적 ⓥ 흔적을 쫓다

You will learn how to find **traces** of suspects. 21 모평 변형

여러분은 용의자의 **흔적**을 찾는 방법을 배울 것입니다.

Plus ⓔ track

1228 ★★☆

pulse
[pʌls]

ⓝ 맥박

I used to train with a world-class runner who was constantly hooking himself up to **pulse** meters and pace keepers. 15 모평

나는 끊임없이 자기 자신을 **맥박**계와 속도 계측기에 연결하고 있던 세계 일류 육상 선수 한 명과 훈련을 하곤 했다.

beat ⓥ (심장이) 뛰다

pulsation ⓝ 맥박, 박동

1229 ★★☆
locate
[lóukeit]

ⓥ 〈수동태로〉 ~에 위치하다, (위치를) 찾아내다

The young must **locate**, identify, and settle in a habitat that satisfies not only survivorship but reproductive needs as well.

그 새끼들은 생존뿐만 아니라 번식을 위한 필요조건도 충족시켜 주는 서식지를 **찾고**, 확인하고, (거기에) 정착해야 한다.　20 수능 변형

1230 ★★☆
controversy
[káːntrəvə̀ːrsi]

ⓝ 논란, 논쟁

Controversy exists over the extent to which specific genes determine a person's behavior.

특정 유전자들이 사람의 행동을 결정하는 정도에 대해서 **논란**이 존재한다.

controversial ⓐ 쟁점이 되는

1231 ★★☆
flattery
[flǽtəri]

ⓝ 아첨

Don't listen to **flattery**. **아첨**을 귀담아듣지 마라.

Plus ⊕ I am flattered. 과찬의 말씀입니다.

flatter ⓥ 아첨하다

compliment와 flattery

compliment는 사교적인 '칭찬'의 말을 나타내지만, flattery는 비위를 맞추거나 환심을 사려는 '아첨'을 뜻합니다.

1232 ★★☆
regard
[rigáːrd]

ⓥ ~으로 여기다　ⓝ 관계, 고려

Dreams have been **regarded** as prophetic communications which would enable us to foretell the future.　12 수능

꿈은 우리가 미래를 미리 알 수 있게 해 주는 예언적인 소통**이라고 여겨졌다**.

Plus ⊕ as regards ~에 관해서는

1233 ★☆☆
convenience
[kənvíːnjəns]

ⓝ 편의, 편리

This dynamic can be illustrated with the example of parents who place equal value on **convenience** and concern for the environment.　17 모평

이러한 역학은 **편의성**과 환경에 대한 우려에 동일한 가치를 두는 부모들의 예에서도 분명히 볼 수 있다.

1234 ★★★
hygiene
[háidʒiːn]

ⓝ 위생, 위생학

Practice good personal **hygiene**.

개인 **위생**을 잘 실천해라.

DAY
31

DAY 31

1235 ★★★

rush
[rʌʃ]

ⓥ 돌진하다, 갑자기 일어나다   ⓝ 돌진, 황급한 움직임

One of the group, Tim, realizing that something was wrong, **rushed** to Bob's aid.

무리 중의 한 명인 Tim은 무엇인가 잘못되었다는 것을 깨닫고 Bob을 도와주러 **달려갔다**.

1236 ★★☆

contaminate
[kəntǽmənèit]

ⓥ 오염시키다

They **contaminated** the fresh flow of water.

그것들이 새롭게 흘러 들어온 물을 **오염시켰다**.

> **Plus** ⊜ pollute
> **contamination** ⓝ 오염

1237 ★★☆

external
[ikstə́:rnəl]

ⓐ 외부의   ⓝ 외부

Representational theories of art treat the work of the artist as similar to that of the scientist. Both, so to speak, are involved in describing the **external** world.   20 모평

예술 표상 이론은 예술가가 하는 일을 과학자가 하는 일과 유사한 것으로 취급한다. 말하자면, 둘 다 **외부** 세계를 묘사하는 것과 관련이 있다.

> **Plus** ⊖ internal ⓐ 내부의

1238 ★★☆

herd
[hə:rd]

ⓝ (짐승의) 떼

Herd sizes were reduced further by herders who sold some of their reindeer to buy a snowmobile.   11 모평

(순록) **떼**의 규모는 눈 자동차를 사기 위해 순록의 일부를 팔아 버린 목축업자들에 의해 더 줄어들었다.

> **herder** ⓝ 목동, 목축업자

> **'떼'를 나타내는 단어들**
>
> herd는 모든 짐승의 떼를 통칭하여 나타내는 단어지만, flock은 그중에서도 '새, 양, 염소'와 같이 크기가 작고 온순한 짐승의 떼를 지칭합니다. 그리고 pack은 '개, 늑대' 등의 떼를 나타냅니다.

1239 ★★★

allocate
[ǽləkèit]

ⓥ 할당하다, 분배하다

In Peru, the government grants water to communities separately from land, and it is up to the community to **allocate** it.   21 모평

페루에서는 정부가 토지와는 별도로 지역 사회에 물을 주고, 그것을 **분배하는** 것은 공동체의 몫이다.

1240 ★★☆

gorgeous
[gɔ́:rdʒəs]

ⓐ 아주 멋진, 화려한

An old man got on a train with a **gorgeous** hat his son bought for him.

한 노인이 자신의 아들이 사 준 **아주 멋진** 모자를 쓰고 기차에 탔다.

> **Plus** ⊜ magnificent, beautiful

REVIEW TEST

A 다음 단어에 해당하는 우리말 또는 영어 단어를 쓰시오.

01 divine	__________	**11** 늪	__________
02 factual	__________	**12** 탐험(대)	__________
03 revive	__________	**13** 저장, 저장고	__________
04 motion	__________	**14** 적도	__________
05 consistent	__________	**15** 특허, 특허권	__________
06 cognitive	__________	**16** 미덕	__________
07 hinder	__________	**17** 투옥하다	__________
08 humble	__________	**18** 탄소	__________
09 enlist	__________	**19** 맥박	__________
10 upcoming	__________	**20** 아첨	__________

B 다음 빈칸에 알맞은 단어를 보기에서 골라 쓰시오.

보기			
submit	corrupt	abnormal	gorgeous
controversy	contaminate	convenience	locate

01 The city set up some shelters on the streets for the ___________ of pedestrians.

02 They decided to use drones to ___________ the missing hikers in the mountain.

03 The reporter wrote about the ___________ surrounding the accident.

04 He believes that ___________ officials should be punished.

05 You must ___________ the science report by next Friday.

B **01** 시는 보행자들의 편의를 위해 거리에 몇몇 쉼터를 설치했다.　**02** 그들은 산에서 실종된 등산객들의 위치를 파악하기 위해서 드론을 사용하기로 했다.　**03** 그 기자는 그 사고와 관련된 논란에 관해 썼다.　**04** 그는 부패한 공무원들은 처벌되어야 한다고 믿고 있다.　**05** 너는 다음 주 금요일까지 과학 보고서를 제출해야 한다.

정답 **01** convenience　**02** locate　**03** controversy　**04** corrupt　**05** submit

ask for ▶ ~을 요구하다

Don't **ask for** money because I have no money.
나는 돈이 없으니 돈을 **요구하지** 마라.

as a matter of fact ▶ 사실(= in fact)

As a matter of fact, neighboring countries helped the victims of the hurricane.
사실, 이웃 나라들이 허리케인의 희생자들을 도왔다.

He didn't go to university. **In fact**, he left school at 16.
그는 대학에 진학하지 않았다. **사실**, 그는 16세에 학교를 그만뒀다.

at least ▶ 적어도(= not less than)

We should exercise **at least** three times a week.
우리는 **적어도** 일주일에 세 번은 운동을 해야 한다.

You should pay **not less than** 10 dollars for this.
당신은 이것에 대해 **적어도** 10달러는 지불해야 한다.

be about to V ▶ 막 ~하려고 하다

I **was** just **about to** change the water in the fish tank.　22 모평
나는 **막** 어항 안의 물을 바꾸려던 **참이었다.**

be fond of ▶ ~을 좋아하다

He **is fond of** finding fault with others.　그는 남들의 흠잡기를 **좋아한다.**

be good at ▶ ~을 잘하다

My mother **is good at** cooking.　나의 어머니는 요리를 **잘하신다.**

be inclined to V ▶ ~하고 싶은 기분이다(= be disposed to, feel like -ing)

Nobody **was inclined to** argue with him.　아무도 그와 논쟁하고 **싶어 하지** 않았다.
I might have **been disposed to** like him in other circumstances.
다른 상황에서였다면 나는 그를 좋아하고 **싶어 했을지도** 모른다.
I **feel like** traveling to Europe with you.　나는 당신과 함께 유럽을 여행하고 **싶다.**

DAY 32

Previous Check

- confess
- subjective
- trivial
- acknowledge
- accord
- immense
- extract
- sewage
- reconciliation
- explore
- warrant
- complement
- ceramic
- license
- emerge
- halt
- pierce
- ponder
- burglar
- stroke
- lottery
- certificate
- transplant
- cluster
- plea
- derive
- plague
- ultrasound
- deluxe
- convey
- depth
- evaporate
- lame
- intelligence
- sour
- repetitive
- oppress
- leftover
- embrace
- blade

1241 ★★☆

confess
[kənfés]

ⓥ **고백하다**

He later **confessed** that he was having a great deal of trouble completing his tasks. `19 모평 변형`

나중에 그는 자신의 업무를 완수하는 데 많은 어려움이 있다고 **고백했다**.

confession ⓝ 고백　　　　**profess** ⓥ 공언하다

con + fess

con(강조의 어두)+**fess**(= say) → '남김없이 말하다'에서 '고백하다'가 됩니다.

1242 ★★☆

subjective
[səbdʒéktiv]

ⓐ **주관적인**, 주격의

By comparison, evaluation of performances such as diving, gymnastics, and figure skating is more **subjective**. `15 모평`

그에 비해, 다이빙, 체조, 그리고 피겨스케이팅과 같은 연기에 대한 평가는 더 **주관적**이다.

`Plus` ⊖ objective ⓐ 객관적인

1243 ★★☆

trivial
[tríviəl]

ⓐ **사소한**

We decide what is important or **trivial** in life.

우리는 인생에서 무엇이 중요한지 또는 무엇이 **사소한**지 결정한다.

`Plus` ⊖ important ⓐ 중요한

trivia ⓝ 사소한 일

1244 ★★☆

acknowledge
[əknɑ́:lidʒ]

ⓥ **인정하다**

Most composition experts now **acknowledge** that a split infinitive is not a grammar crime. `21 모평 변형`

이제 대부분의 작문 전문가들은 분리된 부정사가 문법적으로 끔찍한 일이 아니라는 점을 **인정한다**.

1245 ★★☆

accord
[əkɔ́:rd]

ⓥ **일치하다, 주다**, 부여하다　ⓝ **일치**, 협정

Her principles did not **accord** with mine.

그녀의 원칙들은 나의 원칙들과 **일치하지** 않았다.

`Plus` ⊕ in accord with ～과 일치하여

according to ～에 따르면

accordance ⓝ 일치

ac + cord

ac(= ad: to)+**cord**(= heart) → '마음 대 마음으로 통하다'에서 '일치하다'가 됩니다.

1246 ★★☆

immense
[iméns]

ⓐ **막대한**

I can see the **immense** benefits sports provide our children.

나는 스포츠가 우리 아이들에게 제공하는 **막대한** 이점을 알 수 있다.

`Plus` ⊜ enormous, huge, tremendous

im + mense

im(= in: not)+**mens**(e)(= measure) → '측정할 수 없을 만큼 큰'에서 '막대한'이 됩니다.

1247 ★★☆

extract
[ikstrǽkt]

ⓥ 추출하다 ⓝ 추출물 [ékstrækt]

The DNA **extracted** from these bits of whale skin identifies the individuals in the group.　12 수능 변형

이러한 고래의 피부 조각에서 **추출된** DNA는 집단에 속해 있는 개별 개체들을 확인해 준다.

extraction ⓝ 추출

ex + tract

ex(= out)+**tract**(= draw) → '밖으로 끌어내다'에서 '추출하다'가 됩니다.

1248 ★★☆

sewage
[súːidʒ]

ⓝ 하수

Much of the **sewage** of big cities flows into the ocean.

대도시 **하수**의 상당량이 바다로 흘러들어 간다.

'폐기물'과 관련된 단어들

filth 오물　　　　　**dirt** 쓰레기, 진흙　　　　　**waste** 쓰레기(= trash, rubbish)

muck 오물, 비료

1249 ★★★

reconciliation
[rèkənsiliéiʃən]

ⓝ 화해

We must work to resolve conflicts in a spirit of **reconciliation**.

우리는 **화해**의 정신으로 분쟁을 해결하기 위해 애써야 한다.　10 수능

reconcile[rékənsàil] ⓥ 화해시키다

1250 ★★☆

explore
[iksplɔ́ːr]

ⓥ 탐험하다, 탐구하다

Manufacturers have set up market-research departments to **explore** the needs of users in the target market.　23 모평 변형

제조업자들은 핵심 대상 시장 사용자들의 필요를 **탐구하기** 위한 시장 연구 부서를 설치했다.

1251 ★★☆

warrant
[wɔ́(ː)rənt]

ⓝ 보증, 영장 ⓥ 보증하다

Diligence is a sure **warrant** of success.

근면은 성공의 확실한 **보증**이다.

Plus ＝ guarantee

warranty ⓝ 보증서

1252 ★★★

complement
[káːmpləmənt]

ⓥ 보완하다 ⓝ 보충물

Words and pictures **complement** each other.

말과 그림은 상호 **보완한다**.

compliment[káːmpləmənt] ⓝ 칭찬

com + ple + ment

com(강조의 어두)+**ple**(= fill)+**ment**(명·접) → '완전하게 채우는 것'의 의미에서 '보충'이 됩니다.

DAY
32

1253 ★★☆

ceramic
[sərǽmik]

ⓝ 도자기 ⓐ 도자기의

The Modern Pottery Museum exhibits collections of artistic **ceramic** works.　14 수능

현대 도예 미술관에서 예술적인 **도자기** 작품들의 수집품들을 전시한다.

1254 ★☆☆

license
[láisəns]

ⓝ 면허, 인가 ⓥ 면허[인가]를 내주다

He went on to publish seven more *Where's Wally* books, create a television show, and **license** several video games.　14 모평

그는 이어서 일곱 권의 *Where's Wally* 책을 더 출판했고, 텔레비전 쇼를 만들었으며, 몇몇 비디오 게임들에 **인가를 내주었다.**

1255 ★★☆

emerge
[imə́:rdʒ]

ⓥ 나타나다, 드러나다

Curiously, from this new level of uncertainty even greater goals **emerge** and appear to be attainable.　21 모평

의아스럽게도 이 새로운 수준의 불확실성으로부터 훨씬 더 위대한 목표가 **나타나고** 달성 가능해 보인다.

emergence ⓝ 출현, 발생　　　　**emergent** ⓐ 나타나는, 신생의

1256 ★★☆

halt
[hɔ:lt]

ⓝ 정지, 일시 멈춤 ⓥ 정지하다, 정지시키다

The elevator came to an abrupt **halt** on the third floor.

엘리베이터가 3층에서 갑자기 **정지**했다.

Plus ≡ stop

1257 ★★☆

pierce
[piərs]

ⓥ 꿰뚫다, ~에 구멍을 뚫다

You cannot have your ears **pierced**.

너는 귀를 **뚫으면** 안 된다.

1258 ★★☆

ponder
[pá:ndər]

ⓥ 심사숙고하다

The student **pondered** upon that problem for a long time.

그 학생은 그 문제에 대해 오랜 시간 동안 **심사숙고했다.**

Plus ⊕ think about ~에 대해 생각[고려]하다
ponderous ⓐ 대단히 무거운, 장황한

1259 ★★☆

burglar
[bə́:rglər]

ⓝ (주거 침입) 강도

There's a **burglar** trying to get in.

강도가 들어오려고 하고 있다.

Plus ≡ thief, housebreaker

1260 ★★☆
stroke
[strouk]

ⓝ 뇌졸중, 강타
One male musician suffered a **stroke** in his left brain, the area for speech.
한 남성 음악가는 말하는 영역인 좌뇌에 **뇌졸중**을 앓았다.

Plus ⊕ at a[one] stroke 일격에, 단숨에

strike ⓥ 때리다 ⓝ 동맹 파업

1261 ★★★
lottery
[látəri]

ⓝ 복권, 추첨
Some letters offered a chance to win a cell phone in a **lottery** if the customer came in to inquire about a loan. 12 모평
몇 통의 편지에는 만약 고객이 대출에 관해 문의하러 오면 **추첨**으로 휴대 전화를 탈 수 있는 기회를 제공한다고 쓰여 있었다.

lotto ⓝ 숫자카드 맞추기 놀이

1262 ★★☆
certificate
[sərtífikət]

ⓝ 증명서, 자격[면허]증
We are very excited to announce that we will offer the Summer Aviation Flight Camp for student pilot **certificates**.
저희가 학생 조종사 **면허**를 위한 여름 항공 비행 캠프를 제공할 것임을 알려 드리게 되어 매우 기쁩니다.

Plus ⊕ gift certificate 상품권

certify ⓥ 증명하다

certification ⓝ 증명

1263 ★★☆
transplant
[trǽnsplænt]

ⓝ 이식 ⓥ 이식하다 [trænsplǽnt]
His dying son needs a bone-marrow **transplant**.
그의 죽어 가는 아들은 골수 **이식**을 필요로 한다.

transport ⓥ 운송하다

transform ⓥ 변형하다

trans + plant

trans(= across) + **plant**(심다) → '이쪽에서 저쪽으로 옮겨 심다'에서 '이식', '이식하다'가 됩니다.

1264 ★★☆
cluster
[klʌ́stər]

ⓝ 무리, (과일·꽃의) 송이, 성단
A star **cluster** or nebula is supposed to be there.
저기에 별**무리** 혹은 성운(星雲)이 있어야 한다.

Plus ⊜ bunch, gathering

1265 ★★☆
plea
[pliː]

ⓝ 탄원, 간청, 변명
Most workers made a **plea** for a better environment at the factory.
대부분의 노동자들이 공장의 더 나은 환경을 위해 **탄원**했다.

plead ⓥ 간청하다, 변호하다

1266 ★★☆
derive
[diráiv]

ⓥ 이끌어 내다, ~에서 비롯되다

Ordinarily we **derive** much valuable information about new situations from how others around us behave. 23 모평 변형

보통 우리는 우리 주변의 다른 사람들이 어떻게 행동하는지로부터 새로운 상황에 관한 많은 귀중한 정보를 **이끌어 낸다**.

derivation ⓝ 유도　　　　　　　　**derivative** ⓐ 끌어낸 ⓝ 파생물
drive ⓥ 운전하다

1267 ★★★
plague
[pleig]

ⓝ 전염병

In Europe in the Middle Ages, people even danced to avoid the **plague**.

중세 유럽에서, 사람들은 **전염병**을 피하기 위해 춤을 추기까지 했다.

Plus ⊜ infectious disease 전염병

'전염병'과 관련된 단어들

flu 유행성 독감　　　　　**mad cow disease** 광우병　　　　**cholera** 콜레라
the Black Death 페스트(흑사병)　　**foot-and-mouth disease** 구제역

1268 ★★☆
ultrasound
[ʌ́ltrəsàund]

ⓝ 초음파

Ultrasound is also used for delicate cleaning.

초음파는 또한 섬세한 세척에도 사용된다.

ultraviolet ⓐ 자외선의 ⓝ 자외선

ultra + sound

ultra(초)＋**sound**(소리) → '초(超)'라는 의미의 ultra와 '소리'를 나타내는 단어 sound가 결합하여 '초음파'라는 명사가 되었습니다.

1269 ★★☆
deluxe
[dəlʌ́ks]

ⓐ 호화로운, 사치스러운

Constructed in the 12th century, now a **deluxe** hotel, Palazzo Sasso is all about the view.

12세기에 건축되었으며 이제는 **호화로운** 호텔인 Palazzo Sasso는 전망에 관한 한 최고이다.

Plus ⊜ luxurious

1270 ★★☆
convey
[kənvéi]

ⓥ 전달하다, 나르다

Music can **convey** the quality and size of a space. 15 모평

음악은 공간의 특성과 규모를 **전달할** 수 있다.

1271 ★★★

depth
[depθ]

ⓝ 깊이

You get people who are great improvisers but don't have **depth** of knowledge.　20 수능

여러분은 훌륭한 즉흥 연주자이지만 **깊이** 있는 지식은 없는 사람들을 얻게 된다.

deep ⓐ 깊은

'측량'과 관련된 단어들

high 높은　　**height** 높이　　**wide** 넓은　　**width** 너비

1272 ★★★

evaporate
[ivǽpərèit]

ⓥ 증발하다

As the water **evaporated**, the traces of dissolved salts were gradually concentrated in the shrinking lake.　13 수능

물이 **증발하면서**, 미량의 용해된 소금이 줄어드는 호수에 서서히 농축되었다.

e + vapor + ate

e(= ex: out)+**vapor**(증기)+**ate**(동·접) → '증기를 밖으로 보내다'에서 '증발하다'가 됩니다.

1273 ★★☆

lame
[leim]

ⓐ 다리를 저는

Being **lame** or poor, rich or powerful really doesn't matter.

다리를 절든 가난하든, 부자든 권력자든 정말로 상관이 없다.

1274 ★★☆

intelligence
[intélidʒəns]

ⓝ 지능, 지성

In joint cognitive system designs, artificial **intelligence** is used along with human-robot interaction principles.　23 모평 변형

결합 인지 시스템 설계에서, 인공 **지능**이 인간–로봇 상호 작용 원리와 함께 사용된다.

1275 ★☆☆

sour
[sáuər]

ⓐ 신맛이 나는

Both humans and rats dislike *bitter* and *sour* foods, which tend to contain toxins.　18 수능

인간과 쥐 모두 '쓰'고 '**신**' 음식을 싫어하는데, 그것(쓰고 신 음식)은 독소를 포함하는 경향이 있다.

'맛'과 관련된 단어들

bitter 쓴맛이 나는　　**salty** 짠맛이 나는　　**sweet** 단맛이 나는

DAY **32**

1276 ★★★

repetitive
[ripétətiv]

ⓐ 반복성의

Robots are particularly good at highly **repetitive** simple motions.
로봇은 특히 매우 **반복적인** 단순 동작을 잘한다.　　　22 수능 변형

repeat ⓥ 반복하다　　　**repetition** ⓝ 반복

1277 ★★★

oppress
[əprés]

ⓥ 억압하다

A good government will not **oppress** the people.
훌륭한 정부는 국민을 **억압하지** 않을 것이다.

oppression ⓝ 억압, 압제　　　**depress** ⓥ 우울하게 하다
impress ⓥ 인상을 주다　　　**suppress** ⓥ 억압하다

op + press

op(= ob: against)+**press**(누르다) → '반대로 누르다'에서 '억압하다'가 됩니다.

1278 ★★★

leftover
[léftòuvər]

ⓐ 나머지의, 남은　ⓝ 나머지, 남은 음식

They make good use of small pieces of **leftover** cloth.
그들은 **남은** 작은 천 조각들을 잘 이용한다.

Plus ⊜ residue, remnants ⓝ 잔류물

left + over

left(leave의 과거분사)+**over**(~ 위에) → left와 '~ 위에'를 뜻하는 over가 결합해 '남겨진 것'이 됩니다.

1279 ★★★

embrace
[embréis]

ⓝ 포옹　ⓥ 포옹하다, 받아들이다

The trees were already awake and **embraced** by the blue sky.
나무들은 이미 깨어나 파란 하늘에 **안겨** 있었다.

Plus ⊜ hug, hold

1280 ★★★

blade
[bleid]

ⓝ 칼날

Be careful not to cut yourself on the **blade**.
칼날에 베이지 않도록 조심해라.

A 다음 단어에 해당하는 우리말 또는 영어 단어를 쓰시오.

01 accord	_______________	**11** 주관적인, 주격의	_______________
02 complement	_______________	**12** 추출하다, 추출물	_______________
03 ceramic	_______________	**13** 하수	_______________
04 emerge	_______________	**14** 화해	_______________
05 halt	_______________	**15** 보증, 영장	_______________
06 pierce	_______________	**16** (주거 침입) 강도	_______________
07 transplant	_______________	**17** 뇌졸중, 강타	_______________
08 plea	_______________	**18** 복권, 추첨	_______________
09 plague	_______________	**19** 증명서	_______________
10 evaporate	_______________	**20** 지능, 지성	_______________

B 다음 빈칸에 알맞은 단어를 보기에서 골라 쓰시오.

보기			
confess	immense	license	embrace
ponder	lame	leftover	derive

01 The students had to _____________ on the implications of their teacher's comment.

02 Kevin wanted to _____________ to her the mistake he had made at school.

03 The research team has a(n) _____________ amount of work to do for the project.

04 I decided to eat out because I didn't want to have _____________(e)s in the refrigerator.

05 Her father opened his arms wide to _____________ her.

B **01** 학생들은 선생님 의견의 함축된 의미를 심사숙고해야 했다.　**02** Kevin은 자신이 학교에서 저지른 실수를 그녀에게 고백하기를 원했다.　**03** 그 연구팀은 그 프로젝트를 위해 해야 할 막대한 양의 일을 가지고 있다.　**04** 나는 냉장고에 있는 남은 음식을 먹고 싶지 않아서 외식을 하기로 했다.　**05** 그녀의 아버지는 그녀를 포옹하기 위해 팔을 활짝 벌렸다.

정답　**01** ponder　**02** confess　**03** immense　**04** leftover　**05** embrace

before long ▶ 곧, 머지않아(= soon)

We knew we would be separated **before long**.
우리는 **머지않아** 헤어지리라는 것을 알고 있었다.

belong to ▶ ～의 것이다, ～에 속하다

The uniform must **belong to** a student in another class.　21 모평
그 교복은 분명히 다른 학급 학생**의 것이다**.

break into ▶ 침입하다

There is evidence showing that somebody **broke into** my room last night.
어젯밤에 누군가가 내 방에 **침입한** 것을 보여 주는 증거가 있다.

come true ▶ 실현되다(= be realized)

Someday your dream to be a millionaire will **come true**.
백만장자가 되겠다는 당신의 꿈은 언젠가 **실현될** 것이다.

do one's best ▶ 최선을 다하다

In doing everything, you should **do your best**.　모든 일을 함에 있어, 당신은 **최선을 다해야** 한다.

except for ▶ ～을 제외하고

All students passed the test **except for** her.　그녀**를 제외하고** 모든 학생들이 그 시험에 합격했다.

far from ▶ 결코 ～이 아닌(= not at all)

It was obvious that what he recorded was **far from** the truth.
그가 녹음한 것이 **결코** 사실**이 아니라는** 것이 확실했다.
I did**n't** go out **at all** yesterday.　나는 어제 **전혀** 외출을 **하지 않**았다.

first of all ▶ 무엇보다도, 첫 번째로(= above all)

First of all, they are still afraid of loans.　**무엇보다도**, 그들은 여전히 대출을 두려워한다.
Above all, there's no place like home.　**무엇보다도**, 집만 한 곳이 없다.

get up ▶ 일어나다, 잠에서 깨다

You have to **get up** early tomorrow morning.　당신은 내일 아침 일찍 **일어나야** 한다.

Previous Check

- abundant
- duplicate
- spoil
- altitude
- glimpse
- blend
- swell
- grief
- beverage
- warrior
- shrub
- slice
- exotic
- arrogant
- vanish
- outbreak
- accommodate
- cozy
- recommend
- auction
- obsess
- suitor
- rational
- discreet
- pioneer
- assert
- undo
- inevitable
- elaborate
- toss
- retain
- maximize
- buildup
- machinery
- sacrifice
- auditorium
- linger
- neglect
- feedback
- radioactive

1281 ★★☆
abundant
[əbʌ́ndənt]

ⓐ 풍부한

From mankind's point of view, the domestication of maize made available an **abundant** new source of food. `14 모평`

인간의 관점에서 보면, 옥수수의 재배는 **풍부한** 새로운 식량원을 이용 가능하게 한 것이었다.

Plus ⊜ plentiful, rich

abundance ⓝ 풍부   **abound** ⓥ 풍부하다

1282 ★★★
duplicate
[djú:plikət]

ⓝ 복제품   ⓥ 이중으로 하다, 복제하다 [djú:plikèit]

We want to **duplicate** those results.

우리는 그러한 결과들을 **복제하기**를 원한다.

Plus ⊜ copy

duplication ⓝ 이중, 복사

1283 ★★☆
spoil
[spɔil]

ⓥ 망치다, 상하게 하다, 버릇없게 키우다

Food and vaccines would **spoil** without refrigeration. `19 모평 변형`

냉장하지 않으면 식품과 백신은 **상할** 것이다.

Plus ⊜ harm, damage

1284 ★★★
altitude
[ǽltətjù:d]

ⓝ 고도, 높이

Their knowledge of the deadly effects of extreme **altitude** was limited and their equipment was poor. `12 수능`

극도로 높은 **고도**에 의한 치명적인 영향에 대해 그들이 지니고 있는 지식은 제한적이었으며, 그들의 장비도 별 볼 일 없는 것이었다.

attitude ⓝ 태도   **aptitude** ⓝ 경향, 적성

1285 ★★☆
glimpse
[glimps]

ⓝ 흘긋 봄   ⓥ 흘긋 보다, 깨닫다

With each new solution, we **glimpse** a bit more of the overall pattern of nature. `12 모평`

각각의 새로운 해결 방법으로, 우리는 자연의 전반적인 패턴에 대해 **어렴풋이** 조금 더 **알게 된다.**

glare ⓥ 노려보다, 눈부시게 빛나다

glimpse와 glance

glimpse는 대상을 재빨리 흘긋 보되 자세히 보는 것이 아니고, **glance**는 대상을 빨리 얼핏 보고 대상으로부터 즉시 시선을 떼는 것을 의미합니다.

1286 ★★☆
blend
[blend]

ⓝ 혼합 ⓥ 섞다, 혼합하다

It **blends** into the rocky limestone soils of the Dead Horse Mountains. `15 모평 변형`

그것은 Dead Horse 산맥의 돌투성이 석회암 토양 속으로 **섞여 들어간다**.

`Plus` ⊜ mix

blender ⓝ 믹서　　　　　　**mixer** ⓝ (반죽) 혼합기

1287 ★★☆
swell
[swel]

ⓥ 부풀다 ⓝ 팽창

My heart **swells** as much as my chubby bags. `16 수능`

나의 마음은 내 불룩한 가방만큼 **부풀어 오른다**.

swell, extend, expand

swell 내부 압력 등으로 인하여 부피나 양이 크게 부풀다　　　　**extend** 길이나 기한을 늘리다
expand 가장 일반적으로 내부의 힘에 의해 크기나 양 등이 커지다

1288 ★★☆
grief
[griːf]

ⓝ 큰 슬픔

It is sometimes better not to show **grief** in public.

때로는 **슬픔**을 남들 앞에서 보여 주지 않는 것이 더 낫다.

`Plus` ⊜ sorrow

grieve ⓥ 몹시 슬퍼하다　　　　**grievous** ⓐ 슬픈

1289 ★★☆
beverage
[bévəridʒ]

ⓝ 음료

Among the female groups, likewise, the youngest group had the lowest average kilocalorie intake from sugar-sweetened **beverages**. `20 모평`

여성 집단 사이에서도 마찬가지로, 가장 어린 연령 집단이 설탕이 가미된 **음료**로부터 가장 낮은 킬로칼로리 평균 섭취량을 보였다.

`Plus` ⊜ drink

1290 ★☆☆
warrior
[wɔ́(ː)riər]

ⓝ 전사, 용사

"Nothing happened after that," another Crow **warrior** said. "We just lived." `14 수능`

"그 이후에는 아무 일도 일어나지 않았어요. 우리는 그냥 살았어요."라고 또 다른 Crow 부족의 **전사**가 말했다.

'전쟁'과 관련된 단어들

soldier 군인　　　　**gladiator** 검투사　　　　**combatant** 전투원　　　　**fighter** 전사

1291 ★★☆
shrub
[ʃrʌb]

ⓝ 관목

Shrubs and vines are turning green.

관목과 포도나무들이 푸르게 변하고 있다.

1292 ★★☆

slice
[slais]

☐☐
ⓝ 얇은 조각 ⓥ 얇게 썰다

Now cut the potatoes into very thin **slices**.
이제 감자를 아주 얇은 **조각들**로 썰어라.

slide ⓥ 미끄러지다(= slip)   **slit** ⓝ 긴 구멍, (옷의) 트임

piece와 slice

piece는 '한 덩어리'라는 개념에 가깝고, slice는 '한 장'이라는 뜻입니다.

1293 ★★☆

exotic
[igzátik]

☐☐
ⓐ 이국적인

None of the wildlife I saw was **exotic**.   18 수능
눈에 보이는 야생 동물 중 아무것도 **이국적이지** 않았다.

Plus ⊜ unusual ⓐ 특이한, 색다른   foreign ⓐ 외국의

1294 ★★☆

arrogant
[ǽrəgənt]

☐☐
ⓐ 거만한

No one has dared to accuse him of **arrogant** pride.
아무도 그의 **거만한** 자부심을 감히 비난하지 않았다.

Plus ⊜ conceited
         ⊖ humble ⓐ 겸손한, 누추한
arrogance ⓝ 거만, 불손

1295 ★★☆

vanish
[vǽniʃ]

☐☐
ⓥ 사라지다

The hole had **vanished**.
그 구멍은 **사라져 버렸다**.

Plus ⊜ disappear
         ⊕ vanish into thin air 완전히 사라지다
banish [bǽniʃ] ⓥ 추방하다

vanishment와 vanity

vanish의 명사형 vanishment는 '소멸'을 의미하지만, 또 다른 명사형인 vanity는 '허영심'을 의미합니다.

1296 ★★★

outbreak
[áutbrèik]

☐☐
ⓝ (전쟁·질병 등의) 발발, 폭동

High-density rearing led to **outbreaks** of infectious diseases that in some cases devastated local wild fish populations.   15 수능 변형
고밀도의 사육은 일부 경우에서 지역의 야생 어류 개체군을 파괴하는 전염성 질병의 **발발**을 초래했다.

Plus ⊜ eruption

out + break

out(밖으로)+break(터지다) → '밖으로 터지다', 즉 '발발'이라는 뜻이 되었습니다.

1297 ★★☆ accommodate
[əká:mədèit]

ⓥ **수용하다, 숙박시키다**

The dormitory was big enough to **accommodate** all of us.
기숙사는 우리 모두를 **수용하기에** 충분할 만큼 컸다.

accommodation ⓝ 숙박 시설　　**accommodating** ⓐ 다루기 쉬운, 말 잘 듣는

1298 ★☆☆ cozy
[kóuzi]

ⓐ **아늑한**

The farmer gave the traveler a **cozy** room.
농부는 여행객에게 **아늑한** 방을 내주었다.

Plus ⊜ snug, comfortable

1299 ★★☆ recommend
[rèkəménd]

ⓥ **추천하다**

Jonas' history professor had **recommended** the field trip to the class. 　20 수능 변형
Jonas의 역사 교수는 학생들에게 그 현장 학습을 **추천했다**.

1300 ★★☆ auction
[ɔ́:kʃən]

ⓝ **경매**　ⓥ **경매에 부치다**

Net compulsions include online **auction** addiction.
인터넷 강박증은 온라인 **경매** 중독을 포함한다.

1301 ★★★ obsess
[əbsés]

ⓥ **강박 관념을 갖다**, (망상이) 사로잡다

Scientists, especially young ones, can get too **obsessed** with results.
과학자들, 특히 젊은 과학자들은 결과에 너무 **집착할** 수 있다. 　19 수능

Plus ⊕ be obsessed with ~에 사로잡히다
obsession ⓝ 강박 관념　　**obsessive** ⓐ 강박 관념의

1302 ★★☆ suitor
[sú:tər]

ⓝ **소송인, 구혼자**

The **suitors** decided not to compromise with them.
소송인들은 그들과 타협하지 않기로 결정했다.

suit ⓝ 한 벌, 소송　ⓥ ~에 맞다, ~에 어울리다

1303 ★★☆ rational
[rǽʃənəl]

ⓐ **이성적인, 합리적인**

From this perspective, it is assumed that individuals are **rational** actors. 　22 모평 변형
이 관점에서, 개인은 **합리적인** 행위자라고 추정된다.

Plus ⊜ reasonable, sensible
rationalize ⓥ 합리화하다　　**rationalism** ⓝ 합리주의

1304 ★★★
discreet
[diskríːt]

ⓐ 분별 있는, 사려 깊은
A **discreet** person does not spread rumors.
분별 있는 사람은 소문을 퍼뜨리지 않는다.

Plus ⊜ careful
⊕ be discreet in ~을 삼가다, 신중히 하다
discretion ⓝ 분별, 신중
discrete ⓐ 분리된, 별개의 (동음이의어)

1305 ★★
pioneer
[pàiəníər]

ⓝ 개척자, 선구자 ⓐ 개척자의 ⓥ 개척하다
Great scientists, the **pioneers** that we admire, are not concerned with results but with the next questions. 13 모평
위대한 과학자들, 우리가 존경하는 **선구자들**은 결과가 아니라 다음 문제에 관심이 있다.

1306 ★★
assert
[əsə́ːrt]

ⓥ 주장하다, 행사하다
The point is that this sort of post-truth relationship to facts occurs only when we are seeking to **assert** something that is more important to us than the truth itself. 20 모평
핵심은 사실에 대한 이러한 종류의 탈진실적 관계가 우리가 진실 그 자체보다 우리에게 더 중요한 어떤 것을 **주장하려고** 추구하고 있을 때에만 일어난다는 것이다.

Plus ⊜ declare, state

1307 ★★
undo
[ʌ̀ndúː]

ⓥ 원상태로 돌리다, (매듭을) 풀다
Our romantic mistakes can always be **undone** these days, which you would think is a good thing. 13 모평
우리가 저지르는 낭만적인 실수를 요즘에는 언제나 **되돌릴** 수 있고, 여러분은 그것이 좋은 일이라고 생각할 것이다.

undoing ⓝ 파멸의 원인, 취소

un + do
un(= not)+**do**(하다) → '하다'라는 의미를 갖는 동사 do 앞에 부정형 접두어 un-이 붙으면서 '원상으로 돌리다'라는 뜻이 되었습니다. 비슷한 형태로 redo라고 하면 '다시 하다'라는 뜻이 됩니다.

1308 ★★
inevitable
[inévətəbl]

ⓐ 피할 수 없는
Still, many believe we will eventually reach a point at which conflict with the finite nature of resources is **inevitable**. 12 수능
하지만 많은 이들은 우리가 결국 자원의 유한한 특성과의 갈등이 **불가피한** 지점에 도달하게 될 것이라 믿는다.

Plus ⊖ evitable ⓐ 피할 수 있는
evade ⓥ 회피하다
escape ⓥ 탈출하다

1309 ★★☆

elaborate
[ilǽbərət]

ⓐ 정교한, 공들인

Koreans use a more **elaborate** system for addressing each other.

한국인들은 서로의 호칭에 있어 더 **정교한** 체계를 사용한다.

collaborate ⓥ 협동하다　　　**laboratory** ⓝ 실험실

e + labor + ate

e(= ex: out)+**labor**(= work)+**ate**(형·접) → '드러나게 일을 하다'에서 '정성 들인', '정교한'이 됩니다.

1310 ★★☆

toss
[tɔ(ː)s]

ⓥ 던지다

As the water got rougher, she was forced to paddle harder to keep the waves from **tossing** her into the water.　22 모평

물이 더 거칠어지자, 그녀는 물결이 자신을 물속으로 **던져 버리지** 못하게 더 열심히 노를 저을 수밖에 없었다.

Plus ⊜ throw

1311 ★★★

retain
[ritéin]

ⓥ 유지[보유]하다

In such institutions it is difficult for the staff to **retain** optimism when all the patients are declining in health.　17 수능

그러한 시설에서 모든 환자가 건강이 쇠약해지고 있을 때 직원들이 낙관주의를 **유지하는** 것은 어렵다.

retention ⓝ 보유

re + tain

re(= back)+**tain**(= hold) → '뒤쪽에 붙잡고 있다'에서 '보유하다'가 됩니다.

같은 어근 -tain에서 파생된 단어로는 contain(함유하다), obtain(획득하다), sustain(지탱하다) 등이 있습니다.

1312 ★★☆

maximize
[mǽksəmàiz]

ⓥ 최대화하다, 최대한으로 활용하다

Evolution works to **maximize** the number of descendants that an animal leaves behind.　17 수능

진화는 한 동물이 후에 남기는 자손의 수를 **최대화하기** 위해 작용한다.

Plus ⊖ minimize ⓥ 최소화하다

1313 ★★☆

buildup
[bíldʌ̀p]

ⓝ 축적

A primary source of heat **buildup** is sunlight absorbed by your home's roof.

열 **축적**의 주요 원천은 집 지붕에 의해 흡수되는 햇빛이다.

Plus ⊜ accumulation

build + up

build(건설하다)+**up**(위로) → '건설하다'라는 뜻의 동사 build와 up이 결합하여 '위로 쌓는 것', 즉 '축적'이라는 뜻이 됩니다.

1314 ★★★

machinery
[məʃíːnəri]

☐☐

ⓝ 〈집합적〉 기계

Manufacturers all work by **machinery** or by vast subdivision of labour and not, so to speak, by hand.　22 수능 변형

제조업자들은 모두 **기계**로 또는 방대한 분업으로 일하고, 말하자면 수작업으로 일하지 않는다.

machine ⓝ 기계

1315 ★★★

sacrifice
[sǽkrəfàis]

☐☐

ⓥ 희생하다, 희생시키다　ⓝ 희생, 제물

They may believe they **sacrifice** what is unique and special about their place.　18 모평

그들은 자신들의 장소에서 독특하고 특별한 것을 **희생한다**고 생각할지도 모른다.

1316 ★★★

auditorium
[ɔ̀ːdətɔ́ːriəm]

☐☐

ⓝ 강당

The **auditorium** was filled with aspiring artists and well-known performers.　12 모평

그 **강당**은 장차 음악가가 되려는 사람들과 잘 알려진 연주자들로 가득 차 있었다.

`audit + orium`

audit(= listen)+**orium**(명·접) → '듣는 공간'에서 '강당'이 됩니다. 어원 **aud**(it)에서 파생된 **audience**는 '청중'을 의미하여 어원의 의미가 그대로 살아 있는 반면, **auditor**는 좀 더 의미가 발전되어 '회계 감사원'의 뜻을 지닙니다.

1317 ★★★

linger
[líŋɡər]

☐☐

ⓥ 오래 머물다, 계속되다

The faint scent of pine **lingers** in the room.

옅은 소나무 향이 방 안에 **남아 있다**.

1318 ★★★

neglect
[niɡlékt]

☐☐

ⓥ 무시하다　ⓝ 소홀, 무시

Until my practice period was completed, I deliberately **neglected** everything else.

나는 연습 기간이 완료될 때까지는 그 밖의 모든 것을 의도적으로 **무시했다**.

1319 ★★★

feedback
[fíːdbæk]

☐☐

ⓝ 반응, 피드백

The participants who had received failure **feedback** watched the video much longer than those who thought they had succeeded.

실패라는 **피드백**을 받았던 참가자들은 자신이 성공했다고 생각하는 참가자들보다 훨씬 더 오래 비디오를 시청했다.　22 모평

1320 ★★★

radioactive
[rèidiouǽktiv]

☐☐

ⓐ 방사성의

Other substances, such as **radioactive** waste material, can also cause pollution.

방사성 폐기물 같은 다른 물질들도 또한 오염을 일으킬 수 있다.

REVIEW TEST

A 다음 단어에 해당하는 우리말 또는 영어 단어를 쓰시오.

01 duplicate	__________	**11** 고도, 높이	__________
02 blend	__________	**12** 음료	__________
03 swell	__________	**13** 이국적인	__________
04 grief	__________	**14** 발발, 폭동	__________
05 shrub	__________	**15** 아늑한	__________
06 vanish	__________	**16** 경매, 경매에 부치다	__________
07 recommend	__________	**17** 개척자	__________
08 elaborate	__________	**18** 최대화하다	__________
09 retain	__________	**19** 희생하다	__________
10 buildup	__________	**20** 방사성의	__________

B 다음 빈칸에 알맞은 단어를 보기에서 골라 쓰시오.

보기			
abundant	spoil	glimpse	inevitable
obsess	rational	assert	arrogant

01 The spring rain didn't ____________ the camping trip; it made the atmosphere more romantic.

02 The country has ____________ natural resources, so it is economically stable.

03 The idea of achieving his childhood dream seemed to ____________ him.

04 Max doesn't like Kate because he thinks she's a little ____________ .

05 I'm not sure who she was because I only got a(n) ____________ of her face.

give up ▶ 포기하다, 굴복하다

Then, what made you **give up** the contest? `20 수능`
그럼, 왜 대회를 **포기하게** 되었나요?

happen to ▶ 우연히 ~하다

He **happens to** see an advertisement poster on the wall. `22 모평`
그는 벽에 붙은 광고 포스터를 **우연히** 본다.

in addition to ▶ ~에 덧붙여[더하여]

You need experience **in addition to** your skills to get the job.
그 직업을 얻기 위해서는 실력**에 더하여** 경험도 필요하다.

in case of ▶ ~의 경우에(= in the event of)

Many shops will close **in case of** emergency.
비상사태**의 경우** 많은 가게들이 문을 닫을 것이다.

The banks will give an immediate refund **in the event of** an error.
은행은 실수가 **있을 경우** 즉각 환불해 줄 것이다.

in spite of ▶ ~에도 불구하고(= despite, for all)

They will hire him **in spite of** the fact that he has no experience.
그가 경험이 없다는 사실**에도 불구하고** 그들은 그를 고용할 것이다.

For all her old age, she is energetic and healthy.
노령의 나이**에도 불구하고**, 그녀는 활기차고 건강하다.

in the end ▶ 결국(= at last)

I had an idea of calling the police, but **in the end** I didn't.
나는 경찰을 부를 생각을 했지만 **결국** 그렇게 하지 않았다.

I'm so glad we've found you **at last**. 우리가 **마침내** 당신을 찾게 되어서 저는 무척 기쁩니다.

lead to ▶ ~에 이르다

Religious conflicts can **lead to** civil war. 종교적 갈등은 내전으로 **이어질** 수 있다.

Previous Check

- impair
- metaphor
- predominant
- bruise
- attorney
- sanitation
- heredity
- naive
- shed
- metropolitan
- shield
- ecology
- coverage
- expel
- plow
- prolong
- fluent
- margin
- induce
- interior
- ornament
- probe
- vibrate
- speculate
- versus
- pregnant
- epidemic
- precede
- breathtaking
- foundation
- stimulate
- fabric
- overturn
- ripe
- framework
- urgent
- settle
- conflict
- vapor
- tuition

1321 ★★★
impair
[impέər]

ⓥ 손상하다

Although cognitive and neuropsychological approaches emphasize the losses with age that might **impair** social perception, motivational theories indicate that there may be some gains or qualitative changes. `22 모평`

인지적 접근법과 신경 심리학적 접근법이 사회 지각을 **손상할**지도 모르는 노화에 따른 상실을 강조하긴 하지만, 동기 이론은 어떤 이득이나 질적 변화가 있을 수 있다는 것을 보여 준다.

Plus ⊜ worsen, damage, aggravate
impairment ⓝ 손상

1322 ★★☆
metaphor
[métəfɔ̀:r]

ⓝ 은유, 은유법

People presented with the beast **metaphor** focused on remediations. `21 모평 변형`

짐승의 **은유**를 제공받은 사람들은 교정 조치에 초점을 맞추었다.

1323 ★★☆
predominant
[pridά:mənənt]

ⓐ 뛰어난, 우세한

Grappling was a **predominant** method of combat.
격투는 **뛰어난** 전투 방법이었다.

pre + dominant

pre(= before)+**dominant**(지배하는) → '지배하는 것보다 앞선'의 뜻에서 '뛰어난'이 됩니다.

1324 ★★★
bruise
[bru:z]

ⓝ 타박상, 멍　ⓥ 타박상을 입히다, 멍들게 하다

He fell down the stairs and had a major **bruise** on his arm.
그는 계단에서 넘어져 팔에 큰 **멍**이 들었다.

1325 ★★☆
attorney
[ətə́:rni]

ⓝ 변호사

A defense **attorney** in the same trial constructs an argument to persuade the same judge or jury toward the opposite conclusion.

동일한 재판의 피고 측 **변호사**는 동일한 판사나 배심원을 정반대의 결론으로 설득하기 위한 논거를 구성한다. `17 모평 변형`

Plus ⊕ Attorney General 법무장관, 검찰총장

'법'과 관련된 단어들

| judge 판사 | jury 배심원 | plaintiff 원고 | (public) prosecutor 검사 |
| defendant 피고 | complaint (민사의) 고소 | accuse 고소하다(= claim, sue) | |

1326 ★★★

sanitation
[sǽnətéiʃən]

ⓝ 위생

The urban areas are suffering from lack of housing and worsening **sanitation**.

도시 지역들은 주택난과 **위생** 악화를 겪고 있다.

sanitary ⓐ 위생적인   **unsanitary** ⓐ 비위생적인

1327 ★★☆

heredity
[hərédəti]

ⓝ 유전, 유전 형질

Genes are tiny units of **heredity**.

유전자는 **유전 형질**의 아주 작은 단위이다.

heritage ⓝ 유산   **inherit** ⓥ 물려받다
inherent ⓐ 타고난

hered + ity

hered(상속인)+**ity**(명·접) → '상속되는 것'에서 '유전'이 됩니다.

1328 ★★☆

naive
[nɑːíːv]

ⓐ 순진한

Most of us are also **naive** realists: we tend to believe our culture mirrors a reality shared by everyone. 12 수능

우리 대부분은 또한 **순진한** 현실주의자들인데, 우리의 문화가 모든 사람이 공유하는 현실을 반영한다고 믿는 경향이 있기 때문이다.

Plus ⊜ innocent

1329 ★★☆

shed
[ʃed]

ⓥ (눈물 등을) 흘리다, 발산하다, (털 등을) 떨어뜨리다

Getting a non-**shedding** dog is a good idea if you're worried about loose hairs or your kids' allergies. 12 모평

만약 털이 돌아다니는 것이나 아이들의 알레르기가 우려된다면 털이 **빠지지** 않는 개를 들이는 것이 좋은 생각이다.

Plus ⊕ shed weight 살을 빼다   shed tears 눈물을 흘리다

1330 ★★☆

metropolitan
[mètrəpá:litən]

ⓐ 수도권의, 대도시의

It increasingly controls the economic and social life of the **metropolitan** sector.

그것이 점점 **대도시** 지역의 경제 및 사회생활을 지배한다.

metropolis ⓝ 주요 도시, 수도

접두사 metro-

metro는 그 자체로 '대도시'라는 의미를 갖고 있는데, metropolitan, metropolis와 같이 다른 단어와 결합하여 대도시를 나타내기도 합니다.

1331 ★★★

shield
[ʃiːld]

ⓝ 방패, 보호물   ⓥ 보호하다

A band of ozone high above the earth **shields** the planet from the sun's harmful ultraviolet rays.

지구 위 높이 있는 오존층이 태양의 유해 자외선으로부터 지구를 **보호해 준다**.

'무기'와 관련된 단어들

spear 창(= lance)   **sword** 검   **armor** 갑옷

1332 ★★☆

ecology
[iːkɑ́ːlədʒi]

ⓝ 생태학

There is an axiom in **ecology** that 'complete competitors cannot coexist'.   17 모평 변형

'완전한 경쟁자는 공존할 수 없다'라는 **생태학**의 원리가 있다.

1333 ★★☆

coverage
[kʌ́vəridʒ]

ⓝ (점유) 범위, (신문·텔레비전·라디오의) 보도

It is necessary for advertisers to build up **coverage** of their target markets over time.   20 수능 변형

광고주들이 자신들의 목표 시장의 **점유 범위**를 시간을 두고 구축하는 것이 필요하다.

1334 ★★☆

expel
[ikspél]

ⓥ 쫓아내다

Loneliness can be uprooted and **expelled**.

외로움은 뿌리 뽑혀 **제거될** 수 있다.

expulsion ⓝ 제명, 추방   **export** ⓥ 수출하다   **exclude** ⓥ 제외하다

ex + pel

ex(= out)+**pel**(= drive) → '밖으로 몰아내다'에서 '쫓아내다'가 됩니다. 같은 어원 pel이 접두사 com(= together)과 결합한 compel 은 '억지로 한데 몰다', 즉 '억지로 ~하게 하다', '강요하다'라는 뜻을 가집니다.

1335 ★★☆

plow
[plau]

ⓝ 쟁기   ⓥ 쟁기질하다

Hold the **plow** and start **plowing** those fields.

쟁기를 잡고 저 밭을 **갈기** 시작해라.

1336 ★★☆

prolong
[prəlɔ́ːŋ]

ⓥ 연장하다

My custody was **prolonged** for a year last Monday.

내 구류가 지난 월요일에 1년간 **연장되었다**.

Plus ⊜ lengthen, extend
⊝ shorten ⓥ 줄이다, 짧게 하다
prolonged ⓐ 오래 끄는, 장기의

1337 ★★☆
fluent
[flú:ənt]

☐☐

ⓐ 유창한

He is **fluent** in Spanish.
그는 스페인어에 유창하다.

fluency ⓝ 유창함　　　**influence** ⓝ 영향력　　　**fluid** ⓝ 유동체

flu + ent
flu(= flow)+**ent**(형·접) → '물 흐르는 듯한'에서 '유창한'이 됩니다.

1338 ★★☆
margin
[má:rdʒin]

☐☐

ⓝ 가장자리

They walked along the **margin** of a bay.
그들은 만(灣)의 **가장자리**를 따라 걸었다.

Plus ⊜ edge
⊕ by a narrow margin　아슬아슬하게

1339 ★★★
induce
[indjú:s]

☐☐

ⓥ 유도하다, 설득하다

In Kant's view, geometrical shapes are too perfect to **induce** an aesthetic experience.　22 모평
칸트가 보기에, 기하학적 모양은 너무 완벽해서 심미적 경험을 **유발할** 수 없다.

1340 ★★☆
interior
[intíəriər]

☐☐

ⓝ 내부　ⓐ 내부의

This makes the **interior** of a room beautiful.
이것은 방의 **내부**를 아름답게 만든다.

Plus ⊜ internal, inside
⊖ exterior　ⓝ 외부　ⓐ 외부의　　　external　ⓐ 외부의

1341 ★★★
ornament
[ɔ́:rnəmənt]

☐☐

ⓝ 장식품　ⓥ 장식하다

People hung it with beautiful **ornaments**.
사람들은 아름다운 **장식품**과 함께 그것을 걸어 놓았다.

Plus ⊜ decoration　ⓝ 장식
ornamental　ⓐ 장식용의

1342 ★★☆
probe
[proub]

☐☐

ⓥ 조사하다　ⓝ 탐사선

We can **probe** difficult-to-reach places with the screwdriver's extended end.　21 모평 변형
우리는 나사돌리개의 확장된 끝을 가지고 도달하기 어려운 곳을 **조사할** 수 있다.

1343 ★★★
vibrate
[váibreit]

ⓥ 진동하다, 흔들다

As she was listening to the dull tick-tock of the clock, her phone **vibrated**. 20 모평

그녀가 시계의 둔탁한 똑딱거리는 소리를 듣고 있었을 때 그녀의 전화기가 **진동했다**.

vibration ⓝ 진동   **vibrator** ⓝ 진동기

1344 ★★★
speculate
[spékjəlèit]

ⓥ 사색하다, 투기하다

The young boy started **speculating** about death.

그 어린 소년은 죽음에 관해 **사색하기** 시작했다.

speculation ⓝ 사색   **speculative** ⓐ 사색적인

specul + ate

specul(= look)+**ate**(동·접) → '유심히 바라보다'에서 '사색하다'가 됩니다. 투기를 할 때 심사숙고하여 결정하기 때문에 '사색하다' 외에 '투기하다'라는 의미도 가지게 되었습니다.

1345 ★★★
versus
[vɔ́ːrsəs]

ⓟ ~ 대(對), ~과 대비하여

For instance, deciding whether to spend Saturday afternoon relaxing with your family or exercising will be determined by the relative importance that you place on family **versus** health. 17 모평

예를 들어 토요일 오후를 가족과 함께 편안하게 쉬면서 보낼 것인지 아니면 운동을 하면서 보낼 것인지 정하는 것은 가족 **대** 건강에 대해 여러분이 부여하는 상대적 중요성에 의해 결정될 것이다.

1346 ★★★
pregnant
[prégnənt]

ⓐ 임신한

When the spider is **pregnant**, she attaches the egg sac to herself.

거미는 **임신을 하면** 알주머니를 자기 자신에게 붙인다.

pregnancy ⓝ 임신, 임신 기간

1347 ★★★
epidemic
[èpədémik]

ⓝ 전염병, 유행병

The last big flu **epidemic** was in 1968.

가장 최근의 대규모 **유행성** 독감은 1968년에 있었다.

1348 ★★★
precede
[priːsíːd]

ⓥ ~에 앞서다, 먼저 일어나다

The earthquake was **preceded** by a loud roar which startled everyone.

지진에 **앞서** 모두를 놀라게 한 커다란 굉음이 있었다.

precedence[présədəns] ⓝ 우위, 선행

pre + cede

pre(~ 앞의)+**cede**(가다) → '~의 앞에 가다', 즉 '~에 앞서다'라는 뜻이 되었습니다.

1349 ★★☆

breathtaking
[bréθtèikiŋ]

ⓐ 아슬아슬한, 숨 막히는

The scenery around them was **breathtaking**. 22 모평

그들 주변의 경치는 **숨이 멎을 정도로** 멋졌다.

Plus ⊜ amazing, stunning

breath + taking

breath (숨) + **taking** (빼앗다) → '숨을 빼앗다', 즉 '숨이 멎을 듯한', '놀랄 만한'이라는 뜻이 되었습니다.

1350 ★★☆

foundation
[faundéiʃən]

ⓝ 기초, 토대, 재단

This approach is the **foundation** for the modern Western way of life. 15 모평

이 접근법이 현대 서양의 생활 방식의 **토대**이다.

1351 ★★☆

stimulate
[stímjuleit]

ⓥ 자극하다, 고무하다

For many years now, mediated entertainment such as TV and film has been able to **stimulate** our optical and auditory senses with sights and sounds. 15 모평

지금까지 수년간, TV 및 영화 같은 매체에 의한 오락은 볼거리와 소리로 우리의 시각과 청각을 **자극할** 수 있었다.

1352 ★★☆

fabric
[fǽbrik]

ⓝ 구조, 조직, 직물

It is embedded within a social **fabric**. 17 모평

그것은 사회적 **구조** 속에 깊이 내재하고 있다.

Plus ⊕ cotton fabric 면직물

1353 ★★☆

overturn
[òuvərtə́:rn]

ⓥ 전복시키다 ⓝ 전복

He saw an **overturned** truck on the road.

그는 도로에서 **전복된** 트럭을 봤다.

Plus ⊜ overthrow

overlook ⓥ 간과하다, 내려다보다   **overhear** ⓥ 엿듣다

1354 ★★☆

ripe
[raip]

ⓐ (과일 등이) 익은

Grapes are picked from the vine when **ripe**.

포도가 **익으면** 덩굴에서 따 낸다.

Plus ⊜ mellow, mature

ripen ⓥ 익다

1355 ★★☆
framework
[fréimwə̀ːrk]

☐☐

ⓝ 뼈대, 틀, 체제

They teach ethics outside of a **framework** of religion.

그들은 종교라는 **틀** 밖에서 윤리를 가르친다.

1356 ★★☆
urgent
[ə́ːrdʒənt]

☐☐

ⓐ 긴급한, 다급한

I began to feel an **urgent** need for a change. 15 모평

나는 변화에 대한 **긴급한** 필요성을 느끼기 시작했다.

urge ⓥ 촉구하다 　　　　**urgency** ⓝ 위급, 긴급

1357 ★★☆
settle
[sétl]

☐☐

ⓥ 정착하다, 정착시키다, 결정하다

Ehret's reputation for scientific accuracy gained him many commissions from wealthy patrons, particularly in England, where he eventually **settled**. 15 수능

과학적 정확성에 대한 Ehret의 명성은 그가 부유한 후원자, 특히 영국에 있는 후원자로부터 많은 일을 위탁받게 했고, 그는 결국 그곳에 **정착했다**.

Plus ⊜ **settle down** 정착하다, 진정하다

1358 ★★☆
conflict
[kənflíkt]

☐☐

ⓥ 충돌하다 　**ⓝ 갈등, 충돌** [káːnflikt]

To argue that knowledge is not progressing because of the African or Middle Eastern **conflicts** misses the point. 15 수능

아프리카나 중동의 **갈등** 때문에 지식이 진보하지 않는다고 주장하는 것은 요점에서 벗어난다.

1359 ★★☆
vapor
[véipər]

☐☐

ⓝ 증기 　**ⓥ 증발하다**

Salt cannot leave the sea by evaporation because the water **vapor** leaves it behind. 10 모평

소금은 증발 과정으로 인해 바다에서 없어질 수가 없는데, 왜냐하면 수**증기**가 바다에 그것을 남겨 두기 때문이다.

'증기'와 관련된 단어들

evaporate 증발시키다 　　**distill** 증류하다 　　**steam** 증기

1360 ★★☆
tuition
[tjuːíʃən]

☐☐

ⓝ 수업료

I received a four-year scholarship that pays for all of my **tuition**.

나는 **수업료**를 모두 지불해 주는 4년 장학금을 받았다.

'수업료'와 관련된 단어들

entrance fee 입학금 　　**contribution** 기부금 　　**scholarship** 장학금

REVIEW TEST

A 다음 단어에 해당하는 우리말 또는 영어 단어를 쓰시오.

01 impair ______________________

02 sanitation ______________________

03 heredity ______________________

04 naive ______________________

05 metropolitan ______________________

06 margin ______________________

07 induce ______________________

08 ornament ______________________

09 probe ______________________

10 epidemic ______________________

11 은유, 은유법 ______________________

12 타박상, 멍 ______________________

13 방패, 보호물 ______________________

14 생태학 ______________________

15 쟁기, 쟁기질하다 ______________________

16 기초, 토대, 재단 ______________________

17 자극하다, 고무하다 ______________________

18 (과일 등이) 익은 ______________________

19 충돌하다, 갈등, 충돌 ______________________

20 증기, 증발하다 ______________________

B 다음 빈칸에 알맞은 단어를 보기에서 골라 쓰시오.

보기			
attorney	expel	prolong	fluent
vibrate	pregnant	speculate	tuition

01 The students are all ______________ speakers of two or more foreign languages.

02 Eating healthy food and exercising regularly can ______________ your life.

03 She used to ______________ about the meaning of life sitting under that tree.

04 The civilian army planned an operation to ______________ invaders from their country.

05 Jack was satisfied with her violin lessons, although the ______________ was quite expensive.

필수 숙어 정리하기_기초 숙어 ④

look for ▸ ~을 찾다(= search for)

He **looked for** his camping chair for the picnic. 소풍을 위해서 그는 캠핑 의자**를 찾았다.**

How about using an app to **search for** parking lots near the museum? 21 모평

앱을 사용해 박물관 근처 주차장**을 찾는** 건 어때요?

now that ▸ ~이므로

I should study harder **now that** the test is only a week away.

시험이 겨우 일주일 남았**으므로** 나는 더 열심히 공부해야 한다.

on and on ▸ 계속하여

When he becomes excited, he speaks the same words **on and on**.

그는 흥분하면 똑같은 말을 **계속해서** 한다.

pay attention to ▸ ~에 주목하다

The food industry is **paying attention to** young customers.

식품 산업은 젊은 고객들**에 주목하고** 있다.

set up ▸ ~을 설립하다, ~을 설치하다

Actually, when I **set up** the tent, it seemed big enough to hold us all. 21 수능

사실, 내가 텐트**를 설치했**을 때, 그것은 우리 모두를 수용할 수 있을 만큼 충분히 커 보였다.

sooner or later ▸ 조만간

Sooner or later, she will be caught by the police. **조만간**, 그녀는 경찰에 잡힐 것이다.

suffer from ▸ ~으로 고생하다

I realized that he was **suffering from** serious lung cancer.

나는 그가 심각한 폐암**으로 고생하고** 있다는 것을 알게 되었다.

in the long run ▸ 결국(= at last, in the end)

Although durable things are expensive, purchasing them may end up saving money **in the long run**.

내구성이 있는 물건들은 비싸지만, 그것들을 구입하는 것이 **결국에는** 돈을 아끼는 것일 수 있다.

DAY 35

Previous Check

- literature
- compound
- quote
- inhale
- prospect
- anchor
- asymmetry
- loop
- withstand
- implement
- anonymous
- collide
- memorial
- vacant
- technical
- thrill
- wander
- proportion
- antibiotic
- overtake
- resemble
- orchard
- compassion
- preoccupation
- paste
- provoke
- wicked
- sprain
- sequence
- stool
- disrupt
- solitary
- bury
- rust
- fad
- referee
- sector
- boost
- gymnastics
- gross

1361 ★★★

literature
[lítərətʃər]

□□

ⓝ **문학**, 문예, 문헌

The world the reader encounters in **literature** is already processed and filtered by another consciousness. `22 수능 변형`

독자가 **문학**에서 접하는 세계는 또 다른 의식에 의해 이미 처리되고 여과되어 있다.

literary ⓐ 문학의

1362 ★★☆

compound
[ká:mpaund]

□□

ⓝ **화합물** ⓐ **합성의** ⓥ **혼합하다** [kəmpáund]

Plants generate hundreds of **compounds** that they use to protect themselves from being overconsumed by animals.

식물은 동물에 의해 과도하게 먹히는 것으로부터 자신을 보호하기 위해 사용하는 수백 가지의 **화합물**을 발생시킨다.

component ⓐ 구성하는   **compose** ⓥ 구성하다

1363 ★★☆

quote
[kwout]

□□

ⓥ **인용하다**

His remarks are still **quoted** in many homes and schools.

그의 말은 아직도 많은 가정과 학교에서 **인용되고** 있다.

`Plus` ⊕ quotation mark 인용 부호, 따옴표
quotation ⓝ 인용, 인용구   **cite** ⓥ 인용하다
citation ⓝ 인용

1364 ★★☆

inhale
[inhéil]

□□

ⓥ **(숨을) 들이쉬다**

Inhale and slowly bend your elbows as you lower your chest toward the floor.

숨을 들이쉬고 바닥을 향해 가슴을 아래로 숙이면서 팔꿈치를 천천히 구부려라.

`Plus` ⊜ breathe in
⊝ exhale ⓥ (숨을) 내쉬다(= breathe out)

`in + hale`

in(= into)+**hale**(breathe) → '안으로 숨쉬다'에서 '들이쉬다'가 됩니다.

1365 ★★☆

prospect
[prá:spekt]

□□

ⓝ **가능성, 전망**

The very **prospect** of losing everything and having to start all over again would be overwhelming for anybody. `13 모평`

모든 것을 잃고 처음부터 다시 시작해야 한다는 **가능성**만으로도 누구든 압도당할 것이다.

`Plus` ⊜ possibility
prospective ⓐ 기대되는   **protrude** ⓥ 튀어나오다

`pro + spect`

pro(= forward)+**spect**(= see) → '앞으로 보게 될 것'에서 '가능성'의 뜻이 됩니다.

1366 ★★☆
anchor
[金ŋkər]

ⓝ 닻, 앵커   ⓥ 닻을 내리다
You have to throw the **anchor** if you want to stop the boat.
배를 멈추고 싶다면 **닻**을 내려야 한다.

1367 ★★★
asymmetry
[eisímətri]

ⓝ 비대칭, 불균형
The **asymmetry** of distance estimates violates the most elementary principles of Euclidean distance. `22 모평 변형`
거리 추정에 관한 **비대칭**은 가장 기초적인 유클리드 거리 법칙에 위배된다.
> **Plus** ⊜ imbalance ⓝ 불균형
> ⊖ symmetry ⓝ 대칭   balance, equilibrium ⓝ 균형

1368 ★★☆
loop
[lu:p]

ⓝ 고리
The one with the double **loops** should be here.
고리가 이중으로 된 것은 여기에 있어야 한다.
roof[ru:f] ⓝ 지붕

1369 ★★☆
withstand
[wiðstǽnd]

ⓥ 견디다
They must be strong enough to **withstand** removal from their mother at an early age.
그들은 어린 나이에 어머니로부터 떨어지는 것을 **견뎌 낼** 만큼 충분히 강해야 한다.
> **Plus** ⊜ bear, resist

1370 ★★☆
implement
[ímpləmənt]

ⓝ 도구   ⓥ 실행하다 [ímpləmènt]
It is becoming increasingly difficult to **implement** the agreement.
그 협약을 **이행하기가** 점점 더 어려워지고 있다.
implemental ⓐ 도구의   **implementation** ⓝ 이행, 실행

1371 ★★☆
anonymous
[ənɑ́:niməs]

ⓐ 익명의
You can remain **anonymous** on the Internet.
당신은 인터넷상에서 **익명으로** 남을 수 있다.
anonymity[æ̀nəníməti] ⓝ 익명(= anonym)

1372 ★★☆
collide
[kəláid]

ⓥ 충돌하다
Billiard balls rolling around the table may **collide** and affect each other's trajectories. `13 모평`
당구대를 굴러다니는 당구공들은 **충돌해서** 서로의 궤도에 영향을 미칠지도 모른다.
collision[kəlíʒən] ⓝ 충돌

DAY 35

1373 ★★☆

memorial
[məmɔ́ːriəl]

ⓝ 기념물, 기념관

An Egyptian sculpture no bigger than a person's hand is more monumental than that gigantic pile of stones that constitutes the war **memorial** in Leipzig, for instance. `19 수능`

예를 들어, 겨우 사람 손 크기의 이집트의 조각이 라이프치히의 전쟁 **기념비**를 구성하는 그 거대한 돌무더기보다 더 기념비적이다.

> **Plus** ⊕ Memorial Day 현충일
> **immemorial** ⓐ 먼 옛날의　　　　**memorize** ⓥ 기억하다, 암기하다
> **monumental** ⓐ 기념비적인, 대단한

1374 ★★☆

vacant
[véikənt]

ⓐ 빈, 비어 있는

Go to any **vacant** lot and look around.

아무 **빈**자리나 가서 주변을 둘러보아라.

> **Plus** ⊜ empty
> **vacancy** ⓝ 공허, 빈자리　　　　**vacate** ⓥ 사퇴하다, 비우다
> **vacation** ⓝ 휴가, 방학　　　　**evacuate** ⓥ 비우다, 대피시키다

1375 ★☆☆

technical
[téknikəl]

ⓐ 기술[기법]의, 전문적인

What is the best order for a report, paper or other **technical** document? `17 수능`

보고서, 논문 또는 다른 **전문적인** 문서를 위한 최고의 순서는 무엇일까?

technique[tekníːk] ⓝ 기법, 기술

1376 ★☆☆

thrill
[θril]

ⓝ 스릴, 전율　ⓥ 몹시 신나게 하다, 감동시키다

Anna said excitedly, "No problem! We're **thrilled** to have you back!" `22 수능`

Anna는 "괜찮아! 우리는 네가 돌아오게 되어 **몹시 신나**!"라고 흥분해서 말했다.

1377 ★★☆

wander
[wáːndər]

ⓥ (정처 없이) 돌아다니다　ⓝ 유랑, 방랑

After many hours of **wandering** throughout the deserted lands, however, she was unsuccessful. `22 수능`

하지만 황량한 땅을 여러 시간 **정처 없이 돌아다닌** 후에도 그녀는 성과를 얻지 못했다.

1378 ★★☆

proportion
[prəpɔ́ːrʃən]

ⓝ 비율, 부분

Web accounted for the third largest **proportion** in both advertising spending and consumer time spent. `15 모평`

웹은 광고비 지출과 소비자 사용 시간 둘 다에서 세 번째로 큰 **비율**을 차지했다.

> **Plus** ⊜ ratio, part

1379 ★★☆
antibiotic
[æntibaiátik]

ⓝ 항생 물질, 항생제

We started using **antibiotics** against virus.

우리는 바이러스에 **항생제**를 사용하기 시작했다.

antibody ⓝ 항체   **antidote** ⓝ 해독제

anti + biotic

anti(= against)+**biotic**(생물의) → '생물을 억제하는'에서 '항생 물질'이 됩니다.

1380 ★★☆
overtake
[ðuvərtéik]

ⓥ 따라잡다

I **overtook** him on the last lap and won the race.

나는 마지막 바퀴에서 그를 **따라잡고** 경주에서 이겼다.

Plus ⊜ catch up with
       ⊕ No overtaking. 〈영국〉 추월 금지   No passing. 〈미국〉 추월 금지

1381 ★★☆
resemble
[rizémbl]

ⓥ 닮다, 비슷[유사]하다

Thanks to genetics, some physical characteristics of babies do **resemble** their parents.

유전 덕분에, 아기들의 일부 신체적 특징들은 그들의 부모를 정말 **닮는다**.

Plus ⊜ look like, be similar to

1382 ★★☆
orchard
[ɔ́ːrtʃərd]

ⓝ 과수원

I found a hole along the wall of our **orchard**.   13 수능

나는 우리 **과수원** 담을 따라 작은 구멍 하나를 발견했다.

1383 ★★☆
compassion
[kəmpǽʃən]

ⓝ 연민, 동정

My friend felt great **compassion** for the distressed mother.

내 친구는 그 괴로워하는 어머니에 대해 커다란 **연민**을 느꼈다.   14 수능 변형

compassionate ⓐ 동정 어린, 인정 많은

1384 ★★★
preoccupation
[priːɑ̀kjəpéiʃən]

ⓝ 몰두, 집착, 선취

He is emerging from a long, strong **preoccupation** with his mother.

그는 어머니에 대한 오래되고 강한 **집착**에서 벗어나고 있다.

preoccupy ⓥ 선취하다, 마음을 빼앗다

pre + occup + ation

pre(= before)+**occup**(y)(가지다)+**ation**(명·접) → '먼저 가진 것'이란 뜻에서 '몰두', '선취'가 됩니다.

1385 ★★☆

paste
[peist]

ⓝ 풀, 반죽 ⓥ 풀칠하다, 붙이다

It's a **paste** made from baking soda and water.

그것은 베이킹 소다와 물로 만들어진 **반죽**이다.

pasty ⓐ 풀 같은, 창백한

1386 ★★☆

provoke
[prəvóuk]

ⓥ 선동하다, 자극하다

Oppression will surely **provoke** the people to a rebellion.

탄압은 분명히 국민을 **자극하여** 반란을 일으키게 할 것이다.

provocation ⓝ 도발 **provocative** ⓐ 성나게 하는
evoke ⓥ 일깨우다 **revoke** ⓥ 취소하다

1387 ★☆☆

wicked
[wíkid]

ⓐ 사악한

Police must punish these **wicked** people.

경찰은 이런 **사악한** 인간들을 처벌해야 한다.

1388 ★★☆

sprain
[sprein]

ⓥ (발목·손목 등을) 삐다

Jim got a chance to play in the last 30 seconds of the game when a starting player **sprained** his ankle. `15 모평`

Jim은 선발 선수가 발목을 **삐었을** 때 경기의 마지막 30초간 뛸 기회를 얻었다.

'부상'과 관련된 단어들

fracture 골절상 **burn** 화상 **bruise** 타박상 **twist** 삠, 접질림

1389 ★★☆

sequence
[sí:kwəns]

ⓝ 순서, 결과, 연속

In an early study by Conrad, adults were shown six-letter **sequences**, with letters being presented visually, one at a time, at intervals of three-fourths of a second. `17 모평 변형`

Conrad의 초창기 한 연구에서는 성인들에게 한 번에 한 개씩 4분의 3초 간격으로 여섯 개의 글자를 시각적으로 **연속**해서 보여 주었다.

series ⓝ 연속, 시리즈 **serial** ⓐ 연속적인

1390 ★☆☆

stool
[stu:l]

ⓝ (등받이가 없는) 의자, 변기

Some of them are specialized for sitting at certain high places, like bar **stools**. `14 모평`

그것들 중 일부는 술집 **의자**와 같이 어떤 높은 장소에 앉기 위해 특화되어 있다.

1391 ★★★
disrupt
[disrʌ́pt]

ⓥ 혼란에 빠뜨리다, 방해하다

The flood **disrupted** essential services.

그 홍수는 필수 서비스들을 혼란에 빠뜨렸다.

Plus ＝ disturb

disruption ⓝ 붕괴 　　　　　**bankrupt** ⓐ 파산한
erupt ⓥ 폭발하다 　　　　　**abrupt** ⓐ 갑작스러운

1392 ★★☆
solitary
[sɑ́:litèri]

ⓐ 혼자의, 외로운, 고독한

When food is scarce, as it usually is in their native desert habitat, locusts are born with coloring designed for camouflage and lead **solitary** lives. 16 모평

그것들이 원래 사는 사막의 서식지에서 보통 그렇듯 식량이 부족할 때 메뚜기들은 위장을 위해 고안된 색채를 갖고 태어나며 **혼자** 살아간다.

solitude ⓝ 고독 　　　　　**sole** ⓐ 단 하나의

1393 ★★★
bury
[béri]

ⓥ 파묻다

Bramante died on April 11, 1514 and was **buried** in Rome. 22 수능

Bramante는 1514년 4월 11일에 사망했으며 로마에 **묻혔다**.

burial ⓝ 매장

1394 ★★☆
rust
[rʌst]

ⓝ 녹　ⓥ 녹슬다, 녹이 슬게 하다

Free radicals move uncontrollably through the body, attacking cells and **rusting** their proteins. 14 수능 변형

활성 산소는 통제할 수 없을 정도로 신체를 돌아다니며 세포를 공격하고, 세포의 단백질을 **부식시킨다**.

Plus ＝ corrosion ⓝ 부식, 녹

rusty ⓐ 녹슨

rust와 lust

rust는 '녹슬다'를 의미하는 반면, lust는 '강한 욕망', '갈망하다'를 의미합니다. 철자가 비슷하지만 뜻은 확연히 다르니 구분해서 기억합시다.

1395 ★★☆
fad
[fæd]

ⓝ 일시적 유행

Although the **fad** for his character declined in the late 1990s, there is still occasional talk of a Wally movie. 14 모평

1990년대 후반에 그의 캐릭터에 대한 **유행**이 잦아들긴 했지만, Wally 영화에 대해서는 여전히 가끔씩 언급되고 있다.

Plus ＝ craze, fashion, vogue
　　　＋ fad words 유행어 　　　　　have a fad for ～에 열중하다

1396 ★★☆
referee
[rèfərí:]

☐☐

n 심판　**v** 심판하다

The **referee** tosses a yellow flag.
심판이 노란 깃발을 던진다.

Plus ⊜ umpire

1397 ★★☆
sector
[séktər]

☐☐

n 분야, 지역, 부채꼴

In economic systems what takes place in one **sector** has impacts on another; demand for a good or service in one **sector** is derived from another.　22 모평

경제 시스템에서는 한 **부문**에서 일어나는 일이 다른 부문에 영향을 미치는데, 한 **부문**에서의 재화나 서비스에 대한 수요는 다른 부문에서 파생된다.

section ⓝ 잘라낸 부분, 구역　　　　**sect** ⓝ 종파
dissect ⓥ 해부하다　　　　　　　**anatomy** ⓝ 해부학

sect + or

sect(= cut)+**or**(명·접) → '잘린 것'에서 '분야', '지역'이 됩니다.

1398 ★★☆
boost
[buːst]

☐☐

n 상승, 밀어 올림　**v** 밀어 올리다, (생산량을) 증가하다

Retailers often **boost** sales with accompanying support such as assembly or installation services.　21 모평 변형

소매업자들은 흔히 조립이나 설치 서비스와 같은 동반 지원을 통해 판매를 **북돋운다**.

Plus ⊜ increase

1399 ★★☆
gymnastics
[dʒimnǽstiks]

☐☐

n 체육, 체조

Bradley and I were thrilled to learn that you're holding your **Gymnastics** Summer Camp again this year.　16 수능

Bradley와 저는 올해 또 다시 귀하의 하계 **체조** 캠프가 열린다는 것을 알고 몹시 기뻤습니다.

gymnastic ⓐ 체조의 ⓝ 훈련
gymnasium[dʒimnéiziəm] ⓝ 체육관(= gym)

1400 ★☆☆
gross
[grous]

☐☐

a 엄청난, 총합의　**n** 총합　**v** ~의 총이익을 올리다

My friend was disappointed that **gross** human inequality is still widespread; that happiness is not universal.　15 수능 변형

내 친구는 **엄청난** 인간 불평등이 아직도 널리 퍼져 있으며, 행복이 보편적이지 않다는 것에 실망했다.

gloss ⓝ 광택, 겉치레

A 다음 단어에 해당하는 우리말 또는 영어 단어를 쓰시오.

01 prospect	__________	**11** 화합물, 합성의	__________
02 loop	__________	**12** (숨을) 들이쉬다	__________
03 withstand	__________	**13** 닻, 닻을 내리다	__________
04 collide	__________	**14** 기념물, 기념관	__________
05 vacant	__________	**15** 항생 물질	__________
06 thrill	__________	**16** 과수원	__________
07 wander	__________	**17** 순서, 결과, 연속	__________
08 proportion	__________	**18** 파묻다	__________
09 overtake	__________	**19** 녹, 녹슬다	__________
10 preoccupation	__________	**20** 일시적 유행	__________

B 다음 빈칸에 알맞은 단어를 보기에서 골라 쓰시오.

보기			
quote	implement	anonymous	resemble
compassion	provoke	sprain	sector

01 We need to have ____________ for the poor and marginalized in the world.

02 She __________(e)d her ankle playing soccer yesterday.

03 He made a large donation to the nursing home, but he wanted to remain __________.

04 Unlike last year, there was a marked growth in the manufacturing __________ this year.

05 The manager said they should ____________ their new promotion plan immediately.

B 01 우리는 세상의 가난하고 소외된 사람들에 대한 연민을 가질 필요가 있다.　02 그녀는 어제 축구를 하다가 발목을 삐었다.　03 그는 그 요양원에 많은 기부를 했지만 익명으로 남기를 원했다.　04 작년과 달리 올해에는 제조 부문에서 두드러진 성장이 있었다.　05 그 매니저는 그들이 새 홍보 계획을 즉시 실행해야 한다고 말했다.

정답　01 compassion　02 sprain　03 anonymous　04 sector　05 implement

be likely to ▶ ~할 것 같다

A true threat **is likely to** be present. 진정한 위협이 존재할 것 같다. 23 모평

look after ▶ ~을 돌보다(= take care of)

I love **looking after** children. 나는 아이들을 돌보는 것을 좋아한다.
My grandparents **took care of** my sister and me. 나의 조부모님은 내 여동생과 나를 돌보셨다.

now and then ▶ 때때로(= at times, from time to time)

I hear from him **now and then** and he seems to be doing well.
나는 **때때로** 그에게서 소식을 듣는데, 그는 잘 지내는 것 같다.

do without ▶ ~ 없이 지내다(= dispense with)

The baby cannot **do without** his mother's help.
그 아기는 어머니의 도움 **없이는** 살 수 없다.
I can **dispense with** your advice. 나는 당신의 조언 **없이도 해 나갈** 수 있다.

out of order ▶ 고장 난

As my car is **out of order**, I'm going to see a mechanic tomorrow.
내 차가 **고장이 나**서, 나는 내일 정비사를 만나 볼 것이다.

go with ▶ ~과 어울리다

This tie **goes with** your suit. 이 넥타이는 너의 정장과 **어울린다.**
I'm looking for curtains that **go with** my bedding.
나는 내 침구와 **어울리는** 커튼을 찾고 있어요.

check out ▶ 확인하다, (호텔 등에서) 체크아웃하다, 대출하다

You should **check out** the new store at the mall.
너는 그 쇼핑몰에서 새로운 매장을 **확인해야(가 봐야)** 해.
I'm going to the library to **check out** some books.
나는 책을 몇 권 **대출하러** 도서관에 갈 것이다.

Previous Check

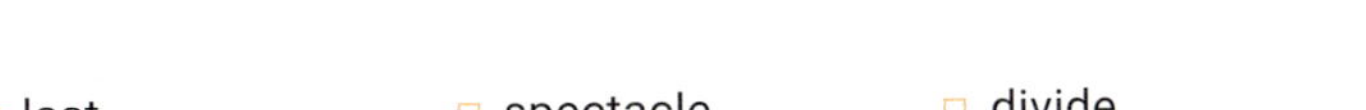

- last
- tariff
- beloved
- lyric
- yeast
- skyscraper
- inquire
- spade
- vacuum
- migrate
- spectacle
- surplus
- simulate
- integration
- hypothesis
- affirm
- fortress
- reed
- cue
- mole
- divide
- inborn
- overlap
- fatigue
- clone
- peel
- ease
- overcome
- fund
- bias
- vaccine
- tread
- vomit
- prophecy
- correspond
- cling
- mutation
- obscure
- tyrant
- odd

1401 ★★★
last
[læst]

ⓥ 계속되다
This program **lasts** for six weeks and consists of three different components. [15 모평]
이 프로그램은 6주간 **계속되고**, 세 개의 상이한 구성 요소들로 구성된다.
Plus ⊕ last out 끝까지 견디다

1402 ★★★
tariff
[tǽrif]

ⓝ 관세　ⓥ 관세를 부과하다
The nation imposed **tariffs** on foreign goods.
그 나라는 외국 제품들에 **관세**를 부과했다.
tax ⓝ 세금

1403 ★★★
beloved
[bilʌ́vd]

ⓐ 사랑스러운
All of a sudden, he had an irresistible urge to go to see his **beloved** wife and his two sons.
갑자기, 그는 자신의 **사랑스러운** 아내와 두 아들을 보러 가고 싶은 억누를 수 없는 충동을 느꼈다.
Plus ⊜ dear, loved

be + loved
be +**loved** → '〜한 상태'라는 뜻의 접두어 **be**-가 '사랑받는'이라는 뜻의 loved 앞에 붙으면서 '사랑스러운'이라는 형용사가 됩니다.

1404 ★★★
lyric
[lírik]

ⓝ 노래 가사, 서정시　ⓐ 서정적인
Therefore, the extended copyright protection frustrates new creative endeavors such as including poetry and song **lyrics** on Internet sites. [18 수능]
따라서 연장된 저작권 보호는 인터넷 사이트에 시와 노래 **가사**를 함께 넣는 것과 같은 새로운 창의적인 노력을 좌절시킨다.
lyricist [lírəsist] ⓝ 작사가, 서정 시인

1405 ★★★
yeast
[jiːst]

ⓝ 효모　ⓥ 발효하다
He started selling bread made of natural **yeast**.
그는 천연 **효모**로 만든 빵을 팔기 시작했다.
Plus ⊜ leaven

1406 ★★★
skyscraper
[skáiskrèipər]

ⓝ 마천루, 고층 건물
This is why **skyscrapers** were first built in the cities.
이런 이유로 **마천루들**이 도시들에 처음 지어졌다.
scrape ⓥ 긁다　　　　**scratch** ⓥ 긁다

sky + scrap + er
sky(하늘)+**scrap**(**e**)(긁다)+**er**(명·접) → '하늘을 긁는 것'에서 '고층 건물'이 됩니다.

1407 ★★☆

inquire
[inkwáiər]

ⓥ 묻다, 조사하다

He came up to the purser's desk and **inquired** if he could leave his valuables in the ship's safe.　11 모평

그는 사무장의 자리로 다가와서 자신의 귀중품들을 배의 금고에 보관해 둘 수 있는지를 **물었다.**

Plus ⊜ ask, question

inquiry ⓝ 질문　　　　　　　　**inquisition** ⓝ 심문

1408 ★☆☆

spade
[speid]

ⓝ 삽

They stuff the trunk with towels, beach balls, buckets, and **spades**.

그들은 수건, 물놀이용 공, 양동이, 그리고 **삽**을 트렁크에 채워 넣는다.

spade와 shovel

spade는 보통 폭이 넓은 날이 있는 삽 모양의 기구로, 발로 밀어서 흙을 파는 데 쓰입니다. shovel(일반 삽)은 석탄이나 모래 따위를 퍼서 옮기는 데 쓰는 기구입니다. 카드의 네 가지 모양 중 하나인 삽 모양의 그림을 가리켜 spade라고도 합니다.

1409 ★★☆

vacuum
[vǽkjuəm]

ⓝ 진공, 진공청소기 　**ⓥ 진공청소기로 청소하다**

It's impossible to live in a **vacuum** because we can't breathe there.

숨을 쉴 수 없기 때문에 **진공 상태**에서 사는 것은 불가능하다.

vacuous ⓐ 텅 빈, 공허한　　　　**evacuate** ⓥ 대피시키다
vacant ⓐ 텅 빈　　　　　　　　**evaporate** ⓥ 증발하다

1410 ★★☆

migrate
[máigreit]

ⓥ 이동하다, 이주하다

Most song thrushes **migrate** from northern Scotland.　12 모평

대부분의 노래지빠귀들은 스코틀랜드 북쪽에서부터 **이동해 온다.**

migration ⓝ 이주　　　　　　　**immigrate**[íməgrèit] ⓥ 이민 오다
emigrate[émigrèit] ⓥ 이민 가다

1411 ★★☆

spectacle
[spéktəkl]

ⓝ 광경

It was a **spectacle** that you shouldn't have missed.

그것은 당신이 놓쳐서는 안 되는 **광경**이었다.

spectacles ⓝ 안경　　　　　　**respect** ⓥ 존경하다
expect ⓥ 기대하다　　　　　　　**aspect** ⓝ 양상, 측면

spect + acle

spect(= look)+**(a)cle**(명·접) → '볼 것'에서 '광경'이 됩니다. '스펙터클한 쇼'나 '스펙터클한 영화' 등의 표현에서 주로 들어 볼 수 있는 '스펙터클'이라는 표현이 바로 spectacle입니다.

1412 ★★☆

surplus
[sə́:rplʌs]

☐☐

ⓝ 과잉, 나머지　ⓐ 과잉의, 나머지의

You had better omit the **surplus** words.
당신은 과잉 단어들을 제거하는 편이 낫다.

Plus ＝ excess, extra
　　 ↔ shortage ⓝ 부족

1413 ★★☆

simulate
[símjulèit]

☐☐

ⓥ 가장하다, 모의실험[훈련]하다

Makers of emerging forms of entertainment will likely continue to experiment with ways they can **simulate** and manipulate reality by stimulating our senses. 　15 모평

새롭게 등장하는 형태의 오락을 만드는 사람들은 우리의 감각을 자극함으로써 그들이 현실을 **가장하고** 조작할 수 있는 방법을 계속 실험할 것 같다.

simulation ⓝ 가장하기, 모의실험

1414 ★★★

integration
[ìntəgréiʃən]

☐☐

ⓝ 통합, 〈수학〉 적분

There is something behind the **integration** of the global economy.
세계 경제의 **통합** 이면에는 뭔가가 있다.

integrate ⓥ 통합하다　　　　**integral** ⓐ 필수적인, 완전한

1415 ★★★

hypothesis
[haipá:θəsis]

☐☐

ⓝ 가설(假設)

Media scholars have used this study to illustrate the "visualization **hypothesis**." 　15 모평

미디어 학자들은 '시각화 **가설**'을 설명하기 위해 이 연구를 이용해 왔다.

Plus ⊕ bear out one's hypothesis　~의 가설을 입증하다
theory ⓝ 이론　　　　**hypothetical** ⓐ 가설의

1416 ★★☆

affirm
[əfə́:rm]

☐☐

ⓥ 단언하다

He **affirmed** to the horrified parents that the news was true.
그는 겁에 질린 부모들에게 그 뉴스가 사실이라고 **단언했다**.

Plus ＝ declare, confirm
　　 ↔ deny ⓥ 부정하다
affirmation ⓝ 확언　　　　**affirmative** ⓐ 긍정의

af + firm

af(강조)＋**firm**(단호한) → 뒤에 오는 단어를 강조해 주는 접두사 af-가 '단호한'이라는 뜻의 형용사 firm 앞에 붙으면서 '단언하다'라는 동사를 만들었습니다.

1417 ★★☆

fortress
[fɔ́ːrtris]

ⓝ (대규모의) 요새

Jaisalmer is the only **fortress** city in India still functioning, with one quarter of its population living within the walls. `11 모평`

Jaisalmer는 인구의 4분의 1이 성벽 안에 살면서, 여전히 제대로 기능을 하는 인도의 유일한 **요새** 도시이다.

Plus ⊜ castle, fort

force ⓝ 힘   **enforce** ⓥ 집행하다
fortify ⓥ 강화하다

1418 ★★★

reed
[riːd]

ⓝ 갈대 ⓐ 갈대의

There could be **reeds**, or other dangers she didn't know about.

갈대들이 있을 수도 있었고, 혹은 그녀가 알지 못하는 다른 위험 요소들이 있을 수도 있었다. `15 모평`

reed와 유사한 형태의 단어들

seed 씨앗   **weed** 잡초   **feed** 먹이다   **deed** 행위, 업적

1419 ★★★

cue
[kjuː]

ⓝ 단서, 신호

Recently, however, one group of scientists working with the 17-year cicada in California have suggested that the nymphs use an external **cue** and that they can count. `15 수능`

하지만 최근에 캘리포니아에서 17년 매미를 연구하는 한 과학자 집단은 그 애벌레들이 외부의 **신호**를 사용하며 그것들이 수를 셀 수 있음을 시사했다.

Plus ⊜ signal
⊕ give a person the cue ~에게 암시를 주다, ~에게 훈수하다

1420 ★★★

mole
[moul]

ⓝ 사마귀, 점

Almost everyone has at least one **mole**.

거의 모든 사람이 적어도 한 개의 **점**을 갖고 있다.

Plus ⊜ spot
molecule ⓝ 분자, 미립자

1421 ★★★

divide
[diváid]

ⓥ 나누다, 분리하다, 나누어지다 ⓝ 분할

A cell is "born" as a twin when its mother cell **divides**, producing two daughter cells. `22 수능`

세포는 모세포가 **분열할** 때 쌍둥이로 '탄생'하여, 두 개의 딸세포를 생성한다.

division ⓝ 나누기, 분리, 분할   **dividend** ⓝ 배당금

1422 ★★☆

inborn
[ìnbɔ́ːrn]

ⓐ 타고난

Much of his behavior is **inborn**.
그의 행동의 상당 부분은 **타고난** 것이다.

> Plus ⊜ innate, inherent
> ⊖ acquired ⓐ 후천적인, 습득한

in + born

in(= in) + **born**(태어난) → '태어나면서 안에 가지고 온'이라는 뜻에서 '타고난'이 됩니다.

1423 ★★☆

overlap
[òuvərlǽp]

ⓥ 겹치다 ⓝ 중복

Living rock cactus has triangular tubercles that **overlap** in a star-shaped pattern. 15 모평
살아 있는 돌선인장은 별 모양 형태로 **겹치는** 삼각형의 작은 돌기들을 가지고 있다.

1424 ★★☆

fatigue
[fətíːg]

ⓝ 피로 ⓥ 피곤하게 하다

It will reduce **fatigue** to a minimum and help you enjoy your hours of leisure.
그것은 **피로**를 최소한으로 줄여 주고 당신이 여가 시간을 즐기도록 도와줄 것이다.

> Plus ⊜ tiredness ⓝ 피로

1425 ★★☆

clone
[kloun]

ⓝ 복제 생물, 클론 ⓥ 복제하다

Should we **clone** extinct animals?
우리가 멸종된 동물을 **복제해야**만 할까요?

1426 ★☆☆

peel
[piːl]

ⓥ (과일 등의) 껍질을 벗기다 ⓝ 껍질

If you mix an orange **peel** with salt, you can easily clean the dirt from your pots and pans. 14 모평
만약 당신이 오렌지 **껍질**을 소금과 섞는다면, 당신은 냄비와 팬의 얼룩을 쉽게 닦을 수 있다.

> Plus ⊜ skin, pare

1427 ★★☆

ease
[iːz]

ⓥ 진정시키다 ⓝ 편함, 용이함

It is the responsibility of management to prevent or, at least, to **ease** these fears. 22 수능
이러한 두려움을 예방하거나 최소한 **완화하는** 것은 경영진의 책임이다.

1428 ★☆☆

overcome
[òuvərkʌ́m]

ⓥ 극복하다, 압도하다

To **overcome** this problem, almost all animals habituate to safe stimuli that occur frequently. 22 모평
이 문제를 **극복하기** 위해, 거의 모든 동물은 자주 발생하는 안전한 자극에 익숙해져 있다.

1429 ★★★

fund
[fʌnd]

□□

n 기금   **v** 자금을 제공하다

We hope you would consider contributing generously to our **fund**.   13 모평

우리는 당신이 우리 **기금**에 후하게 기부하는 일을 심사숙고해 주기를 바랍니다.

1430 ★★☆

bias
[báiəs]

□□

n 편견

If they grow up experiencing all sorts of cultures, they have less **bias**.

그들이 모든 종류의 문화를 경험하면서 자라면, 그들은 **편견**을 더 적게 가진다.

Plus ⊜ prejudice (부정적인 의미)

biased ⓐ 치우친, 편견을 지닌

1431 ★★☆

vaccine
[væksí:n]

□□

n 백신, 〈컴퓨터〉 바이러스 예방 프로그램

Many of the practical uses of scientific knowledge that fill our world — transistors, **vaccines**, plastics — began as basic research.

우리의 세상을 채우고 있는 많은 과학적 지식의 실용적인 사용 — 트랜지스터, **백신**, 플라스틱 — 은 기초 연구로서 시작되었다.   16 수능

vaccinate ⓥ 예방 접종을 하다

'백신'과 관련된 단어들

injection 접종, 주사   **virus** 병원체   **antibody** 항체   **immunity** 면역

1432 ★★☆

tread
[tred]

□□

v 밟다, 걷다   **n** 밟음

Be careful not to **tread** in that puddle.

저 웅덩이를 **밟지** 않도록 주의해라.

Plus ⊕ treadmill 러닝머신

1433 ★★☆

vomit
[vá:mit]

□□

v 토하다   **n** 구토

They have **vomited** after eating the food.

그들은 그 음식을 먹고 난 후 **토했다**.

Plus ⊜ throw up

1434 ★★★

prophecy
[prá:fəsi]

□□

n 예언

Self-fulfilling **prophecies** can have a positive side.   15 모평

자기 충족적인 **예언들**에는 긍정적인 측면이 있을 수 있다.

prophesy [práfəsài] ⓥ 예언하다
prophet ⓝ 예언자

1435 ★★☆

correspond
[kɔ̀ːrəspáːnd]

ⓥ **일치하다**, 서신 왕래하다

Brain responses **correspond** to people's self-reports that social support from a loved one helps reduce stress.　13 모평

뇌 반응은 사랑하는 사람으로부터의 사회적 지지가 스트레스를 줄이는 데 도움을 준다는 사람들의 자기 보고들과 **일치한다**.

correspondence ⓝ 일치, 통신　　**correspondent** ⓝ 통신원, 특파원

cor + respond

cor(= com: together)+**respond**(응답하다) → '서로 응답하다'에서 '일치하다'가 됩니다.

1436 ★★☆

cling
[kliŋ]

ⓥ **달라붙다, 집착하다**

Gamers **cling** to some fantasy in computer games.

게이머들은 컴퓨터 게임 속의 환상에 **집착한다**.

Plus ⊜ stick[adhere] to ~을 고수하다

1437 ★★★

mutation
[mjuːtéiʃən]

ⓝ **돌연변이, 변화**

Argentine scientists have discovered the gene **mutation** that causes autism.

아르헨티나의 과학자들은 자폐증을 일으키는 유전자 **변이**를 발견해 냈다.

1438 ★★☆

obscure
[əbskjúər]

ⓐ **불분명한**, 이해하기 어려운, 무명의

My friend mumbled some **obscure** reason for standing me up.

내 친구는 나를 바람맞힌 데 대해 **불분명한** 이유를 웅얼거렸다.

Plus ⊜ unclear

1439 ★★☆

tyrant
[táiərənt]

ⓝ **폭군, 전제 군주**

He was a **tyrant**, so I feared him.

그는 **폭군**이어서, 나는 그를 두려워했다.

tyranny[tírəni] ⓝ 전제 정치(= despotism)

1440 ★★☆

odd
[ɑd]

ⓐ **이상한**, 홀수의

As he grew up, Carl Stokes held many **odd** jobs to help his family.

Carl Stokes는 자라면서 가족을 돕기 위해 여러 **이상한** 일들을 했다.　20 모평 변형

Plus ⊜ strange, eccentric, bizarre, weird ⓐ 이상한
　　 ⊖ even ⓐ 짝수의
　　 ⊕ at odd times[moments] 이따금씩, 때때로

REVIEW TEST

A 다음 단어에 해당하는 우리말 또는 영어 단어를 쓰시오.

01 tariff _______________

02 lyric _______________

03 inquire _______________

04 integration _______________

05 fortress _______________

06 inborn _______________

07 ease _______________

08 tread _______________

09 vomit _______________

10 prophecy _______________

11 계속되다 _______________

12 사랑스러운 _______________

13 효모, 발효하다 _______________

14 마천루, 고층 건물 _______________

15 삽 _______________

16 진공, 진공청소기 _______________

17 과잉, 나머지 _______________

18 가설 _______________

19 겹치다, 중복 _______________

20 편견 _______________

B 다음 빈칸에 알맞은 단어를 보기에서 골라 쓰시오.

보기			
cue	affirm	migrate	spectacle
simulate	fatigue	peel	overcome

01 They teach us that we should be able to _______________ difficulties on our own.

02 Swallows _______________ south in winter in search of a warm habitat.

03 We can _______________ flying almost every airplane by using the program.

04 The moving dinosaur show at the fair was a magnificent _______________.

05 He has been suffering from extreme _______________ since he caught the flu.

B 01 그들은 우리가 스스로 어려움들을 극복할 수 있어야 한다고 가르친다.　　02 제비들은 따뜻한 서식지를 찾아서 겨울에 남쪽으로 이동한다.
03 우리는 그 프로그램을 이용함으로써 거의 모든 비행기 조종을 모의실험할 수 있다.　　04 그 박람회에서 움직이는 공룡 쇼는 웅장한 광경이었다.　　05 그는 독감에 걸린 이후로 극심한 피로에 시달려 왔다.

정답　**01** overcome　**02** migrate　**03** simulate　**04** spectacle　**05** fatigue

be accustomed to ▶ ~에 익숙하다(= be used to)

I'm **accustomed to** buying things through the app.
나는 그 앱을 통해서 물건들을 구입하는 것에 **익숙하다**.

She **is used to** getting up very early in the morning.
그녀는 아침에 매우 일찍 일어나는 것에 **익숙하다**.

break one's word ▶ 약속을 어기다

He disappointed me a lot by **breaking his word** again.
그는 다시 **약속을 어겨서** 나를 무척 실망시켰다.

by accident ▶ 우연히(= by chance)

Many discoveries were made **by accident**.
발견은 **우연히** 이루어진 것들이 많다.

By chance, a man's sobbing came to my ears.
나는 **우연히** 어느 남자의 흐느끼는 소리를 들었다.

by degrees ▶ 점차(= step by step)

The rain **by degrees** grew into snow. 비는 **점차** 눈으로 바뀌었다.
Let's go over it **step by step** from the beginning. 처음부터 **차근차근** 그것을 검토해 봅시다.

count on ▶ ~을 믿다, ~에 의지하다(= rely on)

I have no one but you to **count on**. 내가 **믿을** 사람은 당신뿐이다.
The refugees are **relying on** handouts. 난민들은 배급품에 **의존하고** 있다.

in any case ▶ 어쨌든(= at any rate)

In any case, you must attend the meeting. **어쨌든**, 당신은 그 회의에 참석해야 한다.
The plan is impractical **at any rate**. **여하튼** 그 계획은 비현실적이다.

apply oneself to ▶ ~에 전념하다(= be absorbed in)

Frank has **applied himself to** this task with considerable energy.
Frank는 상당한 에너지를 가지고 이 일에 **전념해** 왔다.
Sometimes people can't hear anything when they **are absorbed in** something.
때때로 사람들은 어떤 일에 **전념해** 있을 때 아무것도 듣지 못한다.

Previous Check

- intriguing
- constrict
- bundle
- enclose
- insert
- keen
- restrain
- aid
- reputation
- measurement
- originate
- flour
- manipulate
- experiment
- patriot
- interchange
- intuitive
- garment
- spontaneous
- vertical
- testify
- mentor
- vivid
- pasture
- crust
- comprehend
- plunge
- nasty
- appreciate
- strip
- deed
- skinny
- grill
- canal
- curse
- adverse
- censorship
- leverage
- appetite
- flaw

1441 ★★★

intriguing
[intríːgiŋ]

ⓐ **아주 흥미로운**

What should writers do when they're teased by **intriguing** but elusive ideas? `13 수능`

아주 흥미롭지만 정의하기 어려운 생각들로 괴로울 때 작가들은 무엇을 해야 하는가?

1442 ★★☆

constrict
[kənstríkt]

ⓥ **죄다, 위축시키다**

Negative attitudes **constrict** one's capacity.

부정적인 태도들은 우리의 능력을 **위축시킨다**.

`Plus` ⊜ tighten

constriction ⓝ 압축, 수축　　　　**restrict** ⓥ 제한하다

1443 ★★☆

bundle
[bʌ́ndl]

ⓝ **묶음, 꾸러미**

Her mother hurried over, and gave her a **bundle** of lilies and roses and a big hug. `16 수능`

그녀의 어머니가 서둘러 와서 그녀에게 백합과 장미 한 **다발**을 주고는 꼭 껴안아 주었다.

`Plus` ⊕ a bundle of　한 묶음의

bunch와 bundle

bunch는 비슷하거나 관련이 있는 것들이 한곳에 묶여 있는 것을 말하지만, bundle은 관련이 없는 것들을 한곳에 쌓아 놓은 것을 지칭합니다.

1444 ★★☆

enclose
[inklóuz]

ⓥ **동봉하다**, 에워싸다

Did you **enclose** a copy of your bank statement in the letter?

편지에 은행 계좌의 입출금 내역서 사본을 **동봉했**나요?

en + close

en(= make) + close(닫힌) → '닫게 하다'에서 '동봉하다', '에워싸다'가 되었습니다.

1445 ★☆☆

insert
[insə́ːrt]

ⓥ **삽입하다**

They **inserted** pressure sensors and temperature sensors in a thin plastic film to create a net-like structure.

그들은 그물과 같은 구조를 만들어 내기 위해 얇은 플라스틱 필름 속에 압력 감지기들과 온도 감지기들을 **삽입했다**.

insertion ⓝ 삽입

1446 ★★☆

keen
[kiːn]

ⓐ **날카로운, 예민한, 간절히 ~하고 싶은**

Be careful about a **keen** edge of a razor.

면도칼의 **날카로운** 날을 조심해라.

`Plus` ⊜ sharp ⓐ 날카로운　　　　delicate ⓐ 예민한

1447 ★★☆

restrain
[ristréin]

re + strain

ⓥ **억제하다, 구속하다**

He could not **restrain** his greed.
그는 자신의 탐욕을 **억제할** 수 없었다.

Plus ⊖ encourage ⓥ 장려하다
restraint ⓝ 규제, 통제

re(뒤에)+**strain**(묶다) → '뒤로 묶다'에서 '억제하다', '구속하다'가 됩니다.

1448 ★☆☆

aid
[eid]

ⓥ **돕다** ⓝ **도움, 조력**

We also recruited outside supporters who gave financial and other types of **aid** to help us carry out these new programs.
우리는 또한 재정적인 **도움**과 그 외 다른 형태의 **도움**을 주어 우리가 이 새 프로그램들을 수행할 수 있도록 도와줄 외부 후원자들을 모집했다.

Plus ⊕ first aid 응급 처치
in aid of ～을 돕기 위해

1449 ★★☆

reputation
[rèpjutéiʃən]

ⓝ **평판, 명성**

Your company has an excellent **reputation** as a research institution. 15 모평
귀사는 연구 기관으로서 **평판**이 매우 좋습니다.

Plus ⊕ be held in reputation 명성이 있다
repute ⓝ 평판 ⓥ ～라고 평하다　　**refute** ⓥ 반박하다

1450 ★★☆

measurement
[méʒərmənt]

measure + ment

ⓝ **측정, 측량**, 치수

Measurements of heart rate, oxygen consumption, and perceived effort were taken throughout all three workouts. 17 모평
심장 박동 수와 산소 소모량, 그리고 인지된 운동 강도가 세 가지 운동이 이루어지는 내내 **측정**되었다.

measure ⓥ 측정하다

measure(재다)+**ment**(명·접) → '측정한 것'에서 '측정(치)'가 됩니다.

1451 ★☆☆

originate
[ərídʒənèit]

ⓥ **시작되다, 비롯하다**

The custom **originated** from an ancient Roman festival.
그 관습은 고대 로마의 축제에서 **시작되었다**.

Plus ⊜ derive
origin ⓝ 기원　　　　　　　　**original** ⓐ 원래의, 원형의
originality ⓝ 독창성

1452 ★★★

flour
[fláuə*r*]

ⓝ 밀가루

First, mix the **flour**, sugar and butter.
먼저 **밀가루**, 설탕, 그리고 버터를 섞어라.

1453 ★★★

manipulate
[mənípjulèit]

ⓥ 조종하다, 조작하다

By this I mean that we have two different neural systems that **manipulate** our facial muscles. 19 모평
이 말로써 내가 의미하는 것은 얼굴 근육을 **조종하는** 두 가지 서로 다른 신경 체계가 우리에게 있다는 것이다.

manipulation ⓝ 교묘한 처리, 조작　　**manuscript** ⓝ 원고
manual ⓝ 안내서

mani + pul + ate

mani(= hand)+**pul**(= pull)+**ate**(동·접) → '손으로 밀다'에서 '조작하다'가 됩니다.

1454 ★★★

experiment
[ikspérəmənt]

ⓝ 실험　ⓥ 실험하다

In science one **experiment**, whether it succeeds or fails, is logically followed by another in a theoretically infinite progression. 17 모평
과학에서 한 가지 **실험**은, 그것이 성공하든 실패하든, 논리적으로는 이론상 무한한 연속 안에서의 또 다른 실험으로 이어진다.

1455 ★★★

patriot
[péitriət]

ⓝ 애국자

Many of our country's **patriots** were imprisoned.
우리나라의 많은 **애국자들**이 투옥되었다.

patriotism ⓝ 애국심　　**patriotic** ⓐ 애국적인, 애국자의

'애국'과 관련된 단어들

national anthem 애국가　　　　**veteran**[vétərən] 퇴역 군인 (참전 용사를 지칭)

1456 ★★★

interchange
[íntərtʃèindʒ]

ⓝ 교환, 교차점(I.C.)　ⓥ 교환하다 [ìntərtʃéindʒ]

The **interchange** of cultures will occur more and more frequently.
문화 **교류**는 점점 더 빈번하게 일어날 것이다.

interrupt ⓥ 방해하다(= interfere)　　**international** ⓐ 국제의

inter + change

inter(= between)+**change**(바꾸다) → '서로 바꾸다'에서 '교환(하다)'이 됩니다.

1457 ★★★

intuitive
[intʃúːətiv]

ⓐ 직관적인, 직관에 의한

Left-brain thinking is usually logical while the right brain is **intuitive**.

좌뇌의 사고는 보통 논리적인 데 비해 우뇌는 **직관적**이다.

Plus ⊕ intuitive sense 직관력, 직감

intuition ⓝ 직관

1458 ★★☆

garment
[gáːrmənt]

ⓝ 의복

The **garment** had such a strong masculine image.

그 **옷**은 매우 강한 남성적 이미지가 있었다.

Plus ⊜ clothes

1459 ★★★

spontaneous
[spɑntéiniəs]

ⓐ 자발적인, 자연히 일어나는

The individual's participation in mass behavior patterns is not a **spontaneous** reaction to random forces. 15 모평

대중 행동 패턴에 개인이 참여하는 것은 임의의 힘에 대한 **자발적인** 반응이 아니다.

Plus ⊜ unplanned

spontaneity [spɑ̀ntəníːəti] ⓝ 자발성

1460 ★★★

vertical
[və́ːrtikəl]

ⓐ 수직의

In **vertical** transfer, lower level knowledge is essential before one proceeds to a higher level. 19 모평

수직적 전이에서는, 더 높은 수준으로 진행하기 전에 더 낮은 수준의 지식이 필수적이다.

Plus ⊖ horizontal [hɔ̀ːrəzɑ́ntl] ⓐ 수평의

vertex ⓝ 정상, 꼭대기   **horizon** [həráizən] ⓝ 지평선, 수평선

1461 ★★☆

testify
[téstəfài]

ⓥ 검증하다, 증명하다, 증언하다

I have to **testify** in court as a witness tomorrow.

나는 내일 법정에서 목격자로 **증언을 해야** 한다.

testimony ⓝ 증언   **testimonial** ⓝ 증명서, 추천서

test + ify

test (시험) + **(i)fy** (동·접) → '시험하다'에서 '검증하다'가 됩니다.

1462 ★★★

mentor
[méntɔːr]

ⓝ 조언자

It is important to find **mentors** at various stages throughout life.

삶의 다양한 단계에서 **조언자들**을 찾는 것이 중요하다.

1463 ★★★

vivid
[vívid]

ⓐ 생생한

The description was especially **vivid** and moving.
그 묘사는 특히 **생생하고** 감동적이었다.

vitamin ⓝ 비타민   **vital** ⓐ 생명의, 중대한
revive ⓥ 부활시키다   **survive** ⓥ 생존하다

viv + id

viv(= live)+**id**(형·접) → '살아 있는'에서 '생생한'이 됩니다.

1464 ★★☆

pasture
[pǽstʃər]

ⓝ 목초지, 목장

These **pastures** don't cost them much money.
이 **목초지**는 그들에게 큰돈이 들게 하지 않는다.

Plus ⊜ ranch

pasture와 meadow

pasture 목초가 자라고 있는 곳, 방목지   **meadow** 특히 건초를 만들기 위한 목초지

1465 ★★☆

crust
[krʌst]

ⓝ 껍질, 〈지질〉 지각

The plates of the **crust** float on this soft rock.
지각판들이 이 연한 암석 위로 떠다닌다.

1466 ★★☆

comprehend
[kàmprihénd]

ⓥ 이해하다, 포함하다

Geologists think in terms of billions of years for the age of Earth and its oldest rocks — numbers that are not easily **comprehended**.
지질학자들은 지구의 나이와 가장 오래된 암석들에 대해 쉽게 **이해되지** 않는 숫자인 수십 억 년의 관점에서 생각한다.   18 모평

comprehensible ⓐ 이해할 수 있는   **comprehensive** ⓐ 포괄적인
comprehension ⓝ 이해

1467 ★★☆

plunge
[plʌndʒ]

ⓥ 뛰어들다, 던져 넣다

We learn that trauma is survivable, so we don't **plunge** too deeply following setbacks.   14 모평
우리는 정신적 외상이 남을 수 있다는 것을 알고 있기에, 좌절을 뒤쫓는 데 너무 깊이 **뛰어들지** 않는다.

1468 ★★☆

nasty
[nǽsti]

ⓐ 더러운, 불쾌한

He cheated her into buying a bad bargain by using **nasty** tricks.
그는 **더러운** 술책을 써서 그녀가 물건을 비싸게 사도록 속였다.

1469 ★★☆

appreciate
[əpríːʃièit]

ⓥ 이해하다, 감상하다, 고맙게 생각하다

It is difficult to **appreciate** what a temperature of 20,000,000℃ means. `15 모평`

섭씨 2천만 도의 온도가 무엇을 의미하는지를 **이해하는** 것은 어렵다.

appreciation ⓝ 이해, 평가, 감상

1470 ★★☆

strip
[strip]

ⓥ 박탈하다, (옷이나 껍질을) 벗기다

The government **stripped** the man of his title.

정부는 그 남자에게 직함을 **박탈했다**.

`Plus` ⊜ **deprive** ⓥ 박탈하다

1471 ★★☆

deed
[diːd]

ⓝ 행위, 업적

Children must be taught to perform good **deeds** for their own sake, not in order to receive stickers, stars, and candy bars. `11 수능`

아이들은 스티커, 별, 그리고 초코바를 받기 위해서가 아니라 그들 스스로를 위해 좋은 **행동**을 하도록 교육받아야 한다.

indeed ⓐ 실로, 참으로

1472 ★★☆

skinny
[skíni]

ⓐ 피골이 상접한, 마른

He is very short and **skinny**.

그는 매우 키가 작고 **말랐다**.

`Plus` ⊜ **thin, lean**
⊖ **fat, stout** ⓐ 뚱뚱한, 살찐

1473 ★☆☆

grill
[gril]

ⓝ 석쇠 ⓥ 석쇠로 굽다, 심문하다

The cook skewers a fish and **grills** it.

그 요리사는 생선을 꼬치에 끼워 **석쇠에 굽는다**.

`'요리'와 관련된 단어들`

boil 삶다　　　**cook** 요리하다　　　**stir-fry** 프라이팬에 볶다　　　**steam** 찌다

1474 ★★☆

canal
[kənǽl]

ⓝ 수로, 운하

The mangrove forest alongside the **canal** thrilled me as we entered its cool shade. `18 수능`

수로를 따라 우거진 맹그로브 숲의 시원한 그늘로 들어가자 (그 광경은) 나를 전율하게 했다.

1475 ★★☆

curse
[kə:rs]

ⓝ 저주 ⓥ 저주하다

There will be the **curse** of these mummies.

이 미라들의 **저주**가 있을 것이다.

1476 ★★☆

adverse
[ædvə́:rs]

ⓐ 거스르는, 반대의, 부정적인

Adverse effects will occur if you abuse the drugs.

약물을 남용한다면 **역**효과가 날 것이다.

Plus ⊕ adverse effect ⓝ 역효과
adversity ⓝ 역경

1477 ★★☆

censorship
[sénsərʃip]

ⓝ 검열

Censorship is necessary to protect children.

아이들을 보호하기 위해 **검열**이 필요하다.

censor ⓝ 검열관   **sensor** ⓝ 감지기

1478 ★★★

leverage
[lévəridʒ]

ⓥ 이용하다 ⓝ 지레의 작용, 영향력

Actually, you can **leverage** this human tendency to your benefit.

실제로, 당신은 이 인간적인 경향을 당신에게 득이 되도록 **이용할** 수 있다. 23 모평

lever ⓝ 지렛대, 지레, (지게차량 조작용) 레버

1479 ★★☆

appetite
[æpətàit]

ⓝ 식욕, 욕망, 욕구

Men are qualified for civil liberty in exact proportion to their disposition to put moral chains upon their own **appetites**. 22 모평

인간은 자신의 **욕구**를 도덕적으로 구속하는 그들의 성향에 정확히 비례해서 시민적 자유를 누릴 자격이 부여된다.

Plus ⊜ hunger, desire

1480 ★★☆

flaw
[flɔ:]

ⓝ 결점, 흠

A closer look reveals the **flaw** in this analogy: The extended costume of animals is the result of their genes. 20 모평

더 자세히 살펴보면 이 비유의 **결점**이 드러난다. 동물들의 확장된 의상은 그들의 유전자의 결과물이다.

flawless ⓐ 결점이 없는, 완벽한   **plow**[plau] ⓝ 쟁기 ⓥ 쟁기질하다
flow[flou] ⓥ 흐르다

REVIEW TEST

A 다음 단어에 해당하는 우리말 또는 영어 단어를 쓰시오.

01 intriguing	_________	**11** 측정, 측량, 치수	_________
02 constrict	_________	**12** 밀가루	_________
03 bundle	_________	**13** 실험, 실험하다	_________
04 enclose	_________	**14** 애국자	_________
05 originate	_________	**15** 직관적인	_________
06 interchange	_________	**16** 수직의	_________
07 garment	_________	**17** 피골이 상접한, 마른	_________
08 testify	_________	**18** 수로, 운하	_________
09 comprehend	_________	**19** 검열	_________
10 curse	_________	**20** 식욕, 욕망, 욕구	_________

B 다음 빈칸에 알맞은 단어를 보기에서 골라 쓰시오.

┌ 보기 ┐

restrain	insert	reputation	keen
manipulate	spontaneous	mentor	plunge

01 When the pianist finished playing, the audience gave a(n) ___________ burst of applause.

02 James sometimes fails because he can't ___________ his temper.

03 The hotel has a good ___________ for its cleanliness and reasonable prices.

04 In the experiment, monkeys managed to ___________ the buttons and levers of the machine.

05 The dogs could find what they wanted by using their ___________ sense of smell.

B 01 그 피아니스트가 연주를 마쳤을 때, 관객은 자발적인 박수를 보냈다.　　02 James는 때때로 자신의 감정을 억제하지 못해서 일을 망친다.　　03 그 호텔은 청결과 합리적인 가격으로 좋은 평판을 얻고 있다.　　04 그 실험에서 원숭이들은 기계의 버튼과 레버들을 잘 조작해 냈다.　　05 그 개들은 그것들이 원하는 것을 예민한 후각을 사용해서 찾을 수 있었다.

정답　**01** spontaneous　**02** restrain　**03** reputation　**04** manipulate　**05** keen

as it were ▶ 말하자면(= so to speak)

I understood the words, but I didn't, **as it were**, understand the question.
나는 그 말은 이해했지만, **말하자면**, 그 질문은 이해하지 못했다.

I ought not to tell you but I will, since you're in the family, **so to speak**.
너에게 말해서는 안 되겠지만 하겠는데, **말하자면**, 네가 가족이기 때문이다.

attribute A to B ▶ A를 B 탓으로 돌리다(= ascribe A to B)

When he contracts influenza, he never **attributes** this event **to** his behavior.　18 수능 변형
인플루엔자에 걸릴 때, 그는 결코 이 사건을 자신의 행동 **탓으로 돌리지** 않는다.

The doctor **ascribed** the baby's death **to** sudden infant death syndrome.
의사는 그 아기의 죽음을 유아 돌연사 증후군 **탓으로 돌렸다.**

avail oneself of ▶ ～을 이용하다(= take advantage of)

Guests can feel free to **avail themselves of** my facilities.
손님들은 나의 편의 시설을 마음껏 **이용할** 수 있다.

I will **take advantage of** this trip to buy the things we need.
나는 우리가 필요한 것들을 사기 위해 이 여행을 **이용할** 것이다.

be equal to ▶ ～을 감당할 능력이 있다

The man said he **was equal to** anything.
그 남자는 자신이 어떤 일이라도 **감당할 능력이 있다고** 말했다.

burst into ▶ (갑자기) ～을 터뜨리다[내뿜다]

The little child **burst into** tears when he dropped his ice cream.
그 어린아이는 아이스크림을 떨어뜨렸을 때 **갑자기** 울음을 **터뜨렸다.**

come to ▶ 의식을 회복하다

When he **came to** and raised his head, he saw Mary.
그가 **의식을 회복하여** 고개를 들었을 때 Mary가 보였다.

deprive A of B ▶ A로부터 B를 빼앗다(= take away B from A)

They've been **deprived of** the fuel necessary to heat their homes.
그들은 집 난방에 필요한 연료를 **빼앗겼다.**

They're going to **take away** my citizenship **from** me.　그들은 내게서 시민권을 **빼앗아 갈** 것이다.

Previous Check

- outgoing
- verbal
- liberate
- academic
- advance
- contemplate
- underlying
- segregation
- stem
- irrigation
- consecutive
- superficial
- refuge
- swear
- allergy
- norm
- endeavor
- erect
- feminine
- drowsy
- inspect
- carriage
- primitive
- compress
- steep
- cemetery
- transport
- exaggerate
- random
- feast
- commemorate
- govern
- multitask
- toxic
- stare
- chronic
- designate
- dramatic
- intense
- propaganda

1481 ★★★

outgoing
[áutgòuiŋ]

@ 외향적인

He is **outgoing** and has many friends.

그는 **외향적**이어서 친구가 많다.

easygoing ⓐ 태평스러운, 게으른

`out + go + ing`

out(밖으로)+**go**(가다)+**ing**(현재분사형) → '밖으로 나가는'에서 '외(外: out)향(向: go)적인'이 됩니다.

1482 ★★★

verbal
[və́:rbəl]

@ 말의, 구두(口頭)의

Praise encourages children to find ways to get future **verbal** "goodies" from important adults. 〔13 수능〕

칭찬은 아이들이 중요한 어른들로부터 앞으로 있을 **말로 된** '맛난 것'을 얻을 방법들을 찾으려고 하게끔 만든다.

verb ⓝ 동사   **verbally** ⓐ 말로, 구두로

1483 ★★★

liberate
[líbərèit]

ⓥ 해방하다, 자유롭게 하다

Engaging in acts that would be considered inconsequential in ordinary life also **liberates** us a bit, making it possible to explore our capabilities in a protected environment. 〔19 모평〕

평범한 삶에서 중요하지 않다고 여겨질 수 있는 행위에 참여하는 것은 또한 우리를 약간 **해방해**, 보호된 환경에서 우리의 능력을 탐구할 수 있게 해 준다.

1484 ★★★

academic
[æ̀kədémik]

@ 학문적인, 학구적인

Research suggests that overstructuring the child's environment may actually limit creative and **academic** development. 〔17 수능〕

연구는 아이의 환경을 지나치게 구조화하는 것이 실제로는 창의력의 발달과 **학문적** 발달을 제한할 수도 있다는 것을 보여 준다.

1485 ★★★

advance
[ədvǽns]

ⓥ 나아가게 하다, 진척시키다   ⓝ 전진, 증진

Many of the technological **advances** in bread making have sparked a reaction among bakers and consumers alike. 〔15 모평〕

제빵에서의 많은 기술적인 **발전**은 제빵사와 소비자들 사이에 똑같이 하나의 반응을 유발했다.

Plus ⊕ in advance of ～에 앞서서

1486 ★★★

contemplate
[kɑ́:ntəmplèit]

ⓥ 숙고하다, 응시하다

They **contemplated** the reason for their own existence.

그들은 스스로의 존재 이유에 대해 **심사숙고했다**.

contemplation ⓝ 숙고, 응시

1487 ★★☆

underlying
[ʌndərláiiŋ]

ⓐ 밑에 놓인, 근본적인

Geometrical shapes agree with the **underlying** concept or idea.

기하학적 모양은 **근본적인** 개념이나 생각과 일치한다.　　　22 모평 변형

undergo ⓥ 경험하다　　　　　**underage** ⓐ 미성년의

under + lying

under(아래에)+**lying**(놓인) → '밑에 놓인', 즉 '기초를 이루는'의 의미가 됩니다.

1488 ★★★

segregation
[sègrigéiʃən]

ⓝ 인종 차별, 분리

We have every right to live in a world where there is no **segregation**.

우리는 **인종 차별**이 없는 세상에서 살 모든 권리를 갖고 있다.

segregate ⓥ (사람을) 차별하다
apartheid[əpá:rthèit] ⓝ (예전 남아프리카 공화국의) 인종 차별 정책
desegregation ⓝ 인종 차별 폐지　　　**congregate** ⓥ 모이다

1489 ★★☆

stem
[stem]

ⓥ 생기다, 일어나다　ⓝ 줄기, 대

Local residents may feel strongly attached to the definitions of place that **stem** from involvement in that industry.　18 모평

지역 주민들은 그 산업에 대한 개입에서 **생겨난** 장소의 정의에 강하게 애착을 느낄지도 모른다.

Plus ⊕ stem from, derive from ～에서 생겨나다[기인하다]

1490 ★★★

irrigation
[ìrəgéiʃən]

ⓝ 관개, 물 대기

We need more effective **irrigation** methods.

우리는 좀 더 효과적인 **관개** 방법이 필요하다.

irrigate ⓥ 물을 대다, 관개하다

'농사'와 관련된 단어들

fertilizer 비료　　　**field** 밭　　　**cultivation** 재배　　　**harvest** 수확

1491 ★★★

consecutive
[kənsékjutiv]

ⓐ 연속적인, 일관된

Do you have any special plans for the upcoming **consecutive** holidays?

다가오는 **연휴**에 특별한 계획이라도 있나요?

Plus ⊜ successive

DAY
38

1492 ★★☆
superficial
[sù:pərfíʃəl]

ⓐ 표면상의, 피상적인

This is what becomes our 'identity,' an identity grounded on all the **superficial** differences we distinguish between ourselves and others.　10 모평

이것이 우리의 '정체성', 즉 우리가 우리 자신과 다른 사람들을 구별하는 모든 **피상적인** 차이들에 근거를 둔 정체성이 되는 것이다.

superficies ⓝ 표면, 외면　　　　**supervise** ⓥ 감독하다

super + fic + ial

super(= over)+**fic**(= face: 표면)+**ial**(형·접) → '표면 위의'에서 '표면상의'라는 뜻이 됩니다.

1493 ★★☆
refuge
[réfju:dʒ]

ⓝ 피난, 피난처, 위안

We will begin our six-hour hike, searching for birds and learning about the plants and animals of the **refuge**.　15 모평 변형

우리는 새를 찾고 **보호구역**의 식물과 동물에 대해 배우는 6시간에 걸친 도보 여행을 시작할 것이다.

Plus ⓔ shelter

refugee[rèfjudʒí:] ⓝ 피난자, 망명자

1494 ★★☆
swear
[swɛər]

ⓥ 맹세하다, 욕하다

Don't **swear** at others.

다른 사람들에게 **욕설을 하지** 마라.

1495 ★★☆
allergy
[ǽlərdʒi]

ⓝ 알레르기

This camp is not recommended for children with food **allergies**.

이 캠프는 음식 **알레르기**가 있는 어린이들에게는 권장되지 않는다.　14 모평

Plus ⓟ have an allergy to[for] ~을 몹시 싫어하다

allergic[əlɔ́:rdʒik] ⓐ 알레르기의

1496 ★★★
norm
[nɔːrm]

ⓝ 규범, 기준, 표준

They are likely to cave in to **norms** that they find overwhelming.

그들은 저항하기 어렵다고 느끼는 **규범**에 굴복하기 쉽다.　17 모평

1497 ★★☆
endeavor
[indévər]

ⓝ 노력　ⓥ 노력하다

It will probably be the most important **endeavor** in your life.

그것이 아마도 네 삶에서 가장 중요한 **노력**이 될 것이다.

1498 ★★☆

erect
[irékt]

ⓥ 세우다 ⓐ 똑바로 선

The Great Wall was first **erected** to protect China from the attack of northern tribes.
만리장성은 북방 민족들의 공격으로부터 중국을 지키기 위해 처음으로 **세워졌다.**

Plus ⊜ upright
⊕ Homo erectus 호모 에렉투스(직립 원인)

erection ⓝ 직립, 건설   **elect** ⓥ 선거하다   **election** ⓝ 선거

1499 ★★☆

feminine
[fémənin]

ⓐ 여성의, 여성스러운

Men seem to find **feminine** women attractive.
남자들은 **여성스러운** 여자들을 매력적이라고 느끼는 것 같다.

Plus ⊖ masculine ⓐ 남성적인

female ⓝ 여성 ⓐ 여성의   **male** ⓝ 남성 ⓐ 남성의

1500 ★★☆

drowsy
[dráuzi]

ⓐ 졸리는

The medicine will make you **drowsy.**
그 약은 당신을 **졸리게** 만들 것이다.

Plus ⊜ sleepy
drowsiness ⓝ 졸음

1501 ★★☆

inspect
[inspékt]

ⓥ 검사하다, 점검하다

We appreciate your giving us the opportunity to **inspect** your copier.
우리에게 당신의 복사기를 **점검할** 기회를 준 것에 감사드립니다.

inspection ⓝ 검사   **inspector** ⓝ 조사관
expect ⓥ 기대하다   **respect** ⓥ 존경하다

in + spect

in(= into)+**spect**(= see) → '안쪽을 살피다'에서 '검사하다'가 됩니다.

1502 ★★★

carriage
[kǽridʒ]

ⓝ 마차, 탈것

My master died of a heart attack in the **carriage.**
나의 주인은 **마차** 안에서 심장 마비로 사망했다.

carry ⓥ 운반하다

'과거의 운송 수단'을 나타내는 단어들

ferryboat 나룻배   **sedan chair** 가마   **raft** 뗏목   **cart** 수레

DAY 38

1503 ★★☆

primitive
[prímitiv]

ⓐ 원시의, 초기의, 미개의

Anthropomorphism (the practice of regarding animals as humans) and *totemism* (the practice of regarding humans as animals) spread through the visual art and the mythology of **primitive** cultures. `20 수능 변형`

'의인화'(동물을 인간으로 간주하는 관행)와 '토테미즘'(인간을 동물로 간주하는 관행)은 **원시** 문화의 시각 예술과 신화에 널리 퍼져 있다.

> **Plus** ⊕ primitive society 원시 사회　primitive colors 원색

1504 ★★☆

compress
[kəmprés]

ⓥ 압축하다

Poor posture is bad because it **compresses** the body's organs.

좋지 않은 자세는 신체 기관들을 **압박하기** 때문에 나쁘다.

> **com + press**

com(= together)+**press**(누르다) → '모아서 누르다'에서 '압축하다'가 됩니다.

1505 ★★☆

steep
[sti:p]

ⓐ 가파른, 경사가 급한

The road was very **steep** in some places. `15 모평`

그 길은 일부 지역에서 매우 **가팔랐다**.

1506 ★★☆

cemetery
[sémətèri]

ⓝ 공동묘지

The **cemetery** also has the Kennedy graves.

그 **공동묘지**에는 또한 Kennedy 가(家)의 묘들이 있다.

graveyard ⓝ 묘지, 묘소　　　　**grave** ⓝ 무덤, 묘
tomb ⓝ 묘

1507 ★☆☆

transport
[trænspɔ́:rt]

ⓥ 수송[운송]하다　ⓝ 수송 [trǽnspɔ:rt]

What is different about **transport** is that it cannot exist alone and a movement cannot be stored. `22 모평`

운송이 다른 점은 그것이 혼자서는 존재할 수 없고 이동은 저장될 수 없다는 것이다.

1508 ★★☆

exaggerate
[igzǽdʒərèit]

ⓥ 과장하다, 과장해서 말하다

When the children drew rear views of the adults, the size of the heads was not nearly so **exaggerated**.

아이들이 어른들의 뒷모습을 그렸을 때, 머리의 크기는 거의 그렇게 **과장되지** 않았다.

> **Plus** ⊖ overstate

understate ⓥ 축소해서 말하다　　　**exaggeration** ⓝ 과장

1509 ★★★

random
[rǽndəm]

ⓐ 무작위의, 임의의

Imagine trying to shop in a supermarket where the food was arranged in **random** order on the shelves. `22 수능`

음식이 진열대에 **무작위의** 순서로 배열된 슈퍼마켓에서 쇼핑하려고 한다고 상상해 보라.

1510 ★★☆

feast
[fiːst]

ⓥ 즐겁게[기쁘게] 하다 ⓝ 축제(일), 잔치

Thrilled by riding, I began to **feast** my eyes on the world around me. `17 모평`

말을 타고 짜릿함을 느끼면서, 나는 주변 세상을 실컷 보며 눈을 **즐겁게 하기** 시작했다.

1511 ★★★

commemorate
[kəmémərèit]

ⓥ 기념하다

The gift was to **commemorate** their wedding anniversary.

그 선물은 그들의 결혼기념일을 **기념하기** 위한 것이었다.

`Plus` ⊕ in commemoration of ~을 기념하여
commemoration ⓝ 기념, 기념식   **memorial** ⓐ 기념의

`com + memor + ate`
com(= together)+**memor**(기억)+**ate**(동·접) → '함께 기억하다'에서 '기념하다'가 됩니다.

1512 ★★★

govern
[gʌ́vərn]

ⓥ 통치하다, 지배[좌우]하다

Like life in traditional society, but unlike other team sports, baseball is not **governed** by the clock. `17 모평`

그러나 다른 팀 스포츠와는 달리, 전통 사회의 삶과 마찬가지로 야구는 시계에 의해 **좌우되지** 않는다.

`Plus` ⊕ govern oneself 처신하다
government ⓝ 정부

1513 ★★☆

multitask
[mʌ́ltitæ̀sk]

ⓥ 다중 작업을 하다

They focus on a single task instead of trying to **multitask**. `15 모평`

그들은 **다중 작업을 하려고** 하는 대신에 단일한 과제에 초점을 맞춘다.

DAY 38

1514 ★★☆

toxic
[tάksik]

ⓐ 유독한, 중독의

High-yield varieties are also genetically weaker crops that require expensive chemical fertilizers and **toxic** pesticides. `12 모평`

다수확 변종들은 또한 값비싼 화학 비료와 **유독성** 살충제를 필요로 하는 유전적으로 더 약한 작물들이다.

`Plus` ⊖ nontoxic ⓐ 무독성의
⊕ DWI 음주 운전(= driving while intoxicated)
intoxicate ⓥ (술·약 등에) 취하게 하다   **poisonous** ⓐ 독성의

1515 ★★☆

stare
[stɛər]

ⓥ 응시하다, 노려보다

Amy was in the classroom **staring** out of the window beside her.

Amy는 교실에서 그녀 옆에 있는 창밖을 **응시하고** 있었다. 17 모평

Plus ＝ gaze, peer

1516 ★★★

chronic
[krá:nik]

ⓐ 만성적인, 장기간의

Some people experience **chronic** water shortages.

어떤 사람들은 **만성적인** 물 부족을 경험한다.

Plus ⊖ acute ⓐ 급성의

1517 ★★☆

designate
[dézignèit]

ⓥ 지정하다, 가리키다

UNESCO **designates** World Heritage sites.

유네스코는 세계 문화유산을 **지정한다**.

design ⓥ 설계하다 ⓝ 설계

1518 ★☆☆

dramatic
[drəmǽtik]

ⓐ 연극의, 극적인

This subtle progress is not **dramatic**, not exciting. 21 모평

이 미묘한 진보는 **극적이지도** 않고 자극적이지도 않다.

1519 ★★☆

intense
[inténs]

ⓐ 강렬한

Understanding comes only at the price of a fairly **intense** struggle with the text. 21 모평 변형

이해는 텍스트와의 꽤 **격렬한** 분투의 대가로만 온다.

Plus ＝ extreme, fierce
⊖ mild ⓐ 온화한, 부드러운

intensity ⓝ 격렬함　　**intension** ⓝ 강도
intensive ⓐ 집중적인

1520 ★★★

propaganda
[prὰpəgǽndə]

ⓝ 선전 활동, 선전

Sometimes news is **propaganda** or disinformation.

때때로 뉴스는 **선전 활동** 혹은 허위 정보 공작이다.

propagate ⓥ 번식시키다, 전파하다　　**propagation** ⓝ 번식, 전파

propaganda의 유래

propagate는 '번식시키다'에서 '다른 사람에게 생각을 전파시키다'는 뜻으로 발전되어, propaganda는 '선전 활동'의 뜻을 지니게 됩니다.

REVIEW TEST

A 다음 단어에 해당하는 우리말 또는 영어 단어를 쓰시오.

01 outgoing _______________
02 verbal _______________
03 contemplate _______________
04 consecutive _______________
05 swear _______________
06 norm _______________
07 erect _______________
08 drowsy _______________
09 inspect _______________
10 compress _______________

11 인종 차별, 분리 _______________
12 관개, 물 대기 _______________
13 여성의, 여성스러운 _______________
14 원시의, 초기의 _______________
15 공동묘지 _______________
16 과장하다 _______________
17 무작위의, 임의의 _______________
18 다중 작업을 하다 _______________
19 만성적인, 장기간의 _______________
20 선전 활동, 선전 _______________

B 다음 빈칸에 알맞은 단어를 보기에서 골라 쓰시오.

보기			
liberate	advance	underlying	inspect
stem	superficial	refuge	feast

01 Most of her health problems ____________ from an accident she had when she was younger.

02 The soldiers fought to ____________ their country from the enemy.

03 The ____________ cause of the rising unemployment rate is the long-lasting inflation.

04 Recent ____________s in big data technology have enabled the birth of the AI robot.

05 My friend, Joey, had no more than a(n) ____________ knowledge of music.

필수 숙어 정리하기_중요 숙어 ③

be engaged in ▶ ~에 참여하다, ~에 종사하다

She has never **been engaged in** the volunteer work.
그녀는 그 봉사 활동**에 참여해** 본 적이 없다.

figure out ▶ 알아내다, 이해하다(= make out)

After you eat, you don't have to **figure out** why you aren't hungry anymore. `21 모평`
당신은 식사를 한 후에, 왜 더 이상 배가 고프지 않은지 **알아낼** 필요가 없습니다.

for lack of ▶ ~이 부족하여(= for want of)

For lack of experience he failed to get a job. 경험이 **부족하여** 그는 취업하는 데 실패했다.
He continued to study **for want of** knowledge in his field.
그는 자신의 분야에서 지식이 **부족하여** 계속해서 공부를 했다.

get rid of ▶ ~을 제거하다

Why don't we just **get rid of** all the butterflies, so that there will be no more eggs or caterpillars? `19 수능`
나비를 모두 그냥 **없애 버려**서 알이나 애벌레가 더 이상 없게 하는 건 어떨까요?

have nothing to do with ▶ ~과 관계가 없다

His success **has nothing to do with** his parents' wealth.
그의 성공은 자신의 부모님의 부(富)**와 관계가 없다**.

in place of ▶ ~ 대신에(= instead of)

He visited us **in place of** Mike who was unfortunately ill.
그는 불행히도 병든 Mike를 **대신해서** 우리를 방문했다.

in search of ▶ ~을 찾아서

Miserable and lonely, she went **in search of** Jimmy.
비참하고 외로워서 그녀는 Jimmy를 **찾아서** 가 버렸다.

keep up with ▶ ~에 뒤처지지 않다, ~을 따라가다

Penny works through her lunch hour to **keep up with** her work.
Penny는 일에서 **뒤처지지 않기** 위해서 점심시간에도 일을 한다.

Previous Check

- numerous
- shiver
- retarded
- belonging
- improvise
- executive
- chaos
- microscope
- ongoing
- vulnerable
- implication
- alley
- authentic
- compel
- transition
- mobility
- incline
- attain
- innate
- ingenuity
- upset
- stretch
- seize
- screw
- shelter
- province
- coordinate
- deficient
- privilege
- preview
- slogan
- savage
- throughout
- outlaw
- squeeze
- breakthrough
- consent
- orphan
- negotiate
- nuisance

1521 ★★★

numerous
[njú:mərəs]

ⓐ **다수의, 수많은**

Numerous other times, partners may mope and even frown without genuinely dealing with an issue. 21 모평

다른 **수많은** 경우에도, 배우자들은 어떤 문제를 진정으로 다루지 않은 채 울적해하고 심지어 얼굴을 찡그릴 수도 있다.

Plus ⊜ many, countless

1522 ★★☆

shiver
[ʃívər]

ⓝ **떨림** ⓥ **떨다**

The strange sound that broke the stillness of the night made her **shiver**.

그 밤의 고요함을 깨뜨린 이상한 소리가 그녀를 **떨게** 했다.

Plus ⊜ shudder

'떨다'라는 뜻의 여러 동사들

shake	가장 일반적인 의미로 떨다
tremble	공포나 피로, 추위 때문에 '몸의 일부'를 무의식적으로 덜덜 떨다
shiver	추위나 공포 때문에 순간적으로 '몸 전체'가 떨다

1523 ★★★

retarded
[ritá:rdid]

ⓐ **(정서·지능·학력 등의) 발달이 뒤진**

These mice have below-average intelligence, and they might even be called **retarded**.

이 생쥐들은 지능이 평균 이하이고, 심지어는 **정신 지체**라고 불릴 수도 있다.

retard ⓥ 늦추다 ⓝ 지진아

re + tard + ed

re(= back)+**tard**(늦추다)+**ed**(과거분사형 어미) → '뒤로 늦추다', '속력을 늦추다'라는 뜻의 retard에 -ed가 붙어 특히 '다른 아이들에 비해 (학습) 속도가 느린', 즉 '지능·학력 등의 발달이 뒤진'이란 뜻이 됩니다.

1524 ★★★

belonging
[bilɔ́:ŋiŋ]

ⓝ **(pl.) 소유물, 소지품**

At my mom's request, my brothers and I sorted through all her **belongings**. 14 모평

어머니의 요청에 따라, 나의 남자 형제들과 나는 어머니의 모든 **소지품**을 자세히 살펴보았다.

1525 ★★★

improvise
[ímprəvàiz]

ⓥ **즉흥적으로 하다**, 즉석에서 하다

You have to give yourself permission to **improvise**, to mimic, to take on a long-hidden identity. 20 수능

여러분은 **즉흥적으로 하고**, 흉내 내고, 오랫동안 숨겨져 있던 정체성을 나타낼 수 있도록 스스로에게 허락해야 한다.

1526 ★★☆
executive
[igzékjətiv]

ⓐ 집행의, 경영의   ⓝ 임원, 경영진

Ideally, **executives** should present their vision for the company in a manner that reaches out and grabs people's attention.   17 모평

이상적으로는, 사람들의 관심에 도달해 그것을 붙잡는 방식으로 **임원들**이 회사를 위해 그들의 비전을 제시해야 한다.

1527 ★★☆
chaos
[kéiɑs]

ⓝ 혼돈, 무질서

This **chaos** only gets processed and modified when perceived by a human mind.   22 수능

이 **혼돈**은 인간의 정신에 의해 인식될 때에만 처리되고 수정된다.

1528 ★★☆
microscope
[máikrəskòup]

ⓝ 현미경

They can only be observed through a **microscope**.

그것들은 **현미경**을 통해서만 관찰될 수 있다.

microbe ⓝ 미생물

micro + scope

micro(= small)+**scope**(= see) → '작은 것을 보다'에서 '현미경'이 됩니다.
이와 마찬가지로 telescope는 '멀리(tele-)+보다(scope)'에서 '망원경'이 됩니다.

1529 ★★☆
ongoing
[á:ngòuiŋ]

ⓐ 계속되는, 진행 중인

The negative impact on local wildlife inhabiting areas close to the fish farms continues to be an **ongoing** public relations problem for the industry.   15 수능

양식장에 인접한 지역에 서식하는 지역 야생 생물에 미치는 부정적 영향이 계속해서 그 산업에 대한 **지속적인** 대민 관계의 문제가 되고 있다.

Plus ⊜ in progress
⊕ go on   계속하다

1530 ★★★
vulnerable
[vʌ́lnərəbl]

ⓐ 취약한, 상처 입기 쉬운

When this happens, the population as a whole may become more **vulnerable** to further environmental stress or disease.   14 모평

이런 일이 발생하면, 전체 개체군이 그 이상의 환경적 스트레스나 질병들에 더 **취약해**질 수도 있다.

1531 ★★★
implication
[ìmplikéiʃən]

ⓝ 함축, 암시

Ideas are worked out as logical **implications** or consequences of other accepted ideas.   22 모평 변형

사상은 다른 수용된 사상의 논리적 **함축**이나 결과로 도출된다.

imply ⓥ 암시하다   **implicate** ⓥ 관련시키다

DAY
39

1532 ★★☆

alley
[ǽli]

ⓝ 오솔길, 골목길

Go along the alley and you'll find it on your left.
골목을 따라 가다 보면 그것을 왼쪽에서 찾을 수 있어요.

Plus ⊜ path, lane

1533 ★★☆

authentic
[ɔ:θéntik]

ⓐ 진짜의, 진정한

Solitude brings out the authentic flavor of every experience.
고독은 모든 경험의 진정한 맛을 이끌어 낸다.　　　11 모평

Plus ⊜ real, genuine
　　　⊖ fake ⓐ 가짜의

1534 ★★☆

compel
[kəmpél]

ⓥ 강요하다, ~하게 만들다

The simplified and magnified views compel us to look at them in a new way and to discover their inner essence.　14 모평
단순화되고 확대된 모습들은 우리가 그것들을 새로운 방식으로 바라보고 그것들의 내적 정수를 발견하게 만든다.

Plus ⊜ force

1535 ★★☆

transition
[trænzíʃən]

ⓝ 변천, 과도기

According to the theory of demographic transition, nations go through several developmental stages.
인구 변천 이론에 따르면, 국가들은 여러 발달 단계를 거친다.

transfer ⓥ 옮기다　　　　　　**transparent** ⓐ 투명한
transform ⓥ 변형하다　　　　**transit** ⓝ 수송, 통과

1536 ★☆☆

mobility
[moubíləti]

ⓝ 이동성, 가동성

Technical mobilities turn human beings into some kind of terminal creatures.　23 모평 변형
기술적 이동성은 인간을 일종의 불치병에 걸린 (가련한) 존재로 바꾼다.

mobile ⓐ 이동하는, 움직임이 자유로운

1537 ★★☆

incline
[inkláin]

ⓥ 내키게 하다, 기울이다　ⓝ 경사 [ínklàin]

Motivated by feelings of guilt, they are inclined to make amends for their actions.　13 수능
죄책감으로 인해 자극을 받을 때, 그들은 자신들의 행동에 대해 보상을 하려는 경향이 있다.

Plus ⊕ be inclined to ~하는 경향이 있다
inclination ⓝ 경향

1538 ★★☆
attain
[ətéin]

ⓥ 달성하다

Material prosperity can help individuals, as well as society, **attain** higher levels of happiness. `16 수능`

물질적인 풍요는 사회뿐만 아니라 개인이 더 높은 수준의 행복을 **얻을** 수 있도록 도와줄 수 있다.

`Plus` ⊜ accomplish

attainment ⓝ 달성　　　**contain** ⓥ 포함하다　　　**retain** ⓥ 보유하다

`at + tain`

at(= ad: to)+**tain**(= touch) → '목표에 닿다'에서 '달성하다'가 됩니다.

1539 ★★☆
innate
[inéit]

ⓐ 천부적인, 본질적인

An **innate** genius does not always emerge to be recognized.

천부적인 천재가 항상 알아볼 수 있게 나타나는 것은 아니다.

`Plus` ⊜ inborn, inherent
　　　 ⊖ acquired　ⓐ 후천적인, 습득한

1540 ★★★
ingenuity
[ìndʒənjúːəti]

ⓝ 솜씨, 독창력

It is a symbol of Chinese **ingenuity** and will.

그것은 중국인의 **솜씨**와 의지의 상징이다.

ingenious ⓐ 재능이 있는, 독창적인　　　**ingenuous** ⓐ 순진한

`in + gen (u) + ity`

in(안에)+**gen(u)**(= born)+**ity**(명·접) → '타고난 것'에서 '솜씨'가 됩니다.

1541 ★☆☆
upset
[ʌpsét]

ⓐ 마음이 상한, 당황한　ⓥ 뒤엎다　ⓝ 전복, 혼란

Sometimes, however, if a person is already sensitive and **upset** about something, delaying feedback can be wise. `16 모평`

하지만, 때때로 어떤 사람이 어떤 일에 관해 이미 예민하고 **당황해** 있다면, 피드백을 미루는 것이 현명할 수 있다.

1542 ★★☆
stretch
[stretʃ]

ⓥ 늘이다, 뻗다　ⓝ 신축성

What is frightening him is the sense of the unknown **stretching** into the black distance. `13 모평`

그를 두렵게 하는 것은 암흑의 먼 곳까지 **뻗어 있는** 미지의 것에 대한 느낌이다.

`Plus` ⊕ at a stretch　단숨에

1543 ★★☆
seize
[siːz]

ⓥ 붙잡다, 포착하다, 이해하다

In this case an opportunity has been **seized**, since the amount of transport being offered has exceeded the demand for it. `22 모평`

이 경우, 제공되는 운송량이 그것에 대한 수요를 초과하였기 때문에 기회가 **포착되었다**.

`Plus` ⊜ grab, grip

1544 ★★☆
screw
[skru:]

🅝 나사　🆅 나사로 고정하다

They quickly pick out a whole series of items of the same type, making a handful of, say, small **screws**.　16 모평

그들은 재빨리 같은 형태를 한 일련의 모든 물품을 골라내는데, 말하자면 작은 **나사**를 한 움큼 쥔다.

Plus ⊕ screw up 중대한 실수를 저지르다

1545 ★★☆
shelter
[ʃéltər]

🆅 피난하다, 보호하다　🅝 피난처

This usually consists of two stories, the first to **shelter** animals or machines and the second to store hay or grain.　18 모평

이것은 대개 2층으로 이루어지는데, 1층은 가축이나 기계를 **보관하고** 2층은 건초나 곡물을 저장한다.

1546 ★★☆
province
[prá:vins]

🅝 (행정 단위인) 주(州)[도(道)], 분야, 영역

Making things became the **province** of machine tenders with limited knowledge.　22 수능

물건을 만드는 것은 제한된 지식을 지닌 기계 관리자의 **영역**이 되었다.

provincial ⓐ 지방의(= local, regional)

1547 ★★☆
coordinate
[kouɔ́:rdənèit]

🆅 조정하다　ⓐ 동등한 [kouɔ́:rdənət]

These appear to **coordinate** consumption patterns with physical needs.　18 수능

이런 것들은 소비 패턴을 신체적 욕구에 맞게 **조정하는** 것처럼 보인다.

1548 ★★☆
deficient
[difíʃənt]

ⓐ 부족한, 불완전한

I'm **deficient** in mathematics.

나는 수학 실력이 **부족하다**.

Plus ⊖ sufficient ⓐ 충분한

deficiency 🅝 부족, 결핍　　**decrease** 🆅 감소하다
decline 🆅 내려가다　　**depress** 🆅 우울하게 하다

1549 ★★☆
privilege
[prívəlidʒ]

🅝 특권　🆅 특권을 주다

In a country without a landed aristocracy, lawyers formed a **privileged** but public-spirited class.

정착된 귀족 계급이 없는 나라에서, 변호사들은 **특권은 가지**지만 공공심 있는 계급을 형성했다.

privileged ⓐ 특권을 가진　　　　**underprivileged** ⓐ 혜택받지 못한

privilege / underprivileged

priv(i)(= individual)+**leg**(e)(= law) → '개인에게만 적용되는 법률'에서 '특권'이 됩니다.

under(~ 아래에)+**privilege**(특권)+(e)d(과거분사형 어미) → '특권을 가진 자들 밑에 있는'에서 '혜택받지 못한'의 뜻이 됩니다.

1550 ★★★
preview
[prí:vjù:]

ⓝ 미리 보기, 예고편, 시사회

At one such **preview** a bootmaker criticized the shoes in a painting on which Apelles had labored long and hard. [11 수능]

그런 한 **시사회**에서, 어떤 구두장이가 Apelles가 오랫동안 힘들게 공을 들인 그림에 있는 신발을 비판했다.

Plus ⓔ trailer ⓝ 영화 예고편
review ⓝ 논평, 재검토　　　　　**overview** ⓝ 개관, 개요

1551 ★★★
slogan
[slóuɡən]

ⓝ 선전 문구, 슬로건

The **slogan** for the toothpaste is "Kream toothpaste has made my life better."

그 치약의 **선전 문구**는 'Kream 치약은 내 생활을 더 좋게 만들었어요.'이다.

Plus ⓔ catch phrase 이목을 끄는 문구　　　motto ⓝ 좌우명, 표어

1552 ★★☆
savage
[sǽvidʒ]

ⓐ 야만적인, 잔인한　ⓝ 야만인

Colonists necessarily observed that yesterday's 'savage' might be today's shopkeeper, soldier, or servant.

식민지 주민들은 지난날의 '야만인'이 오늘날의 가게 주인, 군인, 또는 종업원이 될 수도 있음을 필연적으로 알게 되었다.

Plus ⓔ wild, barbaric, primitive

1553 ★★☆
throughout
[θru:áut]

ⓟ (장소의) 도처에, (시간의) 처음부터 끝까지

In such cases, the students lose the opportunity to develop skills in activities that they can participate in **throughout** their adult lives. [16 모평]

그러한 경우, 학생들은 성인 시절 **내내** 자신들이 참여할 수 있는 활동의 기술을 계발할 기회를 잃게 된다.

1554 ★★☆
outlaw
[áutlɔ̀:]

ⓥ 금지하다, 법적으로 무효화하다　ⓝ 무법자

The Swedish government has **outlawed** television advertising of products aimed at children under 12. [15 모평]

스웨덴 정부는 12세 미만의 아이들을 대상으로 한 제품들의 텔레비전 광고를 **금지했다.**

Plus ⓔ ban ⓥ 금지하다
　　　　ⓐ legalize ⓥ 합법화하다
in-law ⓐ 인척 관계의

out + law

out(= outside)+**law**(법률) → '법률의 바깥'에서 '금지하다', '법적으로 무효화하다'가 됩니다.

DAY **39**

1555 ★★☆

squeeze
[skwiːz]

ⓥ 짜내다

You can **squeeze** the lemons by hand, but it's easier if you use a lemon squeezer.　14 모평

당신은 레몬들을 손으로 **짤** 수도 있지만, 만약 레몬 압착기를 사용한다면 그것은 더 쉽다.

1556 ★★★

breakthrough
[bréikθrùː]

ⓝ 비약적 발전, 돌파, 타개

His claim entailed relating the progressive accumulation of **breakthroughs** and discoveries.　20 수능 변형

그의 주장은 **비약적 발전**과 발견의 점진적인 축적을 거론하는 것을 수반했다.

> Plus　≒ development

break + through

break(깨다)＋through(통과하여) → '깨다'라는 뜻의 단어 break와 '통과하여'라는 의미를 갖는 through로 이루어진 표현입니다. break through(돌파하다)라는 표현을 명사화한 것으로, '깨고 나간 것'에서 '획기적인 발전'의 뜻이 되고 '돌파'의 뜻 또한 있습니다.

1557 ★★☆

consent
[kənsént]

ⓝ 동의, 허락　ⓥ 동의하다

Data tracking should not be done without the customers' **consent**.

데이터 추적은 소비자들의 **동의** 없이 이루어지지 말아야 한다.

> Plus　≒ agree, approve, assent
> ⊖ refuse ⓥ 거절하다

1558 ★★☆

orphan
[ɔ́ːrfən]

ⓝ 고아

There was a donation drive for **orphans**.

고아들을 위한 기부 운동이 있었다.

orphanage[ɔ́ːrfənidʒ] ⓝ 고아원

1559 ★★☆

negotiate
[nigóuʃièit]

ⓥ 협상하다

In a study, participants were asked to **negotiate** with a seller over the purchase price of a piece of art.　12 모평 변형

한 연구에서, 참가자들은 예술 작품 한 점의 구매 가격에 대해 판매자와 **협상하**도록 요구받았다.

> Plus　≒ bargain

negotiation ⓝ 협상　　　　　**negotiator** ⓝ 협상자

1560 ★★★

nuisance
[njúːsəns]

ⓝ 귀찮은 사람, 성가신 것

He is just a **nuisance**.

그는 단지 **귀찮은 사람**이다.

> Plus　≒ trouble
> ⊕ a pain in the neck 〈구어〉 성가신 일

REVIEW TEST

A 다음 단어에 해당하는 우리말 또는 영어 단어를 쓰시오.

01 shiver	__________	**11** 집행의, 경영의, 임원	__________
02 ongoing	__________	**12** 혼돈, 무질서	__________
03 alley	__________	**13** 현미경	__________
04 authentic	__________	**14** 솜씨, 독창력	__________
05 mobility	__________	**15** 특권, 특권을 주다	__________
06 innate	__________	**16** 야만적인, 잔인한	__________
07 stretch	__________	**17** 짜내다	__________
08 screw	__________	**18** 비약적 발전, 돌파	__________
09 province	__________	**19** 고아	__________
10 coordinate	__________	**20** 협상하다	__________

B 다음 빈칸에 알맞은 단어를 보기에서 골라 쓰시오.

> **보기**
>
> numerous   vulnerable   implication   compel
> transition   incline   attain   seize

01 His sincere confession _____________(e)d Jenny to help his business.

02 The _____________ of the article seems that the rich were all selfish.

03 She was so _____________ that I always talked to her carefully.

04 Max tried his best and _____________(e)d an 'A' in all subjects for the first time.

05 The country is in the process of making the _____________ from military rule to democracy.

---

leave out ▶ 생략하다

Don't **leave out** any important information from the report.
그 보고서에서 중요한 정보를 **생략하지** 마시오.

look down on ▶ ~을 멸시하다

She **looked down on** him because he was dressed in shabby clothes.
그가 허름한 옷을 입고 있었기 때문에 그녀는 그를 **멸시했다**.

look up to ▶ ~을 존경하다

You're a popular woman and a lot of younger ones **look up to** you.
당신은 인기 있는 여성이고 더 젊은 많은 여성들이 당신을 **존경한다**.

look forward to ▶ ~하기를 고대하다

I'm sure you've all been **looking forward to** the reopening of our school store. `21 모평`
여러분 모두 우리 학교 매점의 재개장을 **고대했을** 것이 분명합니다.

lose one's temper ▶ 화내다

I **lost my temper** and banged my book down on the desk.
나는 **화가 나서** 책상 위에 책을 쾅 하고 내리쳤다.

make up for ▶ ~을 보충하다, ~을 보상하다(= compensate for)

They should do something to **make up for** your stress.
그들은 당신의 스트레스를 **보상하기** 위해 뭔가를 해야 한다.
Nothing could **compensate for** the loss of his daughter.
어떤 것도 그가 딸을 잃은 것을 **보상해 줄** 수 없었다.

nothing but ▶ 오직, 단지 ~뿐(= only)

There was **nothing but** useless corn stalks in her sack. `21 모평`
그녀의 자루 안에는 **오직** 쓸모없는 옥수수 줄기만 있었다.

for the sake of ▶ ~을 위해(= for one's sake)

We divided it into three parts **for the sake of** convenience.
우리는 편의를 **위해** 그것을 세 부분으로 나눴다.
I think it doesn't make sense that one can die **for** his or her country**'s sake**.
나는 개인이 자신의 나라를 **위해** 죽을 수 있다는 것이 이치에 맞지 않는다고 생각한다.

DAY 40

Previous Check

- recipe
- deceive
- sweep
- profile
- enterprise
- successive
- paradox
- surpass
- correlation
- magnitude
- aesthetics
- earnest
- tremble
- slaughter
- surrender
- philosophy
- deplete
- admire
- starvation
- summon
- afford
- blunt
- sprint
- passerby
- tense
- boil
- timber
- collaborate
- stance
- blow
- ballot
- resilience
- acquaintance
- amplify
- contradict
- burst
- cast
- falsify
- psychic
- paddle

1561 ★★★

recipe

[résəpì]

☐☐

ⓝ 조리법, 비법

He brought the **recipe** back to Italy, where it has been a favorite ever since.

그는 그 **조리법**을 이탈리아로 가져갔는데, 거기에서 그것은 그 후로 사람들이 가장 좋아하는 것이 되었다.

1562 ★★☆

deceive

[disíːv]

☐☐

ⓥ 속이다

An alchemist commonly used a double-bottomed melting pot to **deceive** the audience.

연금술사는 청중들을 **속이기** 위해 보통 이중 바닥의 도가니를 이용했다.

Plus ⊜ cheat, trick

deceit ⓝ 사기

1563 ★★☆

sweep

[swiːp]

☐☐

ⓥ 휩쓸다, 청소하다

During the following spring tide the eggs hatch, and the young fish are **swept** out to sea. 14 수능

다음 한사리 동안 알이 부화하고, 어린 물고기들은 바다로 **쓸려 가게** 된다.

1564 ★★☆

profile

[próufail]

☐☐

ⓝ 옆모습, 인물 소개

A crack in the wall looks a little like the **profile** of a nose. 21 모평 변형

벽에 난 금이 코의 **옆모습**을 약간 닮았다.

1565 ★★☆

enterprise

[éntərpràiz]

☐☐

ⓝ 기업, 사업

The fear of being left out of the loop can keep people voluntarily working alone glued to their **enterprise** social media. 22 모평 변형

상황을 잘 모르고 혼자 남겨진다는 두려움이 자발적으로 혼자 일하는 사람들이 계속 자신들의 **기업** 소셜 미디어에 매달리도록 할 수 있다.

Plus ⊜ firm

enterprising ⓐ 진취적인

1566 ★★★

successive

[səksésiv]

☐☐

ⓐ 연속되는, 상속의

Scientific knowledge is believed to progress through **successive** experiments. 17 모평 변형

과학적 지식은 **연속되는** 실험을 통해 발전한다고 믿어진다.

Plus ⊜ consecutive

success를 포함하는 단어들

success 성공　　　　**succession** 연속　　　　**successful** 성공적인

1567 ★★☆

paradox
[pǽrədàks]

ⓝ 역설, 패러독스

I know it's a **paradox** but while I'm a success in business, I'm a failure in life.

역설이라는 것을 알지만, 나는 사업에서는 성공한 사람인 반면 인생에서는 실패자이다.

contradiction ⓝ 모순　　　**irony** ⓝ 반어법, 아이러니

paradox의 어원

어원적으로 '역설', 즉 '패러독스(paradox)'는 희랍어 para (초월)와 doxa (의견)의 두 낱말이 모여서 이루어진 합성어로 봅니다.

1568 ★★☆

surpass
[sərpǽs]

ⓥ 능가하다

Persons who are daring in taking a wholehearted stand for truth often achieve results that **surpass** their expectations.　11 수능

진리에 대해 진심 어린 태도를 취하는 것에 대담한 사람들은 종종 자신들의 기대를 **능가하는** 결과를 성취한다.

Plus ⓔ outdo
surpassing ⓐ 빼어난

sur + pass

sur (= super: over) + **pass** (지나가다) → '～ 위를 지나가다'에서 '능가하다'가 되었습니다.

1569 ★★☆

correlation
[kɔ̀:rəléiʃən]

ⓝ 상관관계, 상호 관련

For instance, there is a high degree of **correlation** between shoe size and vocabulary size.　16 모평 변형

예를 들면, 신발 크기와 어휘 크기 사이에는 상당한 정도의 **상관관계**가 있다.

correlate ⓥ 서로 관련시키다　　　**cooperate** ⓥ 협동하다 (= collaborate)

cor + relation

cor (= com: together) + **relation** (관계) → '서로의 관계'에서 '상관', '상호 관련'이 됩니다.

1570 ★★★

magnitude
[mǽgnətjù:d]

ⓝ 거대함, 중요성, (지진의) 진도

A project of this **magnitude** is bound to be difficult.

이렇게 **거대**한 사업은 어려울 것이 분명하다.

magnify ⓥ 확대하다　　　**magnanimous** ⓐ 도량이 큰

1571 ★★★

aesthetics
[esθétiks]

ⓝ 미학

His **aesthetics** has remained unchanged since his early films.

그의 **미학**은 그의 초기 영화들 이후 변함이 없다.

aesthetic ⓐ 미의, 심미적인　　　**aestheticism** ⓝ 탐미주의

DAY
40

1572 ★★★
earnest
[ə́ːrnist]

ⓐ 진지한 ⓝ 진심

She gazed back at him with her **earnest**, love-drenched blue eyes.
그녀는 사랑으로 흠뻑 젖은 **진지한** 푸른 눈으로 그를 응시했다.

Plus ⊜ serious
⊕ in earnest 진심으로, 진지하게
honest[ánist] ⓐ 정직한

1573 ★★☆
tremble
[trémbl]

ⓥ 떨다

When she heard the dogs barking fiercely on the floor just above her, she **trembled** uncontrollably for fear of being caught. `17 모평`
그녀의 바로 머리 위에 있는 갑판 바닥에서 개들이 사납게 짖는 소리를 들었을 때, 그녀는 붙잡힐까 두려워서 감당할 수 없을 정도로 **떨었다**.

1574 ★★★
slaughter
[slɔ́ːtər]

ⓥ 도살하다 ⓝ 도살, 대학살

These cows are raised to weigh 1,200 pounds in about 4 months and then are **slaughtered**.
이 소들은 약 4개월 동안 1,200파운드가 나갈 때까지 사육된 후에 **도축된다**.

Plus ⊜ massacre
butcher ⓝ 푸줏간[정육점] 주인

1575 ★★☆
surrender
[səréndər]

ⓥ 넘겨주다, 포기하다, 항복하다

As we invent more species of AI, we will be forced to **surrender** more of what is supposedly unique about humans. `18 수능`
더 많은 종의 AI(인공지능)를 발명하게 됨에 따라, 우리는 아마도 인간에게만 독특하다고 여겨지는 것 중 더 많은 것을 **넘겨주어야**만 할 것이다.

Plus ⊜ yield
⊖ resist ⓥ 저항하다

1576 ★★☆
philosophy
[fəlá:səfi]

ⓝ 철학

In **philosophy**, it led to reasoned arguments and dialogues about the nature of the world. `15 모평`
철학 분야에서, 그것은 세계의 본질에 대한 논리 정연한 주장과 대화로 이어졌다.

1577 ★★☆
deplete
[diplíːt]

ⓥ 고갈시키다, 격감시키다

They likewise increase their intake of sweets and water when their energy and fluids become **depleted**. `18 수능`
그들은 마찬가지로 자신의 에너지와 체액이 **고갈될** 때 단것과 물의 섭취를 늘린다.

1578 ★★☆
admire
[ədmáiər]

ⓥ 감탄하다, 높이 평가하다

Some critics, who admire Wade Guyton's work, are little concerned about his extensive use of computers. `23 모평 변형`

Wade Guyton의 작품을 높이 평가하는 몇몇 비평가들은 그의 광범위한 컴퓨터 사용에 관해 거의 신경 쓰지 않는다.

admiration ⓝ 존경, 감탄

1579 ★★☆
starvation
[stɑːrvéiʃən]

ⓝ 아사, 기아, 궁핍

When you are living on the verge of starvation, a slight downturn in your food reserves makes a lot more difference than a slight upturn. `18 모평`

아사 직전의 상황일 때, 비축 식량의 경미한 감소는 경미한 증가보다 훨씬 더 큰 차이를 만들어 낸다.

starve ⓥ 굶주리게 하다, 굶어죽다

1580 ★★☆
summon
[sʌ́mən]

ⓥ 소집하다, 소환하다

A witness was summoned to testify.

목격자가 증언을 하기 위해 소환되었다.

summons ⓝ 소환, 호출

1581 ★★☆
afford
[əfɔ́ːrd]

ⓥ ~할 여유가 있다

What if you cannot afford a home computer and your only choice is to use one at the library?

만약 당신이 집에 컴퓨터를 들여놓을 만한 여유가 없고 오로지 도서관에 있는 것만 이용해야 한다면 어떻게 할 것인가?

1582 ★★★
blunt
[blʌnt]

ⓐ 무뚝뚝한, 퉁명스러운, 둔감한, 무딘

Anglo Saxon words are blunt, French words musical, Latin words learned.

앵글로 색슨 단어들은 무뚝뚝하고, 프랑스 단어들은 음악적이며, 라틴어 단어들은 학구적이다.

`Plus` ＝ dull

1583 ★★☆
sprint
[sprint]

ⓝ 단거리 경주, 전력 질주 ⓥ 전력 질주하다

Fast muscle fibers function best for short bursts of intense activity, like weight lifting or sprinting. `13 수능`

빠른 근섬유는 역도나 단거리 경주와 같이 짧고 폭발적인 격렬한 활동에서 가장 잘 기능한다.

spring ⓝ 용수철

DAY **40**

1584 ★★★

passerby
[pǽsərbái]

ⓝ 통행인, 지나가는 사람

Did you put up a notice to protect **passersby** from accidents?

통행자들을 사고로부터 보호하기 위해 표지판을 세웠습니까?

Plus ⊜ pedestrian

pass + er + by

pass(지나가다)+**er**(명·접: 사람)+**by**(옆) → '옆을 지나가는 사람'으로, '통행인'이 됩니다.

1585 ★★☆

tense
[tens]

ⓐ 팽팽한, 긴장한   ⓥ 긴장시키다

After a few **tense** moments, she came back on the line and shouted, "Where's the ambulance?"   16 모평

얼마간의 **긴장된** 순간이 지난 후 그 여자가 다시 전화로 돌아와서 "구급차는 어디에 있나요?" 라고 소리쳤다.

tension ⓝ 긴장 (상태)

1586 ★★★

boil
[bɔil]

ⓥ 끓다, 삶다

Native Americans **boiled** and ate the nuts of the white oak.

북미 원주민들은 떡갈나무 열매를 **삶아**서 먹었다.

1587 ★★☆

timber
[tímbər]

ⓝ 목재

Abundant **timber** would do away with the need to import wood from Scandinavia.   14 모평

풍부한 **목재**가 스칸디나비아로부터 목재를 수입할 필요가 없게 해 줄 것이다.

Plus ⊜ lumber

1588 ★★☆

collaborate
[kəlǽbərèit]

ⓥ 협력하다

We agreed to **collaborate** on translating the ancient documents.

우리는 고대 문서를 해석하는 데 **협력하기로** 합의했다.

colleague ⓝ 동료

col + labor + ate

col(= com: together)+**labor**(= work)+**ate**(동·접) → '함께 일하다'에서 '협력하다'가 됩니다.

1589 ★★☆

stance
[stæns]

ⓝ 서 있는 자세, 태도

The sense of tone in another's voice gives us an enormous amount of information about her **stance** toward life.   15 수능

상대방 음성의 어조를 감지하는 것은 삶에 대한 그 사람의 **태도**에 대해 엄청난 양의 정보를 우리에게 준다.

1590 ★☆☆
blow
[blou]

☐☐

ⓥ 불다, 바람에 날리다
Wind **blew** across the barren landscapes and water ran down from the mountaintops, taking the soil with them. `12 수능`
바람이 황량한 풍경을 가로질러 **불었고**, 물이 산꼭대기로부터 흘러내리며 흙을 함께 쓸어가 버렸다.

1591 ★★☆
ballot
[bǽlət]

☐☐

ⓝ 투표, 투표용지　ⓥ 투표하다
The secretary will distribute the **ballots**.
비서가 **투표용지들**을 나누어 줄 것이다.

`Plus`　⊜ vote
　　　⊕ cast a ballot 투표하다　　　ballot box 투표함

1592 ★★★
resilience
[rizíljəns]

☐☐

ⓝ 회복력
John has shown great **resilience** to stress.
John은 스트레스에 대한 대단한 **회복력**을 보여 주었다.

`Plus`　⊕ recovery 회복
　　　　restoration 복구

1593 ★★★
acquaintance
[əkwéintəns]

☐☐

ⓝ 아는 사이, 교제
We keep in touch with our friends and **acquaintances**.
우리는 친구들, **지인들**과 연락하고 지낸다.

`Plus`　⊕ get[gain] acquaintance with ~과 알게 되다
acquaint ⓥ 알게 하다, 숙지시키다

1594 ★★★
amplify
[ǽmpləfài]

☐☐

ⓥ 확대하다, 증폭시키다
He invented an **amplifying** system that enabled radio receivers to pick up distant signals. `12 모평`
그는 라디오 수신자들이 원거리 신호를 받을 수 있게 해 주는 **증폭** 장치를 발명했다.

1595 ★★★
contradict
[kàntrədíkt]

☐☐

ⓥ 부정하다, 반박하다, 모순되다
You should be polite when you **contradict** the boss's opinion.
당신은 상사의 의견을 **반박할** 때 정중해야 한다.

`Plus`　⊜ deny, refute, dispute
contradiction ⓝ 부정, 모순　　　**contrast** ⓝ 대조

1596 ★★☆

burst
[bəːrst]

ⓥ 터지다, 터뜨리다, 꽉 차다 ⓝ 파열, 폭발

The children continued working until the sun was high and their sacks were **bursting**. `21 모평 변형`

아이들은 해가 높이 뜨고 자신들의 자루가 **꽉 찰** 때까지 계속 일을 했다.

1597 ★★☆

cast
[kæst]

ⓥ 내던지다, 보내다, 드리우다

A turtle that withdraws into its shell at every puff of wind or whenever a cloud **casts** a shadow would never win races, not even with a lazy rabbit. `22 모평`

바람이 조금 불 때마다, 또는 구름이 그림자를 **드리울** 때마다 등딱지 속으로 움츠리는 거북은 게으른 토끼와의 경주라도 결코 이기지 못할 것이다.

Plus ⊕ be cast away 조난당하다

1598 ★★★

falsify
[fɔ́ːlsəfài]

ⓥ 잘못을 입증하다, 위조하다

For what is distinctive about science is the search for negative instances — the search for ways to **falsify** a theory, rather than to confirm it. `12 수능`

왜냐하면 과학에 관해 특징적인 점은 부정적인 사례들을 찾는 것, 즉 하나의 이론이 옳다는 것을 증명하기보다 오히려 그것이 **잘못된 것임을 입증할** 방법을 찾는 것이기 때문이다.

1599 ★★★

psychic
[sáikik]

ⓐ 초능력이 있는, 초자연적인 ⓝ 무당, 영매

During the 2010 World Cup, one octopus became famous for its special **psychic** powers.

2010년 월드컵 동안, 문어 한 마리가 그것의 특별한 **초능력**으로 인해 유명해졌다.

Plus ⊜ supernatural

1600 ★★☆

paddle
[pǽdl]

ⓝ 노 ⓥ 노를 젓다

Kayaking was hard since we had no experience at **paddling**.

우리는 **노를 저어** 본 경험이 없었기 때문에 카약을 타는 것이 어려웠다.

Plus ⊜ oar
⊕ up the creek without a paddle 곤경에 처한
puddle ⓝ 물웅덩이

A 다음 단어에 해당하는 우리말 또는 영어 단어를 쓰시오.

01 enterprise	_____________	11 휩쓸다, 청소하다	_____________
02 successive	_____________	12 능가하다	_____________
03 paradox	_____________	13 상관관계, 상호 관련	_____________
04 magnitude	_____________	14 미학	_____________
05 tremble	_____________	15 목재	_____________
06 slaughter	_____________	16 투표, 투표용지	_____________
07 deplete	_____________	17 아는 사이, 교제	_____________
08 summon	_____________	18 부정하다, 모순되다	_____________
09 blunt	_____________	19 초능력이 있는	_____________
10 resilience	_____________	20 노, 노를 젓다	_____________

B 다음 빈칸에 알맞은 단어를 보기에서 골라 쓰시오.

보기

recipe	deceive	stance	collaborate
surrender	philosophy	afford	tense

01 His joke was not very funny, but it was good enough to change the ___________ atmosphere.

02 The arts should be available to more people at prices they can ___________.

03 He and I have ___________(e)d in creating many works of art for more than 10 years.

04 Jack Collins has been known to ___________ credulous clients to earn a lot of money.

05 The civil war ended and peace came back to the country after the rebel soldiers ___________(e)d.

B 01 그의 농담은 매우 재미있지는 않았지만, 긴장된 분위기를 바꾸기에는 충분히 좋았다.　02 예술은 더 많은 사람들이 감당할 수 있는 가격으로 구입할 수 있어야 한다.　03 그와 나는 10년 넘는 동안 많은 예술품들을 만드는 데 협력해 왔다.　04 Jack Collins는 많은 돈을 벌기 위해서 잘 속는 손님들을 속이는 것으로 알려져 왔다.　05 반란군들이 항복한 이후로 내전이 종식되고 그 나라에 평화가 돌아왔다.

정답　01 tense　02 afford　03 collaborate　04 deceive　05 surrender

derive from ▶ ~에서 유래하다, ~에서 얻다[끌어내다]

Many English words related with food **derive from** Latin.
음식과 관련된 많은 영어 단어들이 라틴어**에서 유래한다.**

Ordinarily we **derive** much valuable information about new situations **from** how others around us behave. 23 모평
보통 우리는 우리 주변의 다른 사람들이 어떻게 행동하는지**에서** 새로운 상황에 대한 많은 귀중한 정보를 **얻는다.**

at a loss ▶ 어찌할 바를 몰라서, 당황해서

I was totally **at a loss** as to what to do next. 나는 그 다음에 무엇을 해야 할지에 대해 전혀 **몰랐다.**

He felt **at a loss** when she cut in without saying anything.
그녀가 아무 말도 하지 않고 새치기해서 그는 **당황했다.**

be absent from ▶ ~에 결석하다

Ted **was absent from** the swimming class. Ted는 수영 수업에 **결석했다.**

When a child **is absent from** school for no specific reason, a teacher is required to call his or her parents.
아이가 특별한 이유 없이 학교**에 결석하면,** 교사는 부모에게 전화를 할 필요가 있다.

break into ▶ ~에 침입하다, (갑자기) ~하기 시작하다

The thief **broke into** the office building. 사무실 건물에 도둑이 **들었다.**

After running for 10 minutes on a treadmill, I **broke into** a sweat.
러닝머신 위에서 10분간 달린 후에, 나는 땀이 나기 **시작했다.**

take ~ into consideration ▶ ~을 고려하다

You need to **take** the results of the study **into consideration**.
여러분은 그 연구 결과**를 고려할** 필요가 있습니다.

be of no use ▶ 쓸모없다, 소용없다

Fame **is of no use** to him. 그에게 명예는 **쓸모없는** 것이다.

It's **of no use** hurrying through my homework. 나는 과제를 서둘러 마칠 **필요가 없다.**

keep in mind ▶ ~을 명심하다, ~을 잊지 않다

Please **keep in mind** this information about the exam as you prepare. 19 모평
준비할 때 시험에 대한 이 정보**를 명심하세요.**

You should **keep in mind** the safety rules.
여러분은 안전 규칙**을 명심해야** 합니다.

Previous Check

- ☐ steer
- ☐ affection
- ☐ bid
- ☐ compost
- ☐ temperament
- ☐ rent
- ☐ shred
- ☐ unpredictable
- ☐ tribute
- ☐ artery
- ☐ inherent
- ☐ harass
- ☐ narrative
- ☐ assemble
- ☐ spike
- ☐ sneak
- ☐ sophisticated
- ☐ territory
- ☐ enlightenment
- ☐ cosmetic
- ☐ gracious
- ☐ aspire
- ☐ obstruct
- ☐ patrol
- ☐ accelerate
- ☐ heatstroke
- ☐ oval
- ☐ veteran
- ☐ trail
- ☐ vocation
- ☐ vegetarian
- ☐ decode
- ☐ fellow
- ☐ mandate
- ☐ perish
- ☐ inseparable
- ☐ domain
- ☐ statesman
- ☐ connotation
- ☐ stereotype

1601 ★★★

steer
[stiər]

ⓥ 조종하다, 인도하다

The rider sits on a saddle and **steers** by turning handlebars that are attached to the fork.

타는 사람은 안장에 앉아 포크에 부착된 핸들을 돌리면서 **조종한다**.

1602 ★★★

affection
[əfékʃən]

ⓝ 애정, 감정

When people face real adversity, **affection** from a pet takes on new meaning. `17 수능`

사람들이 진짜 역경에 직면할 때, 반려동물에게서 받는 **애정**은 새로운 의미를 지니게 된다.

`Plus` ＝ emotion, feeling

1603 ★★★

bid
[bid]

ⓥ 말하다, 명령하다, 입찰하다 ⓝ 입찰

It's not yet time to **bid** a final farewell.

아직 마지막 작별을 **말할** 때는 아니다.

`Plus` ＋ bid farewell to ～에게 작별 인사하다

1604 ★★★

compost
[kά:mpoust]

ⓝ 혼합물, 퇴비

It looks like your garden needs some **compost**.

당신의 정원에 **퇴비**를 좀 뿌려야 할 것 같다.

compound ⓝ 혼합물　　　　　**compose** ⓥ 구성하다

1605 ★★★

temperament
[témpərəmənt]

ⓝ 기질, 성질

People have been using birth order to account for personality factors such as an aggressive behavior or a passive **temperament**.

사람들은 공격적인 행동이나 수동적인 **기질** 같은 성격 요인들을 설명하기 위해 출생 순서를 사용해 오고 있다.

`Plus` ＝ character, personality

temperature ⓝ 온도　　　　　**temperate** ⓐ 차분한, 온화한
temper ⓝ 기분, 성미

1606 ★★★

rent
[rent]

ⓥ 임대하다 ⓝ 집세

If you only ride occasionally, you don't have to spend a lot of money because bikes can be **rented**.

만약 당신이 단지 가끔씩만 탄다면, 자전거를 **빌릴** 수 있기 때문에 당신은 많은 돈을 지출할 필요가 없다.

`Plus` ＋ rent out ～을 임대하다

1607 ★★★
shred
[ʃred]

□□

ⓥ 갈기갈기 찢다, 째다

Mice **shredded** all the curtains, screens, and cushions. `12 모평`

쥐들이 모든 커튼, 칸막이, 그리고 방석을 **갈기갈기 찢어 놓았다**.

1608 ★★☆
unpredictable
[ʌnpridíktəbl]

□□

ⓐ 예측할 수 없는

Then the very last colony found safety on a special island, one protected from the destruction of humankind by vicious and **unpredictable** ocean currents. `17 모평`

그러고 나서 진짜 마지막 집단이 하나의 특별한 섬, 사납고 **예측할 수 없는** 해류에 의해 인간의 파괴로부터 보호를 받았던 한 섬에서 안전을 얻게 되었다.

1609 ★★★
tribute
[tríbju:t]

□□

ⓝ 감사[존경]의 표시, 증정물, 진상품, 조세

I visited the famous statue of the mermaid, built as a **tribute** to Andersen.

나는 안데르센에 대한 **경의의 표시**로 세워진 그 유명한 인어상을 찾아가 보았다.

Plus ⊕ pay a tribute to ~에게 경의를 표하다, ~에게 공물을 바치다

1610 ★★★
artery
[á:rtəri]

□□

ⓝ 동맥, 간선 도로

You can feel no pulse over the **artery** by the neck and you can hear no heartbeat.

목 옆의 **동맥**에서 맥박이 느껴지지 않고 심장 박동도 들리지 않는다.

Plus ⊖ vein ⓝ 정맥
capillary ⓝ 모세 혈관

1611 ★★☆
inherent
[inhíərənt]

□□

ⓐ 내재하는, 타고난, 고유의

Any story has many possible beliefs **inherent** in it. `17 모평`

어느 이야기든 그 안에 **내재하는** 여러 가지 가능한 신념을 가지고 있다.

Plus ⊜ innate ⓐ 타고난
⊖ extraneous ⓐ 이질적인, 외래의

1612 ★★☆
harass
[hərǽs]

□□

ⓥ 괴롭히다, 희롱하다, 침략하다

A woman reporter complained one of them **harassed** her in the garden.

한 여성 기자가 그들 중 한 명이 정원에서 그녀를 **희롱했다고** 불만을 토로했다.

Plus ⊕ sexual harassment 성희롱

1613 ★★☆

narrative
[nǽrətiv]

ⓝ (실제의) **이야기, 서술**　**ⓐ** 이야기의

Personal stories connect with larger **narratives** to generate new identities.　22 모평

개인의 이야기는 새로운 정체성을 생성하며 더 큰 **이야기**와 연결된다.

narrate ⓥ 이야기하다　　　　**narration** ⓝ 이야기하기, 서술

1614 ★★☆

assemble
[əsémbl]

ⓥ 모으다, 조립하다, 소집하다

This material consists of their images, recorded on separate strips that can be shortened and **assembled** according to his will.

이 재료는 그의 의지에 따라 줄이고 **모아질** 수 있는 각각의 필름에 기록된 이미지들로 이루어져 있다.　17 수능 변형

1615 ★★☆

spike
[spaik]

ⓝ 대못　**ⓥ 대못을 박다**

Before the race, he had put **spikes** on his wheels to destroy his challengers' chariots.

경주 전에, 그는 도전자들의 전차를 파괴하기 위해 자신의 전차 바퀴에 **대못들**을 박았다.

1616 ★★☆

sneak
[sni:k]

ⓥ 살금살금 움직이다, 몰래 움직이다

It is not an easy thing to **sneak** up on a nymph in the forest.

숲속의 요정에게 **몰래 다가가는** 것은 쉬운 일이 아니다.

Plus ⊕ sneak up 몰래 다가가다

sneaky ⓐ 몰래 하는, 비열한

1617 ★★☆

sophisticated
[səfístəkèitid]

ⓐ 세련된, 정교한

A few hundred people cannot sustain a **sophisticated** technology.

몇백 명의 사람들로는 **정교한** 기술을 유지할 수 없다.　14 수능

1618 ★★☆

territory
[térətɔ̀:ri]

ⓝ 영토, 영역

And fear can keep you from changing when you don't want to risk a step into unknown **territory**.　17 모평 변형

그리고 두려움은 당신이 알려지지 않은 **영역**으로 위험을 무릅쓰고 발걸음을 내딛고 싶지 않을 때, 여러분이 변하는 것을 막아 줄 수도 있다.

terr(i) + tory

terr(i)(= land)+**tory**(명·접) → terr는 terror(공포)에서처럼 '두렵게 하다'라는 뜻으로도 쓰이지만 '땅의'라는 뜻으로도 쓰입니다. 다른 예로, terrace(테라스), the Mediterranean(지중해(地中海): med(i)(= middle)+terr(= land)+anean(형·접) → '땅 사이에 있는')이 있습니다.

1619 ★★☆

enlightenment
[inláitnmənt]

ⓝ 계몽, 개화, 깨달음

For a lama, a mandala is more than a picture; it's a map to **enlightenment**.

라마승들에게 만다라는 그림 이상의 것이다. 그것은 **깨달음**에 이르는 지도이다.

enlighten ⓥ 계몽하다

en+lighten+ment

en(~으로 이끌다)+**lighten**(불을 켠)+**ment**(명·접) → '밝게 깨우쳐 주다'라는 의미에서 '계몽'이라는 명사가 되었습니다.

1620 ★★☆

cosmetic
[kɑzmétik]

ⓝ 화장품 ⓐ 미용의

The **cosmetic** industry is a billion dollar industry.

화장품 산업은 10억 달러 규모의 산업이다.

Plus ⊕ cosmetic surgery 성형외과, 성형 수술(= plastic surgery)

1621 ★☆☆

gracious
[gréiʃəs]

ⓐ 상냥한, 우아한

The princess always has a **gracious** smile for everyone she meets.

그 공주는 자신이 만나는 모든 이에게 언제나 **상냥한** 미소를 짓는다.

grace ⓝ 우아, 기품, 세련미   **glacier**[gléiʃər] ⓝ 빙하

1622 ★★☆

aspire
[əspáiər]

ⓥ 열망하다, 동경하다

You must admit that the Korean people actually **aspire** to be reunified and live in peace.

당신은 한국 사람들이 재통일을 이루고 평화롭게 살기를 정말로 **열망한다**는 것을 인정해야 한다.

aspiration ⓝ 포부, 열망

1623 ★★☆

obstruct
[əbstrʌ́kt]

ⓥ 막다, 방해하다

Greenpeace has **obstructed** several nuclear testings since its establishment.

그린피스는 설립 이후 여러 번의 핵 실험을 **막았다**.

Plus ⊜ hinder, impede

obstruction ⓝ 방해, 방해물

1624 ★★☆

patrol
[pətróul]

ⓝ 순찰, 순찰병 ⓥ 순찰하다

The next day, Cox presented Chris with an official Arizona Highway **Patrol** uniform. `13 모평`

다음 날, Cox는 Chris에게 정식 애리조나 고속도로 **순찰대** 제복을 선물했다.

patron ⓝ 후원자, 고객

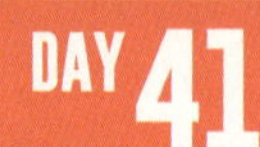

1625 ★★★
accelerate
[æksélərèit]

ⓥ 가속하다, 촉진하다

Digital technology **accelerates** dematerialization by hastening the migration from products to services. `20 모평`

디지털 기술은 제품에서 서비스로의 이동을 촉진함으로써 비물질화를 **가속한다**.

`Plus` ⊜ step on the gas 속도를 내다

acceleration ⓝ 가속, 촉진

1626 ★★★
heatstroke
[híːtstròuk]

ⓝ 일사병, 열사병

You can get **heatstroke** in hot weather.

더운 날씨에는 **일사병**에 걸릴 수 있다.

`Plus` ⊕ heat wave 혹서　　　cold front 한랭 전선

`heat + stroke`

heat(열기)+**stroke**(충격) → '열기'를 뜻하는 단어 heat과 '충격'을 뜻하는 stroke가 결합하여 '일사병'이라는 단어가 되었습니다.

1627 ★★★
oval
[óuvəl]

ⓐ 달걀 모양의, 타원형의　ⓝ 타원체

In the same way, we see car wheels as round, even though the retinal image is **oval** when viewed from an angle other than directly from the front. `14 수능`

같은 방식으로, 우리는 자동차의 바퀴를 둥근 것으로 보는데, 정면에서 똑바로 볼 때를 제외한 각도에서 볼 때 망막의 상이 **타원형**이라고 해도 그렇다.

ovum ⓝ (생물의) 알, 난자

1628 ★★★
veteran
[vétərən]

ⓐ 경험이 많은　ⓝ 베테랑, 퇴역 군인

Lucid, a **veteran** female astronaut, describes her life on Mir.

노련한 여성 우주 비행사인 Lucid가 Mir호에서의 자신의 생활을 설명한다.

1629 ★★★
trail
[treil]

ⓝ 오솔길, 자국

We offer a **trail** tour every Saturday from June to September.

저희는 6월부터 9월까지 매주 토요일에 **오솔길** 관광을 제공합니다. `18 모평`

1630 ★★★
vocation
[voukéiʃən]

ⓝ 직업, 천직

He regards the teaching profession as a **vocation**.

그는 교직을 **천직**으로 여긴다.

`Plus` ⊜ occupation, job, profession

`voc + ation`

voc(= call)+**ation**(명·접) → '(신의) 부르심'에서 '직업'이 됩니다. 서양인들에게는 '소명 의식'이 있다고 하는데, 직업이란 신의 부르심(소명)이므로 최선을 다해야 된다는 생각에서 vocation이 '직업'을 뜻하게 된 것입니다.

1631 ★★☆
vegetarian
[vèdʒətɛ́əriən]

ⓝ 채식주의자 ⓐ 채식주의자의, 채식의

I'd like to have your soup of the day and a **vegetarian** plate, please.

저는 오늘의 수프와 **채식주의자를 위한** 요리를 주문할게요.

Plus ↔ carnivorous ⓐ 육식의

vegetable ⓝ 채소 **vegetation** ⓝ 식물
vegetarianism ⓝ 채식주의 **vegan** ⓝ 엄격한 채식주의자

1632 ★★☆
decode
[diːkóud]

ⓥ (암호를) 해독하다

This is the "Genome Project" which attempts to **decode** the password of genetic structures.

이것은 유전적 구조의 비밀을 **해독하려고** 시도하는 '게놈 프로젝트'이다.

Plus ↔ encode ⓥ 암호화하다

de + code

de(= away)+**code**(암호) → '암호를 헤쳐 내다'에서 '해독하다'가 됩니다.

1633 ★☆☆
fellow
[félou]

ⓝ 사나이, 동료 ⓐ 동료의

A large majority of people felt that these priorities were not shared by most of their **fellow** Americans. `21 모평 변형`

대다수의 사람들은 이러한 우선순위가 대다수의 **동료** 미국인에 의해 공유되지 않는다고 느꼈다.

1634 ★★☆
mandate
[mǽndeit]

ⓥ 명령하다, 위임하다 ⓝ 명령, 위임

The people who monitor and control the behavior of users should also be users and/or have been given a **mandate** by all users.

이용자의 행동을 감시하고 통제하는 사람들 또한 이용자이고/이용자이거나 모든 이용자에 의한 **위임**을 받았어야 했다. `22 수능 변형`

1635 ★★☆
perish
[périʃ]

ⓥ 죽다, 소멸하다

The Sphinx cast herself down from the rock and **perished**.

스핑크스는 바위에서 몸을 던져 **사라졌다.**

perishable ⓐ 썩기 쉬운

'죽음'을 나타내는 표현

die 죽다 **pass away** 돌아가시다
decease '돌아가시다', '사망하다' 등의 의미로 주로 법률 용어로 쓰입니다.
perish 외부로부터의 폭력, 굶주림, 추위, 화재 등으로 '죽다'를 의미합니다.

1636 ★★☆

inseparable
[insépərəbl]

ⓐ 불가분의, 떼어 낼 수 없는

Music is a human art form, an **inseparable** part of the human experience everywhere in the world. 21 모평

음악은 인간의 예술 형태로서, 세계 어디에서나 인간 경험에서 **떼어 낼 수 없는** 부분이다.

separate ⓥ 분리시키다

in + separa + able

in(= not)+**separa**(**te**)(분리하다)+**able**(형·접) → '분리할 수 없는'에서 '불가분의'가 됩니다.

1637 ★★☆

domain
[douméin]

ⓝ 영역, 영토, 분야

Research and development for seed improvement has long been a public **domain**. 16 수능

종자 개량을 위한 연구 개발은 오랫동안 공공의 **영역**이었다.

1638 ★★☆

statesman
[stéitsmən]

ⓝ 정치가

At its most radical, moralism produces descriptions of ideal political societies known as Utopias, named after English **statesman** and philosopher Thomas More's book *Utopia*, published in 1516, which imagined an ideal nation. 20 모평

가장 근본적인 입장에서 도덕주의는, 1516년에 출간되었고 이상 국가를 상상했던, 영국 **정치가**이자 철학자인 Thomas More의 책 *Utopia*에서 이름을 딴, 유토피아로 알려진 이상적인 정치 사회에 대해 묘사한다.

state ⓝ 상태, 지위, 국가 ⓥ 진술하다

1639 ★★★

connotation
[kànoutéiʃən]

ⓝ 함축, 내포

Synonyms are words with roughly the same meaning but with different **connotations**.

동의어는 대략 같은 의미를 지녔지만 **함축**하는 바가 다른 단어들이다.

Plus ⊖ denotation ⓝ 명시적 의미

connote ⓥ 내포하다　　　　**denote** ⓥ 나타내다, 의미하다

1640 ★★☆

stereotype
[stériətàip]

ⓝ 인습, 고정 관념, 연판 인쇄

African American women are not as bound as white women by gender role **stereotypes**. 15 모평

미국의 흑인 여성들은 백인 여성들만큼 성 역할 **고정 관념**에 얽매이지 않는다.

A 다음 단어에 해당하는 우리말 또는 영어 단어를 쓰시오.

01 steer	__________	**11** 임대하다, 집세	__________
02 bid	__________	**12** 동맥, 간선 도로	__________
03 compost	__________	**13** 대못, 대못을 박다	__________
04 temperament	__________	**14** 살금살금 움직이다	__________
05 tribute	__________	**15** 세련된, 정교한	__________
06 harass	__________	**16** 화장품, 미용의	__________
07 narrative	__________	**17** 순찰, 순찰병	__________
08 gracious	__________	**18** 채식주의자	__________
09 accelerate	__________	**19** 사나이, 동료	__________
10 perish	__________	**20** 인습, 고정 관념	__________

B 다음 빈칸에 알맞은 단어를 보기에서 골라 쓰시오.

보기			
affection	aspire	unpredictable	inherent
assemble	enlightenment	accelerate	veteran

01 Shawn had a moment of ____________ when his mother told him the story.

02 She has developed quite a(n) ____________ for the place, so she doesn't want to leave.

03 He has ____________(e)d a team of experts to handle the tasks.

04 There are many difficult problems ____________ in society.

05 The weather is ____________ these days, so you'd better take an umbrella with you.

by way of ▶ ① ~을 경유하여 ② ~으로서

He went to Canada **by way of** Japan.　그는 일본을 **경유하여** 캐나다로 갔다.

"I get very superstitious about things like that," she said **by way of** apology.
"나는 그런 것에 대해서 매우 미신적이게 된다."라고 그녀는 변명 **삼아** 말했다.

care for ▶ ① ~을 좋아하다 ② ~을 돌보다(= look after)

He wanted me to know that he still **cared for** me.
그는 자신이 여전히 나를 **좋아하고** 있다는 것을 내가 알기 원했다.

They hired a nurse to **care for** their grandmother.
그들은 할머니를 **돌볼** 간호사를 고용했다.

in time ▶ ① 제시간에 ② 조만간, 곧

She's worried whether he can finish **in time**.　23 모평 변형
그녀는 그가 **제시간에** 끝낼 수 있을지를 걱정한다.

In time, the new nurse learned how to cope with her task.
곧, 그 새로 온 간호사는 어떻게 업무를 처리해야 할지 배웠다.

feel for ▶ ① ~을 동정하다(= sympathize with) ② ~을 더듬다

She cried on the phone and I **felt for** her.　그녀는 전화에 대고 울었고 나는 그녀를 **동정했다**.

I **felt for** my wallet in my inside pocket.　나는 내 안주머니에 있는 지갑을 **더듬었다**.

for nothing ▶ ① 헛되이(= in vain) ② 이유 없이(= without reason) ③ 공짜로(= for free)

I have endured the terrible situation **for nothing**.　나는 그 끔찍한 상황을 **헛되이** 참아 왔다.

The two boys quarreled **for nothing**.　그 두 소년은 **이유 없이** 싸웠다.

You always think you can get something **for nothing**.
당신은 항상 **공짜로** 어떤 것을 얻을 수 있다고 생각한다.

get along ▶ ① 진척되다(= make progress) ② 살아가다

How do you **get along** with your work?　일이 **잘 되어** 가십니까?

It's impossible to **get along** with the noise.　저 소음과 더불어 **살아가는** 것은 불가능하다.

Previous Check

- ☐ hollow
- ☐ structural
- ☐ mortgage
- ☐ inject
- ☐ crisis
- ☐ painkiller
- ☐ illuminate
- ☐ mimic
- ☐ unearth
- ☐ wail

- ☐ lessen
- ☐ stride
- ☐ applicant
- ☐ disprove
- ☐ disturb
- ☐ hemisphere
- ☐ recur
- ☐ elastic
- ☐ counterpart
- ☐ stubborn

- ☐ suicide
- ☐ lure
- ☐ indigenous
- ☐ morale
- ☐ examine
- ☐ compromise
- ☐ yearn
- ☐ precaution
- ☐ torture
- ☐ entrust

- ☐ sway
- ☐ religious
- ☐ obligation
- ☐ pest
- ☐ foremost
- ☐ incorporate
- ☐ regime
- ☐ terminate
- ☐ rebel
- ☐ meanwhile

1641 ★★☆

hollow
[hálou]

ⓐ 속이 빈, 오목한   ⓝ 움푹한 곳

Pretend your globe is **hollow** and made of clear plastic.
당신의 지구본 **속이 비어** 있고 투명한 플라스틱으로 만들어졌다고 가정해 보라.

Plus ⓔ hole ⓝ 구덩이

1642 ★☆☆

structural
[strʌ́ktʃərəl]

ⓐ 구조(상)의, 조직(상)의

Scientists came to understand the relationships between the **structural** elements of materials and their properties. **22 모평 변형**
과학자들은 물질의 **구조적** 요소와 물질의 특성 간의 관계를 이해하게 되었다.

structure ⓝ 구조   **structurally** ⓐ𝒹 구조적으로

1643 ★★☆

mortgage
[mɔ́ːrgidʒ]

ⓝ 저당, 주택 융자, (담보) 대출

The numerous business failures placed much of the nation's real estate in the hands of **mortgage**-lending institutions.
수많은 기업의 도산으로 인해 그 나라의 부동산은 **담보** 대부업체의 손안에 들어가게 되었다.

1644 ★★☆

inject
[indʒékt]

ⓥ 주사하다, 도입하다

The doctor **injected** penicillin into her arm.
의사는 그녀의 팔에 페니실린을 **주사했다**.

injection ⓝ 주사, 주입

in + ject

in(= in)+**ject**(= throw) → '안으로 던지다'에서 '주입하다'가 됩니다. ject가 들어가는 다른 단어로 reject(거절하다), eject(쫓아내다), project(계획하다), conjecture(추측) 등이 있습니다.

1645 ★☆☆

crisis
[kráisis]

ⓝ 위기, 중대 국면

We'll spend the next three decades in a permanent identity **crisis**.
우리는 향후 30년을 영속적인 정체성 **위기** 속에서 보내게 될 것이다. **18 수능 변형**

Plus ⊕ financial/political crisis 재정적/정치적 위기
crises ⓝ 위기들 (복수)

1646 ★★☆

painkiller
[péinkìlər]

ⓝ 진통제

The only way to reduce the pain was to take **painkillers**.
고통을 경감하는 유일한 방법은 **진통제**를 복용하는 것이었다.

pain + killer

pain(고통)+**killer**(죽이는 것) → '고통을 죽이는 것'에서 '진통제'가 됩니다. kill과 관련된 재미있는 표현으로 killing time(시간 때우기)이 있습니다. 우리가 종종 '시간을 죽인다'고 하는 것과 마찬가지로 영어에서도 이런 식으로 kill이 쓰입니다.

1647 ★★☆
illuminate
[ilúːmənèit]

Ⓥ **밝게 비추다, 계몽하다**, 설명하다

In the end, the data **illuminated** nobody.

결국, 그 자료는 아무도 **계몽시키지** 못했다.

> **Plus** ⩧ enlighten
> **illumination** ⓝ 조명, 계몽

1648 ★★☆
mimic
[mímik]

Ⓥ **모방하다** ⓐ **흉내를 잘 내는, 모조의**

As our body **mimics** the other's, we begin to experience emotional matching. `17 모평 변형`

우리의 신체가 다른 사람의 신체를 **모방함**에 따라 우리는 감정적인 일치를 경험하게 된다.

> **Plus** ⩧ imitate ⓥ 모방하다, 흉내 내다

1649 ★★☆
unearth
[ʌnə́ːrθ]

Ⓥ **발굴하다, 발견하다**

His crew **unearthed** fossil remains that would change the course of geological study.

그의 대원들은 지질학의 연구 과정을 변화시킬 화석의 잔해들을 **발굴했다**.

1650 ★★★
wail
[weil]

Ⓥ **울부짖다** ⓝ **울부짖음**

The home for missing children was full of **wails**.

미아보호소는 **울부짖는 소리**로 가득 차 있었다.

wailful ⓐ 울부짖는, 비탄하는   **bewail** ⓥ 비통해하다

'울음'과 관련된 단어들

tear 눈물(= teardrop)   **cry** (소리 내어) 울다   **weep** (소리 없이) 눈물 흘리다   **sob** 목메어 흐느끼다

1651 ★☆☆
lessen
[lésən]

Ⓥ **줄(이)다**

Scientists can **lessen** bias by running as many trials as possible and by keeping accurate notes of each observation made. `13 수능`

과학자들은 가능한 한 많은 실험들을 하고 각각의 관찰을 정확히 기록함으로써 편견을 **줄일** 수 있다.

> **Plus** ⩧ reduce, diminish

1652 ★★☆
stride
[straid]

Ⓥ **성큼성큼 걷다** ⓝ **성큼성큼 걷기**, 진보, 발전

He threw it on the ground and **strode** away.

그는 그것을 땅에 던져 버리고는 **성큼성큼 걸어가** 버렸다.

> **Plus** ⊕ at[in] a stride 한걸음에

1653 ★★☆

applicant
[ǽplikənt]

☐☐

ⓝ 신청자, 지원자

Applicants should download the application form from the website. 16 모평

지원자들은 지원서 양식을 웹사이트에서 내려받아야 한다.

apply ⓥ 적용하다, 지원하다 　　　**application** ⓝ 적용, 신청

1654 ★★☆

disprove
[disprúːv]

☐☐

ⓥ 오류를 증명하다, 논박하다

I will collect statistics to **disprove** your hypothesis no matter how long it takes.

나는 시간이 얼마나 걸리든지 간에 당신의 가설을 **반증할** 통계 자료를 모을 것이다.

disproof ⓝ 반증, 논박

'토론'과 관련된 단어들

assumption 가정　　　**refutation** 반박　　　**proof** 증명　　　**conclusion** 결론

1655 ★★☆

disturb
[distə́ːrb]

☐☐

ⓥ 방해하다, 어지럽히다, 혼란케 하다

One precondition of a firm grasp is that the forces applied by the fingers balance each other so as not to **disturb** the object's position. 17 모평

꽉 붙잡는 것에 대한 한 가지 전제 조건은 손가락에 의해 가해진 힘이 물체의 위치를 **방해하지** 않도록 서로 균형을 이룬다는 것이다.

1656 ★★☆

hemisphere
[hémisfìər]

☐☐

ⓝ 반구체, (지구·천체의) 반구

The Great Salt Lake is the largest salt lake in the Western **Hemisphere**. 13 수능

그레이트솔트호는 서**반구**에서 가장 큰 염수호이다.

sphere ⓝ 구, 구체　　　**atmosphere** ⓝ 대기, 분위기

hemi + sphere

hemi(= half)+**spher**(e)(= globe: 구) → '반(半)구(球)'가 됩니다.

1657 ★★☆

recur
[rikə́ːr]

☐☐

ⓥ 재발하다, 되풀이하다

The surgeon had never told her it would probably **recur**.

외과 의사는 그녀에게 그것이 아마 **재발할** 것이라고는 결코 말하지 않았었다.

recurrence ⓝ 다시 일어남　　　**recurrent** ⓐ 재발하는

re + cur

re(반복)+**cur**(일어나다) → '일어나다'라는 뜻의 cur 앞에 '반복'을 의미하는 접두사 re-가 결합하여 '재발하다'라는 뜻이 되었습니다.

1658 ★★★

elastic
[ilǽstik]

ⓐ **탄력 있는**, 융통성 있는

Elastic weapons, for example, such as bows and catapults, were unknown, as were ovens. `14 수능`

예를 들어, 활과 투석기 같은 **탄성** 무기는 알려지지도 않았고, 화덕 또한 그랬다.

> **Plus** ⟷ rigid ⓐ 뻣뻣한
> **elastin** ⓝ 탄력소 (단백질의 한 종류)

1659 ★★☆

counterpart
[káuntərpà:rt]

ⓝ **상대, 대응하는 것[사람]**

There's a direct **counterpart** to pop music in the classical song.

고전 가곡에는 대중음악에 직접적으로 **대응하는 것**이 존재한다. `18 모평 변형`

1660 ★★☆

stubborn
[stʌ́bərn]

ⓐ **완고한, 고집이 센**

To be effective at stopping, you have to be forceful and **stubborn**.

효과적으로 멈추려면, 당신은 힘이 있고 **완강**해야 한다.

> **Plus** ⟷ compliant ⓐ 고분고분한

1661 ★★☆

suicide
[sú:əsàid]

ⓝ **자살** ⓥ **자살하다**

There are many ways that **suicide** can be prevented.

자살을 예방할 수 있는 많은 방법들이 있다.

> **Plus** ⊕ commit suicide 자살하다

sui + cide

sui(= self)+**cide**(= kill) → '자신을 죽이다'에서 '자살'이 됩니다. cide가 붙은 다른 단어로 pesticide(살충제), genocide(대량 학살), insecticide(살충제), herbicide(제초제), homicide(살인) 등이 있습니다.

1662 ★★☆

lure
[luər]

ⓥ **유혹하다** ⓝ **매력**

They **lure** the consumers through exaggerating facts and beautifying products.

그들은 사실의 과장과 제품의 미화를 통해서 소비자들을 **유혹한다**.

> **Plus** ⊜ tempt, allure, attract

1663 ★★★

indigenous
[indídʒənəs]

ⓐ **토착의, 원산의**

For a long time, tourism was seen as a huge monster invading the areas of **indigenous** peoples. `20 모평 변형`

오랫동안 관광은 **토착** 민족의 영역을 침범하는 거대한 괴물로 여겨졌다.

> **Plus** ⊜ native ⓐ 토박이의, 원산의

1664 ★★☆

morale
[mərǽl]

☐☐

🄝 **사기, 의욕**

Propaganda posters would help to strengthen unity and public **morale**.

선전 전단지는 단결과 군중의 **사기**를 강화하는 데 도움을 줄 것이다.

1665 ★★★

examine
[igzǽmin]

☐☐

🅥 **검사하다, 진찰하다**

Thus, to understand a frog, functional managers cut one open to **examine** it. `16 모평`

따라서 개구리를 이해하기 위해, 기능형 관리자들은 그것을 절개해서 **조사한다**.

examination 🄝 시험   **examiner** 🄝 심사위원

1666 ★★☆

compromise
[kámprəmàiz]

☐☐

🅥 **타협하다**   🄝 **타협**

He agreed to study chemical engineering as a **compromise** with his father. `15 모평`

그는 자신의 아버지와의 **타협안**으로 화학 공학을 공부하는 데 동의했다.

com + promise

com(= together) + **promise**(약속하다) → '함께 ∼을 하기로 약속하다'에서 '타협하다'의 뜻이 됩니다.

1667 ★★☆

yearn
[jəːrn]

☐☐

🅥 **그리워하다, 열망하다**

Remember most people do **yearn** for friendship, just as you do.

대부분의 사람들이 당신이 그러는 것과 마찬가지로 우정을 정말 **갈망한다는** 것을 기억해라.

Plus ⊜ long for N ∼을 그리워하다   long to V ∼하기를 열망하다

1668 ★★☆

precaution
[prikɔ́:ʃən]

☐☐

🄝 **조심, 예방 조치**

So we do not plan and take **precautions** to prevent emergencies from arising. `19 모평`

그래서 우리는 비상사태가 생기는 것을 막기 위해 계획을 세우지 않고 **예방 조치**를 취하지 않는다.

precautious ⓐ 주의 깊은, 조심하는   **precautionary** ⓐ 예방의

1669 ★★☆

torture
[tɔ́:rtʃər]

☐☐

🄝 **고문**   🅥 **고문하다**

Would you **torture** yourself by trying to stay up late because your pals are studying?

당신의 친구들이 공부하고 있기 때문에 당신도 늦게까지 깨어 있으면서 **스스로를 고문하겠습니까?**

1670 ★★☆
entrust
[intrʌ́st]

ⓥ 위임하다, 위탁하다
The new society was **entrusted** with the task of monitoring music use. `17 모평`
그 새로운 협회에 음악 사용을 감시하는 일이 **위임되었다**.

1671 ★★☆
sway
[swei]

ⓝ 흔들림 ⓥ 흔들리다
The fields were full of grass **swaying** gently in the wind.
들판은 바람에 부드럽게 **흔들리는** 풀로 가득했다.
Plus ⊜ swing

1672 ★☆☆
religious
[rilídʒəs]

ⓐ 종교(상)의, 종교적인
The "individual" is a legal, **religious**, and political fiction just as the "I" is a grammatical illusion. `21 모평`
'개인'은 '나'가 문법적 환상인 것과 마찬가지로 법적, **종교적**, 그리고 정치적 허구이다.
religion ⓝ 종교

1673 ★★☆
obligation
[àbləgéiʃən]

ⓝ 의무, 계약, 채무
They believe that humans have the moral **obligation** to protect all other forms of life.
그들은 인간에게 다른 모든 형태의 생명체를 보호할 도덕적인 **의무**가 있다고 믿는다.
Plus ⊜ duty, responsibility
obligate ⓥ 의무를 지우다   **obligatory** ⓐ 의무적인(= mandatory)

1674 ★★☆
pest
[pest]

ⓝ 해충, 역병, 귀찮은 것
Developing new, broadly effective, and persistent pesticides often was considered to be the best way to control **pests** on crop plants. `23 모평`
새롭고 널리 효과를 거두고 지속하는 살충제를 개발하는 것은 흔히 농작물 **해충**을 통제하는 최고의 방법으로 여겨졌다.
pesticide ⓝ 살충제

1675 ★★☆
foremost
[fɔ́ːrmòust]

ⓐ 주요한, 으뜸가는
The tower is one of the **foremost** tourist attractions in the city.
그 탑은 그 도시의 **주요** 관광 명소 중 하나이다.
Plus ⊜ leading
⊕ first and foremost 무엇보다 먼저, 맨 먼저

fore + most
fore(= before)+**most**(가장) → '가장 앞선'에서 '주요한', '으뜸가는'의 뜻이 됩니다.

1676 ★★☆
incorporate
[inkɔ́ːrpərèit]

ⓥ 법인회사로 만들다, 통합시키다

There is strong research evidence that children perform better in mathematics if music is **incorporated** in it.　16 모평

음악이 수학에 **통합되면** 아이들이 수학을 더 잘한다는 확실한 연구 증거가 있다.

corporate ⓐ 법인의　　　　**corporation** ⓝ 기업, 법인

1677 ★★☆
regime
[reiʒíːm]

ⓝ 정권, 제도

Having lots of information available poses the biggest threat to a totalitarian **regime**.

많은 정보를 이용할 수 있는 것은 전체주의 **제도**에 가장 큰 위협이 된다.

1678 ★★☆
terminate
[tɔ́ːrmənèit]

ⓥ 끝내다, 종결짓다

This road goes through the town and **terminates** at the river in the woods.

이 길은 마을을 지나 숲에 있는 강에서 **끝난다**.

termination ⓝ 종료　　　　**terminal** ⓐ 말기의, 끝의 ⓝ 종점, 말단

1679 ★★☆
rebel
[rébl]

ⓝ 반역자　ⓥ 반역[반란]을 일으키다 [ribél]

They could have **rebelled** against the upper class.

그들은 상류 계급에 대항해 **반란을 일으킬** 수도 있었을 것이다.

Plus ⊜ **traitor** ⓝ 반역자

rebellion ⓝ 반란　　　　**rebellious** ⓐ 반역하는

'사회 운동'과 관련된 단어들

revolution 혁명　　　　**coup d'état** 쿠데타(= coup)　　　　**demonstration** 시위, 데모

1680 ★★☆
meanwhile
[mínʰwàil]

ⓐⓓ 한편, 그동안에

Meanwhile, observing the seller carefully, Paul sensed something wrong in Bob's interpretation.　17 수능

그 사이, 판매자를 주의 깊게 살피던 Paul은 Bob의 통역에서 뭔가 잘못된 것을 감지했다.

Plus ⊜ **meantime**

REVIEW TEST

A 다음 단어에 해당하는 우리말 또는 영어 단어를 쓰시오.

01 hollow ____________________

02 mimic ____________________

03 unearth ____________________

04 stride ____________________

05 disprove ____________________

06 stubborn ____________________

07 lure ____________________

08 entrust ____________________

09 obligation ____________________

10 regime ____________________

11 저당, 주택 융자 ____________________

12 위기, 중대 국면 ____________________

13 밝게 비추다 ____________________

14 발굴하다, 발견하다 ____________________

15 신청자, 지원자 ____________________

16 반구체 ____________________

17 탄력 있는 ____________________

18 사기, 의욕 ____________________

19 고문, 고문하다 ____________________

20 종교(상)의, 종교적인 ____________________

B 다음 빈칸에 알맞은 단어를 보기에서 골라 쓰시오.

보기			
structural	inject	crisis	disturb
compromise	precaution	indigenous	incorporate

01 I'm sorry to ____________ you, but can I have a talk with you for a while?

02 Farmers feed or ____________ the animals with antibiotics to prevent diseases.

03 Residents of the area store water as a(n) ____________ against drought.

04 He told the National Assembly that ____________ changes in our society are needed.

05 The two sides finally reached a(n) ____________ after several discussions.

get at ▶ ① ~에 도달하다　② ~을 이해하다, ~을 알다　③ ~을 놀리다, ~을 괴롭히다

A goat was trying to **get at** the leaves of the tall tree.
염소 한 마리가 키 큰 나무의 나뭇잎**에 닿으려고** 애쓰고 있었다.

We want to **get at** the truth.　우리는 진실을 **알고** 싶다.

They don't like my big nose and they always **get at** me.
그들은 나의 큰 코를 싫어해서 항상 나**를 놀린다.**

at once ▶ ① 즉시　② 동시에(= at the same time)

She insisted that we should take action **at once**.
그녀는 우리가 **즉시** 조치를 취해야 한다고 주장했다.

Human beings are **at once** both similar and different.　21 모평 변형
인간들은 **동시에** 유사하기도 그리고 다르기도 하다.

give out ▶ ① (힘 등이) 바닥나다(= wear out)　② ~을 배부하다　③ (남에게) 알려 주다

All machines **give out** eventually.　모든 기계는 결국은 **멈춘다.**
He stood at the door to **give out** the leaflets.　그는 소책자**를 나눠 주기** 위해 문에 서 있었다.
How often do you **give** your phone number **out**?　당신은 얼마나 자주 당신의 전화번호를 **알려 주는가?**

give way ▶ ① 물러나다, 양보하다　② 무너지다(= break down)

He wouldn't **give way** and decided to fight to the end.
그는 **물러서려** 하지 않았고 끝까지 싸우기로 결심했다.

A lot of houses **gave way** to the storm.
그 폭풍우에 많은 가옥들이 **무너졌다.**

up to ▶ ① ~까지　② ~에 달려 있는　③ ~을 하려고 하는

These include free admission for **up to** ten people.　22 모평
이것들은 10명**까지** 무료입장을 포함한다.

Everything is **up to** you. You can do anything you want.
모든 것은 당신에게 **달려** 있다. 당신이 하고 싶은 것은 무엇이든 할 수 있다.

I knew she was **up to** something dangerous.　나는 그녀가 위험한 일을 **하려고 한다는** 것을 알았다.

in effect ▶ ① 사실상　② 유효한, 시행 중인

I was astonished to hear that their reply was **in effect** a refusal.
나는 그들의 답변이 **사실상** 거절이었다는 것을 듣고 깜짝 놀랐다.

Most people don't know that the law is not **in effect** any longer.
대부분의 사람들은 그 법이 더 이상 **유효하지** 않다는 것을 모른다.

DAY 43

Previous Check

- folklore
- vast
- preliminary
- theft
- proliferation
- amend
- recess
- exploit
- autonomy
- outfit
- mourn
- evoke
- burden
- latitude
- patch
- maternal
- pharmacy
- marine
- prestigious
- friction
- defend
- fraud
- easygoing
- insomnia
- intermediate
- shatter
- paradigm
- charge
- rapid
- premature
- pollute
- altruism
- fiber
- irony
- spectator
- medieval
- analogy
- snatch
- anthropology
- outline

1681 ★★★
folklore
[fóuklɔ̀ːr]

ⓝ **민속**, 민속 신앙, 신화

Emblems of good fortune differ among different **folklores**.
행운의 상징은 여러 **민속**마다 다르다.

folk ⓝ 사람들 ⓐ 민속의, 민간의

folk + lore

folk(사람들, 민간의)+**lore**(전승된 지식) → '사람들 사이에서 전승된 지식'에서 '민속'이 되고, folktale은 '민간 설화'가 됩니다. 이야기를 나타내는 다른 단어로는 fairy tale(동화), legend(전설), anecdote(일화) 등이 있습니다.

1682 ★★☆
vast
[væst]

ⓐ **막대한, 광대한**

The fields were **vast**, but hardly appealed to him. `20 수능`
들판은 **광활했**지만 그에게는 전혀 매력적이지 않았다.

1683 ★★★
preliminary
[prilímənèri]

ⓐ **예비의, 임시의** ⓝ 예선, 사전 준비

In the **preliminary** discussion, American officials rejected the requests.
예비 토론에서, 미국 관료들은 그 요청을 거부했다.

`Plus` ⌐ introductory
prepare ⓥ 준비하다   **prerequisite** ⓝ 전제 조건
prelude ⓝ 서곡

pre + limin + ary

pre(= before)+**limin**(경계)+**ary**(형·접) → '경계 앞에 놓인'에서 '예비의'의 뜻이 됩니다.

1684 ★★☆
theft
[θeft]

ⓝ **도둑질**, 〈야구〉 도루

Art **theft** is now part of organized crime.
미술품 **절도**는 이제 조직적으로 행해지는 범죄의 일부이다.

`Plus` ⌐ stealing
thieve ⓥ 훔치다   **thievish** ⓐ 훔치는 버릇이 있는

1685 ★★★
proliferation
[prəlifəréiʃən]

ⓝ **증식, 급증, 확산**

Historical representation puts a premium on a **proliferation** of representations. `22 수능 변형`
역사적 진술은 진술의 **증식**을 중요시한다.

`Plus` ⌐ surge ⓝ 급증   diffusion ⓝ 확산
increase ⓝ 증가
proliferate ⓥ 급증하다, 확산하다

1686 ★★☆

amend
[əménd]

ⓥ 수정하다, 고치다

Congress may **amend** the proposed tax bill.

의회는 제출된 조세 법안을 **수정할**지도 모른다.

Plus ⊕ make amends 보상하다
amendment ⓝ 개정

1687 ★★☆

recess
[risés]

ⓝ 휴식, 휴업, 구석진 곳

During a morning **recess** break, Mr. Aryeh called the boy to his office.

오전 **휴식** 시간에 Aryeh 선생님은 그 남학생을 자신의 교무실로 불렀다.

Plus ⊜ rest
recede ⓥ 물러가다

recess와 recession

recede의 두 명사형인 recess와 recession은 각각 다른 의미를 갖습니다. recess는 '뒤로 물러나는 것'에서 '휴식', '구석진 곳'을 의미하지만 recession은 더 나아가 '경기 후퇴', '불경기'를 의미합니다. '불경기'를 나타내는 다른 단어로 depression과 stagnation이 있습니다.

1688 ★★☆

exploit
[iksplɔ́it]

ⓥ (부당하게) 이용하다, 착취하다 ⓝ 위업 [éksplɔit]

The reindeer, however, had a weakness that mankind would mercilessly **exploit**: it swam poorly. 19 수능

그러나 순록에게는 인류가 인정사정없이 **이용할** 약점이 있었는데, 그것은 순록이 수영을 잘 못한다는 것이었다.

exploitation ⓝ 이용, 불법 이용, 착취

1689 ★★★

autonomy
[ɔːtάːnəmi]

ⓝ 자치(권), 자율

Demonstrators demanded immediate **autonomy** for their region.

시위자들은 자신들의 지역에 즉각적인 **자치**를 요구했다.

Plus ⊜ independence
⊖ dependency ⓝ 의존, 속국

1690 ★☆☆

outfit
[áutfit]

ⓝ 옷[복장], 장비 ⓥ 공급하다, 준비하다

Do you think I should buy this aerobics **outfit**?

제가 이 에어로빅**복**을 사야 한다고 생각하십니까?

Plus ⊜ costume, clothes ⓝ 옷

1691 ★★☆

mourn
[mɔːrn]

ⓥ 슬퍼하다, 애도하다

It is natural to **mourn** over the death of a loved one.

사랑하는 사람의 죽음을 **애도하는** 것은 자연스러운 일이다.

Plus ⊜ grieve for

1692 ★★☆

evoke
[ivóuk]

ⓥ 일깨우다, 이끌어 내다

They opened themselves up to him because he had become an open-minded person himself, and openness **evoked** openness.

그 자신이 마음을 연 사람이 되었기 때문에 그들은 그에게 마음을 열었고, 개방은 개방을 **이끌어 냈다.**　11 모평

evocation ⓝ 불러냄, 유발　　　　**revoke** ⓥ 취소하다
provoke ⓥ 화나게 하다　　　　**invoke** ⓥ (법에) 호소하다

e + voke

e(= ex: out)+vok(e)(= voc: call) → '밖으로 부르다'에서 '일깨우다'가 됩니다.

1693 ★☆☆

burden
[bə́ːrdn]

ⓝ 짐, 부담　ⓥ ～에게 짐을 지우다

A statement of fact with no other context puts the **burden** on the asker to take the next step.　15 모평

아무 다른 맥락 없이 사실을 진술하는 것은 질문자에게 다음 단계로 넘어가는 **부담**을 지게 하는 것이다.

1694 ★★★

latitude
[lǽtətjùːd]

ⓝ 〈지리〉 위도, 위선

The **latitude** of the oil tanker is 28 degrees north.

그 유조선이 있는 **위도**는 북위 28도이다.

longitude ⓝ 경도

-(i)tude를 포함하는 단어들

altitude 높이, 고도　　　**aptitude** 경향, 소질　　　**attitude** 태도, 자세　　　**magnitude** 큼, 중요성, 진도

1695 ★☆☆

patch
[pætʃ]

ⓝ (조그만) 부분, 헝겊 조각, 좁은 땅

This is why Leonardo da Vinci advised artists to discover their motifs by staring at **patches** on a blank wall.　21 모평

이것이 Leonardo da Vinci가 화가들에게 빈 벽의 **부분들**을 응시함으로써 그들의 모티프를 찾으라고 권한 이유이다.

1696 ★★☆

maternal
[mətə́ːrnl]

ⓐ 어머니의, 모계의, 모국어의

Is a **maternal** instinct unique to women?

모성 본능은 여성에게만 고유한 것일까?

Plus ⊕ maternity leave 출산 휴가

1697 ★★☆
pharmacy
[fáːrməsi]

ⓝ **약국**, 약학

Is there a **pharmacy** around here?

이 근처에 **약국**이 있습니까?

Plus ⊜ drugstore

pharmacist ⓝ 약사

1698 ★☆☆
marine
[məríːn]

ⓐ **해양의, 바다의**

Global **marine** biodiversity is increasingly endangered. 16 모평

전 세계 **해양** 생물의 다양성이 점점 더 위태로워지고 있다.

1699 ★★☆
prestigious
[prestídʒiəs]

ⓐ **명망 있는**, 고급의, 일류의

In 2000, a **prestigious** environmental organization published a 30-year report of Earth Day.

2000년에, **명망 있는** 한 환경 단체가 지구의 날 30년 보고서를 냈다.

Plus ⊜ celebrated
　　　 ⊝ unknown ⓐ 알려지지 않은

prestige ⓝ 명성, 품격　　　　　**preliminary** ⓐ 사전의, 예비의

1700 ★★☆
friction
[fríkʃən]

ⓝ **마찰**, 의견 충돌

It is almost creepy how my mother could sense that there had been **friction** between us.

어머니가 우리들 사이에 **마찰**이 있었음을 어떻게 알아차리셨는지 거의 소름이 끼칠 지경이다.

frictional ⓐ 마찰의　　　　　**fracture** ⓝ 골절

1701 ★☆☆
defend
[difénd]

ⓥ **방어하다, 수비하다**

Lone animals rely on their own senses to **defend** themselves. 14 모평

혼자 있는 동물들은 스스로를 **방어하기** 위해 자신들만의 감각에 의존한다.

1702 ★★☆
fraud
[frɔːd]

ⓝ **사기, 속임**, 사기꾼

Some **frauds** endanger the health and even the lives of citizens.

어떤 **사기들**은 시민들의 건강과 심지어 생명까지도 위험하게 한다.

Plus ⊜ deception

1703 ★☆☆
easygoing
[íːzigóuiŋ]

ⓐ **태평스러운, 안이한**

I wish she were more **easygoing** and laid-back.

나는 그녀가 보다 **태평하**고 느긋해지기를 바란다.

Plus ⊝ uptight ⓐ 불안한, 긴장한

1704 ★★★

insomnia
[insɑ́:mniə]

ⓝ 불면증

He suffered from severe **insomnia**.

그는 심각한 **불면증**으로 고통을 겪었다.

Plus ⊕ sleeping pill 수면제
　　　　 sleeping disorder 수면 장애

1705 ★★☆

intermediate
[ìntərmí:diət]

ⓐ 중간의 ⓝ 중간물

This novel is too difficult for **intermediate** students of English.

이 소설은 **중간 수준의** 영어 학습자들에게는 너무 어렵다.

Plus ⊜ middle

mediate ⓥ 중재하다　　　　　　　　　　**meditate** ⓥ 명상하다
Mediterranean ⓐ 지중해의

1706 ★★☆

shatter
[ʃǽtər]

ⓥ 산산이 부서지다 ⓝ 파편

The window had **shattered**, but it had not lost its shape.

창문은 **산산조각이 났지**만, 그 모양은 그대로였다.

scatter ⓥ 흩어 버리다

1707 ★★☆

paradigm
[pǽrədàim]

ⓝ 패러다임, 이론적 틀

Today's workers should adapt themselves to shifting **paradigms** of the labor market.

오늘날의 노동자들은 노동 시장의 변화하는 **패러다임**에 적응해야 한다.

1708 ★★★

charge
[tʃɑ:rdʒ]

ⓥ 요금을 청구하다, 채우다

They were **charged** three times more than the usual fare due to the heavy traffic.　20 모평 변형

그들은 심한 교통 체증 때문에 평상시 요금보다 세 배나 많은 금액을 **청구 받았다**.

1709 ★★★

rapid
[rǽpid]

ⓐ 빠른, 신속한

Fear, **rapid** heartbeat, quick breathing, and sweating are simply the body's declaration that we are ready to fight.　16 모평

공포, **빠른** 심장 박동, 가쁜 호흡, 그리고 땀이 나는 것은 단지 우리가 싸울 준비가 되어 있다는 것을 신체가 선언하는 것이다.

Plus ⊜ quick, fast, swift

1710 ★★☆
premature
[prìːmətʃúər]

ⓐ **조숙한, 조산한**, 시기상조의

A tiny **premature** baby named Krissy weighed just 680 grams at birth.

Krissy라는 이름의 조그만 **조산**아는 출생 시 680그램밖에 나가지 않았다.

Plus ⊜ **early**
immature ⓐ 미숙한

pre + mature

pre(= before)+**mature**(무르익은) → '무르익기 전에'라는 의미에서 '조숙한', '시기상조의'의 뜻이 됩니다.

1711 ★★★
pollute
[pəlúːt]

ⓥ **오염시키다**, 더럽히다

If technology produced automobiles that **pollute** the air, it is because pollution was not recognized as a problem. 〔15 수능〕

과학 기술이 공기를 **오염시키는** 자동차를 생산했다면 그것은 오염이 문제로서 인식되지 않았기 때문이다.

pollution ⓝ 오염, 공해   **pollutant** ⓝ 오염 물질, 오염원

1712 ★★★
altruism
[ǽltruìzm]

ⓝ **이타주의**

Altruism has always existed, but the Web gives it a platform where the actions of individuals can have global impact. 〔12 모평〕

이타주의는 언제나 존재해 왔지만, 웹은 개인의 행동이 전 세계적인 영향을 미칠 수 있는 기반을 그것에 제공한다.

1713 ★★☆
fiber
[fáibər]

ⓝ **섬유(질)**

Fast muscle **fibers** are cells that can contract more quickly and powerfully than slow muscle **fibers**. 〔13 수능〕

빠른 근**섬유**는 느린 근**섬유**보다 더 빠르고 강력하게 수축할 수 있는 세포들이다.

1714 ★★☆
irony
[áirəni]

ⓝ **반어법, 아이러니**

The **irony** is that many officials agree that their policy is inconsistent.

아이러니는 많은 공무원들이 그들의 정책이 일관성이 없다는 것에 동의한다는 점이다.

1715 ★★☆
spectator
[spékteitər]

ⓝ **관객, 구경꾼**

When his body finally stopped spinning, his arm pointed away from the dancers on stage and directly at Dan Tres, standing among the **spectators**. 〔16 수능〕

그의 몸이 마침내 도는 것을 멈췄을 때, 그의 팔은 무대 위의 춤꾼들을 벗어나, **관중** 속에 서 있는 Dan Tres를 똑바로 가리켰다.

DAY 43

1716 ★★☆

medieval
[miːdíːvəl]

ⓐ 중세의

Medieval tempera painting can be compared to the practice of special effects during the analog period of cinema. 15 모평

중세의 템페라 화법은 영화를 아날로그 방식으로 제작하던 시기의 특수 효과 실행에 비유될 수 있다.

1717 ★★☆

analogy
[ənǽlədʒi]

ⓝ 유추, 유사점

Superficial **analogies** between the eye and a camera obscure the much more fundamental difference between the two. 13 수능

눈과 카메라 사이의 외관상의 **유사성들**은 그 둘 사이에 있는 훨씬 더 근본적인 차이점을 이해하기 어렵게 한다.

analogize ⓥ 유추하다   **analogous** ⓐ 유사한

'논리'와 관련된 단어들

cause and effect 인과 관계   **induction** 귀납법   **deduction** 연역법

1718 ★★☆

snatch
[snætʃ]

ⓥ 잡아채다, 날치기하다

I **snatched** my coat and ran out of the restaurant.
나는 내 코트를 **잡아채어** 식당 밖으로 뛰어나갔다.

1719 ★★★

anthropology
[æ̀nθrəpálədʒi]

ⓝ 인류학

British **anthropology** emphasizes the social. 20 모평
영국의 **인류학**은 사회적인 것을 강조한다.

anthropologist ⓝ 인류학자

1720 ★★★

outline
[áutlàin]

ⓥ 개요를 말하다, 윤곽을 보여 주다   ⓝ 개요, 윤곽

Groups of this size usually escape the problems we have just **outlined**. 15 수능

이 크기의 집단은 일반적으로 우리가 앞에서 **간략히 기술했던** 그 문제들에서 빠져나온다.

Plus ⊕ **sharp outline** 선명한 윤곽

REVIEW TEST

A 다음 단어에 해당하는 우리말 또는 영어 단어를 쓰시오.

01 folklore	_____________	**11** 도둑질	_____________
02 vast	_____________	**12** 증식, 급증, 확산	_____________
03 recess	_____________	**13** 위도	_____________
04 outfit	_____________	**14** 헝겊 조각, 좁은 땅	_____________
05 evoke	_____________	**15** 어머니의, 모계의	_____________
06 intermediate	_____________	**16** 약국, 약학	_____________
07 rapid	_____________	**17** 마찰, 의견 충돌	_____________
08 premature	_____________	**18** 방어하다, 수비하다	_____________
09 fiber	_____________	**19** 사기, 속임	_____________
10 analogy	_____________	**20** 불면증	_____________

B 다음 빈칸에 알맞은 단어를 보기에서 골라 쓰시오.

┌ 보기 ┐

preliminary	amend	exploit	autonomy
mourn	prestigious	friction	evoke

01 In his inaugural address, the new CEO emphasized the _____________ of individual employees.

02 Five lawmakers submitted proposals to _____________ the law today.

03 After a(n) _____________ remark, the chairman announced the start of the conference.

04 The company was criticized because it _____________(e)d workers to reduce production costs.

05 Her school is one of the best equipped and most _____________ schools in the country.

B **01** 취임사에서 새 CEO는 직원 개인의 자율을 강조했다. **02** 다섯 명의 국회의원이 오늘 그 법을 개정하는 제안서를 제출했다. **03** 예비 발언 후에 의장은 회의의 시작을 선언했다. **04** 그 회사는 생산 비용을 절감하기 위해 노동자들을 착취했기 때문에 비판받았다. **05** 그녀의 학교는 나라에서 가장 좋은 시설을 갖추고 가장 명망 있는 학교들 중의 하나이다.

정답 **01** autonomy **02** amend **03** preliminary **04** exploit **05** prestigious

make for ▶ ① ~으로 향하다　② 기여하다

He rose from his seat and **made for** the door.　그는 자리에서 일어나 문 쪽**으로 향했다**.

Such conduct will not **make for** good relationships.

그런 행동은 좋은 관계에 **기여하지** 못할 것이다.

at large ▶ ① (명사 뒤에서) 일반적으로　② 잡히지 않은

There's a library inaccessible to the people **at large**.

일반인들은 접근할 수 없는 도서관이 있다.

It's terrifying that the criminal is still **at large**.

그 범죄자가 아직 **잡히지 않은** 것은 무서운 일이다.

make up ▶ ① 구성하다　② (이야기 등을) 만들어 내다　③ 화해하다　④ 화장[분장]하다

Professor Brown said that visual aspects **make up** a key part of a meal.　22 모평

Brown 교수는 시각적인 면이 음식의 핵심 부분을 **구성한다**고 말했다.

It's very unkind of you to **make up** a story about him.

그에 대한 이야기를 **지어내다니** 당신은 참 나쁘군요.

She came back and **made up**.　그녀는 돌아와서 **화해했다**.

The actor spends a lot of time to **make up**.　그 배우는 **분장하는** 데 많은 시간을 보낸다.

stand for ▶ ① 대표하다　② 상징하다, 의미하다　③ 지지하다

The party is trying to give the impression that it **stands for** democracy.

그 정당은 민주주의를 **대표한다**는 인상을 주고자 노력하고 있다.

What does PTSD **stand for**?　PTSD는 무엇을 **의미하는**가?

It's outrageous and we won't **stand for** it any more.

그것은 터무니없어서 우리는 더 이상 그것을 **지지하지** 않을 것이다.

in the face of ▶ ① ~에 직면하여　② ~에도 불구하고

The company stopped illegally discharging waste water **in the face of** public criticism.

그 회사는 공공의 비난**에 직면해** 불법적으로 폐수를 방출하는 것을 중단했다.

This addiction maintains loyalty even **in the face of** on-field failure.　22 모평 변형

이런 중독은 구장에서 일어나는 실패**에도 불구하고** 충성심을 유지하게 한다.

Previous Check

- equivalent
- composure
- incurable
- parallel
- indulge
- meadow
- venture
- deflect
- adorable
- complacent
- explicit
- sturdy
- primate
- patron
- endure
- manifest
- imperial
- duration
- populate
- frugal
- aristocrat
- rejoice
- comprise
- textile
- lurk
- humanity
- approximate
- revenge
- sarcastic
- terrain
- toll
- warfare
- mortal
- spouse
- crispy
- statistical
- rubbish
- stimulus
- clumsy
- subsequent

1721 ★★★

equivalent
[ikwívələnt]

ⓐ **동등한, 상당하는**

About 100 to 200 laughs a day is the **equivalent** of 10 minutes of jogging.

하루에 대략 100번에서 200번을 웃으면 10분간 조깅하는 것과 **같**다.

1722 ★★★

composure
[kəmpóuʒər]

ⓝ **침착, 평정**

Cathy looked stunned, but she soon regained her **composure**.

Cathy는 몹시 놀라 보였으나, 그녀는 곧 **평정**을 되찾았다.

> **Plus** ⊕ with composure 침착하게
> keep one's composure 평정심을 유지하다
>
> **compose** ⓥ 구성하다, 작곡하다, (표정을) 가다듬다

composure와 composition

composure는 compose의 '(표정을) 가다듬다'라는 뜻을 이어받아 '침착'의 뜻을 가지고 있으며, composition은 compose의 '작곡하다'라는 뜻의 명사형으로 '작곡', '구성'의 뜻을 가지고 있습니다.

1723 ★★☆

incurable
[inkjúərəbl]

ⓐ **불치의**, 구제 불능의   ⓝ **불치 환자**

Cloning technology may be able to provide cures for **incurable** diseases.

복제 기술은 **불치**병에 대한 치료법을 제공해 줄 수 있을지도 모른다.

> **Plus** ⊖ curable ⓐ 치료할 수 있는
>
> **cure** ⓥ 치료하다

in + cur + able

in(= not)+**cur**(= cure)+**able**(형·접) → '고칠 수 없는'이 됩니다.

1724 ★★☆

parallel
[pǽrəlèl]

ⓐ **평행의, 유사한**   ⓝ **평행선**   ⓥ **유사하다**

Mediation **parallels** advocacy in so far as it tends to involve a process of negotiation.   12 수능 변형

중재는 협상의 과정을 수반하는 경향이 있다는 측면에서 옹호와 **유사하다**.

> **Plus** ⊕ have no parallel 비할 데 없다

1725 ★★☆

indulge
[indʎldʒ]

ⓥ **탐닉하다, 충족하다**, 제멋대로 하게 하다

Some people may **indulge** fantasies of violence by watching a film instead of working out those fantasies in real life.   15 수능

실제 삶 속에서 폭력에 대한 공상을 실행에 옮기는 대신 영화를 보면서 그러한 공상을 **충족하는** 사람이 있을 수 있다.

indulgence ⓝ 탐닉, 마음대로 하게 함
indulgent ⓐ 관대한, 멋대로 하게 하는

1726 ★★★
meadow
[médou]

ⓝ 목초지, 초원

Nature is where fallen logs rot and acorns grow, and wildfires turn woodlands into **meadows**. [11 모평]

자연은 쓰러진 통나무가 썩고 도토리가 자라며, 산불이 삼림 지대를 **초원**으로 바꾸는 곳이다.

Plus ⊜ field, pasture

1727 ★★★
venture
[véntʃər]

ⓝ 모험, 벤처 기업 ⓥ 모험하다

Recently, a number of commercial **ventures** have been launched that offer social robots as personal home assistants. [22 모평 변형]

최근에, 소셜 로봇을 개인용 가정 도우미로 제공하는 많은 상업적인 **벤처 기업들**이 진출했다.

Plus ⊕ at a venture 모험적으로, 되는 대로

1728 ★★★
deflect
[diflékt]

ⓥ 빗나가다, 빗나가게 하다, 막다

Reciting psalms does not actually **deflect** rockets.

시편을 암송하는 것이 실제로 로켓을 **빗나가게 하지**는 않는다.

-flect(휘다)를 포함하는 단어들

inflect (음성을) 조절하다	**reflect** 반사하다	**flection** 굴곡

1729 ★★★
adorable
[ədɔ́:rəbl]

ⓐ 귀여운, 사랑스러운

What an **adorable** child!

얼마나 **사랑스러운** 아이인가!

adore ⓥ 흠모하다

1730 ★★★
complacent
[kəmpléisənt]

ⓐ (스스로) 만족해하는, 현실에 안주하는

Although the flu is not as dangerous today, we should not be **complacent**.

비록 독감이 오늘날에는 그렇게 위험하지 않지만, 우리는 이에 **안주해서는** 안 된다.

1731 ★★★
explicit
[iksplísit]

ⓐ 명백한, 분명한

The government has been quite **explicit** about its attitude toward terrorism.

정부는 테러리즘에 관해 매우 **분명한** 태도를 취해 왔다.

explicitly ⓐⓓ 명백하게, 명확하게

DAY
44

1732 ★★★
sturdy
[stə́:rdi]

ⓐ 견고한, 강건한

The harshness of their surroundings is a vital factor in making them strong and **sturdy**. [11 모평]

주변 환경의 가혹함이 그것들을 강하고 **견고하**게 만드는 지극히 중요한 요인이다.

1733 ★★★

primate
[práimeit]

ⓝ 영장류

Tool-making, one of the fundamental distinguishing features of **primate** cognition, depends on this ability. `18 모평 변형`

영장류 인지의 근본적이고 구별되는 특징들 중 하나인 도구 제작은 이 능력에 달려 있다.

`Plus` ⊕ **ape** ⓝ 유인원, 원숭이

1734 ★★★

patron
[péitrən]

ⓝ 후원자, 단골손님, 고객

Machaut traveled to many courts and presented beautifully decorated copies of his music and poetry to his noble **patrons**.

Machaut는 여러 궁전들을 여행하면서 아름답게 장식된 자신의 음악과 시의 사본을 자신의 귀족 **후원자들**에게 바쳤다. `12 모평`

`Plus` ⊜ **supporter, sponsor**
patronize ⓥ 후원하다, 애용하다

1735 ★★★

endure
[indʒúər]

ⓥ 참다, 인내하다, 견디다

Popular formats can be said to enhance understanding by engaging an audience unwilling to **endure** the longer verbal orientation of older news formats. `22 수능`

대중적인 (뉴스) 구성은 장황한 언어를 지향하는 낡은 뉴스 구성 방식을 **견딜** 의사가 없는 시청자의 주의를 끌어서 이해를 높였다고 말할 수 있다.

endurable ⓐ 견딜 수 있는   **endurance** ⓝ 인내, 참을성

1736 ★★★

manifest
[mǽnəfèst]

ⓥ 명백하게 하다, 증명하다   ⓐ 명백한

Emotional eaters **manifest** their problem in lots of different ways.

감정적으로 식사를 하는 사람들은 자신들의 문제를 많은 다양한 방식들로 **증명한다**. `12 수능`

`Plus` ⊜ **clear, obvious, apparent** ⓐ 명백한
manual ⓝ 지침서   **manuscript** ⓝ 원고
manipulate ⓥ 조작하다   **manicure** ⓥ 매니큐어를 칠하다

`mani + fest`

mani(= hand)+**fest**(= grab) → '손에 쥐어진'이라는 뜻에서 '명백한'이 됩니다. 손바닥에 쥐고 있어서 뻔히 알 수 있다는 의미입니다.

1737 ★★★

imperial
[impíəriəl]

ⓐ 제국의, 황제의

The coffins were decorated with the white-blue-red tri-color of old **Imperial** Russia.

그 관들은 옛 **제정** 러시아의 (상징이었던) 하양−파랑−빨강의 삼색으로 장식되었다.

emperor ⓝ 황제   **empire** ⓝ 제국
imperialism ⓝ 제국주의

1738 ★★☆
duration
[djuréiʃən]

□□
ⓝ 지속, 지속 기간
Duration refers to the time that events last.　17 수능
지속 시간은 사건이 지속되는 시간을 말한다.

Plus ⊕ for the duration　기간 내내

dur + ation
dur(굳은)+**ation**(명·접) → '굳은 것'에서 '지속'이 됩니다. dur가 포함된 다른 단어들에는 endure(참다), durability(내구성) 등이 있으며, 모두 '굳다'라는 의미와 관련되어 있습니다.

1739 ★★☆
populate
[pá:pjulèit]

□□
ⓥ 거주시키다
Australia was the last **populated** landmass to be discovered by Europeans.
호주는 유럽인들에 의해 발견된 인간이 **거주하는** 마지막 대륙이었다.

Plus ⊜ inhabit, settle
population ⓝ 인구

1740 ★★★
frugal
[frú:gəl]

□□
ⓐ 검소한, 절약하는
Although the meal was **frugal**, we had an enjoyable evening.
비록 음식은 **소박했지만**, 우리는 즐거운 저녁을 보냈다.

Plus ⊜ economical, thrifty
frugality ⓝ 절약, 검소

1741 ★★☆
aristocrat
[ərístəkræt]

□□
ⓝ 귀족
Seventeenth- and eighteenth-century **aristocrats** began planting hardwood trees, usually in lines.　22 모평 변형
17세기와 18세기의 **귀족들**은 보통은 줄을 지어 활엽수를 심기 시작했다.

aristocratic ⓐ 귀족의, 귀족적인　　　**aristocracy** ⓝ 귀족 계층, 귀족 사회

1742 ★★☆
rejoice
[ridʒɔ́is]

□□
ⓥ 크게 기뻐하다
Fame would be dependent on the degree to which the people **rejoiced** in the poet and his work.　16 수능 변형
명성은 사람들이 시인과 그의 작품 속에서 **크게 기뻐하는** 정도에 따라 좌우될 것이었다.

1743 ★★☆
comprise
[kəmpráiz]

□□
ⓥ 포함하다, 구성하다
A football game is **comprised** of exactly sixty minutes of play.
미식축구 경기는 정확히 60분 경기로 **구성된다**.　17 모평

Plus ⊕ be comprised of　~으로 구성되다(= consist of, be composed of, be made up of)

1744 ★★☆

textile
[tékstail]

☐☐

ⓐ 직물의, 방직의　ⓝ 직물

Textiles and clothing have functions that go beyond just protecting the body.　15 모평

직물과 의복은 단지 신체를 보호하는 것을 넘어서는 기능들을 갖고 있다.

texture ⓝ 직물, 질감, 결

1745 ★★★

lurk
[ləːrk]

☐☐

ⓥ 숨다, 잠복하다

The people were trapped in the village because a tiger was **lurking** outside the village.

호랑이 한 마리가 마을 밖에 **숨어** 있어서 사람들은 마을 안에 갇혀 있었다.

Plus ⓔ hide, sneak

1746 ★☆☆

humanity
[hjuːmǽnəti]

☐☐

ⓝ **인류**, 인간성, 인간애

We scientists are being paid to be the bus-driving tour guides for the rest of **humanity**.　13 모평

우리 과학자들은 나머지 **인류**를 위해 버스를 운전하는 여행 가이드가 되도록 돈을 받고 있다.

1747 ★★☆

approximate
[əprάːksəmèit]

☐☐

ⓥ (수량 등이) ~에 가까워지다　ⓐ 대략의 [əprάːksəmət]

As industrialization peaks, the birth rate falls and begins to **approximate** the death rate.

산업화가 최고조에 달하면, 출생률은 떨어져 사망률**에 가까워지기** 시작한다.

1748 ★★☆

revenge
[rivéndʒ]

☐☐

ⓝ **복수**　ⓥ 복수하다

I was an enemy of yours who sought to take **revenge** on you.

나는 당신에게 **복수**하려고 하던 당신의 적들 중 한 명이었다.

1749 ★★★

sarcastic
[sɑːrkǽstik]

☐☐

ⓐ 비꼬는, 풍자적인

Ostensibly, sarcasm is the opposite of deception in that a **sarcastic** speaker typically intends the receiver to recognize the **sarcastic** intent.　17 모평

표면상, 빈정거림은 **빈정대는** 화자가 일반적으로 듣는 사람이 그 **빈정대는** 의도를 알아차리도록 한다는 점에서 속임과 반대이다.

sarcasm ⓝ 빈정댐, 풍자　　**sympathetic** ⓐ 동정적인
cynical [sínikəl] ⓐ 냉소적인　　**critical** ⓐ 비판적인

satire와 sarcasm

satire는 주로 '풍자'라는 의미로 자주 사용되고, sarcasm은 '빈정거림'이라는 뜻으로 사용됩니다.

1750 ★★☆

terrain
[təréin]

□□

ⓝ 지형, 지역, 분야, 범위

The hike covers 3 to 4 miles and includes moderately difficult **terrain**. `15 모평`

그 도보 여행은 3~4마일을 이동하며 중간 난이도의 **지형**이 포함되어 있다.

territory ⓝ 영토　　　　　**extraterrestrial** ⓝ 외계인(E.T.) ⓐ 외계의
terrestrial ⓐ 지구의

> **terr + ain**
>
> **terr**(= land: 땅)+**ain**(어미) → '땅'에서 '지형', '분야'가 됩니다.

1751 ★★☆

toll
[toul]

□□

ⓝ 사용세, 통행료　ⓥ 요금으로 징수하다

One day, she saw a **toll** booth attendant who reminded her of her mother. `11 모평`

어느 날, 그녀는 자신의 어머니를 생각나게 하는 **통행료** 요금소 직원을 보았다.

Plus ⊜ charge, fee

1752 ★★☆

warfare
[wɔ́:rfɛ̀ər]

□□

ⓝ 전쟁, 교전 상태

Horses were also domesticated and became important for transportation and came to play a major part in **warfare**. `10 모평`

말들 또한 길들여져서 수송에 중요해졌고 **전쟁**에서 큰 역할을 하게 되었다.

welfare ⓝ 복지　　　　　**farewell** ⓝ 작별, 안녕

> **war + fare**
>
> **war**(전쟁)+**fare**(상태) → '전쟁'을 뜻하는 war와 '상태'를 뜻하는 영어의 고어 fare가 붙어서 '전쟁', '교전 상태'라는 뜻이 되었습니다.

1753 ★★☆

mortal
[mɔ́:rtl]

□□

ⓐ 죽을 운명의, 치명적인

The police were doing their best to defend the people against **mortal** danger.

경찰은 사람들을 **치명적인** 위험으로부터 지키려고 최선을 다하고 있었다.

Plus ⊜ fatal ⓐ 치명적인
　　　 ⊖ immortal ⓐ 불사의, 불멸의
moral ⓐ 도덕의

1754 ★★☆

spouse
[spaus]

□□

ⓝ 배우자

Since their **spouses** were gone, they have helped each other.

자신들의 **배우자들**이 사망한 이후로, 그들은 서로 도와 왔다.

husband ⓝ 남편　　　　　**wife** ⓝ 아내
espouse ⓥ 지지하다

1755 ★★☆
crispy
[kríspi]

ⓐ 바삭바삭한, 부서지기 쉬운

When I went to her house, she was eating a **crispy** cookie.
내가 그녀의 집에 갔을 때, 그녀는 **바삭바삭한** 쿠키를 먹고 있었다.

Plus ≡ crisp
crumble ⓥ 부스러뜨리다　　**crush** ⓥ 으깨다
crumb ⓝ (빵) 부스러기

1756 ★★☆
statistical
[stətístikəl]

ⓐ 통계적인, 통계(학)상의

The report contains a great deal of **statistical** information.
그 보고서는 **통계적인** 정보를 상당히 많이 담고 있다.

Plus ⊕ conduct a statistical survey　통계 조사를 실시하다
statistics ⓝ 통계, 통계학　　**statistically** ⓐⓓ 통계상으로

1757 ★★☆
rubbish
[rʌ́biʃ]

ⓝ 쓰레기, 폐기물

Plastics make up 20 percent of Korean **rubbish**.
플라스틱은 한국의 **쓰레기** 중 20퍼센트를 차지한다.

Plus ≡ garbage, trash

1758 ★★☆
stimulus
[stímjələs]

ⓝ 자극, 격려

The audience receives a sound signal entirely through the vibrations generated in the air, whereas in a singer some of the auditory **stimulus** is conducted to the ear through the singer's own bones. 〔16 모평〕

청중은 전적으로 공기 중에서 생성된 진동을 통해서 소리 신호를 수용하는 반면에, 가수의 경우에는 청각적 **자극**의 일부가 가수 자신의 뼈를 통해서 귀로 전달된다.

Plus ⊖ response ⓝ 반응
stimuli ⓝ 자극 (복수)　　**stimulate** ⓥ 자극하다

1759 ★★☆
clumsy
[klʌ́mzi]

ⓐ 어색한, 서투른

He's **clumsy** at sports.
그는 운동에 **서툴**다.

Plus ≡ awkward [ɔ́:kwərd]

1760 ★★★
subsequent
[sʌ́bsikwənt]

ⓐ 그 후의, ~에 이어 일어나는

Their concerns were forgotten because of **subsequent** events.
그들의 걱정은 **뒤이어 일어난** 일들 때문에 잊혔다.

subsequence ⓝ 다음, 후(後)　　**subsequently** ⓐⓓ 후에, 이어서

sequent가 어근인 단어들

sequent 연속적인, 다음에 오는　　**sequence** 연속, 결과　　**consequent** ~의 결과로 일어나는
consequence 결과, 중요성　　**sequel** 속편

REVIEW TEST

A 다음 단어에 해당하는 우리말 또는 영어 단어를 쓰시오.

01 composure	___________	**11** 평행의, 유사한	___________
02 indulge	___________	**12** 목초지, 초원	___________
03 venture	___________	**13** 영장류	___________
04 deflect	___________	**14** 제국의, 황제의	___________
05 complacent	___________	**15** 직물의, 방직의	___________
06 explicit	___________	**16** 비꼬는, 풍자적인	___________
07 sturdy	___________	**17** 사용세, 통행료	___________
08 patron	___________	**18** 죽을 운명의	___________
09 frugal	___________	**19** 배우자	___________
10 clumsy	___________	**20** 통계적인	___________

B 다음 빈칸에 알맞은 단어를 보기에서 골라 쓰시오.

> **보기**
>
> incurable adorable endure comprise
> humanity revenge warfare lurk

01 I had to ___________ a long wait from morning to see the performance.

02 He suffers from a(n) ___________ disease and always stays at home.

03 They took ___________ on their enemies, eventually overcoming them.

04 Finally, they got married and had three ___________ children.

05 He noticed someone ___________ above the chamber during the address.

B **01** 나는 그 공연을 보기 위해서 아침부터 긴 기다림을 견뎌야 했다.　**02** 그는 불치병을 앓고 있고, 늘 집에 머물러 있다.　**03** 그들은 적들에게 복수해서 결국 그들을 이겼다.　**04** 마침내 그들은 결혼해서 세 명의 귀여운 아이들을 가졌다.　**05** 그는 연설 중에 누군가가 그 방 위에 숨어 있는 것을 보았다.

정답　**01** endure　**02** incurable　**03** revenge　**04** adorable　**05** lurk

take in ▶ ① 투숙시키다 ② 속이다

He persuaded John to **take** him **in**.　그는 John에게 그를 **투숙시키라고** 설득했다.

He was attractive enough to **take** me **in**.　그는 내 눈을 **속일** 만큼 매력적이었다.

work out ▶ ① 밝혀내다, ~으로 판명되다 ② 해결하다 ③ 총계가 ~이 되다 ④ 운동하다

It took me some time to **work out** what was causing this.
이것을 유발하고 있는 것이 무엇인지 **밝혀내는** 데 시간이 좀 걸렸다.

Things didn't **work out** as planned.　일이 계획대로 **풀리지** 않았다.

The price **works out** to $2 a pound.　**가격은** 파운드당 2달러**이다**.

Kevin is looking for a place to **work out** every day.　22 모평
Kevin은 매일 **운동할** 장소를 찾고 있다.

next to ▶ ① ~ 옆에 ② (부정어 앞에서) 거의 ③ ~ 다음에

What do you think about the balloons **next to** the welcome banner?　23 모평
환영 현수막 **옆에** 있는 풍선에 대해 어떻게 생각하나요?

It is **next to** impossible for me to win the race.　내가 경주에서 이기는 것은 **거의** 불가능하다.

Next to ice cream, I like cheesecake.　아이스크림 **다음으로** 나는 치즈케이크를 좋아한다.

hold out ▶ ① 내밀다 ② 저항하다

The man **held out** his hand to shake hands with me.
그 남자는 나와 악수하기 위해 손을 **내밀었다**.

One prisoner is still **holding out** on the roof of the jail.
한 죄수가 감옥 지붕에서 여전히 **저항하고** 있다.

on end ▶ ① 곤두서서 ② 계속하여, 연속하여

He walked the floor for hours **on end** until her operation was over.
그는 그녀의 수술이 끝날 때까지 몇 시간 동안 **곤두서서** 왔다 갔다 했다.

It's a pity that they have lost three games **on end**.　그들이 세 게임을 **연속으로** 졌다니 유감이다.

at length ▶ ① 드디어 ② 상세히

At length, he agreed to my opinion and admitted that he was wrong.
드디어, 그는 내 의견에 동의하고 자신이 틀렸음을 인정했다.

She reported the plan **at length** in her diary.　그녀는 자신의 일기에 그 계획을 **상세히** 기록했다.

DAY 45

Previous Check

- relevant
- predator
- drain
- countless
- condense
- post
- poise
- disciple
- gust
- collective
- scope
- compatible
- border
- frontier
- withhold
- verdict
- stall
- apparatus
- hail
- outburst
- vanity
- firsthand
- obesity
- dilemma
- render
- indispensable
- outdated
- bother
- counteract
- static
- sustain
- posture
- discourse
- bribe
- juggle
- perspiration
- retention
- outrage
- distress
- nursery

1761 ★★☆
relevant
[réləvənt]

ⓐ 관련이 있는, 적절한

Only that which survived in some form in the present was considered **relevant**. 　20 수능

현재에 어떤 형태로 살아남은 것만이 **관련이 있는** 것으로 여겨졌다.

Plus　⊜ related　ⓐ 관련된　　　　　appropriate　ⓐ 적절한
　　　　⊖ irrelevant　ⓐ 관련이 없는, 부적절한

relevance　ⓝ 관련성, 적절함

1762 ★★☆
predator
[prédətər]

ⓝ 포식자, 약탈자, 육식 동물

Which cue(s) do individuals use as evidence of **predator** attack?

개체들은 어떤 단서를 **포식자** 공격의 증거로 사용하는가?　23 모평

predatory　ⓐ 포식성의

1763 ★★☆
drain
[drein]

ⓥ 물을 빼내다, 소모시키다

The flooding problem can be addressed with reforestation of wetter areas, not with the giant pumps that **drain** our precious wetlands.

홍수 문제는 우리의 소중한 습지에서 **물을 빼내는** 거대한 펌프를 이용해서가 아니라 습지대에 나무를 다시 심는 것으로 해결할 수 있다.

drainage　ⓝ 배수 (시설)

1764 ★★★
countless
[káuntləs]

ⓐ 셀 수 없는, 무수한

The fact that we have not found such a case in **countless** examinations of the fossil record strengthens the case for evolutionary theory.　23 모평

화석 기록에 대한 **수많은** 조사에서 그러한 경우를 발견하지 못했다는 사실은 진화론을 위한 논거를 강화한다.

1765 ★★☆
condense
[kəndéns]

ⓥ 농축하다, 요약하다

They seem to have **condensed** out of the early Earth's atmosphere.

그것들은 초기 지구의 대기에서 **농축된** 것으로 보인다.

condensation　ⓝ 응축, 압축　　　　dense　ⓐ 밀집한
density　ⓝ 밀도

con + dense

con(= com: 함께)+**dense**(밀도 높은) → '밀도 높게 하다'에서 '농축하다'의 뜻이 됩니다.

1766 ★★★
post
[poust]

ⓥ (벽 따위에) **붙이다** ⓝ **우편**

Winners will be **posted** on the website on June 21, 2019. `20 모평`

입상자들은 2019년 6월 21일에 웹사이트에 **게시될** 것입니다.

1767 ★★★
poise
[pɔiz]

ⓥ **균형을 잡다** ⓝ **균형**, 평정

It took a moment for Mark to recover his **poise** after the shock of what his wife said.

Mark는 자신의 아내가 한 말에 충격을 받고 나서 **평정**을 되찾는 데 시간이 좀 걸렸다.

pose ⓝ 자세 ⓥ 자세를 취하다

1768 ★★★
disciple
[disáipl]

ⓝ **제자, 문하생**

One of his **disciples** has leaked confidential information.

그의 **제자들** 중 한 명이 기밀 정보를 유출했다.

`Plus` ⊜ pupil
discipline[dísəplin] ⓝ 훈련, 규율

1769 ★★☆
gust
[gʌst]

ⓝ **돌풍, 질풍**

Occasional **gusts** of wind broke boughs.

가끔씩 부는 **돌풍**이 나뭇가지들을 부러뜨렸다.

'바람'의 종류

breeze 산들바람   **blast** 거센 바람, 돌풍   **storm** (비·천둥을 동반한) 폭풍   **tempest** 폭풍우

1770 ★★☆
collective
[kəléktiv]

ⓐ **집합적인, 집단적인** ⓝ **집단**

In doing so, they established the principle and practice of the **collective** administration of rights. `17 모평 변형`

그렇게 하면서, 그들은 권리의 **집단적** 관리 원칙과 관례를 확립했다.

collect ⓥ 모으다   **collection** ⓝ 수집품, (물건·사람들의) 무리

1771 ★★☆
scope
[skoup]

ⓝ **(관찰·활동의) 범위, 시야** ⓥ **조사하다**

Music can convey the **scope** of a film, effectively communicating whether the motion picture is an epic drama or a story that exists on a more personal scale. `15 모평`

음악은 영화가 서사극인지 그렇지 않으면 더 개인적인 영역에 있는 이야기인지를 효과적으로 전달하며 영화의 **범위**를 알려 줄 수 있다.

`Plus` ⊜ range ⓝ 범위 ⓥ 이르다
microscope ⓝ 현미경   **telescope** ⓝ 망원경

1772 ★★★

compatible
[kəmpǽtəbl]

ⓐ 양립할 수 있는, 모순이 없는

Some idealists still believe that capitalism is **compatible** with socialism.

몇몇 이상주의자들은 여전히 자본주의가 사회주의와 **양립할 수 있**다고 믿는다.

> **Plus** ⊜ consistent ⓐ 일관된, 모순이 없는
> ⊝ incompatible ⓐ 양립할 수 없는, 모순된

1773 ★★★

border
[bɔ́:rdər]

ⓝ 가장자리, 국경   ⓥ 접하다

A sovereign state is usually defined as one whose citizens are free to determine their own affairs without interference from any agency beyond its territorial **borders**.   20 모평

주권 국가는 보통 그 국민들이 **국경** 너머의 그 어떤 기관으로부터도 간섭받지 않고 자신들의 일을 스스로 결정할 자유가 있는 국가라고 정의된다.

1774 ★★★

frontier
[frʌntíər]

ⓝ 국경   ⓐ 국경의, 최첨단의

Most of them are likely to say it was a combination of economic and social causes ultimately leading to a weakening of the **frontiers**.   12 모평 변형

그들 대부분은 그것이 궁극적으로는 **국경 지역**의 약화에 이르게 한, 경제적이며 사회적인 원인들이 복합적으로 작용했기 때문이라고 말할 가능성이 있다.

> **Plus** ⊜ border
> **front** ⓝ 앞   **confront** ⓥ 직면하다

1775 ★★★

withhold
[wiðhóuld]

ⓥ 억누르다, 억제하다, 보류하다

After hundreds and hundreds of trials, these chimps could not learn to **withhold** pointing to the larger reward.   14 모평

수백 번의 시도 후에도, 이 침팬지들은 더 큰 보상을 가리키는 것을 **억누르는** 것을 배울 수 없었다.

with + hold

with(~하면서)＋**hold**(쥐다) → '손에 쥐고 있다'라는 뜻의 hold 앞에 '~하면서'라는 의미의 접두어 with-가 붙어서 '손에 쥔 채로 있다'라는 뜻이 되었는데, 이는 '보류하다', '주지 않다'라는 뜻입니다.

1776 ★★★

verdict
[vɜ́:rdikt]

ⓝ 판결, 결정

Making better decisions when picking out jams or bottles of wine is best done with the emotional brain, which generates its **verdict** automatically.   13 수능

잼이나 포도주를 고를 때 더 나은 결정은 무의식적으로 **결정**을 내리는 감정적 두뇌를 사용할 때 가장 잘 내려진다.

1777 ★★★

stall
[stɔːl]

ⓝ 마구간, 우리, 핑계　**ⓥ 핑계를 대다**

They feed the animals, clean their **stalls** and sometimes play with them.

그들은 동물들을 먹이고, **우리**를 청소하고, 가끔 동물들과 놀아 주기도 한다.

1778 ★★★

apparatus
[æpəréitəs]

ⓝ 장치, 기구, 조직

Obviously, I am not talking here about some physical **apparatus** that we can put on and take off, like a pair of glasses.　10 모평

명백히, 나는 여기에서 안경처럼 쓰거나 벗을 수 있는 물리적인 **도구**에 대해 이야기하고 있는 것이 아니다.

Plus ⊜ device ⓝ 장치　　　　organization ⓝ 조직

1779 ★★★

hail
[heil]

ⓝ 싸락눈, 우박　**ⓥ 우박이 내리다**

I would deliver newspapers even in rain, sleet, **hail** and snow.

나는 비, 진눈깨비, **우박**, 그리고 눈이 오더라도 신문을 배달할 것이다.

1780 ★★★

outburst
[áutbə̀ːrst]

ⓝ 분출, 폭발

There is no excuse for the sudden, violent **outbursts** of anger among airline passengers.

비행기 탑승객들 사이에서 갑작스럽고 격렬한 분노의 **분출**에는 변명의 여지가 없다.

Plus ⊜ eruption ⓝ 분출　　　　explosion ⓝ 폭발

1781 ★★★

vanity
[vǽnəti]

ⓝ 허영심, 허무함

He wanted the job purely for reasons of **vanity** and ambition.

그는 순전히 **허영심**과 야망 때문에 그 직업을 원했다.

vain ⓐ 허영심이 강한, 헛된　　　　**vanish** ⓥ 사라지다

1782 ★★★

firsthand
[fə́ːrsthǽnd]

ⓐd 직접, 바로　**ⓐ 직접의**

It allows me to see **firsthand** what doctors and researchers do.

그것은 의사와 연구원들이 무엇을 하는지 내가 **직접** 볼 수 있도록 해 준다.

Plus ⊖ secondhand ⓐd 간접적으로　ⓐ 간접의, 중고의

first + hand

first(처음의)＋**hand**(손) → '손이 처음으로 닿다'에서 '직접'이라는 의미가 되었습니다. 이와 마찬가지로 second(두 번째의)＋hand(손) 에서 secondhand는 '간접의' 혹은 '중고의'라는 의미를 담고 있습니다.

DAY
45

1783 ★★★
obesity
[oubíːsəti]

🄝 (병적인) **비만, 비대**

Individuals who struggle with **obesity** tend to eat in response to emotions. 19 모평

비만과 씨름하는 사람들은 감정에 반응하여 먹는 경향이 있다.

obese ⓐ 지나치게 살찐

1784 ★★★
dilemma
[dilémə]

🄝 **진퇴양난, 딜레마, 궁지**

To eliminate the **dilemma**, more and more organizations are implementing assessments referred to as 360-degree evaluations.

그 **딜레마**를 없애기 위해, 점점 더 많은 조직이 '다면 평가'라고 불리는 평가를 시행하고 있다. 22 모평 변형

Plus ⊕ in a dilemma 딜레마에 빠진

1785 ★★★
render
[réndər]

🅥 **~이 되게 하다, 주다, 표현하다**

They want to have the service **rendered** to them in a manner that pleases them. 15 모평

그들은 서비스가 자신들을 기분 좋게 만드는 방식으로 **제공되기**를 원한다.

1786 ★★★
indispensable
[ìndispénsəbl]

ⓐ **필수 불가결한** 🄝 **없어서는 안 될 것**

Science is an **indispensable** source of information for the contemporary writer. 11 모평

과학은 동시대의 작가에게 **필수 불가결한** 정보의 원천이다.

Plus ⊕ dispense with ~ 없이 지내다

1787 ★★★
outdated
[àutdéitid]

ⓐ **시대에 뒤진, 구식의**

Copyright is also supposed to place reasonable time limits on those rights so that **outdated** works may be incorporated into new creative efforts. 18 수능 변형

저작권은 또한 **시대에 뒤진** 작품이 새로운 창의적인 노력 속에 편입되도록 그러한 권리에 적당한 기한을 두어야 한다.

Plus ⊜ out-of-date, old-fashioned, outmoded

1788 ★★★
bother
[báːðər]

🅥 **일부러 ~하다, 괴롭히다**

You don't have to **bother** yourself with these concerns. 20 모평

이런 것들에 대해 **신경 쓰실** 필요 없습니다.

1789 ★★☆
counteract
[kàuntərǽkt]

ⓥ (효력을) **중화시키다, 약화시키다**

Social sharing may in this way help to **counteract** some natural tendency people may have. 19 수능

사회적 공유는 이런 식으로 사람들이 갖고 있을 수 있는 어떤 자연적인 성향을 **중화시키는** 데 도움이 될 수도 있다.

counteraction ⓝ 중화 작용, 반작용

counter + act

counter(반대의)+**act**(행동) → 어떤 것의 효과에 대해 반대로 움직여 '약화시키다', '중화시키다'라는 의미가 되었습니다.

1790 ★★☆
static
[stǽtik]

ⓐ **정적인, 고정된**

Far from being **static**, the environment is constantly changing.

정적이기는커녕 환경은 오히려 끊임없이 변하고 있다. 20 모평 변형

1791 ★★☆
sustain
[səstéin]

ⓥ **지탱하다, 유지하다**

Carrying capacity is the number of individuals that the local resources can **sustain**. 14 모평

수용력은 해당 지역의 자원이 **지탱할** 수 있는 개체 수이다.

1792 ★★☆
posture
[pástʃər]

ⓝ **태도, 자세**

They take dissimilar **postures** based on factors such as the type of tourism, opinions on the degree of protection, and their distance from an attraction. 17 수능

그들은 관광 유형, 보호 정도에 관한 의견, 그리고 관광 명소로부터의 거리와 같은 요인을 근거로 다른 **태도**를 취한다.

1793 ★★☆
discourse
[dískɔ:rs]

ⓝ **담화, 강연**

Civilized **discourse** between the two countries has become impossible.

두 나라 사이에 교양 있는 **대화**는 불가능해졌다.

course ⓝ 과정, 코스　　　**dialogue** ⓝ 대화

1794 ★★☆
bribe
[braib]

ⓝ **뇌물** ⓥ **뇌물을 주다**

The mayor was charged with accepting **bribes**.

그 시장은 **뇌물** 수수 혐의로 고발당했다.

bribery ⓝ 뇌물 수수

'뇌물'을 뜻하는 속어

palm oil　'야자유'라는 뜻에서 '뇌물'의 의미로 쓰이며, 우리말의 '떡값'과 비슷한 속어 표현입니다.
grease　'기름', '윤활유'라는 뜻에서 '뇌물'이 되었으며, **palm oil**과 비슷한 구어 표현입니다.

1795 ★★☆

juggle
[dʒʌ́gl]

ⓥ 잘 처리하다, 저글링하다

He met the manager several times last week to **juggle** budgets.

그는 예산을 **잘 처리하기** 위해서 지난주에 책임자를 여러 번 만났다.

juggling ⓝ 여러 개의 공으로 하는 곡예

1796 ★★★

perspiration
[pə̀:rspəréiʃən]

ⓝ 땀, 노력

Genius is ninety-nine percent **perspiration** and one percent inspiration.

천재는 99퍼센트의 **땀**과 1퍼센트의 영감으로 이뤄진다.

perspire ⓥ 땀을 흘리다

1797 ★★☆

retention
[riténʃən]

ⓝ 보유, 기억(력)

The diagram shows the average **retention** rate of learning after 24 hours for various instructional methods. 〔10 모평〕

그 도표는 여러 가지 교수법들의 학습 24시간 후의 평균 **기억력** 비율을 보여 준다.

1798 ★★☆

outrage
[áutrèidʒ]

ⓥ 화나게 하다   ⓝ 분노, 화

Being forced to passively breathe in tobacco smoke in restaurants, **outrages** people. 〔22 수능 변형〕

식당에서 담배 연기를 수동적으로 들이마시도록 강요당하는 것은 사람들을 **화나게 한다**.

〔Plus〕 ⊜ rage ⓥ 화를 내다 ⓝ 분노
        anger, fury, resentment, wrath ⓝ 분노, 화

1799 ★★☆

distress
[distrés]

ⓝ 고민, 고통   ⓥ 괴롭히다

Empathetic **distress** occurs when people realize that their actions have caused harm or pain to another person. 〔13 수능〕

고통의 공감은 사람들이 자신들의 행동이 다른 사람에게 손해나 고통을 일으켰음을 깨달을 때 생긴다.

〔Plus〕 ⊜ suffering

1800 ★★★

nursery
[nə́:rsəri]

ⓝ 육아실, 탁아소, 양성소

To her relief, her company ran its own workplace **nursery**.

한시름 놓이게도, 그녀가 다니는 회사는 사내 **탁아소**를 운영했다.

〔Plus〕 ⊕ nursery tale 동화
        nursing home 양로원

REVIEW TEST

A 다음 단어에 해당하는 우리말 또는 영어 단어를 쓰시오.

01 drain	___________	**11** 집합적인, 집단적인	___________
02 disciple	___________	**12** 싸락눈, 우박	___________
03 scope	___________	**13** 허영심, 허무함	___________
04 compatible	___________	**14** (병적인) 비만, 비대	___________
05 frontier	___________	**15** 필수 불가결한	___________
06 verdict	___________	**16** 시대에 뒤진	___________
07 apparatus	___________	**17** 정적인, 고정된	___________
08 render	___________	**18** 태도, 자세	___________
09 counteract	___________	**19** 담화, 강연	___________
10 outrage	___________	**20** 땀, 노력	___________

B 다음 빈칸에 알맞은 단어를 보기에서 골라 쓰시오.

보기			
relevant	predator	border	condense
withhold	outburst	sustain	distress

01 He realized that love sometimes causes ___________ and painful emotions.

02 The general decided to ___________ the terrible news from everyone.

03 The chef boiled the soup for more than an hour to ___________ it.

04 We have passed all ___________ information for the investigation on to the police.

05 Finally, the birds settled down on an island with no ___________(e)s.

B **01** 그는 사랑이 때로는 고통과 아픈 감정을 유발한다는 것을 깨달았다. **02** 장군은 모든 사람에게 그 끔찍한 소식을 보류하기로(알리지 않기로) 결정했다. **03** 요리사는 그 수프를 농축시키기 위해 한 시간 넘게 끓였다. **04** 우리는 조사를 위한 모든 관련된 정보를 경찰에 넘겼다. **05** 결국, 그 새들은 포식자가 없는 섬에 정착했다.

정답 **01** distress **02** withhold **03** condense **04** relevant **05** predator

look on ▶ ① 바라보다, 방관하다 ② 간주하다

People were **looking on** in silence as two women were fighting.
두 여자가 싸우고 있을 때, 사람들은 말없이 **바라보고** 있었다.

A lot of people **looked on** him as a genius.　많은 사람들이 그를 천재로 **간주했다.**

make over ▶ ① 양도하다 ② 변경하다

John **made over** to him most of his land.　John은 자신의 땅의 대부분을 그에게 **양도했다.**
She is good at **making over** a dress.　그녀는 드레스를 **고치는** 데 능숙하다.

be charged with ▶ ① ~으로 고발되다 ② (책임을) 맡고 있다

I heard that he **was charged with** the theft.　나는 그가 절도죄**로 고소당했다**는 소식을 들었다.
They have **been charged with** supplying food to the refugees.
그들은 난민에게 식량을 공급하는 **책임을 맡고 있었다.**

be involved in ▶ ① ~과 관련되어 있다 ② ~에 몰두하다

Very high costs **are involved in** following all of the procedures needed to gain government approval for new pesticides.　23 모평
새로운 살충제에 대한 정부의 승인을 얻기 위해 필요한 모든 절차를 따르는 것에 매우 높은 비용이 **관련되어 있다.**

The student **was involved in** writing the essay.　그 학생은 에세이를 쓰는 데**에 몰두해 있었다.**

be subject to ▶ ① ~의 영향을 받다 ② ~하기 쉽다 ③ ~의 지배를 받다

Water derived from the capture of flash floods **is** not **subject to** Islamic law.　21 모평 변형
갑작스럽게 불어난 물을 억류해서 얻어진 물은 이슬람 율법**의 영향을 받지** 않는다.

You'd better remember that the prices **are subject to** change.
가격은 바뀌**기 쉽다**는 것을 기억해 두는 것이 좋다.

There are still some countries which **are subject to** other ones.
여전히 다른 나라들**의 지배를 받는** 몇몇 나라들이 있다.

be through with ▶ ① ~을 끝내다 ② ~과 절교하다

He seemed happy when he **was through with** the task.　그는 그 일을 **끝냈을** 때 행복해 보였다.
I was shocked when she said she **was through with** him.
나는 그녀가 그와 **절교했다**고 말했을 때 충격을 받았다.

abide by ▶ ① ~을 지키다 ② (결정을) 따르다

I'm so disappointed because he didn't **abide by** his promise.
나는 그가 약속을 **지키지** 않아서 매우 실망했다.

You should **abide by** the decision of the majority.　당신은 다수의 결정**에 따라야** 한다.

Previous Check

- ☐ encircle
- ☐ notion
- ☐ disgust
- ☐ fragment
- ☐ oversee
- ☐ creep
- ☐ clarify
- ☐ contagious
- ☐ deterioration
- ☐ currency
- ☐ janitor
- ☐ blush
- ☐ intervene
- ☐ nomad
- ☐ cuisine
- ☐ dare
- ☐ solvent
- ☐ cultivate
- ☐ ascent
- ☐ advocate
- ☐ spur
- ☐ discern
- ☐ scheme
- ☐ weigh
- ☐ publicity
- ☐ declare
- ☐ brisk
- ☐ exile
- ☐ whisper
- ☐ unanimous
- ☐ deviation
- ☐ dissolve
- ☐ constraint
- ☐ itch
- ☐ fling
- ☐ delude
- ☐ dehydrate
- ☐ underneath
- ☐ metabolism
- ☐ appoint

1801 ★★★

encircle

[insə́:rkl]

ⓥ 에워싸다, 둘러싸다

A forty-foot-high concrete wall **encircles** the jail.

40피트 높이의 콘크리트 벽이 그 감옥을 **에워싸고 있다**.

Plus ⊜ surround

1802 ★★★

notion

[nóuʃən]

ⓝ 개념, 의견

The "pro" in protopian stems from the **notions** of process and progress. 21 모평

프로토피아적이라는 말에서 '프로'는 과정과 진보라는 **개념**에서 비롯된다.

Plus ⊕ common notion 통념

1803 ★★★

disgust

[disgʌ́st]

ⓝ 혐오감   ⓥ 역겹게 하다

Instead of evoking admiration of beauty, artists may evoke puzzlement, shock, and even **disgust**. 16 모평

아름다움에 대한 감탄을 불러일으키는 대신, 예술가들은 당황스러움, 충격, 그리고 심지어는 **혐오감**을 불러일으킬 수도 있다.

Plus ⊜ loathing

1804 ★★★

fragment

[frǽgmənt]

ⓝ 일부분, 부서진 조각

Like **fragments** from old songs, clothes can evoke both cherished and painful memories. 12 수능

옛날 노래의 **일부분들**처럼, 의복은 소중하고 가슴 아픈 기억들을 모두 생각나게 할 수 있다.

Plus ⊕ fracture ⓝ 골절   fraction ⓝ 부분
fragmentary ⓐ 단편적인, 부분적인

1805 ★★★

oversee

[òuvərsí:]

ⓥ 감독하다, 감시하다

They **oversee** many functional areas, each with its own specialists.

그들은 각각 해당 영역의 전문가들을 지닌, 많은 기능적인 영역들을 **감독한다**. 16 모평

Plus ⊜ supervise
overseer ⓝ 감독관

over + see

over(~ 위에)+**see**(보다) → '(어떤 일이 잘 진행되고 있는지) 위에서 보다'에서 '감독하다'라는 뜻이 됩니다.

1806 ★★★

creep

[kri:p]

ⓥ 기다, (덩굴 등이) 얽히다   ⓝ 포복, 서행

Creeping plants cover the polished silver gate.

덩굴 식물들은 윤이 나는 은빛의 대문을 덮고 있다.

Plus ⊕ creeping plant 덩굴 식물
creepy ⓐ 오싹하게 하는

1807 ★★☆

clarify
[klǽrəfài]

ⓥ 분명히 하다, 명료하게 하다

The primary goal of historians of science was to **clarify** and deepen an understanding of contemporary scientific methods or concepts. `20 수능 변형`

과학 사학자의 주요 목표는 당대의 과학적 방법이나 개념에 대한 이해를 **분명히 하**고, 깊게 하는 것이었다.

clarification ⓝ 설명, 해명

1808 ★★★

contagious
[kəntéidʒəs]

ⓐ 전염성의, 감염성의

Congratulations, hugs, and laughter were **contagious**. `16 수능`

축하, 포옹, 그리고 웃음이 **전염성이 있**었다.

Plus ⓔ transmissible, infectious

1809 ★★★

deterioration
[ditìəriəréiʃən]

ⓝ 악화, (가치의) 하락

The frequent strikes led to **deterioration** in product quality.

잦은 파업은 품질의 **악화**로 이어졌다.

deteriorate ⓥ 악화되다

1810 ★★☆

currency
[kə́:rənsi]

ⓝ 통화, 통용

More people favored a single European **currency** than opposed it.

단일 유럽 **통화**를 지지하는 사람들이 그것을 반대하는 사람보다 더 많았다.

1811 ★★☆

janitor
[dʒǽnətər]

ⓝ 문지기, 관리인, 잡역부

The **janitor** mopped the floors and locked the doors every night.

그 **관리인**은 매일 밤 바닥을 닦고 문을 잠갔다.

Plus ⓔ doorkeeper, doorman, gatekeeper

1812 ★★☆

blush
[blʌʃ]

ⓥ 얼굴을 붉히다, 부끄러워하다

The boy **blushes** easily.

그 소년은 쉽게 **얼굴을 붉힌다**.

Plus ⓔ flush
　　　ⓟ You blushed. 너 얼굴이 빨개졌어.(= Your face turned red.)

blusher ⓝ 볼연지　　　　　　**brush** [brʌʃ] ⓝ 솔 ⓥ 솔질하다

1813 ★★☆

intervene
[ìntərvíːn]

ⓥ **사이에 끼어들다**, 개입하다, 방해하다

She warned him not to **intervene** when she was talking.
그녀는 그에게 그녀가 이야기할 때 **끼어들지** 말라고 경고했다.

Plus ⊜ intrude, interrupt, interfere

inter + ven(e)

inter(= between)+**ven(e)**(= come) → '∼ 사이에 오다'에서 '사이에 끼어들다', '개입하다'가 됩니다.

1814 ★★☆

nomad
[nóumæd]

ⓝ **유목민, 방랑자**

Mongolians are desert **nomads**.
몽골인들은 사막의 **유목민들**이다.

1815 ★★☆

cuisine
[kwizíːn]

ⓝ (독특한) 요리, 요리법

The French **cuisine** was delicious. 20 모평
프랑스 **요리**는 맛있었다.

Plus ⊜ cookery, recipe
ingredient ⓝ 재료, 성분

1816 ★★☆

dare
[dɛər]

ⓥ 감히 ∼하다

If you **dare** to take the initiative in self-revelation, the other person is much more likely to reveal secrets to you. 11 모평
당신이 **감히** 솔선하여 자기 자신을 드러**내**면, 상대방도 당신에게 비밀을 드러낼 가능성이 훨씬 더 높다.

1817 ★★★

solvent
[sáːlvənt]

ⓐ **용해력이 있는**, 지불 능력이 있는   ⓝ 용제

The **solvent** comes into direct contact with the beans, carrying the caffeine with it.
그 **용제**는 콩들과 직접적으로 접촉하게 되며, 그것과 함께 카페인을 가져간다.

solve ⓥ 풀다, 용해하다, 갚다

solve + ent

solve(용해하다, 갚다)+**ent**(형·접) → '용해하다', '갚다'를 의미하는 solve와 형용사형 접미사 -(e)nt가 결합해 '용해력이 있는', '갚을 수 있는(지불 능력이 있는)'이 됩니다.

1818 ★★☆

cultivate
[kʌ́ltəvèit]

ⓥ **경작하다**, 양성하다, 계발하다

Such choices are not made to limit creativity, but rather to **cultivate** it. 16 모평
그와 같은 선택은 창의성을 제한하기 위해서가 아니라 오히려 창의성을 **계발하기** 위해 이루어진다.

Plus ⊜ farm ⓥ 경작하다
cultivation ⓝ 경작, 양성

1819 ★★☆
ascent
[əsént]

n 상승, 오름
Once you push a button, the elevator will begin its **ascent**.
단추를 누르면 엘리베이터가 **올라가기** 시작할 것이다.

> **Plus** ⊖ descent ⓝ 하락, 강하
> **ascend** ⓥ 오르다　　　　　　**descendant** ⓝ 후손
> **elevate** ⓥ 상승시키다, 들어 올리다　**elevation** ⓝ 승진, 고도, 해발

1820 ★★☆
advocate
[ǽdvəkət]

n 옹호자, 지지자　v 지지하다 [ǽdvəkèit]
The role of science can sometimes be overstated, with its **advocates** slipping into scientism.　20 수능
과학의 역할은 때때로 과장될 수 있고, 그것의 **옹호자들**은 과학만능주의에 빠져든다.

1821 ★★★
spur
[spə:r]

n 박차, 자극(제)　v 박차를 가하다
The competition that will be held next week acts as a **spur** to development.
다음 주에 열릴 대회는 발전에 대한 **자극제** 역할을 한다.

> **Plus** ⊜ incitement, stimulus [stímjələs]
> 　　　　⊕ on the spur of the moment 즉흥적으로

1822 ★★☆
discern
[disə́:rn]

v 식별하다, 분별하다, 인식하다
We can **discern** different colors, but we can give a precise *number* to different sounds.　15 수능
우리는 서로 다른 색깔은 **식별할** 수 있지만, 서로 다른 소리에는 정확한 '숫자'를 부여할 수 있다.

> **discernment** ⓝ 식별, 인식　　　　**discrimination** ⓝ 차별, 식별

distinguish와 discern

distinguish는 두 사물 간의 차이점을 구별하는 것에 의미를 두고, discern은 한 사물의 특성을 파악하는 것에 의미를 둡니다.

1823 ★★☆
scheme
[ski:m]

n 계획, 체계　v 계획하다
The goal of the planning process for the contractor is to produce a workable **scheme** that uses the resources efficiently within the allowable time and given budget.　22 모평
도급업자에게 계획 과정의 목표는 허용되는 시간과 주어진 예산 내에서 자원을 효율적으로 사용하는 실행 가능한 **계획**을 만들어 내는 것이다.

> **Plus** ⊜ plan ⓝ 계획　　　　　plot ⓝ 음모, 책략
> **schema** ⓝ 개요　　　　　　　**schemer** ⓝ 책략가
> **schematic** [ski(:)mǽtik] ⓐ 개요의, 도식적인

1824 ★★★
weigh
[wei]

ⓥ 무게를 달다

The man took the article, examined it, turned it over, **weighed** it, and took up a magnifying glass to look at it more closely. `12 모평`

그 남자는 그 물건을 집더니, 자세히 살펴보고, 뒤집어 보고, **무게를 재 보고**, 그것을 더 자세히 들여다보기 위해 확대경을 집어 들었다.

outweigh ⓥ ~보다 뛰어나다

1825 ★★★
publicity
[pʌblísəti]

ⓝ 널리 알려짐, 명성. 광고, 선전

The case has generated enormous **publicity** in Seoul.

그 사건은 서울에서 매우 많이 **알려졌다**.

Plus ⊜ advertising, propaganda
⊕ give publicity to ~을 공표[발표]하다. ~을 광고하다
PR ⓝ 선전, 홍보(= public relations)

public + ity

public(대중의)+**ity**(명·접) → '대중의'라는 뜻을 가진 단어 public에 명사형 접미사 -ity가 붙어서 '(대중에게) 널리 알려짐'이라는 의미의 명사가 되었습니다.

1826 ★★★
declare
[dikléər]

ⓥ 선포하다, 선언하다

The Crown had **declared** a severe shortage of the hardwood on which the Royal Navy depended. `22 모평 변형`

군주는 영국 해군이 의존하는 경재(단단한 목재)가 심각하게 부족하다고 **선포했다**.

declaration ⓝ 발표. 선언서

1827 ★★★
brisk
[brisk]

ⓐ 활발한, 번창하는, 상쾌한

Brisk walking is good for your health.

활기차게 걷는 것은 건강에 좋다.

Plus ⊜ active, energetic

1828 ★★★
exile
[égzail]

ⓝ 망명, 망명자 ⓥ 망명시키다

The **exile** longed for his home.

그 **망명자**는 자신의 고국을 그리워했다.

Plus ⊜ banishment ⓝ 추방   expatriate ⓝ 국외 거주자

1829 ★★★
whisper
[hwíspər]

ⓥ 속삭이다 ⓝ 속삭임

"I like those," Megan **whispered**. "Cool." `16 모평`

"나는 그것들이 마음에 들어. 멋져."라고 Megan이 **속삭였다**.

1830 ★★★
unanimous
[juːnǽnəməs]

ⓐ 만장일치의, 합의의

The vote was **unanimous** for the bill.

투표 결과 **만장일치로** 그 법안에 찬성했다.

Plus ⊜ agreed, united
⊖ divided ⓐ 분리된
unanimously ⓐⓓ 만장일치로

un-이 포함되어 '하나의'라는 의미를 갖는 단어들

uniform 교복, 제복 　　**unit** 단위 　　**unity** 통일, 통합

1831 ★★★
deviation
[dìːviéiʃən]

ⓝ 변경, 일탈

You have to pay close attention to someone's normal pattern in order to notice a **deviation** from it when he or she lies. 　12 모평

누군가 거짓말을 할 때 행동 양식에 **변화**가 있음을 알아차리기 위해서는 그 사람이 평소에 보이는 행동 양식을 자세히 살펴봐야 한다.

1832 ★★☆
dissolve
[dizálv]

ⓥ 용해하다, 해산하다, 해소하다

The majority of salt in the Great Salt Lake is a remnant of **dissolved** salts that are present in all fresh water. 　13 수능

그레이트솔트호에 있는 대부분의 소금은 모든 담수에 존재하는 **용해된** 소금의 잔존물이다.

Plus ⊜ melt ⓥ 용해하다 　　dissipate ⓥ 해산하다
dissolution ⓝ 용해, 해산, 해소

1833 ★★★
constraint
[kənstréint]

ⓝ 강제, 압박, 거북스러움

Society, through ethical and economic **constraints**, exerts a powerful influence on what science accomplishes. 　16 모평

사회는 윤리적이고 경제적인 **제약**을 통해 과학이 달성하는 것에 강력한 영향력을 행사한다.

Plus ⊜ restriction
⊕ under constraint 강요당해서, 억지로
constrain ⓥ 강요하다

1834 ★★☆
itch
[itʃ]

ⓝ 가려움, (～하고 싶은) 욕구 　ⓥ 가렵다, (～하고 싶어) 못 견디다

Baking soda will often help relieve rashes and **itches**.

베이킹 소다는 발진과 **가려움증**을 완화하는 데 종종 도움이 될 것이다.

Plus ⊕ have an itch for ～하고 싶어 못 견디다(= be itching for)
itchy ⓐ 가려운

'피부'와 관련된 증상들

tingling 따가운 　　**bruised** 멍든 　　**spotted** 반점이 생기는 　　**sore** 쓰라린

1835 ★★☆
fling
[fliŋ]

ⓥ 내던지다, 돌진하다

After a brief moment of surprise, all the villagers at the banquet began to **fling** tofu into each other's laps. 11 모평

잠깐 놀란 후, 연회에 참석한 모든 마을 사람들은 서로의 무릎 위에 두부를 **내던지기** 시작했다.

Plus ⊜ throw

1836 ★★☆
delude
[dilúːd]

ⓥ 속이다, 착각하게 하다

Don't be **deluded** by superficial impressions of any occupation or industry.

어떤 직업이나 업계에 대한 표면적인 인상에 **속지** 마십시오.

Plus ⊜ deceive
delusion ⓝ 현혹, 망상, 착각

1837 ★★★
dehydrate
[diːháidreit]

ⓥ 탈수하다, 건조시키다

The heat and dryness of the sand **dehydrated** the bodies quickly.

모래의 열과 건조함이 빠르게 신체의 **수분을 앗아 갔다**.

dehydrator ⓝ 탈수기   **dehydration** ⓝ 탈수, 탈수증

de + hydr + ate
de(= apart)+**hydr**(= water)+**ate**(동·접) → '물을 떼어 내다'에서 '탈수하다'가 됩니다.

1838 ★★☆
underneath
[ʌndərníːθ]

ⓟ ~의 아래에, 밑에

The tunnel goes right **underneath** the city.

그 터널은 도시 바로 **밑**을 지난다.

Plus ⊜ under, beneath
undergo ⓥ 경험하다

1839 ★★★
metabolism
[mətǽbəlìzm]

ⓝ 물질대사, 신진대사

That cell **metabolism** and structure should be complex would not be surprising. 22 수능 변형

세포의 **물질대사**와 구조가 복잡할 것임은 놀라운 것이 아니다.

1840 ★☆☆
appoint
[əpɔ́int]

ⓥ 임명[지명]하다, (시간·장소를) 정하다

After Kidd resigned his position, Buckland was **appointed** his successor at the college. 23 모평

Kidd가 자신의 직위에서 사임한 후에, Buckland가 대학에서 그의 후임자로 **임명되었다**.

appointment ⓝ 임명, 약속

REVIEW TEST

A 다음 단어에 해당하는 우리말 또는 영어 단어를 쓰시오.

01 encircle	__________	**11** 악화, (가치의) 하락	__________
02 disgust	__________	**12** 통화, 통용	__________
03 creep	__________	**13** 유목민, 방랑자	__________
04 blush	__________	**14** 경작하다, 양성하다	__________
05 cuisine	__________	**15** 상승, 오름	__________
06 spur	__________	**16** 옹호자, 지지자	__________
07 scheme	__________	**17** 선언하다	__________
08 exile	__________	**18** 가려움, 가렵다	__________
09 delude	__________	**19** 만장일치의, 합의의	__________
10 dehydrate	__________	**20** 물질대사	__________

B 다음 빈칸에 알맞은 단어를 보기에서 골라 쓰시오.

보기			
fragment	oversee	dissolve	contagious
intervene	cultivate	discern	constraint

01 They are contemplating when to ____________ in the military fight.

02 These tablets ____________ easily in warm water.

03 The architect was supposed to ____________ the different stages of the construction.

04 We were allowed to solve all the questions without any time ____________(e)s.

05 To prevent ____________ diseases, it is recommended to wash your hands.

B **01** 그들은 그 군사적 다툼에 언제 개입할지를 고심하고 있다. **02** 이 알약들은 따뜻한 물에 쉽게 용해된다. **03** 그 건축가는 건설 공사의 여러 단계들을 감독하게 되어 있었다. **04** 우리는 어떤 시간 제약 없이 모든 문제를 푸는 것이 허락되었다. **05** 전염성 질병을 예방하기 위해서는 손을 씻을 것이 권장됩니다.

정답 **01** intervene **02** dissolve **03** oversee **04** constraint **05** contagious

anything but vs. nothing but ▶ 결코 ~이 아닌(= never) vs. 단지 ~일 뿐인(= only)

He is **anything but** a shabby fraud. 그는 **결코** 비열한 사기꾼**이 아니다**.
He is **nothing but** a shabby fraud. 그는 **단지** 비열한 사기꾼**일 뿐이다**.

consist of vs. consist in ▶ ~으로 구성되다(= be made up of) vs. ~에 놓여 있다(= lie in)

The team **consists of** at least one robot and one human. `23 모평 변형`
그 팀은 적어도 한 대의 로봇과 한 사람**으로 구성된다**.

Wisdom does not **consist** only **in** knowing the facts.
지혜란 그저 사실을 아는 것**에 있는** 것이 아니다.

apply for vs. apply to ▶ ~에 지원하다 vs. ~에 적용되다

I decided to **apply for** the position. 나는 그 자리**에 지원하기**로 결심했다.
The theory does not **apply to** modern society. 그 이론은 현대 사회**에는 적용되**지 않는다.

be anxious to V vs. be anxious about N ▶ ~하기를 갈망하다(= be eager to V) vs. ~에 대해 걱정하다

I **was anxious to** meet her and waited for her at the place we first met.
나는 그녀를 **몹시** 만나고 **싶어서** 우리가 처음 만났던 장소에서 그녀를 기다렸다.

My little sister finally got a job but she**'s** still **anxious about** her future.
내 여동생은 마침내 일자리를 구했지만 그녀는 여전히 자신의 미래**에 대해서 걱정하고 있다**.

be due to N vs. be due to V vs. due to N ▶ ~ 때문이다 vs. ~할 예정이다 vs. ~ 때문에

The accident **was due to** his carelessness. 그 사고는 그의 부주의함 **때문이었다**.
He **was due to** make a speech here. 그는 여기서 연설을 **할 예정이었다**.
They were experiencing difficulty **due to** decreasing apple consumption. `23 모평`
그들은 사과 소비 감소 **때문에** 어려움을 겪고 있었다.

correspond to vs. correspond with ▶ ~에 상응[해당]하다 vs. ~와 서신을 교환하다, ~과 일치[부합]하다

These small lines on the map **correspond to** roads.
지도상의 이 작은 선들은 길**에 해당한다**.

She still **corresponds with** her friends she met in New York.
그녀는 뉴욕에서 만났던 친구들과 아직도 **편지를 주고받는다**.
Her story **corresponds with** what you said.
그녀의 이야기는 당신이 말한 것**과 부합한다**.

DAY 47

Previous Check

- pinch
- punctual
- arbitrary
- catastrophe
- exert
- aviate
- headquarters
- rectangular
- delegate
- elect
- thorn
- empathize
- expertise
- renovate
- wrench
- interval
- degrade
- retort
- shudder
- realm
- segment
- coexist
- hospitality
- estate
- displace
- cripple
- drawback
- tactics
- dread
- dispute
- console
- stack
- cynical
- reprove
- verify
- engross
- bulk
- despise
- manuscript
- flee

1841 ★★☆

pinch
[pintʃ]

ⓥ 꼬집다, 집다, 괴롭히다

He **pinched** his daughter's cheeks and told her how cute she was.
그는 자신의 딸의 뺨을 **꼬집**으며 매우 귀엽다고 그녀에게 말했다.

1842 ★★☆

punctual
[pʌ́ŋktʃuəl]

ⓐ 시간을 지키는, 기한을 지키는

It is very important to be **punctual**.
시간을 지키는 것이 매우 중요하다.

punctuality ⓝ 시간 엄수

1843 ★★★

arbitrary
[ɑ́ːrbətrèri]

ⓐ 임의적인, 독단적인

Matisse was using brilliant colors in an **arbitrary** fashion.
Matisse는 **임의적인** 방식으로 선명한 색깔을 사용하고 있었다.

1844 ★★★

catastrophe
[kətǽstrəfi]

ⓝ 대참사, 큰 재앙

A defining element of **catastrophes** is the magnitude of their harmful consequences. 〔19 수능〕
큰 재해들을 정의하는 요소 하나는 그 해로운 결과의 거대한 규모이다.

〔Plus〕 ⊜ disaster

1845 ★★☆

exert
[igzə́ːrt]

ⓥ (힘·지식 등을) 쓰다, 발휘하다

Because beavers **exert** their influence by physically altering the landscape, they are known as ecosystem engineers. 〔12 모평〕
비버들은 물리적으로 풍경을 바꿈으로써 자신들의 영향력을 **발휘하기** 때문에, 그들은 생태계의 기술자로 알려져 있다.

exertion ⓝ 노력, (권력의) 행사

〔ex + (s)ert〕

ex(= out)+**(s)ert**(= join) → '밖으로 (힘을) 모아 내다'에서 '쓰다', '발휘하다'가 됩니다.

1846 ★★☆

aviate
[éivièit]

ⓥ 비행하다, (비행기를) 조종하다

He wanted his children to be able to **aviate** the plane.
그는 자신의 아이들이 그 비행기를 **조종할** 수 있기를 원했다.

aviation ⓝ 비행　　　　**aviator** ⓝ 비행사

1847 ★★☆
headquarters
[hédkwɔ̀:rtərz]

ⓝ 본부 (단수 취급)

It has its **headquarters** in Chicago, and major branches in Washington, D.C., New York, and Los Angeles.

그것의 **본부**는 시카고에 있고, 주요 지부들은 워싱턴 D.C., 뉴욕, 그리고 로스앤젤레스에 있다.

Plus ⊖ branch office 지부(= subsidiary)
headquarter ⓥ ~에 본부를 두다

1848 ★★☆
rectangular
[rektǽŋgjulər]

ⓐ 직사각형의, 직각의

We tend to perceive the door of a classroom as **rectangular** no matter from which angle it is viewed. `14 수능`

우리는 어떤 각도로 보이든지 간에 교실 문을 **직사각형**으로 인식하는 경향이 있다.

1849 ★★☆
delegate
[déligèit]

ⓥ 파견하다　ⓝ 사절, 대표 [déligət]

The president **delegated** his best friend to attend a conference.

대통령은 자신의 가장 친한 친구를 회의에 참석하도록 **파견했다**.

Plus ≡ representative, deputy[dépjəti] ⓝ 대표자, 대리인
delegation ⓝ 대표단, 위임

1850 ★★☆
elect
[ilékt]

ⓥ 선출하다

In 1806, he was **elected** Principal Librarian at the newly founded London Institution. `16 모평`

1806년에, 그는 새로 설립된 London Institution에서 도서관장으로 **선출되었다**.

election ⓝ 선거, 투표

1851 ★★☆
thorn
[θɔ:rn]

ⓝ 가시, 괴로움의 원인

A cactus has a lot of **thorns**.

선인장은 많은 **가시들**을 지니고 있다.

thorny ⓐ 가시가 돋친　　**thorny issue** 민감한 사안
throne ⓝ 왕관, 왕좌

1852 ★★☆
empathize
[émpəθàiz]

ⓥ 공감하다, 감정 이입을 하다

He found it difficult to **empathize** with a working mother of three small children.

그는 어린아이가 셋 딸린 일하는 어머니와 **공감하는** 것이 힘들다는 것을 알게 되었다.

empathy ⓝ 공감, 감정 이입　　**emphasize**[émfəsàiz] ⓥ 강조하다
sympathize[símpəθàiz] ⓥ 동정하다

DAY **47**

1853 ★★☆

expertise
[èkspəːrtíːz]

ⓝ 전문 지식[기술]

The very features that create **expertise** in a specialized domain lead to ignorance in many others. 22 수능

전문화된 영역에서의 **전문 지식**을 만들어 내는 바로 그 특징이 많은 다른 영역에서의 무지로 이어진다.

expert ⓝ 전문가

1854 ★★☆

renovate
[rénəvèit]

ⓥ 새롭게 하다, 수리하다

I heard that they were **renovating** the building to open a new restaurant.

나는 그들이 새 음식점을 열기 위해 건물을 **수리하고** 있다고 들었다.

renovation ⓝ 수리, 혁신

re + nov + ate

re(= again)+**nov**(= new)+**ate**(동·접) → '다시 새롭게 하다'에서 '수리하다'가 됩니다.

1855 ★★☆

wrench
[rentʃ]

ⓝ 렌치(너트를 죄는 기구), 비틀기   ⓥ 비틀다, 삐다

She fell from the stairs and **wrenched** her ankle.

그녀는 계단에서 떨어져서 발목을 **삐었다**.

Plus ⊜ twist ⓥ 비틀다   sprain ⓥ 삐다

1856 ★★☆

interval
[íntərvəl]

ⓝ 간격, 틈

Schedule **intervals** of productive time and breaks so that you get the most from people. 12 모평

사람들로부터 최상의 것을 얻어 내기 위해 생산 시간과 휴식 시간들의 **간격**을 계획하라.

1857 ★★☆

degrade
[digréid]

ⓥ 저하시키다, 강등시키다, 분해하다

This operation can be performed hundreds of times and does not **degrade** over time.

이 작업은 수백 번 수행될 수 있으며 시간이 흘러도 성능이 **저하되지** 않는다.

1858 ★★☆

retort
[ritɔ́ːrt]

ⓝ 반박, 말대꾸   ⓥ 반박하다, 말대꾸하다

You shouldn't make **retorts** to your parents.

부모님께 **말대꾸**를 해서는 안 된다.

reply, answer, retort

reply, answer는 일반적인 '대답'을 의미하지만, retort는 '대꾸'를 의미합니다.

1859 ★★☆

shudder
[ʃʌdər]

□□
Ⓥ 떨다, 몸서리치다

I **shudder** to think how far from the city we were where no help was nearby.

근처에 도움 구할 곳 하나 없이 우리가 도시에서 얼마나 멀리 떨어져 있었는지를 생각하니 나는 **떨린다**.

Plus ≡ shiver

1860 ★★☆

realm
[relm]

□□
Ⓝ 왕국, 영역

Art can carry aesthetic value, which elevates the job of evaluation into another **realm**.　21 모평 변형

미술은 미적 가치를 지닐 수 있는데, 그것은 감정이라는 일을 다른 **영역**으로 격상시킨다.

Plus ≡ field, area

1861 ★★☆

segment
[ségmənt]

□□
Ⓝ 부문, 부분　Ⓥ 분할하다 [segmént]

The companies may choose to leave the green **segment** of the market to small niche competitors.　22 모평 변형

그 기업들은 소규모 틈새 경쟁업체들에게 시장의 친환경 **부문**을 남겨 두는 선택을 할 수 있다.

Plus ≡ part

1862 ★★☆

coexist
[kòuigzíst]

□□
Ⓥ 공존하다

The quest for profit and the search for knowledge cannot **coexist** in archaeology because of the time factor.　18 수능

이윤 추구와 지식 탐구는 시간이라는 요인 때문에 고고학에서 **공존할** 수 없다.

coexistence Ⓝ 공존　　　　**coherent** ⓐ 일관된

co + exist

co(= together)+**exist**(존재하다) → '함께 존재하다'에서 '공존하다'가 됩니다.

1863 ★★☆

hospitality
[hàspitǽləti]

□□
Ⓝ 환대, 후한 대접

It hangs in my dining room as a pleasant reminder of her **hospitality**.　14 모평

그것은 그녀의 **후한 대접**을 기분 좋게 생각나게 해 주는 것으로서 내 식당에 걸려 있다.

Plus ≡ welcome, kindness
　　　↔ hostility Ⓝ 적대

hospitable ⓐ 손님 접대를 잘하는, 친절한

1864 ★★★

estate
[istéit]

n 소유지, 재산

As real **estate** prices rose, many of their neighbors sold their homes and lots. `14 수능`

부동산 가격이 오르면서, 그들의 이웃 중 많은 사람들이 자신들의 집과 땅을 팔아 버렸다.

Plus ⊜ property
⊕ real estate 부동산　　　　real estate agency 부동산 중개업소

1865 ★★★

displace
[displéis]

v 옮겨 놓다, 대신하다, 쫓아내다

A secure grip is one in which the object won't slip or move, especially when **displaced** by an external force. `17 모평`

안전하게 꽉 잡는 것이란 특히 외부의 힘에 의해 옮겨질 때 물체가 미끄러지거나 움직이지 않는 것이다.

1866 ★★★

cripple
[krípl]

v 불구로 만들다　n 지체 부자유자

A **crippling** disease had deformed his hands.

불구를 초래하는 질병 때문에 그의 양손이 기형이 되었다.

Plus ⊜ disable ⓥ 장애를 입히다

1867 ★★★

drawback
[drɔ́:bæ̀k]

n 문제점, 장애

Some experts say that organic farming has some **drawbacks**.

몇몇 전문가들은 유기 농업이 몇 가지 문제점들을 가지고 있다고 말한다. `13 모평`

Plus ⊜ disadvantage
⊖ merit ⓝ 장점　　　　advantage ⓝ 이점, 강점

1868 ★★★

tactics
[tǽktiks]

n 방안, 전술

If things don't go the way you want them to, you should try changing your **tactics**.

일이 당신이 원하는 방향으로 흘러가지 않는다면 전술을 바꿔 봐야 한다.

Plus ⊜ strategy
tactical ⓐ 전술적인　　　　**tactic** ⓝ 병법, 수단

1869 ★★★

dread
[dred]

n 공포　v 무서워하다

Jeremy became so stressed that he even **dreaded** going into his classroom. `15 수능`

Jeremy는 너무 스트레스를 받아서 그의 교실에 들어가는 것을 두려워하기까지 했다.

Plus ⊜ fear

1870 ★★☆
dispute
[dispjúːt]

ⓝ 논쟁, 분쟁   ⓥ 토의하다

In Korea, many volunteers help foreign workers in legal **disputes**.

한국에서는, 많은 자원봉사자들이 법률 **분쟁**에서 외국인 노동자들을 도와준다.

Plus ⊜ argument ⓝ 논쟁   discuss ⓥ 토의하다

1871 ★★☆
console
[kənsóul]

ⓥ 위로하다

Your motivation to **console** or defend may influence the alternative you imagine. `14 모평`

위로하거나 옹호하려는 당신의 동기가 당신이 상상하는 대안에 영향을 미칠 수도 있다.

Plus ⊜ comfort
consolation ⓝ 위안, 위로

1872 ★★☆
stack
[stæk]

ⓝ 더미, 쌓아올림, (도서관의) 서가   ⓥ 쌓다, 쌓이다

I have **stacks** of affairs to settle today.

나는 오늘 처리할 **산더미** 같은 일이 있다.

Plus ⊜ pile
stock ⓝ 재고, 주식 ⓥ (상품을) 갖추다

1873 ★★☆
cynical
[sínikəl]

ⓐ 냉소적인, 비꼬는

She is **cynical** of his efforts.

그녀는 그의 노력에 대해 **냉소적**이다.

Plus ⊖ trusting ⓐ 신뢰하는

'말·태도'를 나타내는 표현

skeptical 회의적인	**optimistic** 낙천적인	**pessimistic** 비관적인	**persuasive** 설득적인
analytic 분석적인	**objective** 객관적인	**subjective** 주관적인	

1874 ★★☆
reprove
[riprúːv]

ⓥ 꾸짖다, 책망하다

He **reproved** her for telling lies when she was ten, and she has never told a lie since.

그는 그녀가 10살이었을 때 거짓말한다고 그녀를 **꾸짖었**는데, 그녀는 그 이후 거짓말을 절대 하지 않았다.

1875 ★★☆
verify
[vérəfài]

ⓥ 검증하다, 입증하다

The event tended to **verify** our initial fears.

그 사건은 우리가 애초부터 갖고 있던 공포를 **입증해** 주는 경향이 있었다.

Plus ⊜ prove
verification ⓝ 확인, 증명

1876 ★★★
engross
[ingróus]

ⓥ 열중하게 하다

Now, toddlers are **engrossed** in the aesthetics of speedy 15-second advertisements.

이제는 유아들이 빠른 15초 광고의 미학에 **열중한다**.

> **Plus** ⊜ absorb
> ⊕ be engrossed in ~에 열중하다(= be absorbed in)

engrossing ⓐ 마음을 사로잡는

1877 ★★★
bulk
[bʌlk]

ⓝ 크기, 부피, 대부분

The dough will rise until it is double in **bulk.**

그 반죽은 **크기**가 두 배가 될 정도로 부풀어 오를 것이다.

> **Plus** ⊕ buy in bulk 대량으로 구입하다

bulky ⓐ 부피가 큰, 거대한

1878 ★★☆
despise
[dispáiz]

ⓥ 경멸하다

The last thing any Englishman should **despise** is poetry.

영국 사람이라면 결코 하지 않아야 하는 일은 시를 **경멸하는** 것이다.

> **Plus** ⊜ scorn, look down on
> ⊖ admire ⓥ 감탄하다, 동경하다

1879 ★★☆
manuscript
[mǽnjuskrìpt]

ⓝ 손으로 쓴 것, 필사본, 원고

The annals of the first three reigns were in **manuscript** form.

처음의 3대 통치 기간에 대한 실록은 **필사본** 형태였다.

manu + script

manu(= hand)+**script**(= write) → '손으로 쓴 것'이 됩니다.

1880 ★★☆
flee
[fliː]

ⓥ 달아나다, 도망치다

If the **fleeing** Nazis had destroyed it during World War II, she would have never seen it. 18 모평

달아나던 나치가 제2차 세계 대전 동안에 그것을 파괴했더라면 그녀는 그것을 결코 볼 수 없었을 것이다.

A 다음 단어에 해당하는 우리말 또는 영어 단어를 쓰시오.

01 pinch		**11** 시간을 지키는	
02 exert		**12** 임의적인, 독단적인	
03 aviate		**13** 본부	
04 interval		**14** 직사각형의, 직각의	
05 retort		**15** 파견하다, 사절, 대표	
06 realm		**16** 선출하다	
07 estate		**17** 가시, 괴로움의 원인	
08 displace		**18** 공존하다	
09 tactics		**19** 환대, 후한 대접	
10 dispute		**20** 손으로 쓴 것	

B 다음 빈칸에 알맞은 단어를 보기에서 골라 쓰시오.

보기			
catastrophe	empathize	expertise	renovate
degrade	drawback	cynical	despise

01 The ______________ of the new building is that it has narrow corridors.

02 He said that from all points of view, war would be a(n) ______________.

03 The problem was that no one had the ______________ to deal with the technological issue.

04 Parents must always try to ______________ with their children.

05 The Ministry of Defense ______________(e)d the general commander for the defeat in the battle.

B **01** 그 새 건물의 문제점은 그것의 복도가 좁다는 것이다.　**02** 그는 어느 관점에서 보나 전쟁은 대참사일 것이라고 말했다.　**03** 문제는 아무도 그 기술적인 문제를 처리할 전문 지식이 없었다는 것이었다.　**04** 부모는 자녀들과 공감하기 위해서 늘 노력해야 한다.　**05** 국방부는 그 전투에서 패배한 것에 대해 총사령관을 강등시켰다.

정답　**01** drawback　**02** catastrophe　**03** expertise　**04** empathize　**05** degrade

distinguish A from B vs. distinguish oneself ▶ A와 B를 구별하다 vs. 이름을 날리다

The word "dog" groups together a certain class of animals and **distinguishes** them **from** other animals.　`22 수능 변형`

'개'라는 단어는 특정한 종류의 동물들을 함께 묶고 그들을 다른 동물들**과 구별한다**.

He **distinguished himself** as a leading American musician.

그는 앞서가는 미국인 음악가로 **이름을 날렸다**.

be familiar with 사물 vs. be familiar to 사람 ▶ ~을 잘 알다 vs. ~에게 익숙하다

I think it helped my son **become familiar with** mathematical concepts.　`21 수능 변형`

나는 그것이 아들이 수학 개념들**을 잘 알게** 하는 데 도움이 되었다고 생각한다.

He talks as if Korean culture **is** more **familiar to** him than his own.

그는 마치 자기 나라의 문화보다 한국 문화가 그**에게** 더 **익숙한** 것처럼 말한다.

in behalf of vs. on behalf of ▶ ~을 위하여 vs. ~을 대표하여

She raised fund **in behalf of** the homeless.

노숙자들**을 위해** 그녀는 기금을 모았다.

He will give the presentation **on behalf of** our department.

우리 부서**를 대표해서** 그가 발표할 것이다.

inquire into vs. inquire after (one's health) ▶ ~을 조사하다 vs. ~의 안부를 묻다

She was sent to **inquire into** what happened on that day.

그날 무슨 일이 있었는지**를 조사하기** 위해 그녀가 보내졌다.

She **inquires after** my health whenever she sees me.

그녀는 나를 만날 때마다 내 **안부를 묻는다**.

be obliged to N vs. be obliged to V ▶ ~에게 감사하다 vs. ~하지 않을 수 없다(= be compelled to V)

Thank you very much, doctor. I'm much **obliged to** you.

감사합니다, 의사 선생님. 선생님께 정말 **감사드립니다**.

Finally, I **was obliged to** abandon my car and started to walk.

결국, 나는 차를 버릴 **수밖에 없었고** 걷기 시작했다.

beyond question vs. out of the question ▶ 틀림없이 vs. 불가능한

His honesty is **beyond question**.　그는 **틀림없이** 정직하다.

It's **out of the question** for me to finish the work within a day.

내가 그 일을 하루 만에 끝내는 것은 **불가능하다**.

DAY 48

Previous Check

- prehistoric
- barrel
- predecessor
- alienate
- proclaim
- subordinate
- furnish
- fume
- staple
- dimension
- dispersal
- eloquent
- innermost
- hazardous
- skull
- detergent
- brutal
- rash
- bypass
- dispense
- tact
- monotonous
- perpetual
- eligible
- legacy
- melancholy
- simplicity
- hierarchy
- overload
- enact
- burnout
- legitimate
- shuffle
- summarize
- eject
- intersection
- quest
- linear
- landslide
- plausible

1881 ★★☆

prehistoric
[prìːhistɔ́ːrik]

ⓐ **선사 시대의**

Speculations about the meaning and purpose of **prehistoric** art rely heavily on analogies drawn with modern-day hunter-gatherer societies.　20 수능

선사 시대 예술의 의미와 목적에 대한 고찰은 현대의 수렵 채집 사회와의 사이에서 끌어낸 유사점에 많은 것을 의존한다.

predominant ⓐ 우세한, 지배적인　　**previous** ⓐ ~ 전의

1882 ★★☆

barrel
[bǽrəl]

ⓝ **통, (석유) 1배럴**

Around them were lots of wooden **barrels** and boards.

그들 주변에는 많은 나무**통**과 판자들이 있었다.

1883 ★★☆

predecessor
[prédəsèsər]

ⓝ **앞서 있었던 것**, 선배, 전임자

Their pottery, sculptures, and other manufactured goods had symbols on them to note the tradesmen who created them, which are the **predecessors** of modern trademarks.　17 모평

그들의 도자기, 조각품, 그리고 다른 생산 제품들에는 그것을 만들어 낸 장인을 나타내는 상징이 표시되어 있었는데, 이것이 현대 상표의 **이전 형태**라고 할 수 있다.

Plus ⊜ antecedent
⊝ **successor** ⓝ 후배, 후임자

1884 ★★☆

alienate
[éiljənèit]

ⓥ **소외시키다**, 멀리하다

A new study claims that Facebook, Twitter and other social media do not **alienate** people from friends and family.

한 새로운 연구는 페이스북, 트위터, 그리고 다른 소셜 미디어가 사람들을 친구들과 가족으로부터 **소외시키지** 않는다고 주장한다.

alienation ⓝ 소외, 멀리함

1885 ★★☆

proclaim
[proukléim]

ⓥ **선언하다**, 증명하다

He **proclaimed** that she was the queen.

그는 그녀를 왕비라고 **선포했다**.

Plus ⊜ announce, declare ⓥ 선언하다

proclamation ⓝ 선언, 포고　　**profess** ⓥ 주장하다, 공언하다
protest ⓥ 항의하다

pro + claim

pro(= forward)+**claim**(주장하다) → '앞에서 주장하다'에서 '선언하다'가 됩니다.

1886 ★★☆

subordinate
[səbɔ́ːrdinət]

ⓐ **하급의, 부차적인**　ⓝ **하급자**　ⓥ 경시하다 [səbɔ́ːrdinèit]

Subordinates are more restricted in where they can look and when.　14 수능

하급자들은 그들이 어디를 볼 수 있고, 언제 볼 수 있는지에 있어서 더 제한적이다.

1887 ★★☆
furnish
[fə́ːrniʃ]

ⓥ (필요한 것을) 제공하다, 갖추다

While awaiting the birth of a new baby, North American parents typically **furnish** a room as the infant's sleeping quarters. `10 수능`

북미의 부모들은 태어날 아기를 기다리는 동안 전형적으로 아기가 잠자는 거처로 방 하나를 **갖추어 놓는다**.

1888 ★★☆
fume
[fjuːm]

ⓝ 연기 ⓥ 연기 나다

Look at the **fumes** coming out of that truck!

저 트럭에서 **연기**가 나는 걸 보세요!

`Plus` ⊜ smoke
　　　 ⊕ be in a fume 화가 나 있다

perfume ⓝ 향수, 향기　　　　　**steam** ⓝ 증기(= vapor)

1889 ★★☆
staple
[stéipl]

ⓐ 주요한 ⓝ 주요 산물

The result is that a **staple** crop, such as maize, is not being produced in a sufficient amount. `18 수능`

결과적으로 옥수수와 같은 **주요** 작물은 충분한 양으로 생산되지 못하고 있다.

`Plus` ⊜ principal, main

stapler ⓝ 스테이플러

1890 ★★☆
dimension
[diménʃən]

ⓝ 크기, 치수, 규모, 차원

Cinema is valuable not for its ability to make visible the hidden outlines of our reality, but for its ability to reveal what reality itself veils — the **dimension** of fantasy. `18 수능`

영화는 우리 현실의 숨겨진 윤곽을 보이게 만드는 능력 때문이 아니라 현실 자체가 가리고 있는 것, 즉 환상의 **차원**을 드러내는 능력 때문에 가치가 있다.

`Plus` ⊕ third dimension 3차원

1891 ★★★
dispersal
[dispə́ːrsəl]

ⓝ 분산, 확산

This male-biased **dispersal** creates an imbalance in the way males and females are related to those individuals around them. `13 수능`

이러한 수컷에 편향된 **분산**은 수컷과 암컷이 그들 주위의 개체들과 관계를 맺는 방식에 있어 불균형을 만들어 낸다.

disperse ⓥ 흩어지다, 해산시키다

1892 ★★☆
eloquent
[éləkwənt]

ⓐ 웅변의, 표현이 풍부한

He is an **eloquent** and persuasive politician.

그는 **달변**이고 설득력 있는 정치가이다.

`Plus` ⊜ fluent
　　　 ⊕ be eloquent of ~을 잘 표현하다

eloquence ⓝ 웅변　　　　　**elegant** ⓐ 우아한, 고상한

1893 ★★☆

innermost
[ínərmòust]

ⓐ **가장 깊숙한** ⓝ **가장 깊은 부분**

It's good to have a friend who you can reveal your **innermost** feelings to.

마음 깊숙한 곳의 감정까지 드러낼 수 있는 친구를 갖는 것은 좋은 일이다.

Plus ⊜ inmost ⓐ 가장 깊숙한

inner + most

inner(안쪽의)+**most**(가장 ~한) → '안쪽의'라는 뜻의 inner와 '가장 ~한'을 뜻하는 단어 most가 결합하여, '가장 깊숙한'이라는 뜻이 되었습니다.

1894 ★★☆

hazardous
[hǽzərdəs]

ⓐ **위험한, 모험적인**

People in the town also paid special attention to **hazardous** waste.

마을 사람들은 또한 **위험한** 쓰레기에도 특별한 관심을 기울였다.

Plus ⊜ dangerous, risky
⊖ safe ⓐ 안전한
hazard ⓝ 위험

1895 ★★☆

skull
[skʌl]

ⓝ **두개골**

They found the tiny **skull** of a mammal under the ground.

그들은 땅 밑에서 포유류의 작은 **두개골**을 발견했다.

bone ⓝ 뼈   **rib** ⓝ 갈비뼈
spine ⓝ 척추(= backbone)

1896 ★★☆

detergent
[ditə́:rdʒənt]

ⓝ **세제**

The use of **detergent** to clean the fruit can also cause additional water pollution.

과일을 씻기 위해 **세제**를 사용하는 것 또한 추가적인 수질 오염을 야기할 수 있다.

deterge ⓥ 씻어 내다   **detergency** ⓝ 세정력

1897 ★★☆

brutal
[brú:təl]

ⓐ **야만적인, 짐승 같은, 잔혹한**

A dictatorship can, in theory, be **brutal** or benevolent. `13 모평`

독재 국가는 이론적으로 **잔혹하**거나 자비로울 수 있다.

Plus ⊜ cruel, inhuman
brutality ⓝ 잔인함, 만행   **brute** ⓝ 짐승, 짐승 같은 사람

1898 ★★☆

rash
[ræʃ]

ⓝ **발진, 뾰루지** ⓐ **무분별한, 성급한**

A **rash** broke out on her arm.

그녀의 팔에 **발진**이 났다.

1899 ★★☆
bypass
[báipæs]

ⓥ 우회하다   ⓝ 우회로

We managed to **bypass** the shopping center by taking side-streets.

우리는 옆길을 택함으로써 쇼핑센터를 가까스로 **우회할** 수 있었다.

> **Plus** ⊜ take a detour 우회하다   detour ⓝ 우회로
> **passerby** ⓝ 행인
> **drop by** 들르다(= stop by, swing by)

by + pass

by(경유하여)+**pass**(지나가다) → '경유해서'라는 뜻을 갖는 전치사 by와 '지나가다'라는 뜻의 **pass**가 결합하여 '우회하다'라는 뜻이 되었습니다. 명사로 쓰이면 '우회로'입니다.

1900 ★★★
dispense
[dispéns]

ⓥ 나누어 주다, 내놓다

This vending machine **dispenses** candy.

이 자동판매기에서는 사탕이 **나온다**.

> **Plus** ⊜ distribute ⓥ 분배하다   allocate ⓥ 할당하다
> ⊕ dispense with ~ 없이 지내다

dis + pense

dis(= apart)+**pens**(e)(= hang) → '따로 매달다'에서 '나누어 주다'가 됩니다.

1901 ★★☆
tact
[tækt]

ⓝ 재치, 기지

He had enough **tact** to settle the matter smoothly.

그는 그 문제를 원만하게 해결할 만한 충분한 **재치**가 있었다.

tactful ⓐ 재치 있는   **tactics** ⓝ 전술
tactical ⓐ 전술적인

1902 ★★☆
monotonous
[mənátənəs]

ⓐ 단조로운, 지루한

They want fresh and vivid expressions rather than **monotonous** and stale expressions.

그들은 **단조롭**고 진부한 표현보다는 신선하고 생생한 표현을 원한다.

mono + ton + ous

mono(= one)+**ton**(= sound)+**ous**(형·접) → '한 가지 소리의'에서 '단조로운'이 됩니다.

1903 ★★☆
perpetual
[pərpétʃuəl]

ⓐ 영구의, 끊임없는

They heard the **perpetual** noises of the machines.

그들은 기계들의 **끊임없는** 소음을 들었다.

> **Plus** ⊜ everlasting, endless, eternal, permanent
> ⊖ temporary ⓐ 일시적인
> **perpetuate** ⓥ 영속시키다   **perpetuity** ⓝ 영원, 불멸

1904 ★★☆

eligible
[élidʒəbl]

☐☐

ⓐ 적격의   ⓝ 적임자

First, anyone over the age of 18 is **eligible**, with the exception of professional photographers.   12 모평

먼저, 전문적인 사진작가들을 제외하고 18세 이상이면 누구나 **자격이 있다**.

> **Plus** ⊜ qualified, suitable
> ⊕ be eligible for N ~에 자격이 있다
> be eligible to V ~할 자격이 있다

1905 ★★☆

legacy
[légəsi]

☐☐

ⓝ 유산

An elderly cousin had left her a small **legacy**.

연세가 지긋한 사촌 한 분이 그녀에게 작은 **유산**을 물려주었다.

> **Plus** ⊜ inheritance, bequest

1906 ★★☆

melancholy
[mélənkàli]

☐☐

ⓐ 우울한   ⓝ 우울함

I feel **melancholy** on quiet nights like this one.

나는 오늘 밤처럼 조용한 밤에는 **우울하게** 느낀다.

> **Plus** ⊜ depression ⓝ 우울함
> ⊖ happiness ⓝ 행복
> **melancholia** ⓝ 우울증   **melancholiac** ⓝ 우울증 환자

1907 ★★☆

simplicity
[simplísəti]

☐☐

ⓝ 간단, 단순, 소박

The true champion recognizes that excellence often flows most smoothly from **simplicity**.   15 모평

진정한 챔피언은 탁월함이 흔히 **단순함**에서부터 가장 부드럽게 흘러나온다는 것을 인식하고 있다.

1908 ★★★

hierarchy
[háiərà:rki]

☐☐

ⓝ 계급(제), 위계

The aborigines see their relationship to the environment as a single harmonious continuum through a **hierarchy** of totems.

원주민들은 토템들의 **위계**를 통해 환경과 자신과의 관계를 하나의 조화로운 연속체로 간주한다.   17 모평 변형

> **Plus** ⊕ ruling hierarchy 지배 계급

1909 ★★☆

overload
[óuvərlòud]

☐☐

ⓝ 과부하, 과적   ⓥ 과중하게 부담시키다, 과적하다 [òuvərlóud]

Compounding the difficulty, now more than ever, is what ergonomists call information **overload**.   21 모평 변형

이제 그 어느 때보다도 어려움을 가중시키는 것은 인간 공학자들이 정보 **과부하**라고 부르는 것이다.

> **Plus** ⊜ overburden ⓥ 과중하게 부담시키다

1910 ★★☆

enact
[inǽkt]

☐☐

ⓥ 법제화하다, 제정하다

In England, in 1463, King Edward IV **enacted** a law to limit their strength.

1463년, 영국의 Edward 4세가 그들의 힘을 제한하는 법을 **제정했다.**

Plus ⊕ **as by law enacted** 법률이 정하는 바와 같이

enactment ⓝ 법률 제정, 법규

1911 ★★☆

burnout
[bə́ːrnaut]

☐☐

ⓝ 극도의 피로, 쇠진, 연소 종료

She does her assignment on time to avoid the stress and **burnout** from cramming.

그녀는 벼락치기로 인한 스트레스와 **피로**를 피하기 위해 제때 과제를 한다.

Plus ⊕ **be burnt out** 몽땅 타 버리다

combustion ⓝ 연소

1912 ★★★

legitimate
[lidʒítəmit]

☐☐

ⓐ 타당한, 정당한, 합법의

To be disappointed that our progress in understanding has not remedied the social ills of the world is a **legitimate** view. 　15 수능 변형

이해에 있어서의 진보가 세계의 사회적인 문제를 치유하지 못해 왔다는 것에 실망하는 것은 **타당한** 생각이다.

1913 ★★☆

shuffle
[ʃʌfl]

☐☐

ⓥ 질질 끌며 걷다, 뒤섞다

I want to learn various ways of **shuffling** cards.

나는 카드를 **뒤섞는** 다양한 방법을 배우고 싶다.

reshuffle ⓝ 개편 ⓥ 개편하다　　　　**cabinet reshuffle** 내각 개편, 개각

1914 ★★☆

summarize
[sʌ́məraiz]

☐☐

ⓥ 요약하다

Bear in mind that schemata **summarize** the broad pattern of your experience. 　12 모평

도식이 여러분의 경험의 광범위한 유형을 **요약한다**는 것을 명심하라.

summary ⓝ 요약

1915 ★★☆

eject
[idʒékt]

☐☐

ⓥ 쫓아내다, 배출하다

The police shot their guns in the air to **eject** the protesters.

경찰은 시위자들을 **쫓아내기** 위해 공중에 총을 쐈다.

ejection ⓝ 방출, 분출　　　　**reject** ⓥ 거절하다
deject ⓥ 낙담시키다　　　　**abject** ⓐ 비참한

e + ject

e(= ex: out)+**ject**(= throw) → '바깥으로 던지다'에서 '쫓아내다', '배출하다'가 됩니다.
inject는 '주사하다'의 뜻을 가지고 있습니다.

DAY
48

1916 ★★☆

intersection
[ìntərsékʃən]

ⓝ 교차(로), 횡단

I feel the **intersection** at Burton Road and 3rd Street is very dangerous because there aren't any traffic lights. `14 모평`

나는 Burton 가와 3번가가 만나는 **교차로**에 교통 신호등이 하나도 없어서 매우 위험하다고 생각한다.

intersect ⓥ 교차하다

1917 ★★☆

quest
[kwest]

ⓝ 탐색, 탐구

The typical plot of the novel is the protagonist's **quest** for authority within, therefore, when that authority can no longer be discovered outside. `19 모평`

따라서 소설의 전형적인 줄거리는 그 권위를 외부에서 더는 찾을 수 없을 때 일어나는, 주인공이 내부에서 하는 권위 **탐구**이다.

Plus ⊜ search

-quest를 포함하는 단어들

conquest 정복   **request** 요청, 요청하다   **bequest** 유산

1918 ★★☆

linear
[líniər]

ⓐ 직선의, 길이의, 1차(원)의

In the seventies and eighties, people liked sharp, **linear** designs.

70년대와 80년대에는, 사람들이 날카롭고 **직선적인** 디자인을 좋아했다.

Plus ⊖ curved ⓐ 곡선의
⊕ linear equation 1차 방정식

1919 ★★☆

landslide
[lǽndslàid]

ⓝ 산사태, 압도적인 승리

Periodic disturbances such as severe storms or underwater **landslides** can reduce the population of a dominant competitor and give other species a chance. `15 모평`

심한 폭풍 또는 수중 **산사태**와 같은 주기적인 방해가 지배적인 경쟁자의 개체 수를 감소시켜 다른 종에게 기회를 줄 수 있다.

Plus ⊕ win by a landslide 압도적인 승리를 거두다
avalanche ⓝ 눈[산]사태

1920 ★★☆

plausible
[plɔ́ːzəbl]

ⓐ 그럴듯한, 말재주 있는

Before conceding that the remaining explanation is the correct one, consider whether other **plausible** options are being ignored or overlooked. `20 수능`

남아 있는 그 설명이 옳은 것이라는 것을 인정하기 전에, **타당해 보이는** 다른 선택 사항들이 무시되거나 간과되고 있는지를 고려해 보라.

Plus ⊜ believable ⓐ 그럴듯한
⊖ implausible ⓐ 믿기 어려운

plaus + ible

plaus(= applaud)+**ible**(형·접) → '박수 쳐 칭찬할 만한'에서 '그럴듯한'이 됩니다.

REVIEW TEST

A 다음 단어에 해당하는 우리말 또는 영어 단어를 쓰시오.

01 proclaim _______________
02 furnish _______________
03 staple _______________
04 dimension _______________
05 dispersal _______________
06 hazardous _______________
07 tact _______________
08 eligible _______________
09 legacy _______________
10 legitimate _______________

11 선배, 전임자 _______________
12 하급의, 부차적인 _______________
13 규모, 차원 _______________
14 가장 깊숙한 _______________
15 두개골 _______________
16 세제 _______________
17 발진, 뾰루지 _______________
18 간단, 단순, 소박 _______________
19 계급(제), 위계 _______________
20 산사태 _______________

B 다음 빈칸에 알맞은 단어를 보기에서 골라 쓰시오.

보기			
prehistoric	alienate	plausible	bypass
monotonous	melancholy	linear	eject

01 The police tried to _______________ all the violent protesters from the square.

02 I believed her story because it sounded really _______________.

03 She was getting tired of her long _______________ routine.

04 _______________ people existed at a time before information was written down.

05 I had to _______________ the town because of the construction detour.

B 01 경찰은 그 광장에서 모든 폭력적인 시위자들을 쫓아내려고 했다.　　02 나는 그녀의 이야기가 정말로 그럴듯해서 그것을 믿었다.　　03 그녀는 자신의 길고 단조로운 일상에 싫증을 느끼고 있었다.　　04 선사 시대의 사람들은 정보가 기록되기 전에 존재했다.　　05 나는 공사 우회도로 때문에 그 마을을 우회해야 했다.

정답　01 eject　02 plausible　03 monotonous　04 Prehistoric　05 bypass

필수 숙어 정리하기_혼동 숙어 ③

owe A to B vs. owing to ▶ A는 B 덕분이다[탓이다] vs. ~ 때문에, ~ 덕분에

He **owes** his success **to** his good luck. 그는 자신의 성공을 행운 **덕분으로 돌린다**.
Owing to heavy traffic, he was late for an important meeting.
교통 체증 **때문에**, 그는 중요한 회의에 늦었다.

result from vs. result in ▶ ~의 결과로 생겨나다 vs. 결국 ~이 되다

We found that the noise **resulted from** improper installation.
우리는 그 소음이 부적절한 설치**의 결과로 생겼다**는 것을 알아냈다.

They believe that counting the number of children one has could **result in** misfortune.
그들은 어떤 사람의 아이들의 수를 세는 것이 **결국** 불행**이 될** 수 있다고 믿는다.　`20 수능 변형`

succeed in vs. succeed to N ▶ ~에 성공하다 vs. ~을 계승하다, ~을 상속하다

The project will even **succeed in** meeting its objectives.　`22 모평 변형`
그 프로젝트는 심지어 그것의 목표를 충족시키는 데 **성공할** 것이다.

She **succeeded to** her father's estate. 그녀는 아버지의 재산**을 상속했다**.

be concerned about vs. be concerned with ▶ ~에 대해 걱정하다 vs. ~과 관계가 있다

They **are** very **concerned about** their elderly parents' health.
그들은 고령인 부모님의 건강**에 대해** 매우 **걱정하고 있다**.

This book **is** chiefly **concerned with** the indications of global warming.
이 책은 주로 지구 온난화의 징후들**과 관계가 있다**.

be free from vs. be free to V ▶ ~이 없다 vs. 자유롭게 ~하다

Her cuisines are known to **be free from** artificial flavorings.
그녀의 요리는 인공 감미료**가 없는** 것으로 알려져 있다.

You **are free to** come and go as you please from now on.
지금부터 당신은 원하는 대로 **자유롭게** 오고 가도 **된다**.

be bound for vs. be bound to V ▶ 〈교통수단〉 ~행이다 vs. 꼭 ~하게 되어 있다

The plane she boarded **was bound for** Italy, her hometown.
그녀가 탑승한 비행기는 그녀의 고향인 이탈리아**행이었다**.

There **are bound to** be price increases next year. 내년에는 꼭 가격 상승이 **있을 것이다**.

DAY 49

Previous Check

- [ ] endow
- [ ] extrinsic
- [ ] merge
- [ ] frantic
- [ ] moan
- [ ] merchandise
- [ ] respectively
- [ ] subdue
- [ ] conviction
- [ ] stout
- [ ] reckon
- [ ] enchant
- [ ] entail
- [ ] demolish
- [ ] degenerate
- [ ] sentiment
- [ ] offspring
- [ ] detest
- [ ] tackle
- [ ] defy
- [ ] inference
- [ ] refraction
- [ ] dusk
- [ ] detach
- [ ] antagonist
- [ ] thrust
- [ ] creed
- [ ] equate
- [ ] misplace
- [ ] auditory
- [ ] missionary
- [ ] cosmopolitan
- [ ] secondhand
- [ ] multiple
- [ ] embed
- [ ] propel
- [ ] reptile
- [ ] erosion
- [ ] feat
- [ ] utensil

1921 ★★☆

endow

[indáu]

ⓥ 부여하다, 기부하다

Natural selection **endowed** us with brains that intentionally see and hear the world inaccurately.　14 수능

자연 선택은 우리에게 세상을 고의적으로 부정확하게 보고 듣는 두뇌를 **부여했다.**

1922 ★★★

extrinsic

[ikstrínsik]

ⓐ 외적인, 비본질적인

The negative effects of **extrinsic** motivators such as grades have been documented with students from different cultures.　16 수능

성적과 같은 **외적인** 동기 부여 요인의 부정적 영향은 다양한 문화권 출신의 학생들로부터 서류로 입증되어 왔다.

　Plus　⊖ intrinsic ⓐ 내재된, 본질적인

1923 ★★☆

merge

[məːrdʒ]

ⓥ 합병하다, 차차 변하다

They decided to **merge** the two companies into one.

그들은 두 회사를 하나로 **합병하기**로 결정했다.

　Plus　⊜ combine ⓥ 결합하다[되다]
　　　　⊖ separate ⓥ 분리하다
merger ⓝ 합병

1924 ★★★

frantic

[fræntik]

ⓐ 광란의, 미친

The dancers delivered a performance, again amidst **frantic** applause.

그 무용수들은 **열광하는** 박수갈채 속에 다시 공연을 했다.

　Plus　⊜ insane, crazy

1925 ★★☆

moan

[moun]

ⓝ 신음　ⓥ 신음하다, 불평하다

I sat up, **moaning** in pain, and watched the sky get light.

나는 앉아서 고통에 **신음하며** 하늘이 밝아 오는 것을 보았다.

　Plus　⊜ groan
moaner ⓝ 우는 소리 하는 사람　　　**mourn** ⓥ 슬퍼하다, 한탄하다

1926 ★★☆

merchandise

[mə́ːrtʃəndàiz]

ⓝ 〈집합적〉 상품

The benefits include free admission for up to ten people and 20% off museum **merchandise** on your next visit.　22 모평 변형

그 혜택들은 귀하의 다음 방문 시 최대 10명까지의 무료입장과 박물관 **상품** 20% 할인 혜택을 포함합니다.

　Plus　⊜ goods, stock
merchant ⓝ 상인

1927 ★★☆
respectively
[rispéktivli]

ad 각각, 저마다
Both eye and camera have a light-sensitive layer onto which the image is cast (the retina and film, **respectively**).　13 수능
눈과 카메라 모두 상(像)이 맺히는 빛에 민감한 막(**각각** 망막과 필름)을 가지고 있다.

respective ⓐ 각자의, 각각의

1928 ★★☆
subdue
[səbdʒúː]

ⓥ 정복하다, 진압하다, 완화하다
When older people are present, the game becomes much more **subdued** and polite.
나이 많은 사람들이 있으면, 경기는 훨씬 더 **완화되**고 정중해진다.

Plus ≡ defeat, overcome
subdued ⓐ (태도가) 가라앉은, (색·소리가) 약해진
submarine ⓝ 잠수함　　　　**subject** ⓥ 복종시키다

1929 ★★☆
conviction
[kənvíkʃən]

ⓝ 확신, 유죄 판결
He recalled his strong **conviction** during the interview.　16 모평
그는 면접을 보던 때의 자신의 강한 **신념**을 떠올렸다.

convict ⓥ ~에게 유죄를 선고하다　　　**guiltiness** ⓝ 유죄
innocence ⓝ 무죄

1930 ★★☆
stout
[staut]

ⓐ 뚱뚱한, (옷 등이) 튼튼한
She became **stout** because she always had some food at night.
그녀는 밤에 항상 약간의 음식을 먹었기 때문에 **뚱뚱해**졌다.

Plus ⊖ slim ⓐ 날씬한

1931 ★★☆
reckon
[rékən]

ⓥ 세다, 계산하다, 생각하다
He **reckoned** the cost of the trip after the trip.
그는 여행을 다녀와서 여행 비용을 **계산했다**.

Plus ≡ count, calculate

count, calculate, reckon

count 하나하나 세다　　　　**calculate** 복잡한 계산을 하다　　　　**reckon** 비교적 단순한 계산을 하다

1932 ★★☆
enchant
[intʃǽnt]

ⓥ 매혹하다, ~에 마법을 걸다
The Duke was **enchanted** by the nymph.
그 공작은 요정에게 **매혹되었다**.

Plus ≡ attract
　　⊕ enchanted castle 마법의 성
enchantment ⓝ 마법에 걸린 상태, 황홀감

DAY **49**

1933 ★★☆
entail
[intéil]

ⓥ 수반하다, 의미하다, 필요로 하다
Equality **entails** uniform or identical treatment. `21 모평 변형`
평등은 균일하거나 똑같은 대우를 **내포한다**.

1934 ★★☆
demolish
[dimá:liʃ]

ⓥ 파괴하다, 폐지하다
They're **demolishing** the old buildings.
그들은 그 낡은 건물들을 **부수고** 있다.

> **Plus** ⊜ destroy
> ⊖ build ⓥ 짓다, 세우다

demolition ⓝ 파괴, 때려 부수기

1935 ★★☆
degenerate
[didʒénərèit]

ⓥ 퇴보하다, 타락하다
His business went down and he **degenerated** into a beggar over night.
그의 사업이 망했고 그는 하룻밤 사이에 거지로 **전락했다**.

> **Plus** ⊜ decline, slip

degeneration ⓝ 퇴보, 타락

de + generate

de(= back)+**generate**(낳다) → '뒤로 낳다'에서 '퇴보하다'가 됩니다.

1936 ★★☆
sentiment
[séntəmənt]

ⓝ 감상, 정서
She depends too much upon her **sentiments** rather than facts.
그녀는 사실보다는 자신의 **감상**에 너무 많이 의지한다.

> **Plus** ⊜ feeling

sentimental ⓐ 감상적인   **sentimentalism** ⓝ 감상주의

1937 ★★☆
offspring
[ɔ́(:)fspriŋ]

ⓝ 자식, 새끼, 성과
In the twelfth to thirteenth centuries there appeared the first manuals teaching "table manners" to the **offspring** of aristocrats.
12세기부터 13세기에 귀족의 **자녀들**에게 '식탁 예절'을 가르치는 최초의 교범이 등장했다. `20 모평`

descendant ⓝ 후손   **ancestor** ⓝ 조상(= forefather)

1938 ★★☆
detest
[ditést]

ⓥ 혐오하다, 미워하다
The little boy **detested** washing his hands and face.
그 어린 소년은 손과 얼굴을 씻는 것을 **몹시 싫어했다**.

detestation ⓝ 혐오, 증오

1939 ★★☆
tackle
[tǽkl]

V (일·문제를) 다루다   **n** 도구, (축구의) 태클

The speed with which computers **tackle** multiple tasks feeds the illusion that everything happens at the same time.   `15 수능`

컴퓨터가 여러 가지 일을 **처리하는** 속도는 모든 것이 동시에 일어난다는 착각을 하게 한다.

Plus ⊕ tackle the problem 문제를 다루다, 해결하다

1940 ★★☆
defy
[difái]

V **물리치다**, (공공연히) 반항하다, 무시하다

His crew did their best to **defy** the wind and rain.

그의 대원들은 바람과 비를 **물리치기** 위해 최선을 다했다.

Plus ⊜ resist

de + fy

de(= back)+**fy**(동·접) → '뒤로 물러나게 하다'에서 '물리치다'가 됩니다.

1941 ★★☆
inference
[ínfərəns]

n 추론

It is relatively easy, for example, for archaeologists to identify and draw **inferences** about technology and diet from stone tools and food remains.   `22 모평`

예를 들어, 고고학자들이 석기와 음식 유물로부터 기술과 식습관을 식별하고 그것에 관한 **추론들**을 도출하기는 비교적 쉽다.

infer ⓥ 추론하다, 추측하다, 암시하다

1942 ★★★
refraction
[rifrǽkʃən]

n (빛·소리 따위의) 굴절

You can see **refraction** of light by placing a drinking straw in a glass of water.

빨대를 물이 담긴 유리컵에 넣으면 빛이 **굴절**되는 모습을 볼 수 있다.

refract ⓥ 굴절시키다   **reflection** [riflékʃən] ⓝ 반사

1943 ★★☆
dusk
[dʌsk]

n 땅거미, 어스름

At **dusk**, each chimp picks a tree and makes a kind of nest for the night high in the trees.

땅거미가 질 때면, 각각의 침팬지는 나무를 골라서 밤을 보낼 둥지 같은 것을 나무 높은 곳에 만든다.

Plus ⊕ from dusk to dawn 황혼에서 새벽까지
dusky ⓐ 어스레한   **twilight** ⓝ 여명, 황혼
sunset ⓝ 해 질 녁

1944 ★★★

detach
[ditǽtʃ]

ⓥ 떼어 내다, 분리하다

Looking through the camera lens made him **detached** from the scene. 11 수능

카메라 렌즈를 통해 바라보는 것은 그를 현장에서 **분리되게** 만들었다.

Plus ⊜ separate
⊖ attach ⓥ 붙이다

detachment ⓝ 분리　　　　**derail** ⓥ 탈선하다
dethrone ⓥ 폐위시키다

de + tach

de(= away)+**tach**(붙게 하다) → '붙지 않게 하다'에서 '떼어 내다'가 됩니다.

1945 ★★★

antagonist
[æntǽgənist]

ⓝ 적대자, 라이벌

His fiercest **antagonist** is Jack, the redheaded leader of the pig hunters.

그의 가장 두려운 **라이벌**은 빨간 머리의 돼지 사냥꾼 지도자인 Jack이다.

protagonist ⓝ 주인공, 지도자

ant + agon + ist

ant(= anti)+**agon**(struggle)+**ist**(명·접) → '반대로 싸우는 사람'에서 '적대자', '라이벌'이 되었습니다. 이와 유사하게 prota(= first)+agon+ist로 이루어진 protagonist는 '처음으로 싸우는 사람'이라는 의미에서 '주인공', '지도자'라는 의미를 가지고 있습니다.

1946 ★★☆

thrust
[θrʌst]

ⓥ 밀다, 밀치다

He **thrust** his way through the crowd, looking for his daughter.

그는 자신의 딸을 찾느라 군중 속을 **밀어젖히**며 나아갔다.

Plus ⊜ push, shove

1947 ★★☆

creed
[kri:d]

ⓝ 신념, (종교의) 교의

I am not of your **creed**.

나는 당신하고는 **신념**이 다르다.

Plus ⊜ doctrine

credit ⓝ 신용　　**credible** ⓐ 믿을 수 있는　　**credo** ⓝ 신념, 신조

1948 ★★☆

equate
[ikwéit]

ⓥ 동일시하다, 일치하다

I'm always wary of men wearing suits, as I **equate** this with power and authority.

나는 항상 정장을 입는 남자들에게 신중하다, 왜냐하면 나는 이것을 권력, 권위와 **동일시하기** 때문이다.

Plus ⊕ equator 적도

equation ⓝ 방정식, 등식, 동일시

1949 ★★☆

misplace
[mispléis]

ⓥ 잘못 두다

The book had been **misplaced** on the shelf.

그 책은 서가에 **잘못 꽂혀** 있었다.

mis-를 포함하는 단어들

mismatch 부적당한 짝
misaddress 호칭을 잘못 부르다

miscast 부적당한 배역을 맡기다
misspell ~의 철자를 잘못 쓰다

이렇듯 mis-가 앞에 붙으면 '잘못'이라는 뜻이 되는 경우가 많습니다.

1950 ★★☆

auditory
[ɔ́:dətɔ:ri]

ⓐ 귀의, 청각의

A good deal of the information stored in working memory is encoded in an **auditory** form, especially when the information is language based. 　17 모평

작동 기억 내에 저장된 많은 정보는, 특히 그 정보가 언어를 기반으로 할 때, **청각** 형태로 암호화된다.

audio ⓝ 음성, 오디오 ⓐ 음성의

1951 ★★☆

missionary
[míʃənèri]

ⓝ 선교사

He was a **missionary** and spent many years in Africa.

그는 **선교사**였고 아프리카에서 여러 해를 보냈다.

mission ⓝ 임무, 사절단, 전도

1952 ★★☆

cosmopolitan
[kàzməpá:lətən]

ⓐ 세계적인, 세계주의의 ⓝ 세계인, 국제인

In Korea's most **cosmopolitan** city, you don't feel like such an outsider.

한국의 가장 **세계적인** 도시에서 당신은 그런 외부인 같은 느낌을 받지 않는다.

Plus ＝ international
cosmos ⓝ 우주 　　**cosmopolis** ⓝ 국제 도시

1953 ★★☆

secondhand
[sékəndhæ̀nd]

ⓐ 중고의, 간접적인

You can get some good bargains in a **secondhand** bookstore.

당신은 **중고** 서점에서 좋은 가격에 물건을 살 수 있다.

Plus ＋ secondhand car 중고차
firsthand ⓐ 직접적인 　　**flea market** 벼룩시장

1954 ★☆☆

multiple
[mʌ́ltipl]

ⓐ 복합적인, 다수의, 다양한 ⓝ 〈수학〉 배수

If a student is going to remember a science concept, he or she should experience it **multiple** times and in various contexts. 　20 모평

한 학생이 과학 개념을 기억하려면 **여러** 번 그리고 다양한 상황에서 그것을 경험해야 한다.

DAY 49

DAY 49

1955 ★★☆

embed
[imbéd]

☐☐

ⓥ 깊숙이 박다, 깊이 간직하다

Soft things, like intelligence, are thus **embedded** into hard things, like aluminum, that make hard things behave more like software.

따라서 지능과 같이 부드러운 것들이 알루미늄과 같은 단단한 물건에 **삽입되어서**, 딱딱한 물건들을 더 소프트웨어처럼 작용하게 만든다. `20 모평`

1956 ★★☆

propel
[prəpél]

☐☐

ⓥ 나아가게 하다, 추진하다

He **propelled** himself into a backspin, covered his eyes, and extended his arm above his head. `16 수능`

그는 등을 바닥에 대고 빙글빙글 도는 춤 동작으로 자신을 **돌아가게 했**고, 자신의 눈을 가렸으며 자신의 머리 위로 팔을 뻗었다.

1957 ★★☆

reptile
[réptil]

☐☐

ⓝ 파충류

The fossil proved that mammals existed with dinosaurs and other **reptiles**.

그 화석은 포유류가 공룡 및 다른 **파충류들**과 같이 존재했다는 것을 증명했다.

1958 ★★☆

erosion
[iróuʒən]

☐☐

ⓝ 부식, 침식

We would like to know the rate of natural soil formation from solid rock to determine whether topsoil **erosion** from agriculture is too great. `14 모평`

우리는 농업으로 인한 표토(表土)의 **부식**이 매우 심한지 아닌지를 밝히기 위해 단단한 암석으로부터의 자연 발생적인 토양 생성의 속도를 알고 싶어 한다.

`Plus` ⊕ soil erosion 토양 침식
erode ⓥ 부식하다, 침식하다

1959 ★★☆

feat
[fiːt]

☐☐

ⓝ 위업, 공적

Many who have experienced a major loss often go on to achieve remarkable **feats** in spite of their hardships. `13 모평`

큰 손실을 경험한 많은 사람들은 자신들이 처한 역경에도 불구하고 종종 놀랄 만한 **위업**을 달성해 나간다.

`Plus` ⊜ exploit, achievement

1960 ★★☆

utensil
[juːténsəl]

☐☐

ⓝ 가정용품, 기구, 도구

He was accustomed to using oriental **utensils**, such as chopsticks.

그는 젓가락과 같은 동양의 **도구**를 사용하는 것에 익숙했다.

`Plus` ⊜ tool
⊕ eating utensil 식기구

REVIEW TEST

A 다음 단어에 해당하는 우리말 또는 영어 단어를 쓰시오.

01 endow	__________	**11** 합병하다	__________
02 merge	__________	**12** 확신, 유죄 판결	__________
03 merchandise	__________	**13** 수반하다, 의미하다	__________
04 respectively	__________	**14** 자식, 새끼, 성과	__________
05 stout	__________	**15** 굴절	__________
06 reckon	__________	**16** 땅거미, 어스름	__________
07 degenerate	__________	**17** 적대자, 라이벌	__________
08 detest	__________	**18** 신념, (종교의) 교의	__________
09 defy	__________	**19** 귀의, 청각의	__________
10 inference	__________	**20** 파충류	__________

B 다음 빈칸에 알맞은 단어를 보기에서 골라 쓰시오.

보기			
extrinsic	moan	frantic	enchant
demolish	sentiment	misplace	erosion

01 As the roots of the trees are strong and penetrating, they can prevent __________.

02 He started to __________ in pain after the knee surgery.

03 The beautiful scenery of the town was enough to __________ us.

04 To tell the truth, I often __________ my belongings.

05 Intrinsic motivation is more effective for students than __________ motivation.

B **01** 그 나무들의 뿌리가 튼튼하고 침투성이 있어서 침식을 예방할 수 있다.　**02** 그는 무릎 수술 후 고통으로 신음하기 시작했다.　**03** 그 마을의 아름다운 풍경은 우리를 매혹시키기에 충분했다.　**04** 사실을 말하자면, 나는 종종 내 소지품을 잘못 둔다.　**05** 내적 동기부여가 외적 동기부여보다 학생들에게 더 효과적이다.

정답　**01** erosion　**02** moan　**03** enchant　**04** misplace　**05** extrinsic

attend on vs. attend to N ▶ ~을 보살피다, ~을 시중들다 vs. ~에 유의하다, ~에 귀를 기울이다

She has **attended on** her sick mother for a year.
그녀는 아픈 어머니**를** 1년 동안 **보살폈다**.

Nonvigilant animals **attend to** departures of individual group mates. 　23 모평 변형
경계하지 않는 동물들은 무리 친구들의 개별적 이탈**에 유의한다**.

depend on vs. depend upon it ▶ ~에 달려 있다 vs. 틀림없이

Hmm, it **depends on** how often you use public transportation. 　22 모평
흠, 그것은 당신이 대중교통을 얼마나 자주 이용하는지**에 달려 있어요**.

Depend upon it, they will quarrel with other relatives about the inheritance.
틀림없이 그들은 유산 상속에 대해 다른 친척들과 싸울 것이다.

take part in vs. take the side of ▶ ~에 참여하다 vs. ~을 편들다

He **takes part in** several study groups. 　그는 여러 개의 스터디 그룹**에 참여한다**.

She's thoroughly discontented because her mother always **takes the side of** her little brother.
그녀는 어머니가 항상 남동생**을 편들기** 때문에 완전히 불만에 차 있다.

be sick for vs. be sick of ▶ ~을 그리워하다 vs. ~에 싫증이 나다

It's been 9 years since I came here. **I'm sick for** my home.
내가 여기 온 지 9년이 되었다. 고향**이 그립다**.

I'm sick of being told what to do. 　나는 무엇을 해야 한다고 이야기를 듣는 것**에 싫증이 난다**.

by all means vs. by no means ▶ 반드시, 어떤 일이 있어도 vs. 결코 ~이 아닌

Let them come **by all means** if they want to. 　그들이 원한다면 **반드시** 오게 하라.
Waiting for her is **by no means** a waste of time. 　그녀를 기다리는 것은 **결코** 시간 낭비**가 아니다**.

in hand vs. at hand vs. off hand ▶ 수중에 있는 vs. 가까이에 vs. 준비 없이, 즉시

As I knew that she had much money **in hand**, I asked her for some.
나는 그녀가 **수중에** 돈이 많다는 것을 알았기 때문에 그녀에게 약간의 돈을 달라고 했다.

I'm relieved to see that he lives **at hand**. 　그가 **가까이에** 사는 것을 보니 마음이 놓인다.

I was surprised that he gave an opinion **off hand**. 　나는 그가 **즉시** 의견을 내놓아서 놀랐다.

DAY 50

Previous Check

- penetrate
- intrude
- notable
- grumble
- landfill
- scrutiny
- reckless
- synthetic
- productive
- outset

- peril
- rage
- kidnap
- liable
- insane
- pitfall
- radius
- hybrid
- uncover
- limb

- setback
- prudent
- solidify
- grudge
- transcend
- tangle
- subsidy
- ambiguous
- enthusiasm
- bankruptcy

- pollination
- prosper
- phase
- veterinarian
- counterattack
- cumulative
- infrastructure
- wound
- discrete
- fluctuation

1961 ★★☆

penetrate
[pénətrèit]

ⓥ 침투하다, 꿰뚫다

The trees increase in wetter climates and on sandier soils because more water is able to **penetrate** to the deep roots. 　17 모평

나무는 더욱 습한 기후, 그리고 모래가 더 많은 토양에서 숫자가 더 많아지는데 그 이유는 더 많은 물이 깊은 뿌리까지 **침투할** 수 있기 때문이다.

Plus ⊜ pierce
penetration ⓝ 침투, 관통　　　　**penetrable** ⓐ 꿰뚫을 수 있는

1962 ★★☆

intrude
[intrúːd]

ⓥ 방해하다, 침범하다

It becomes trapped in a stale routine that captures attention, **intruding** on all other attempts to focus elsewhere. 　12 수능

그것은 다른 곳에 집중하려는 온갖 시도를 **방해하면**서, 주의력을 빼앗는 진부한 일상에 사로잡히게 된다.

intrusion ⓝ 침입, 방해, 강요

1963 ★★☆

notable
[nóutəbl]

ⓐ 주목할 만한, 유명한

Richard Porson, one of Britain's most **notable** classical scholars, was born on Christmas in 1759. 　16 모평

영국의 가장 **유명한** 고전학자 중 한 명인 Richard Porson은 1759년 크리스마스에 태어났다.

Plus ⊜ remarkable
　　　　⊕ be notable for ～으로 유명하다
note ⓥ 주의하다　　　　**notice** ⓝ 주목 ⓥ 의식하다

not + able
not(= know)+**able**(형·접) → '알아차릴 만한'의 뜻에서 '주목할 만한'이 됩니다.

1964 ★★☆

grumble
[grʌ́mbl]

ⓥ 불평하다, 으르렁거리다　ⓝ 불평

He **grumbled** that he was spending time doing worthless tasks.

그는 자신이 가치 없는 일을 하는 데 시간을 쓰고 있다고 **불평했다**.

Plus ⊜ grump ⓥ 불평하다(= complain)　　　　growl ⓥ 으르렁거리다

1965 ★★☆

landfill
[lǽndfìl]

ⓝ 쓰레기 매립지

Even though paper products may theoretically be biodegradable, in most **landfills**, they do not biodegrade. 　11 모평

종이 제품이 이론적으로는 생물 분해성이 있다고 할지라도, 대부분의 **쓰레기 매립지**에서 그것이 자연 분해되는 것은 아니다.

1966 ★★★
scrutiny
[skrúːtəni]

ⓝ (면밀한) 조사

Perhaps because you expected a different critical **scrutiny** in the two groups. `15 수능`

아마도 당신이 그 두 집단에서 서로 다른 비판적인 **정밀 조사**를 기대했기 때문일 것이다.

`Plus` ⊜ overhaul, probe
scrutinize ⓥ 세밀히 조사하다

1967 ★★☆
reckless
[réklis]

ⓐ 부주의한, 무모한

Evidence suggests an association between loud, fast music and **reckless** driving. `14 모평`

시끄럽고 빠른 음악과 **부주의한** 운전 사이의 연관성을 시사하는 증거가 있다.

`Plus` ⊜ rash
reck ⓥ 마음을 쓰다, 조심하다

1968 ★★★
synthetic
[sinθétik]

ⓐ 〈화학〉 합성의

The pesticide industry argues that **synthetic** pesticides are absolutely necessary to grow food. `19 모평`

살충제 업계에서는 **합성** 살충제가 식량을 재배하기 위해 절대적으로 필요하다고 주장한다.

synthesize ⓥ 합성하다　　　　**synthesis** ⓝ 종합, 합성

1969 ★☆☆
productive
[prədʌ́ktiv]

ⓐ 생산적인, 다산의

Making this switch turned me into a **productive** writer. `22 수능 변형`

이렇게 전환하는 것이 나를 **생산적인** 작가로 변신하게 해 주었다.

produce ⓥ 생산하다　　　　**productivity** ⓝ 생산성
production ⓝ 생산(량)

1970 ★★☆
outset
[áutset]

ⓝ 착수, 시작

The thing about creativity is that at the **outset**, you can't tell which ideas will succeed and which will fail. `18 모평`

창의성에 관한 중요한 것은, **처음**에는 여러분이 어떤 아이디어가 성공하고 어떤 아이디어가 실패할 것인지를 알 수 없다는 것이다.

`Plus` ⊕ at the outset 처음에
setout ⓝ 준비, 출발　　　　**set out** 출발하다　　　　**onset** ⓝ 시작

out + set
out(바깥의)＋**set**(설치하다) → '밖으로 드러나게 설치하다'에서 '착수', '시작'이라는 의미가 되었습니다.

1971 ★★★

peril
[pérəl]

ⓝ 위험, 위기

The lack of direct experience with nature has caused many children to regard the natural world as mere abstraction, that fantastic place filled with endangered rainforests and polar bears in **peril**. 18 모평

자연과 함께하는 직접적인 경험의 부족은 많은 아이들이 자연 세계를 단순히 추상적인 개념, 즉 멸종 위기의 열대 우림과 **위험**에 처한 북극곰으로 가득한 그런 환상적인 장소로 여기게 해 왔다.

Plus ≡ danger, hazard

1972 ★★☆

rage
[reidʒ]

ⓝ 격노

You've never murdered, but your murderer's **rage** will be drawn from memories of your own extreme anger. 18 수능

여러분이 결코 살인을 한 적이 없었지만, 여러분 자신의 극단적인 분노에 대한 기억으로부터 살인자의 **격노**가 도출될 것이다.

enrage ⓥ 격분하게 만들다

1973 ★★☆

kidnap
[kídnæp]

ⓝ 유괴 ⓥ 납치하다

Two businessmen have been **kidnapped** by terrorists.

두 명의 사업가가 테러리스트들에게 **납치당했다**.

Plus ⊕ hijack ⓥ (배나 비행기를) 납치하다

kid + nap

kid(아이)+**nap**(채 가다) → '아이를 채 가다'에서 '유괴', '납치하다'라는 뜻이 되었습니다.

1974 ★★☆

liable
[láiəbl]

ⓐ 책임이 있는, ~할 것 같은, ~하기 쉬운

He is **liable** for the case of a mysterious death.

그는 그 의문의 사망 사건에 대해 **책임이 있**다.

Plus ≡ responsible ⓐ 책임이 있는
⊕ be liable for ~에 책임이 있다
liability ⓝ 법적 책임

1975 ★★☆

insane
[inséin]

ⓐ 정신 이상의, 비상식적인

He went **insane** after he saw his house burned to the ground.

그는 자신의 집이 완전히 불탄 것을 본 다음부터 **정신이 이상해**졌다.

Plus ⊖ sane ⓐ 제정신의
⊕ go insane 정신이 이상해지다
insanity ⓝ 광기, 비정상적 행동

in + sane

in(부정)+**sane**(정신이 멀쩡한) → '정신이 멀쩡한'이라는 뜻의 sane 앞에, 부정형 접두사 in-이 붙어서 '정신 이상의'를 의미합니다.

1976 ★★☆

pitfall
[pítfɔ̀ːl]

☐☐

ⓝ 함정, 위험

The following discussion describes some of the **pitfalls** inherent in an experiment of this kind. 22 모평 변형

뒤따르는 논의는 이러한 종류의 실험에 내재한 **함정** 중 일부를 설명한다.

1977 ★★☆

radius
[réidiəs]

☐☐

ⓝ 반지름

If a diameter is 32 meters, the **radius** is 16 meters.

만약 지름이 32미터이면 **반지름**은 16미터이다.

diameter ⓝ 지름, 직경

1978 ★★☆

hybrid
[háibrid]

☐☐

ⓝ 혼합, 잡종

Being a **hybrid** art as well as a late one, film has always been in a dialogue with other narrative genres. 13 수능

후발 예술이면서 동시에 **혼합** 예술이기도 한 영화는 항상 다른 서사 장르와 대화를 해 왔다.

1979 ★★☆

uncover
[ʌnkʌ́vər]

☐☐

ⓥ 폭로하다, (비밀 등을) 알아내다

A scientific explanation of a phenomenon consists of **uncovering** the mechanisms that produced the phenomenon of interest.

어떤 현상에 대한 과학적인 설명은 관심 있는 그 현상을 만들어 낸 메커니즘을 **알아내는** 것으로 이루어져 있다. 22 수능 변형

1980 ★★☆

limb
[lim]

☐☐

ⓝ 사지, 팔다리

My **limbs** are tired from swimming all morning.

아침 내내 수영을 해서 **사지**가 피곤하다.

Plus ⊕ artificial limb 의족[의수]

flipper ⓝ (바다표범 등의) 지느러미발, (잠수용) 오리발

1981 ★★☆

setback
[sétbæ̀k]

☐☐

ⓝ 좌절, 차질

We learn that trauma is survivable, so we don't plunge too deeply following **setbacks**. 14 모평

우리는 정신적 외상이 계속 남아 있을 수 있다는 것을 알고 있으므로, **좌절**을 뒤쫓는 데 너무 깊이 빠져들지 않는다.

1982 ★★☆

prudent
[prúːdənt]

☐☐

ⓐ 신중한, 빈틈없는

Other adverse effects of sleep deprivation include difficulty in thinking and making **prudent** decisions.

수면 부족의 다른 역효과는 사고력을 떨어뜨리고 **신중한** 결정을 내리기 어렵게 만드는 것을 포함한다.

prudential ⓐ 신중한   **prudence** ⓝ 신중함

1983 ★★☆

solidify
[səlídəfài]

Ⓥ 굳어지다, 굳히다, 확고히 하다

If you wish to know what form it will have when it **solidifies**, study the shape of the mold that holds the gelatin.　15 모평 변형

젤라틴이 **굳어질** 때 어떤 모양이 될 것인지 알고 싶다면, 그것을 담는 틀의 모양을 살펴보라.

solid ⓐ 고체의, 단단한, 견고한

1984 ★★☆

grudge
[grʌdʒ]

ⓝ 원한, 유감

Forget an old **grudge**, and replace it with some pleasant memories.

오래된 **원한**은 잊어버리고 그것을 몇몇 즐거운 기억들로 대체하라.

Plus ＝ resentment, malice
　　　 ＋ bear a person a grudge　∼에게 원한을 품다

1985 ★★☆

transcend
[trænsénd]

Ⓥ 초월하다

He tried to **transcend** the limits of thought.

그는 사고의 한계를 **초월하**려고 노력했다.

transcendence ⓝ 초월

trans + scend

trans(초월, 횡단)+**scend**(보내다) → '(어떤 방향으로) 보내다'라는 뜻의 scend 앞에, '초월'을 의미하는 접두사 trans-가 붙어서 '초월하다'를 의미합니다.

1986 ★★☆

tangle
[tǽŋgl]

Ⓥ 얽히게 하다, 혼란시키다

Your hair is all **tangled**.

당신의 머리카락이 온통 **엉켜** 있다.

Plus ＝ complicate, twist
tanglement ⓝ 엉키게 함, 헝클어지게 함

1987 ★★★

subsidy
[sʌ́bsədi]

ⓝ 보조금, 장려금

Farming is becoming more environmentally friendly, with the support of financial **subsidies**.　18 모평

재정적 **보조금**의 도움으로 농사는 더 환경친화적으로 되어 가고 있다.

subsidize Ⓥ 보조금[장려금]을 주다

1988 ★★☆

ambiguous
[æmbígjuəs]

ⓐ 애매모호한, 두 가지 뜻으로 해석 가능한

The boundaries among business units were deliberately **ambiguous**.　12 수능

사업 단위 간의 경계는 일부러 **불명확하게** 했다.

Plus ⊖ clear ⓐ 명백한　　　　　　unambiguous ⓐ 모호하지 않은
ambiguity ⓝ 애매모호함

1989 ★★☆
enthusiasm
[inθjúːziæzəm]

☐☐

ⓝ 열광, 열정, 열의

John went back to work with tremendous **enthusiasm** and confidence and energy. 14 모평

John은 엄청난 **열정**과 자신감과 에너지를 갖고 업무에 복귀했다.

enthusiastic ⓐ 열정적인, 열렬한

1990 ★★☆
bankruptcy
[bǽŋkrʌptsi]

☐☐

ⓝ 파산

The past few years have seen record numbers of personal **bankruptcy** filings.

지난 몇 년간 개인 **파산** 신고 숫자는 기록적이었다.

bankrupt ⓐ 파산한 ⓝ 파산자　　　**abrupt** ⓐ 갑작스러운
erupt ⓥ 폭발하다　　　**rupture** ⓝ 파열

1991 ★★★
pollination
[pὰlənéiʃən]

☐☐

ⓝ 〈식물〉 수분 (작용)

For better yield of mustard seeds, **pollination** is necessary. 14 모평

더 많은 겨자씨 수확을 위해서는 **수분**이 필수적이다.

Plus ⊕ **pollen** ⓝ 꽃가루
pollinate ⓥ 수분하다

1992 ★★☆
prosper
[práːspər]

☐☐

ⓥ 번영하다, 번창하다

With that kind of involvement, the republic might survive and **prosper**. 17 모평

그런 유형의 참여가 있으면, 공화국은 생존하고 **번영할** 것이다.

prosperous ⓐ 번영한, 번창한　　　**prosperity** ⓝ 번영, 번창

1993 ★☆☆
phase
[feiz]

☐☐

ⓝ 단계, 상, 면, 양상

It would be far better to discover in the planning **phase** that a particular technology or material will not work than in the execution process. 22 모평

실행 과정보다는 계획 **단계**에서 특정 기술이나 재료가 작동되지 않으리라는 것을 발견하는 편이 훨씬 더 나을 것이다.

Plus ⊜ **aspect**
⊕ **phase out** 단계적으로 줄이다
phrase [freiz] ⓝ 숙어, 구

1994 ★★☆
veterinarian
[vètərənέəriən]

☐☐

ⓝ 수의사

A **veterinarian** was asked to come and pick up the dog.

어느 **수의사**는 와서 개를 데려가 달라는 부탁을 받았다.

vet ⓝ 수의사 ⓥ (동물을) 진료하다　　　**surgeon** ⓝ 외과 의사
physician ⓝ 내과 의사　　　**dentist** ⓝ 치과 의사

1995 ★★☆

counterattack
[káuntərətæk]

ⓝ 반격, 역습 ⓥ 반격하다, 역습하다 [kàuntərətǽk]

He found his chance to **counterattack** and flung out his fist.

그는 **반격할** 기회를 발견하고 주먹을 휘둘렀다.

counteract ⓥ ~에 대응하다

counter + attack

counter(= against) + **attack**(공격하다) → '반대로 공격하다'에서 '역습하다'가 됩니다.

1996 ★★★

cumulative
[kjú:mjələ̀itiv]

ⓐ 누적되는, 점증적인

The world is worried about the USA's **cumulative** deficit.

세계는 미국의 **누적되는** 적자를 걱정하고 있다.

cumulate ⓥ 쌓아 올리다　　**cumulation** ⓝ 축적

1997 ★★☆

infrastructure
[ínfrəstrʌ̀ktʃər]

ⓝ 사회 기반 시설, (단체 등의) 하부 조직[구조]

As a result, the availability of transportation **infrastructure** and services has been considered a fundamental precondition for tourism.　19 모평

그 결과 교통 **기반 시설**과 서비스의 이용 가능성이 관광 산업의 기본적인 전제 조건으로 간주되어 왔다.

1998 ★☆☆

wound
[wu:nd]

ⓥ 부상을 입히다 ⓝ 부상

Some musicians offered to play for the entertainment of **wounded** soldiers.

일부 음악가들은 **부상당한** 군인들의 여흥을 위해 연주할 것을 제안했다.

1999 ★★☆

discrete
[diskrí:t]

ⓐ 분리된, 별개의

Now it is true that in most of the world's musical cultures, pitches are not only fixed, but organized into a series of **discrete** steps.

이제, 세계의 대부분의 음악 문화에서 음높이는 고정되어 있을 뿐만 아니라, 연속된 **별개의** 음정으로 조직되어 있다는 것이 사실이다.　20 수능

discreet ⓐ 분별 있는 (동음이의어)　　**indiscretion** ⓝ 무분별함

2000 ★★★

fluctuation
[flʌ̀ktʃuéiʃən]

ⓝ 변동, 오르내림, 요동

Despite its accuracy, there was no clear use for the device until it was used to measure **fluctuations** in ocean temperature.　15 모평

그것의 정확성에도 불구하고, 해수 온도의 **변동**을 측정하는 데 사용될 때까지 그 장비에 대한 분명한 용도가 없었다.

fluctuate ⓥ 수시로 변하다

REVIEW TEST

A 다음 단어에 해당하는 우리말 또는 영어 단어를 쓰시오.

01 penetrate ___________________

02 outset ___________________

03 peril ___________________

04 liable ___________________

05 insane ___________________

06 setback ___________________

07 grudge ___________________

08 ambiguous ___________________

09 phase ___________________

10 cumulative ___________________

11 쓰레기 매립지 ___________________

12 생산적인, 다산의 ___________________

13 함정, 위험 ___________________

14 반지름 ___________________

15 혼합, 잡종 ___________________

16 사지, 팔다리 ___________________

17 보조금, 장려금 ___________________

18 열광, 열정 ___________________

19 수의사 ___________________

20 사회 기반 시설 ___________________

B 다음 빈칸에 알맞은 단어를 보기에서 골라 쓰시오.

보기			
intrude	notable	grumble	reckless
synthetic	rage	solidify	prosper

01 The thick lava took two weeks to ___________.

02 We need more creative ideas to help our business ___________.

03 It was very ___________ of him to ignore the important safety rules.

04 There was a(n) ___________ difference between her earlier paintings and later ones.

05 I'm sorry to ___________, but I'd like to talk to a student in this class.

B **01** 그 걸쭉한 용암이 (딱딱하게) 굳는 데 2주가 걸렸다.　**02** 우리의 사업이 번창하도록 돕기 위해 더 많은 창조적인 아이디어가 필요하다.
03 그가 중요한 안전 수칙들을 무시한 것은 매우 무모한 짓이었다.　**04** 그녀의 초기 그림과 후기 그림 사이에는 주목할 만한 차이가 있었다.
05 방해해서 죄송합니다만, 제가 이 수업의 한 학생과 이야기하고 싶습니다.

정답　**01** solidify　**02** prosper　**03** reckless　**04** notable　**05** intrude

by oneself vs. **for oneself** ▶ 혼자서, 홀로 vs. 혼자 힘으로, 자신을 위해서

The class can help her use the smartphone **by herself**.　20 모평
그 수업은 그녀가 **혼자서** 스마트폰을 사용하는 것을 도울 수 있다.

He finally made the model airplane **for himself**.
그는 마침내 **혼자 힘으로** 그 모형 비행기를 만들었다.

in itself vs. **of itself[oneself]** vs. **to oneself** ▶ 본질적으로 vs. 저절로, 스스로 vs. 자신에게만

I think filling in a false tax return is **in itself** a bad crime.
나는 거짓 납세 신고서를 작성하는 것은 **본질적으로** 중죄라고 생각한다.

I was almost stunned by seeing the door open **of itself**.
나는 그 문이 **저절로** 열리는 것을 보고 거의 기절할 만큼 놀랐다.

She always tries to draw attention **to herself**.　그녀는 항상 **자신에게만** 주의를 끌려고 애쓴다.

come down vs. **come down on** vs. **come down with** ▶
전해 내려오다, 무너지다 vs. ~을 꾸짖다 vs. ~에 걸리다

The custom of wearing white at funerals has **come down** to us from the past.
장례식에서 흰옷을 입는 관습은 과거로부터 우리에게 **전해 내려왔다**.

The building **came down** yesterday but there were no wounded people.
그 건물이 어제 **무너졌지만** 부상자는 없었다.

She **came down on** the boy who broke the window.　그녀는 창문을 깨뜨린 소년을 **꾸짖었다**.

Children often **came down with** smallpox in the past.
과거에는 아이들이 종종 천연두에 **걸렸다**.

come up to vs. **come up with** ▶ ~에 다가가다, ~에 도달하다 vs. ~을 만들어 내다, ~을 생각해 내다

An old woman **came up to** me and asked if I could help her.
한 할머니가 내게 **다가와** 자신을 도와줄 수 있는지 물었다.

Her accomplishments didn't **come up to** my expectations.　그녀의 성과는 내 기대에 **미치지** 못했다.

There was a social pressure for art to **come up with** some vocation.　20 모평 변형
예술이 어떤 직업을 **만들어 내야** 한다는 사회적 압력이 있었다.

How did you **come up with** such a brilliant idea?
어떻게 그렇게 기발한 아이디어를 **생각해 냈어요**?

# INDEX

MEMO

MEMO

왕형규	이룸영어	정윤하	전문과외
우경숙	스마트해법영어당수교습소	정지연	공부의정석 학원
유경민	전문과외	정지영	이지학원
유민채	백영고	정하경	에듀플렉스
유복순	전문과외	정희찬	파란영어학원
유연이	큐이엠	제정미	제이영어
유예지	삼성영어 한내학원	조병희	이철영어학원
유옥경	덕소 만점영어	조승규	제이앤와이 어학원
유지아	CINDY'S ENGLISH	조용원	이티엘영어교습소
유지현	ERC 유쌤영어독서클럽	조원웅	클라비스 영어전문
유효선	앨리스영어학원	조윤나	오세윤어학원
윤경미	윙스영어	조은쌤	조은쌤장쌤영어전문학원
윤석호	야탑고등학교	조재만	가평한샘기숙학원
윤숙현	광덕고등학교	조정휘	유하이에듀 학원
윤연정	Tr.Annie's Library	조준모	에스라이팅
윤정원	플랜어학원	조춘화	뮤엠영어발곡학원
윤정희	수어람학원	조현지	전문과외
윤지후	오산 락수학 앤 윤영어	조혜원	The 131
윤창희	이룸교육	주지은	JIEUN ENGLISH CLASS
윤형태	HAAS(하스)영어학원	진남원	영어종결센터신봉학원
윤혜선	아이비스 영어학원	차안나	아이비스 영어학원
윤혜영	이루다영어수학학원	채희수	전문과외
이가림	전문과외	채희연	전문과외
이강훈	이수학원	최광현	포인트학원
이경희	고려대아카데미	최명지	이천 청솔기숙
이권우	수원 레볼리쉬 어학원	최민석	탑클래스기숙학원
이기문	엔터스카이학원	최상이	엄마영어아빠수학학원
이기쁨	전문과외	최성원	패스파인더
이나원	철산에스라이팅영어학원	최세열	JS수학영어학원
이다솜	김수영보습학원	최영임	국립중앙청소년디딤센터
이대형	열린학원	최유나	전문과외
이명선	꿈의 발걸음 학원	최은진	고래영어학원
이민재	제리킹영어학원	최은희	공부에 강한 아이들
이보라	디오영어	최인선	캐서린쌤의슈가영어교습소
이보라	김쌤보습 이쌤영어 학원	최창식	조나단영어보습학원
이상록	PRM	최희연	채움영어학원
이상윤	진짜공부입시학원	최희정	SJ클쌤영어
이상욱	한샘학원	편광범	야탑고등학교
이서유	계몽학원	표호진	아너스영어전문학원
이선미	정현영어학원	하사랑	덕계한샘학원
이세미	유타스학원	하수용	시흥 대성학원
이수정	이그잼포유	한순현	동탄 SKY 비상학원
이수정	믿음영어전문과외	한예진	필탑학원
이슬희	입시코드학원	함수향	진심팩토리인재양성소
이승은	공터영어동탄호수센터학원	현윤아	중동그린타운해법영어교습소
이예녹	위너비투비학원	홍승완	전문과외
이연경	명품M 수학, 비욘드 영어학원	홍은화	라라영어수학 학원
이연경	제니학원	홍정우	정현영어학원
이영민	상승공감학원	홍호영	닉고등입시학원
이용우	한소망비전학원	홍희섭	조이 영어공부방
이은영	가람학원	홍희진	청평 한샘 학원
이은영	서윤희입시영어학원	황다연	The study 꿈자람
이은주	지에듀	황명덕	옥정 엠베스트
이은주	귀인중학교	황서윤	공부방
이은혜	리체움영어학원	황은진	더에듀영어수학학원
이인철	루틴입시학원	황일선	M&E
이재협	사차원학원		
이주연	Rachel's English	**경남**	
이준	맨투맨학원	강진원	T.O.P 에듀학원
이지우	이지우영어학원	고성관	T.O.P 에듀학원

이지원	에듀플러스 학원	권승구	더케이영어학원
이지은	DYB 최선고등관	권승미	전문과외
이지혜	공부방	권장미	인서울영어학원
이지혜	리케이온 어학원	권지현	우리모두의 영수학원
이지효	스탠스영어교습소	김계영	성신학원
이진선	전문과외	김국희	새라영어학원
이진성	용인필탑학원	김루	상승영수전문학원
이진주	아이원해법영어	김민경	창선고등학교
이창석	넛지영어학원	김민기	민쌤영어
이충기	영어나무	김선우	진성학원
이태균	권선로제타스톤영어학원	김신영	김가영어학원
이하원	대치명인학원	김신현	세종학원
이한솔	위너스영어	김용진	다락방 남양지점 학원
이해진	파란영어학원	김주은	동상교일학원
이현우	부천 신사고 영어학원	김준	가우스 sme 전문학원
이효진	확인영어수학	김지윤	에듀퍼스트
임광영	러셀기숙학원	김지은	HNC영어전문학원
임수경	전문과외	김진영	연세어학원
임수정	로고스아카데미	김현우	창녕 대성고등학교
임승훈	다니엘학교	김형돌	통영여자고등학교
임연주	하이디드림팀	김화선	마산중앙고등학교
임은지	전문과외	남유림	이루다영어교습소
임은희	Eunice English	노경지	전문과외
임지현	현쌤영어	노수진	인피니티영수전문학원
임창민	김포 우리학원	박민정	더클래스수학영어학원
임창완	백영고등학교	박선영	전문과외
임효정	폭스영어입시전문학원	박성용	박성용입시전문학원
장미래	안성종로엠	박신영	GH영수전문학원
장민석	일킴훈련소입시학원	박영하	네오시스템 영어학원
장소정	전문과외	박재형	인투잉글리쉬어학원
장슬기	폭스영어학원	박정아	전문과외
장아련	목동J영어학원	박제선	주식회사김은정교육그룹
장유리	더바른영어학원	박준권	박준권 개인과외
장준성	링구아어학원	배승빈	에스영어전문학원
장현정	헤리티지영수학원	배종원	마산무학여고
장혜진	용인필탑학원	배찬희	라하잉글리시신진주역점
장호진	홍수학영어입시학원	신형섭	크림슨어학원
장효선	영어의품격	심동현	The오름 영수학원
전성준	이든학원	안혜경	T.O.P 에듀학원
전성훈	훈선생영어학원	양경화	봄영어
전수빈	전문과외	양기영	다니엘학원
전우정	안T영어학원	원임미	링구아어학원
전주원	필업단과전문학원	유인희	보듬영어과외교실
전지애	고양국제고등학교	이경하	비타민 영수학원
전지혜	위슬런학원	이문식	리더스 아카데미학원
전호준	채움영어	이수길	명성영수학원
정규빈	대치다다학원	이아현	다름학원 관동캠퍼스
정다움	카인드학원	이연홍	리즈(Rhee's) 영어연구소
정다은	전문과외	이윤섭	창원경일여고
정미란	티앤씨학원	이인아	인잉글리쉬학원
정병채	탁클래스영어수학학원	임진희	어썸영어학원
정선영	전문과외	장경출	야꼼영수학원
정선영	코어플러스영어학원	장은정	케이트어학원
정성은	JK영어수학전문학원	장재훈	메르센학원
정성태	에이든영어학원	정상락	비상잉글리시아이 대운점 영어교습소
정연우	최강학원	정수연	Got Them
정연욱	인크쌤영어학원	정수정	지탑영어
정영선	시퀀트학원	정희성	원스텝영수학원
정영훈	BS반석학원	최승관	창선고등학교
정유진	전문과외	최지영	시퀀스영수학원

최현정 토킹스타영어학원
최환준 Jun English
최효정 인에이블영수학원
하동권 네오시스템영어학원
하수미 신동삼성영수학원
한지용 성민국영수학원
허민정 허달영어

경북

Kailey Pak KAILEY ENGLISH
강민표 현일고등학교
강선우 EiE고려대국제어학원
강유진 지니쌤영어
강은석 은석학원
강혜성 EiE 고려대국제어학원
고일영 영어의비법학원
김광현 전문과외
김귀숙 퀸영어교습소
김규남 경상북도 영양교육지원청
김도량 다이너마이트잉글리쉬
김도영 김도영영어
김민정 잇올초이스
김상호 전문과외
김윤채 포카학원
김으뜸 EIE어학원 옥계캠퍼스
김정선 바투하이영어
김주훈 공터 영어학원
김지현 토피아 영어 교습소
김지훈 전문과외
김형표 표쌤영어학원
문상현 에이원영어
문홍민 메디컬영어학원
박경애 포항대성초이스학원
박계민 영광중학교
박규정 베네치아 영어 교습소
박령이 한뜻입시학원
박보성 문화고등학교
박예진 선주고등학교
박지수 포스코교육재단
배세왕 BK영수전문학원
성룡 미르어학원
손누리 이든쌤영수학원
손희경 성균관아카데미 과학영어학원
유영선 아이비티주니어
유진욱 공부의힘 영수학원
윤재호 이상렬단과학원
이강정 이룸단과학원
이리나 제일영어놀이터
이민정 레이먼원어민어학원
이보라 전문과외
이상열 이상렬입시단과학원
이소연 전문과외
이지연 전문과외
이지은 Izzy English
장미 잉글리시아이 원리학원
전영아 문일학원
정소연 YBM퍼펙트잉글리쉬
정현갑 구미여자고등학교
정현수 엠베스트se위닝학원
정호정 인지니어스

조효근 수학만영어도학원
최경주 전문과외
최미선 3030영어망청포은러닝센터
허우열 탑세븐입시

광주

강나검 스위치영어수학
곽해림 AMG 영어학원
김도엽 스카이영어학원
김도영 KOUM ENGLISH
김동익 전문과외
김명재 범지연영어학원
김병남 일등급수학위즈덤영어학원
김상연 우리어학원
김서현 전문과외
김수인 모조잉글리쉬(MOJO English)
김유경 프라임 아카데미
김유진 위트니유타영수학원
김인화 김인화영어학원
김재곤 김재곤 중고등영어학원
김한결 상무외대어학원
김효은 청담아카데미학원
김효정 광주 메이드영어학원
문장엽 엠제이영어수학전문학원
박동훈 유캔영어
박정준 동아여자고등학교
박주형 본선동 한수위 국어 영어
박혜지 YBM잉글루 최강학원
배연주 본영수학원
봉병주 철수와영수
손아미 공감스터디학원
신지수 온에어영어학원
양신애 윤학당오름국어영어학원
오승리 이지스터디
오평안 지산한길어학원
우진일 블루페스 영어학원
유현주 U's유즈영어교습소
윤은주 아이비영어교실
이민정 롱맨어학원
이소민 더클래스영어전문학원
이진희 이마스터
이현창 진월유앤아이어학원
전솔 서강고등학교
정세윤 아름드리학원
정지선 이지스터디
최연숙 엠베스트se공부학원
최현욱 최현욱 영어학원
최혜란 토킹클럽영어학원
한기석 이(E)영어교습소
한방엽 베스트영수학원
현동욱 박철영어학원
황선미 함께가는영어

대구

구교찬 새롬영어
구범모 굿샘영어학원
구수진 전문과외
구현정 헬렌영어학원
권보현 씨즈더데이어학원
권익재 제이슨영어교습소

권하련 아너스이엠에스학원
김근아 블루힐영어학원
김기목 목샘영어교습소
김나래 더베스트영어학원
김미나 전문과외
김민재 열공열강 영어수학학원
김병훈 LU영어
김상완 YEP영어학원
김수미 스펙마스터
김연정 유니티영어
김유환 대구 유신학원
김윤정 독쭝영어
김은혜 고등어학원 중등관
김정혜 제니퍼영어 교습소
김종석 에이블영수학원
김준석 크누KNU입시학원
김지영 김지영영어
김진호 강성영어
김철우 메라키 영어 교습소
김하나 전문과외
김현정 도우영수학원
김호연 KK 수학 영어
김희정 이선생영어학원
나기원 문깡월성점
노태경 윙스잉글리쉬
문창숙 지앤비(GnB)스페셜입시학원
민승규 민승규영어학원
박고은 스테듀입시학원
박라율 열공열강영어수학학원
박민지 소나무학원
박소현 공터영어
박연희 좀다른영어
박예지 전문과외
박지환 전문과외
박희숙 열공열강영어수학학원
방성모 방성모영어학원
백소양 태학영어학원
백재민 에소테리카 영어학원
서상진 대진고등학교
서정인 서울입시학원
신경순 전문과외
신정식 넛지영어교습소
신혜경 외대어학원
심경아 Shim"s English
안다영 일라영어학원
엄재경 하이엔드영어학원
오선연 전문과외
원현지 원샘영어교습소
위은령 대구 브릿지영어
유소영 유쌤영어
윤원채 원잉글리쉬영어교습소
윤이강 카르페디엠 영어수학학원
이근성 헬렌영어학원
이동현 쌤마스터입시학원
이샛별 데카어학원
이소민 프라임영어학원
이수연 하이어영어
이수회 이온영어
이승민 전문과외
이승재 파머스어학원(침산캠퍼스)

이승헌 대구 학문당입시학원
이승희 독쭝영어학원
이애진 한솔영어수학이쌤파워학원
이정인 계성고등학교
이진영 전문과외
이헌욱 이헌욱 영어학원
임형주 사범대단과학원
장정원 옥스포드영어학원
장현진 고려대EIE어학원현풍캠퍼스
전윤애 전문과외
정대응 유신학원
정용희 에스피영어학원
조성애 조성애세움영어수학학원
조혜연 연쌤영수학원
주현지 E.T Betty
채유란 전문과외
최효진 너를 위한 영어
하해준 일라영어학원
한정아 능인고등학교
홍지수 홍글리시영어
황윤슬 사적인영어

대전

Tony Park Tony Park English
강태현 끊어읽기영어
곽연우 유성고등학교
권현이 디디샘영어
길민주 전문과외
김경이 영어서당학원
김근범 딱쌤영어
김기형 관저진학학원
김수연 둔산 엠폴리어학원
김영철 수능·내신전문과외
김재원 중촌브레인학원
김하나 위드유학원
나규성 비전21입시학원
남영종 엠베스트SE 대전 전민점
민지원 민쌤영어교습소
박난정 제일학원
박성희 청담프라임학원
박신지 대전 성지입시전문학원
박주형 전문과외
박진선 전문과외
박진주 아이린인스티튜트 대전
박현지 전문과외
박효진 박효진 영어 교습소
백지수 플랫폼학원
서윤주 김연희어학원
송신근 일취월장학원
심효령 삼부가람학원
안수정 궁극의 사고
양지현 청출어람
오봉주 새미래영수학원
오지현 영어의 꿈 & 영재의 꿈
우희진 전문과외
유정인 제니영어
윤영숙 스칼렛영어
이고은 고은영어
이길형 빌드업영어
이대희 청명대입학원

이성구 청명대입학원
이수미 둔산0505
이원성 파스칼베스티안학원
이유나 전문과외
이재근 이재근영어수학학원
이진경 이룸학원
이홍료 모티브에듀학원
임혜지 전문과외
장혜진 피어오름영어
정동녘 에스오에스학원
정동현 대성외국어
정라라 영어문화원 정라라 영어교습소
정윤희 Alex's English
정혜수 쌜리영어
조현 시나브로학원
진정원 코너스톤엘 상대학원
채송은 위캔영어학원
최성호 에이스영어 교습소
최현우 엠베스트SE엘리트학원
한형식 서대전여자고등학교

부산

고경원 남구감만한맥학원
김달용 Able(에이블)영어교습소
김대영 나무와숲영어교습소
김도담 도담한영어교실
김도윤 코어영어교습소
김동혁 코어국영수전문학원
김동휘 장정호 영어전문학원
김미혜 더멘토영어
김병택 탑으로가는영어
김성미 다올영어
김소연 전문과외
김재경 탑클래스영어학원
김정화 센텀영어교습소
김지애 전문과외
김진규 의문을열다
김현지 이헌 영수 학원 초량분원
나유진 채움영어교습소
남경화 전문과외
남재호 제니스학원
류미향 류미향입시영어
박문기 시너지학원
박미진 MJ영어학원
박수진 제이엔씨 영어전문학원
박아름 빡스잉글리쉬
박아림 틔움영어교습소
박정희 학림학원
박지우 영어를 ON하다
박지은 박지은영어전문과외방
배거용 배거용영어전문학원
배찬원 에이플러스영어
서대광 서진단과학원
성장우 전문과외
손복건 대신종로학원
손소희 안창모 특목수능영어
손지안 정관 아슬란학원
안영실 개금국제학원
안정희 GnB영어전문학원양성캠퍼스
오세창 범천반석단과학원

오정안 장산역 우영어학원
유수진 전문과외
윤지영 잉글리쉬 무무 영어 교습소
윤혜은 링구아어학원 동래본원
이상석 상석영어
이선영 매리쌤잉글리쉬
이순실 CDK국제아학당
이유림 유림영어교습소
이윤호 메트로 영어
이은정 영어를on하다
이재우 무한꿈터 동래캠퍼스
이정윤 아벨영어
이지현 Serena영어
이혜정 로엠어학원
이희정 로뎀영어 E&F English
장민지 탑클래스영어학원
전정은 전문과외
정승덕 JSD English
정영훈 J&C 영어전문학원
조은상 드림엔영어
조정훈 THOUGHT
채지영 리드앤톡영어도서관학원
최우성 초이English&Pass
최이내 일광IGSE 어학원
탁아진 에이블영어
하현진 브릿츠영어
한구상 전문과외
한영희 미래탐구 해운대
홍지안 에이블어학원

서울

Diana 위례광장 해법영어
가혜림 목동종로학원
강민정 네오 과학학원
강성호 대원고등학교
강예린 TG 영어전문학원
강인환 스터디코치영어전문학원
강정훈 더(the)상승학원
강현숙 토피아어학원 중계 본원
공진 리더스
구민모 키움학원
구지윤 구지윤 플랜에이영어학원
권보현 대치 다원교육
권순상 사과나무학원
권영진 경동고등학교
권원주 권쌤영어
권재현 icu학원
권혜령 전문과외
길수련 전문과외
김경수 목동탑킴입시연구소
김나결 레이쌤영어교습소
김다은 진인영어학원
김라영 목동퀸즈영어학원
김명열 대치명인학원
김미경 정이조 영어학원
김미선 낸시영어교습소
김미은 오늘도맑음 영어교습소
김미정 아발론랭콘신내캠퍼스
김민지 클라라영어교습소
김보영 대치 다원교육

김상희 스카이플러스
김새온 온클래스영어교습소
김석주 올림포스학원
김선경 마크영어
김선영 압구정 플래티넘 아카데미
김세현 필오름학원
김수진 리더스영어보습학원
김승환 Arnold English Class
김아름 ABC학습방향연구소
김여진 전문과외
김연희 전문과외
김영미 WIN영어
김영삼 중계YS영어
김윤선 쎌영어
김은영 루시아잉글리시
김은진 ACE영어 교습소
김종윤 가온에듀
김종현 김종현영어
김주혜 라온학원
김지영 강서고등학교
김진돈 중계세일학원
김채원 정이조 영어학원
김하나 전문과외
김현수 라온영어교습소
김현지 목동 하이스트 본원
김형준 미래탐구 오목관
김혜림 대치 청담어학원
김혜영 스터디원
나선아 전문과외
노은경 이은재어학원
노재순 씨투엠학원
노종주 전문과외
도선혜 중계동 영어 공부방
류기동 기동찬 영수학원
맹혜선 휘경여자고등학교
명가은 명가은 영어학원
문명기 문명기영어학원
문민아 탄탄대로 입시컨설팅
문영선 키맨학원
문지현 목동CNC
문진완 대원고
박광운 강동구 천호동
박귀남 Stina+ English
박기철 한진연 입시전략연구소
박남규 알짜영어교습소
박미애 명문지혜학원
박민주 석선생 영어학원 중관
박병석 주영학원
박선경 씨투엠학원
박소영 JOY
박소하 전문과외
박소현 전문과외
박숭규 SK 영어연구소
박예나 강북예일학원
박윤주 에이원 아카데미 보습학원
박은경 오늘영어 교습소
박정효 성북메가스터디학원
박준용 은평 G1230
박지연 영어공부연구소
박지영 전문과외

박진경 JAYz ENGLISH
박진아 사과나무학원
박찬경 펜타곤영어학원
박효원 링크영어교습소
박희삼 대치쿰인학원
방요한 대치에스학원
배수경 강일연세학원
배수현 남다른 이해 학원
백주희 레인메이커학원
변지예 북두칠성학원
서승희 대치동 함영원학원
서은조 용강중학교
선지혜 최선메이트 본사
성수빈 전문과외
성수하 전문과외
송정근 기정학원
송정은 이은재학원
송현우 양서중학교
송혜민 전문과외
신경훈 제프영어
신동주 공감학원
신정애 와와학습코칭학원 당산점
신호현 아로새김
신희경 신쌤영어
심건희 전문과외
심나현 성북메가스터디
심민철 수능영어플러스+
심민혜 신일류수학학원
심은지 연세YT어학원
안나연 전문과외
안미영 스카이플러스학원
안성연 안스잉글리시학원
안수민 전문과외
안웅희 이엔엠 영수전문학원
안일훈 안일훈영어교습소
안현우 지니영어학원
양세회 양세회수능영어학원
양하나 목동 씨앤씨
어홍주 이-베스트 영어학원
엄태열 대치 차오름학원
염석민 은평지1230
오은경 전문과외
용혜영 SWEET ENGLISH 영어전문 공부방
우승희 우승희영어학원
위정훈 앤트스터디 명품 대입관 학원
유수연 인헌중학교
유현승 심슨어학원
윤나예 미래영재
윤명원 이지수능교육원
윤상혁 전문과외
윤성 대치동 새움학원
윤은미 CnT영어학원
윤정아 윤정아영어
이강미 시은영어학원
이계훈 이지영어학원
이광희 가온에듀 2관
이국재 이은재영어학원
이남규 신정송현학원
이동근 이지스아카데미학원
이명순 Top Class English

이미영	티엠하버드영어학원
이석원	숭실중학교
이석호	위즈탑(WizTop)학원
이성택	엠아이씨영어학원
이소민	임팩트영어
이소윤	늘품영수전문학원
이승미	금천정상어학원
이시현	YBM학원
이아진	에이제이 인스티튜트
이영건	감탄교육
이영조	전문과외
이운정	현재어학원 방배캠퍼스
이유빈	채움학원
이은정	전문과외
이재연	대원여자고등학교
이정경	더스터디 영수학원
이정혜	서초고려학원
이종현	대원고등학교
이지연	석률학원
이지연	중계케이트영어학원
이지향	전문과외
이철웅	비상하는 또또학원
이태희	진학학원 고등관
이현승	스탠다드학원
이현민	대원고등학교
이혜숙	사당대성보습학원
이혜정	이루리학원
이희진	씨앤씨학원
임서은	H&J 형설학원
임지효	전문과외
장근아	씨티에이정도학원
장민정	전문과외
장서영	전문과외
장서희	전문과외
장재원	전문과외
장혜민	에스클래스 영어전문학원
전다은	동화세상에듀코 와와센터
전보람	상명대학교사범대학부속여자고등학교
전성연	대성학원고척캠퍼스
전여진	진중고등영어
정가람	촘촘영어
정경록	미즈원어학원
정경아	정쌤영어교습소
정민혜	정민혜밀착영어학원
정성준	팁탑영어
정소연	이투스 전홍철 연구실
정원경	대원고등학교
정유진	탑잉글리쉬매쓰학원
정은미	류헌규영어학원
정은아	헨리영어학원
정재욱	씨알학원
정해림	전문과외
정해림	전문과외
조대웅	전문과외
조미영	튼튼영어마스터클럽구로학원
조민석	더원영수학원
조민재	정성학원
조봉현	조셉영어국어학원
조봉희	자이온엘연구소
조아라	강북청솔학원

조연아	전문과외
조용현	바른스터디학원
조윤신	조이스 영어 교습소
조정현	동원중학교
조현미	조현미 영어 클래스
주정연	DYB최선어학원 마포캠퍼스
지현진	목동JSB영어학원
진수범	이상숙어학원
진영민	브로든영어학원
진주현	EMC
차주훈	트라인 영어 수학 학원
채민지	전문과외
채상우	클레영어
채에스더	문래중학교
최민주	전문과외
최유리	아이디어스 아카데미
최윤정	잉글리쉬앤 매쓰매니저 학원
최정문	한성학원
최현선	수재학원
최형미	전문과외
최혜선	DYB최선어학원 마포캠퍼스
최희재	이주화어학원
하슬기	세종학원
한문진	이룸영어
한안비	한스잉글리시영어교습소
한인혜	레나잉글리쉬
함규민	클레어영어
허동녕	학림학원
허유정	YJ최강영어
홍대균	선덕고등학교 특강강사
홍영민	성북상상학원
홍제기	정상학원
황규진	잉글리쉬잇업
황상희	어나더레벨 영어전문학원
황혜정	석선생영어학원
황혜진	이루다 영어

강봉식	맥스터디학원
곽영우	연세국제영어
권은경	전문과외
김보경	더시에나
김지원	도램14영어
박혜진	전문과외
방종영	세움학원
백승희	백승희 영어
손대령	강한영어학원
송지원	베이 영어 & 입시컨설팅
안성주	더타임학원
안성주	더타임학원
안초롱	21세기학원
윤정근	만점영어학원
이다솜	세종장영실고등학교
이민지	공부방 마스터잉글리쉬
이지영	세종중학교
장소영	상위권학원
조영재	카이젠교육
지영주	제나쌤의 영어교실

강상배	1%단과전문학원
김경수	핀포인트영어학원
김내경	박정민영어
김성희	1%단과전문학원
김윤정	전문과외
김한중	스마트영어전문학원
김해섭	에임하이학원
양혜정	양혜정영어
이서경	이서경 영어
이수현	제이엘영어교습소
정은선	한국ESL어학원
조충일	YBM 울산언양제1학원
최나비	더오름 high-end 학원
한건수	한스영어
한아련	블루밍영어교습소
허부배	비즈단과학원

강미현	로렌영어
곽소희	인명여자고등학교
구하라	동인천 종로 엠
김남주	전문과외
김미경	김선생 영어/수학교실
김서애	제이+영어
김선나	태풍영어학원
김성률	좋은나무학원
김영재	강화펜타스학원
김영태	에듀터학원
김영호	조주석 수학&영어 클리닉학원
김윤경	엠베스트SE학원
김재혁	토피아 어학원
김정형	전) 연평고등학교
김정훈	TNL 영어 교습소
김종만	문일여자고등학교
김지연	인천 송도탑영어학원
김지우	청담 에이프릴 어학원
김진용	학산학원
김택수	부개제일학원
나일지	두드림 HIGH학원
문지현	전문과외
박나혜	TOP과외
박세웅	서인천고등학교
박재형	들결영어교습소
박종근	유빅학원
박주현	Ashley's English Corner
박진영	인천외국어고등학교
신나리	이루다교육학원
신영진	엉끌쌤과외
신은주	명문학원
신현경	청라 미라클 어학원
안진용	Tiptop학원
안현정	진심이교육하는학원
양현진	지니어스영어
양희진	지니어스영어
오성택	소수정예 중고등영어
오희정	전문과외
원준	전문과외
윤희영	세실영어
이가희	S&U영어

이금선	전문과외
이미선	고품격EM EDU
이슬	청라어썸영어학원
이윤주	Triple One
이은정	인천논현고등학교
이용제	숭덕여자고등학교
임현주	원소운과외
장승혁	지엘학원
전혜원	제일고등학교
정도영	대신학원
정수진	11월의 비상
정유리	인천아라고등학교
정은혜	즐거운 정샘 영어학원
정지웅	정지웅 영어교실
정춘기	올어바웃잉글리쉬
조윤정	원당중학교
최민지	빅뱅영어
최윤정	BK영어전문학원
최지유	J(제이)영수전문학원
최지혜	독학영어
최진	학산학원
최창영	학산학원
한보륜	더뉴에버
한승완	청라하이츠영수학원
허대성	방과후1교시
홍덕창	송현학원 계양분원
홍승표	보스턴영어학원
홍정희	지성의 숲
황성현	인천외국어고등학교

강용문	JK영어입시전문
강유미	목포남악정상어학원
고경희	에이블잉글리쉬
김미선	여수영어교습
김수회	Irin영어
김아름	지앤비 어학원
김은정	BestnBest 영어전문
김지현	이써밋영수학원
김채연	전문과외
라희선	재스민영어 전문과외
류성준	타임영어학원
박동규	정상학원
박온유	함평월광기독학교
박팔주	하이탑학원
손성호	아름다운 11월 학원
심명희	SP에듀학원
양명승	엠에스 어학원
오은주	순천금당고등학교
이상호	스카이입시학원
이영주	재키리 영어학원
조소을	수잉글리쉬
차형진	상아탑학원
황상윤	K&H 영어 전문학원

강지훈	고려학원
길지만	비상잉글리시아이영어학원
김나은	애플영어학원
김나현	전문과외

김대환 엠베스트se아중점
김설아 에듀캠프학원
김수정 베이스탑영어
김숙 매딘원영어
김영해 피렌체 어학원
김종찬 부안최강학원
김태연 전문과외
김현영 하이어잉글리쉬 영어교습소
나종훈 와이엠에스입시전문학원
박욱현 군산외대어학원
박준근 이투스247 전주완산점
박차희 연세입시
배영섭 YMS 입시학원
서명원 군산 한림학원
신원섭 리좀영어학원
심미연 호남고등학교
안지은 안지은영어학원
유영목 유영목영어전문
이경훈 리더스영수전문학원
이예진 고려대EIE 어학원
이윤경 코드영수전문학원
이지원 탄탄영어수학전문학원
이한결 DNA영어학원
이현준 전문과외
이효상 에임하이영수학원
장동욱 의치약한수학원
정방현 익산투탑영수학원
조형진 대니아빠앤디영어교습소
최석원 전주에듀캠프학원
최유화 순창 탑학원
허욱 YMS입시전문학원
홍진영 지니영어교습소

제주

강수빈 전문과외
고보경 제주여자고등학교
고승용 RNK 영어수학학원
김민정 제주낭만고등어학원
김태형 Top Class Academy
김희 전문과외
박시연 에임하이학원
배동환 뿌리와샘
송미현 세렌디피티 영어과외 공부방
신연우 전문과외
이지은 제주낭만고등어학원
임정열 엑셀영어 전문과외
정승현 J's English
한동수 위드유 학원

충남

고유미 고유미영어
권선교 합덕토킹스타학원
김선영 어플라이드 영어학원
김인영 더오름영어
김일환 김일환어학원
김창식 서산 꿈의학교
김창현 타임영어학원
김현우 프렌잉글리시로엘입시전문학원
남궁선 공부의맵 학원
박아영 닥터윤 영어학원

박재영 로제타스톤 영어교실
박제희 대안학교 레드스쿨
박태혁 인디고학원
박희진 박쌤 과외
백일선 명사특강
설재윤 마스터입시학원
송수아 송수아 영어 교습소
심현정 홀리영어
오근혜 셀렌쌤영어
유정선 메가수학메가영어학원
이규현 글로벌학원
이사랑 오성GnB영어학원
이정찬 두빛나래영수학원
이종화 오름에듀
이지숙 마이티영어학원
이호영 이플러스학원
이황 천안강대학원
임한수 탑클래스학원
장성은 상승기류
장완기 장완기학원
장진아 종로엠스쿨 부여점
주희 천안 탑씨크리트영어학원
채은주 위너스학원
최용원 서일고등학교
허길 에듀플러스학원
허지수 전문과외

충북

강홍구 청주오창비상아이비츠학원
김도현 에스라이팅어학원 분평캠퍼스
마종수 새움다옴학원
박광수 필립영어전문
박상하 상하영어
박수열 팍스잉글리쉬학원
신유정 비타민 영어클리닉 학원
연수지 탑클랜영어수학학원
우선규 우선규영어교습소
윤홍석 대학가는길학원
이경수 더에스에이티영수단과학원
이재욱 대학가는 길 학원
이재은 파머스영어와이즈톡학원
임원용 KGI의대학원
최철우 최쌤영어
최하나 라이트에듀영어교습소
최하나 전문과외
하선빈 어썸영어전문학원

워드마스터 학습앱

☑ 똑똑한 단어 암기

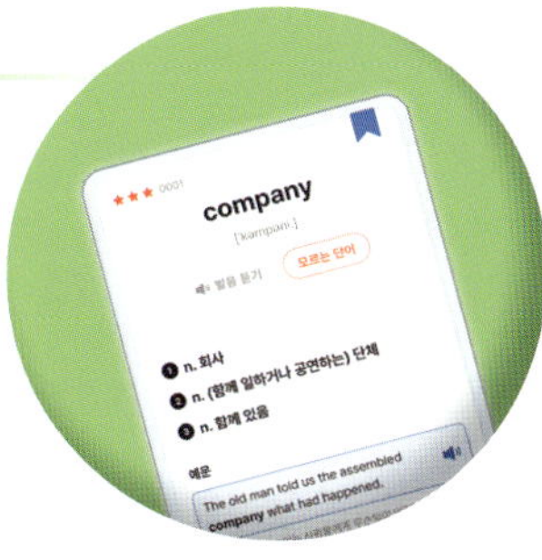

- 단어/뜻/예문 표시 모드 및 학습 순서를 설정하여 암기
- 단어/뜻/예문별 반복 재생과 음원 속도 조절 가능
- 암기 여부 표시하여 학습 관리

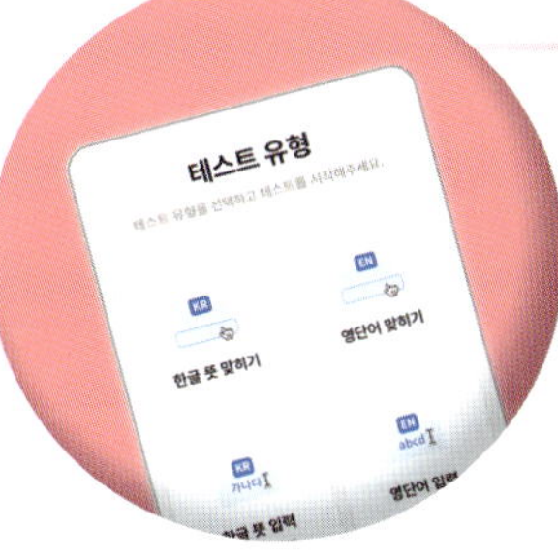

☑ 다양한 단어 테스트

- 한글 뜻 맞히기, 영단어 맞히기, 한글 뜻 입력, 영단어 입력의 4가지 테스트로 완벽 점검
- 제한 시간 및 자동 채점 설정 가능

☑ 편리한 복습 및 학습 관리

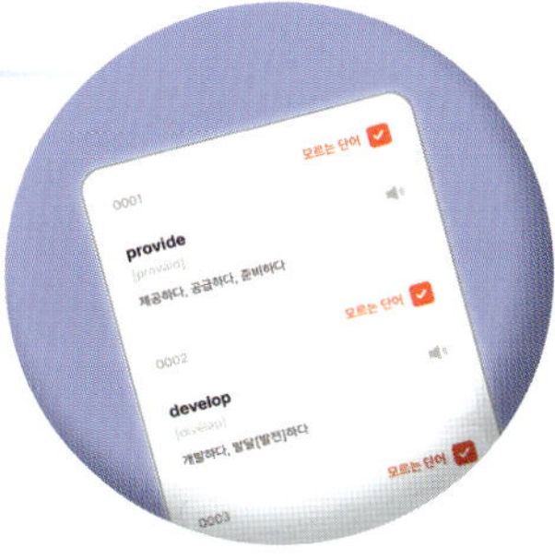

- 모르는 단어만 모아서, 또는 테스트에서 틀린 단어만 모아서 학습 가능
- 자주 틀리는 단어는 별도 저장되어 반복 학습 유도

뒷면의 학습앱 코드를 입력하고 바로 사용하세요!

WORD MASTER APP

워드마스터
학습앱

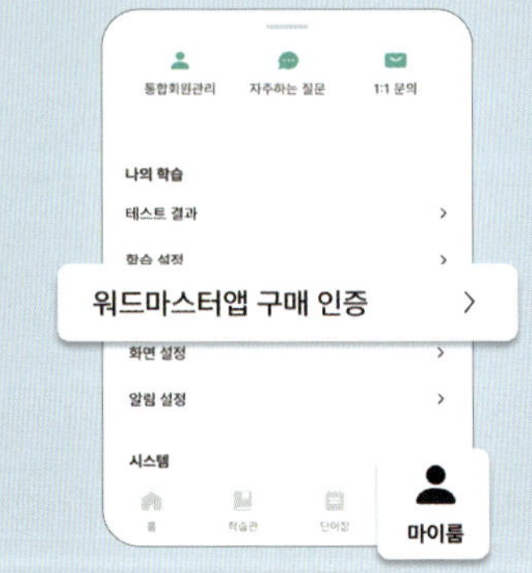

How To Use

>>

>>

앱 설치 및 회원가입

마이룸에서 **학습앱 코드** 입력

학습관에서 데이터 **다운로드**

RBDF7NCJ

<<

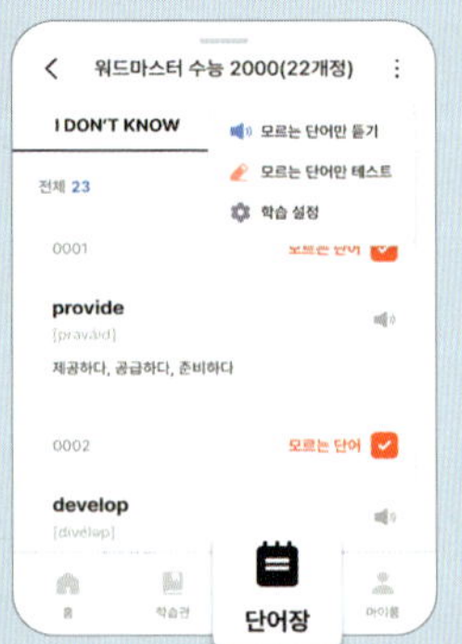

<<

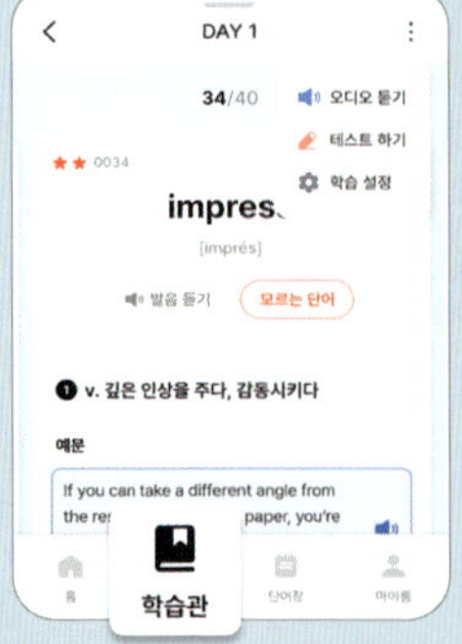

마이룸에서 누적 테스트
결과로 **학습 상태 점검**

단어장에서 모르는 **단어 복습**

학습관에서 **단어 암기/
음원 듣기**부터 **TEST**까지

Word ∞ master

수능 2000

Workbook

WORD MASTER
수능 2000

DAILY
CHECK-UP

A 다음 영어 단어에 해당하는 우리말 뜻을 빈칸에 쓰시오.

01 volunteer		11 stress	
02 improve		12 determine	
03 international		13 positive	
04 expense		14 recognize	
05 require		15 impress	
06 material		16 contain	
07 relationship		17 inform	
08 provide		18 therefore	
09 behave		19 comfort	
10 research		20 commodity	

B 다음 우리말 뜻에 해당하는 영어 단어를 빈칸에 쓰시오.

01 소비하다, 먹다		11 이용 가능한	
02 지방의, 지역의		12 문화의, 문화적인	
03 개인, 개인의		13 도전, 난제, 도전하다	
04 영향, 영향을 끼치다		14 물체, 목표, 반대하다	
05 고용하다		15 총액, 총계, 양	
06 청중, 관객		16 기회	
07 태도, 입장		17 사회의, 사교적인	
08 포함하다, 관련되다		18 촉구하다, 격려하다	
09 개발하다, 발달하다		19 평균, 평균의	
10 환경		20 타다, 타기	

C 다음 영영풀이에 해당하는 단어를 보기에서 골라 쓰시오.

보기

available	comfort	impress	contain
volunteer	encourage	consume	inform

01 ___________ to use (fuel, time, resources, etc.) / to eat or drink (something)

02 ___________ to make someone more determined, hopeful, or confident

03 ___________ someone who does something without being forced to do it / to offer to do something without being forced to

04 ___________ to have something inside / to keep something from spreading

05 ___________ easy or possible to get or use / capable of being made use of

D 다음 문장의 빈칸에 주어진 철자로 시작하는 알맞은 단어를 쓰시오.

01 The landscape itself takes on the form of a c___________ . 21 모평 변형
경관 자체가 상품의 형태를 띤다.

02 The fossil record p___________ evidence of evolution. 23 모평
화석 기록은 진화의 증거를 제공한다.

03 The "trick" here is to r___________ that individual humans are social constructions themselves. 21 모평 변형
여기서 '요령'은 개개의 인간이 사회적 구성 그 자체임을 인식하는 것이다.

04 There is a philosophical and social change in a___________ and sense of responsibility of our urban-based society to become involved. 22 모평 변형
도시를 기반으로 하는 우리 사회가 참여해야 하는 책임의 태도와 의식에서 철학적이고 사회적인 변화가 있다.

05 Fighting against the force of the water was a thrilling c___________ . 22 모평
물의 힘에 맞서 싸우는 것은 짜릿한 도전이었다.

A 다음 영어 단어에 해당하는 우리말 뜻을 빈칸에 쓰시오.

01 discover

02 cell

03 thus

04 function

05 amaze

06 define

07 participate

08 immediate

09 despite

10 profession

11 issue

12 affect

13 occur

14 secure

15 proud

16 level

17 eventually

18 approach

19 proper

20 generate

B 다음 우리말 뜻에 해당하는 영어 단어를 빈칸에 쓰시오.

01 결심하다, 결정하다

02 경제의, 경제학의

03 요구하다, 수요

04 감정

05 직업, 경력

06 해결, 해결책, 용액

07 줄이다, 낮추다

08 공연, 성적, 성과

09 (장편) 소설, 참신한

10 이익, 이익이 되다

11 접촉, 접촉하다

12 화학, 교감

13 꾸러미, 포장하다

14 초점, 집중하다

15 복잡한, 복합체

16 본질, 정수

17 인지하는, 알고 있는

18 배경, 배경 지식

19 세부적인 것, 상술하다

20 사라지다

 다음 영영풀이에 해당하는 단어를 보기에서 골라 쓰시오.

보기

define	approach	contact	secure
demand	proper	affect	generate

01 _______________ protected from danger or harm / to get something by using effort

02 _______________ correct, right as to how to do something

03 _______________ to produce or cause something

04 _______________ to move or become nearer to something or someone

05 _______________ a need for something to be supplied / to ask for very strongly

D 다음 문장의 빈칸에 주어진 철자로 시작하는 알맞은 단어를 쓰시오.

01 Many major companies are fundamentally changing their business models by f_______________ on profitable units and cutting off less profitable ones. 22 수능

많은 주요 기업들은 수익성이 있는 부문에는 집중하고 수익성이 낮은 부문은 잘라냄으로써 자신들의 사업 모델을 근본적으로 변화시키고 있다.

02 We can make every d_______________ of a watch or of a gun by machinery.

우리는 기계로 손목시계나 총의 모든 세부적인 것을 만들 수 있다. 22 수능 변형

03 The No Paper Cup Challenge encourages you to r_______________ your use of paper cups. 22 수능 변형

'종이컵 사용 않기 챌린지'는 여러분이 종이컵의 사용을 줄이도록 권장한다.

04 We live in a time when everyone seems to be looking for quick and sure s_______________. 22 모평

우리는 모든 이가 빠르고 확실한 해결책을 찾고 있는 듯한 시대에 살고 있다.

05 Brunel, d_______________ being in ill health, attended the opening ceremony.

Brunel은 건강이 좋지 않았음에도 불구하고 개통식에 참석했다. 21 모평 변형

A 다음 영어 단어에 해당하는 우리말 뜻을 빈칸에 쓰시오.

01 expert		**11** decrease	
02 due		**12** reflect	
03 balance		**13** extend	
04 cause		**14** relieve	
05 tend		**15** occasion	
06 account		**16** species	
07 steady		**17** frequent	
08 habitat		**18** insist	
09 compose		**19** equipment	
10 constant		**20** athletic	

B 다음 우리말 뜻에 해당하는 영어 단어를 빈칸에 쓰시오.

01 축하하다		**11** 생물학	
02 재활용하다		**12** 부정적인	
03 상상하다		**13** 대체하다	
04 교환하다, 교환		**14** 정신의	
05 외로운		**15** 활동적인, 적극적인	
06 천재, 천재성		**16** 치아의	
07 요인, 요소		**17** 극단의, 극단	
08 욕망, 욕구, 바라다		**18** 따라가다, 따르다	
09 용어, 기간, 학기		**19** 묘사하다, 표현하다	
10 발표하다, 출판하다		**20** 정치, 정치학	

 다음 영영풀이에 해당하는 단어를 보기에서 골라 쓰시오.

보기

equipment	species	term	habitat
reflect	occasion	extend	relieve

01 ______________ to make longer in space or time

02 ______________ a time when something happens / a special event or time

03 ______________ the natural home of a plant or animal

04 ______________ supplies or tools needed for a special purpose

05 ______________ to lessen or take away something unpleasant / to make (a problem) less serious

D 다음 문장의 빈칸에 주어진 철자로 시작하는 알맞은 단어를 쓰시오.

01 I have a big history project d______________ next week. `14 수능`

나는 다음 주가 마감인 큰 역사 연구 과제가 있다.

02 As for men, 'sustainability' is the second most favored f______________ in choosing a job.

남자들의 경우, '안정성'은 직업을 고를 때 두 번째로 우선시되는 요인이다.

03 Concerns of the present t______________ to seem larger than potentially greater concerns that lie farther away. `21 모평`

현재의 우려는 더 멀리 떨어져 있는 잠재적으로 더 큰 우려보다 더 커 보이는 경향이 있다.

04 Sophia's friends Mia and Rebecca were paddling eagerly behind her to b______________ the boat. `22 모평 변형`

Sophia의 친구들인 Mia와 Rebecca는 보트의 균형을 이루려고 그녀의 뒤에서 열심히 노를 젓고 있었다.

05 Animals under normal circumstances maintain a very c______________ body weight and they eat and drink enough for their needs at regular intervals. `23 모평`

보통의 상황에서 동물은 매우 일정한 체중을 유지하며, 그들은 규칙적인 간격으로 자신들에게 필요한 만큼 충분히 먹고 마신다.

A 다음 영어 단어에 해당하는 우리말 뜻을 빈칸에 쓰시오.

01 vary		11 allow	
02 delight		12 lack	
03 disabled		13 gradually	
04 pressure		14 capable	
05 access		15 threat	
06 permit		16 increase	
07 launch		17 injure	
08 confident		18 entertain	
09 sight		19 combine	
10 manufacture		20 accompany	

B 다음 우리말 뜻에 해당하는 영어 단어를 빈칸에 쓰시오.

01 응답, 반응		11 전기	
02 유전자		12 확고한, 단단한, 회사	
03 양(量)		13 사과하다	
04 집중하다		14 강조하다	
05 그림자, 그늘지게 하다		15 좌절시키다	
06 연료, 연료를 가하다		16 발표하다, 알리다	
07 예언하다, 예측하다		17 홍수, 범람시키다	
08 천문학		18 희생, 희생자	
09 가능성, 가망		19 상업, 교역	
10 움직임, 운동		20 건설하다	

C 다음 영영풀이에 해당하는 단어를 보기에서 골라 쓰시오.

> **보기**
>
> manufacture   combine   announce   access
> predict   commerce   accompany   emphasize

01 ________________ to make something known in a public or formal way

02 ________________ to make something for sale using machinery

03 ________________ to go somewhere with someone / to exist at the same time as something

04 ________________ to give special importance to something

05 ________________ business in general in the buying and selling of goods and services

D 다음 문장의 빈칸에 주어진 철자로 시작하는 알맞은 단어를 쓰시오.

01 A good scientific theory always allows for the p________________ of rejection. `23 모평`
좋은 과학 이론은 항상 거부의 가능성을 허용한다.

02 In some cases, when an individual detects a predator, its best r________________ is to seek shelter. `23 모평`
어떤 경우에는 개체가 포식자를 탐지할 때 그것의 최선의 반응은 피난처를 찾는 것이다.

03 Changing, which always stems from a f________________ decision, becomes job number one. `16 수능`
항상 확고한 결심에서 생겨나는 변화는 가장 우선적으로 해야 할 일이 된다.

04 Sometimes q________________ is more important than quality.
가끔은 질보다 양이 더 중요하다.

05 Proper planning a________________ the project manager (or team) to "build the project in his or her head." `22 모평 변형`
적절한 계획은 건설 사업 책임자(또는 팀)가 '그 사업을 자기 머릿속에 지어 보게' (허락)해 준다.

A 다음 영어 단어에 해당하는 우리말 뜻을 빈칸에 쓰시오.

01 claim		11 indicate	
02 establish		12 struggle	
03 instruction		13 attempt	
04 stock		14 remark	
05 embarrassed		15 heal	
06 assume		16 incredible	
07 limit		17 assist	
08 terrific		18 efficient	
09 resident		19 reasonable	
10 interrupt		20 feature	

B 다음 우리말 뜻에 해당하는 영어 단어를 빈칸에 쓰시오.

01 유리한 점, 이익		11 도덕적인	
02 분석하다		12 낯선 사람, 문외한	
03 전자의, 전자 공학의		13 기부하다	
04 다양, 다양성		14 흡수하다, 열중시키다	
05 확신시키다, 납득시키다		15 가능하게 하다	
06 비난하다, 비평하다		16 개성, 성격, 특색	
07 혼동하다, 혼란시키다		17 조수(潮水), 흐름	
08 혁명, 갑작스러운 변화		18 생물, 피조물	
09 결론짓다, 끝내다		19 얻다, 획득하다	
10 노동, 산고, 노동하다		20 재앙, 재난, 재해	

보기			
absorb	struggle	confuse	conclude
assume	feature	reasonable	analyze

01 _______________ to bring to an end / to bring about something as a result

02 _______________ to soak up or take in / to concentrate completely

03 _______________ an important part or characteristic of a product or service

04 _______________ referring to a logical and right thing to do

05 _______________ to use much physical or mental effort and energy to do something

D 다음 문장의 빈칸에 주어진 철자로 시작하는 알맞은 단어를 쓰시오.

01 All profits will be d_______________ to the local children's hospital. `23 모평`

수익금 전액은 지역 아동 병원에 기부될 것이다.

02 The number of participants will be l_______________ to 50.

참가자 수는 50명으로 제한될 것이다.

03 Clarity is often a difficult thing for a leader to o_______________. `21 모평`

명료함은 흔히 지도자가 얻기 어려워하는 것이다.

04 Read these i_______________ to learn how to play with and care for Tommy. `21 모평 변형`

Tommy와 함께 놀고 돌보는 방법을 배우기 위해 이 사용 설명서를 읽으세요.

05 A v_______________ of theoretical perspectives provide insight into immigration.

다양한 이론적 관점은 이주에 대한 통찰을 제공한다. `22 모평`

A 다음 영어 단어에 해당하는 우리말 뜻을 빈칸에 쓰시오.

01 violent		11 depress	
02 engage		12 acquire	
03 route		13 recall	
04 pose		14 edge	
05 consider		15 severe	
06 fascinate		16 probable	
07 poetry		17 skip	
08 resource		18 meaningful	
09 brief		19 purchase	
10 occupy		20 observe	

B 다음 우리말 뜻에 해당하는 영어 단어를 빈칸에 쓰시오.

01 독립적인		11 이론	
02 곡물, 낟알		12 반응하다, 반작용하다	
03 길이		13 열정	
04 동기를 부여하다		14 실마리, 단서	
05 구체적인, 특정한		15 급료, 봉급	
06 놀람, 경보		16 자격을 얻다	
07 10년, 10년간		17 수입하다, 수입	
08 위험, 위험을 감수하다		18 (벌 등을) 받을 만하다	
09 상호 작용하다		19 취급, 대우, 치료(법)	
10 양심		20 심리, 심리학	

C 다음 영영풀이에 해당하는 단어를 보기에서 골라 쓰시오.

fascinate	occupy	engage	purchase
observe	motivate	deserve	specific

01 _______________ to give someone a reason for doing something

02 _______________ to fill, be in, or use a place or period of time

03 _______________ clearly and exactly presented or stated / unlike any other, special, unique

04 _______________ to watch and sometimes also listen to someone or something carefully

05 _______________ to interest greatly or to hold the attention of someone

D 다음 문장의 빈칸에 주어진 철자로 시작하는 알맞은 단어를 쓰시오.

01 We are now witnessing a fundamental shift in our r_______________ demands. `20 수능`

우리는 이제 자원 수요에 있어서 근본적인 변화를 목격하고 있다.

02 The i_______________ self may be more driven to cope by appealing to a sense of agency or control. `21 모평`

독립적 자아는 주체 의식이나 통제 의식에 호소함으로써 대처하도록 더 많이 유도될 수도 있다.

03 During photography's first d_______________, exposure times were quite long. `10 모평`

사진 촬영 기술의 초기 몇십 년 동안에는 노출 시간이 꽤 길었다.

04 Bacteria fundamentally shape each other as they i_______________. `13 모평`

박테리아는 상호 작용을 하면서 근본적으로 서로 모양을 형성한다.

05 The p_______________ cause of her death is not traceable by modern medical science.

그녀의 죽음에 대한 가능한 원인은 현대 의학으로 추적이 가능하지 않다.

A 다음 영어 단어에 해당하는 우리말 뜻을 빈칸에 쓰시오.

01 refer		11 comment	
02 leap		12 mood	
03 awful		13 seek	
04 series		14 mass	
05 mere		15 arrange	
06 finance		16 surround	
07 plain		17 approve	
08 elementary		18 downtown	
09 display		19 journey	
10 accurate		20 enormous	

B 다음 우리말 뜻에 해당하는 영어 단어를 빈칸에 쓰시오.

01 정책, 수단, 방법		11 보상, 보답하다	
02 붙이다, 첨부하다		12 생존	
03 ~을 제외하고는		13 격차, 틈	
04 국내의, 가정의		14 시골의	
05 완전한, 절대적인		15 범죄	
06 전형적인, 대표적인		16 회복하다, 되찾다	
07 위원회		17 시설, 편의, 재능	
08 상담하다, 참고하다		18 설문 조사, 조사하다	
09 기계공, 정비공		19 고갈된, 기진맥진한	
10 작업, 운영, 수술		20 부(富), 재산	

C 다음 영영풀이에 해당하는 단어를 보기에서 골라 쓰시오.

보기

absolute	domestic	journey	typical
enormous	approve	exhausted	facility

01 _________________ extremely big, huge in size or in amount

02 _________________ to have or express a favorable opinion of

03 _________________ a place or a building that is built for a specific purpose

04 _________________ complete, without question, total / definite and not likely to change

05 _________________ having the usual qualities or features of a particular person, thing or group

D 다음 문장의 빈칸에 주어진 철자로 시작하는 알맞은 단어를 쓰시오.

01 Firms need to take into account the entire ecosystem of units s_________________ them. 22 수능 변형

기업들은 자신들을 둘러싸고 있는 부문들의 전체 생태계를 고려할 필요가 있다.

02 No one c_________________ on his mistake — apart from his drama teacher. 14 모평

그의 연극 선생님 외에는 아무도 그의 실수에 대해 평하지 않았다.

03 Some methods used in "organic" farming can make important contributions to the sustainability of r_________________ ecosystems. 22 수능 변형

'유기농' 경작에서 사용되는 몇몇 방식들은 시골 생태계의 지속 가능성에 중요한 기여를 할 수 있다.

04 What I try to do is to a_________________ rides for my kids with other parents.

내가 하려고 하는 것은 다른 부모들과 함께 내 아이들을 위한 교통편을 준비하는 일이다.

05 In this workshop, you will investigate c_________________ scenes and learn skills necessary to become a detective and solve mysteries! 21 모평 변형

이 워크숍에서 여러분은 범죄 현장을 조사하고 탐정이 되어 수수께끼를 해결하는 데 필요한 기술을 배울 것입니다!

A 다음 영어 단어에 해당하는 우리말 뜻을 빈칸에 쓰시오.

01 instant

02 spot

03 previous

04 admit

05 spark

06 atmosphere

07 adopt

08 intend

09 file

10 underground

11 slight

12 owe

13 aspect

14 leisure

15 target

16 decorate

17 entitle

18 slip

19 label

20 preserve

B 다음 우리말 뜻에 해당하는 영어 단어를 빈칸에 쓰시오.

01 빌리다

02 윤리

03 생산하다, 제조하다

04 열, 줄, 배를 젓다

05 수여하다, 상

06 근육, 힘, 강제

07 여전히 ~이다, 남다

08 독특한, 유일한

09 가정하다, 추측하다

10 드러내다, 폭로하다

11 포함하다

12 도시의

13 수평선, 지평선

14 장치, 고안, 방책

15 문명

16 연기하다, 미루다, 지연

17 목격자, 증인, 목격하다

18 이루다, 성취하다

19 잠재적인, 잠재력

20 결과, 중요성

C 다음 영영풀이에 해당하는 단어를 보기에서 골라 쓰시오.

reveal	consequence	potential	atmosphere
horizon	intend	unique	previous

01 ________________ to show something that was previously hidden

02 ________________ being the only one of its kind / very special or unusual

03 ________________ existing or happening before the present time

04 ________________ the line where the land or sea seems to meet the sky

05 ________________ a result of a particular action or set of conditions / importance

D 다음 문장의 빈칸에 주어진 철자로 시작하는 알맞은 단어를 쓰시오.

01 A shower of s________________ flew at the people in the park.

수많은 불꽃이 공원에 있는 사람들에게 날아갔다.

02 At that moment, two tickets to Ace Amusement Park, the prize, s________________ out of the envelope. `21 모평`

그 순간 상품인 Ace 놀이공원 입장권 두 장이 봉투에서 미끄러져 나왔다.

03 Personal robotic assistants are d________________ that have no physical manipulation or locomotion capabilities. `22 모평`

개인용 로봇 도우미는 신체 조작이나 이동 능력이 없는 장치이다.

04 We feel e________________ to ask the world, "What good are you?" `21 모평`

우리는 세상을 향해 "당신은 무슨 쓸모가 있는가?"라고 물어볼 자격이 있다고 느낀다.

05 The seeds of many wild plants r________________ dormant for months until winter is over and rain sets in. `14 수능`

많은 야생 식물의 씨앗들은 겨울이 끝나고 비가 내리기 시작할 때까지 여러 달 동안 휴면 상태로 남아 있다.

A 다음 영어 단어에 해당하는 우리말 뜻을 빈칸에 쓰시오.

01 application		11 differ	
02 secretary		12 evident	
03 seldom		13 fulfill	
04 spread		14 empower	
05 identify		15 rid	
06 rely		16 grant	
07 emit		17 encounter	
08 standard		18 possess	
09 impact		19 stink	
10 substance		20 tremendous	

B 다음 우리말 뜻에 해당하는 영어 단어를 빈칸에 쓰시오.

01 투표, 투표하다		11 기억하다, 암기하다	
02 지역		12 현실적인, 현실주의의	
03 규모, 저울, 비늘		13 협력하다	
04 기초, 원리, 기준		14 중독시키다, 중독자	
05 원칙, 원리		15 저항하다	
06 비상(사태)		16 영원한, 영구적인	
07 자동적인, 기계적인		17 주제, 화제, 논제	
08 물리학		18 실망시키다	
09 보증하다, 보증		19 평가하다	
10 인공적인, 인조의		20 요청, 요청하다	

C 다음 영영풀이에 해당하는 단어를 보기에서 골라 쓰시오.

emit	impact	fulfill	encounter
identify	evaluate	evident	artificial

01 ________________ clear to the sight or understanding

02 ________________ to know and say who someone is or what something is

03 ________________ to do or achieve what was hoped for or expected

04 ________________ to send light, energy, noise, or gas out from a source

05 ________________ made or produced by people to copy something natural, not real

D 다음 문장의 빈칸에 주어진 철자로 시작하는 알맞은 단어를 쓰시오.

01 Now consider the thinking of potential steel investors in the r________________. `22 모평`

이제 그 지역에 있는 잠재적 강철 투자자들의 생각을 고려해 보라.

02 It was discovered that the properties of a material could be altered by heat treatments and by the addition of other s________________. `22 모평 변형`

물질의 특성이 열처리와 여타 다른 물질의 첨가로 바뀔 수 있다는 것이 발견되었다.

03 We assume that we are the world's s________________, that all things should be compared to us. `21 모평`

우리는 우리가 세상의 기준이라고, 즉 모든 것이 우리와 비교되어야 한다고 추정한다.

04 A well-developed plan does not g________________ that the executing process will proceed flawlessly. `22 모평 변형`

잘 만들어진 계획이, 실행 과정이 완벽하게 진행될 것이라고 보장하는 것은 아니다.

05 Computers have e________________ people to dramatically increase their performance.

컴퓨터는 인간이 업무 능력을 급격하게 증가시키도록 권한을 주었다.

A 다음 영어 단어에 해당하는 우리말 뜻을 빈칸에 쓰시오.

01 location		11 suitable	
02 curve		12 resolve	
03 rub		13 entrance	
04 identical		14 release	
05 organism		15 appeal	
06 corporate		16 distribute	
07 rank		17 symphony	
08 circumstance		18 cabin	
09 recite		19 annoy	
10 gear		20 perceive	

B 다음 우리말 뜻에 해당하는 영어 단어를 빈칸에 쓰시오.

01 제공하다, 제안하다		11 (열대) 우림	
02 부러움, 부러워하다		12 제한하다, 한정하다	
03 설득하다		13 광선	
04 겁먹게 하다		14 거절하다	
05 손해, 손상, 해치다		15 은퇴하다	
06 투자		16 노예	
07 주저하다, 망설이다		17 해석하다, 통역하다	
08 결백, 무죄, 순진		18 권위, 당국	
09 대안, 대안의		19 모험, 위험에 빠뜨리다	
10 견적, 평가, 평가하다		20 서명, 서명하다	

C 다음 영영풀이에 해당하는 단어를 보기에서 골라 쓰시오.

estimate	appeal	distribute	retire
persuade	release	innocence	envy

01 ________________ to leave the workforce and stop working

02 ________________ to give things to a large number of people / to spread out at separate points

03 ________________ the state of being not guilty of a crime / lack of experience of life or of knowledge of the bad things in the world

04 ________________ the feeling of wanting to have what someone else has

05 ________________ to lead someone to believe or do something by reasoning with them

D 다음 문장의 빈칸에 주어진 철자로 시작하는 알맞은 단어를 쓰시오.

01 The narrow neck of a bottle r________________ the flow into or out of the bottle. `14 모평`
병의 좁은 목은 병 안으로 흘러들어 가거나 병 밖으로 흘러나오는 것을 제한한다.

02 Companies serving mainstream consumers with successful mainstream products face what seems like an obvious i________________ decision. `22 모평`
성공적인 주류 제품으로 주류 소비자의 요구를 충족하는 기업들은 마치 뻔한 투자 결정처럼 보이는 것에 직면한다.

03 As a source of plot, character, and dialogue, the novel seemed more s________________. `13 수능`
줄거리, 등장인물, 대화의 공급원으로서, 그 소설이 더 적합해 보였다.

04 Improving the quality of a________________ options, such as walking, cycling, and public transport, is a central element of this strategy. `23 모평`
걷기, 자전거 타기, 대중교통과 같은 대안적인 선택 사항의 질을 향상하는 것이 이 전략의 핵심 요소이다.

05 The i________________ claim, expressed in two social contexts, may have different qualifiers. `12 수능`
두 개의 사회적 맥락에서 표현된 동일한 주장이 다른 수식어를 가질 수도 있다.

DAY 11

A 다음 영어 단어에 해당하는 우리말 뜻을 빈칸에 쓰시오.

01 accept

02 receive

03 commit

04 ashamed

05 broad

06 reproduce

07 status

08 household

09 swing

10 destination

11 charity

12 treat

13 genuine

14 infant

15 conserve

16 refund

17 tone

18 whereas

19 logic

20 institute

B 다음 우리말 뜻에 해당하는 영어 단어를 빈칸에 쓰시오.

01 순수한

02 중력

03 계산하다

04 개념

05 고립시키다

06 경쟁하다

07 최근에

08 확장하다

09 고용하다

10 조밀한, 밀집한

11 진화

12 계속하다

13 종합, 합계

14 의지하다

15 결혼, 혼인

16 군대의, 군대

17 멸종된, 꺼진

18 무식한, 모르는

19 구조하다, 구조

20 분별 있는, 현명한

보기			
extinct	conserve	dense	calculate
evolution	sensible	isolate	depend

01 ________________ reasonable, practical, and showing good ideas or judgment

02 ________________ no longer in existence / no longer burning

03 ________________ the development and change of living things over a long period

04 ________________ to separate one person, group, or thing from other people or things

05 ________________ having parts that are close together

D 다음 문장의 빈칸에 주어진 철자로 시작하는 알맞은 단어를 쓰시오.

01 If you want to change your lifestyle, you must a________________ the consequences of that decision. 14 모평

만약 당신이 생활 방식을 바꾸고 싶다면, 당신은 그 결정으로 인한 결과를 받아들여야 한다.

02 Fortunately, Ricky was very good at it, and was t________________ like a hero among his playmates. 18 모평

운 좋게도, Ricky는 그것을 매우 잘했고, 자신의 친구들 사이에서 영웅으로 여겨졌다.

03 Individuals and teams, c________________ with each other, stopped sharing information. 12 수능

개인들과 팀들은 서로 경쟁하며 정보 공유하기를 중지했다.

04 Warming may ease extreme environmental conditions, e________________ the production frontier. 14 수능

(지구) 온난화는 극한의 환경 조건을 완화하여, 생산 한계 지역을 확장할 수도 있다.

05 A minimum of 15 participants is necessary for group bookings to r________________ a 10% discount. 17 모평

10퍼센트의 할인을 받는 단체 예약을 위해서는 최소 15명의 참가자가 필요하다.

A 다음 영어 단어에 해당하는 우리말 뜻을 빈칸에 쓰시오.

01 democracy		11 eager	
02 precise		12 return	
03 brilliant		13 particle	
04 transfer		14 companion	
05 distinct		15 mature	
06 portion		16 remote	
07 trap		17 leak	
08 formal		18 spare	
09 demonstrate		19 rite	
10 offend		20 component	

B 다음 우리말 뜻에 해당하는 영어 단어를 빈칸에 쓰시오.

01 초대, 초대장		11 법률의, 합법의	
02 표면, 수면, 지면		12 분명한, 명백한	
03 신념, 믿음		13 농업	
04 취소하다		14 보편적인, 우주의	
05 반대하다		15 조각, 조각하다	
06 빈곤, 가난		16 깨어 있는, 깨우다	
07 현재의, 해류, 흐름		17 출발	
08 필사적인, 절망적인		18 연례의, 1년의	
09 시각의		19 추세, 경향	
10 겨냥하다, 조준		20 내려오다, 물려주다	

C 다음 영영풀이에 해당하는 단어를 보기에서 골라 쓰시오.

보기			
portion	desperate	legal	descend
distinct	transfer	mature	companion

01 ________________ one part of something larger

02 ________________ easily or clearly heard, seen, felt, etc. / clearly different or of a different kind

03 ________________ to move from one place to another / to change to a different vehicle while traveling

04 ________________ someone you spend a lot of time with or enjoy being with

05 ________________ to go or move from a higher to a lower place or level

D 다음 문장의 빈칸에 주어진 철자로 시작하는 알맞은 단어를 쓰시오.

01 A fire provides a constant flickering change in v________________ information.
불은 시각 정보에 있어 지속적으로 흔들리는 변화를 제공한다. `21 모평 변형`

02 It was difficult for anyone to decline that i________________. `13 수능`
누구라도 그 초대를 거절하는 것은 어려웠다.

03 Comic book superheroes also d________________ how myths can be communicated to consumers of all ages.
만화책의 초인적인 영웅들 또한 신화가 어떻게 모든 연령의 소비자들에게 전해질 수 있는가를 증명해 준다.

04 The navigation app tells you the best route to the airport based on c________________ traffic patterns.
내비게이션 앱은 당신에게 현재의 교통 상황을 근거하여 공항으로 가는 최적의 경로를 알려 준다.

05 Scientists have good evidence that this a________________ difference is real. `16 수능`
과학자들은 이 명백한 차이가 진짜라는 좋은 증거를 갖고 있다.

A 다음 영어 단어에 해당하는 우리말 뜻을 빈칸에 쓰시오.

01 digest		11 minor	
02 insight		12 discipline	
03 forbid		13 chief	
04 utility		14 bet	
05 achieve		15 ruin	
06 insure		16 stream	
07 shortage		17 vigor	
08 thrive		18 fancy	
09 organize		19 mindset	
10 worship		20 afterward	

B 다음 우리말 뜻에 해당하는 영어 단어를 빈칸에 쓰시오.

01 복잡한		11 선택, 선택권	
02 중단, 잠시 멈추다		12 허구, 소설	
03 외과 수술		13 의무, 관세	
04 강의, 강의하다		14 궁극적인, 최후의	
05 왕족의, 왕의		15 입증하다, 판명되다	
06 변형시키다, 변환하다		16 할당하다, 지정하다	
07 규제하다, 조절하다		17 세탁물	
08 시민의, 민간의		18 사악한, 악	
09 부족한, 드문		19 실험실, 실험(실)의	
10 관대한, 넉넉한		20 고객, 의뢰인	

C 다음 영영풀이에 해당하는 단어를 보기에서 골라 쓰시오.

01 ________________ a customer of someone who provides a professional service

02 ________________ to become, and continue to be, successful, strong, healthy, etc.

03 ________________ to control something by means of rules / to adjust the amount, degree, or rate of something

04 ________________ to show that something is true or genuine / to result in

05 ________________ very small in amount or number

D 다음 문장의 빈칸에 주어진 철자로 시작하는 알맞은 단어를 쓰시오.

01 They said that the law would infringe on c________________ liberties.　22 모평
그들은 그 법이 시민의 자유를 침해하게 될 것이라고 말했다.

02 He said his life was part of the great s________________ of history.
그는 자신의 인생이 위대한 역사의 흐름의 일부라고 말했다.

03 Henry Moore a________________ financial success from his hard work.　22 모평
Henry Moore는 각고의 노력으로 경제적인 성공을 달성했다.

04 That's why you shouldn't even attempt to consider all your o________________ and possibilities.　21 모평
그것이 바로 여러분이 자신의 모든 선택권과 가능성을 고려하려는 시도조차 해서는 안 되는 이유이다.

05 In f________________, one can enter possible worlds.　22 모평
허구에서 사람들은 있을 법한 세계로 들어갈 수 있다.

A 다음 영어 단어에 해당하는 우리말 뜻을 빈칸에 쓰시오.

01 correct		11 confirm	
02 tempt		12 decline	
03 yield		13 inspire	
04 dine		14 install	
05 alien		15 spice	
06 fuse		16 tolerate	
07 bless		17 wreck	
08 cottage		18 aside	
09 resort		19 illustrate	
10 prohibit		20 appropriate	

B 다음 우리말 뜻에 해당하는 영어 단어를 빈칸에 쓰시오.

01 적용하다, 지원하다		11 설명하다	
02 모방하다		12 필수, 필수품, 필요	
03 지성		13 움켜쥐다, 움켜쥠	
04 먹이, 희생자		14 실행하다, 처형하다	
05 승리, 승리하다		15 패배시키다, 패배	
06 학문, 장학금		16 의심하다, 용의자	
07 동시대의, 현대의		17 학생, 눈동자	
08 문자 그대로		18 이전의, 우선하는	
09 측정하다, 측정, 수단		19 제안하다, 청혼하다	
10 문서, 서류, 기록하다		20 추상적인, 추상, 개요	

C 다음 영영풀이에 해당하는 단어를 보기에서 골라 쓰시오.

보기			
prohibit	defeat	abstract	tolerate
suspect	yield	inspire	triumph

01 ___________________ to cause to work hard or be creative, to motivate, stimulate

02 ___________________ to stop something from being done or used by order or law

03 ___________________ to achieve victory especially in a long or difficult contest

04 ___________________ a person suspected of guilt / to think that someone is guilty of doing something wrong

05 ___________________ relating to general ideas or qualities rather than specific people, objects, or actions

D 다음 문장의 빈칸에 주어진 철자로 시작하는 알맞은 단어를 쓰시오.

01 Everyone looked at how the man held his chopsticks, so that they could i_______________ him. `11 모평`

모든 사람은 그 남자를 따라 하기 위해서 그가 젓가락을 어떻게 잡는지를 보았다.

02 The city should consider i_______________ traffic lights as soon as possible. `14 수능`

시 당국은 가능한 한 빨리 교통 신호등을 설치하는 것을 고려해야 한다.

03 In 2005 Belgian researchers at Leuven University c_______________ just how the link between temperature and taste works. `11 모평`

2005년에 Leuven 대학의 벨기에 연구원들은 온도와 맛 사이의 연결이 어떻게 작용하는지를 입증했다.

04 In extremely dry conditions, rock cactus l_______________ shrinks into the surrounding rocky soil. `15 모평 변형`

극히 건조한 환경에서 돌선인장은 문자 그대로 주변의 돌투성이 토양 속으로 오그라든다.

05 The rise in commerce and the d_______________ of authoritarian religion allowed science to follow reason in seventeenth-century Europe. `15 수능`

상업의 융성과 권위주의적인 종교의 쇠락이 17세기 유럽에서 과학이 이성을 따르는 것을 가능하게 했다.

A 다음 영어 단어에 해당하는 우리말 뜻을 빈칸에 쓰시오.

01 trait		11 debate	
02 enroll		12 modest	
03 ensure		13 register	
04 seal		14 split	
05 abandon		15 impose	
06 contrary		16 inhabit	
07 extraordinary		17 arise	
08 contract		18 defect	
09 supervise		19 nevertheless	
10 agency		20 nurture	

B 다음 우리말 뜻에 해당하는 영어 단어를 빈칸에 쓰시오.

01 나타나다		11 내부의	
02 탐욕		12 영수증	
03 가상의, 사실상의		13 공격하다, 공격	
04 고상한, 우아한		14 영양	
05 연설하다, 연설		15 편견, 선입관	
06 명작, 대작		16 비교하다	
07 정복하다, 극복하다		17 기준, 표준	
08 가뭄		18 통근, 통근하다	
09 소매, 소매하다		19 성직자	
10 지진, 대변동		20 거친, 가혹한	

┌ 보기 ┐

| inhabit | retail | trait | criteria |
| nurture | compare | commute | supervise |

01 ________________ to travel to and from one's work or school regularly

02 ________________ to sell products or services directly to people and not to other stores

03 ________________ a particular quality that makes someone different from another

04 ________________ to watch over the activity of others to maintain order and discipline

05 ________________ to feed and care for someone or something while they are growing

D 다음 문장의 빈칸에 주어진 철자로 시작하는 알맞은 단어를 쓰시오.

01 The sun is slowly getting brighter as its core c________________ and heats up. 13 모평

태양은 그 핵이 수축하고 가열되면서 서서히 더 밝아지고 있다.

02 The idea leads people to continue on paths or pursuits that should clearly be a________________. 23 모평 변형

그 생각은 사람들이 분명히 그만두어야 하는 경로를 계속 따르거나 추구를 계속하게 한다.

03 A school of fish will s________________ in two to avoid a predator and then quickly regroup behind it. 14 모평

물고기 떼는 포식자를 피하기 위해 둘로 쪼개진 다음 그것의 뒤에서 재빨리 다시 모일 것이다.

04 Most of the complications were settled with no delay in order to e________________ the animals' health and safety. 12 모평

대부분의 복잡한 문제들은 동물들의 건강과 안전을 확실히 하기 위해 지체 없이 해결되었다.

05 The thought of c________________ the mountain stirs me with anticipation. 10 모평

산을 정복한다는 생각은 나에게 기대감을 불러일으킨다.

A 다음 영어 단어에 해당하는 우리말 뜻을 빈칸에 쓰시오.

01 fold		11 conscious	
02 interfere		12 dilute	
03 general		13 eliminate	
04 cruel		14 irritate	
05 council		15 spill	
06 figure		16 neighbor	
07 scream		17 dim	
08 capture		18 glare	
09 routine		19 associate	
10 profound		20 pedestrian	

B 다음 우리말 뜻에 해당하는 영어 단어를 빈칸에 쓰시오.

01 전통, 관습		11 민감한, 예민한	
02 부인하다, 거절하다		12 북극의	
03 승무원		13 장벽, 장애물	
04 진술, 성명서		14 복지	
05 보통의, 통상의		15 청소년, 청소년기의	
06 부족, 종족		16 삼키다, 삼킴, 제비	
07 흘긋 보다, 흘긋 봄		17 재판, 실험, 시도	
08 비극의, 비참한		18 박탈하다	
09 심부름, 잡일		19 구별하다, 식별하다	
10 일시적인, 임시의		20 우세하다, 만연하다	

C 다음 영영풀이에 해당하는 단어를 보기에서 골라 쓰시오.

보기

| distinguish | trial | barrier | glance |
| errand | deprive | temporary | crew |

01 _______________ to take a quick short look at something

02 _______________ not lasting or needed for very long

03 _______________ to notice or recognize the difference between two or more things or people

04 _______________ a short journey that you take to do or get something

05 _______________ something that prevents or blocks movement from one place to another

D 다음 문장의 빈칸에 주어진 철자로 시작하는 알맞은 단어를 쓰시오.

01 We'd better f_______________ out who our competitors will be. 19 모평

우리는 우리의 경쟁자가 누가 될지 알아내는 것이 좋다.

02 Social and cultural influences and causes are minimized, ignored, or e_______________ from consideration at all. 21 모평

사회적, 문화적 영향과 원인은 최소화되거나 무시되거나 고려로부터 완전히 배제된다.

03 Anyone who lost his or her temper too easily was d_______________ of the right to be accepted as a member of the community.

너무 쉽게 화를 냈던 사람은 공동체의 일원으로 받아들여질 권리를 박탈당했다.

04 Sometimes truth will win, but other times falsehood will p_______________.

때로 진실이 승리하겠지만, 다른 때에는 거짓이 우세할 것이다.

05 Customizing the product, modifying or transforming it according to the user, was r_______________. 22 수능 변형

제품을 주문 제작하는 것, 즉 사용자에게 맞게 그것을 수정하거나 변형하는 것이 일상적이었다.

A 다음 영어 단어에 해당하는 우리말 뜻을 빈칸에 쓰시오.

01 renew

02 progress

03 appliance

04 stiffen

05 candidate

06 drastic

07 command

08 shift

09 wonder

10 repair

11 result

12 enrich

13 furthermore

14 foretell

15 excess

16 drift

17 reinforcement

18 strict

19 pile

20 representative

B 다음 우리말 뜻에 해당하는 영어 단어를 빈칸에 쓰시오.

01 보호하다

02 귀족의, 고결한

03 미생물, 세균

04 작물, 수확

05 명성

06 널리 퍼진

07 도매, 도매의

08 조절하다, 조정하다

09 빚, 부채

10 사라지다, 희미해지다

11 원자

12 무기, 병기

13 동료, 또래

14 생태계

15 인종의, 민족의

16 감염, 전염(병)

17 깨닫다, 실현하다

18 구두(口頭)의, 구술의

19 위험에 빠뜨리다

20 이상적인, 이상

C 다음 영영풀이에 해당하는 단어를 보기에서 골라 쓰시오.

01 _________________ to know and tell something before it happens

02 _________________ to improve or develop over a period of time / movement toward a goal

03 _________________ a disease that affects someone and is caused by bacteria or a virus

04 _________________ the act of strengthening or encouraging something

05 _________________ to change something slightly so that it works better

D 다음 문장의 빈칸에 주어진 철자로 시작하는 알맞은 단어를 쓰시오.

01 We sometimes solve number problems almost without r_______________ it. 21 모평
우리는 가끔 거의 그것을 깨닫지도 못한 채 숫자 문제를 풀기도 한다.

02 I firmly believe d_______________ measures should be taken before it's too late.
나는 너무 늦기 전에 과감한 조치가 취해져야 한다고 굳게 믿고 있다.

03 They had to begin selling service contracts for their equipment in addition to installing and r_______________ them. 17 모평 변형
그들은 장비를 설치하고 수리하는 것뿐만 아니라 장비에 대한 서비스 계약 판매를 시작해야 했다.

04 The result gives the impression that the dancer is d_______________ through the air.
그 결과는 무용수가 공중을 부유하고 있다는 인상을 준다.

05 Generally, a w_______________ price is much cheaper than a retail price.
일반적으로, 도매가격은 소매가격보다 훨씬 더 저렴하다.

A 다음 영어 단어에 해당하는 우리말 뜻을 빈칸에 쓰시오.

01 haste		**11** genre	
02 undoubtedly		**12** entire	
03 gamble		**13** primary	
04 initial		**14** temper	
05 craft		**15** solar	
06 escape		**16** cease	
07 review		**17** dispose	
08 outstanding		**18** mislead	
09 doom		**19** soak	
10 scatter		**20** perspective	

B 다음 우리말 뜻에 해당하는 영어 단어를 빈칸에 쓰시오.

01 존재하다, 살아가다		**11** 부딪치다, 충돌, 혹	
02 천장, 상한선		**12** 수소	
03 실, 실을 꿰다		**13** 타당한, 유효한	
04 고난, 어려움		**14** 왕조, 왕가	
05 뗏목, 고무보트		**15** 헌납하다, 바치다	
06 최상의, 최적의		**16** 운명	
07 가라앉다		**17** 지우다, 없애다	
08 통합하다, 통일하다		**18** 으깨다, 밀어 넣다	
09 싸우다, 전투		**19** 최소의, 아주 적은	
10 턱수염		**20** 직면하다	

 다음 영영풀이에 해당하는 단어를 보기에서 골라 쓰시오.

보기

| soak | unify | scatter | temper |
| hardship | dedicate | cease | escape |

01 ________________ a situation that is hard to endure

02 ________________ to get away from a place

03 ________________ to stop or end

04 ________________ to put something into water for a period of time

05 ________________ to separate suddenly and go in different directions

D 다음 문장의 빈칸에 주어진 철자로 시작하는 알맞은 단어를 쓰시오.

01 In one study, chimps were c________________ by a simple choice. `14 모평`
한 연구에서, 침팬지들은 단순한 선택에 직면하게 되었다.

02 Over the sky a plump black cloud moved, e________________ the stars. `13 모평`
하늘 위로 커다란 먹구름이 별들을 지워 가면서 움직였다.

03 V________________ experiments also must have data that are measurable. `13 수능`
타당한 실험은 또한 측정할 수 있는 자료를 가지고 있어야 한다.

04 If the rival is likely to win the fight, then the o________________ decision would be to give up immediately and not risk getting injured. `23 모평`
상대가 싸움에서 이길 것 같다면, 즉시 포기하고 부상당할 위험을 무릅쓰지 않는 것이 최적의 결정일 것이다.

05 With a positive p________________ and persistence, you will get through and find a way through all obstacles. `15 모평`
긍정적인 관점과 끈기를 가지면, 당신은 모든 장애물을 헤쳐 나가 길을 발견하게 될 것이다.

A 다음 영어 단어에 해당하는 우리말 뜻을 빈칸에 쓰시오.

01 flow		11 strain	
02 circular		12 barter	
03 myth		13 nutrient	
04 constitute		14 vital	
05 profit		15 content	
06 crawl		16 antique	
07 incident		17 scratch	
08 obstacle		18 session	
09 vague		19 fierce	
10 dismiss		20 inherit	

B 다음 우리말 뜻에 해당하는 영어 단어를 빈칸에 쓰시오.

01 명성, 유명 인사		11 부서지기 쉬운	
02 조사하다, 수사하다		12 온건한, 적당한	
03 쌀쌀한, 냉담한		13 빙하	
04 촉구하다, 강요하다		14 사설, 논설, 편집자의	
05 불명예, 수치		15 당뇨병	
06 무관심한		16 풀을 뜯다, 방목하다	
07 예산, 예산안		17 명백한, 분명한	
08 거친, 난폭한, 대강의		18 구체(球體), 구	
09 조상, 선조		19 재료, 성분	
10 밀집, 혼잡		20 기하학	

C 다음 영영풀이에 해당하는 단어를 보기에서 골라 쓰시오.

01 _________________ to receive from a predecessor

02 _________________ one part of a mixture

03 _________________ delicate and easily broken

04 _________________ to move across the floor on your hands and knees

05 _________________ old and often valuable

D 다음 문장의 빈칸에 주어진 철자로 시작하는 알맞은 단어를 쓰시오.

01 If the itches do not disappear, stop s_________________ and take the medicine. 10 수능
만약 그 가려움이 사라지지 않는다면, 긁는 것을 멈추고 약을 복용하세요.

02 On the path to excellence, some o_________________ may initially seem overwhelming.
탁월한 경지로 가는 길에, 몇몇 장애물들이 처음에는 압도적으로 보일 수도 있다. 15 모평

03 What n_________________ could better defend against colds? 22 모평
어떤 영양소들이 감기를 더 잘 막을 수 있을까?

04 In short, America was mistakenly expected to be a land of plenty that would quickly turn a p_________________. 14 모평
요약해 보면, 아메리카는 빠르게 이익을 내 줄 풍요의 땅이 될 것으로 잘못 기대가 되었다.

05 We can never identify any individual creator of a m_________________. 14 모평
우리는 신화에 대한 어떤 개인적 창작자들도 결코 확인할 수 없다.

A 다음 영어 단어에 해당하는 우리말 뜻을 빈칸에 쓰시오.

01 present		11 administer	
02 scan		12 refresh	
03 grateful		13 portray	
04 flavor		14 assure	
05 gender		15 polish	
06 wage		16 remove	
07 tissue		17 exclaim	
08 relate		18 decay	
09 backward		19 strive	
10 radiant		20 property	

B 다음 우리말 뜻에 해당하는 영어 단어를 빈칸에 쓰시오.

01 황제		11 층, 겹	
02 도자기, 도예		12 화석	
03 구독하다, 가입하다		13 군주	
04 비옥한, 기름진		14 의식, 식, 의례	
05 정당화하다		15 반짝이다, 반짝임	
06 집안일, 허드렛일		16 단백질	
07 비참한, 불쌍한		17 자산, 재산	
08 살다, 거주하다		18 번역하다, 옮기다	
09 혁신		19 반대자, 상대, 반대하는	
10 형태, 종류, 형성하다		20 폐지하다	

C 다음 영영풀이에 해당하는 단어를 보기에서 골라 쓰시오.

보기

exclaim	fertile	innovation	translate
remove	ceremony	polish	miserable

01 ______________ to make a surface shine

02 ______________ a formal event held on a part of a social or religious occasion

03 ______________ to cry out or speak in strong or sudden emotion

04 ______________ to take something somewhere else or get rid of something completely

05 ______________ the act or process of introducing new ideas, devices, or methods

D 다음 문장의 빈칸에 주어진 철자로 시작하는 알맞은 단어를 쓰시오.

01 In the midst of her c______________, my mother spent time reading.　13 모평

집안일을 하시는 도중에, 나의 어머니는 독서를 하며 시간을 보내셨다.

02 However, p______________ owners cannot reduce the amount of space available for rent in their buildings.　15 모평

하지만 부동산 소유자는 자신들 건물의 임대 가능한 공간의 양을 줄일 수 없다.

03 Apparently, the higher the temperature, the more intense the f______________.

분명히, 온도가 높을수록 맛이 더 강렬해진다.　11 모평

04 But taking a walk will r______________ you, and you may get some new ideas.

하지만 산책을 하면 상쾌해질 거고, 당신은 새로운 생각을 좀 얻을 수 있을지도 모른다.　18 모평

05 The problem for growers and retailers is that ripening is followed sometimes quite rapidly by deterioration and d______________ and the product becomes worthless.

재배자와 소매업자에게 문제는 숙성 이후에 때로는 아주 빠르게 품질 저하와 부패가 뒤따라서 제품이 가치 없게 된다는 것이다.　21 모평

A 다음 영어 단어에 해당하는 우리말 뜻을 빈칸에 쓰시오.

01 colleague		11 orbit	
02 therapy		12 string	
03 intimate		13 cope	
04 stuff		14 shrug	
05 procedure		15 enhance	
06 coincidence		16 obedient	
07 subtle		17 raw	
08 overwhelm		18 reverse	
09 radical		19 merit	
10 caution		20 loan	

B 다음 우리말 뜻에 해당하는 영어 단어를 빈칸에 쓰시오.

01 우월한, 상사		11 영원한	
02 고발하다, 비난하다		12 면역성의, 면제된	
03 고집하다, 지속하다		13 묘사하다, 그리다	
04 구리, 구리의		14 소중히 하다	
05 유대, 속박, 계약, 채권		15 회담, 회의	
06 알약		16 위엄, 장엄	
07 환영회, 접수		17 각도, 모서리	
08 버리다, 처분하다		18 굶주림, 기아	
09 사악한, 악의 있는		19 축소하다, 수축하다	
10 점점 줄어들다		20 전달하다	

C 다음 영영풀이에 해당하는 단어를 보기에서 골라 쓰시오.

01 ________________ treatment of impairment, injury, disease, or disorder

02 ________________ having a very close friendship or friendly relationship

03 ________________ to love someone or something very much and take good care of them

04 ________________ to get rid of something that you no longer want or need

05 ________________ to continue to do something in a determined way

D 다음 문장의 빈칸에 주어진 철자로 시작하는 알맞은 단어를 쓰시오.

01 The nutrients in apples help you strengthen your i________________ system, and prevent cancer. 14 모평

사과에 있는 영양분이 면역 체계를 강화하고, 암을 예방하는 데 도움을 준다.

02 Try to brush aside the s________________ that offends or upsets you. 20 모평 변형

여러분을 불쾌하게 하거나 속상하게 하는 것들을 제쳐 놓아라.

03 Analysis of the errors leads the teacher to modify the teaching of these p________________. 16 모평 변형

그 실수에 대한 분석은 교사로 하여금 이러한 절차를 가르치는 것을 수정하게 한다.

04 Weighing all of these factors can take up so much of your working memory that it becomes o________________. 18 모평

이 요인들을 모두 저울질하는 것은 작동 기억의 아주 많은 부분을 차지할 수도 있어서, 그 작동 기억은 압도당하게 된다.

05 Unfamiliar objects may be dangerous; treating them with c________________ has survival value. 22 모평

익숙하지 않은 대상은 위험할 수 있으므로, 그것을 조심해서 다루는 것은 생존가(生存價)를 갖는다.

A 다음 영어 단어에 해당하는 우리말 뜻을 빈칸에 쓰시오.

01 fundamental		11 pretend	
02 graduate		12 classify	
03 via		13 panic	
04 hence		14 inflate	
05 astonish		15 flush	
06 humid		16 joint	
07 outcome		17 marble	
08 restore		18 handle	
09 passage		19 vessel	
10 alert		20 compact	

B 다음 우리말 뜻에 해당하는 영어 단어를 빈칸에 쓰시오.

01 충성스러운, 성실한		11 생략하다, 빼다	
02 섬세한		12 낙관적인, 낙천적인	
03 장례식, 장례의		13 절망, 절망하다	
04 수동적인, 수동형의		14 적당한	
05 골격, 뼈대		15 살인, 살인하다	
06 선호하다		16 전략	
07 의사, 내과 의사		17 (주의·흥미 등을) 끌다	
08 건축, 건축물		18 창피함, 굴욕	
09 마찬가지로, 게다가		19 범주	
10 금지하다, 금지		20 황무지, 황야	

C 다음 영영풀이에 해당하는 단어를 보기에서 골라 쓰시오.

01 ________________ the art and practice of planning, designing, and constructing buildings

02 ________________ hopeful about the future or the success of something

03 ________________ to surprise someone very much

04 ________________ the frame of bones that supports a human or animal body

05 ________________ the feeling that there is no hope and that nothing will improve

D 다음 문장의 빈칸에 주어진 철자로 시작하는 알맞은 단어를 쓰시오.

01 She then made the long walk home, p________________ that she was carrying a heavy load. 21 모평

곧이어 그녀는 자신이 무거운 짐이라도 가지고 가는 척하면서 먼 길을 걸어 집으로 갔다.

02 Some novelists p________________ to include as many characters as possible in their stories. 15 모평

일부 소설가들은 자신들의 이야기 속에 가능한 한 많은 등장인물들을 포함하는 것을 선호한다.

03 One must select a particular s________________ appropriate to the occasion and follow the chosen course of action. 16 모평

사람들은 그 경우에 알맞은 특별한 전략을 선택해야 하고 선택된 행동 방침을 따라야 한다.

04 It may be best if the offended person tries to r________________ their friendship.

기분이 상한 사람이 우정을 회복하려고 노력한다면 그것이 최선일 수도 있다.

05 Now we have two possible o________________ — what economists call "multiple equilibria." 22 모평

이제 우리는 경제학자들이 '복수 균형'이라고 부르는 가능한 두 가지 결과를 갖게 된다.

A 다음 영어 단어에 해당하는 우리말 뜻을 빈칸에 쓰시오.

01 casual		11 tablet	
02 nominate		12 diminish	
03 desert		13 transaction	
04 principal		14 outlook	
05 devote		15 sacred	
06 sufficient		16 concern	
07 infinite		17 tenant	
08 bud		18 by-product	
09 characteristic		19 municipal	
10 phenomenon		20 roam	

B 다음 우리말 뜻에 해당하는 영어 단어를 빈칸에 쓰시오.

01 예상하다, 기대하다		11 액체, 액체의	
02 배제하다, 제외하다		12 농민, 소작농	
03 제대로 된, 품위 있는		13 준비하다	
04 동정, 공감		14 융통성 있는, 유연한	
05 상징적인		15 안정된, 마구간	
06 ~할 가치가 있는		16 고통받다, 겪다	
07 보도, 포장도로		17 왜곡, 찌그러뜨림	
08 먹을 수 있는, 식용의		18 질투하는	
09 거래하다, 무역		19 이익, 자기편	
10 걱정, 불안, 열망		20 연방의, 연합의	

C 다음 영영풀이에 해당하는 단어를 보기에서 골라 쓰시오.

01 ________________ a feeling of nervousness or worry

02 ________________ a feeling of kindness and understanding someone else's suffering

03 ________________ to prevent someone or something from entering a place or taking part in something

04 ________________ to expect that something will probably happen

05 ________________ of an acceptable standard or quality

D 다음 문장의 빈칸에 주어진 철자로 시작하는 알맞은 단어를 쓰시오.

01 These same chimps had already been taught the s________________ concept of simple numbers. `14 모평`

이 동일한 침팬지들은 이미 간단한 숫자들의 상징적인 개념을 학습해 왔다.

02 Jessica sighed with c________________, "I'm going to miss the sunset because of the traffic." `23 모평`

Jessica는 "나는 교통 때문에 일몰을 놓치게 될 거야."라고 걱정을 하며 한숨을 쉬었다.

03 According to Cambodian legends, lions once r________________ the countryside attacking villagers and their precious buffalo. `12 모평`

캄보디아의 전설에 따르면, 사자들은 한때 마을 사람들과 그들의 귀중한 물소들을 공격하면서 시골을 돌아다녔다.

04 The percentage of f________________ and state taxes is more than 20% in the price of the product.

연방과 주의 세금 비율은 제품 가격의 20퍼센트 이상을 차지한다.

05 It is postulated that such contamination may result from airborne transport from remote power plants or m________________ incinerators. `18 수능`

그러한 오염은 멀리 떨어진 발전소 혹은 지방자치단체의 소각로로부터 공기를 통해 전파된 결과로 발생할 수 있다는 것이 가정된다.

A 다음 영어 단어에 해당하는 우리말 뜻을 빈칸에 쓰시오.

01 priceless

02 judge

03 plot

04 control

05 Atlantic

06 booth

07 diverse

08 deliberate

09 supreme

10 collapse

11 fate

12 support

13 suggest

14 prescribe

15 abrupt

16 gaze

17 prompt

18 weird

19 distraction

20 trigger

B 다음 우리말 뜻에 해당하는 영어 단어를 빈칸에 쓰시오.

01 화폐의

02 서로의, 공통의

03 어둠, 우울

04 동적인, 역학의

05 산업, 공업

06 분출하다, 폭발하다

07 부분적인, 편파적인

08 포유동물

09 모욕하다, 모욕

10 빙산

11 독백

12 신경

13 변경하다, 개정하다

14 내부의

15 분개하다, 화를 내다

16 막대기, 회초리

17 전쟁의, 군대의

18 추구하다, 쫓다

19 매달다, 중지하다

20 정제하다, 개선하다

C 다음 영영풀이에 해당하는 단어를 보기에서 골라 쓰시오.

collapse	deliberate	distraction	gaze
insult	mutual	resent	revise

01 _______________ to feel angry because you think you have been treated unfairly

02 _______________ to look steadily at someone or something for a long time

03 _______________ something that turns someone's attention away from something they want to concentrate on

04 _______________ to fall down suddenly, often after breaking apart

05 _______________ done on purpose, not by chance or by accident

D 다음 문장의 빈칸에 주어진 철자로 시작하는 알맞은 단어를 쓰시오.

01 Toward the end of the American Revolution, she became deeply involved in a p_______________ to overthrow the king.　13 모평

미국의 독립 전쟁이 끝날 무렵, 그녀는 왕을 전복시키려는 음모에 깊이 관여하게 되었다.

02 Average consumers of health care do not have a license to order services or p_______________ medications.　18 모평 변형

의료 서비스의 일반적인 고객들은 서비스를 주문하거나 약물을 처방하는 면허를 가지고 있지 않다.

03 One of my dreams came to an a_______________ halt in a photography class.　12 모평

나의 꿈 중 하나는 사진 수업 시간에 갑작스럽게 중단되게 되었다.

04 Why are you so full of g_______________ on such a beautiful day?

이렇게 아름다운 날에 당신은 왜 그렇게 우울해합니까?

05 Steve agreed and s_______________ that they could start personalizing the room like Noah wanted, the next day.　23 모평

Steve는 동의했고, 다음날 Noah가 원하는 대로 방을 개인화하는 것을 시작할 수 있을 거라고 넌지시 말했다.

A 다음 영어 단어에 해당하는 우리말 뜻을 빈칸에 쓰시오.

01 rear		11 astound	
02 frown		12 carve	
03 force		13 sprout	
04 cure		14 cheer	
05 complete		15 attribute	
06 dictator		16 bystander	
07 foster		17 context	
08 race		18 nest	
09 disguise		19 postpone	
10 rob		20 abuse	

B 다음 우리말 뜻에 해당하는 영어 단어를 빈칸에 쓰시오.

01 남자의, 남자다운		11 탈것, 수단, 매개체	
02 청사진		12 양철, 주석	
03 중대한, 중요한		13 갑판	
04 공격적인, 적극적인		14 심리학자	
05 교육 과정, 커리큘럼		15 고장, 쇠약	
06 불평하다, 항의하다		16 얻다, 이익	
07 설교		17 지배하다	
08 괴롭히다, 약 올리다		18 꿰매다, 바느질하다	
09 평가, 판단		19 생산(량), 산출(량)	
10 소책자, 브로슈어		20 마비	

C 다음 영영풀이에 해당하는 단어를 보기에서 골라 쓰시오.

01 ________________ to make fun of someone playfully by embarrassing or annoying them

02 ________________ loss or impairment of the ability to move a body part because of illness or injury

03 ________________ to change so as to conceal the true identity or character of someone or something

04 ________________ the act or result of judging the worth or value of something or someone

05 ________________ to make a serious or worried expression by moving your eyebrows down and closer together

D 다음 문장의 빈칸에 주어진 철자로 시작하는 알맞은 단어를 쓰시오.

01 In order to allow the different units to cooperate successfully, the existence of a common platform is c________________. `22 수능 변형`
서로 다른 부문들이 성공적으로 협력할 수 있도록 하기 위해서는, 공동 플랫폼의 존재가 매우 중요하다.

02 It looked like he was having a public nervous b________________. `11 모평`
그는 많은 사람들 앞에서 신경 쇠약에 걸린 것처럼 보였다.

03 Knowing the truth can also r________________ one of the will to live.
진실을 아는 것이 또한 한 사람에게서 살아갈 의지를 강탈할 수도 있다.

04 When he contracts influenza, he never a________________ this event to his behavior toward the tax collector or his mother-in-law. `18 수능`
독감에 걸릴 때, 그는 이 사건을 결코 세금 징수원이나 자신의 장모에 대한 그의 행동 때문으로 여기지 않는다.

05 The Tasmanian tiger had a wolf's head and a kangaroo's r________________ legs.
태즈메이니아 호랑이는 늑대의 머리와 캥거루의 뒷다리를 가지고 있었다. `14 모평`

A 다음 영어 단어에 해당하는 우리말 뜻을 빈칸에 쓰시오.

01	particular		11	deal
02	await		12	dawn
03	workshop		13	fluid
04	satisfy		14	variable
05	affair		15	overlook
06	recruit		16	startle
07	substitute		17	stun
08	concrete		18	discourage
09	rule		19	tension
10	nourish		20	contend

B 다음 우리말 뜻에 해당하는 영어 단어를 빈칸에 쓰시오.

01	읽고 쓸 수 있는		11	개혁, 개혁하다
02	갈라진 틈, 금 가다		12	황폐시키다
03	보상하다		13	치명적인
04	배달하다, 전달하다		14	환자, 인내심 있는
05	임대, 임대하다		15	만(灣)
06	인내심		16	집회, 총회, 관습
07	유지하다, 지지하다		17	수확하다
08	존중하다, 존경, 관련		18	거꾸로 하다
09	게시, 게시물		19	거부하다, 거절하다
10	적대적인		20	통치 기간, 군림하다

C 다음 영영풀이에 해당하는 단어를 보기에서 골라 쓰시오.

┌ 보기 ──
│ compensate   deliver   hostile   lease
│ perseverance   reign   respect   stun
└──

01 ________________ to rule a country as a king or queen

02 ________________ to take goods or letters to a place

03 ________________ to shock or surprise someone so much and they are unable to speak or do anything

04 ________________ continued effort to do or achieve something even though it is difficult

05 ________________ to pay someone money in exchange for the bad effects of damage, loss, etc.

D 다음 문장의 빈칸에 주어진 철자로 시작하는 알맞은 단어를 쓰시오.

01 Any learning environment that d________________ with only the database instincts or only the improvisatory instincts ignores one half of our ability. 20 수능

데이터베이스에 근거한 직감만을 혹은 즉흥적인 직감만을 다루는 어떤 학습 환경이든 우리 능력의 절반은 무시한다.

02 The bodies of dead insects n________________ other organisms.

곤충의 사체는 다른 생물체들에게 영양분을 준다.

03 Based on a complex sensory analysis, the final decision whether to swallow or r________________ food is made. 16 수능

복합적인 감각의 분석을 토대로, 음식을 삼킬지 또는 거부할지에 대한 최종 결정이 이루어진다.

04 Presentational styles have been subject to a t________________ between an informational-educational purpose and the need to engage us entertainingly. 22 수능

표현 방식은 정보 제공 및 교육적 목적과 재미있게 우리의 주의를 끌 필요성 사이의 긴장 상태에 영향을 받아 왔다.

05 The quake d________________ 24,000 square miles of wilderness, much of it glaciated. 19 모평

그 지진은 2만4천 제곱마일의 황무지를 황폐시켰는데, 그 황무지의 많은 부분이 빙하로 덮여 있었다.

A 다음 영어 단어에 해당하는 우리말 뜻을 빈칸에 쓰시오.

01 era		11 convert	
02 core		12 peculiar	
03 animate		13 exemplify	
04 superb		14 coherent	
05 tender		15 empirical	
06 renowned		16 withdraw	
07 adhere		17 choke	
08 strike		18 mischief	
09 sake		19 gigantic	
10 spear		20 contribute	

B 다음 우리말 뜻에 해당하는 영어 단어를 빈칸에 쓰시오.

01 분수, 근원		11 (풀 등을) 베다	
02 민간 설화, 전설		12 괴롭히다	
03 신랑		13 참을 수 없는	
04 분리하다, 갈라진		14 진화하다, 발전하다	
05 구별하다, 차별하다		15 2개 국어의	
06 막다, 예방하다		16 존엄(성)	
07 쫓다, 추적하다		17 통지하다, 알리다	
08 초자연적인		18 명상하다	
09 동시에		19 범위, 정렬시키다	
10 본능		20 억압하다, 참다	

C 다음 영영풀이에 해당하는 단어를 보기에서 골라 쓰시오.

withdraw	adhere	chase	tender
core	dignity	meditate	peculiar

01 ________________ the most important or central part of something

02 ________________ to spend time in quiet thought for religious purposes or relaxation

03 ________________ to follow or go after someone or something you want

04 ________________ the quality of being worthy of honor or respect

05 ________________ to stick firmly to something

D 다음 문장의 빈칸에 주어진 철자로 시작하는 알맞은 단어를 쓰시오.

01 Scientific explanations organize and systematize our knowledge of the
e________________ world. `22 수능 변형`

과학적 설명은 경험적 세계에 대한 우리의 지식을 조직하고 체계화한다.

02 I have always taught my children that something good is to be desired and
developed for its own s________________. `11 수능 변형`

나는 항상 나의 아이들에게 좋은 것은 그 자체를 위해 바라고 발전하게 되는 것이라고 가르쳐 왔다.

03 Zoo life is utterly incompatible with an animal's most deeply-rooted survival
i________________. `12 모평`

동물원 생활은 동물의 가장 뿌리 깊은 생존 본능들과 전혀 맞지 않는다.

04 It's part of the larger trend toward celebrating, rather than s________________,
individuality in kids. `13 모평`

그것은 아이들의 개성을 억압하기보다는 축하하는 쪽으로 가는 더 큰 추세의 일부이다.

05 By recognizing where one's true value lies, one s________________ recognizes the
true value of others. `14 모평`

자신의 진정한 가치가 어디에 있는지 인식함으로써, 사람은 동시에 다른 사람들의 진정한 가치도 인식하게 된다.

A 다음 영어 단어에 해당하는 우리말 뜻을 빈칸에 쓰시오.

01 float

02 conduct

03 undergo

04 weep

05 formulate

06 conceal

07 summit

08 overall

09 colony

10 conceive

11 compliment

12 shallow

13 absurd

14 prone

15 retreat

16 alter

17 sensation

18 wrestle

19 incentive

20 grasp

B 다음 우리말 뜻에 해당하는 영어 단어를 빈칸에 쓰시오.

01 중립의, 공평한

02 미신

03 맹세, 맹세하다

04 깃발, 현수막

05 기숙사

06 증진하다, 승진시키다

07 자랑하다, 떠벌리다

08 경향, 추세

09 파괴하다

10 강제적인, 강박의

11 공자의, 유교의

12 직면하다, 얼굴, 표면

13 전문 병원, 개인 병원

14 대담한, 선이 굵은

15 내구성

16 유산, 세습 재산

17 무리, 떼, 군대, 군사

18 박수갈채

19 영양실조

20 얼룩, 얼룩지게 하다

보기			
absurd	alter	boast	compliment
compulsive	conceal	promote	stain

01 _______________ to keep something from being discovered

02 _______________ to help something happen or develop

03 _______________ really silly, absolutely ridiculous, or total nonsense

04 _______________ to talk in a way that shows you are too proud of something you have or have done

05 _______________ to make something or someone different, to become different

D 다음 문장의 빈칸에 주어진 철자로 시작하는 알맞은 단어를 쓰시오.

01 This illustrates the t_______________ that most city dwellers get tired of urban lives and decide to settle in the countryside. 21 모평

이것은 대부분의 도시 거주자들이 도시 생활에 지쳐서 시골에서 정착하기로 하는 경향을 설명해 준다.

02 Why does oil f_______________ on top of water in a glass? 15 모평

왜 기름은 유리잔 속의 물 위에 뜨는가?

03 The g_______________ and support forces must also match overall object mass and fragility. 17 모평

붙잡고 지지하는 힘은 또한 전반적인 물체의 질량과 연약함에 부합해야 한다.

04 It seems that we are p_______________ to adjust our messages to our listeners, and, having done so, to believe the altered message. 12 모평

우리는 듣는 사람들에 맞춰 우리의 메시지를 조정하고, 그렇게 한 다음에는 그 변경된 메시지를 믿는 경향이 있는 것 같다.

05 A climate scientist is no more qualified to comment on health care reform than a physicist is to judge the causes of bee c_______________ collapse. 22 수능 변형

기후 과학자가 의료 개혁에 대해 견해를 밝힐 자격이 없는 것은 물리학자가 꿀벌 집단의 붕괴 원인을 판단할 자격이 없는 것과 같다.

A 다음 영어 단어에 해당하는 우리말 뜻을 빈칸에 쓰시오.

01 utmost

02 manage

03 navigate

04 spacious

05 reservoir

06 imprint

07 crude

08 consist

09 intact

10 diagnose

11 dismay

12 confine

13 prominent

14 draft

15 trim

16 dispatch

17 velocity

18 accumulate

19 tangible

20 rigid

B 다음 우리말 뜻에 해당하는 영어 단어를 빈칸에 쓰시오.

01 공평

02 충동, 추진

03 동기(행동의 원인)

04 야심 있는

05 출석하다, 보살피다

06 고고학

07 경계, 경계선

08 위반하다, 침해하다

09 빼다

10 길들이다, 길들여진

11 구현하다, 구체화하다

12 분자

13 숙달된

14 낳다, 양육하다

15 치료, 요법

16 보충(물), 보충하다

17 순응하다, 일치하다

18 적응하다, 적응시키다

19 변형하다, 수정하다

20 엮다, 짜다

C 다음 영영풀이에 해당하는 단어를 보기에서 골라 쓰시오.

01 _________________ important and well-known

02 _________________ to take one number away from another

03 _________________ to break a law, rule, etc.

04 _________________ something added to something else

05 _________________ in its natural state before it is treated with chemicals

D 다음 문장의 빈칸에 주어진 철자로 시작하는 알맞은 단어를 쓰시오.

01 Dinner c_________________ of a freeze-dried meal, "cooked" by pouring hot water into the package. `15 수능`

저녁 식사는 용기 안에 뜨거운 물을 부어 '조리되는' 동결 건조식으로 구성된다.

02 Larger groups also put more pressure on their members to c_________________. `15 수능`

규모가 더 큰 집단은 또한 구성원들에게 순응하도록 더 큰 압력을 가한다.

03 Rachel was c_________________ to the house because of a broken leg. `20 모평 변형`

Rachel은 다리가 골절되어 집에 갇혀 지냈다.

04 Reconstructing intangible aspects of culture is more difficult, requiring that one draw more inferences from the t_________________. `22 모평`

문화의 무형적 측면을 재구성하는 것은 더 어려워서, 우리는 유형적인 것에서 더 많은 추론을 끌어내야 한다.

05 In many situations, the b_________________ between good and bad depends on the immediate circumstances. `16 수능`

많은 경우에 좋음과 나쁨의 경계는 당면한 상황에 의해 결정된다.

A 다음 영어 단어에 해당하는 우리말 뜻을 빈칸에 쓰시오.

01 cost		11 pledge	
02 damp		12 exhibit	
03 thorough		13 discharge	
04 feed		14 signify	
05 temperate		15 detect	
06 panel		16 lay	
07 blame		17 sole	
08 sophomore		18 undertake	
09 flourish		19 surveillance	
10 expose		20 remind	

B 다음 우리말 뜻에 해당하는 영어 단어를 빈칸에 쓰시오.

01 증상		11 높이 치솟다	
02 벽장		12 폭발하다	
03 공간의, 공간적인		13 일화, 비화	
04 지질학		14 얻다, 벌다	
05 언어의, 언어학의		15 어색한, 서투른	
06 지름, 직경		16 기둥	
07 발명하다		17 손으로 쓰기, 대본	
08 환상, 착각		18 갈다, 빻다	
09 토론하다		19 드러내다, 폭로하다	
10 조롱하다, 가짜의		20 형제자매, 동기	

 다음 영영풀이에 해당하는 단어를 보기에서 골라 쓰시오.

보기

| awkward | blame | damp | explode |
| flourish | mock | remind | temperate |

01 ______________ slightly wet

02 ______________ never extremely hot or extremely cold

03 ______________ to say that someone or something is responsible for something that's bad or has gone wrong

04 ______________ embarrassing and difficult to deal with someone or something

05 ______________ to develop quickly and strongly

D 다음 문장의 빈칸에 주어진 철자로 시작하는 알맞은 단어를 쓰시오.

01 "I want to s______________ to the moon," Delia thought. 15 모평

"나는 달까지 솟아오르고 싶어."라고 Delia는 생각했다.

02 When the spring tide is at its height, some birds mate and l______________ their eggs on beaches. 14 수능

한사리가 최고조일 때, 어떤 새들은 짝짓기를 하고 해안가에 알을 낳는다.

03 There, studying and interacting with local villagers, he patiently e______________ their trust. 11 모평

그곳에서 연구하고 지역 주민들과 상호 작용하며 그는 끈기 있게 그들의 신뢰를 얻었다.

04 Special radar systems are being installed at major airports to d______________ the location of unpredictable thunderstorms. 13 모평

예기치 못한 심한 뇌우의 위치를 감지하기 위해 특수 레이더 시스템이 주요 공항들에 설치되고 있다.

05 Social personal assistant robots can be used as s______________ devices.

소셜 개인용 도우미 로봇들은 감시 장치로 사용될 수 있다. 22 모평 변형

A 다음 영어 단어에 해당하는 우리말 뜻을 빈칸에 쓰시오.

01 revenue		**11** corrupt	
02 enlist		**12** storage	
03 rush		**13** contaminate	
04 factual		**14** bounce	
05 regret		**15** submit	
06 regard		**16** locate	
07 patent		**17** gorgeous	
08 trace		**18** motion	
09 humble		**19** external	
10 divine		**20** arithmetic	

B 다음 우리말 뜻에 해당하는 영어 단어를 빈칸에 쓰시오.

01 편의, 편리		**11** 늪, 습지	
02 비정상적인		**12** 위생, 위생학	
03 탐험(대)		**13** 논란, 논쟁	
04 언급하다, 언급		**14** 투옥하다	
05 적도		**15** 방해하다	
06 (짐승의) 떼		**16** 미덕	
07 할당하다, 분배하다		**17** 다가오는	
08 맥박		**18** 일관된, 모순이 없는	
09 탄소		**19** 아첨	
10 되살아나다		**20** 인식의, 인지력 있는	

C 다음 영영풀이에 해당하는 단어를 보기에서 골라 쓰시오.

| consistent | controversy | gorgeous | hinder |
| humble | patent | regret | rush |

01 ________________ strikingly beautiful or very attractive

02 ________________ always behaving in the same way

03 ________________ to hurry or move very quickly

04 ________________ a lot of discussion and argument about something

05 ________________ to block or put something in the way of

D 다음 문장의 빈칸에 주어진 철자로 시작하는 알맞은 단어를 쓰시오.

01 The young must l________________, identify, and settle in a habitat that satisfies not only survivorship but reproductive needs as well. 20 수능 변형

그 새끼들은 생존뿐만 아니라 번식을 위한 필요조건도 충족시켜 주는 서식지를 찾고, 확인하고, (거기에) 정착해야 한다.

02 Humour involves not just practical disengagement but c________________ disengagement. 22 수능

유머는 실제적인 이탈뿐만 아니라 인식의 이탈을 포함한다.

03 The project was r________________ four years later in a new and greatly modified form. 10 모평

그 사업 계획은 엄청나게 변형된 새로운 형태로 4년 후에 되살려졌다.

04 Once again, they discussed the company's expenses and dwindling r________________. 12 수능

또 다시, 그들은 회사의 비용과 줄어드는 수익에 대해 논의했다.

05 You will learn how to find t________________ of suspects. 21 모평 변형

여러분은 용의자의 흔적을 찾는 방법을 배울 것입니다.

A 다음 영어 단어에 해당하는 우리말 뜻을 빈칸에 쓰시오.

01 deluxe

02 license

03 embrace

04 derive

05 repetitive

06 halt

07 accord

08 convey

09 cluster

10 explore

11 acknowledge

12 emerge

13 warrant

14 leftover

15 immense

16 plague

17 ponder

18 oppress

19 plea

20 pierce

B 다음 우리말 뜻에 해당하는 영어 단어를 빈칸에 쓰시오.

01 깊이

02 복권, 추첨

03 초음파

04 도자기, 도자기의

05 신맛이 나는

06 화해

07 추출하다, 추출물

08 다리를 저는

09 (주거 침입) 강도

10 사소한

11 보완하다, 보충물

12 칼날

13 증명서, 자격[면허]증

14 지능, 지성

15 주관적인, 주격의

16 이식, 이식하다

17 증발하다

18 고백하다

19 뇌졸중, 강타

20 하수

C 다음 영영풀이에 해당하는 단어를 보기에서 골라 쓰시오.

보기

| complement | confess | embrace | immense |
| oppress | plague | plea | warrant |

01 _______________ to admit doing something wrong

02 _______________ to keep down by unjust use of one's authority

03 _______________ very large in size, amount, or degree

04 _______________ a humble appeal or request for help from someone in authority

05 _______________ to welcome someone with open arms

D 다음 문장의 빈칸에 주어진 철자로 시작하는 알맞은 단어를 쓰시오.

01 We must work to resolve conflicts in a spirit of r_______________. `10 수능`

우리는 화해의 정신으로 분쟁을 해결하기 위해 애써야 한다.

02 Ordinarily we d_______________ much valuable information about new situations from how others around us behave. `23 모평 변형`

보통 우리는 우리 주변의 다른 사람들이 어떻게 행동하는지로부터 새로운 상황에 관한 많은 귀중한 정보를 이끌어 낸다.

03 Music can c_______________ the quality and size of a space. `15 모평`

음악은 공간의 특성과 규모를 전달할 수 있다.

04 As the water e_______________, the traces of dissolved salts were gradually concentrated in the shrinking lake. `13 수능`

물이 증발하면서, 미량의 용해된 소금이 줄어드는 호수에 서서히 농축되었다.

05 By comparison, evaluation of performances such as diving, gymnastics, and figure skating is more s_______________. `15 모평`

그에 비해, 다이빙, 체조, 그리고 피겨스케이팅과 같은 연기에 대한 평가는 더 주관적이다.

A 다음 영어 단어에 해당하는 우리말 뜻을 빈칸에 쓰시오.

01 feedback		11 toss	
02 blend		12 glimpse	
03 beverage		13 linger	
04 maximize		14 vanish	
05 abundant		15 swell	
06 grief		16 sacrifice	
07 outbreak		17 duplicate	
08 spoil		18 retain	
09 undo		19 assert	
10 pioneer		20 obsess	

B 다음 우리말 뜻에 해당하는 영어 단어를 빈칸에 쓰시오.

01 아늑한		11 고도, 높이	
02 거만한		12 피할 수 없는	
03 〈집합적〉 기계		13 얇은 조각, 얇게 썰다	
04 강당		14 무시하다, 소홀, 무시	
05 전사, 용사		15 관목	
06 수용하다, 숙박시키다		16 방사성의	
07 축적		17 정교한, 공들인	
08 추천하다		18 경매, 경매에 부치다	
09 소송인, 구혼자		19 분별 있는, 사려 깊은	
10 이국적인		20 이성적인, 합리적인	

C 다음 영영풀이에 해당하는 단어를 보기에서 골라 쓰시오.

01 _______________ to disappear and become invisible or unnoticeable

02 _______________ to destroy something or ruin its quality

03 _______________ to have room for someone or something

04 _______________ being certain to happen and incapable of being avoided or prevented

05 _______________ to fail to care for someone or something

D 다음 문장의 빈칸에 주어진 철자로 시작하는 알맞은 단어를 쓰시오.

01 My heart s_______________ as much as my chubby bags.　16 수능
나의 마음은 내 불룩한 가방만큼 부풀어 오른다.

02 It is sometimes better not to show g_______________ in public.
때로는 슬픔을 남들 앞에서 보여 주지 않는 것이 더 낫다.

03 From this perspective, it is assumed that individuals are r_______________ actors.
이 관점에서, 개인은 합리적인 행위자라고 추정된다.　22 모평 변형

04 In such institutions it is difficult for the staff to r_______________ optimism when all the patients are declining in health.　17 수능
그러한 시설에서 모든 환자가 건강이 쇠약해지고 있을 때 직원들이 낙관주의를 유지하는 것은 어렵다.

05 With each new solution, we g_______________ a bit more of the overall pattern of nature.　12 모평
각각의 새로운 해결 방법으로, 우리는 자연의 전반적인 패턴에 대해 어렴풋이 조금 더 알게 된다.

A 다음 영어 단어에 해당하는 우리말 뜻을 빈칸에 쓰시오.

01 interior		11 impair	
02 ripe		12 shield	
03 precede		13 conflict	
04 urgent		14 probe	
05 coverage		15 settle	
06 predominant		16 naive	
07 foundation		17 framework	
08 attorney		18 prolong	
09 versus		19 stimulate	
10 shed		20 bruise	

B 다음 우리말 뜻에 해당하는 영어 단어를 빈칸에 쓰시오.

01 유창한		11 은유, 은유법	
02 진동하다, 흔들다		12 구조, 조직, 직물	
03 아슬아슬한, 숨 막히는		13 쟁기, 쟁기질하다	
04 생태학		14 쫓아내다	
05 수업료		15 수도권의, 대도시의	
06 장식품, 장식하다		16 전염병, 유행병	
07 증기, 증발하다		17 유전, 유전 형질	
08 위생		18 가장자리	
09 사색하다, 투기하다		19 유도하다, 설득하다	
10 임신한		20 전복시키다, 전복	

C 다음 영영풀이에 해당하는 단어를 보기에서 골라 쓰시오.

conflict	fluent	naive	ornament
precede	ripe	prolong	urgent

01 ＿＿＿＿＿＿＿＿＿ to come before

02 ＿＿＿＿＿＿＿＿＿ requiring immediate attention or action

03 ＿＿＿＿＿＿＿＿＿ a struggle between two opposing groups or individuals

04 ＿＿＿＿＿＿＿＿＿ able to speak a language easily and very well

05 ＿＿＿＿＿＿＿＿＿ to make something last longer or to stretch it out in time

D 다음 문장의 빈칸에 주어진 철자로 시작하는 알맞은 단어를 쓰시오.

01 This approach is the f＿＿＿＿＿＿＿＿ for the modern Western way of life.　15 모평

이 접근법이 현대 서양의 생활 방식의 토대이다.

02 Salt cannot leave the sea by evaporation because the water v＿＿＿＿＿＿＿＿ leaves it behind.　10 모평

소금은 증발 과정으로 인해 바다에서 없어질 수가 없는데, 왜냐하면 수증기가 바다에 그것을 남겨 두기 때문이다.

03 People presented with the beast m＿＿＿＿＿＿＿＿ focused on remediations.

짐승의 은유를 제공받은 사람들은 교정 조치에 초점을 맞추었다.　21 모평 변형

04 We can p＿＿＿＿＿＿＿＿ difficult-to-reach places with the screwdriver's extended end.　21 모평 변형

우리는 나사돌리개의 확장된 끝을 가지고 도달하기 어려운 곳을 조사할 수 있다.

05 Although cognitive and neuropsychological approaches emphasize the losses with age that might i＿＿＿＿＿＿＿＿ social perception, motivational theories indicate that there may be some gains or qualitative changes.　22 모평

인지적 접근법과 신경 심리학적 접근법이 사회 지각을 손상할지도 모르는 노화에 따른 상실을 강조하긴 하지만, 동기 이론은 어떤 이득이나 질적 변화가 있을 수 있다는 것을 보여 준다.

A 다음 영어 단어에 해당하는 우리말 뜻을 빈칸에 쓰시오.

01 withstand		11 vacant	
02 technical		12 anchor	
03 solitary		13 sprain	
04 compound		14 gross	
05 paste		15 thrill	
06 sector		16 asymmetry	
07 prospect		17 boost	
08 gymnastics		18 rust	
09 wander		19 disrupt	
10 stool		20 preoccupation	

B 다음 우리말 뜻에 해당하는 영어 단어를 빈칸에 쓰시오.

01 과수원		11 익명의	
02 파묻다		12 도구, 실행하다	
03 기념물, 기념관		13 일시적 유행	
04 따라잡다		14 순서, 결과, 연속	
05 심판, 심판하다		15 고리	
06 닮다, 비슷[유사]하다		16 충돌하다	
07 문학, 문예, 문헌		17 연민, 동정	
08 사악한		18 (숨을) 들이쉬다	
09 비율, 부분		19 선동하다, 자극하다	
10 인용하다		20 항생 물질, 항생제	

C 다음 영영풀이에 해당하는 단어를 보기에서 골라 쓰시오.

| 보기 |
| collide | compassion | implement | orchard |
| solitary | vacant | wicked | withstand |

01 _______________ very bad and deliberately harmful

02 _______________ to crash into each other with a violent impact

03 _______________ to hold up against something strong

04 _______________ an area of land where fruit trees are grown

05 _______________ a tool or other piece of equipment

D 다음 문장의 빈칸에 주어진 철자로 시작하는 알맞은 단어를 쓰시오.

01 He is emerging from a long, strong p_______________ with his mother.

그는 어머니에 대한 오래되고 강한 집착에서 벗어나고 있다.

02 After many hours of w_______________ throughout the deserted lands, however, she was unsuccessful. 22 수능

하지만 황량한 땅을 여러 시간 정처 없이 돌아다닌 후에도 그녀는 성과를 얻지 못했다.

03 Retailers often b_______________ sales with accompanying support such as assembly or installation services. 21 모평 변형

소매업자들은 흔히 조립이나 설치 서비스와 같은 동반 지원을 통해 판매를 북돋운다.

04 The very p_______________ of losing everything and having to start all over again would be overwhelming for anybody. 13 모평

모든 것을 잃고 처음부터 다시 시작해야 한다는 가능성만으로도 누구든 압도당할 것이다.

05 Oppression will surely p_______________ the people to a rebellion.

탄압은 분명히 국민을 자극하여 반란을 일으키게 할 것이다.

A 다음 영어 단어에 해당하는 우리말 뜻을 빈칸에 쓰시오.

01	beloved		11	last
02	divide		12	fatigue
03	peel		13	bias
04	vaccine		14	lyric
05	spectacle		15	correspond
06	tariff		16	fund
07	surplus		17	vacuum
08	ease		18	simulate
09	inquire		19	clone
10	obscure		20	tread

B 다음 우리말 뜻에 해당하는 영어 단어를 빈칸에 쓰시오.

01	마천루, 고층 건물		11	겹치다, 중복
02	타고난		12	극복하다, 압도하다
03	단언하다		13	통합, 〈수학〉 적분
04	삽		14	이상한, 홀수의
05	사마귀, 점		15	이동하다, 이주하다
06	갈대, 갈대의		16	단서, 신호
07	폭군, 전제 군주		17	예언
08	달라붙다, 집착하다		18	가설(假設)
09	(대규모의) 요새		19	돌연변이, 변화
10	토하다, 구토		20	효모, 발효하다

C 다음 영영풀이에 해당하는 단어를 보기에서 골라 쓰시오.

보기			
bias	fatigue	inquire	obscure
overcome	surplus	tread	vacuum

01 _________________ vague and hard to understand or express

02 _________________ to ask for information

03 _________________ a space that is completely empty of all the air and any other gases

04 _________________ the state of being very tired, extreme weariness

05 _________________ a preference for one thing over another, especially an unfair one

D 다음 문장의 빈칸에 주어진 철자로 시작하는 알맞은 단어를 쓰시오.

01 Living rock cactus has triangular tubercles that o_______________ in a star-shaped pattern. `15 모평`

살아 있는 돌선인장은 별 모양 형태로 겹치는 삼각형의 작은 돌기들을 가지고 있다.

02 As he grew up, Carl Stokes held many o_______________ jobs to help his family.

Carl Stokes는 자라면서 가족을 돕기 위해 여러 이상한 일들을 했다. `20 모평 변형`

03 Most song thrushes m_______________ from northern Scotland. `12 모평`

대부분의 노래지빠귀들은 스코틀랜드 북쪽에서부터 이동해 온다.

04 This program l_______________ for six weeks and consists of three different components. `15 모평`

이 프로그램은 6주간 계속되고, 세 개의 상이한 구성 요소들로 구성된다.

05 To o_______________ this problem, almost all animals habituate to safe stimuli that occur frequently. `22 모평`

이 문제를 극복하기 위해, 거의 모든 동물은 자주 발생하는 안전한 자극에 익숙해져 있다.

A 다음 영어 단어에 해당하는 우리말 뜻을 빈칸에 쓰시오.

01 aid		**11** comprehend	
02 testify		**12** intriguing	
03 enclose		**13** spontaneous	
04 adverse		**14** flaw	
05 appreciate		**15** keen	
06 interchange		**16** leverage	
07 mentor		**17** strip	
08 garment		**18** grill	
09 nasty		**19** deed	
10 originate		**20** intuitive	

B 다음 우리말 뜻에 해당하는 영어 단어를 빈칸에 쓰시오.

01 실험, 실험하다		**11** 애국자	
02 수로, 운하		**12** 억제하다, 구속하다	
03 삽입하다		**13** 목초지, 목장	
04 생생한		**14** 껍질, 〈지질〉 지각	
05 밀가루		**15** 묶음, 꾸러미	
06 식욕, 욕망, 욕구		**16** 피골이 상접한, 마른	
07 검열		**17** 측정, 측량, 치수	
08 수직의		**18** 조종하다, 조작하다	
09 뛰어들다, 던져 넣다		**19** 저주, 저주하다	
10 평판, 명성		**20** 죄다, 위축시키다	

C 다음 영영풀이에 해당하는 단어를 보기에서 골라 쓰시오.

> **보기**
>
> | keen | flaw | nasty | patriot |
> | plunge | restrain | spontaneous | vivid |

01 ________________ to stop someone from doing something

02 ________________ very unpleasant to see, smell, taste, etc. / negative or unfavorable

03 ________________ producing very clear pictures within the mind

04 ________________ happening without apparent external cause

05 ________________ a person who loves their country and sacrifices for it

D 다음 문장의 빈칸에 주어진 철자로 시작하는 알맞은 단어를 쓰시오.

01 Your company has an excellent r________________ as a research institution. `15 모평`
귀사는 연구 기관으로서 평판이 매우 좋습니다.

02 Left-brain thinking is usually logical while the right brain is i________________.
좌뇌의 사고는 보통 논리적인 데 비해 우뇌는 직관적이다.

03 It is difficult to a________________ what a temperature of 20,000,000°C means. `15 모평`
섭씨 2천만 도의 온도가 무엇을 의미하는지를 이해하는 것은 어렵다.

04 What should writers do when they're teased by i________________ but elusive ideas?
아주 흥미롭지만 정의하기 어려운 생각들로 괴로울 때 작가들은 무엇을 해야 하는가? `13 수능`

05 Actually, you can l________________ this human tendency to your benefit. `23 모평`
실제로, 당신은 이 인간적인 경향을 당신에게 득이 되도록 이용할 수 있다.

A 다음 영어 단어에 해당하는 우리말 뜻을 빈칸에 쓰시오.

01 allergy		11 outgoing	
02 designate		12 stem	
03 commemorate		13 govern	
04 drowsy		14 inspect	
05 advance		15 liberate	
06 primitive		16 swear	
07 endeavor		17 intense	
08 consecutive		18 contemplate	
09 exaggerate		19 feast	
10 underlying		20 norm	

B 다음 우리말 뜻에 해당하는 영어 단어를 빈칸에 쓰시오.

01 학문적인, 학구적인		11 말의, 구두(口頭)의	
02 연극의, 극적인		12 다중 작업을 하다	
03 유독한, 중독의		13 표면상의, 피상적인	
04 여성의, 여성스러운		14 선전 활동, 선전	
05 수송[운송]하다, 수송		15 무작위의, 임의의	
06 인종 차별, 분리		16 마차, 탈것	
07 만성적인, 장기간의		17 응시하다, 노려보다	
08 압축하다		18 세우다, 똑바로 선	
09 가파른, 경사가 급한		19 공동묘지	
10 피난, 피난처, 위안		20 관개, 물 대기	

C 다음 영영풀이에 해당하는 단어를 보기에서 골라 쓰시오.

feast	compress	drowsy	endeavor
exaggerate	intense	stare	swear

01 ________________ sleepy and having low energy

02 ________________ to look at someone or something with fixed eyes

03 ________________ to try hard to make something happen

04 ________________ to press or squeeze something so that it takes up less space

05 ________________ to make something seem larger or greater than it really is

D 다음 문장의 빈칸에 주어진 철자로 시작하는 알맞은 단어를 쓰시오.

01 *Anthropomorphism* (the practice of regarding animals as humans) and *totemism* (the practice of regarding humans as animals) spread through the visual art and the mythology of p________________ cultures. `20 수능 변형`

'의인화'(동물을 인간으로 간주하는 관행)와 '토테미즘'(인간을 동물로 간주하는 관행)은 원시문화의 시각 예술과 신화에 널리 퍼져 있다.

02 We will begin our six-hour hike, searching for birds and learning about the plants and animals of the r________________. `14 모평 변형`

우리는 새를 찾고 보호구역의 식물과 동물에 대해 배우는 6시간에 걸친 도보 여행을 시작할 것이다.

03 This subtle progress is not d________________, not exciting. `21 모평`

이 미묘한 진보는 극적이지도 않고 자극적이지도 않다.

04 Geometrical shapes agree with the u________________ concept or idea. `22 모평 변형`

기하학적 모양은 근본적인 개념이나 생각에 일치한다.

05 We appreciate your giving us the opportunity to i________________ your copier.

우리에게 당신의 복사기를 점검할 기회를 준 것에 감사드립니다.

A 다음 영어 단어에 해당하는 우리말 뜻을 빈칸에 쓰시오.

01	seize	11	mobility
02	upset	12	attain
03	savage	13	numerous
04	incline	14	outlaw
05	preview	15	screw
06	authentic	16	vulnerable
07	consent	17	province
08	executive	18	shelter
09	slogan	19	retarded
10	throughout	20	improvise

B 다음 우리말 뜻에 해당하는 영어 단어를 빈칸에 쓰시오.

01	계속되는, 진행 중인	11	귀찮은 사람, 성가신 것
02	특권, 특권을 주다	12	떨림, 떨다
03	천부적인, 본질적인	13	솜씨, 독창력
04	고아	14	변천, 과도기
05	혼돈, 무질서	15	부족한, 불완전한
06	비약적 발전, 돌파	16	짜내다
07	함축, 암시	17	소유물, 소지품
08	조정하다, 동등한	18	늘이다, 뻗다, 신축성
09	협상하다	19	강요하다, ~하게 만들다
10	현미경	20	오솔길, 골목길

C 다음 영영풀이에 해당하는 단어를 보기에서 골라 쓰시오.

consent	deficient	compel	innate
negotiate	numerous	shelter	shiver

01 ________________ not enough or not adequate

02 ________________ to try to work out an agreement

03 ________________ to shake slightly because someone is cold or frightened

04 ________________ to give someone permission to do something

05 ________________ very large in quantity

D 다음 문장의 빈칸에 주어진 철자로 시작하는 알맞은 단어를 쓰시오.

01 Ideas are worked out as logical i________________ or consequences of other accepted ideas. `22 모평 변형`

사상은 다른 수용된 사상의 논리적 함축이나 결과로 도출된다.

02 His claim entailed relating the progressive accumulation of b________________ and discoveries. `20 수능 변형`

그의 주장은 비약적 발전과 발견의 점진적인 축적을 거론하는 것을 수반했다.

03 You have to give yourself permission to i________________, to mimic, to take on a long-hidden identity. `20 수능`

여러분은 즉흥적으로 하고, 흉내 내고, 오랫동안 숨겨져 있던 정체성을 나타낼 수 있도록 스스로에게 허락해야 한다.

04 These appear to c________________ consumption patterns with physical needs. `18 수능`

이런 것들은 소비 패턴을 신체적 욕구에 맞게 조정하는 것처럼 보인다.

05 Material prosperity can help individuals, as well as society, a________________ higher levels of happiness. `16 수능`

물질적인 풍요는 사회뿐만 아니라 개인이 더 높은 수준의 행복을 얻을 수 있도록 도와줄 수 있다.

A 다음 영어 단어에 해당하는 우리말 뜻을 빈칸에 쓰시오.

01 passerby		11 tense	
02 admire		12 successive	
03 blow		13 falsify	
04 collaborate		14 psychic	
05 enterprise		15 paradox	
06 timber		16 cast	
07 blunt		17 tremble	
08 magnitude		18 contradict	
09 burst		19 sprint	
10 surrender		20 ballot	

B 다음 우리말 뜻에 해당하는 영어 단어를 빈칸에 쓰시오.

01 철학		11 진지한, 진심	
02 끓다, 삶다		12 능가하다	
03 서 있는 자세, 태도		13 아는 사이, 교제	
04 고갈시키다, 격감시키다		14 회복력	
05 미학		15 속이다	
06 소집하다, 소환하다		16 옆모습, 인물 소개	
07 조리법, 비법		17 ~할 여유가 있다	
08 노, 노를 젓다		18 휩쓸다, 청소하다	
09 확대하다, 증폭시키다		19 도살하다, 도살, 대학살	
10 상관관계, 상호 관련		20 아사, 기아, 궁핍	

C 다음 영영풀이에 해당하는 단어를 보기에서 골라 쓰시오.

> **보기**
>
> admire   collaborate   starvation   deplete
> earnest   recipe   summon   surpass

01 ________________ very serious and sincere / a serious and intent mental state

02 ________________ to work together on a shared goal

03 ________________ to do something to a greater degree

04 ________________ to hold someone in high esteem or look up to someone

05 ________________ the state of extreme hunger

D 다음 문장의 빈칸에 주어진 철자로 시작하는 알맞은 단어를 쓰시오.

01 A turtle that withdraws into its shell at every puff of wind or whenever a cloud
c________________ a shadow would never win races, not even with a lazy rabbit.

바람이 조금 불 때마다, 또는 구름이 그림자를 드리울 때마다 등딱지 속으로 움츠리는 거북은 게으른 토끼와의 경주라도 결코 이기지 못할 것이다. `22 모평`

02 A crack in the wall looks a little like the p________________ of a nose. `21 모평 변형`

벽에 난 금이 코의 옆모습을 약간 닮았다.

03 We keep in touch with our friends and a________________.

우리는 친구들, 지인들과 연락하고 지낸다.

04 When she heard the dogs barking fiercely on the floor just above her, she
t________________ uncontrollably for fear of being caught. `17 모평`

그녀의 바로 머리 위에 있는 갑판 바닥에서 개들이 사납게 짖는 소리를 들었을 때, 그녀는 붙잡힐까 두려워서 감당할 수 없을 정도로 떨었다.

05 After a few t________________ moments, she came back on the line and shouted,
"Where's the ambulance?" `16 모평`

얼마간의 긴장된 순간이 지난 후 그 여자가 다시 전화로 돌아와서 "구급차는 어디에 있나요?"라고 소리쳤다.

DAY 41

A 다음 영어 단어에 해당하는 우리말 뜻을 빈칸에 쓰시오.

01 vocation		11 steer	
02 narrative		12 veteran	
03 inseparable		13 territory	
04 oval		14 vegetarian	
05 mandate		15 assemble	
06 bid		16 obstruct	
07 aspire		17 perish	
08 harass		18 tribute	
09 sneak		19 stereotype	
10 inherent		20 domain	

B 다음 우리말 뜻에 해당하는 영어 단어를 빈칸에 쓰시오.

01 화장품, 미용의		11 임대하다, 집세	
02 정치가		12 대못, 대못을 박다	
03 세련된, 정교한		13 (암호를) 해독하다	
04 갈기갈기 찢다, 째다		14 혼합물, 퇴비	
05 사나이, 동료, 동료의		15 순찰, 순찰병, 순찰하다	
06 가속하다, 촉진하다		16 함축, 내포	
07 기질, 성질		17 예측할 수 없는	
08 상냥한, 우아한		18 일사병, 열사병	
09 애정, 감정		19 계몽, 개화, 깨달음	
10 오솔길, 자국		20 동맥, 간선 도로	

C 다음 영영풀이에 해당하는 단어를 보기에서 골라 쓰시오.

| 보기 |
| accelerate affection aspire gracious harass perish shred sneak |

01 _______________ to cut something or tear something into very small, narrow pieces

02 _______________ to speed up or move faster / to cause something to happen sooner

03 _______________ to have a strong desire to have or achieve something

04 _______________ a positive feeling of love or fondness for someone

05 _______________ to move somewhere quietly and secretly, trying to avoid being seen or heard

D 다음 문장의 빈칸에 주어진 철자로 시작하는 알맞은 단어를 쓰시오.

01 The people who monitor and control the behavior of users should also be users and/or have been given a m_______________ by all users.　22 수능 변형

이용자의 행동을 감시하고 통제하는 사람들 또한 이용자이고/이용자이거나 모든 이용자에 의한 위임을 받았어야 했다.

02 Research and development for seed improvement has long been a public d_______________.　16 수능

종자 개량을 위한 연구 개발은 오랫동안 공공의 영역이었다.

03 We offer a t_______________ tour every Saturday from June to September.　18 모평

저희는 6월부터 9월까지 매주 토요일에 오솔길 관광을 제공합니다.

04 Any story has many possible beliefs i_______________ in it.　17 모평

어느 이야기든 그 안에 내재하는 여러 가지 가능한 신념을 가지고 있다.

05 African American women are not as bound as white women by gender role s_______________.　15 모평

미국의 흑인 여성들은 백인 여성들만큼 성 역할 고정 관념에 얽매이지 않는다.

A 다음 영어 단어에 해당하는 우리말 뜻을 빈칸에 쓰시오.

01 lessen		11 structural	
02 examine		12 unearth	
03 disturb		13 foremost	
04 hollow		14 terminate	
05 elastic		15 illuminate	
06 yearn		16 indigenous	
07 mimic		17 mortgage	
08 incorporate		18 counterpart	
09 disprove		19 hemisphere	
10 rebel		20 stride	

B 다음 우리말 뜻에 해당하는 영어 단어를 빈칸에 쓰시오.

01 신청자, 지원자		11 재발하다, 되풀이하다	
02 종교(상)의, 종교적인		12 사기, 의욕	
03 해충, 역병, 귀찮은 것		13 진통제	
04 타협하다, 타협		14 주사하다, 도입하다	
05 한편, 그동안에		15 의무, 계약, 채무	
06 위기, 중대 국면		16 고문, 고문하다	
07 위임하다, 위탁하다		17 흔들림, 흔들리다	
08 유혹하다, 매력		18 완고한, 고집이 센	
09 정권, 제도		19 울부짖다, 울부짖음	
10 조심, 예방 조치		20 자살, 자살하다	

C 다음 영영풀이에 해당하는 단어를 보기에서 골라 쓰시오.

보기			
mimic	stubborn	obligation	terminate
crisis	hollow	yearn	wail

01 ________________ something that you must do

02 ________________ a difficult or dangerous time in which a solution is needed

03 ________________ having empty space inside / curved inward or down

04 ________________ to copy the way someone speaks, behaves, etc., especially for humor

05 ________________ to make a long, loud cry

D 다음 문장의 빈칸에 주어진 철자로 시작하는 알맞은 단어를 쓰시오.

01 The surgeon had never told her it would probably r________________.

외과 의사는 그녀에게 그것이 아마 재발할 것이라고는 결코 말하지 않았었다.

02 He agreed to study chemical engineering as a c________________ with his father.

그는 자신의 아버지와의 타협안으로 화학 공학을 공부하는 데 동의했다. `15 모평`

03 For a long time, tourism was seen as a huge monster invading the areas of i________________ peoples. `20 모평 변형`

오랫동안 관광은 토착 민족의 영역을 침범하는 거대한 괴물로 여겨졌다.

04 Having lots of information available poses the biggest threat to a totalitarian r________________.

많은 정보를 이용할 수 있는 것은 전체주의 제도에 가장 큰 위협이 된다.

05 E________________ weapons, for example, such as bows and catapults, were unknown, as were ovens. `14 수능`

예를 들어, 활과 투석기 같은 탄성 무기는 알려지지도 않았고, 화덕 또한 그랬다.

A 다음 영어 단어에 해당하는 우리말 뜻을 빈칸에 쓰시오.

01	paradigm	11	vast
02	rapid	12	premature
03	folklore	13	maternal
04	amend	14	outline
05	irony	15	recess
06	theft	16	charge
07	shatter	17	burden
08	outfit	18	prestigious
09	patch	19	proliferation
10	exploit	20	preliminary

B 다음 우리말 뜻에 해당하는 영어 단어를 빈칸에 쓰시오.

01	약국, 약학	11	사기, 속임, 사기꾼
02	방어하다, 수비하다	12	일깨우다, 이끌어 내다
03	인류학	13	섬유(질)
04	오염시키다, 더럽히다	14	유추, 유사점
05	태평스러운, 안이한	15	자치(권), 자율
06	관객, 구경꾼	16	중간의, 중간물
07	슬퍼하다, 애도하다	17	해양의, 바다의
08	중세의	18	잡아채다, 날치기하다
09	이타주의	19	불면증
10	〈지리〉 위도, 위선	20	마찰, 의견 충돌

C 다음 영영풀이에 해당하는 단어를 보기에서 골라 쓰시오.

01 _______________ an inability to sleep; chronic sleeplessness

02 _______________ respected and admired by people

03 _______________ to feel great sadness / to feel very sad because someone has died

04 _______________ to correct or improve something

05 _______________ extremely large in area, size, amount, etc.

D 다음 문장의 빈칸에 주어진 철자로 시작하는 알맞은 단어를 쓰시오.

01 A statement of fact with no other context puts the b_______________ on the asker to take the next step. 15 모평

아무 다른 맥락 없이 사실을 진술하는 것은 질문자에게 다음 단계로 넘어가는 부담을 지게 하는 것이다.

02 Historical representation puts a premium on a p_______________ of representations.

역사적 진술은 진술의 증식을 중요시한다. 22 수능 변형

03 The i_______________ is that many officials agree that their policy is inconsistent.

아이러니는 많은 공무원들이 그들의 정책이 일관성이 없다는 것에 동의한다는 점이다.

04 British a_______________ emphasizes the social. 20 모평

영국의 인류학은 사회적인 것을 강조한다.

05 This is why Leonardo da Vinci advised artists to discover their motifs by staring at p_______________ on a blank wall. 21 모평

이것이 Leonardo da Vinci가 화가들에게 빈 벽의 부분들을 응시함으로써 그들의 모티프를 찾으라고 권한 이유이다.

A 다음 영어 단어에 해당하는 우리말 뜻을 빈칸에 쓰시오.

01 adorable		11 complacent	
02 comprise		12 manifest	
03 endure		13 rubbish	
04 venture		14 composure	
05 toll		15 warfare	
06 crispy		16 patron	
07 incurable		17 approximate	
08 subsequent		18 parallel	
09 terrain		19 aristocrat	
10 deflect		20 indulge	

B 다음 우리말 뜻에 해당하는 영어 단어를 빈칸에 쓰시오.

01 인류, 인간성, 인간애		11 자극, 격려	
02 직물의, 방직의, 직물		12 크게 기뻐하다	
03 배우자		13 동등한, 상당하는	
04 영장류		14 복수, 복수하다	
05 비꼬는, 풍자적인		15 제국의, 황제의	
06 통계적인, 통계(학)상의		16 지속, 지속 기간	
07 목초지, 초원		17 거주시키다	
08 어색한, 서투른		18 명백한, 분명한	
09 죽을 운명의, 치명적인		19 숨다, 잠복하다	
10 견고한, 강건한		20 검소한, 절약하는	

보기

| endure | manifest | adorable | lurk |
| rejoice | rubbish | explicit | frugal |

01 ______________ unwanted things or waste material

02 ______________ very attractive or lovable

03 ______________ to experience a painful or difficult situation for a long time

04 ______________ to feel incredibly happy

05 ______________ to show something clearly / completely clear

D 다음 문장의 빈칸에 주어진 철자로 시작하는 알맞은 단어를 쓰시오.

01 Seventeenth- and eighteenth-century a______________ began planting hardwood trees, usually in lines. 22 모평 변형

17세기와 18세기의 귀족들은 보통은 줄을 지어 활엽수를 심기 시작했다.

02 A football game is c______________ of exactly sixty minutes of play. 17 모평

미식축구 경기는 정확히 60분 경기로 구성된다.

03 The audience receives a sound signal entirely through the vibrations generated in the air, whereas in a singer some of the auditory s______________ is conducted to the ear through the singer's own bones. 16 모평

청중은 전적으로 공기 중에서 생성된 진동을 통해서 소리 신호를 수용하는 반면에, 가수의 경우에는 청각적 자극의 일부가 가수 자신의 뼈를 통해서 귀로 전달된다.

04 Mediation p______________ advocacy in so far as it tends to involve a process of negotiation. 12 수능 변형

중재는 협상의 과정을 수반하는 경향이 있다는 측면에서 옹호와 유사하다.

05 The hike covers 3 to 4 miles and includes moderately difficult t______________.

그 도보 여행은 3~4마일을 이동하며 중간 난이도의 지형이 포함되어 있다. 15 모평

A 다음 영어 단어에 해당하는 우리말 뜻을 빈칸에 쓰시오.

01 post		11 outrage	
02 frontier		12 withhold	
03 dilemma		13 counteract	
04 hail		14 predator	
05 drain		15 distress	
06 bother		16 stall	
07 scope		17 juggle	
08 sustain		18 poise	
09 indispensable		19 render	
10 collective		20 compatible	

B 다음 우리말 뜻에 해당하는 영어 단어를 빈칸에 쓰시오.

01 (병적인) 비만, 비대		11 제자, 문하생	
02 시대에 뒤진, 구식의		12 분출, 폭발	
03 담화, 강연		13 돌풍, 질풍	
04 정적인, 고정된		14 직접, 바로, 직접의	
05 땀, 노력		15 판결, 결정	
06 보유, 기억(력)		16 태도, 자세	
07 셀 수 없는, 무수한		17 가장자리, 국경, 접하다	
08 육아실, 탁아소, 양성소		18 장치, 기구, 조직	
09 허영심, 허무함		19 뇌물, 뇌물을 주다	
10 관련이 있는, 적절한		20 농축하다, 요약하다	

C 다음 영영풀이에 해당하는 단어를 보기에서 골라 쓰시오.

보기			
static	gust	vanity	compatible
distress	withhold	poise	obesity

01 ________________ the condition of being overweight

02 ________________ not moving or changing

03 ________________ the quality of having a ridiculous amount of pride

04 ________________ able to exist agreeably with something or someone else

05 ________________ a strong, short burst of air

D 다음 문장의 빈칸에 주어진 철자로 시작하는 알맞은 단어를 쓰시오.

01 They want to have the service r________________ to them in a manner that pleases them. `15 모평`

그들은 서비스가 자신들을 기분 좋게 만드는 방식으로 제공되기를 원한다.

02 To eliminate the d________________, more and more organizations are implementing assessments referred to as 360-degree evaluations. `22 모평 변형`

그 딜레마를 없애기 위해, 점점 더 많은 조직이 '다면 평가'라고 불리는 평가를 시행하고 있다.

03 The diagram shows the average r________________ rate of learning after 24 hours for various instructional methods. `10 모평`

그 도표는 여러 가지 교수법들의 학습 24시간 후의 평균 기억력 비율을 보여 준다.

04 Only that which survived in some form in the present was considered r________________. `20 수능`

현재에 어떤 형태로 살아남은 것만이 관련이 있는 것으로 여겨졌다.

05 Carrying capacity is the number of individuals that the local resources can s________________. `14 모평`

수용력은 해당 지역의 자원이 지탱할 수 있는 개체 수이다.

A 다음 영어 단어에 해당하는 우리말 뜻을 빈칸에 쓰시오.

01 exile		11 dissolve	
02 clarify		12 appoint	
03 janitor		13 oversee	
04 spur		14 advocate	
05 cultivate		15 itch	
06 publicity		16 blush	
07 creep		17 constraint	
08 underneath		18 discern	
09 ascent		19 brisk	
10 intervene		20 solvent	

B 다음 우리말 뜻에 해당하는 영어 단어를 빈칸에 쓰시오.

01 무게를 달다		11 (독특한) 요리, 요리법	
02 일부분, 부서진 조각		12 변경, 일탈	
03 계획, 체계, 계획하다		13 유목민, 방랑자	
04 감히 ~하다		14 물질대사, 신진대사	
05 속이다, 착각하게 하다		15 혐오감, 역겹게 하다	
06 탈수하다, 건조시키다		16 만장일치의, 합의의	
07 악화, (가치의) 하락		17 통화, 통용	
08 에워싸다, 둘러싸다		18 선포하다, 선언하다	
09 개념, 의견		19 내던지다, 돌진하다	
10 속삭이다, 속삭임		20 전염성의, 감염성의	

C 다음 영영풀이에 해당하는 단어를 보기에서 골라 쓰시오.

01 ______________ to move slowly and silently with the body near the ground

02 ______________ to make out, pick out, or distinguish something

03 ______________ to become red in your face because you feel embarrassed or ashamed

04 ______________ to make someone believe that something is true, even though it is not true

05 ______________ to speak very quietly so that hardly anyone can hear

D 다음 문장의 빈칸에 주어진 철자로 시작하는 알맞은 단어를 쓰시오.

01 After Kidd resigned his position, Buckland was a______________ his successor at the college. `23 모평`

Kidd가 자신의 직위에서 사임한 후에, Buckland가 대학에서 그의 후임자로 임명되었다.

02 Such choices are not made to limit creativity, but rather to c______________ it.

그와 같은 선택은 창의성을 제한하기 위해서가 아니라 오히려 창의성을 계발하기 위해 이루어진다. `16 모평`

03 The primary goal of historians of science was to c______________ and deepen an understanding of contemporary scientific methods or concepts. `20 수능 변형`

과학 사학자의 주요 목표는 당대의 과학적 방법이나 개념에 대한 이해를 분명히 하고, 깊게 하는 것이었다.

04 Society, through ethical and economic c______________, exerts a powerful influence on what science accomplishes. `16 모평`

사회는 윤리적이고 경제적인 제약을 통해 과학이 달성하는 것에 강력한 영향력을 행사한다.

05 The frequent strikes led to d______________ in product quality.

잦은 파업은 품질의 악화로 이어졌다.

A 다음 영어 단어에 해당하는 우리말 뜻을 빈칸에 쓰시오.

01	segment	11	wrench
02	renovate	12	cripple
03	drawback	13	retort
04	degrade	14	manuscript
05	bulk	15	punctual
06	pinch	16	stack
07	flee	17	empathize
08	headquarters	18	realm
09	verify	19	displace
10	exert	20	aviate

B 다음 우리말 뜻에 해당하는 영어 단어를 빈칸에 쓰시오.

01	직사각형의, 직각의	11	떨다, 몸서리치다
02	가시, 괴로움의 원인	12	파견하다, 사절, 대표
03	환대, 후한 대접	13	열중하게 하다
04	선출하다	14	공존하다
05	방안, 전술	15	소유지, 재산
06	냉소적인, 비꼬는	16	임의적인, 독단적인
07	간격, 틈	17	전문 지식[기술]
08	경멸하다	18	위로하다
09	대참사, 큰 재앙	19	논쟁, 분쟁, 토의하다
10	공포, 무서워하다	20	꾸짖다, 책망하다

C 다음 영영풀이에 해당하는 단어를 보기에서 골라 쓰시오.

empathize	hospitality	dread	engross
reprove	punctual	retort	drawback

01 ________________ the fear of something bad happening

02 ________________ a disadvantage or something that causes problems

03 ________________ to criticize or correct someone for doing something wrong or bad

04 ________________ friendly treatment of guests or strangers

05 ________________ happening or doing something at the expected or planned time

D 다음 문장의 빈칸에 주어진 철자로 시작하는 알맞은 단어를 쓰시오.

01 The companies may choose to leave the green s________________ of the market to small niche competitors. `22 모평 변형`

그 기업들은 소규모 틈새 경쟁 업체들에게 시장의 친환경 부문을 남겨 두는 선택을 할 수 있다.

02 As real e________________ prices rose, many of their neighbors sold their homes and lots. `14 수능`

부동산 가격이 오르면서, 그들의 이웃 중 많은 사람들이 자신들의 집과 땅을 팔아 버렸다.

03 In 1806, he was e________________ Principal Librarian at the newly founded London Institution. `16 모평`

1806년에, 그는 새로 설립된 London Institution에서 도서관장으로 선출되었다.

04 Your motivation to c________________ or defend may influence the alternative you imagine. `14 모평`

위로하거나 옹호하려는 당신의 동기가 당신이 상상하는 대안에 영향을 미칠 수도 있다.

05 The event tended to v________________ our initial fears.

그 사건은 우리가 애초부터 갖고 있던 공포를 입증해 주는 경향이 있었다.

A 다음 영어 단어에 해당하는 우리말 뜻을 빈칸에 쓰시오.

01 eject		11 brutal	
02 hazardous		12 furnish	
03 melancholy		13 shuffle	
04 fume		14 linear	
05 burnout		15 predecessor	
06 rash		16 legitimate	
07 plausible		17 overload	
08 subordinate		18 staple	
09 tact		19 perpetual	
10 dimension		20 innermost	

B 다음 우리말 뜻에 해당하는 영어 단어를 빈칸에 쓰시오.

01 유산		11 세제	
02 요약하다		12 교차(로), 횡단	
03 단조로운, 지루한		13 통, (석유) 1배럴	
04 간단, 단순, 소박		14 분산, 확산	
05 두개골		15 계급(제), 위계	
06 탐색, 탐구		16 웅변의, 표현이 풍부한	
07 선사 시대의		17 우회하다, 우회로	
08 산사태, 압도적인 승리		18 선언하다, 증명하다	
09 법제화하다, 제정하다		19 적격의, 적임자	
10 나누어 주다, 내놓다		20 소외시키다, 멀리하다	

C 다음 영영풀이에 해당하는 단어를 보기에서 골라 쓰시오.

hazardous	quest	linear	eligible
tact	melancholy	alienate	monotonous

01 ________________ feeling or looking very sad

02 ________________ never changing and therefore boring

03 ________________ to make someone become unfriendly

04 ________________ full of risk or danger

05 ________________ a long search for something

D 다음 문장의 빈칸에 주어진 철자로 시작하는 알맞은 단어를 쓰시오.

01 The police shot their guns in the air to e________________ the protesters.

경찰은 시위자들을 쫓아내기 위해 공중에 총을 쐈다.

02 They heard the p________________ noises of the machines.

그들은 기계들의 끊임없는 소음을 들었다.

03 Compounding the difficulty, now more than ever, is what ergonomists call information o________________ . `21 모평 변형`

이제 그 어느 때보다도 어려움을 가중시키는 것은 인간 공학자들이 정보 과부하라고 부르는 것이다.

04 The aborigines see their relationship to the environment as a single harmonious continuum through a h________________ of totems. `17 모평 변형`

원주민들은 토템들의 위계를 통해 환경과 자신과의 관계를 하나의 조화로운 연속체로 간주한다.

05 S________________ are more restricted in where they can look and when. `14 수능`

하급자들은 그들이 어디를 볼 수 있고, 언제 볼 수 있는지에 있어서 더 제한적이다.

A 다음 영어 단어에 해당하는 우리말 뜻을 빈칸에 쓰시오.

01 creed		11 extrinsic	
02 multiple		12 feat	
03 antagonist		13 demolish	
04 entail		14 embed	
05 propel		15 enchant	
06 moan		16 thrust	
07 refraction		17 subdue	
08 tackle		18 equate	
09 cosmopolitan		19 defy	
10 reckon		20 stout	

B 다음 우리말 뜻에 해당하는 영어 단어를 빈칸에 쓰시오.

01 감상, 정서		11 선교사	
02 〈집합적〉 상품		12 부여하다, 기부하다	
03 부식, 침식		13 파충류	
04 잘못 두다		14 자식, 새끼, 성과	
05 퇴보하다, 타락하다		15 각각, 저마다	
06 혐오하다, 미워하다		16 떼어 내다, 분리하다	
07 귀의, 청각의		17 확신, 유죄 판결	
08 합병하다, 차차 변하다		18 중고의, 간접적인	
09 가정용품, 기구, 도구		19 추론	
10 땅거미, 어스름		20 광란의, 미친	

C 다음 영영풀이에 해당하는 단어를 보기에서 골라 쓰시오.

01 ________________ to openly refuse to do something

02 ________________ to destroy completely

03 ________________ to push forward quickly and forcibly

04 ________________ a notable or extraordinary achievement

05 ________________ something certain / a judgment of guilty in court

D 다음 문장의 빈칸에 주어진 철자로 시작하는 알맞은 단어를 쓰시오.

01 Soft things, like intelligence, are thus e________________ into hard things, like aluminum, that make hard things behave more like software. 20 모평

따라서 지능과 같이 부드러운 것들이 알루미늄과 같은 단단한 물건에 삽입되어서, 딱딱한 물건들을 더 소프트웨어처럼 작용하게 만든다.

02 Looking through the camera lens made him d________________ from the scene.

카메라 렌즈를 통해 바라보는 것은 그를 현장에서 분리되게 만들었다. 11 수능

03 Both eye and camera have a light-sensitive layer onto which the image is cast (the retina and film, r________________). 13 수능

눈과 카메라 모두 상(像)이 맺히는 빛에 민감한 막(각각 망막과 필름)을 가지고 있다.

04 The speed with which computers t________________ multiple tasks feeds the illusion that everything happens at the same time. 15 수능

컴퓨터가 여러 가지 일을 처리하는 속도는 모든 것이 동시에 일어난다는 착각을 하게 한다.

05 Natural selection e________________ us with brains that intentionally see and hear the world inaccurately. 14 수능

자연 선택은 우리에게 세상을 고의적으로 부정확하게 보고 듣는 두뇌를 부여했다.

A 다음 영어 단어에 해당하는 우리말 뜻을 빈칸에 쓰시오.

01 productive		11 pollination	
02 peril		12 outset	
03 tangle		13 ambiguous	
04 phase		14 liable	
05 insane		15 counterattack	
06 wound		16 intrude	
07 prosper		17 solidify	
08 grumble		18 uncover	
09 discrete		19 infrastructure	
10 setback		20 scrutiny	

B 다음 우리말 뜻에 해당하는 영어 단어를 빈칸에 쓰시오.

01 격노		11 수의사	
02 보조금, 장려금		12 침투하다, 꿰뚫다	
03 쓰레기 매립지		13 누적되는, 점증적인	
04 사지, 팔다리		14 반지름	
05 원한, 유감		15 신중한, 빈틈없는	
06 주목할 만한, 유명한		16 부주의한, 무모한	
07 변동, 오르내림, 요동		17 열광, 열정, 열의	
08 혼합, 잡종		18 유괴, 납치하다	
09 파산		19 초월하다	
10 함정, 위험		20 〈화학〉 합성의	

 다음 영영풀이에 해당하는 단어를 보기에서 골라 쓰시오.

보기
discrete   rage   reckless   cumulative
enthusiasm   prudent   prosper   peril

01 _______________ strong excitement about something

02 _______________ sensible and careful by trying to avoid unnecessary risks

03 _______________ separate and different from each other

04 _______________ great danger, especially of being harmed or killed

05 _______________ a feeling of violent anger that is difficult to control

D 다음 문장의 빈칸에 주어진 철자로 시작하는 알맞은 단어를 쓰시오.

01 Making this switch turned me into a p_______________ writer. `22 수능 변형`

이렇게 전환하는 것이 나를 생산적인 작가로 변신하게 해 주었다.

02 He tried to t_______________ the limits of thought.

그는 사고의 한계를 초월하려고 노력했다.

03 The following discussion describes some of the p_______________ inherent in an experiment of this kind. `22 모평 변형`

뒤따르는 논의는 이러한 종류의 실험에 내재한 함정 중 일부를 설명한다.

04 If you wish to know what form it will have when it s_______________, study the shape of the mold that holds the gelatin. `15 모평 변형`

젤라틴이 굳어질 때 어떤 모양이 될 것인지 알고 싶다면, 그것을 담는 틀의 모양을 살펴보라.

05 Perhaps because you expected a different critical s_______________ in the two groups. `15 수능`

아마도 당신이 그 두 집단에서 서로 다른 비판적인 정밀 조사를 기대했기 때문일 것이다.

FINAL CHECK-UP

■ 다음 영어 단어에 해당하는 우리말을 쓰시오.

01 social		21 attitude	
02 determine		22 occur	
03 account		23 consume	
04 reflect		24 demand	
05 generate		25 constant	
06 steady		26 require	
07 individual		27 available	
08 habitat		28 proper	
09 equipment		29 compose	
10 immediate		30 frequent	
11 decrease		31 athletic	
12 secure		32 approach	
13 describe		33 influence	
14 provide		34 extend	
15 impress		35 exchange	
16 solution		36 aware	
17 species		37 benefit	
18 participate		38 recognize	
19 eventually		39 extreme	
20 opportunity		40 profession	

■ 다음 영어 단어에 해당하는 우리말을 쓰시오.

01 assume		21 capable	
02 conclude		22 access	
03 delight		23 movement	
04 threat		24 construct	
05 establish		25 donate	
06 combine		26 struggle	
07 victim		27 confident	
08 attempt		28 feature	
09 obtain		29 accompany	
10 electronic		30 incredible	
11 frustrate		31 occupy	
12 enable		32 deserve	
13 conscience		33 concentrate	
14 predict		34 recall	
15 convince		35 launch	
16 personality		36 observe	
17 disabled		37 astronomy	
18 emphasize		38 instruction	
19 absorb		39 indicate	
20 commerce		40 manufacture	

■ 다음 영어 단어에 해당하는 우리말을 쓰시오.

01 device		21 seek	
02 accurate		22 policy	
03 principle		23 civilization	
04 survival		24 awful	
05 cooperate		25 region	
06 spot		26 evaluate	
07 rural		27 standard	
08 scale		28 substance	
09 guarantee		29 operation	
10 potential		30 resist	
11 committee		31 seldom	
12 refer		32 absolute	
13 surround		33 domestic	
14 include		34 ethic	
15 addict		35 possess	
16 evident		36 adopt	
17 aspect		37 witness	
18 exhausted		38 display	
19 secretary		39 permanent	
20 tremendous		40 stink	

■ 다음 영어 단어에 해당하는 우리말을 쓰시오.

01 hire		**21** concept	
02 precise		**22** corporate	
03 hesitate		**23** restrict	
04 isolate		**24** status	
05 authority		**25** ignorant	
06 companion		**26** aim	
07 sculpture		**27** infant	
08 resolve		**28** distinct	
09 portion		**29** annual	
10 transfer		**30** circumstance	
11 alternative		**31** mature	
12 apparent		**32** identical	
13 whereas		**33** rescue	
14 demonstrate		**34** leak	
15 frighten		**35** entrance	
16 commit		**36** component	
17 household		**37** expand	
18 awake		**38** remote	
19 gear		**39** perceive	
20 institute		**40** particle	

■ 다음 영어 단어에 해당하는 우리말을 쓰시오.

01 enroll		21 achieve	
02 assign		22 regulate	
03 prejudice		23 impose	
04 measure		24 vigor	
05 insight		25 decline	
06 necessity		26 afterward	
07 laundry		27 conquer	
08 defeat		28 digest	
09 lecture		29 install	
10 contract		30 ultimate	
11 wreck		31 appropriate	
12 discipline		32 thrive	
13 prior		33 confirm	
14 abandon		34 execute	
15 imitate		35 complicated	
16 laboratory		36 defect	
17 inhabit		37 contemporary	
18 worship		38 contrary	
19 virtual		39 transform	
20 literally		40 intellect	

■ 다음 영어 단어에 해당하는 우리말을 쓰시오.

01 pedestrian		21 strict	
02 dedicate		22 irritate	
03 infection		23 initial	
04 valid		24 adjust	
05 swallow		25 dispose	
06 appliance		26 deprive	
07 noble		27 candidate	
08 temporary		28 outstanding	
09 doom		29 tribe	
10 crew		30 perspective	
11 ecosystem		31 wholesale	
12 soak		32 dilute	
13 adolescent		33 scatter	
14 temper		34 drastic	
15 reinforcement		35 optimal	
16 crush		36 spill	
17 eliminate		37 representative	
18 germ		38 confront	
19 unify		39 prevail	
20 errand		40 ethnic	

■ 다음 영어 단어에 해당하는 우리말을 쓰시오.

01 subscribe		21 miserable	
02 chore		22 overwhelm	
03 shrug		23 budget	
04 pottery		24 tissue	
05 fragile		25 celebrity	
06 accuse		26 persist	
07 fierce		27 obstacle	
08 strive		28 dwindle	
09 inherit		29 abolish	
10 discard		30 procedure	
11 dwell		31 nutrient	
12 urge		32 polish	
13 cope		33 fertile	
14 investigate		34 immune	
15 orbit		35 ingredient	
16 strain		36 coincidence	
17 property		37 protein	
18 opponent		38 diabetes	
19 stuff		39 subtle	
20 constitute		40 intimate	

■ 다음 영어 단어에 해당하는 우리말을 쓰시오.

01 mutual		21 strategy	
02 delicate		22 federal	
03 nerve		23 support	
04 pretend		24 adequate	
05 municipal		25 supreme	
06 attract		26 diminish	
07 liquid		27 humiliation	
08 gloom		28 distortion	
09 despair		29 deliberate	
10 trigger		30 classify	
11 vessel		31 weird	
12 insult		32 nominate	
13 omit		33 prescribe	
14 abrupt		34 sufficient	
15 stable		35 resent	
16 refine		36 anticipate	
17 humid		37 suspend	
18 roam		38 optimistic	
19 pavement		39 flexible	
20 astonish		40 principal	

■ 다음 영어 단어에 해당하는 우리말을 쓰시오.

01 prevent		21 hostile	
02 disguise		22 sew	
03 paralysis		23 compensate	
04 startle		24 astound	
05 force		25 variable	
06 evolve		26 dominate	
07 substitute		27 devastate	
08 attribute		28 afflict	
09 coherent		29 abuse	
10 nourish		30 simultaneously	
11 meditate		31 fluid	
12 choke		32 crucial	
13 carve		33 recruit	
14 contend		34 instinct	
15 suppress		35 aggressive	
16 convention		36 adhere	
17 postpone		37 sprout	
18 stun		38 convert	
19 withdraw		39 frown	
20 assessment		40 perseverance	

■ 다음 영어 단어에 해당하는 우리말을 쓰시오.

01 boast		**21** malnutrition	
02 symptom		**22** discharge	
03 prone		**23** velocity	
04 violate		**24** compliment	
05 damp		**25** mock	
06 conceive		**26** applause	
07 remedy		**27** reservoir	
08 molecule		**28** explode	
09 formulate		**29** compulsive	
10 sibling		**30** dispatch	
11 weave		**31** expose	
12 durability		**32** grasp	
13 illusion		**33** undertake	
14 tangible		**34** dismay	
15 detect		**35** spatial	
16 embody		**36** pledge	
17 absurd		**37** weep	
18 surveillance		**38** awkward	
19 diagnose		**39** crude	
20 stain		**40** impulse	

■ 다음 영어 단어에 해당하는 우리말을 쓰시오.

01 expedition		21 shrub	
02 glimpse		22 arrogant	
03 emerge		23 submit	
04 accommodate		24 retain	
05 cognitive		25 arithmetic	
06 inevitable		26 evaporate	
07 embrace		27 sacrifice	
08 imprison		28 consistent	
09 radioactive		29 linger	
10 allocate		30 pierce	
11 assert		31 controversy	
12 contaminate		32 plague	
13 discreet		33 recommend	
14 transplant		34 hygiene	
15 revenue		35 exotic	
16 grief		36 duplicate	
17 accord		37 subjective	
18 neglect		38 obsess	
19 warrant		39 sewage	
20 pulse		40 corrupt	

■ 다음 영어 단어에 해당하는 우리말을 쓰시오.

01 withstand		21 impair	
02 compassion		22 affirm	
03 inhale		23 asymmetry	
04 vacuum		24 simulate	
05 boost		25 vapor	
06 wander		26 odd	
07 hypothesis		27 provoke	
08 attorney		28 heredity	
09 solitary		29 overtake	
10 predominant		30 anonymous	
11 disrupt		31 prolong	
12 reed		32 tariff	
13 induce		33 correspond	
14 yeast		34 ornament	
15 fund		35 inborn	
16 precede		36 sequence	
17 obscure		37 coverage	
18 shed		38 inquire	
19 fatigue		39 urgent	
20 stimulate		40 loop	

■ 다음 영어 단어에 해당하는 우리말을 쓰시오.

01 drowsy		21 endeavor	
02 coordinate		22 contemplate	
03 segregation		23 privilege	
04 retarded		24 intriguing	
05 keen		25 shiver	
06 chronic		26 canal	
07 exaggerate		27 shelter	
08 crust		28 vivid	
09 outlaw		29 designate	
10 mobility		30 consent	
11 appreciate		31 plunge	
12 nuisance		32 improvise	
13 measurement		33 flaw	
14 seize		34 commemorate	
15 strip		35 leverage	
16 ingenuity		36 savage	
17 irrigation		37 primitive	
18 manipulate		38 intuitive	
19 stare		39 implication	
20 spontaneous		40 norm	

■ 다음 영어 단어에 해당하는 우리말을 쓰시오.

01 sophisticated		21 bid	
02 disturb		22 morale	
03 falsify		23 mandate	
04 decode		24 contradict	
05 tense		25 stubborn	
06 temperament		26 aspire	
07 sway		27 collaborate	
08 successive		28 precaution	
09 accelerate		29 deceive	
10 regime		30 indigenous	
11 resilience		31 blunt	
12 compromise		32 harass	
13 tribute		33 sneak	
14 inject		34 tremble	
15 correlation		35 illuminate	
16 obligation		36 starvation	
17 stride		37 stereotype	
18 deplete		38 hemisphere	
19 terminate		39 surrender	
20 domain		40 shred	

■ 다음 영어 단어에 해당하는 우리말을 쓰시오.

01	aristocrat		21	manifest	
02	clumsy		22	distress	
03	prestigious		23	preliminary	
04	static		24	obesity	
05	deflect		25	indulge	
06	compatible		26	condense	
07	insomnia		27	approximate	
08	poise		28	fraud	
09	comprise		29	scope	
10	amend		30	latitude	
11	verdict		31	relevant	
12	shatter		32	proliferation	
13	bribe		33	crispy	
14	sarcastic		34	mortal	
15	altruism		35	medieval	
16	vanity		36	indispensable	
17	anthropology		37	equivalent	
18	outrage		38	mourn	
19	explicit		39	apparatus	
20	exploit		40	complacent	

■ 다음 영어 단어에 해당하는 우리말을 쓰시오.

01 overload		21 estate	
02 empathize		22 disgust	
03 dispense		23 alienate	
04 declare		24 renovate	
05 monotonous		25 tactics	
06 console		26 unanimous	
07 fragment		27 legitimate	
08 eject		28 segment	
09 punctual		29 detergent	
10 whisper		30 clarify	
11 hierarchy		31 hazardous	
12 retort		32 quest	
13 constraint		33 catastrophe	
14 cynical		34 despise	
15 solvent		35 spur	
16 plausible		36 eligible	
17 delegate		37 dehydrate	
18 intervene		38 dispersal	
19 furnish		39 deterioration	
20 deviation		40 engross	

■ 다음 영어 단어에 해당하는 우리말을 쓰시오.

01 enthusiasm		21 merge	
02 embed		22 pollination	
03 thrust		23 antagonist	
04 outset		24 missionary	
05 creed		25 pitfall	
06 feat		26 subdue	
07 equate		27 prudent	
08 fluctuation		28 transcend	
09 respectively		29 grumble	
10 insane		30 phase	
11 utensil		31 erosion	
12 cumulative		32 ambiguous	
13 frantic		33 endow	
14 discrete		34 limb	
15 solidify		35 detach	
16 detest		36 penetrate	
17 intrude		37 defy	
18 hybrid		38 stout	
19 entail		39 synthetic	
20 scrutiny		40 refraction	

DAILY CHECK-UP

DAY 01

A 01 자원봉사, 지원자, 지원하다   02 향상시키다, 향상하다   03 국제의, 국제적인   04 비용, 지출   05 필요로 하다, 요구하다   06 자료, 재료, 물질   07 관계   08 제공하다, 공급하다, 준비하다   09 (예의 바르게) 행동하다   10 연구, 연구하다, 조사하다   11 스트레스, 강조, 강조하다, 압력을 주다   12 결정하다, 결심하다   13 긍정적인, 확신하는   14 인지하다, 인정하다   15 깊은 인상을 주다, 감동시키다   16 함유하다, 포함하다, 억제하다   17 알리다, 통지하다   18 그러므로, 그 결과   19 편안하게 하다, 위로하다, 편안, 위로   20 상품, 물품

B 01 consume   02 local   03 individual   04 influence   05 employ   06 audience   07 attitude   08 involve   09 develop   10 environment   11 available   12 cultural   13 challenge   14 object   15 amount   16 opportunity   17 social   18 encourage   19 average   20 ride

C 01 consume   02 encourage   03 volunteer   04 contain   05 available

D 01 commodity   02 provides   03 recognize   04 attitude   05 challenge

DAY 02

A 01 발견하다   02 세포, 작은 방, 독방   03 그러므로, 따라서   04 기능, 기능하다, 작용하다   05 놀라게 하다   06 정의하다, 한계 짓다, 한정하다   07 참여하다, 참가하다   08 즉각적인, 가까이에 있는   09 ~에도 불구하고   10 전문직, 직종   11 화제, 문제, 발행(물), 발행하다   12 영향을 미치다, ~인 체하다   13 (사건이) 일어나다, 발생하다   14 안전한, 안전하게 하다, 확보하다   15 자랑스러워하는, 자만하는   16 수준, 수평, 수평의, 평평하게 하다   17 결국   18 접근하다, 접근, 접근법   19 적절한, 알맞은   20 일으키다, 발생시키다

B 01 decide   02 economic   03 demand   04 emotion   05 career   06 solution   07 reduce   08 performance   09 novel   10 benefit   11 contact   12 chemistry   13 package   14 focus   15 complex   16 essence   17 aware   18 background   19 detail   20 disappear

C 01 secure   02 proper   03 generate   04 approach   05 demand

D 01 focusing   02 detail   03 reduce   04 solutions   05 despite

DAY 03

A 01 전문가   02 만기의, ~하기로 되어 있는   03 균형, 은행 잔고, 균형을 이루다   04 ~의 원인이 되다, 야기하다, 원인   05 (~하는) 경향이 있다, 돌보다   06 은행 계좌, 이야기, 설명, 설명하다   07 안정된, 한결같은, 꾸준한   08 서식지, 주거지   09 구성하다, 작곡하다, 작문하다   10 일정한, 불변의, (수학에서의) 상수   11 줄다[감소하다], 줄이다, 감소   12 반영하다, 반사하다, 숙고하다   13 연장하다, 넓히다   14 경감하다, 안도시키다   15 경우, 특별한 일   16 〈생물 분류상의〉 종(種)   17 빈번한, (장소·모임에) 자주 가다   18 주장하다   19 장치, 장비   20 운동의, 운동 경기의

B 01 congratulate   02 recycle   03 imagine   04 exchange   05 lonely   06 genius   07 factor   08 desire   09 term   10 publish   11 biology   12 negative   13 replace   14 mental   15 active   16 dental   17 extreme   18 follow   19 describe   20 politics

C 01 extend   02 occasion   03 habitat   04 equipment   05 relieve

D 01 due   02 factor   03 tend   04 balance   05 constant

A 01 바꾸다, 변하다, 다르다 02 기쁨, 기쁘게 하다 03 장애를 가진, 무능력하게 된 04 압력, 압박, 압력을 가하다 05 접근, 입장, 이용, 접근하다 06 허용[허락]하다 07 (로켓 등을) 발사하다, (새로운 일을) 시작하다, 출시하다, 발사, 개시, 출시 08 자신 있는 09 시야, 광경, 시력 10 제조하다, 제조(업), 제품 11 허락하다, 인정하다 12 부족, ~이 부족하다 13 점차, 서서히 14 할 수 있는, 유능한 15 위협, 협박 16 (수량이) 증가하다, 증가, 이자 17 상처를 입히다, 손상시키다 18 접대하다, 즐겁게 하다 19 결합시키다, 겸비하다 20 동반[동행]하다, 수반하다

B 01 response 02 gene 03 quantity 04 concentrate 05 shadow 06 fuel 07 predict 08 astronomy 09 possibility 10 movement 11 electricity 12 firm 13 apologize 14 emphasize 15 frustrate 16 announce 17 flood 18 victim 19 commerce 20 construct

C 01 announce 02 manufacture 03 accompany 04 emphasize 05 commerce

D 01 possibility 02 response 03 firm 04 quantity 05 allows

A 01 주장하다, 요구, 주장 02 설립하다, 확립하다, 제정하다 03 지시, 제품 사용 설명서, 가르침 04 재고품, 저장, 가축, 저장하다, (물품을) 들여놓다 05 당황한 06 추정하다, (태도 등을) 취하다 07 제한하다, 한정하다, 제한(점) 08 굉장한, 훌륭한 09 거주하는, 거주자, 레지던트(전문의 수련자) 10 방해하다, 중단하다 11 가리키다, 나타내다 12 싸우다, 노력하다, 투쟁, 노력 13 시도하다, 시도 14 의견을 말하다, ~에 주목하다, 의견, 주목 15 치료하다, 낫게 하다 16 믿을 수 없는, (믿기 어려울 만큼) 굉장한 17 도움을 주다 18 효율적인, 유능한 19 논리적인, 분별력이 있는 20 특징, 특집 기사, 얼굴 생김새, 특징으로 하다, 주연하다

B 01 advantage 02 analyze 03 electronic 04 variety 05 convince 06 criticize 07 confuse 08 revolution 09 conclude 10 labor 11 moral 12 stranger 13 donate 14 absorb 15 enable 16 personality 17 tide 18 creature 19 obtain 20 disaster

C 01 conclude 02 absorb 03 feature 04 reasonable 05 struggle

D 01 donated 02 limited 03 obtain 04 instructions 05 variety

A 01 난폭한, 폭력적인 02 관여하다, 약속하다, 약혼하다 03 길, 통로, 항로 04 자세를 취하다, (문제를) 제기하다, 자세 05 숙고하다, 고려하다 06 매료시키다, 마음을 빼앗다 07 시, 운문 08 자원, (-s) 지략 09 간단한, 간단한 보고, 간단히 알리다 10 (시간·장소를) 차지하다, 전념하다 11 우울하게 하다, 의기소침[낙담]하게 하다 12 습득하다 13 상기하다, 철회하다, 회수하다, 상기, 철회, 회수 14 가장자리, 날카로움, 우위 15 심한, 엄격한 16 가능한, 개연성이 있는, 그럴싸한 17 거르다, 깡충깡충 뛰다 18 의미 있는, 의미심장한 19 구매하다, 구매 20 관찰하다, 보다, 준수하다

B 01 independent 02 grain 03 length 04 motivate 05 specific 06 alarm 07 decade 08 risk 09 interact 10 conscience 11 theory 12 react 13 passion 14 clue 15 salary 16 qualify 17 import 18 deserve 19 treatment 20 psychology

C 01 motivate 02 occupy 03 specific 04 observe 05 fascinate

D 01 resource 02 independent 03 decades 04 interact 05 probable

DAILY CHECK-UP

DAY 07

A 01 언급하다, 위탁하다   02 뛰다, 도약하다, 도약   03 끔찍한, 지독한   04 연속, 시리즈물   05 단지 ~에 불과한   06 재정, 재무, 금융, 자금을 조달하다   07 평범한, 명백한, 평원, 평야   08 초보의, 기초적인   09 전시하다, 나타내다, 전시   10 정확한   11 논평, 주석(註釋), 논평하다   12 기분, 분위기   13 찾다, 추구하다, 노력하다   14 많은 양, 덩어리, 집단, 대중   15 정리하다, 준비하다, 각색하다   16 둘러싸다   17 찬성하다, 승인하다   18 도심, 도심의, 도심지에   19 여행, 여정   20 엄청난, 거대한

B 01 policy   02 attach   03 except   04 domestic   05 absolute   06 typical   07 committee   08 consult   09 mechanic   10 operation   11 reward   12 survival   13 gap   14 rural   15 crime   16 recover   17 facility   18 survey   19 exhausted   20 wealth

C 01 enormous   02 approve   03 facility   04 absolute   05 typical

D 01 surrounding   02 commented   03 rural   04 arrange   05 crime

DAY 08

A 01 즉각의, 즉석의, 순간   02 지점, 얼룩, 발견하다, 얼룩지게 하다   03 앞의, 이전의   04 인정하다, 입장을 허락하다   05 불꽃, 불똥, 불꽃을 일으키다, 촉발하다   06 대기, 분위기   07 채택하다, 입양하다   08 (~할) 작정이다, 의도하다   09 서류철, (컴퓨터) 파일, 파일에 철하다, (소송 등을) 제기하다   10 지하의, 비밀의, 지하   11 약간의, 경미한   12 빚지고 있다, (명예·성공 등을) ~에 돌리다   13 관점, 양상, 면   14 여가, 자유 시간, 한가한   15 목표, 표적, 목표로 삼다   16 장식하다, ~에게 훈장을 주다   17 자격[권리]을 주다, 제목을 붙이다   18 미끄러지다, 실수하다, 종잇조각   19 꼬리표, 상표, 라벨을 붙이다, ~을 …이라고 부르다   20 보존하다, 보호하다

B 01 borrow   02 ethic   03 produce   04 row   05 award   06 muscle   07 remain   08 unique   09 suppose   10 reveal   11 include   12 urban   13 horizon   14 device   15 civilization   16 delay   17 witness   18 accomplish   19 potential   20 consequence

C 01 reveal   02 unique   03 previous   04 horizon   05 consequence

D 01 sparks   02 slipped   03 devices   04 entitled   05 remain

DAY 09

A 01 적용, 신청   02 비서, 서기관, 장관   03 거의 ~ 않는   04 퍼짐, 확산, 퍼지다, 펼치다   05 (신원 등을) 확인하다, 식별하다, 동일시하다   06 의지하다, 믿다   07 (빛·열·소리 등을) 방출하다   08 기준, 표준, 기준의, 표준의   09 충격, 영향, 충격[영향]을 주다   10 물질, 본질, 실체   11 다르다, 의견을 달리하다   12 명백한   13 달성하다, 이행하다, 실현하다   14 권한을 주다   15 제거하다   16 승인하다, 수여하다   17 (우연히) 만나다, 마주침   18 소유하다, ~의 마음을 사로잡다   19 역겹다, 악취를 풍기다, 악취   20 굉장한, 무시무시한

B 01 vote   02 region   03 scale   04 basis   05 principle   06 emergency   07 automatic   08 physics   09 guarantee   10 artificial   11 memorize   12 realistic   13 cooperate   14 addict   15 resist   16 permanent   17 theme   18 disappoint   19 evaluate   20 request

C 01 evident   02 identify   03 fulfill   04 emit   05 artificial

D 01 region   02 substances   03 standard   04 guarantee   05 empowered

A 01 장소, 위치   02 곡선(길), 속임수   03 문질러 닦다, 문지르다   04 동일한, 일란성의   05 유기체, 생물, 생명체   06 회사의, 법인의   07 등급, 지위, 매기다, (등급을) 차지하다   08 상황, 환경   09 암송하다   10 장비, 기어, 맞게 조정하다   11 적절한, 적합한   12 결심하다, 해결하다, 분해하다   13 입장, 입구, 입학   14 놓아주다, 방출하다, 발표하다, 석방, 발표   15 호소하다, 항의하다, 관심을 끌다, 호소, 항의, 매력   16 분배하다, 분포시키다   17 교향곡, (소리의) 조화   18 오두막집, 객실, 선실   19 괴롭히다, 귀찮게 하다   20 인지하다, 인식하다

B 01 offer   02 envy   03 persuade   04 frighten   05 harm   06 investment   07 hesitate   08 innocence   09 alternative   10 estimate   11 rainforest   12 restrict   13 ray   14 refuse   15 retire   16 slave   17 interpret   18 authority   19 adventure   20 autograph

C 01 retire   02 distribute   03 innocence   04 envy   05 persuade

D 01 restricts   02 investment   03 suitable   04 alternative   05 identical

A 01 받아들이다, (설명·학설 등을) 인정하다   02 받다   03 (죄를) 저지르다, 전념[충실]하다, 맡기다   04 부끄러워하는   05 넓은, 광범위한, (빛 등이) 가득한   06 재생하다, 복제하다, 번식하다   07 상태, 지위, 현상   08 가정, 가정[가족]의   09 흔들(리)다, 진동하다, 그네   10 목적지   11 자비, 자선 단체, 구호물자   12 여기다, 대우하다, 처리하다, 치료하다   13 진짜의, 성실한   14 유아, 유아의, 미발달의   15 보존하다   16 반환, 환불, 환불하다   17 어조, 말투, 음, 색조, 어떤 어조로 하다   18 ~인 반면에   19 논리, 논리학   20 연구소, 협회, 설립하다, 제정하다

B 01 pure   02 gravity   03 calculate   04 concept   05 isolate   06 compete   07 lately   08 expand   09 hire   10 dense   11 evolution   12 continue   13 sum   14 depend   15 marriage   16 military   17 extinct   18 ignorant   19 rescue   20 sensible

C 01 sensible   02 extinct   03 evolution   04 isolate   05 dense

D 01 accept   02 treated   03 competing   04 expanding   05 receive

A 01 민주주의, 민주주의 국가   02 정확한   03 훌륭한, 명석한   04 이동하다, 옮기다, 갈아타다   05 별개의, 뚜렷한   06 일부, 부분, 분할하다   07 함정, 덫을 놓다, 막다   08 공식적인, 정식의   09 논증하다, 설명하다, 시위하다, 보여 주다   10 기분을 상하게 하다, (범죄를) 저지르다   11 갈망하는   12 돌아오다, 돌려주다, 귀환, 반납, 수익   13 입자, 극소량   14 동료, 동반자   15 성숙한, 익은, 지불 만기의, 성숙해지다   16 멀리 떨어진, 희박한, 드문   17 새는 곳[구멍], 새다, 누설하다   18 여분의, 검소한, 용서하다, 남겨주다   19 (종교적) 의식, 의례   20 구성 요소, 구성하는

B 01 invitation   02 surface   03 faith   04 cancel   05 oppose   06 poverty   07 current   08 desperate   09 visual   10 aim   11 legal   12 apparent   13 agriculture   14 universal   15 sculpture   16 awake   17 departure   18 annual   19 trend   20 descend

C 01 portion   02 distinct   03 transfer   04 companion   05 descend

D 01 visual   02 invitation   03 demonstrate   04 current   05 apparent

DAY 13

A　01 소화하다, (완전히) 이해하다, 요약　02 통찰, 통찰력　03 금지하다　04 유용(성), (수도·가스 등의) 공익사업
05 이루다, 달성하다　06 보험을 계약하다, 안전하게 하다　07 부족, 결함　08 번영하다, 발전하다, 잘되다
09 조직하다, 구성하다, 정리하다　10 예배하다, 숭배하다, 예배, 숭배　11 사소한, 소수의, 미성년자, 부전공, 부전공하다
12 훈련, 규율, 학과, 학문 분야　13 주요한, 우두머리의, 우두머리　14 돈을 걸다, 내기를 하다, (~이) 틀림없다, 내기
15 파멸, 파산, 망치다, 파멸[파산]시키다　16 흐름, 경향, 개울　17 활력　18 공상, (일시적인) 기호, 공상하다, 화려한
19 마음가짐, 사고방식　20 나중에, 그 후에

B　01 complicated　02 pause　03 surgery　04 lecture　05 royal　06 transform　07 regulate　08 civil
09 scarce　10 generous　11 option　12 fiction　13 duty　14 ultimate　15 prove　16 assign
17 laundry　18 evil　19 laboratory　20 client

C　01 client　02 thrive　03 regulate　04 prove　05 scarce

D　01 civil　02 stream　03 achieved　04 options　05 fiction

DAY 14

A　01 올바른, 정확한, 바로잡다, 정정하다　02 유혹하다, (관심을) 끌다　03 생산하다, 양도하다, 굴복하다, 수확(물)
04 만찬을 대접하다, 식사하다　05 외국인, 외계인, 외국의, 이질적인　06 퓨즈, 도화선, 융합하다　07 축복하다,
감사하다　08 오두막집　09 휴양지, 의지, 의지하다, 자주 가다　10 금지하다　11 입증[확인]하다, (결심을) 굳게 하다
12 감소, 쇠퇴, 감소하다, 쇠퇴하다, (정중히) 거절하다　13 영감을 주다, 고무시키다, 격려하다　14 설치하다
15 향신료, 양념　16 참다, 용인하다　17 난파선, 사고, 난파시키다　18 한쪽으로, 제쳐 두고　19 설명하다, 예증하다,
삽화를 넣다　20 적절한

B　01 apply　02 imitate　03 intellect　04 prey　05 triumph　06 scholarship　07 contemporary
08 literally　09 measure　10 document　11 explain　12 necessity　13 grab　14 execute　15 defeat
16 suspect　17 pupil　18 prior　19 propose　20 abstract

C　01 inspire　02 prohibit　03 triumph　04 suspect　05 abstract

D　01 imitate　02 installing　03 confirmed　04 literally　05 decline

DAY 15

A　01 특성, 특징　02 입학하다, 등록하다　03 확실하게 하다, 보증하다　04 도장, 봉인, 바다표범, 봉인하다　05 버리다,
포기하다　06 반대의, 불리한, 반대의 것　07 비범한, 놀라운　08 계약하다, 수축하다, 계약서　09 감독하다, 관리하다,
통제하다　10 대리점　11 토론, 토론하다　12 겸손한, 알맞은　13 등록하다, 기재하다, 등록　14 찢다, (세로로) 쪼개다,
틈, 분열　15 부과하다, 강요하다　16 살다, 거주하다　17 발생하다, 생겨나다　18 결점, (국가·당 등을) 버리다
19 그럼에도 불구하고　20 양육하다, 교육하다, 양육, 교육

B　01 appear　02 greed　03 virtual　04 elegant　05 address　06 masterpiece　07 conquer
08 drought　09 retail　10 earthquake　11 inner　12 receipt　13 attack　14 nutrition　15 prejudice
16 compare　17 criteria　18 commute　19 priest　20 harsh

C　01 commute　02 retail　03 trait　04 supervise　05 nurture

D　01 contracts　02 abandoned　03 split　04 ensure　05 conquering

A 01 접다, 포개다, 주름, (동물의) 우리   02 방해하다, 간섭하다   03 일반적인, (육군·공군·해병대의) 대장   04 잔인한, 고통을 주는   05 협의회, 회의, 의회   06 생각[판단]하다, 계산하다, 수치, 계산, 형체   07 절규하다, 비명 지르다, 소리치다, 비명, 절규   08 붙잡다, 포획하다, 포획   09 일상적인 일, 일과, 일상적인   10 깊은, 심오한   11 의식하고 있는, 의도적인   12 묽은, 희석시키다   13 제거하다, 배제하다   14 짜증 나게 하다, 화나게 하다   15 엎지르다, 흘리다, 엎질러짐, 유출   16 이웃의, 근처에 사는, 이웃 (사람)   17 흐릿한, 어두운, (불빛이) 흐려지다   18 (눈부시게) 빛나다, 노려보다, 눈부신 빛, 노려봄   19 연관 짓다, 교제하다, 동료   20 보행자, 보행자의

B 01 tradition   02 deny   03 crew   04 statement   05 usual   06 tribe   07 glance   08 tragic   09 errand   10 temporary   11 sensitive   12 arctic   13 barrier   14 welfare   15 adolescent   16 swallow   17 trial   18 deprive   19 distinguish   20 prevail

C 01 glance   02 temporary   03 distinguish   04 errand   05 barrier

D 01 figure   02 eliminated   03 deprived   04 prevail   05 routine

A 01 새롭게 하다, 갱신하다   02 진보하다, 전진하다, 진전, 진보   03 (가정용) 기구, 장치   04 굳어지다   05 후보자   06 격렬한, 과감한   07 명령, 지배력, 명령하다, 지휘하다   08 변화, 이동, 교대, 바꾸다, 이동하다   09 궁금해하다, 놀라다, 경탄, 경이   10 수선[수리]하다, (건강 등을) 회복하다, 수선[수리], 회복   11 결과, (결과로) 생기다   12 풍성하게 하다, 부유하게 하다   13 게다가, 더욱이   14 예언하다, 예고하다   15 초과, 초과량, 과도함, 초과한, 여분의   16 표류, 표류하다   17 강화, 보강   18 엄한, 엄격한   19 쌓아 올린 더미, 많은 양, 쌓아 올리다, 축적하다   20 대표, 국회의원(R-), 대표하는

B 01 protect   02 noble   03 germ   04 crop   05 fame   06 widespread   07 wholesale   08 adjust   09 debt   10 fade   11 atom   12 weapon   13 peer   14 ecosystem   15 ethnic   16 infection   17 realize   18 oral   19 endanger   20 ideal

C 01 foretell   02 progress   03 infection   04 reinforcement   05 adjust

D 01 realizing   02 drastic   03 repairing   04 drifting   05 wholesale

A 01 급함, 서두름   02 의심할 여지 없이, 확실히   03 도박하다, 모험하다, 도박, 모험   04 처음의, 초기의, 머리글자(이니셜)   05 (수)공예, 기술, 선박, 비행기   06 탈출하다, 벗어나다, 탈출, 도망   07 재검토, 논평, 재검토하다   08 뛰어난, 두드러진, 미해결의   09 (~할) 운명이다, 운명, 비운, 파멸   10 흩뿌리다, 분산시키다   11 장르, 유형, 형식   12 전체의, 완전한, 전부, 전체   13 주요한, 최초[초기]의   14 성질, 기질, 완화시키다   15 태양의, 태양열을 이용한   16 그만두다, 중지하다   17 배치하다, 처리하다, 경향을 갖게 하다   18 잘못 인도하다, 오해하게 하다   19 적시다, 젖다, 흡수하다   20 관점, 견해, 원근법, 전망

B 01 exist   02 ceiling   03 thread   04 hardship   05 raft   06 optimal   07 sink   08 unify   09 combat   10 beard   11 bump   12 hydrogen   13 valid   14 dynasty   15 dedicate   16 destiny   17 erase   18 crush   19 minimal   20 confront

C 01 hardship   02 escape   03 cease   04 soak   05 scatter

D 01 confronted   02 erasing   03 Valid   04 optimal   05 perspective

DAILY CHECK-UP

A 01 흐르다, 흐름　02 원의, 순환의　03 신화, 사회적 통념　04 구성하다, 제정하다, 설립하다　05 이익, 이윤, 이익을 얻다　06 기어가다, 서행하다, 기어가기, 서행　07 일어난 일, 사건, 일어나기 쉬운　08 장애물, 방해가 되는 것　09 막연한, 모호한, 흐릿한　10 해고하다, 해산시키다, 묵살하다　11 긴장시키다, 잡아당기다, 혹사하다, 긴장, 압박　12 물물 교환하다, 물물 교환, 교역품　13 영양소, 영양분　14 필수적인, 중요한, 생명 유지와 관련된　15 만족하는, 내용(물), 목차　16 옛날의, 고대의, 고풍의, 골동품　17 긁다, 할퀴다, 긁힌 자국, 찰과상　18 시간, 기간, 회의, (대학의) 학기　19 사나운, 맹렬한　20 상속하다, (유전으로) 물려받다

B 01 celebrity　02 investigate　03 chilly　04 urge　05 disgrace　06 indifferent　07 budget　08 rough　09 ancestor　10 congestion　11 fragile　12 moderate　13 glacier　14 editorial　15 diabetes　16 graze　17 obvious　18 sphere　19 ingredient　20 geometry

C 01 inherit　02 ingredient　03 fragile　04 crawl　05 antique

D 01 scratching　02 obstacles　03 nutrients　04 profit　05 myth

A 01 현재의, 현재, 선물, 제출하다, 나타내다　02 정밀 검사하다, 유심히 쳐다보다　03 고마워하는, 감사하는　04 맛, 맛을 내다　05 성(性), 성별　06 임금, 급료　07 (생물의 근육·신경 등의) 조직　08 관련시키다, 관련이 있다　09 후방에, 뒤쪽으로, 거꾸로　10 빛나는, 아주 밝은　11 관리[운영]하다, 집행하다, 주다　12 상쾌하게 하다, 새롭게 하다　13 묘사하다, 설명하다, 초상을 그리다　14 보증하다, 확실하게 하다　15 닦다, 윤을 내다, (문장 등을) 다듬다　16 제거하다　17 (감탄하며) 외치다　18 부패하다, 쇠퇴하다, 부패, 쇠퇴　19 노력하다, 애쓰다, 투쟁하다　20 재산, 소유물, 부동산

B 01 emperor　02 pottery　03 subscribe　04 fertile　05 justify　06 chore　07 miserable　08 dwell　09 innovation　10 form　11 layer　12 fossil　13 lord　14 ceremony　15 glitter　16 protein　17 asset　18 translate　19 opponent　20 abolish

C 01 polish　02 ceremony　03 exclaim　04 remove　05 innovation

D 01 chores　02 property　03 flavor　04 refresh　05 decay

A 01 동료　02 치료, 요법　03 친밀한　04 것(들), 물건, (빽빽이) 채워 넣다, 쑤셔 넣다　05 절차, 과정　06 우연의 일치, 동시에 일어난 사건　07 미묘한, 교묘한　08 압도하다, 당황하게 하다　09 과격한, 급진적인, 근본적인, 급진주의자　10 조심, 주의, 주의를 주다　11 궤도, 궤도를 그리며 돌다　12 끈, 줄, 일련　13 대처하다, 잘 처리하다　14 (어깨를) 으쓱하다　15 향상하다　16 순종하는, 유순한　17 날것의, 가공하지 않은　18 역(逆), 반대, 역의, 반대의, 뒤바꾸다　19 장점, 공로, 받을 만하다　20 대출, 대출금, 대출하다

B 01 superior　02 accuse　03 persist　04 copper　05 bond　06 pill　07 reception　08 discard　09 vicious　10 dwindle　11 eternal　12 immune　13 depict　14 cherish　15 conference　16 majesty　17 angle　18 famine　19 shrink　20 transmit

C 01 therapy　02 intimate　03 cherish　04 discard　05 persist

D 01 immune　02 stuff　03 procedures　04 overwhelmed　05 caution

A 01 근본적인, 기본적인, 근본   02 졸업하다, 졸업생, 대학원 학생   03 ~을 거쳐[경유해서], ~을 통해   04 그러므로, 지금부터   05 놀라게 하다   06 (날씨가) 습기 있는, 눅눅한   07 결과   08 회복하다, 복구하다, 돌려주다   09 통로, (시간의) 경과, (인용문의) 한 절   10 기민한, 경계하는, 경계 (태세), 경고하다   11 ~인 척하다, 주장하다   12 분류하다   13 갑작스러운 공포, 공황, 공황적인   14 부풀리다, 과장하다, (물가 등을) 인상하다   15 (얼굴이) 붉어지다, 물이 쏟아져 나오다   16 공동의, 연합의, 이음매, 관절   17 대리석, 구슬, 대리석의   18 다루다   19 (물건을 담는) 용기, 배, 선박, 혈관   20 소형의, 조밀한, 꽉 채우다

B 01 loyal   02 delicate   03 funeral   04 passive   05 skeleton   06 prefer   07 physician   08 architecture   09 likewise   10 ban   11 omit   12 optimistic   13 despair   14 adequate   15 murder   16 strategy   17 attract   18 humiliation   19 category   20 wilderness

C 01 architecture   02 optimistic   03 astonish   04 skeleton   05 despair

D 01 pretending   02 prefer   03 strategy   04 restore   05 outcomes

A 01 우연한, 무심결의, 격식을 차리지 않는   02 (후보자로) 지명[추천]하다, 임명하다   03 사막, 사막의, 불모의, 버리다, 도주하다   04 주요한, 제1의, (단체의) 장, 주역   05 (노력·시간 등을) 바치다   06 충분한   07 무한한   08 싹, 싹트다   09 특징, 특색, 독특한, 특징적인   10 현상, 사건, 비범한 인물   11 〈의학〉 정제, 알약, (평평한) 판   12 감소하다   13 거래, 처리   14 전망, 조망   15 신성한, 성스러운   16 관련되다, 걱정하게 하다, 걱정, 관심사   17 세입자, 주민   18 부산물   19 지방(자치제)의, 시의   20 배회하다, 돌아다니다

B 01 anticipate   02 exclude   03 decent   04 sympathy   05 symbolic   06 worthwhile   07 pavement   08 edible   09 trade   10 anxiety   11 liquid   12 peasant   13 prepare   14 flexible   15 stable   16 suffer   17 distortion   18 jealous   19 behalf   20 federal

C 01 anxiety   02 sympathy   03 exclude   04 anticipate   05 decent

D 01 symbolic   02 concern   03 roamed   04 federal   05 municipal

A 01 대단히 귀중한   02 판단하다, 재판관   03 줄거리, 음모, 음모를 꾸미다   04 지배하다, 제어하다, 지배, 제어   05 대서양, 대서양의   06 칸막이한 공간, 부스, 노점   07 다른, 다양한   08 의도적인, 신중한, 숙고하다   09 최고의   10 무너지다, 붕괴하다, 붕괴   11 운명   12 지지하다, 받치다, 부양하다, 지지, 지탱함, 부양   13 암시하다, 넌지시 말하다   14 규정하다, (약을) 처방하다   15 갑작스러운   16 뚫어지게 보다, 응시하다   17 즉각적인, 신속한, 촉구하다, 자극하다   18 이상한, 기묘한   19 주의 산만, (정신을) 산만하게 하는 것, 기분 전환   20 촉발하다, 유발하다, 방아쇠, 계기

B 01 monetary   02 mutual   03 gloom   04 dynamic   05 industry   06 erupt   07 partial   08 mammal   09 insult   10 iceberg   11 monologue   12 nerve   13 revise   14 internal   15 resent   16 rod   17 martial   18 pursue   19 suspend   20 refine

C 01 resent   02 gaze   03 distraction   04 collapse   05 deliberate

D 01 plot   02 prescribe   03 abrupt   04 gloom   05 suggested

DAY 25

A 01 뒤, 뒤의, 후방의, 기르다 　02 눈살을 찌푸리다, 찡그린 얼굴 　03 힘, 영향력, 강요하다 　04 치료하다, 해결하다, 치유, 회복 　05 완전한, 완벽한, 완료된, 완료하다 　06 독재자, 구술하는 사람 　07 육성하다, 촉진하다, 수양의, 위탁의 　08 경주[경쟁]하다, 질주하다, 경주, 경쟁, 인종 　09 변장하다, 숨기다, 변장, 은폐 　10 훔치다, 강탈하다 　11 놀라게 하다 　12 조각하다, 새기다 　13 싹이 트다, 자라나다, 싹 　14 환호, 갈채, 환호[성원]하다 　15 ~의 결과로 여기다, 속성 　16 방관자, 행인, 구경꾼 　17 전후 관계, 맥락, 문맥 　18 둥지, 보금자리, 둥지를 틀다, (둥지에서) 살다 　19 연기하다, 뒤로 미루다 　20 남용, 욕설, 학대, 남용하다, 학대하다

B 01 masculine 　02 blueprint 　03 crucial 　04 aggressive 　05 curriculum 　06 complain 　07 sermon 　08 tease 　09 assessment 　10 brochure 　11 vehicle 　12 tin 　13 deck 　14 psychologist 　15 breakdown 　16 gain 　17 dominate 　18 sew 　19 output 　20 paralysis

C 01 tease 　02 paralysis 　03 disguise 　04 assessment 　05 frown

D 01 crucial 　02 breakdown 　03 rob 　04 attributes 　05 rear

DAY 26

A 01 특정한, 개개의, 사항, 상세 　02 기다리다 　03 워크숍, 작업장, 연구 집회 　04 만족시키다, 충족시키다 　05 사건, 일 　06 모집하다, 징집하다, 신병, 신입 사원 　07 대리자, 대체물, 대체하다 　08 구체적인, 콘크리트 　09 지배, 규칙, 지배하다, 통치하다 　10 영양분을 주다, 기르다 　11 다루다, 대처하다, 거래 　12 새벽, 이해되기 시작하다, 날이 새다 　13 유동체(액체·기체의 총칭), 유동체의, 유동적인 　14 변수, 변하기 쉬운, 변덕스러운 　15 간과하다, 너그럽게 봐주다, 내려다보다 　16 깜짝 놀라게 하다 　17 놀라게 하다, 기절시키다 　18 낙담시키다, 단념시키다 　19 긴장, 불안, 긴장시키다 　20 싸우다, 주장하다, 경쟁하다

B 01 literate 　02 crack 　03 compensate 　04 deliver 　05 lease 　06 perseverance 　07 maintain 　08 respect 　09 bulletin 　10 hostile 　11 reform 　12 devastate 　13 fatal 　14 patient 　15 bay 　16 convention 　17 reap 　18 invert 　19 reject 　20 reign

C 01 reign 　02 deliver 　03 stun 　04 perseverance 　05 compensate

D 01 deals 　02 nourish 　03 reject 　04 tension 　05 devastated

DAY 27

A 01 시대 　02 핵심, 핵심의 　03 생기 있게 하다, 고무하다, 살아 있는 　04 최고의, 훌륭한 　05 부드러운, 입찰하다, 입찰 　06 유명한, 명성 있는 　07 고수하다, 충실하다, 집착하다 　08 치다, (머릿속에) 떠오르다, 치기, 동맹 파업 　09 위함, 목적 　10 창 　11 전환하다, 바꾸다 　12 독특한 　13 예시하다, ~의 좋은 예가 되다 　14 통일성 있는, 조리 있는 　15 경험적인, 실증적인 　16 철수하다, 철회하다, (돈을) 인출하다 　17 질식시키다, 숨이 막히다 　18 장난, 해악 　19 거대한 　20 기여하다, 공헌하다, 기부하다

B 01 fountain 　02 folktale 　03 groom 　04 separate 　05 discriminate 　06 prevent 　07 chase 　08 supernatural 　09 simultaneously 　10 instinct 　11 mow 　12 afflict 　13 intolerable 　14 evolve 　15 bilingual 　16 dignity 　17 notify 　18 meditate 　19 range 　20 suppress

C 01 core 　02 meditate 　03 chase 　04 dignity 　05 adhere

D 01 empirical 　02 sake 　03 instincts 　04 suppressing 　05 simultaneously

A 01 뜨다, 떠다니다, 부유물　02 수행하다, 실시하다, 행위, 안내　03 겪다　04 울다　05 만들어 내다, 공식화하다　06 숨기다　07 꼭대기, 정상　08 전반적인, 전체의, 작업복　09 식민지, (새·개미·꿀벌 등의) 집단　10 생각해 내다, 마음속에 그리다　11 칭찬, 칭찬하다　12 얕은, 얇은, 피상적인, 천박한　13 불합리한, 우스꽝스러운　14 ~하는 경향이 있는　15 후퇴하다, 물러서다, 퇴각, 후퇴　16 바꾸다, 변경하다　17 감각, 느낌, 대사건(센세이션)　18 싸우다, (일과) 씨름하다, 레슬링하다　19 자극, 장려책, 동기, 격려하는, 자극하는　20 붙잡다, 이해하다, 파악하다, 꽉 쥐기, 이해

B 01 neutral　02 superstition　03 vow　04 banner　05 dormitory　06 promote　07 boast　08 tendency　09 destroy　10 compulsive　11 Confucian　12 face　13 clinic　14 bold　15 durability　16 heritage　17 troop　18 applause　19 malnutrition　20 stain

C 01 conceal　02 promote　03 absurd　04 boast　05 alter

D 01 tendency　02 float　03 grasp　04 prone　05 colony

A 01 최대한의, 최고의, 최대한도　02 잘 해내다, 다루다　03 길을 찾다, 항해[비행]하다　04 넓은, 훤히 트인　05 저장소, 저수지　06 (도장 등을) 찍다, 감명시키다, 찍은 자국, 인상　07 가공하지 않은, 조잡한　08 (부분·요소로) 이루어지다　09 온전한, 손상되지 않은　10 진단하다　11 실망시키다, 낙담시키다, 걱정, 실망　12 제한하다, 가두다, 한계　13 현저한, 저명한　14 원고, 초안, 초안을 그리다　15 다듬다, 잘라 내다, 장식하다　16 급파하다, 발송하다, 급파, 발송　17 속도　18 모으다, 축적하다　19 유형적인, 유형의, 만질 수 있는　20 엄격한, 융통성이 없는

B 01 equity　02 impulse　03 motive　04 ambitious　05 attend　06 archaeology　07 boundary　08 violate　09 subtract　10 tame　11 embody　12 molecule　13 proficient　14 breed　15 remedy　16 supplement　17 conform　18 adapt　19 modify　20 weave

C 01 prominent　02 subtract　03 violate　04 supplement　05 crude

D 01 consists　02 conform　03 confined　04 tangible　05 boundary

A 01 (비용이) 들다, 비용, 대가　02 축축한, 습기　03 철저한　04 먹이를 주다, 부양하다　05 (기후가) 온화한, 절제하는　06 토론자단, 패널, 넓은 직사각형의 합판　07 비난하다, ~의 탓으로 돌리다, 비난, 책망　08 (대학·고등학교의) 2학년생　09 번영하다, 번창하다　10 드러내다, (비밀을) 폭로하다, 노출시키다　11 약속, 맹세, 약속하다, 맹세하다　12 전시하다, 보여 주다, 전시, 전시품　13 배출, 내보냄, 방전, 배출하다, 내보내다, 해고하다　14 의미하다, 중요하다　15 발견하다, 감지하다　16 (물건을) 놓다, (알을) 낳다　17 유일한　18 수행하다, (일을) 떠맡다, 착수하다　19 감시　20 생각나게 하다, 상기시키다

B 01 symptom　02 closet　03 spatial　04 geology　05 linguistic　06 diameter　07 invent　08 illusion　09 discuss　10 mock　11 soar　12 explode　13 anecdote　14 earn　15 awkward　16 pillar　17 script　18 grind　19 disclose　20 sibling

C 01 damp　02 temperate　03 blame　04 awkward　05 flourish

D 01 soar　02 lay　03 earned　04 detect　05 surveillance

DAILY CHECK-UP

DAY 31

A 01 수입, 수익　02 (군인을) 모집하다, 도움을 얻다　03 돌진하다, 갑자기 일어나다, 돌진, 황급한 움직임　04 실제의　05 후회하다, 한탄하다, 유감, 후회　06 ~으로 여기다, 관계, 고려　07 특허, 특허권, ~의 특허를 얻다　08 흔적, 흔적을 쫓다　09 겸손한, 비천한　10 신(神)의, 신성한　11 부정한, 부패한, 타락시키다　12 저장, 저장고　13 오염시키다　14 (공이) 튀다, 되튀다, 뛰어오르다　15 복종시키다, 복종하다, 제출하다　16 〈수동태로〉 ~에 위치하다, (위치를) 찾아내다　17 아주 멋진, 화려한　18 운동, 움직임, 몸짓, 몸짓으로 지시[신호]하다　19 외부의, 외부　20 산수, 연산

B 01 convenience　02 abnormal　03 expedition　04 mention　05 equator　06 herd　07 allocate　08 pulse　09 carbon　10 revive　11 swamp　12 hygiene　13 controversy　14 imprison　15 hinder　16 virtue　17 upcoming　18 consistent　19 flattery　20 cognitive

C 01 gorgeous　02 consistent　03 rush　04 controversy　05 hinder

D 01 locate　02 cognitive　03 revived　04 revenue　05 traces

DAY 32

A 01 호화로운, 사치스러운　02 면허, 인가, 면허[인가]를 내주다　03 포옹, 포옹하다, 받아들이다　04 이끌어 내다, ~에서 비롯되다　05 반복성의　06 정지, 일시 멈춤, 정지하다, 정지시키다　07 일치하다, 주다, 부여하다, 일치, 협정　08 전달하다, 나르다　09 무리, (과일·꽃의) 송이, 성단　10 탐험하다, 탐구하다　11 인정하다　12 나타나다, 드러나다　13 보증, 영장, 보증하다　14 나머지의, 남은, 나머지, 남은 음식　15 막대한　16 전염병　17 심사숙고하다　18 억압하다　19 탄원, 간청, 변명　20 꿰뚫다, ~에 구멍을 뚫다

B 01 depth　02 lottery　03 ultrasound　04 ceramic　05 sour　06 reconciliation　07 extract　08 lame　09 burglar　10 trivial　11 complement　12 blade　13 certificate　14 intelligence　15 subjective　16 transplant　17 evaporate　18 confess　19 stroke　20 sewage

C 01 confess　02 oppress　03 immense　04 plea　05 embrace

D 01 reconciliation　02 derive　03 convey　04 evaporated　05 subjective

DAY 33

A 01 반응, 피드백　02 혼합, 섞다, 혼합하다　03 음료　04 최대화하다, 최대한으로 활용하다　05 풍부한　06 큰 슬픔　07 (전쟁·질병 등의) 발발, 폭동　08 망치다, 상하게 하다, 버릇없게 키우다　09 원상태로 돌리다, (매듭을) 풀다　10 개척자, 선구자, 개척자의, 개척하다　11 던지다　12 흘긋 봄, 흘긋 보다, 깨닫다　13 오래 머물다, 계속되다　14 사라지다　15 부풀다, 팽창　16 희생하다, 희생시키다, 희생, 제물　17 복제품, 이중으로 하다, 복제하다　18 유지[보유]하다　19 주장하다, 행사하다　20 강박 관념을 갖다, (망상이) 사로잡다

B 01 cozy　02 arrogant　03 machinery　04 auditorium　05 warrior　06 accommodate　07 buildup　08 recommend　09 suitor　10 exotic　11 altitude　12 inevitable　13 slice　14 neglect　15 shrub　16 radioactive　17 elaborate　18 auction　19 discreet　20 rational

C 01 vanish　02 spoil　03 accommodate　04 inevitable　05 neglect

D 01 swells　02 grief　03 rational　04 retain　05 glimpse

A 01 내부, 내부의   02 (과일 등이) 익은   03 ~에 앞서다, 먼저 일어나다   04 긴급한, 다급한   05 (점유) 범위, (신문·텔레비전·라디오의) 보도   06 뛰어난, 우세한   07 기초, 토대, 재단   08 변호사   09 ~ 대(對), ~과 대비하여   10 (눈물 등을) 흘리다, 발산하다, (털 등을) 떨어뜨리다   11 손상하다   12 방패, 보호물, 보호하다   13 충돌하다, 갈등, 충돌   14 조사하다, 탐사선   15 정착하다, 정착시키다, 결정하다   16 순진한   17 뼈대, 틀, 체제   18 연장하다   19 자극하다, 고무하다   20 타박상, 멍, 타박상을 입히다, 멍들게 하다

B 01 fluent   02 vibrate   03 breathtaking   04 ecology   05 tuition   06 ornament   07 vapor   08 sanitation   09 speculate   10 pregnant   11 metaphor   12 fabric   13 plow   14 expel   15 metropolitan   16 epidemic   17 heredity   18 margin   19 induce   20 overturn

C 01 precede   02 urgent   03 conflict   04 fluent   05 prolong

D 01 foundation   02 vapor   03 metaphor   04 probe   05 impair

A 01 견디다   02 기술[기법]의, 전문적인   03 혼자의, 외로운, 고독한   04 화합물, 합성의, 혼합하다   05 풀, 반죽, 풀칠하다, 붙이다   06 분야, 지역, 부채꼴   07 가능성, 전망   08 체육, 체조   09 (정처 없이) 돌아다니다, 유랑, 방랑   10 (등받이가 없는) 의자, 변기   11 빈, 비어 있는   12 닻, 앵커, 닻을 내리다   13 (발목·손목 등을) 삐다   14 엄청난, 총합의, 총합, ~의 총이익을 올리다   15 스릴, 전율, 몹시 신나게 하다, 감동시키다   16 비대칭, 불균형   17 상승, 밀어 올림, 밀어 올리다, (생산량을) 증가하다   18 녹, 녹슬다, 녹이 슬게 하다   19 혼란에 빠뜨리다, 방해하다   20 몰두, 집착, 선취

B 01 orchard   02 bury   03 memorial   04 overtake   05 referee   06 resemble   07 literature   08 wicked   09 proportion   10 quote   11 anonymous   12 implement   13 fad   14 sequence   15 loop   16 collide   17 compassion   18 inhale   19 provoke   20 antibiotic

C 01 wicked   02 collide   03 withstand   04 orchard   05 implement

D 01 preoccupation   02 wandering   03 boost   04 prospect   05 provoke

A 01 사랑스러운   02 나누다, 분리하다, 나누어지다, 분할   03 (과일 등의) 껍질을 벗기다, 껍질   04 백신, 〈컴퓨터〉 바이러스 예방 프로그램   05 광경   06 관세, 관세를 부과하다   07 과잉, 나머지, 과잉의, 나머지의   08 진정시키다, 편함, 용이함   09 묻다, 조사하다   10 불분명한, 이해하기 어려운, 무명의   11 계속되다   12 피로, 피곤하게 하다   13 편견   14 노래 가사, 서정시, 서정적인   15 일치하다, 서신 왕래하다   16 기금, 자금을 제공하다   17 진공, 진공청소기, 진공청소기로 청소하다   18 가장하다, 모의실험[훈련]하다   19 복제 생물, 클론, 복제하다   20 밟다, 걷다, 밟음

B 01 skyscraper   02 inborn   03 affirm   04 spade   05 mole   06 reed   07 tyrant   08 cling   09 fortress   10 vomit   11 overlap   12 overcome   13 integration   14 odd   15 migrate   16 cue   17 prophecy   18 hypothesis   19 mutation   20 yeast

C 01 obscure   02 inquire   03 vacuum   04 fatigue   05 bias

D 01 overlap   02 odd   03 migrate   04 lasts   05 overcome

DAILY CHECK-UP

DAY 37

A 01 돕다, 도움, 조력   02 검증하다, 증명하다, 증언하다   03 동봉하다, 에워싸다   04 거스르는, 반대의, 부정적인
05 이해하다, 감상하다, 고맙게 생각하다   06 교환, 교차점(I.C.), 교환하다   07 조언자   08 의복   09 더러운, 불쾌한
10 시작되다, 비롯하다   11 이해하다, 포함하다   12 아주 흥미로운   13 자발적인, 자연히 일어나는   14 결점, 흠
15 날카로운, 예민한, 간절히 ~하고 싶은   16 이용하다, 지레의 작용, 영향력   17 박탈하다, (옷이나 껍질을) 벗기다
18 석쇠, 석쇠로 굽다, 심문하다   19 행위, 업적   20 직관적인, 직관에 의한

B 01 experiment   02 canal   03 insert   04 vivid   05 flour   06 appetite   07 censorship   08 vertical
09 plunge   10 reputation   11 patriot   12 restrain   13 pasture   14 crust   15 bundle   16 skinny
17 measurement   18 manipulate   19 curse   20 constrict

C 01 restrain   02 nasty   03 vivid   04 spontaneous   05 patriot

D 01 reputation   02 intuitive   03 appreciate   04 intriguing   05 leverage

DAY 38

A 01 알레르기   02 지정하다, 가리키다   03 기념하다   04 졸리는   05 나아가게 하다, 진척시키다, 전진, 증진
06 원시의, 초기의, 미개의   07 노력, 노력하다   08 연속적인, 일관된   09 과장하다, 과장해서 말하다   10 밑에 놓인,
근본적인   11 외향적인   12 생기다, 일어나다, 줄기, 대   13 통치하다, 지배[좌우]하다   14 검사하다, 점검하다
15 해방하다, 자유롭게 하다   16 맹세하다, 욕하다   17 강렬한   18 숙고하다, 응시하다   19 즐겁게[기쁘게] 하다,
축제(일), 잔치   20 규범, 기준, 표준

B 01 academic   02 dramatic   03 toxic   04 feminine   05 transport   06 segregation   07 chronic
08 compress   09 steep   10 refuge   11 verbal   12 multitask   13 superficial   14 propaganda
15 random   16 carriage   17 stare   18 erect   19 cemetery   20 irrigation

C 01 drowsy   02 stare   03 endeavor   04 compress   05 exaggerate

D 01 primitive   02 refuge   03 dramatic   04 underlying   05 inspect

DAY 39

A 01 붙잡다, 포착하다, 이해하다   02 마음이 상한, 당황한, 뒤엎다, 전복, 혼란   03 야만적인, 잔인한, 야만인
04 내키게 하다, 기울이다, 경사   05 미리 보기, 예고편, 시사회   06 진짜의, 진정한   07 동의, 허락, 동의하다
08 집행의, 경영의, 임원, 경영진   09 선전 문구, 슬로건   10 (장소의) 도처에, (시간의) 처음부터 끝까지   11 이동성,
가동성   12 달성하다   13 다수의, 수많은   14 금지하다, 법적으로 무효화하다, 무법자   15 나사, 나사로 고정하다
16 취약한, 상처 입기 쉬운   17 (행정 단위인) 주(州)[도(道)], 분야, 영역   18 피난하다, 보호하다, 피난처
19 (정서·지능·학력 등의) 발달이 뒤진   20 즉흥적으로 하다, 즉석에서 하다

B 01 ongoing   02 privilege   03 innate   04 orphan   05 chaos   06 breakthrough   07 implication
08 coordinate   09 negotiate   10 microscope   11 nuisance   12 shiver   13 ingenuity   14 transition
15 deficient   16 squeeze   17 belonging   18 stretch   19 compel   20 alley

C 01 deficient   02 negotiate   03 shiver   04 consent   05 numerous

D 01 implications   02 breakthroughs   03 improvise   04 coordinate   05 attain

A 01 통행인, 지나가는 사람　02 감탄하다, 높이 평가하다　03 불다, 바람에 날리다　04 협력하다　05 기업, 사업　06 목재　07 무뚝뚝한, 퉁명스러운, 둔감한, 무딘　08 거대함, 중요성, (지진의) 진도　09 터지다, 터뜨리다, 꽉 차다, 파열, 폭발　10 넘겨주다, 포기하다, 항복하다　11 팽팽한, 긴장한, 긴장시키다　12 연속되는, 상속의　13 잘못을 입증하다, 위조하다　14 초능력이 있는, 초자연적인, 무당, 영매　15 역설, 패러독스　16 내던지다, 보내다, 드리우다　17 떨다　18 부정하다, 반박하다, 모순되다　19 단거리 경주, 전력 질주, 전력 질주하다　20 투표, 투표용지, 투표하다

B 01 philosophy　02 boil　03 stance　04 deplete　05 aesthetics　06 summon　07 recipe　08 paddle　09 amplify　10 correlation　11 earnest　12 surpass　13 acquaintance　14 resilience　15 deceive　16 profile　17 afford　18 sweep　19 slaughter　20 starvation

C 01 earnest　02 collaborate　03 surpass　04 admire　05 starvation

D 01 casts　02 profile　03 acquaintances　04 trembled　05 tense

A 01 직업, 천직　02 (실제의) 이야기, 서술, 이야기의　03 불가분의, 떼어 낼 수 없는　04 달걀 모양의, 타원형의, 타원체　05 명령하다, 위임하다, 명령, 위임　06 말하다, 명령하다, 입찰하다, 입찰　07 열망하다, 동경하다　08 괴롭히다, 희롱하다, 침략하다　09 살금살금 움직이다, 몰래 움직이다　10 내재하는, 타고난, 고유의　11 조종하다, 인도하다　12 경험이 많은, 베테랑, 퇴역 군인　13 영토, 영역　14 채식주의자, 채식주의자의, 채식의　15 모으다, 조립하다, 소집하다　16 막다, 방해하다　17 죽다, 소멸하다　18 감사[존경]의 표시, 증정물, 진상품, 조세　19 인습, 고정 관념, 연판 인쇄　20 영역, 영토, 분야

B 01 cosmetic　02 statesman　03 sophisticated　04 shred　05 fellow　06 accelerate　07 temperament　08 gracious　09 affection　10 trail　11 rent　12 spike　13 decode　14 compost　15 patrol　16 connotation　17 unpredictable　18 heatstroke　19 enlightenment　20 artery

C 01 shred　02 accelerate　03 aspire　04 affection　05 sneak

D 01 mandate　02 domain　03 trail　04 inherent　05 stereotypes

A 01 줄(이)다　02 검사하다, 진찰하다　03 방해하다, 어지럽히다, 혼란케 하다　04 속이 빈, 오목한, 움푹한 곳　05 탄력 있는, 융통성 있는　06 그리워하다, 열망하다　07 모방하다, 흉내를 잘 내는, 모조의　08 법인회사로 만들다, 통합시키다　09 오류를 증명하다, 논박하다　10 반역자, 반역[반란]을 일으키다　11 구조(상)의, 조직(상)의　12 발굴하다, 발견하다　13 주요한, 으뜸가는　14 끝내다, 종결짓다　15 밝게 비추다, 계몽하다, 설명하다　16 토착의, 원산의　17 저당, 주택 융자, (담보) 대출　18 상대, 대응하는 것[사람]　19 반구체, (지구·천체의) 반구　20 성큼성큼 걷다, 성큼성큼 걷기, 진보, 발전

B 01 applicant　02 religious　03 pest　04 compromise　05 meanwhile　06 crisis　07 entrust　08 lure　09 regime　10 precaution　11 recur　12 morale　13 painkiller　14 inject　15 obligation　16 torture　17 sway　18 stubborn　19 wail　20 suicide

C 01 obligation　02 crisis　03 hollow　04 mimic　05 wail

D 01 recur　02 compromise　03 indigenous　04 regime　05 Elastic

DAY 43

A 01 패러다임, 이론적 틀   02 빠른, 신속한   03 민속, 민속 신앙, 신화   04 수정하다, 고치다   05 반어법, 아이러니
06 도둑질, 〈야구〉 도루   07 산산이 부서지다, 파편   08 옷[복장], 장비, 공급하다, 준비하다   09 (조그만) 부분,
헝겊 조각, 좁은 땅   10 (부당하게) 이용하다, 착취하다, 위업   11 막대한, 광대한   12 조숙한, 조산한, 시기상조의
13 어머니의, 모계의, 모국어의   14 개요를 말하다, 윤곽을 보여 주다, 개요, 윤곽   15 휴식, 휴업, 구석진 곳
16 요금을 청구하다, 채우다   17 짐, 부담, ~에게 짐을 지우다   18 명망 있는, 고급의, 일류의   19 증식, 급증, 확산
20 예비의, 임시의, 예선, 사전 준비

B 01 pharmacy   02 defend   03 anthropology   04 pollute   05 easygoing   06 spectator   07 mourn
08 medieval   09 altruism   10 latitude   11 fraud   12 evoke   13 fiber   14 analogy   15 autonomy
16 intermediate   17 marine   18 snatch   19 insomnia   20 friction

C 01 insomnia   02 prestigious   03 mourn   04 amend   05 vast

D 01 burden   02 proliferation   03 irony   04 anthropology   05 patches

DAY 44

A 01 귀여운, 사랑스러운   02 포함하다, 구성하다   03 참다, 인내하다, 견디다   04 모험, 벤처 기업, 모험하다
05 사용세, 통행료, 요금으로 징수하다   06 바삭바삭한, 부서지기 쉬운   07 불치의, 구제 불능의, 불치 환자
08 그 후의, ~에 이어 일어나는   09 지형, 지역, 분야, 범위   10 빗나가다, 빗나가게 하다, 막다
11 (스스로) 만족해하는, 현실에 안주하는   12 명백하게 하다, 증명하다, 명백한   13 쓰레기, 폐기물   14 침착, 평정
15 전쟁, 교전 상태   16 후원자, 단골손님, 고객   17 (수량 등이) ~에 가까워지다, 대략의   18 평행의, 유사한, 평행선,
유사하다   19 귀족   20 탐닉하다, 충족하다, 제멋대로 하게 하다

B 01 humanity   02 textile   03 spouse   04 primate   05 sarcastic   06 statistical   07 meadow
08 clumsy   09 mortal   10 sturdy   11 stimulus   12 rejoice   13 equivalent   14 revenge   15 imperial
16 duration   17 populate   18 explicit   19 lurk   20 frugal

C 01 rubbish   02 adorable   03 endure   04 rejoice   05 manifest

D 01 aristocrats   02 comprised   03 stimulus   04 parallels   05 terrain

DAY 45

A 01 (벽 따위에) 붙이다, 우편   02 국경, 국경의, 최첨단의   03 진퇴양난, 딜레마, 궁지   04 싸락눈, 우박, 우박이 내리다
05 물을 빼내다, 소모시키다   06 일부러 ~하다, 괴롭히다   07 (관찰·활동의) 범위, 시야, 조사하다   08 지탱하다,
유지하다   09 필수 불가결한, 없어서는 안 될 것   10 집합적인, 집단적인, 집단   11 화나게 하다, 분노, 화
12 억누르다, 억제하다, 보류하다   13 (효력을) 중화시키다, 약화시키다   14 포식자, 약탈자, 육식 동물   15 고민, 고통,
괴롭히다   16 마구간, 우리, 핑계, 핑계를 대다   17 잘 처리하다, 저글링하다   18 균형을 잡다, 균형, 평정
19 ~이 되게 하다, 주다, 표현하다   20 양립할 수 있는, 모순이 없는

B 01 obesity   02 outdated   03 discourse   04 static   05 perspiration   06 retention   07 countless
08 nursery   09 vanity   10 relevant   11 disciple   12 outburst   13 gust   14 firsthand   15 verdict
16 posture   17 border   18 apparatus   19 bribe   20 condense

C 01 obesity   02 static   03 vanity   04 compatible   05 gust

D 01 rendered   02 dilemma   03 retention   04 relevant   05 sustain

A 01 망명, 망명자, 망명시키다 02 분명히 하다, 명료하게 하다 03 문지기, 관리인, 잡역부 04 박차, 자극(제), 박차를 가하다 05 경작하다, 양성하다, 계발하다 06 널리 알려짐, 명성, 광고, 선전 07 기다, (덩굴 등이) 얽히다, 포복, 서행 08 ~의 아래에, 밑에 09 상승, 오름 10 사이에 끼어들다, 개입하다, 방해하다 11 용해하다, 해산하다, 해소하다 12 임명[지명]하다, (시간·장소를) 정하다 13 감독하다, 감시하다 14 옹호자, 지지자, 지지하다 15 가려움, (~하고 싶은) 욕구, 가렵다, (~하고 싶어) 못 견디다 16 얼굴을 붉히다, 부끄러워하다 17 강제, 압박, 거북스러움 18 식별하다, 분별하다, 인식하다 19 활발한, 번창하는, 상쾌한 20 용해력이 있는, 지불 능력이 있는, 용제

B 01 weigh 02 fragment 03 scheme 04 dare 05 delude 06 dehydrate 07 deterioration 08 encircle 09 notion 10 whisper 11 cuisine 12 deviation 13 nomad 14 metabolism 15 disgust 16 unanimous 17 currency 18 declare 19 fling 20 contagious

C 01 creep 02 discern 03 blush 04 delude 05 whisper

D 01 appointed 02 cultivate 03 clarify 04 constraints 05 deterioration

A 01 부문, 부분, 분할하다 02 새롭게 하다, 수리하다 03 문제점, 장애 04 저하시키다, 강등시키다, 분해하다 05 크기, 부피, 대부분 06 꼬집다, 집다, 괴롭히다 07 달아나다, 도망치다 08 본부 09 검증하다, 입증하다 10 (힘·지식 등을) 쓰다, 발휘하다 11 렌치(너트를 죄는 기구), 비틀기, 비틀다, 삐다 12 불구로 만들다, 지체 부자유자 13 반박, 말대꾸, 반박하다, 말대꾸하다 14 손으로 쓴 것, 필사본, 원고 15 시간을 지키는, 기한을 지키는 16 더미, 쌓아올림, (도서관의) 서가, 쌓다, 쌓이다 17 공감하다, 감정 이입을 하다 18 왕국, 영역 19 옮겨 놓다, 대신하다, 쫓아내다 20 비행하다, (비행기를) 조종하다

B 01 rectangular 02 thorn 03 hospitality 04 elect 05 tactics 06 cynical 07 interval 08 despise 09 catastrophe 10 dread 11 shudder 12 delegate 13 engross 14 coexist 15 estate 16 arbitrary 17 expertise 18 console 19 dispute 20 reprove

C 01 dread 02 drawback 03 reprove 04 hospitality 05 punctual

D 01 segment 02 estate 03 elected 04 console 05 verify

A 01 쫓아내다, 배출하다 02 위험한, 모험적인 03 우울한, 우울함 04 연기, 연기 나다 05 극도의 피로, 쇠진, 연소 종료 06 발진, 뾰루지, 무분별한, 성급한 07 그럴듯한, 말재주 있는 08 하급의, 부차적인, 하급자, 경시하다 09 재치, 기지 10 크기, 치수, 규모, 차원 11 야만적인, 짐승 같은, 잔혹한 12 (필요한 것을) 제공하다, 갖추다 13 질질 끌며 걷다, 뒤섞다 14 직선의, 길이의, 1차(원)의 15 앞서 있었던 것, 선배, 전임자 16 타당한, 정당한, 합법의 17 과부하, 과적, 과중하게 부담시키다, 과적하다 18 주요한, 주요 산물 19 영구의, 끊임없는 20 가장 깊숙한, 가장 깊은 부분

B 01 legacy 02 summarize 03 monotonous 04 simplicity 05 skull 06 quest 07 prehistoric 08 landslide 09 enact 10 dispense 11 detergent 12 intersection 13 barrel 14 dispersal 15 hierarchy 16 eloquent 17 bypass 18 proclaim 19 eligible 20 alienate

C 01 melancholy 02 monotonous 03 alienate 04 hazardous 05 quest

D 01 eject 02 perpetual 03 overload 04 hierarchy 05 Subordinates

A 01 신념, (종교의) 교의   02 복합적인, 다수의, 다양한, 〈수학〉 배수   03 적대자, 라이벌   04 수반하다, 의미하다, 필요로 하다   05 나아가게 하다, 추진하다   06 신음, 신음하다, 불평하다   07 (빛·소리 따위의) 굴절   08 (일·문제를) 다루다, 도구, (축구의) 태클   09 세계적인, 세계주의의, 세계인, 국제인   10 세다, 계산하다, 생각하다   11 외적인, 비본질적인   12 위업, 공적   13 파괴하다, 폐지하다   14 깊숙이 박다, 깊이 간직하다   15 매혹하다, ~에 마법을 걸다   16 밀다, 밀치다   17 정복하다, 진압하다, 완화하다   18 동일시하다, 일치하다   19 물리치다, (공공연히) 반항하다, 무시하다   20 뚱뚱한, (옷 등이) 튼튼한

B 01 sentiment   02 merchandise   03 erosion   04 misplace   05 degenerate   06 detest   07 auditory   08 merge   09 utensil   10 dusk   11 missionary   12 endow   13 reptile   14 offspring   15 respectively   16 detach   17 conviction   18 secondhand   19 inference   20 frantic

C 01 defy   02 demolish   03 thrust   04 feat   05 conviction

D 01 embedded   02 detached   03 respectively   04 tackle   05 endowed

A 01 생산적인, 다산의   02 위험, 위기   03 얽히게 하다, 혼란시키다   04 단계, 상, 면, 양상   05 정신 이상의, 비상식적인   06 부상을 입히다, 부상   07 번영하다, 번창하다   08 불평하다, 으르렁거리다, 불평   09 분리된, 별개의   10 좌절, 차질   11 〈식물〉 수분 (작용)   12 착수, 시작   13 애매모호한, 두 가지 뜻으로 해석 가능한   14 책임이 있는, ~할 것 같은, ~하기 쉬운   15 반격, 역습, 반격하다, 역습하다   16 방해하다, 침범하다   17 굳어지다, 굳히다, 확고히 하다   18 폭로하다, (비밀 등을) 알아내다   19 사회 기반 시설, (단체 등의) 하부 조직[구조]   20 (면밀한) 조사

B 01 rage   02 subsidy   03 landfill   04 limb   05 grudge   06 notable   07 fluctuation   08 hybrid   09 bankruptcy   10 pitfall   11 veterinarian   12 penetrate   13 cumulative   14 radius   15 prudent   16 reckless   17 enthusiasm   18 kidnap   19 transcend   20 synthetic

C 01 enthusiasm   02 prudent   03 discrete   04 peril   05 rage

D 01 productive   02 transcend   03 pitfalls   04 solidifies   05 scrutiny

FINAL CHECK-UP

DAY 01~03

01 사회의, 사교적인   02 결정하다, 결심하다   03 은행 계좌, 이야기, 설명, 설명하다   04 반영하다, 반사하다, 숙고하다   05 일으키다, 발생시키다   06 안정된, 한결같은, 꾸준한   07 개인, 개인의, 개인적인   08 서식지, 주거지   09 장치, 장비   10 즉각적인, 가까이에 있는   11 줄다[감소하다], 줄이다, 감소   12 안전한, 안전하게 하다, 확보하다   13 묘사하다, 표현하다   14 제공하다, 공급하다, 준비하다   15 깊은 인상을 주다, 감동시키다   16 해결, 해결책, 용액   17 〈생물 분류상의〉 종(種)   18 참여하다, 참가하다   19 결국   20 기회   21 태도, 입장   22 (사건이) 일어나다, 발생하다   23 소비하다, 먹다[마시다]   24 요구하다, 수요   25 일정한, 불변의, (수학에서의) 상수   26 필요로 하다, 요구하다   27 이용 가능한, 쓸모 있는   28 적절한, 알맞은   29 구성하다, 작곡하다, 작문하다   30 빈번한, (장소·모임에) 자주 가다   31 운동의, 운동 경기의   32 접근하다, 접근, 접근법   33 영향, 영향을 미치는 것[사람], 영향을 끼치다   34 연장하다, 넓히다   35 교환하다, 교환   36 인지하는, 알고 있는   37 이익, 이익이 되다   38 인지하다, 인정하다   39 극단의, 극단적인, 극단   40 전문직, 직종

01 추정하다, (태도 등을) 취하다   02 결론짓다, 끝내다   03 기쁨, 기쁘게 하다   04 위협, 협박   05 설립하다, 확립하다, 제정하다   06 결합시키다, 겸비하다   07 희생, 희생자   08 시도하다, 시도   09 얻다, 획득하다   10 전자의, 전자 공학의   11 좌절시키다   12 가능하게 하다   13 양심   14 예언하다, 예측하다   15 확신시키다, 납득시키다   16 개성, 성격, 특색   17 장애를 가진, 무능력하게 된   18 강조하다   19 흡수하다, (사람·마음을) 열중시키다   20 상업, 교역   21 할 수 있는, 유능한   22 접근, 입장, 이용, 접근하다   23 움직임, 운동   24 건설하다   25 기부하다   26 싸우다, 노력하다, 투쟁, 노력   27 자신 있는   28 특징, 특집 기사, 얼굴 생김새, 특징으로 하다, 주연하다   29 동반[동행]하다, 수반하다   30 믿을 수 없는, (믿기 어려울 만큼) 굉장한   31 (시간·장소를) 차지하다, 전념하다   32 (보수·벌 등을) 받을 만하다[가치가 있다]   33 집중하다   34 상기하다, 철회하다, 회수하다, 상기, 철회, 회수   35 (로켓 등을) 발사하다, (새로운 일을) 시작하다, 출시하다, 발사, 개시, 출시   36 관찰하다, 보다, 준수하다   37 천문학   38 지시, 제품 사용 설명서, 가르침   39 가리키다, 나타내다   40 제조하다, 제조(업), 제품

01 장치, 고안, 방책   02 정확한   03 원칙, 원리   04 생존   05 협력하다   06 지점, 얼룩, 발견하다, 얼룩지게 하다   07 시골의   08 규모, 저울, 비늘   09 보증하다, 보증   10 잠재적인, 잠재력   11 (상급 기관에 소속된) 위원회   12 언급하다, 위탁하다   13 둘러싸다   14 포함하다   15 중독시키다, 중독자   16 명백한   17 관점, 양상, 면   18 고갈된, 기진맥진한   19 비서, 서기관, 장관   20 굉장한, 무시무시한   21 찾다, 추구하다, 노력하다   22 정책, 수단, 방법   23 문명   24 끔찍한, 지독한   25 지역   26 평가하다   27 기준, 표준, 기준의, 표준의   28 물질, 본질, 실체   29 작업, 운영, 수술   30 저항하다   31 거의 ~ 않는   32 완전한, 절대적인   33 국내의, 가정의   34 윤리   35 소유하다, ~의 마음을 사로잡다   36 채택하다, 입양하다   37 목격자, 증인, 목격하다   38 전시하다, 나타내다, 전시   39 영원한, 영구적인   40 역겹다, 악취를 풍기다, 악취

01 고용하다   02 정확한   03 주저하다, 망설이다   04 고립시키다   05 권위, 당국   06 동료, 동반자   07 조각, 조각하다   08 결심하다, 해결하다, 분해하다   09 일부, 부분, 분할하다   10 이동하다, 옮기다, 갈아타다   11 대안, 대안의   12 분명한, 명백한   13 ~인 반면에   14 논증하다, 설명하다, 시위하다, 보여 주다   15 겁먹게 하다   16 (죄를) 저지르다, 전념[충실]하다, 맡기다   17 가정, 가정[가족]의   18 깨어 있는, 깨우다, 깨다   19 장비, 기어, 맞게 조정하다   20 연구소, 협회, 설립하다, 제정하다   21 개념   22 회사의, 법인의   23 제한하다, 한정하다   24 상태, 지위, 현상   25 무식한, 모르는   26 겨냥하다, 조준   27 유아, 유아의, 미발달의   28 별개의, 뚜렷한   29 연례의, 1년의, 1년간의   30 상황, 환경   31 성숙한, 익은, 지불 만기의, 성숙해지다   32 동일한, 일란성의   33 구조하다, 구조   34 새는 곳[구멍], 새다, 누설하다   35 입장, 입구, 입학   36 구성 요소, 구성하는   37 확장하다   38 멀리 떨어진, 희박한, 드문   39 인지하다, 인식하다   40 입자, 극소량

01 입학하다, 등록하다   02 할당하다, 지정하다   03 편견, 선입관   04 측정하다, 측정, 수단   05 통찰, 통찰력   06 필수, 필수품, 필요   07 세탁물   08 패배시키다, 패배   09 강의, 강의하다   10 계약하다, 수축하다, 계약서   11 난파선, 사고, 난파시키다   12 훈련, 규율, 학과, 학문 분야   13 이전의, 우선하는   14 버리다, 포기하다   15 모방하다   16 실험실, 실험(실)의   17 살다, 거주하다   18 예배하다, 숭배하다, 예배, 숭배   19 가상의, 사실상의   20 문자 그대로   21 이루다, 달성하다   22 규제하다, 조절하다   23 부과하다, 강요하다   24 활력   25 감소, 쇠퇴, 감소하다, 쇠퇴하다, (정중히) 거절하다   26 나중에, 그 후에   27 정복하다, 극복하다   28 소화하다, (완전히) 이해하다, 요약   29 설치하다   30 궁극적인, 최후의   31 적절한   32 번영하다, 발전하다, 잘되다   33 입증[확인]하다, (결심을) 굳게 하다   34 실행하다, 처형하다   35 복잡한   36 결점, (국가·당 등을) 버리다   37 동시대의, 현대의   38 반대의, 불리한, 반대의 것   39 변형시키다, 변환하다   40 지성

FINAL CHECK-UP

DAY 16~18

01 보행자, 보행자의   02 헌납하다, 바치다   03 감염, 전염(병)   04 타당한, 유효한   05 삼키다, 삼킴, 제비   06 (가정용) 기구, 장치   07 귀족의, 고결한   08 일시적인, 임시의   09 (~할) 운명이다, 운명, 비운, 파멸   10 승무원   11 생태계   12 적시다, 젖다, 흡수하다   13 청소년, 청소년기의   14 성질, 기질, 완화시키다   15 강화, 보강   16 으깨다, 밀어 넣다   17 제거하다, 배제하다   18 미생물, 세균   19 통합하다, 통일하다   20 심부름, 잡일   21 엄한, 엄격한   22 짜증 나게 하다, 화나게 하다   23 처음의, 초기의, 머리글자(이니셜)   24 조절하다, 조정하다   25 배치하다, 처리하다, 경향을 갖게 하다.   26 박탈하다   27 후보자   28 뛰어난, 두드러진, 미해결의   29 부족, 종족   30 관점, 견해, 원근법, 전망   31 도매, 도매의   32 묽은, 희석시키다   33 흩뿌리다, 분산시키다   34 격렬한, 과감한   35 최상의, 최적의   36 엎지르다, 흘리다, 엎질러짐, 유출   37 대표, 국회의원, 대표하는   38 직면하다   39 우세하다, 만연하다   40 인종의, 민족의

DAY 19~21

01 구독하다, 가입하다   02 집안일, 허드렛일   03 (어깨를) 으쓱하다   04 도자기, 도예   05 부서지기 쉬운   06 고발하다, 비난하다   07 사나운, 맹렬한   08 노력하다, 애쓰다, 투쟁하다   09 상속하다, (유전으로) 물려받다   10 버리다, 처분하다   11 살다, 거주하다   12 촉구하다, 강요하다   13 대처하다, 잘 처리하다   14 조사하다, 수사하다   15 궤도, 궤도를 그리며 돌다   16 긴장시키다, 잡아당기다, 혹사하다, 긴장, 압박   17 재산, 소유물, 부동산   18 반대자, 상대, 반대하는   19 것(들), 물건, (빽빽이) 채워 넣다, 쑤셔 넣다   20 구성하다, 제정하다, 설립하다   21 비참한, 불쌍한   22 압도하다, 당황하게 하다   23 예산, 예산안   24 (생물의 근육·신경 등의) 조직   25 명성, 유명 인사   26 고집하다, 지속하다   27 장애물, 방해가 되는 것   28 점점 줄어들다, 저하되다   29 폐지하다   30 절차, 과정   31 영양소, 영양분   32 닦다, 윤을 내다, (문장 등을) 다듬다   33 비옥한, 기름진   34 면역성의, 면제된   35 재료, 성분   36 우연의 일치, 동시에 일어난 사건   37 단백질   38 당뇨병   39 미묘한, 교묘한   40 친밀한

DAY 22~24

01 서로의, 공통의   02 섬세한   03 신경   04 ~인 척하다, 주장하다   05 지방(자치제)의, 시의   06 (주의·흥미 등을) 끌다   07 액체, 액체의   08 어둠, 우울   09 절망, 절망하다   10 촉발하다, 유발하다, 방아쇠, 계기   11 (물건을 담는) 용기, 배, 선박, 혈관   12 모욕하다, 모욕   13 생략하다, 빼다   14 갑작스러운   15 안정된, 마구간   16 정제하다, 개선하다   17 (날씨가) 습기 있는, 눅눅한   18 배회하다, 돌아다니다   19 보도, 포장도로   20 놀라게 하다   21 전략   22 연방의, 연합의   23 지지하다, 받치다, 부양하다, 지지, 지탱함, 부양   24 적당한   25 최고의   26 감소하다   27 창피함, 굴욕   28 왜곡, 찌그러뜨림   29 의도적인, 신중한, 숙고하다   30 분류하다   31 이상한, 기묘한   32 (후보자로) 지명[추천]하다, 임명하다   33 규정하다, (약을) 처방하다   34 충분한   35 분개하다, 화를 내다   36 예상하다, 기대하다   37 매달다, 중지하다   38 낙관적인, 낙천적인   39 융통성 있는, 유연한   40 주요한, 제1의, (단체의) 장, 주역

DAY 25~27

01 막다, 예방하다   02 변장하다, 숨기다, 변장, 은폐   03 마비   04 깜짝 놀라게 하다   05 힘, 영향력, 강요하다   06 진화하다, 발전하다   07 대리자, 대체물, 대체하다   08 ~의 결과로 여기다, 속성   09 통일성 있는, 조리 있는   10 영양분을 주다, 기르다   11 명상하다   12 질식시키다, 숨이 막히다   13 조각하다, 새기다   14 싸우다, 주장하다, 경쟁하다   15 억압하다, 참다   16 집회, 총회, 관습   17 연기하다, 뒤로 미루다   18 놀라게 하다, 기절시키다   19 철수하다, 철회하다, (돈을) 인출하다   20 평가, 판단   21 적대적인   22 꿰매다, 바느질하다   23 보상하다   24 놀라게 하다   25 변수, 변하기 쉬운, 변덕스러운   26 지배하다   27 황폐시키다   28 괴롭히다   29 남용, 욕설, 학대, 남용하다, 학대하다   30 동시에   31 유동체(액체·기체의 총칭), 유동체의, 유동적인   32 중대한, 중요한   33 모집하다, 징집하다, 신병, 신입 사원   34 본능   35 공격적인, 적극적인   36 고수하다, 충실하다, 집착하다   37 싹이 트다, 자라나다, 싹   38 전환하다, 바꾸다   39 눈살을 찌푸리다, 찡그린 얼굴   40 인내심

01 자랑하다, 떠벌리다   02 증상   03 ~하는 경향이 있는   04 위반하다, 침해하다   05 축축한, 습기   06 생각해 내다, 마음속에 그리다   07 치료, 요법   08 분자   09 만들어 내다, 공식화하다   10 형제자매, 동기   11 엮다, 짜다, (생각 등을) 엮어 넣다   12 내구성   13 환상, 착각   14 유형적인, 유형의, 만질 수 있는   15 발견하다, 감지하다   16 구현하다, 구체화하다   17 불합리한, 우스꽝스러운   18 감시   19 진단하다   20 얼룩, 얼룩지게 하다   21 영양실조   22 배출, 내보냄, 방전, 배출하다, 내보내다, 해고하다   23 속도   24 칭찬, 칭찬하다   25 조롱하다, 가짜의   26 박수갈채   27 저장소, 저수지   28 폭발하다   29 강제적인, 강박의   30 급파하다, 발송하다, 급파, 발송   31 드러내다, (비밀을) 폭로하다, 노출시키다   32 붙잡다, 이해하다, 파악하다, 꽉 쥐기, 이해   33 수행하다, (일을) 떠맡다, 착수하다   34 실망시키다, 낙담시키다, 걱정, 실망   35 공간의, 공간적인   36 약속, 맹세, 약속하다, 맹세하다   37 울다   38 어색한, 서투른   39 가공하지 않은, 조잡한   40 충동, 추진

01 탐험(대)   02 흘긋 봄, 흘긋 보다, 깨닫다   03 나타나다, 드러나다   04 수용하다, 숙박시키다   05 인식의, 인지력 있는   06 피할 수 없는   07 포옹, 포옹하다, 받아들이다   08 투옥하다   09 방사성의   10 할당하다, 분배하다   11 주장하다, 행사하다   12 오염시키다   13 분별 있는, 사려 깊은   14 이식, 이식하다   15 수입, 수익   16 큰 슬픔   17 일치하다, 주다, 부여하다, 일치, 협정   18 무시하다, 소홀, 무시   19 보증, 영장, 보증하다   20 맥박   21 관목   22 거만한   23 복종시키다, 복종하다, 제출하다   24 유지[보유]하다   25 산수, 연산   26 증발하다   27 희생하다, 희생시키다, 희생, 제물   28 일관된, 모순이 없는   29 오래 머물다, 계속되다   30 꿰뚫다, ~에 구멍을 뚫다   31 논란, 논쟁   32 전염병   33 추천하다   34 위생, 위생학   35 이국적인   36 복제품, 이중으로 하다, 복제하다   37 주관적인, 주격의   38 강박 관념을 갖다, (망상이) 사로잡다   39 하수   40 부정한, 부패한, 타락시키다

01 견디다   02 연민, 동정   03 (숨을) 들이쉬다   04 진공, 진공청소기, 진공청소기로 청소하다   05 상승, 밀어 올림, 밀어 올리다, (생산량을) 증가하다   06 (정처 없이) 돌아다니다, 유랑, 방랑   07 가설(假設)   08 변호사   09 혼자의, 외로운, 고독한   10 뛰어난, 우세한   11 혼란에 빠뜨리다, 방해하다   12 갈대, 갈대의   13 유도하다, 설득하다   14 효모, 발효하다   15 기금, 자금을 제공하다   16 ~에 앞서다, 먼저 일어나다   17 불분명한, 이해하기 어려운, 무명의   18 (눈물 등을) 흘리다, 발산하다, (털 등을) 떨어뜨리다   19 피로, 피곤하게 하다   20 자극하다, 고무하다   21 손상하다   22 단언하다   23 비대칭, 불균형   24 가장하다, 모의실험[훈련]하다   25 증기, 증발하다   26 이상한, 홀수의   27 선동하다, 자극하다   28 유전, 유전형질   29 따라잡다   30 익명의   31 연장하다   32 관세, 관세를 부과하다   33 일치하다, 서신 왕래하다   34 장식품, 장식하다   35 타고난   36 순서, 결과, 연속   37 (점유) 범위, (신문·텔레비전·라디오의) 보도   38 묻다, 조사하다   39 긴급한, 다급한   40 고리

01 졸리는   02 조정하다, 동등한   03 인종 차별, 분리   04 (정서·지능·학력 등의) 발달이 뒤진   05 날카로운, 예민한, 간절히 ~하고 싶은   06 만성적인, 장기간의   07 과장하다, 과장해서 말하다   08 껍질, 〈지질〉 지각   09 금지하다, 법적으로 무효화하다, 무법자   10 이동성, 가동성   11 이해하다, 감상하다, 고맙게 생각하다   12 귀찮은 사람, 성가신 것   13 측정, 측량, 치수   14 붙잡다, 포착하다, 이해하다   15 박탈하다, (옷이나 껍질을) 벗기다   16 솜씨, 독창력   17 관개, 물 대기   18 조종하다, 조작하다   19 응시하다, 노려보다   20 자발적인, 자연히 일어나는   21 노력, 노력하다   22 숙고하다, 응시하다   23 특권, 특권을 주다   24 아주 흥미로운   25 떨림, 떨다   26 수로, 운하   27 피난하다, 보호하다, 피난처   28 생생한   29 지정하다, 가리키다   30 동의, 허락, 동의하다   31 뛰어들다, 던져 넣다   32 즉흥적으로 하다, 즉석에서 하다   33 결점, 흠   34 기념하다   35 이용하다, 지레의 작용, 영향력   36 야만적인, 잔인한, 야만인   37 원시의, 초기의, 미개의   38 직관적인, 직관에 의한   39 함축, 암시   40 규범, 기준, 표준

FINAL CHECK-UP

DAY 40~42

01 세련된, 정교한   02 방해하다, 어지럽히다, 혼란케 하다   03 잘못을 입증하다, 위조하다   04 (암호를) 해독하다   05 팽팽한, 긴장한, 긴장시키다   06 기질, 성질   07 흔들림, 흔들리다   08 연속되는, 상속의   09 가속하다, 촉진하다   10 정권, 제도   11 회복력   12 타협하다, 타협   13 감사[존경]의 표시, 증정물, 진상품, 조세   14 주사하다, 도입하다   15 상관관계, 상호 관련   16 의무, 계약, 채무   17 성큼성큼 걷다, 성큼성큼 걷기, 진보, 발전   18 고갈시키다, 격감시키다   19 끝내다, 종결짓다   20 영역, 영토, 분야   21 말하다, 명령하다, 입찰하다, 입찰   22 사기, 의욕   23 명령하다, 위임하다, 명령, 위임   24 부정하다, 반박하다, 모순되다   25 완고한, 고집이 센   26 열망하다, 동경하다   27 협력하다   28 조심, 예방 조치   29 속이다   30 토착의, 원산의   31 무뚝뚝한, 퉁명스러운, 둔감한, 무딘   32 괴롭히다, 희롱하다, 침략하다   33 살금살금 움직이다, 몰래 움직이다   34 떨다   35 밝게 비추다, 계몽하다, 설명하다   36 아사, 기아, 궁핍   37 인습, 고정 관념, 연판 인쇄   38 반구체, (지구·천체의) 반구   39 넘겨주다, 포기하다, 항복하다   40 갈기갈기 찢다, 째다

DAY 43~45

01 귀족   02 어색한, 서투른   03 명망 있는, 고급의, 일류의   04 정적인, 고정된   05 빗나가다, 빗나가게 하다, 막다   06 양립할 수 있는, 모순이 없는   07 불면증   08 균형을 잡다, 균형, 평정   09 포함하다, 구성하다   10 수정하다, 고치다   11 판결, 결정   12 산산이 부서지다, 파편   13 뇌물, 뇌물을 주다   14 비꼬는, 풍자적인   15 이타주의   16 허영심, 허무함   17 인류학   18 화나게 하다, 분노, 화   19 명백한, 분명한   20 (부당하게) 이용하다, 착취하다, 위업   21 명백하게 하다, 증명하다, 명백한   22 고민, 고통, 괴롭히다   23 예비의, 임시의, 예선, 사전 준비   24 (병적인) 비만, 비대   25 탐닉하다, 충족하다, 제멋대로 하게 하다   26 농축하다, 요약하다   27 (수량 등이) ~에 가까워지다, 대략의   28 사기, 속임, 사기꾼   29 (관찰·활동의) 범위, 시야, 조사하다   30 〈지리〉 위도, 위선   31 관련이 있는, 적절한   32 증식, 급증, 확산   33 바삭바삭한, 부서지기 쉬운   34 죽을 운명의, 치명적인   35 중세의   36 필수 불가결한, 없어서는 안 될 것   37 동등한, 상당하는   38 슬퍼하다, 애도하다   39 장치, 기구, 조직   40 (스스로) 만족해하는, 현실에 안주하는

DAY 46~48

01 과부하, 과적, 과중하게 부담시키다, 과적하다   02 공감하다, 감정 이입을 하다   03 나누어 주다, 내놓다   04 선포하다, 선언하다   05 단조로운, 지루한   06 위로하다   07 일부분, 부서진 조각   08 쫓아내다, 배출하다   09 시간을 지키는, 기한을 지키는   10 속삭이다, 속삭임   11 계급(제), 위계   12 반박, 말대꾸, 반박하다, 말대꾸하다   13 강제, 압박, 거북스러움   14 냉소적인, 비꼬는   15 용해력이 있는, 지불 능력이 있는, 용제   16 그럴듯한, 말재주 있는   17 파견하다, 사절, 대표   18 사이에 끼어들다, 개입하다, 방해하다   19 (필요한 것을) 제공하다, 갖추다   20 변경, 일탈   21 소유지, 재산   22 혐오감, 역겹게 하다   23 소외시키다, 멀리하다   24 새롭게 하다, 수리하다   25 방안, 전술   26 만장일치의, 합의의   27 타당한, 정당한, 합법의   28 부문, 부분, 분할하다   29 세제   30 분명히 하다, 명료하게 하다   31 위험한, 모험적인   32 탐색, 탐구   33 대참사, 큰 재앙   34 경멸하다   35 박차, 자극(제), 박차를 가하다   36 적격의, 적임자   37 탈수하다, 건조시키다   38 분산, 확산   39 악화, (가치의) 하락   40 열중하게 하다

DAY 49~50

01 열광, 열정, 열의   02 깊숙이 박다, 깊이 간직하다   03 밀다, 밀치다   04 착수, 시작   05 신념, (종교의) 교의   06 위업, 공적   07 동일시하다, 일치하다   08 변동, 오르내림, 요동   09 각각, 저마다   10 정신 이상의, 비상식적인   11 가정용품, 기구, 도구   12 누적되는, 점증적인   13 광란의, 미친   14 분리된, 별개의   15 굳어지다, 굳히다, 확고히 하다   16 혐오하다, 미워하다   17 방해하다, 침범하다   18 혼합, 잡종   19 수반하다, 의미하다, 필요로 하다   20 (면밀한) 조사   21 합병하다, 차차 변하다   22 〈식물〉 수분 (작용)   23 적대자, 라이벌   24 선교사   25 함정, 위험   26 정복하다, 진압하다, 완화하다   27 신중한, 빈틈없는   28 초월하다   29 불평하다, 으르렁거리다, 불평   30 단계, 상, 면, 양상   31 부식, 침식   32 애매모호한, 두 가지 뜻으로 해석 가능한   33 부여하다, 기부하다   34 사지, 팔다리   35 떼어 내다, 분리하다   36 침투하다, 꿰뚫다   37 물리치다, (공공연히) 반항하다, 무시하다   38 뚱뚱한, (옷 등이) 튼튼한   39 〈화학〉 합성의   40 (빛·소리 따위의) 굴절

Word
수능 2000 mini
∞ master

☐☐ 0001	**provide**	**v.** 제공하다, 공급하다, 준비하다
☐☐ 0002	**develop**	**v.** 개발하다, 발달[발전]하다
☐☐ 0003	**cultural**	**a.** 문화의, 문화적인
☐☐ 0004	**inform**	**v.** 알리다, 통지하다
☐☐ 0005	**social**	**a.** 사회의, 사교적인
☐☐ 0006	**improve** ⊜ enhance	**v.** 향상시키다, 향상하다
☐☐ 0007	**individual**	**n.** 개인 **a.** 개인의, 개인적인
☐☐ 0008	**require**	**v.** 필요로 하다, 요구하다
☐☐ 0009	**volunteer**	**n.** 자원봉사, 지원자 **v.** 자원하다
☐☐ 0010	**behave**	**v.** (예의 바르게) 행동하다
☐☐ 0011	**amount** ⊜ quantity	**n.** 총액, 총계, 액수, 양 **v.** 총계가 ∼이 되다 **n.** 양
☐☐ 0012	**relationship**	**n.** 관계
☐☐ 0013	**employ** ⊜ hire	**v.** 고용하다, (기술·방법 등을) 쓰다
☐☐ 0014	**attitude**	**n.** 태도, 입장
☐☐ 0015	**research**	**n.** 연구 **v.** 연구하다, 조사하다
☐☐ 0016	**audience**	**n.** 청중, 관객

☐☐ 0017	**challenge**	**n.** 도전, 난제 **v.** 도전하다
☐☐ 0018	**influence** ≡ affect	**n.** 영향, 영향을 미치는 것[사람] **v.** 영향을 끼치다 **v.** 영향을 주다
☐☐ 0019	**material** ≡ substance	**n.** 자료, 재료, 물질 **n.** 물질
☐☐ 0020	**opportunity** ≡ chance	**n.** 기회
☐☐ 0021	**environment**	**n.** 환경
☐☐ 0022	**expense** ≡ expenditure	**n.** 비용, 지출
☐☐ 0023	**local** ≡ regional	**a.** 지방의, 지역의, 장소의
☐☐ 0024	**involve** ≡ entail	**v.** 포함하다, 관련되다, (사건 등에) 말려들게 하다
☐☐ 0025	**stress**	**n.** 스트레스, 강조 **v.** 강조하다, 압력을 주다
☐☐ 0026	**therefore**	**ad.** 그러므로, 그 결과
☐☐ 0027	**contain**	**v.** 함유하다, 포함하다, 억제하다
☐☐ 0028	**average**	**n.** 평균 **a.** 평균의 **v.** 평균 〜이다
☐☐ 0029	**ride**	**v.** (탈것을) 타다 **n.** 타기, 타고 가기

☐☐ 0030	**encourage**	v. 촉구하다, 격려하다
	⊖ discourage	v. 낙담시키다, 좌절시키다
☐☐ 0031	**determine**	v. 결정하다, 결심하다
	⊜ decide	
☐☐ 0032	**international**	a. 국제의, 국제적인
	⊜ global	
☐☐ 0033	**consume**	v. 소비하다, 먹다[마시다]
☐☐ 0034	**impress**	v. 깊은 인상을 주다, 감동시키다
	⊜ move, touch	
☐☐ 0035	**object**	n. 물체, 목표 v. 반대하다
☐☐ 0036	**available**	a. 이용 가능한, 쓸모 있는
☐☐ 0037	**positive**	a. 긍정적인, 확신하는
	⊖ negative	a. 부정적인
☐☐ 0038	**recognize**	v. 인지하다, 인정하다
☐☐ 0039	**commodity**	n. 상품, 물품
	⊜ product	n. 상품
	⊜ item	n. 물품
☐☐ 0040	**comfort**	v. 편안하게 하다, 위로하다 n. 편안, 위로
	⊖ discomfort	v. 불쾌하게 하다 n. 불쾌

□□ 0041	**emotion**	**n.** 감정
□□ 0042	**amaze** ⊜ astonish, surprise	**v.** 놀라게 하다
□□ 0043	**reduce**	**v.** 줄이다, 낮추다
□□ 0044	**discover** ⊜ find, detect	**v.** 발견하다
□□ 0045	**decide**	**v.** 결심하다, 결정하다
□□ 0046	**benefit**	**n.** 이익 **v.** 이익이 되다
□□ 0047	**affect**	**v.** 영향을 미치다, ～인 체하다
□□ 0048	**level**	**n.** 수준, 수평 **a.** 수평의 **v.** 평평하게 하다
□□ 0049	**chemistry**	**n.** 화학, 교감(交感)
□□ 0050	**immediate**	**a.** 즉각적인, 가까이에 있는
□□ 0051	**thus**	**ad.** 그러므로, 따라서
□□ 0052	**proper** ⊜ appropriate ⊖ improper	**a.** 적절한, 알맞은 **a.** 적절하지 않은
□□ 0053	**performance**	**n.** 공연, 성적, 성과
□□ 0054	**essence**	**n.** (사물의) 본질, 정수(精髓)
□□ 0055	**economic**	**a.** 경제의, 경제학의

□□ 0056	cell	n. 세포, 작은 방, 독방
□□ 0057	focus	n. 초점 v. 초점을 맞추다, 집중하다
□□ 0058	issue	n. 화제, 문제, 발행(물) v. 발행하다
□□ 0059	participate ≡ take part (in)	v. 참여하다, 참가하다 (in) (~에) 참가하다
□□ 0060	demand ↔ supply	v. 요구하다 n. 수요 v. 공급하다 n. 공급
□□ 0061	occur ≡ happen, take place	v. (사건이) 일어나다, 발생하다
□□ 0062	complex ≡ complicated, intricate ↔ simple	a. 복잡한 n. 복합체 a. 복잡한 a. 단순한
□□ 0063	define	v. 정의하다, 한계 짓다, 한정하다
□□ 0064	proud ↔ humble	a. 자랑스러워하는, 자만하는 a. 겸손한
□□ 0065	aware ↔ ignorant	a. 인지하는, 알고 있는 a. 무지한, 모르는
□□ 0066	contact	n. 접촉 v. 접촉하다
□□ 0067	profession	n. 전문직, 직종

□□ 0068	detail	n. 세부적인 것 v. 상술하다
□□ 0069	approach ⊜ come close to	v. 접근하다 n. 접근, 접근법
□□ 0070	career	n. 직업, 경력
□□ 0071	package	n. 꾸러미, 포장 v. 포장하다
□□ 0072	disappear ⊜ vanish ↔ appear	v. 사라지다 v. 나타나다
□□ 0073	novel	n. (장편) 소설 a. 참신한
□□ 0074	secure ↔ insecure	a. 안전한 v. 안전하게 하다, 확보하다 a. 불안정한
□□ 0075	function	n. 기능 v. 기능하다, 작용하다
□□ 0076	despite ⊜ in spite of	p. ~에도 불구하고
□□ 0077	background ↔ foreground	n. 배경, 배경 지식, 이유 n. 전경, 앞모습
□□ 0078	solution	n. 해결, 해결책, 용액
□□ 0079	generate	v. 일으키다, 발생시키다
□□ 0080	eventually ⊜ in the end, finally, as a result	ad. 결국

□□ 0081	**decrease**	**v.** 줄대[감소하다], 줄이다 **n.** 감소
	⊜ decline	**v.** 감소하다, 거절하다
	⊖ increase	**v.** 증가하다 **n.** 증가
□□ 0082	**recycle**	**v.** 재활용하다
	⊜ reuse, reprocess	
□□ 0083	**desire**	**n.** 욕망, 욕구 **v.** 바라다
□□ 0084	**balance**	**n.** 균형, 은행 잔고 **v.** 균형을 이루다
□□ 0085	**negative**	**a.** 부정적인
	⊖ positive	**a.** 긍정적인
□□ 0086	**follow**	**v.** 따라가다, (규칙을) 따르다
□□ 0087	**account**	**n.** 은행 계좌, 이야기, 설명 **v.** 설명하다
□□ 0088	**publish**	**v.** 발표하다, 출판하다
	⊜ announce, issue	
□□ 0089	**occasion**	**n.** 경우, 특별한 일
□□ 0090	**replace**	**v.** 대체하다
	⊜ substitute, take the place of	
□□ 0091	**constant**	**a.** 일정한, 불변의 **n.** (수학에서의) 상수
□□ 0092	**expert**	**n.** 전문가
	⊜ specialist	
	⊖ amateur	**n.** 아마추어, 비전문가
□□ 0093	**term**	**n.** 용어, 기간, 학기

☐☐ 0094	**relieve** ⊜ soothe	**v.** 경감하다, 안도시키다
☐☐ 0095	**describe** ⊜ depict	**v.** 묘사하다, 표현하다
☐☐ 0096	**congratulate**	**v.** 축하하다
☐☐ 0097	**due**	**a.** 만기의, ～하기로 되어 있는
☐☐ 0098	**equipment** ⊜ device	**n.** 장치, 장비
☐☐ 0099	**biology**	**n.** 생물학
☐☐ 0100	**imagine**	**v.** 상상하다
☐☐ 0101	**compose** ⊜ comprise	**v.** 구성하다, 작곡하다, 작문하다 **v.** 구성하다
☐☐ 0102	**genius**	**n.** 천재, 천재성
☐☐ 0103	**reflect**	**v.** 반영하다, 반사하다, 숙고하다
☐☐ 0104	**cause**	**v.** ～의 원인이 되다, 야기하다 **n.** 원인
☐☐ 0105	**frequent**	**a.** 빈번한 **v.** (장소·모임에) 자주 가다
☐☐ 0106	**factor**	**n.** 요인, 요소
☐☐ 0107	**extreme** ⊜ utmost	**a.** 극단의, 극단적인 **n.** 극단

☐☐ 0108 **tend**
≡ be inclined to V
take care (of)

v. (~하는) 경향이 있다 (to V), 돌보다
~하는 경향이 있다
(~을) 돌보다

☐☐ 0109 **politics**
n. 정치, 정치학

☐☐ 0110 **insist**
≡ persist, assert,
contend
v. 주장하다

☐☐ 0111 **extend**
≡ stretch, prolong
v. 연장하다, 넓히다

☐☐ 0112 **lonely**
a. 외로운

☐☐ 0113 **habitat**
n. 서식지, 주거지

☐☐ 0114 **mental**
↔ physical
a. 정신의
a. 신체의

☐☐ 0115 **steady**
≡ stable
a. 안정된, 한결같은, 꾸준한

☐☐ 0116 **exchange**
v. 교환하다 **n.** 교환

☐☐ 0117 **active**
↔ passive
a. 활동적인, 적극적인
a. 수동적인

☐☐ 0118 **species**
n. 〈생물 분류상의〉 종(種)

☐☐ 0119 **athletic**
a. 운동의, 운동 경기의

☐☐ 0120 **dental**
a. 치아의

☐☐ 0121	**delight** ⊜ pleasure	**n.** 기쁨 **v.** 기쁘게 하다
☐☐ 0122	**confident**	**a.** 자신 있는
☐☐ 0123	**gradually**	**ad.** 점차, 서서히
☐☐ 0124	**shadow** ⊜ shade	**n.** 그림자 **v.** 그늘지게 하다
☐☐ 0125	**access**	**n.** 접근, 입장, 이용 **v.** 접근하다
☐☐ 0126	**announce**	**v.** 발표하다, 알리다
☐☐ 0127	**allow**	**v.** 허락하다, 인정하다
☐☐ 0128	**firm** ⊖ flexible ⊖ tender	**a.** 확고한, 단단한 **n.** 회사 **a.** 융통성 있는 **a.** 부드러운
☐☐ 0129	**vary**	**v.** 바꾸다, 변하다, 다르다
☐☐ 0130	**injure** ⊜ hurt	**v.** 상처를 입히다, 손상시키다
☐☐ 0131	**permit** ⊖ forbid	**v.** 허용[허락]하다 **v.** 금지하다
☐☐ 0132	**response**	**n.** 응답, 반응
☐☐ 0133	**increase** ⊜ enlarge	**v.** (수량이) 증가하다 **n.** 증가, 이자 **v.** (크기·양 등이) 증가하다, 확대하다
☐☐ 0134	**electricity**	**n.** 전기

☐☐ 0135	**disabled**		a. 장애를 가진, 무능력하게 된
☐☐ 0136	**lack**		n. 부족 v. ~이 부족하다
	⊜ shortage		n. 부족
	⊖ abundance		n. 풍부
☐☐ 0137	**possibility**		n. 가능성, 가망
☐☐ 0138	**concentrate**		v. 집중하다
☐☐ 0139	**emphasize**		v. 강조하다
	⊜ stress		
☐☐ 0140	**astronomy**		n. 천문학
☐☐ 0141	**flood**		n. 홍수 v. 범람시키다
☐☐ 0142	**fuel**		n. 연료 v. 연료를 가하다
☐☐ 0143	**manufacture**		v. 제조하다 n. 제조(업), 제품
☐☐ 0144	**movement**		n. 움직임, 운동
☐☐ 0145	**capable**		a. 할 수 있는, 유능한
	⊖ incapable		a. 할 수 없는, 무능한
☐☐ 0146	**combine**		v. 결합시키다, 겸비하다
☐☐ 0147	**gene**		n. 유전자
☐☐ 0148	**threat**		n. 위협, 협박
	⊜ menace		
☐☐ 0149	**victim**		n. 희생, 희생자
	⊜ casualty		

| □□ 0150 | **pressure** | **n.** 압력, 압박 **v.** 압력을 가하다 |

□□ 0150 **pressure** — **n.** 압력, 압박 **v.** 압력을 가하다

□□ 0151 **accompany** — **v.** 동반[동행]하다, 수반하다

□□ 0152 **frustrate** — **v.** 좌절시키다

□□ 0153 **construct** — **v.** 건설하다

□□ 0154 **launch** — **v.** (로켓 등을) 발사하다, (새로운 일을) 시작하다, 출시하다
n. 발사, 개시, 출시

□□ 0155 **commerce** — **n.** 상업, 교역

□□ 0156 **entertain** — **v.** 접대하다, 즐겁게 하다
≡ amuse

□□ 0157 **predict** — **v.** 예언하다, 예측하다

□□ 0158 **apologize** — **v.** 사과하다

□□ 0159 **sight** — **n.** 시야, 광경, 시력
≡ vision, view, landscape

□□ 0160 **quantity** — **n.** 양(量)
≡ amount
↔ quality — **n.** 질

□□ 0161 **conclude**
⊜ come to an end
v. 결론짓다, 끝내다

□□ 0162 **donate**
v. 기부하다

□□ 0163 **personality**
⊜ character, nature
n. 개성, 성격, 특색

□□ 0164 **struggle**
⊜ strive
v. 싸우다, 노력하다   **n.** 투쟁, 노력
v. 노력하다, 애쓰다

□□ 0165 **advantage**
↔ disadvantage
n. 유리한 점, 이익
n. 불리한 점, 약점

□□ 0166 **variety**
⊜ diversity
n. 다양, 다양성

□□ 0167 **enable**
v. 가능하게 하다

□□ 0168 **instruction**
n. 지시, 제품 사용 설명서, 가르침

□□ 0169 **assume**
⊜ presume
v. 추정하다, (태도 등을) 취하다
v. 추정하다

□□ 0170 **attempt**
⊜ try
v. 시도하다   **n.** 시도

□□ 0171 **incredible**
a. 믿을 수 없는, (믿기 어려울 만큼) 굉장한

□□ 0172 **feature**
n. 특징, 특집 기사, 얼굴 생김새
v. 특징으로 하다, 주연하다

□□ 0173 **confuse**
v. 혼동하다, 혼란시키다

☐☐ 0174	**electronic**	**a.** 전자의, 전자 공학의
☐☐ 0175	**absorb** ⊜ soak up	**v.** 흡수하다, (사람·마음을) 열중시키다
☐☐ 0176	**indicate**	**v.** 가리키다, 나타내다
☐☐ 0177	**analyze**	**v.** 분석하다
☐☐ 0178	**stock**	**n.** 재고품, 저장, 가축 **v.** 저장하다, (물품을) 들여놓다
☐☐ 0179	**resident**	**a.** 거주하는 **n.** 거주자, 레지던트(전문의 수련자)
☐☐ 0180	**labor**	**n.** 노동, 산고　**v.** 노동하다
☐☐ 0181	**remark** ⊜ state	**v.** 의견을 말하다, ~에 주목하다 **n.** 의견, 주목 **v.** 진술하다, 말하다
☐☐ 0182	**moral** ⊖ immoral	**a.** 도덕적인 **a.** 부도덕한
☐☐ 0183	**embarrassed**	**a.** 당황한
☐☐ 0184	**claim**	**v.** 주장하다　**n.** 요구, 주장
☐☐ 0185	**reasonable**	**a.** 논리적인, 분별력이 있는
☐☐ 0186	**interrupt** ⊜ disturb, 　interfere with	**v.** 방해하다, 중단하다

☐☐ 0187 **limit**
≘ restrict
v. 제한하다, 한정하다　**n.** 제한(점)

☐☐ 0188 **creature**
n. 생물, 피조물

☐☐ 0189 **heal**
v. 치료하다, 낫게 하다

☐☐ 0190 **establish**
≘ set up, found
v. 설립하다, 확립하다, 제정하다

☐☐ 0191 **revolution**
n. 혁명, 갑작스러운 변화, 회전

☐☐ 0192 **criticize**
v. 비난하다, 비평하다

☐☐ 0193 **convince**
≘ assure
v. 확신시키다, 납득시키다

☐☐ 0194 **efficient**
a. 효율적인, 유능한

☐☐ 0195 **stranger**
n. 낯선 사람, 문외한

☐☐ 0196 **tide**
n. 조수(潮水), 흐름

☐☐ 0197 **obtain**
v. 얻다, 획득하다

☐☐ 0198 **assist**
≘ help, support
v. 도움을 주다

☐☐ 0199 **disaster**
≘ catastrophe
n. 재앙, 재난, 재해

☐☐ 0200 **terrific**
↔ terrible
a. 굉장한, 훌륭한
a. 지독한, 형편없는

☐☐ 0201	**specific** ↔ vague	**a.** 구체적인, 특정한 **a.** 모호한
☐☐ 0202	**react** ≡ respond	**v.** 반응하다, 반작용하다
☐☐ 0203	**independent** ↔ dependent	**a.** 독립적인 **a.** 의존하는
☐☐ 0204	**theory**	**n.** 이론
☐☐ 0205	**qualify** ↔ disqualify	**v.** 자격을 얻다 **v.** 실격시키다
☐☐ 0206	**consider**	**v.** 숙고하다, 고려하다
☐☐ 0207	**recall**	**v.** 상기하다, 철회하다, 회수하다 **n.** 상기, 철회, 회수
☐☐ 0208	**risk**	**n.** 위험 **v.** 위험을 감수하다
☐☐ 0209	**treatment**	**n.** 취급, 대우, 치료(법)
☐☐ 0210	**engage** ↔ disengage	**v.** 관여하다, 약속하다, 약혼하다 **v.** 풀다, 해방하다
☐☐ 0211	**motivate**	**v.** 동기를 부여하다
☐☐ 0212	**clue** ≡ hint	**n.** 실마리, 단서
☐☐ 0213	**resource**	**n.** 자원, (-s) 지략

☐☐ 0214	**probable** ≐ possible, likely	**a.** 가능한, 개연성이 있는, 그럴싸한
☐☐ 0215	**depress**	**v.** 우울하게 하다, 의기소침[낙담]하게 하다
☐☐ 0216	**fascinate**	**v.** 매료시키다, 마음을 빼앗다
☐☐ 0217	**violent** ≐ brutal	**a.** 난폭한, 폭력적인
☐☐ 0218	**alarm** ≐ warning, alert	**n.** 놀람, 경보
☐☐ 0219	**edge**	**n.** 가장자리, 날카로움, 우위
☐☐ 0220	**deserve**	**v.** (보수·벌 등을) 받을 만하다[가치가 있다]
☐☐ 0221	**route**	**n.** 길, 통로, 항로
☐☐ 0222	**psychology**	**n.** 심리, 심리학
☐☐ 0223	**passion** ≐ enthusiasm ↔ indifference	**n.** 열정 **n.** 무관심
☐☐ 0224	**import** ↔ export	**v.** 수입하다, 의미하다 **n.** 수입 **v.** 수출하다 **n.** 수출
☐☐ 0225	**purchase** ↔ sell	**v.** 구매하다 **n.** 구매 **v.** 팔다
☐☐ 0226	**conscience**	**n.** 양심

□□ 0227	pose	v. 자세를 취하다, (문제를) 제기하다 n. 자세
□□ 0228	length	n. 길이
□□ 0229	severe	a. 심한, 엄격한
□□ 0230	decade	n. 10년, 10년간
□□ 0231	occupy	v. (시간·장소를) 차지하다, 전념하다
□□ 0232	acquire	v. 습득하다
□□ 0233	interact	v. 상호 작용하다
□□ 0234	brief	a. 간단한 n. 간단한 보고 v. 간단히 알리다
□□ 0235	observe	v. 관찰하다, 보다, 준수하다
□□ 0236	poetry	n. 시, 운문
□□ 0237	salary	n. 급료, 봉급
□□ 0238	grain	n. 곡물, 낱알
□□ 0239	skip	v. 거르다, 깡충깡충 뛰다
□□ 0240	meaningful	a. 의미 있는, 의미심장한
	↔ meaningless	a. 의미 없는

□□ 0241	**survival**	**n.** 생존
□□ 0242	**comment**	**n.** 논평, 주석(註釋) **v.** 논평하다
□□ 0243	**leap**	**v.** 뛰다, 도약하다 **n.** 도약
□□ 0244	**plain**	**a.** 평범한, 명백한 **n.** 평원, 평야
□□ 0245	**typical**	**a.** 전형적인, 대표적인
	≡ standard, usual	
	↔ unusual	**a.** 별난
□□ 0246	**mere**	**a.** 단지 ～에 불과한
	≡ nothing more than, only	
□□ 0247	**mechanic**	**n.** 기계공, 정비공
□□ 0248	**mood**	**n.** 기분, 분위기
□□ 0249	**approve**	**v.** 찬성하다, 승인하다
	↔ disapprove	**v.** 찬성하지 않다, 못마땅해하다
□□ 0250	**rural**	**a.** 시골의
	↔ urban	**a.** 도시의
□□ 0251	**finance**	**n.** 재정, 재무, 금융 **v.** 자금을 조달하다
□□ 0252	**seek**	**v.** 찾다, 추구하다, 노력하다
□□ 0253	**operation**	**n.** 작업, 운영, 수술
□□ 0254	**crime**	**n.** 범죄

☐☐ 0255	**awful**	**a.** 끔찍한, 지독한
	⊜ terrible	
	⊖ terrific	**a.** 굉장한
☐☐ 0256	**series**	**n.** 연속, 시리즈물
	⊜ sequence, succession	
☐☐ 0257	**exhausted**	**a.** 고갈된, 기진맥진한
	⊜ weary	
☐☐ 0258	**absolute**	**a.** 완전한, 절대적인
☐☐ 0259	**surround**	**v.** 둘러싸다
	⊜ encompass, besiege	
☐☐ 0260	**display**	**v.** 전시하다, 나타내다 **n.** 전시
☐☐ 0261	**policy**	**n.** 정책, 수단, 방법
☐☐ 0262	**mass**	**n.** 많은 양, 덩어리, 집단, 대중
	⊜ lump	
☐☐ 0263	**committee**	**n.** (상급 기관에 소속된) 위원회
	⊜ commission	**n.** (독립된 역할을 하는) 위원회
☐☐ 0264	**accurate**	**a.** 정확한
☐☐ 0265	**arrange**	**v.** 정리하다, 준비하다, 각색하다
☐☐ 0266	**facility**	**n.** 시설, 편의, 재능

☐☐ 0267	**consult**	**v.** 상담하다, 참고하다
☐☐ 0268	**refer**	**v.** 언급하다, 위탁하다
☐☐ 0269	**attach**	**v.** 붙이다, 붙다, 첨부하다, 소속시키다
	⊜ stick	
	⊖ detach	**v.** 떼다
☐☐ 0270	**recover**	**v.** 회복하다, 되찾다
☐☐ 0271	**reward**	**n.** 보상 **v.** 보답하다
☐☐ 0272	**enormous**	**a.** 엄청난, 거대한
☐☐ 0273	**domestic**	**a.** 국내의, 가정의
	⊖ international	**a.** 외국의, 국제의
☐☐ 0274	**wealth**	**n.** 부(富), 재산
☐☐ 0275	**elementary**	**a.** 초보의, 기초적인
	⊜ primary, basic, fundamental	
☐☐ 0276	**gap**	**n.** 격차, 틈
☐☐ 0277	**except**	**p.** ~을 제외하고는 **v.** 제외하다
☐☐ 0278	**journey**	**n.** 여행, 여정
☐☐ 0279	**survey**	**n.** 설문 조사 **v.** 조사하다, 둘러보다
	⊜ investigate, observe	
☐☐ 0280	**downtown**	**n.** 도심 **a.** 도심의 **ad.** 도심지에

□□ 0281	**previous**		**a.** 앞의, 이전의
	↔ later		**a.** 후의 **ad.** 나중에
□□ 0282	**produce**		**v.** 생산하다, 제조하다
□□ 0283	**remain**		**v.** 여전히 ~이다, 남다
□□ 0284	**entitle**		**v.** 자격[권리]을 주다, 제목을 붙이다
□□ 0285	**slight**		**a.** 약간의, 경미한
□□ 0286	**include**		**v.** 포함하다
	↔ exclude		**v.** 제외하다, 배제하다
□□ 0287	**delay**		**v.** 연기하다, 미루다 **n.** 지연
	≒ put off, postpone		
	↔ rush, hurry		**v.** 서두르다
□□ 0288	**file**		**n.** 서류철, (컴퓨터) 파일
			v. 파일에 철하다, (소송 등을) 제기하다
□□ 0289	**ethic**		**n.** 윤리
□□ 0290	**instant**		**a.** 즉각의, 즉석의 **n.** 순간
□□ 0291	**reveal**		**v.** 드러내다, 폭로하다 **n.** 출현, 폭로
	≒ disclose		**v.** 드러내다
	↔ hide, conceal		**v.** 숨기다
□□ 0292	**suppose**		**v.** 가정하다, 추측하다
□□ 0293	**leisure**		**n.** 여가, 자유 시간 **a.** 한가한
	≒ leisurely		**a.** 한가한

☐☐ 0294	**urban** ↔ rural	**a.** 도시의 **a.** 시골의	
☐☐ 0295	**witness** ⊜ observer	**n.** 목격자, 증인 **v.** 목격하다 **n.** 목격자	
☐☐ 0296	**admit** ⊜ accept	**v.** 인정하다, 입장을 허락하다	
☐☐ 0297	**muscle** ⊜ strength	**n.** 근육, 힘, 강제 **n.** 힘	
☐☐ 0298	**device** ⊜ equipment	**n.** 장치, 고안, 방책 **n.** 장비, 설비	
☐☐ 0299	**borrow** ↔ lend	**v.** 빌리다 **v.** 대출하다, 빌려주다	
☐☐ 0300	**owe**	**v.** 빚지고 있다, (명예 · 성공 등을) ~에 돌리다	
☐☐ 0301	**intend**	**v.** (~할) 작정이다, 의도하다	
☐☐ 0302	**aspect**	**n.** 관점, 양상, 면	
☐☐ 0303	**potential**	**a.** 잠재적인 **n.** 잠재력	
☐☐ 0304	**award**	**v.** 수여하다 **n.** 상	
☐☐ 0305	**preserve**	**v.** 보존하다, 보호하다	
☐☐ 0306	**spot**	**n.** 지점, 얼룩 **v.** 발견하다, 얼룩지게 하다	
☐☐ 0307	**underground**	**a.** 지하의, 비밀의 **n.** 지하	

☐☐ 0308	**consequence**	**n.** 결과, 중요성
☐☐ 0309	**target** ⊜ goal, aim	**n.** 목표, 표적 **v.** 목표로 삼다
☐☐ 0310	**spark**	**n.** 불꽃, 불똥 **v.** 불꽃을 일으키다, 촉발하다
☐☐ 0311	**accomplish**	**v.** 이루다, 성취하다
☐☐ 0312	**adopt**	**v.** 채택하다, 입양하다
☐☐ 0313	**unique**	**a.** 독특한, 유일한
☐☐ 0314	**slip**	**v.** 미끄러지다, 실수하다 **n.** 종잇조각
☐☐ 0315	**civilization**	**n.** 문명
☐☐ 0316	**row**	**n.** 열, 줄 **v.** 배를 젓다
☐☐ 0317	**horizon** ↔ vertical	**n.** 수평선, 지평선 **n.** 수직선 **a.** 수직의
☐☐ 0318	**atmosphere**	**n.** 대기, 분위기
☐☐ 0319	**label**	**n.** 꼬리표, 상표 **v.** 라벨을 붙이다, ~을 …이라고 부르다
☐☐ 0320	**decorate**	**v.** 장식하다, ~에게 훈장을 주다

☐☐ 0321	**identify**	**v.** (신원 등을) 확인하다, 식별하다, 동일시하다
☐☐ 0322	**standard**	**n.** 기준, 표준 **a.** 기준의, 표준의
☐☐ 0323	**scale**	**n.** 규모, 저울, 비늘
☐☐ 0324	**evident** ⊜ plain, obvious	**a.** 명백한
☐☐ 0325	**seldom** ⊜ rarely, hardly, scarcely	**ad.** 거의 ~ 않는
☐☐ 0326	**secretary**	**n.** 비서, 서기관, 장관
☐☐ 0327	**basis** ⊜ base	**n.** 기초, 원리, 기준
☐☐ 0328	**automatic** ⊖ manual	**a.** 자동적인, 기계적인 **a.** 손으로 하는, 수동의
☐☐ 0329	**region**	**n.** 지역
☐☐ 0330	**empower** ⊜ authorize	**v.** 권한을 주다
☐☐ 0331	**addict**	**v.** 중독시키다 **n.** 중독자
☐☐ 0332	**disappoint**	**v.** 실망시키다
☐☐ 0333	**artificial** ⊖ natural	**a.** 인공적인, 인조의 **a.** 자연의

□□ 0334	possess	v. 소유하다, ~의 마음을 사로잡다
□□ 0335	rid	v. 제거하다
□□ 0336	realistic	a. 현실적인, 현실주의의
	⊖ idealistic	a. 이상적인, 이상주의의
□□ 0337	encounter	v. (우연히) 만나다 n. 마주침
□□ 0338	differ	v. 다르다, 의견을 달리하다
□□ 0339	principle	n. 원칙, 원리
□□ 0340	memorize	v. 기억하다, 암기하다
	⊜ remember	
	⊖ forget	v. 잊다
□□ 0341	physics	n. 물리학
□□ 0342	evaluate	v. 평가하다
	⊜ assess	
□□ 0343	tremendous	a. 굉장한, 무시무시한
□□ 0344	application	n. 적용, 신청
□□ 0345	vote	n. 투표 v. 투표하다
□□ 0346	spread	n. 퍼짐, 확산 v. 퍼지다, 펼치다
□□ 0347	impact	n. 충격, 영향 v. 충격[영향]을 주다
□□ 0348	cooperate	v. 협력하다

☐☐ 0349	**emit** ⊜ give out	v. (빛·열·소리 등을) 방출하다
☐☐ 0350	**request** ⊜ ask for, require	n. 요청 v. 요청하다
☐☐ 0351	**guarantee** ⊜ warrant	v. 보증하다 n. 보증
☐☐ 0352	**resist**	v. 저항하다
☐☐ 0353	**fulfill**	v. 달성하다, 이행하다, 실현하다
☐☐ 0354	**stink**	v. 역겹다, 악취를 풍기다 n. 악취
☐☐ 0355	**grant**	v. 승인하다, 수여하다
☐☐ 0356	**rely**	v. 의지하다, 믿다
☐☐ 0357	**permanent** ⊜ eternal, everlasting, immortal	a. 영원한, 영구적인
☐☐ 0358	**emergency**	n. 비상(사태)
☐☐ 0359	**substance** ⊜ material	n. 물질, 본질, 실체
☐☐ 0360	**theme**	n. 주제, 화제, 논제

☐☐ 0361	**hesitate**	**v.** 주저하다, 망설이다
☐☐ 0362	**location**	**n.** 장소, 위치
☐☐ 0363	**restrict**	**v.** 제한하다, 한정하다
☐☐ 0364	**organism** ≡ creature	**n.** 유기체, 생물, 생명체
☐☐ 0365	**interpret** ≡ translate	**v.** 해석하다, 통역하다
☐☐ 0366	**offer**	**v.** 제공하다, 제안하다 **n.** 제공, 제안
☐☐ 0367	**distribute**	**v.** 분배하다, 분포시키다
☐☐ 0368	**rainforest**	**n.** (열대) 우림
☐☐ 0369	**circumstance** ≡ situation, condition, environment	**n.** 상황, 환경
☐☐ 0370	**resolve** ≡ decide, determine	**v.** 결심하다, 해결하다, 분해하다
☐☐ 0371	**suitable** ≡ fit, appropriate, proper	**a.** 적절한, 적합한
☐☐ 0372	**curve**	**n.** 곡선(길), 속임수

☐☐ 0373	**annoy**	**v.** 괴롭히다, 귀찮게 하다	
	⊜ bother, harass, disturb, irritate		
☐☐ 0374	**frighten**	**v.** 겁먹게 하다	
☐☐ 0375	**estimate**	**n.** 견적, 평가 **v.** 평가하다	
	⊜ evaluate		
☐☐ 0376	**refuse**	**v.** 거절하다	
☐☐ 0377	**adventure**	**n.** 모험 **v.** 위험에 빠뜨리다	
☐☐ 0378	**entrance**	**n.** 입장, 입구, 입학	
	⊖ exit	**n.** 출구	
☐☐ 0379	**persuade**	**v.** 설득하다	
	⊖ dissuade	**v.** 단념시키다	
☐☐ 0380	**perceive**	**v.** 인지하다, 인식하다	
☐☐ 0381	**recite**	**v.** 암송하다	
☐☐ 0382	**rub**	**v.** 문질러 닦다, 문지르다	
☐☐ 0383	**cabin**	**n.** 오두막집, 객실, 선실	
☐☐ 0384	**gear**	**n.** 장비, 기어 **v.** 맞게 조정하다	
☐☐ 0385	**ray**	**n.** 광선	
	⊜ beam		

☐☐ 0386	release	v. 놓아주다, 방출하다, 발표하다
		n. 석방, 발표
☐☐ 0387	rank	n. 등급, 지위 v. 매기다, (등급을) 차지하다
☐☐ 0388	symphony	n. 교향곡, (소리의) 조화
☐☐ 0389	envy	n. 부러움 v. 부러워하다
☐☐ 0390	corporate	a. 회사의, 법인의
☐☐ 0391	alternative	n. 대안 a. 대안의
☐☐ 0392	retire	v. 은퇴하다
☐☐ 0393	appeal	v. 호소하다, 항의하다, 관심을 끌다
		n. 호소, 항의, 매력
☐☐ 0394	identical	a. 동일한, 일란성의
☐☐ 0395	investment	n. 투자
☐☐ 0396	autograph	n. 서명, 사인 v. 서명하다
☐☐ 0397	slave	n. 노예
☐☐ 0398	harm	n. 손해, 손상 v. 해치다
☐☐ 0399	authority	n. 권위, 당국
☐☐ 0400	innocence	n. 결백, 무죄, 순진
	⊖ guilt	n. 유죄

□□ 0401 **receive** — v. 받다
⊜ accept, admit

□□ 0402 **infant** — n. 유아 a. 유아의, 미발달의

□□ 0403 **calculate** — v. 계산하다

□□ 0404 **charity** — n. 자비, 자선 단체, 구호물자

□□ 0405 **accept** — v. 받아들이다, (설명·학설 등을) 인정하다

□□ 0406 **depend** — v. 의지하다

□□ 0407 **whereas** — c. ～인 반면에

□□ 0408 **broad** — a. 넓은, 광범위한, (빛 등이) 가득한
⊜ wide — a. 넓은, 광범위한
⊖ narrow — a. 좁은

□□ 0409 **treat** — v. 여기다, 대우하다, 처리하다, 치료하다

□□ 0410 **ignorant** — a. 무식한, 모르는
⊜ unaware

□□ 0411 **pure** — a. 순수한
⊜ sheer

□□ 0412 **extinct** — a. 멸종된, 꺼진

□□ 0413 **household** — n. 가정 a. 가정[가족]의

□□ 0414 **refund** — n. 반환, 환불 v. 환불하다

☐☐ 0415	continue	v. 계속하다
☐☐ 0416	institute	n. 연구소, 협회 v. 설립하다, 제정하다
☐☐ 0417	lately	ad. 최근에
☐☐ 0418	ashamed	a. 부끄러워하는
	⊜ sorry, embarrassed	
	⊖ proud	a. 자랑스러워하는
☐☐ 0419	dense	a. 조밀한, 밀집한
☐☐ 0420	rescue	v. 구조하다 n. 구조
☐☐ 0421	destination	n. 목적지
☐☐ 0422	expand	v. 확장하다
☐☐ 0423	compete	v. 경쟁하다
☐☐ 0424	evolution	n. 진화
	⊖ devolution	n. 퇴화
☐☐ 0425	hire	v. 고용하다
☐☐ 0426	genuine	a. 진짜의, 성실한
	⊜ sincere, real	
☐☐ 0427	status	n. 상태, 지위, 현상
☐☐ 0428	military	a. 군대의 n. 군대

□□ 0429	**logic**	**n.** 논리, 논리학
□□ 0430	**gravity** ⊜ gravitation	**n.** 중력
□□ 0431	**isolate**	**v.** 고립시키다
□□ 0432	**commit**	**v.** (죄를) 저지르다, 전념[충실]하다, 맡기다
□□ 0433	**sum** ⊜ total amount	**n.** 총합, 합계 **v.** 합계하다
□□ 0434	**conserve** ⊜ preserve	**v.** 보존하다
□□ 0435	**concept**	**n.** 개념
□□ 0436	**swing**	**v.** 흔들(리)다, 진동하다 **n.** 그네
□□ 0437	**sensible**	**a.** 분별 있는, 현명한
□□ 0438	**marriage**	**n.** 결혼, 혼인
□□ 0439	**reproduce**	**v.** 재생하다, 복제하다, 번식하다
□□ 0440	**tone**	**n.** 어조, 말투, 음, 색조 **v.** 어떤 어조로 하다

☐☐ 0441	**cancel**	**v.** 취소하다
☐☐ 0442	**return**	**v.** 돌아오다, 돌려주다 **n.** 귀환, 반납, 수익
☐☐ 0443	**invitation**	**n.** 초대, 초대장
☐☐ 0444	**precise**	**a.** 정확한
☐☐ 0445	**formal** ⟷ informal	**a.** 공식적인, 정식의 **a.** 형식을 따지지 않는, 비공식의
☐☐ 0446	**apparent** ⊜ obvious	**a.** 분명한, 명백한
☐☐ 0447	**departure** ⟷ arrival	**n.** 출발 **n.** 도착
☐☐ 0448	**visual**	**a.** 시각의
☐☐ 0449	**current**	**a.** 현재의 **n.** 해류, 흐름
☐☐ 0450	**agriculture** ⊜ farming	**n.** 농업
☐☐ 0451	**leak** ⊜ spill	**n.** 새는 곳[구멍] **v.** 새다, 누설하다
☐☐ 0452	**portion**	**n.** 일부, 부분 **v.** 분할하다
☐☐ 0453	**trend** ⊜ tendency, inclination	**n.** 추세, 경향

☐☐ 0454	particle	**n.** 입자, 극소량	
☐☐ 0455	rite ⊜ ritual	**n.** (종교적) 의식, 의례	
☐☐ 0456	distinct	**a.** 별개의, 뚜렷한	
☐☐ 0457	component	**n.** 구성 요소 **a.** 구성하는	
☐☐ 0458	poverty ⟷ wealth ⟷ abundance	**n.** 빈곤, 가난 **n.** 부 **n.** 풍부함	
☐☐ 0459	sculpture ⊜ carve	**n.** 조각 **v.** 조각하다 **v.** 조각하다	
☐☐ 0460	descend ⟷ ascend	**v.** 내려오다, 물려주다 **v.** 오르다	
☐☐ 0461	universal	**a.** 보편적인, 우주의	
☐☐ 0462	surface	**n.** 표면, 수면, 지면	
☐☐ 0463	eager	**a.** 갈망하는	
☐☐ 0464	legal ⊜ legitimate, lawful ⟷ illegal	**a.** 법률의, 합법의 **a.** 불법의	
☐☐ 0465	annual	**a.** 연례의, 1년의, 1년간의	
☐☐ 0466	trap	**n.** 함정 **v.** 덫을 놓다, 막다	

□□ 0467	demonstrate	v. 논증하다, 설명하다, 시위하다, 보여 주다
□□ 0468	companion	n. 동료, 동반자
□□ 0469	democracy	n. 민주주의, 민주주의 국가
	⊖ autocracy	n. 독재 정치
□□ 0470	mature	a. 성숙한, 익은, 지불 만기의 v. 성숙해지다
	⊜ ripe	
	⊖ immature	a. 미숙한
□□ 0471	brilliant	a. 훌륭한, 명석한
□□ 0472	faith	n. 신념, 믿음
□□ 0473	aim	v. 겨냥하다 n. 조준
□□ 0474	spare	a. 여분의, 검소한 v. 용서하다, 남겨주다
	⊜ extra	a. 여분의
□□ 0475	transfer	v. 이동하다, 옮기다, 갈아타다
□□ 0476	oppose	v. 반대하다
□□ 0477	desperate	a. 필사적인, 절망적인
□□ 0478	remote	a. 멀리 떨어진, 희박한, 드문
□□ 0479	offend	v. 기분을 상하게 하다, (범죄를) 저지르다
□□ 0480	awake	a. 깨어 있는 v. 깨우다, 깨다
	⊖ asleep	a. 잠들어 있는

| □□ 0481 | **option** | **n.** 선택, 선택권 |

□□ 0481 **option** — **n.** 선택, 선택권

□□ 0482 **insight** — **n.** 통찰, 통찰력

□□ 0483 **achieve** — **v.** 이루다, 달성하다

□□ 0484 **civil** — **a.** 시민의, 민간의

□□ 0485 **pause**
↔ continue — **n.** 중단 **v.** 중단하다, 잠시 멈추다
v. 계속하다

□□ 0486 **prove**
≡ turn out — **v.** 입증하다, (~임이) 판명되다
(~임이) 판명되다

□□ 0487 **lecture** — **n.** 강의 **v.** 강의하다

□□ 0488 **minor** — **a.** 사소한, 소수의
n. 미성년자, 부전공 **v.** 부전공하다
↔ major — **a.** 주요한, 심각한

□□ 0489 **duty** — **n.** 의무, 관세

□□ 0490 **vigor** — **n.** 활력

□□ 0491 **organize** — **v.** 조직하다, 구성하다, 정리하다

□□ 0492 **chief** — **a.** 주요한, 우두머리의 **n.** 우두머리
≡ main, major, primary — **a.** 주요한

□□ 0493 **complicated** — **a.** 복잡한

□□ 0494 **digest** — **v.** 소화하다, (완전히) 이해하다 **n.** 요약

□□ 0495	**shortage**	**n.** 부족, 결함
	⊜ lack	
	⊖ abundance	**n.** 풍부함
□□ 0496	**laboratory**	**n.** 실험실 **a.** 실험(실)의
	⊜ lab	
□□ 0497	**stream**	**n.** 흐름, 경향, 개울
□□ 0498	**forbid**	**v.** 금지하다
□□ 0499	**laundry**	**n.** 세탁물
□□ 0500	**transform**	**v.** 변형시키다, 변환하다
□□ 0501	**discipline**	**n.** 훈련, 규율, 학과, 학문 분야
□□ 0502	**generous**	**a.** 관대한, 넉넉한
	⊜ liberal	
□□ 0503	**ultimate**	**a.** 궁극적인, 최후의
	⊜ final	
□□ 0504	**thrive**	**v.** 번영하다, 발전하다, 잘되다
	⊜ prosper, flourish	
□□ 0505	**fiction**	**n.** 허구, 소설
	⊖ non-fiction	**n.** 실화, 논픽션
□□ 0506	**bet**	**v.** 돈을 걸다, 내기를 하다, (〜이) 틀림없다
		n. 내기

□□ 0507 **royal**
⊜ regal

a. 왕족의, 왕의

□□ 0508 **ruin**

n. 파멸, 파산 v. 망치다, 파멸[파산]시키다

□□ 0509 **worship**
⊜ praise, revere
⊖ despise

v. 예배하다, 숭배하다 n. 예배, 숭배

v. 경멸하다

□□ 0510 **evil**

a. 사악한 n. 악

□□ 0511 **scarce**

a. 부족한, 드문

□□ 0512 **afterward**
⊜ afterwards, later

ad. 나중에, 그 후에

□□ 0513 **client**

n. 고객, (변호사 등의) 의뢰인

□□ 0514 **insure**

v. 보험을 계약하다, 안전하게 하다

□□ 0515 **fancy**

n. 공상, (일시적인) 기호 v. 공상하다

a. 화려한

□□ 0516 **surgery**

n. 외과 수술

□□ 0517 **assign**

v. 할당하다, 지정하다

□□ 0518 **regulate**

v. 규제하다, 조절하다

□□ 0519 **mindset**
⊜ mentality

n. 마음가짐, 사고방식

□□ 0520 **utility**

n. 유용(성), (수도 · 가스 등의) 공익사업

□□ 0521	**necessity**	**n.** 필수, 필수품, 필요
	⊖ luxury	**n.** 사치, 사치품
□□ 0522	**yield**	**v.** 생산하다, 양도하다, 굴복하다 **n.** 수확(물)
□□ 0523	**decline**	**n.** 감소, 쇠퇴
		v. 감소하다, 쇠퇴하다, (정중히) 거절하다
	⊜ decrease	**n.** 감소 **v.** 감소하다
□□ 0524	**apply**	**v.** 적용하다, 지원하다
□□ 0525	**aside**	**ad.** 한쪽으로, 제쳐 두고
□□ 0526	**contemporary**	**a.** 동시대의, 현대의
□□ 0527	**bless**	**v.** 축복하다, 감사하다
	⊖ curse	**v.** 저주하다
□□ 0528	**explain**	**v.** 설명하다
□□ 0529	**prior**	**a.** 이전의, 우선하는
□□ 0530	**tolerate**	**v.** 참다, 용인하다
	⊜ endure, bear, stand	
□□ 0531	**measure**	**v.** 측정하다 **n.** 측정, 수단
□□ 0532	**abstract**	**a.** 추상적인 **n.** 추상, 개요
	⊖ concrete	**a.** 구체적인
□□ 0533	**cottage**	**n.** 오두막집
	⊜ cabin, hut	

☐☐ 0534	**correct**	**a.** 올바른, 정확한 **v.** 바로잡다, 정정하다
☐☐ 0535	**confirm** ⊜ verify	**v.** 입증[확인]하다, (결심을) 굳게 하다
☐☐ 0536	**imitate** ⊜ mimic	**v.** 모방하다
☐☐ 0537	**prey**	**n.** 먹이, 희생자
☐☐ 0538	**defeat**	**v.** 패배시키다 **n.** 패배
☐☐ 0539	**illustrate**	**v.** 설명하다, 예증하다, 삽화를 넣다
☐☐ 0540	**fuse**	**n.** 퓨즈, 도화선 **v.** 융합하다
☐☐ 0541	**pupil** ⊜ student	**n.** 학생, 눈동자 **n.** 학생
☐☐ 0542	**intellect** ⊜ intelligence	**n.** 지성
☐☐ 0543	**spice**	**n.** 향신료, 양념
☐☐ 0544	**tempt** ⊜ attract	**v.** 유혹하다, (관심을) 끌다
☐☐ 0545	**inspire**	**v.** 영감을 주다, 고무시키다, 격려하다
☐☐ 0546	**dine**	**v.** 만찬을 대접하다, 식사하다
☐☐ 0547	**literally** ⊖ verbally	**ad.** 문자 그대로 **ad.** 말로, 구두로

□□ 0548	**appropriate**	**a.** 적절한
	≡ proper, suitable	
	↔ inappropriate	**a.** 부적절한, 알맞지 않은
□□ 0549	**resort**	**n.** 휴양지, 의지 **v.** 의지하다, 자주 가다
	≡ depend on, rely on	~에 의지하다
□□ 0550	**grab**	**v.** 움켜쥐다 **n.** 움켜쥠
	≡ grip, grasp	
□□ 0551	**propose**	**v.** 제안하다, 청혼하다
□□ 0552	**wreck**	**n.** 난파선, 사고 **v.** 난파시키다
□□ 0553	**document**	**n.** 문서, 서류 **v.** 기록하다
□□ 0554	**suspect**	**v.** 의심하다 **n.** 용의자
□□ 0555	**alien**	**n.** 외국인, 외계인 **a.** 외국의, 이질적인
□□ 0556	**prohibit**	**v.** 금지하다
	≡ forbid, ban	
□□ 0557	**install**	**v.** 설치하다
□□ 0558	**triumph**	**n.** 승리 **v.** 승리하다
□□ 0559	**scholarship**	**n.** 학문, 장학금
□□ 0560	**execute**	**v.** 실행하다, 처형하다

□□ 0561	**ensure**	v. 확실하게 하다, 보증하다
□□ 0562	**receipt**	n. 영수증
□□ 0563	**defect**	n. 결점 v. (국가·당 등을) 버리다
	⊜ deficiency	n. 결핍, 결점
	⊖ merit	n. 장점
□□ 0564	**trait**	n. 특성, 특징
	⊜ feature	
□□ 0565	**modest**	a. 겸손한, 알맞은
	⊜ humble	a. 겸손한
	⊜ moderate	a. 적당한
□□ 0566	**virtual**	a. 가상의, 사실상의
□□ 0567	**compare**	v. 비교하다
□□ 0568	**address**	v. 연설하다 n. 연설, 인사말
□□ 0569	**inner**	a. 내부의
	⊖ outer	a. 외부의
□□ 0570	**contrary**	a. 반대의, 불리한 n. 반대의 것
	⊜ opposite	
□□ 0571	**split**	v. 찢다, (세로로) 쪼개다 n. 틈, 분열
□□ 0572	**supervise**	v. 감독하다, 관리하다, 통제하다
	⊜ oversee	
□□ 0573	**inhabit**	v. 살다, 거주하다

☐☐ 0574	**appear** ⊖ disappear	v. 나타나다 v. 사라지다
☐☐ 0575	**commute**	n. 통근 v. 통근하다
☐☐ 0576	**earthquake**	n. 지진, (사회·정치적) 대변동
☐☐ 0577	**enroll**	v. 입학하다, 등록하다
☐☐ 0578	**debate**	n. 토론 v. 토론하다
☐☐ 0579	**abandon**	v. 버리다, 포기하다
☐☐ 0580	**conquer**	v. 정복하다, 극복하다
☐☐ 0581	**nevertheless** ⊜ regardless, 　 nonetheless	ad. 그럼에도 불구하고
☐☐ 0582	**seal**	n. 도장, 봉인, 바다표범 v. 봉인하다
☐☐ 0583	**greed**	n. 탐욕
☐☐ 0584	**contract**	v. 계약하다, 수축하다 n. 계약서
☐☐ 0585	**nutrition**	n. 영양
☐☐ 0586	**retail** ⊖ wholesale	n. 소매 v. 소매하다 n. 도매 a. 도매의
☐☐ 0587	**prejudice** ⊜ bias	n. 편견, 선입관

☐☐ 0588	**register** ⊜ enroll	**v.** 등록하다, 기재하다 **n.** 등록 **v.** 등록하다
☐☐ 0589	**agency**	**n.** 대리점
☐☐ 0590	**nurture**	**v.** 양육하다, 교육하다 **n.** 양육, 교육
☐☐ 0591	**priest**	**n.** 성직자
☐☐ 0592	**elegant**	**a.** 고상한, 우아한
☐☐ 0593	**impose**	**v.** 부과하다, 강요하다
☐☐ 0594	**arise**	**v.** 발생하다, 생겨나다
☐☐ 0595	**attack**	**v.** 공격하다 **n.** 공격
☐☐ 0596	**masterpiece**	**n.** 명작, 대작
☐☐ 0597	**harsh** ⊜ cruel	**a.** 거친, 가혹한
☐☐ 0598	**drought** ⊖ flood	**n.** 가뭄 **n.** 홍수
☐☐ 0599	**criteria**	**n.** (*pl.*) 기준, 표준
☐☐ 0600	**extraordinary**	**a.** 비범한, 놀라운

□□ 0601	**general**	**a.** 일반적인 **n.** (육군·공군·해병대의) 대장
□□ 0602	**spill**	**v.** 엎지르다, 흘리다 **n.** 엎질러짐, 유출
□□ 0603	**usual**	**a.** 보통의, 통상의
□□ 0604	**routine**	**n.** 일상적인 일, 일과 **a.** 일상적인
□□ 0605	**eliminate** ≒ get rid of, remove	**v.** 제거하다, 배제하다
□□ 0606	**deny** ↔ admit	**v.** 부인하다, 거절하다 **v.** 인정하다
□□ 0607	**scream**	**v.** 절규하다, 비명 지르다, 소리치다 **n.** 비명, 절규
□□ 0608	**sensitive**	**a.** 민감한, 예민한, 세심한
□□ 0609	**swallow**	**v.** 삼키다 **n.** 삼킴, 제비
□□ 0610	**glare**	**v.** (눈부시게) 빛나다, 노려보다 **n.** 눈부신 빛, 노려봄
□□ 0611	**tragic** ↔ comic	**a.** 비극의, 비참한 **a.** 희극의
□□ 0612	**deprive**	**v.** 박탈하다
□□ 0613	**conscious** ↔ unconscious	**a.** 의식하고 있는, 의도적인 **a.** 의식이 없는

☐☐ 0614	**interfere** ⊜ intervene, interrupt	**v.** 방해하다, 간섭하다
☐☐ 0615	**temporary** ⊖ permanent	**a.** 일시적인, 임시의 **a.** 영구적인
☐☐ 0616	**council**	**n.** 협의회, 회의, 의회
☐☐ 0617	**adolescent** ⊜ juvenile	**n.** 청소년 **a.** 청소년기의
☐☐ 0618	**associate**	**v.** 연관 짓다, 교제하다 **n.** 동료
☐☐ 0619	**arctic**	**a.** 북극의
☐☐ 0620	**capture**	**v.** 붙잡다, 포획하다 **n.** 포획
☐☐ 0621	**dilute**	**a.** 묽은 **v.** 희석시키다
☐☐ 0622	**figure**	**v.** 생각[판단]하다, 계산하다 **n.** 수치, 계산, 형체
☐☐ 0623	**dim**	**a.** 흐릿한, 어두운 **v.** (불빛이) 흐려지다
☐☐ 0624	**neighbor**	**a.** 이웃의, 근처에 사는 **n.** 이웃 (사람)
☐☐ 0625	**crew**	**n.** 승무원
☐☐ 0626	**barrier** ⊜ obstacle	**n.** 장벽, 장애물

□□ 0627	**tradition** ⊜ convention	**n.** 전통, 관습
□□ 0628	**pedestrian**	**n.** 보행자　**a.** 보행자의
□□ 0629	**glance**	**v.** 흘긋 보다　**n.** 흘긋 봄
□□ 0630	**irritate**	**v.** 짜증 나게 하다, 화나게 하다
□□ 0631	**cruel** ⊜ harsh	**a.** 잔인한, 고통을 주는
□□ 0632	**fold**	**v.** 접다, 포개다　**n.** 주름, (동물의) 우리
□□ 0633	**trial**	**n.** 재판, 실험, 시도
□□ 0634	**tribe** ⊜ race ⊜ clan	**n.** 부족, 종족 **n.** 인종, 씨족 **n.** 씨족, 혈족
□□ 0635	**profound** ⊜ deep	**a.** 깊은, 심오한
□□ 0636	**distinguish**	**v.** 구별하다, 식별하다
□□ 0637	**errand**	**n.** 심부름, 잡일
□□ 0638	**welfare**	**n.** 복지
□□ 0639	**statement**	**n.** 진술, 성명서
□□ 0640	**prevail** ⊜ be widespread	**v.** 우세하다, 만연하다

☐☐ 0641	widespread	**a.** 널리 퍼진
☐☐ 0642	result	**n.** 결과 **v.** (결과로) 생기다
☐☐ 0643	fade	**v.** 사라지다, 희미해지다
☐☐ 0644	progress	**v.** 진보하다, 전진하다 **n.** 진전, 진보
☐☐ 0645	weapon	**n.** 무기, 병기
☐☐ 0646	drastic	**a.** 격렬한, 과감한
☐☐ 0647	reinforcement	**n.** 강화, 보강
☐☐ 0648	wonder	**v.** 궁금해하다, 놀라다 **n.** 경탄, 경이
☐☐ 0649	pile	**n.** 쌓아 올린 더미, 많은 양 **v.** 쌓아 올리다, 축적하다
☐☐ 0650	protect ⊜ defend, guard	**v.** 보호하다
☐☐ 0651	infection	**n.** 감염, 전염(병)
☐☐ 0652	stiffen	**v.** 굳어지다
☐☐ 0653	endanger	**v.** 위험에 빠뜨리다
☐☐ 0654	adjust	**v.** 조절하다, 조정하다
☐☐ 0655	peer	**n.** 동료, 또래
☐☐ 0656	renew	**v.** 새롭게 하다, 갱신하다

☐☐ 0657	**germ**	**n.** 미생물, 세균
☐☐ 0658	**atom**	**n.** 원자
☐☐ 0659	**realize** ↔ idealize	**v.** 깨닫다, 실현하다 **v.** 이상화하다
☐☐ 0660	**enrich**	**v.** 풍성하게 하다, 부유하게 하다
☐☐ 0661	**noble** ↔ ignoble	**a.** 귀족의, 고결한 **a.** 비천한, 비열한
☐☐ 0662	**repair**	**v.** 수선[수리]하다, (건강 등을) 회복하다 **n.** 수선[수리], 회복
☐☐ 0663	**candidate**	**n.** 후보자
☐☐ 0664	**ideal** ↔ real	**a.** 이상적인 **n.** 이상 **a.** 현실적인
☐☐ 0665	**crop**	**n.** 작물, 수확
☐☐ 0666	**ethnic**	**a.** 인종의, 민족의
☐☐ 0667	**foretell**	**v.** 예언하다, 예고하다
☐☐ 0668	**wholesale** ↔ retail	**n.** 도매 **a.** 도매의 **n.** 소매 **a.** 소매의
☐☐ 0669	**debt**	**n.** 빚, 부채
☐☐ 0670	**representative**	**n.** 대표, 국회의원(R-) **a.** 대표하는

□□ 0671	shift	n. 변화, 이동, 교대 v. 바꾸다, 이동하다
□□ 0672	fame	n. 명성
□□ 0673	strict	a. 엄한, 엄격한
□□ 0674	appliance	n. (가정용) 기구, 장치
□□ 0675	furthermore ⊜ moreover, besides	ad. 게다가, 더욱이
□□ 0676	command	n. 명령, 지배력 v. 명령하다, 지휘하다
□□ 0677	ecosystem	n. 생태계
□□ 0678	excess	n. 초과, 초과량, 과도함 a. 초과한, 여분의
□□ 0679	oral ⊜ verbal ⊖ written	a. 구두(口頭)의, 구술의 a. 문자로 된, 기록된
□□ 0680	drift	n. 표류 v. 표류하다

□□ 0681	**solar**	**a.** 태양의, 태양열을 이용한
	↔ lunar	**a.** 달의
□□ 0682	**outstanding**	**a.** 뛰어난, 두드러진, 미해결의
□□ 0683	**mislead**	**v.** 잘못 인도하다, 오해하게 하다
□□ 0684	**dedicate**	**v.** 헌납하다, 바치다
	≡ devote	
□□ 0685	**crush**	**v.** 으깨다, 밀어 넣다
□□ 0686	**sink**	**v.** 가라앉다
□□ 0687	**entire**	**a.** 전체의, 완전한 **n.** 전부, 전체
□□ 0688	**confront**	**v.** 직면하다
	≡ face	
□□ 0689	**beard**	**n.** 턱수염
□□ 0690	**haste**	**n.** 급함, 서두름
	≡ hurry, quickness	
□□ 0691	**initial**	**a.** 처음의, 초기의 **n.** 머리글자(이니셜)
□□ 0692	**destiny**	**n.** 운명
□□ 0693	**hardship**	**n.** 고난, 어려움
□□ 0694	**escape**	**v.** 탈출하다, 벗어나다 **n.** 탈출, 도망

☐☐ 0695	**valid** ⊖ invalid	**a.** 타당한, 유효한 **a.** 타당하지 않은
☐☐ 0696	**dispose**	**v.** 배치하다, 처리하다, 경향을 갖게 하다
☐☐ 0697	**exist**	**v.** 존재하다, 살아가다
☐☐ 0698	**optimal**	**a.** 최상의, 최적의
☐☐ 0699	**hydrogen**	**n.** 수소
☐☐ 0700	**perspective**	**n.** 관점, 견해, 원근법, 전망
☐☐ 0701	**thread**	**n.** 실 **v.** 실을 꿰다
☐☐ 0702	**dynasty**	**n.** 왕조, 왕가
☐☐ 0703	**scatter**	**v.** 흩뿌리다, 분산시키다
☐☐ 0704	**gamble** ≒ bet	**v.** 도박하다, 모험하다 **n.** 도박, 모험
☐☐ 0705	**temper**	**n.** 성질, 기질 **v.** 완화시키다
☐☐ 0706	**undoubtedly** ≒ certainly	**ad.** 의심할 여지 없이, 확실히
☐☐ 0707	**raft**	**n.** 뗏목, 고무보트
☐☐ 0708	**minimal**	**a.** 최소의, 아주 적은
☐☐ 0709	**soak** ≒ dip	**v.** 적시다, 젖다, 흡수하다

□□ 0710	**craft**	**n.** (수)공예, 기술, 선박, 비행기
□□ 0711	**cease** ⊜ stop, end, finish	**v.** 그만두다, 중지하다
□□ 0712	**review**	**n.** 재검토, 논평 **v.** 재검토하다
□□ 0713	**ceiling**	**n.** 천장, 상한선
□□ 0714	**unify**	**v.** 통합하다, 통일하다
□□ 0715	**combat** ⊜ fight	**v.** 싸우다 **n.** 전투
□□ 0716	**bump**	**v.** 부딪치다 **n.** 충돌, 혹
□□ 0717	**primary**	**a.** 주요한, 최초[초기]의
□□ 0718	**genre**	**n.** 장르, 유형, 형식
□□ 0719	**erase**	**v.** 지우다, 없애다
□□ 0720	**doom**	**v.** (~할) 운명이다 (to) **n.** 운명, 비운, 파멸

☐☐ 0721	**vital**	**a.** 필수적인, 중요한, 생명 유지와 관련된
☐☐ 0722	**incident** ⊜ accident	**n.** 일어난 일, 사건 **a.** 일어나기 쉬운
☐☐ 0723	**session**	**n.** 시간, 기간, 회의, (대학의) 학기
☐☐ 0724	**obvious**	**a.** 명백한, 분명한
☐☐ 0725	**moderate** ⊖ extreme	**a.** 온건한, 적당한 **a.** 극단적인
☐☐ 0726	**budget**	**n.** 예산, 예산안
☐☐ 0727	**graze**	**v.** 풀을 뜯다, 방목하다
☐☐ 0728	**fragile** ⊜ frail, vulnerable ⊖ durable	**a.** 부서지기 쉬운 **a.** 내구성 있는, 영속적인
☐☐ 0729	**myth**	**n.** 신화, 사회적 통념
☐☐ 0730	**ingredient** ⊜ component, element	**n.** 재료, 성분
☐☐ 0731	**indifferent** ⊜ unconcerned	**a.** 무관심한
☐☐ 0732	**strain** ⊜ tension ⊖ ease	**v.** 긴장시키다, 잡아당기다, 혹사하다 **n.** 긴장, 압박 **n.** 긴장 **v.** 완화시키다 **n.** 편안함

□□ 0733	nutrient	**n.** 영양소, 영양분
□□ 0734	dismiss ⊜ discharge, fire, lay off	**v.** 해고하다, 해산시키다, 묵살하다
□□ 0735	geometry	**n.** 기하학
□□ 0736	glacier	**n.** 빙하
□□ 0737	urge	**v.** 촉구하다, 강요하다
□□ 0738	celebrity	**n.** 명성, 유명 인사
□□ 0739	antique	**a.** 옛날의, 고대의, 고풍의 **n.** 골동품
□□ 0740	profit	**n.** 이익, 이윤 **v.** 이익을 얻다
□□ 0741	sphere	**n.** 구체(球體), 구
□□ 0742	inherit	**v.** 상속하다, (유전으로) 물려받다
□□ 0743	editorial	**n.** 사설, 논설 **a.** 편집자의
□□ 0744	crawl	**v.** 기어가다, 서행하다 **n.** 기어가기, 서행
□□ 0745	scratch	**v.** 긁다, 할퀴다 **n.** 긁힌 자국, 찰과상
□□ 0746	diabetes	**n.** 당뇨병
□□ 0747	congestion	**n.** 밀집, 혼잡
□□ 0748	constitute	**v.** 구성하다, 제정하다, 설립하다
□□ 0749	flow	**v.** 흐르다 **n.** 흐름

☐☐ 0750 **investigate**   **v.** 조사하다, 수사하다

☐☐ 0751 **barter**   **v.** 물물 교환하다   **n.** 물물 교환, 교역품

☐☐ 0752 **circular**   **a.** 원의, 순환의

☐☐ 0753 **chilly**   **a.** 쌀쌀한, 냉담한

☐☐ 0754 **ancestor**   **n.** 조상, 선조

☐☐ 0755 **fierce**   **a.** 사나운, 맹렬한

☐☐ 0756 **vague**   **a.** 막연한, 모호한, 흐릿한
⊜ ambiguous, obscure, blurred, fuzzy
⊖ clear   **a.** 밝은, 명확한

☐☐ 0757 **rough**   **a.** 거친, 난폭한, 대강의

☐☐ 0758 **content**   **a.** 만족하는   **n.** 내용(물), 목차

☐☐ 0759 **obstacle**   **n.** 장애물, 방해가 되는 것

☐☐ 0760 **disgrace**   **n.** 불명예, 수치
⊜ dishonor

□□ 0761	**abolish**	**v.** 폐지하다
□□ 0762	**assure**	**v.** 보증하다, 확실하게 하다
□□ 0763	**form**	**n.** 형태, 종류 **v.** 형성하다
□□ 0764	**gender**	**n.** 성(性), 성별
□□ 0765	**innovation**	**n.** 혁신
□□ 0766	**opponent**	**n.** 반대자, 상대 **a.** 반대하는
□□ 0767	**present**	**a.** 현재의 **n.** 현재, 선물 **v.** 제출하다, 나타내다
□□ 0768	**fertile** ⊜ productive, fruitful ⟺ sterile	**a.** 비옥한, 기름진 **a.** 불모의, 메마른, 무균의
□□ 0769	**emperor**	**n.** 황제
□□ 0770	**dwell** ⊜ reside	**v.** 살다, 거주하다
□□ 0771	**chore** ⊜ household	**n.** 집안일, 허드렛일
□□ 0772	**grateful** ⊜ thankful, appreciative	**a.** 고마워하는, 감사하는
□□ 0773	**fossil**	**n.** 화석

☐☐ 0774	**glitter** ⊜ glisten, gleam	**v.** 반짝이다 **n.** 반짝임
☐☐ 0775	**miserable**	**a.** 비참한, 불쌍한
☐☐ 0776	**portray** ⊜ describe	**v.** 묘사하다, 설명하다, 초상을 그리다
☐☐ 0777	**protein**	**n.** 단백질
☐☐ 0778	**backward** ⊜ backwards	**ad.** 후방에, 뒤쪽으로, 거꾸로
☐☐ 0779	**translate**	**v.** 번역하다, 옮기다
☐☐ 0780	**refresh**	**v.** 상쾌하게 하다, 새롭게 하다
☐☐ 0781	**tissue**	**n.** (생물의 근육·신경 등의) 조직
☐☐ 0782	**lord**	**n.** 군주
☐☐ 0783	**remove**	**v.** 제거하다
☐☐ 0784	**scan**	**v.** 정밀 검사하다, 유심히 쳐다보다
☐☐ 0785	**pottery** ⊜ ceramics	**n.** 도자기, 도예
☐☐ 0786	**layer**	**n.** 층, 겹
☐☐ 0787	**property**	**n.** 재산, 소유물, 부동산
☐☐ 0788	**justify**	**v.** 정당화하다

□□ 0789	**polish**	**v.** 닦다, 윤을 내다, (문장 등을) 다듬다
□□ 0790	**flavor**	**n.** 맛 **v.** 맛을 내다
□□ 0791	**ceremony**	**n.** 의식, 식, 의례
□□ 0792	**relate**	**v.** 관련시키다, 관련이 있다
□□ 0793	**strive**	**v.** 노력하다, 애쓰다, 투쟁하다
□□ 0794	**radiant**	**a.** 빛나는, 아주 밝은
□□ 0795	**exclaim**	**v.** (감탄하며) 외치다
□□ 0796	**asset** ⊜ property, fortune, estate	**n.** 자산, 재산
□□ 0797	**decay** ⊜ rot	**v.** 부패하다, 쇠퇴하다 **n.** 부패, 쇠퇴
□□ 0798	**administer**	**v.** 관리[운영]하다, 집행하다, 주다
□□ 0799	**wage**	**n.** 임금, 급료
□□ 0800	**subscribe**	**v.** 구독하다, 가입하다

□□ 0801	**merit**	**n.** 장점, 공로 **v.** 받을 만하다
	⊜ advantage	**n.** 장점
	⊜ deserve	**v.** 받을 만하다
	↔ demerit	**n.** 과실, 단점
□□ 0802	**dwindle**	**v.** 점점 줄어들다, 저하되다
□□ 0803	**conference**	**n.** 회담, 회의
□□ 0804	**accuse**	**v.** 고발하다, 비난하다
□□ 0805	**enhance**	**v.** 향상하다
	⊜ improve	
□□ 0806	**intimate**	**a.** 친밀한
□□ 0807	**reception**	**n.** 환영회, 접수
□□ 0808	**overwhelm**	**v.** 압도하다, 당황하게 하다
□□ 0809	**coincidence**	**n.** 우연의 일치, 동시에 일어난 사건
□□ 0810	**majesty**	**n.** 위엄, 장엄, (M-) 왕
□□ 0811	**shrug**	**v.** (어깨를) 으쓱하다
□□ 0812	**vicious**	**a.** 사악한, 악의 있는
□□ 0813	**cherish**	**v.** 소중히 하다
	↔ neglect	**v.** 무시하다
□□ 0814	**eternal**	**a.** 영원한

☐☐ 0815	**shrink**	**v.** 축소하다, 수축하다
☐☐ 0816	**colleague**	**n.** 동료
☐☐ 0817	**transmit** ≡ send ↔ receive	**v.** 전달하다 **v.** 받다
☐☐ 0818	**discard** ≡ get rid of, dispose	**v.** 버리다, 처분하다
☐☐ 0819	**copper**	**n.** 구리 **a.** 구리의, 구릿빛의
☐☐ 0820	**orbit**	**n.** 궤도 **v.** 궤도를 그리며 돌다
☐☐ 0821	**famine** ≡ starvation	**n.** 굶주림, 기아
☐☐ 0822	**pill** ≡ tablet	**n.** 알약
☐☐ 0823	**immune**	**a.** 면역성의, 면제된
☐☐ 0824	**raw**	**a.** 날것의, 가공하지 않은
☐☐ 0825	**superior** ↔ inferior	**a.** 우월한 **n.** 상사 **a.** 열등한
☐☐ 0826	**string**	**n.** 끈, 줄, 일련
☐☐ 0827	**cope**	**v.** 대처하다, 잘 처리하다
☐☐ 0828	**loan**	**n.** 대출, 대출금 **v.** 대출하다

☐☐ 0829	**obedient**	**a.** 순종하는, 유순한
☐☐ 0830	**procedure**	**n.** 절차, 과정
☐☐ 0831	**bond**	**n.** 유대, 결속, 속박, 계약, 채권
☐☐ 0832	**angle**	**n.** 각도, 모서리
☐☐ 0833	**subtle** ↔ obvious	**a.** 미묘한, 교묘한 **a.** 분명한
☐☐ 0834	**depict** ≒ describe	**v.** 묘사하다, 그리다
☐☐ 0835	**radical** ≒ extreme	**a.** 과격한, 급진적인, 근본적인 **n.** 급진주의자 **a.** 극도의, 극심한
☐☐ 0836	**caution** ≒ care	**n.** 조심, 주의 **v.** 주의를 주다
☐☐ 0837	**persist**	**v.** 고집하다, 지속하다
☐☐ 0838	**reverse**	**n.** 역(逆), 반대 **a.** 역의, 반대의 **v.** 뒤바꾸다
☐☐ 0839	**stuff**	**n.** 것(들), 물건 **v.** (빽빽이) 채워 넣다, 쑤셔 넣다
☐☐ 0840	**therapy**	**n.** 치료, 요법

☐☐ 0841	**skeleton**	**n.** 골격, 뼈대
☐☐ 0842	**strategy** ⊜ policy, tactics	**n.** 전략
☐☐ 0843	**attract**	**v.** (주의·흥미 등을) 끌다
☐☐ 0844	**hence** ⊜ therefore, thus	**ad.** 그러므로, 지금부터
☐☐ 0845	**architecture**	**n.** 건축, 건축물
☐☐ 0846	**handle**	**v.** 다루다
☐☐ 0847	**wilderness**	**n.** 황무지, 황야
☐☐ 0848	**category**	**n.** 범주
☐☐ 0849	**funeral**	**n.** 장례식　**a.** 장례의
☐☐ 0850	**prefer**	**v.** 선호하다
☐☐ 0851	**outcome**	**n.** 결과
☐☐ 0852	**humiliation**	**n.** 창피함, 굴욕
☐☐ 0853	**ban**	**v.** 금지하다　**n.** 금지
☐☐ 0854	**flush** ⊜ blush	**v.** (얼굴이) 붉어지다, 물이 쏟아져 나오다

☐☐ 0855	**omit**	v. 생략하다, 빼다
	⊜ exclude	v. 제외하다
	⊖ include	v. 포함하다
☐☐ 0856	**despair**	n. 절망 v. 절망하다
☐☐ 0857	**alert**	a. 기민한, 경계하는 n. 경계 (태세)
		v. 경고하다
☐☐ 0858	**compact**	a. 소형의, 조밀한 v. 꽉 채우다
☐☐ 0859	**likewise**	ad. 마찬가지로, 게다가
☐☐ 0860	**astonish**	v. 놀라게 하다
☐☐ 0861	**panic**	n. 갑작스러운 공포, 공황 a. 공황적인
	⊜ fear	
☐☐ 0862	**optimistic**	a. 낙관적인, 낙천적인
	⊖ pessimistic	a. 부정적인
☐☐ 0863	**murder**	n. 살인 v. 살인하다
☐☐ 0864	**fundamental**	a. 근본적인, 기본적인 n. 근본
☐☐ 0865	**loyal**	a. 충성스러운, 성실한
☐☐ 0866	**humid**	a. (날씨가) 습기 있는, 눅눅한
☐☐ 0867	**pretend**	v. ~인 척하다, 주장하다
☐☐ 0868	**graduate**	v. 졸업하다 n. 졸업생, 대학원 학생

□□ 0869 **delicate**
⊜ fine, exquisite

a. 섬세한

□□ 0870 **inflate**
⊖ deflate

v. 부풀리다, 과장하다, (물가 등을) 인상하다
v. 수축시키다

□□ 0871 **adequate**

a. 적당한

□□ 0872 **physician**

n. 의사, 내과 의사

□□ 0873 **joint**

a. 공동의, 연합의 **n.** 이음매, 관절

□□ 0874 **via**
⊜ by means of

p. ～을 거쳐[경유해서], ～을 통해

□□ 0875 **passage**

n. 통로, (시간의) 경과, (인용문의) 한 절

□□ 0876 **vessel**

n. (물건을 담는) 용기, 배, 선박, 혈관

□□ 0877 **restore**
⊜ revive, recover,
  regain

v. 회복하다, 복구하다, 돌려주다

□□ 0878 **passive**
⊜ inactive,
  submissive
⊖ active

a. 수동적인, 수동형의

a. 능동적인

□□ 0879 **marble**

n. 대리석, 구슬 **a.** 대리석의

□□ 0880 **classify**

v. 분류하다

☐☐ 0881	prepare	**v.**	준비하다
☐☐ 0882	transaction	**n.**	거래, 처리
☐☐ 0883	sufficient	**a.**	충분한
☐☐ 0884	stable	**a.** 안정된 **n.** 마구간	
	⊖ unstable	**a.** 불안정한	
☐☐ 0885	concern	**v.** 관련되다, 걱정하게 하다 **n.** 걱정, 관심사	
☐☐ 0886	sympathy	**n.**	동정, 공감
☐☐ 0887	principal	**a.** 주요한, 제1의 **n.** (단체의) 장, 주역	
☐☐ 0888	by-product	**n.**	부산물
☐☐ 0889	anxiety	**n.**	걱정, 불안, 열망
☐☐ 0890	edible	**a.** 먹을 수 있는, 식용의	
	⊖ inedible	**a.** 먹을 수 없는	
☐☐ 0891	federal	**a.**	연방의, 연합의
☐☐ 0892	suffer	**v.**	고통받다, 겪다
☐☐ 0893	casual	**a.**	우연한, 무심결의, 격식을 차리지 않는
☐☐ 0894	tablet	**n.** 〈의학〉 정제, 알약, (평평한) 판	
	⊜ pill	**n.** 알약	
☐☐ 0895	trade	**v.** 거래[교환]하다 **n.** 무역	
☐☐ 0896	liquid	**n.** 액체 **a.** 액체의	

□□ 0897	**characteristic**	**n.** 특징, 특색　**a.** 독특한, 특징적인
□□ 0898	**anticipate** ≡ expect, predict, foretell	**v.** 예상하다, 기대하다
□□ 0899	**outlook**	**n.** 전망, 조망
□□ 0900	**desert**	**n.** 사막　**a.** 사막의, 불모의 **v.** 버리다, 도주하다
□□ 0901	**infinite** ↔ finite ↔ definite	**a.** 무한한 **a.** 한정된, 유한의 **a.** 한정된, 명확한
□□ 0902	**roam**	**v.** 배회하다, 돌아다니다
□□ 0903	**decent** ↔ indecent	**a.** 제대로 된, 품위 있는 **a.** 버릇없는, 품위 없는
□□ 0904	**behalf**	**n.** 이익, 자기편
□□ 0905	**distortion**	**n.** 왜곡, 찌그러뜨림
□□ 0906	**bud**	**n.** 싹　**v.** 싹트다
□□ 0907	**symbolic**	**a.** 상징적인
□□ 0908	**municipal**	**a.** 지방(자치제)의, 시의
□□ 0909	**phenomenon**	**n.** 현상, 사건, 비범한 인물
□□ 0910	**devote**	**v.** (노력·시간 등을) 바치다

☐☐ 0911	**peasant**	**n.** 농민, 소작농
☐☐ 0912	**diminish**	**v.** 감소하다
	⊜ reduce, decrease, lessen, decline	
☐☐ 0913	**jealous**	**a.** 질투하는
☐☐ 0914	**exclude**	**v.** 배제하다, 제외하다
☐☐ 0915	**flexible**	**a.** 융통성 있는, 유연한
☐☐ 0916	**tenant**	**n.** 세입자, 주민
	⊜ resident	
	⊖ landlord	**n.** 집주인
☐☐ 0917	**worthwhile**	**a.** ~할 가치가 있는
	⊖ worthless	**a.** 가치 없는
☐☐ 0918	**pavement**	**n.** 보도, 포장도로
	⊜ sidewalk	
☐☐ 0919	**nominate**	**v.** (후보자로) 지명[추천]하다, 임명하다
☐☐ 0920	**sacred**	**a.** 신성한, 성스러운

☐☐ 0921	**support**	**v.**	지지하다, 받치다, 부양하다
	⊜ uphold	**n.**	지지, 지탱함, 부양
☐☐ 0922	**revise**	**v.**	변경하다, 개정[수정]하다
☐☐ 0923	**suggest**	**v.**	암시하다, 넌지시 말하다
☐☐ 0924	**control**	**v.**	지배하다, 제어하다 **n.** 지배, 제어
☐☐ 0925	**mammal**	**n.**	포유동물
☐☐ 0926	**internal**	**a.**	내부의
	⊖ external	**a.**	외부의
☐☐ 0927	**resent**	**v.**	분개하다, 화를 내다
☐☐ 0928	**abrupt**	**a.**	갑작스러운
	⊜ sudden, unexpected		
☐☐ 0929	**diverse**	**a.**	다른, 다양한
☐☐ 0930	**refine**	**v.**	정제하다, 개선하다
☐☐ 0931	**dynamic**	**a.**	동적인, 역학의
	⊜ energetic		
	⊖ static	**a.**	정적인
☐☐ 0932	**nerve**	**n.**	신경
☐☐ 0933	**prompt**	**a.**	즉각적인, 신속한 **v.** 촉구하다, 자극하다
☐☐ 0934	**suspend**	**v.**	매달다, 중지하다

☐☐ 0935	**industry**	**n.** 산업, 공업
☐☐ 0936	**iceberg**	**n.** 빙산
☐☐ 0937	**monetary**	**a.** 화폐의
☐☐ 0938	**judge**	**v.** 판단하다 **n.** 재판관
☐☐ 0939	**gloom**	**n.** 어둠, 우울
☐☐ 0940	**distraction**	**n.** 주의 산만, (정신을) 산만하게 하는 것, 기분 전환
☐☐ 0941	**collapse**	**v.** 무너지다, 붕괴하다 **n.** 붕괴
☐☐ 0942	**trigger**	**v.** 촉발하다, 유발하다 **n.** 방아쇠, 계기
☐☐ 0943	**martial**	**a.** 전쟁의, 군대의
☐☐ 0944	**monologue**	**n.** 독백
☐☐ 0945	**deliberate**	**a.** 의도적인, 신중한 **v.** 숙고하다
☐☐ 0946	**plot**	**n.** 줄거리, 음모 **v.** 음모를 꾸미다
☐☐ 0947	**rod** ⊜ stick, bar	**n.** 막대기, 회초리
☐☐ 0948	**partial** ⊖ total	**a.** 부분적인, 편파적인 **a.** 전체의(= whole, entire)
☐☐ 0949	**mutual**	**a.** 서로의, 공통의
☐☐ 0950	**priceless**	**a.** 대단히 귀중한

□□ 0951	**fate** ⊜ destiny, doom	**n.** 운명
□□ 0952	**pursue**	**v.** 추구하다, 쫓다
□□ 0953	**Atlantic**	**n.** 대서양 **a.** 대서양의
□□ 0954	**weird** ⊜ strange, peculiar, eccentric	**a.** 이상한, 기묘한
□□ 0955	**booth**	**n.** 칸막이한 공간, 부스, 노점
□□ 0956	**prescribe**	**v.** 규정하다, (약을) 처방하다
□□ 0957	**erupt**	**v.** 분출하다, 폭발하다
□□ 0958	**insult** ⊜ indignity	**v.** 모욕하다 **n.** 모욕 **n.** 모욕
□□ 0959	**gaze**	**v.** 뚫어지게 보다, 응시하다
□□ 0960	**supreme**	**a.** 최고의

☐☐ 0961 **context**   n. 전후 관계, 맥락, 문맥

☐☐ 0962 **complete**   a. 완전한, 완벽한, 완료된   v. 완료하다

☐☐ 0963 **race**   v. 경쥐[경쟁]하다, 질주하다
n. 경주, 경쟁, 인종

☐☐ 0964 **dominate**   v. 지배하다

☐☐ 0965 **vehicle**   n. 탈것, 수단, 매개체

☐☐ 0966 **complain**   v. 불평하다, 항의하다

☐☐ 0967 **brochure**
⊜ pamphlet   n. (안내·광고용) 소책자, 브로슈어

☐☐ 0968 **force**   n. 힘, 영향력   v. 강요하다

☐☐ 0969 **nest**   n. 둥지, 보금자리
v. 둥지를 틀다, (둥지에서) 살다

☐☐ 0970 **gain**
⊜ acquire, get   v. 얻다   n. 이익
v. 얻다, 취득하다

☐☐ 0971 **curriculum**   n. 교육 과정, 커리큘럼

☐☐ 0972 **sew**
⊜ stitch   v. 꿰매다, 바느질하다

☐☐ 0973 **masculine**
⊖ feminine   a. 남자의, 남자다운
a. 여성의, 여성스러운

☐☐ 0974 **frown**   v. 눈살을 찌푸리다   n. 찡그린 얼굴

☐☐ 0975	**astound** ⊜ amaze, astonish, surprise, startle	**v.** 놀라게 하다
☐☐ 0976	**dictator** ⊜ tyrant	**n.** 독재자, 구술하는 사람
☐☐ 0977	**assessment** ⊜ evaluation, estimation	**n.** 평가, 판단
☐☐ 0978	**crucial** ⊜ decisive, vital, important	**a.** 중대한, 중요한
☐☐ 0979	**paralysis**	**n.** 마비
☐☐ 0980	**deck**	**n.** 갑판
☐☐ 0981	**cheer**	**n.** 환호, 갈채　**v.** 환호[성원]하다
☐☐ 0982	**carve** ⊜ engrave	**v.** 조각하다, 새기다
☐☐ 0983	**tease**	**v.** 괴롭히다, 약 올리다
☐☐ 0984	**aggressive** ⊖ defensive	**a.** 공격적인, 적극적인 **a.** 방어적인
☐☐ 0985	**cure**	**v.** 치료하다, 해결하다　**n.** 치유, 회복
☐☐ 0986	**attribute**	**v.** ～의 결과로 여기다　**n.** 속성

☐☐ 0987	**foster**	**v.** 육성하다, 촉진하다 **a.** 수양의, 위탁의
☐☐ 0988	**psychologist**	**n.** 심리학자
☐☐ 0989	**postpone**	**v.** 연기하다, 뒤로 미루다
☐☐ 0990	**rob**	**v.** 훔치다, 강탈하다
☐☐ 0991	**abuse**	**n.** 남용, 욕설, 학대 **v.** 남용하다, 학대하다
☐☐ 0992	**bystander**	**n.** 방관자, 행인, 구경꾼
☐☐ 0993	**breakdown**	**n.** 고장, 쇠약
☐☐ 0994	**disguise**	**v.** 변장하다, 숨기다 **n.** 변장, 은폐
☐☐ 0995	**blueprint**	**n.** 청사진
☐☐ 0996	**rear**	**n.** 뒤 **a.** 뒤의, 후방의 **v.** 기르다
☐☐ 0997	**output**	**n.** 생산(량), 산출(량)
☐☐ 0998	**sermon** ⊜ preachment	**n.** 설교
☐☐ 0999	**sprout**	**v.** 싹이 트다, 자라나다 **n.** 싹
☐☐ 1000	**tin**	**n.** 양철, 주석

□□ 1001	**reform**	**n.** 개혁 **v.** 개혁하다
□□ 1002	**deal**	**v.** 다루다, 대처하다(with) **n.** 거래
□□ 1003	**recruit** ≡ enlist	**v.** 모집하다, 징집하다 **n.** 신병, 신입 사원 **v.** 징집하다, 입대하다
□□ 1004	**maintain**	**v.** 유지하다, 지지하다
□□ 1005	**workshop**	**n.** 워크숍, 작업장, 연구 집회
□□ 1006	**patient**	**n.** 환자 **a.** 인내심 있는
□□ 1007	**convention**	**n.** 집회, 총회, 관습
□□ 1008	**devastate**	**v.** 황폐시키다
□□ 1009	**reap** ≡ harvest	**v.** 수확하다
□□ 1010	**overlook** ≡ neglect, ignore ⊖ notice	**v.** 간과하다, 너그럽게 봐주다, 내려다보다 **v.** 간과하다, 무시하다 **v.** 주목하다
□□ 1011	**deliver**	**v.** 배달하다, 전달하다
□□ 1012	**reject** ≡ refuse ⊖ allow	**v.** 거부하다, 거절하다 **v.** 허용하다
□□ 1013	**nourish** ≡ nurture, feed	**v.** 영양분을 주다, 기르다
□□ 1014	**bay**	**n.** 만(灣)

☐☐ 1015	**stun**	**v.** 놀라게 하다, 기절시키다
☐☐ 1016	**particular** ⊜ distinct, specific	**a.** 특정한, 개개의　**n.** 사항, (-s) 상세
☐☐ 1017	**bulletin**	**n.** 게시, 게시물
☐☐ 1018	**fluid**	**n.** 유동체(액체·기체의 총칭) **a.** 유동체의, 유동적인
☐☐ 1019	**affair**	**n.** 사건, 일
☐☐ 1020	**dawn** ⊜ daybreak	**n.** 새벽　**v.** 이해되기 시작하다, 날이 새다 **n.** 새벽
☐☐ 1021	**hostile** ⊜ unfriendly ↔ friendly	**a.** 적대적인 **a.** 친한, 호의 있는
☐☐ 1022	**contend**	**v.** 싸우다, 주장하다, 경쟁하다
☐☐ 1023	**respect**	**v.** 존중하다　**n.** 존경, 관련
☐☐ 1024	**await** ⊜ wait for, expect	**v.** 기다리다
☐☐ 1025	**concrete** ↔ abstract	**a.** 구체적인　**n.** 콘크리트 **a.** 추상적인　**n.** 논문 요약본
☐☐ 1026	**satisfy** ⊜ gratify	**v.** 만족시키다, 충족시키다
☐☐ 1027	**literate** ↔ illiterate	**a.** 읽고 쓸 수 있는 **a.** 문맹의, 읽고 쓸 줄 모르는

□□ 1028	**variable**	n. 변수 a. 변하기 쉬운, 변덕스러운
	⩧ changeable, unstable	a. 변하기 쉬운
	⊖ invariable	a. 변함없는
□□ 1029	**lease**	n. 임대 v. 임대하다
□□ 1030	**rule**	n. 지배, 규칙 v. 지배하다, 통치하다
□□ 1031	**perseverance**	n. 인내심
	⩧ endurance, patience	
□□ 1032	**fatal**	a. 치명적인
□□ 1033	**substitute**	n. 대리자, 대체물 v. 대체하다
	⩧ replace, take the place of	
□□ 1034	**invert**	v. (위치·순서 등을) 거꾸로 하다, 뒤집다
□□ 1035	**tension**	n. 긴장, 불안 v. 긴장시키다
□□ 1036	**reign**	n. 통치 기간, 치세 v. 군림하다
□□ 1037	**crack**	n. 갈라진 틈 v. 금 가다
	⩧ break	
□□ 1038	**startle**	v. 깜짝 놀라게 하다
	⩧ surprise, astonish, amaze	
□□ 1039	**discourage**	v. 낙담시키다, 단념시키다
	⊖ encourage	v. 격려하다, 장려하다
□□ 1040	**compensate**	v. 보상하다
	⩧ make up for	

☐☐ 1041	convert	**v.** 전환하다, 바꾸다
☐☐ 1042	strike	**v.** 치다, (머릿속에) 떠오르다 **n.** 치기, 동맹 파업
☐☐ 1043	suppress ⊜ subdue	**v.** 억압하다, 참다
☐☐ 1044	core	**n.** 핵심 **a.** 핵심의
☐☐ 1045	contribute	**v.** 기여하다, 공헌하다, 기부하다
☐☐ 1046	spear	**n.** 창
☐☐ 1047	renowned	**a.** 유명한, 명성 있는
☐☐ 1048	era	**n.** 시대
☐☐ 1049	withdraw	**v.** 철수하다, 철회하다, (돈을) 인출하다
☐☐ 1050	separate	**v.** 분리하다 **a.** 갈라진, 개개의
☐☐ 1051	dignity	**n.** 존엄(성)
☐☐ 1052	notify	**v.** 통지하다, 알리다
☐☐ 1053	animate	**v.** 생기 있게 하다, 고무하다 **a.** 살아 있는
☐☐ 1054	prevent	**v.** 막다, 예방하다
☐☐ 1055	bilingual	**a.** 2개 국어의
☐☐ 1056	mischief	**n.** 장난, 해악

☐☐ 1057	**discriminate**	**v.** 구별하다, 차별하다
☐☐ 1058	**exemplify**	**v.** 예시하다, ~의 좋은 예가 되다
☐☐ 1059	**adhere**	**v.** 고수하다, 충실하다, 집착하다
☐☐ 1060	**superb**	**a.** 최고의, 훌륭한
☐☐ 1061	**peculiar** ⊜ unusual	**a.** 독특한
☐☐ 1062	**sake**	**n.** 위함, 목적
☐☐ 1063	**choke**	**v.** 질식시키다, 숨이 막히다
☐☐ 1064	**folktale**	**n.** 민간 설화, 전설
☐☐ 1065	**simultaneously** ⊜ at the same time, concurrently	**ad.** 동시에
☐☐ 1066	**range**	**n.** 범위 **v.** 정렬시키다
☐☐ 1067	**groom** ⊜ bridegroom ⊖ bride	**n.** 신랑 **n.** 신부
☐☐ 1068	**supernatural**	**a.** 초자연적인
☐☐ 1069	**tender**	**a.** 부드러운 **v.** 입찰하다 **n.** 입찰
☐☐ 1070	**instinct**	**n.** 본능

□□ 1071 **gigantic**
⊜ huge, immense, enormous, tremendous
a. 거대한

□□ 1072 **meditate**
v. 명상하다

□□ 1073 **mow**
v. (풀 등을) 베다

□□ 1074 **evolve**
v. 진화하다, 발전하다

□□ 1075 **chase**
v. 쫓다, 추적하다

□□ 1076 **afflict**
v. 괴롭히다

□□ 1077 **empirical**
⊖ theoretical
a. 경험적인, 실증적인
a. 이론의, 이론적인

□□ 1078 **coherent**
a. 통일성 있는, 조리 있는

□□ 1079 **intolerable**
⊖ tolerable
a. 참을 수 없는
a. 참을 수 있는

□□ 1080 **fountain**
⊜ spring, fount
n. 분수, 근원
n. 샘, 원천

☐☐ 1081	**bold**	**a.** 대담한, 선이 굵은
☐☐ 1082	**compliment** ⊜ praise	**n.** 칭찬 **v.** 칭찬하다
☐☐ 1083	**summit**	**n.** 꼭대기, 정상
☐☐ 1084	**troop**	**n.** 무리, 떼, 군대, 군사
☐☐ 1085	**alter** ⊜ change	**v.** 바꾸다, 변경하다
☐☐ 1086	**conceive**	**v.** 생각해 내다, 마음속에 그리다
☐☐ 1087	**durability**	**n.** 내구성
☐☐ 1088	**destroy**	**v.** 파괴하다
☐☐ 1089	**shallow** ⊖ deep	**a.** 얕은, 얇은, 피상적인, 천박한 **a.** 깊은
☐☐ 1090	**face**	**v.** 직면하다 **n.** 얼굴, 표면
☐☐ 1091	**promote**	**v.** 증진하다, 승진시키다
☐☐ 1092	**weep**	**v.** 울다
☐☐ 1093	**grasp** ⊜ grip	**v.** 붙잡다, 이해하다, 파악하다 **n.** 꽉 쥐기, 이해 **v.** 붙잡다 **n.** 꽉 쥐기, 이해
☐☐ 1094	**overall** ⊜ general	**a.** 전반적인, 전체의 **n.** 작업복 **a.** 전반적인

□□ 1095	**superstition**	n. 미신
□□ 1096	**colony**	n. 식민지, (새·개미·꿀벌 등의) 집단
□□ 1097	**absurd**	a. 불합리한, 우스꽝스러운
□□ 1098	**conduct**	v. 수행하다, 실시하다 n. 행위, 안내
□□ 1099	**dormitory**	n. 기숙사
□□ 1100	**prone**	a. ～하는 경향이 있는
□□ 1101	**conceal** ⊜ hide ⊖ reveal	v. 숨기다 v. 드러내다, 보여 주다
□□ 1102	**retreat** ⊜ withdraw ⊖ advance	v. 후퇴하다, 물러서다 n. 퇴각, 후퇴 v. 전진하다
□□ 1103	**compulsive**	a. 강제적인, 강박의
□□ 1104	**clinic**	n. 전문 병원, 개인 병원
□□ 1105	**banner** ⊜ flag, placard	n. 깃발, 현수막
□□ 1106	**formulate**	v. 만들어 내다, 공식화하다
□□ 1107	**vow** ⊜ swear	n. 맹세 v. 맹세하다
□□ 1108	**malnutrition**	n. 영양실조

□□ 1109	**heritage**	n. 유산, 세습 재산
□□ 1110	**undergo** ⓔ experience	v. 겪다
□□ 1111	**boast** ⓔ brag	v. 자랑하다, 떠벌리다
□□ 1112	**neutral**	a. 중립의, 공평한
□□ 1113	**stain**	n. 얼룩 v. 얼룩지게 하다
□□ 1114	**incentive**	n. 자극, 장려책, 동기 a. 격려하는, 자극하는
□□ 1115	**float**	v. 뜨다, 떠다니다 n. 부유물
□□ 1116	**tendency**	n. 경향, 추세
□□ 1117	**applause**	n. 박수갈채
□□ 1118	**wrestle**	v. 싸우다, (일과) 씨름하다, 레슬링하다
□□ 1119	**sensation**	n. 감각, 느낌, 대사건(센세이션)
□□ 1120	**Confucian**	a. 공자의, 유교의

☐☐ 1121	**draft**		**n.** 원고, 초안 **v.** 초안을 그리다
☐☐ 1122	**crude**		**a.** 가공하지 않은, 조잡한
☐☐ 1123	**supplement**		**n.** 보충, 보충물 **v.** 보충하다
☐☐ 1124	**velocity**	⊜ speed	**n.** 속도
☐☐ 1125	**tame**		**v.** 길들이다 **a.** 길들여진
☐☐ 1126	**adapt**		**v.** 적응하다, 적응시키다
☐☐ 1127	**manage**		**v.** 잘 해내다, 다루다
☐☐ 1128	**dismay**		**v.** 실망시키다, 낙담시키다 **n.** 걱정, 실망
☐☐ 1129	**diagnose**		**v.** 진단하다
☐☐ 1130	**molecule**		**n.** 분자
☐☐ 1131	**reservoir**		**n.** 저장소, 저수지
☐☐ 1132	**conform**		**v.** 순응하다, 일치하다
☐☐ 1133	**spacious**	⊜ roomy	**a.** 넓은, 훤히 트인 **a.** 넓은
☐☐ 1134	**weave**		**v.** 엮다, 짜다, (생각 등을) 엮어 넣다
☐☐ 1135	**boundary**	⊜ frontier, border	**n.** 경계, 경계선
☐☐ 1136	**motive**		**n.** 동기 (행동의 원인)

☐☐ 1137	**tangible**	**a.** 유형적인, 유형의, 만질 수 있는
	⊜ real, actual	**a.** 실제의
	⊖ intangible	**a.** 무형의, 만질 수 없는
☐☐ 1138	**prominent**	**a.** 현저한, 저명한
☐☐ 1139	**rigid**	**a.** 엄격한, 융통성이 없는
	⊜ strict	**a.** 엄격한
	⊜ inflexible	**a.** 융통성이 없는
☐☐ 1140	**archaeology**	**n.** 고고학
☐☐ 1141	**subtract**	**v.** 빼다
☐☐ 1142	**breed**	**v.** 낳다, 양육하다
☐☐ 1143	**utmost**	**a.** 최대한의, 최고의 **n.** 최대한도
	⊜ supreme	**a.** 최고의, 최대의
☐☐ 1144	**proficient**	**a.** 숙달된
☐☐ 1145	**accumulate**	**v.** 모으다, 축적하다
	⊜ amass	
☐☐ 1146	**embody**	**v.** 구현하다, 구체화하다
☐☐ 1147	**equity**	**n.** 공평
	⊖ inequity	**n.** 불공평
☐☐ 1148	**violate**	**v.** 위반하다, 침해하다
☐☐ 1149	**ambitious**	**a.** 야심 있는

☐☐ 1150	**intact** ⊜ undamaged	**a.** 온전한, 손상되지 않은
☐☐ 1151	**impulse**	**n.** 충동, 추진
☐☐ 1152	**attend**	**v.** 출석하다, 보살피다
☐☐ 1153	**trim**	**v.** 다듬다, 잘라 내다, 장식하다
☐☐ 1154	**navigate**	**v.** 길을 찾다, 항해[비행]하다
☐☐ 1155	**remedy** ⊜ cure	**n.** 치료, 요법
☐☐ 1156	**consist**	**v.** (부분·요소로) 이루어지다
☐☐ 1157	**imprint** ⊜ impress	**v.** (도장 등을) 찍다, 감명시키다 **n.** 찍은 자국, 인상
☐☐ 1158	**modify**	**v.** 변형하다, 수정하다
☐☐ 1159	**confine**	**v.** 제한하다, 가두다　**n.** 한계
☐☐ 1160	**dispatch** ⊜ send	**v.** 급파하다, 발송하다　**n.** 급파, 발송 **v.** 보내다, 발송하다

☐☐ 1161	**diameter**	**n.** 지름, 직경
☐☐ 1162	**anecdote**	**n.** 일화, 비화
☐☐ 1163	**spatial**	**a.** 공간의, 공간적인
☐☐ 1164	**blame**	**v.** 비난하다, ~의 탓으로 돌리다 **n.** 비난, 책망
☐☐ 1165	**geology**	**n.** 지질학
☐☐ 1166	**pledge** ⊜ promise, swear, vow	**n.** 약속, 맹세 **v.** 약속하다, 맹세하다
☐☐ 1167	**cost**	**v.** (비용이) 들다 **n.** 비용, 대가
☐☐ 1168	**earn**	**v.** (신용·평판 등을) 얻다, (돈을) 벌다
☐☐ 1169	**detect**	**v.** 발견하다, 감지하다
☐☐ 1170	**temperate** ⊜ moderate	**a.** (기후가) 온화한, 절제하는
☐☐ 1171	**soar** ⊜ surge, skyrocket ⊖ nosedive	**v.** 높이 치솟다 **v.** 급강하하다, 폭락[격감]하다 (= plunge, plummet)
☐☐ 1172	**mock**	**v.** 조롱하다 **a.** 가짜의
☐☐ 1173	**disclose** ⊜ expose, reveal	**v.** 드러내다, 폭로하다

☐☐ 1174 **exhibit**   v. 전시하다, 보여 주다   n. 전시, 전시품

☐☐ 1175 **symptom**   n. 증상

☐☐ 1176 **invent**   v. 발명하다

☐☐ 1177 **awkward**   a. 어색한, 서투른

☐☐ 1178 **grind**   v. 갈다, 빻다

☐☐ 1179 **expose**   v. 드러내다, (비밀을) 폭로하다, 노출시키다

☐☐ 1180 **closet**   n. 벽장

☐☐ 1181 **damp**   a. 축축한   n. 습기
   ⊜ moist, wet   a. 습한, 젖은

☐☐ 1182 **script**   n. 손으로 쓰기, 대본

☐☐ 1183 **signify**   v. 의미하다, 중요하다
   ⊜ mean   v. 의미하다

☐☐ 1184 **discuss**   v. 토론하다
   ⊜ debate, dispute

☐☐ 1185 **sibling**   n. 형제자매, 동기

☐☐ 1186 **lay**   v. (물건을) 놓다, (알을) 낳다

☐☐ 1187 **surveillance**   n. 감시
   ⊜ observation   n. 관찰, 감시

□□ 1188	discharge	n. 배출, 내보냄, 방전
		v. 배출하다, 내보내다, 해고하다
□□ 1189	thorough	a. 철저한
□□ 1190	undertake	v. 수행하다, (일을) 떠맡다, 착수하다
□□ 1191	panel	n. 토론자단, 패널, 넓은 직사각형의 합판
□□ 1192	linguistic	a. 언어의, 언어학의
□□ 1193	flourish ⊜ thrive, prosper	v. 번영하다, 번창하다
□□ 1194	feed	v. 먹이를 주다, 부양하다
□□ 1195	sophomore	n. (대학·고등학교의) 2학년생
□□ 1196	remind	v. 생각나게 하다, 상기시키다
□□ 1197	sole ⊜ only	a. 유일한
□□ 1198	pillar ⊜ column	n. 기둥
□□ 1199	explode	v. 폭발하다
□□ 1200	illusion	n. 환상, 착각

☐☐ 1201	**regret**		**v.** 후회하다, 한탄하다 **n.** 유감, 후회
☐☐ 1202	**submit**		**v.** 복종시키다, 복종하다, 제출하다
	⊜ subject		**v.** 복종시키다
☐☐ 1203	**divine**		**a.** 신(神)의, 신성한
☐☐ 1204	**revenue**		**n.** 수입, 수익
☐☐ 1205	**corrupt**		**a.** 부정한, 부패한 **v.** 타락시키다
☐☐ 1206	**mention**		**v.** 언급하다 **n.** 언급
☐☐ 1207	**factual**		**a.** 실제의
☐☐ 1208	**swamp**		**n.** 늪, 습지
☐☐ 1209	**expedition**		**n.** 탐험(대)
☐☐ 1210	**abnormal**		**a.** 비정상적인
	⊜ unusual, eccentric, bizarre		
☐☐ 1211	**storage**		**n.** 저장, 저장고
☐☐ 1212	**revive**		**v.** 되살아나다
☐☐ 1213	**equator**		**n.** 적도
☐☐ 1214	**motion**		**n.** 운동, 움직임, 몸짓 **v.** 몸짓으로 지시[신호]하다
☐☐ 1215	**patent**		**n.** 특허, 특허권 **v.** ~의 특허를 얻다

□□ 1216	**virtue**	**n.** 미덕
	⊖ vice	**n.** 악덕
□□ 1217	**arithmetic**	**n.** 산수, 연산
	⊜ calculation	**n.** 계산
□□ 1218	**consistent**	**a.** 일관된, 모순이 없는
□□ 1219	**cognitive**	**a.** 인식의, 인지력 있는
□□ 1220	**hinder**	**v.** 방해하다
	⊜ obstruct, impede	
□□ 1221	**humble**	**a.** 겸손한, 비천한
	⊜ modest	
□□ 1222	**bounce**	**v.** (공이) 튀다, 되튀다, 뛰어오르다
□□ 1223	**imprison**	**v.** 투옥하다
	⊜ jail	
□□ 1224	**enlist**	**v.** (군인을) 모집하다, 도움을 얻다
□□ 1225	**carbon**	**n.** 탄소
□□ 1226	**upcoming**	**a.** 다가오는
	⊜ forthcoming	
□□ 1227	**trace**	**n.** 흔적 **v.** 흔적을 쫓다
	⊜ track	
□□ 1228	**pulse**	**n.** 맥박

☐☐ 1229	locate	**v.** 〈수동태로〉 ~에 위치하다, (위치를) 찾아내다
☐☐ 1230	controversy	**n.** 논란, 논쟁
☐☐ 1231	flattery	**n.** 아첨
☐☐ 1232	regard	**v.** ~으로 여기다 **n.** 관계, 고려
☐☐ 1233	convenience	**n.** 편의, 편리
☐☐ 1234	hygiene	**n.** 위생, 위생학
☐☐ 1235	rush	**v.** 돌진하다, 갑자기 일어나다 **n.** 돌진, 황급한 움직임
☐☐ 1236	contaminate ⊜ pollute	**v.** 오염시키다
☐☐ 1237	external ⊖ internal	**a.** 외부의 **n.** 외부 **a.** 내부의
☐☐ 1238	herd	**n.** (짐승의) 떼
☐☐ 1239	allocate	**v.** 할당하다, 분배하다
☐☐ 1240	gorgeous ⊜ magnificent, beautiful	**a.** 아주 멋진, 화려한

☐☐ 1241	**confess**	**v.** 고백하다	
☐☐ 1242	**subjective** ⊖ objective	**a.** 주관적인, 주격의 **a.** 객관적인	
☐☐ 1243	**trivial** ⊖ important	**a.** 사소한 **a.** 중요한	
☐☐ 1244	**acknowledge**	**v.** 인정하다	
☐☐ 1245	**accord**	**v.** 일치하다, 주다, 부여하다 **n.** 일치, 협정	
☐☐ 1246	**immense** ⊜ enormous, huge, tremendous	**a.** 막대한	
☐☐ 1247	**extract**	**v.** 추출하다 **n.** 추출물	
☐☐ 1248	**sewage**	**n.** 하수	
☐☐ 1249	**reconciliation**	**n.** 화해	
☐☐ 1250	**explore**	**v.** 탐험하다, 탐구하다	
☐☐ 1251	**warrant** ⊜ guarantee	**n.** 보증, 영장 **v.** 보증하다	
☐☐ 1252	**complement**	**v.** 보완하다 **n.** 보충물	
☐☐ 1253	**ceramic**	**n.** 도자기 **a.** 도자기의	
☐☐ 1254	**license**	**n.** 면허, 인가 **v.** 면허[인가]를 내주다	

☐☐ 1255	**emerge**	**v.** 나타나다, 드러나다
☐☐ 1256	**halt** ≡ stop	**n.** 정지, 일시 멈춤 **v.** 정지하다, 정지시키다
☐☐ 1257	**pierce**	**v.** 꿰뚫다, ∼에 구멍을 뚫다
☐☐ 1258	**ponder**	**v.** 심사숙고하다
☐☐ 1259	**burglar** ≡ thief, housebreaker	**n.** (주거 침입) 강도
☐☐ 1260	**stroke**	**n.** 뇌졸중, 강타
☐☐ 1261	**lottery**	**n.** 복권, 추첨
☐☐ 1262	**certificate**	**n.** 증명서, 자격[면허]증
☐☐ 1263	**transplant**	**n.** 이식 **v.** 이식하다
☐☐ 1264	**cluster** ≡ bunch, gathering	**n.** 무리, (과일·꽃의) 송이, 성단
☐☐ 1265	**plea**	**n.** 탄원, 간청, 변명
☐☐ 1266	**derive**	**v.** 이끌어 내다, ∼에서 비롯되다
☐☐ 1267	**plague** ≡ infectious disease	**n.** 전염병 전염병
☐☐ 1268	**ultrasound**	**n.** 초음파

□□ 1269	**deluxe** ≡ luxurious	a. 호화로운, 사치스러운
□□ 1270	**convey**	v. 전달하다, 나르다
□□ 1271	**depth**	n. 깊이
□□ 1272	**evaporate**	v. 증발하다
□□ 1273	**lame**	a. 다리를 저는
□□ 1274	**intelligence**	n. 지능, 지성
□□ 1275	**sour**	a. 신맛이 나는
□□ 1276	**repetitive**	a. 반복성의
□□ 1277	**oppress**	v. 억압하다
□□ 1278	**leftover** ≡ residue, remnants	a. 나머지의, 남은 n. 나머지, 남은 음식 n. 잔류물
□□ 1279	**embrace** ≡ hug, hold	n. 포옹 v. 포옹하다, 받아들이다
□□ 1280	**blade**	n. 칼날

□□ 1281	**abundant** ⊜ plentiful, rich	**a.** 풍부한
□□ 1282	**duplicate** ⊜ copy	**n.** 복제품 **v.** 이중으로 하다, 복제하다
□□ 1283	**spoil** ⊜ harm, damage	**v.** 망치다, 상하게 하다, 버릇없게 키우다
□□ 1284	**altitude**	**n.** 고도, 높이
□□ 1285	**glimpse**	**n.** 흘긋 봄 **v.** 흘긋 보다, 깨닫다
□□ 1286	**blend** ⊜ mix	**n.** 혼합 **v.** 섞다, 혼합하다
□□ 1287	**swell**	**v.** 부풀다 **n.** 팽창
□□ 1288	**grief** ⊜ sorrow	**n.** 큰 슬픔
□□ 1289	**beverage** ⊜ drink	**n.** 음료
□□ 1290	**warrior**	**n.** 전사, 용사
□□ 1291	**shrub**	**n.** 관목
□□ 1292	**slice**	**n.** 얇은 조각 **v.** 얇게 썰다
□□ 1293	**exotic** ⊜ unusual ⊜ foreign	**a.** 이국적인 **a.** 특이한, 색다른 **a.** 외국의

| □□ 1294 | **arrogant** | **a.** 거만한 |

□□ 1294 **arrogant**
⊜ conceited
⊝ humble — **a.** 겸손한, 누추한

a. 거만한

□□ 1295 **vanish**
⊜ disappear — **v.** 사라지다

□□ 1296 **outbreak**
⊜ eruption — **n.** (전쟁·질병 등의) 발발, 폭동

□□ 1297 **accommodate** — **v.** 수용하다, 숙박시키다

□□ 1298 **cozy**
⊜ snug, comfortable — **a.** 아늑한

□□ 1299 **recommend** — **v.** 추천하다

□□ 1300 **auction** — **n.** 경매 **v.** 경매에 부치다

□□ 1301 **obsess** — **v.** 강박 관념을 갖다, (망상이) 사로잡다

□□ 1302 **suitor** — **n.** 소송인, 구혼자

□□ 1303 **rational**
⊜ reasonable, sensible — **a.** 이성적인, 합리적인

□□ 1304 **discreet**
⊜ careful — **a.** 분별 있는, 사려 깊은

□□ 1305 **pioneer** — **n.** 개척자, 선구자 **a.** 개척자의 **v.** 개척하다

□□ 1306 **assert**
⊜ declare, state — **v.** 주장하다, 행사하다

□□ 1307 **undo** — **v.** 원상태로 돌리다, (매듭을) 풀다

☐☐ 1308	**inevitable**	**a.** 피할 수 없는
	⊖ evitable	**a.** 피할 수 있는
☐☐ 1309	**elaborate**	**a.** 정교한, 공들인
☐☐ 1310	**toss**	**v.** 던지다
	⊜ throw	
☐☐ 1311	**retain**	**v.** 유지[보유]하다
☐☐ 1312	**maximize**	**v.** 최대화하다, 최대한으로 활용하다
	⊖ minimize	**v.** 최소화하다
☐☐ 1313	**buildup**	**n.** 축적
	⊜ accumulation	
☐☐ 1314	**machinery**	**n.** 〈집합적〉 기계
☐☐ 1315	**sacrifice**	**v.** 희생하다, 희생시키다 **n.** 희생, 제물
☐☐ 1316	**auditorium**	**n.** 강당
☐☐ 1317	**linger**	**v.** 오래 머물다, 계속되다
☐☐ 1318	**neglect**	**v.** 무시하다 **n.** 소홀, 무시
☐☐ 1319	**feedback**	**n.** 반응, 피드백
☐☐ 1320	**radioactive**	**a.** 방사성의

☐☐ 1321	**impair** ≒ worsen, damage, aggravate	**v.** 손상하다
☐☐ 1322	**metaphor**	**n.** 은유, 은유법
☐☐ 1323	**predominant**	**a.** 뛰어난, 우세한
☐☐ 1324	**bruise**	**n.** 타박상, 멍 **v.** 타박상을 입히다, 멍들게 하다
☐☐ 1325	**attorney**	**n.** 변호사
☐☐ 1326	**sanitation**	**n.** 위생
☐☐ 1327	**heredity**	**n.** 유전, 유전 형질
☐☐ 1328	**naive** ≒ innocent	**a.** 순진한
☐☐ 1329	**shed**	**v.** (눈물 등을) 흘리다, 발산하다, (털 등을) 떨어뜨리다
☐☐ 1330	**metropolitan**	**a.** 수도권의, 대도시의
☐☐ 1331	**shield**	**n.** 방패, 보호물 **v.** 보호하다
☐☐ 1332	**ecology**	**n.** 생태학
☐☐ 1333	**coverage**	**n.** (점유) 범위, (신문·텔레비전·라디오의) 보도
☐☐ 1334	**expel**	**v.** 쫓아내다

☐☐ 1335	**plow**	**n.** 쟁기 **v.** 쟁기질하다
☐☐ 1336	**prolong**	**v.** 연장하다
	⊜ lengthen, extend	
	⊖ shorten	**v.** 줄이다, 짧게 하다
☐☐ 1337	**fluent**	**a.** 유창한
☐☐ 1338	**margin**	**n.** 가장자리
	⊜ edge	
☐☐ 1339	**induce**	**v.** 유도하다, 설득하다
☐☐ 1340	**interior**	**n.** 내부 **a.** 내부의
	⊜ internal, inside	
	⊖ exterior	**n.** 외부 **a.** 외부의
	⊖ external	**a.** 외부의
☐☐ 1341	**ornament**	**n.** 장식품 **v.** 장식하다
	⊜ decoration	**n.** 장식
☐☐ 1342	**probe**	**v.** 조사하다 **n.** 탐사선
☐☐ 1343	**vibrate**	**v.** 진동하다, 흔들다
☐☐ 1344	**speculate**	**v.** 사색하다, 투기하다
☐☐ 1345	**versus**	**p.** ~ 대(對), ~과 대비하여
☐☐ 1346	**pregnant**	**a.** 임신한
☐☐ 1347	**epidemic**	**n.** 전염병, 유행병

□□ 1348	**precede**	v. ~에 앞서다, 먼저 일어나다
□□ 1349	**breathtaking** ⊜ amazing, stunning	a. 아슬아슬한, 숨 막히는
□□ 1350	**foundation**	n. 기초, 토대, 재단
□□ 1351	**stimulate**	v. 자극하다, 고무하다
□□ 1352	**fabric**	n. 구조, 조직, 직물
□□ 1353	**overturn** ⊜ overthrow	v. 전복시키다 n. 전복
□□ 1354	**ripe** ⊜ mellow, mature	a. (과일 등이) 익은
□□ 1355	**framework**	n. 뼈대, 틀, 체제
□□ 1356	**urgent**	a. 긴급한, 다급한
□□ 1357	**settle** ⊜ settle down	v. 정착하다, 정착시키다, 결정하다 정착하다, 진정하다
□□ 1358	**conflict**	v. 충돌하다 n. 갈등, 충돌
□□ 1359	**vapor**	n. 증기 v. 증발하다
□□ 1360	**tuition**	n. 수업료

☐☐ 1361	**literature**		**n.** 문학, 문예, 문헌
☐☐ 1362	**compound**		**n.** 화합물 **a.** 합성의 **v.** 혼합하다
☐☐ 1363	**quote**		**v.** 인용하다
☐☐ 1364	**inhale**		**v.** (숨을) 들이쉬다
		≡ breathe in	
		↔ exhale	**v.** (숨을) 내쉬다(= breathe out)
☐☐ 1365	**prospect**		**n.** 가능성, 전망
		≡ possibility	
☐☐ 1366	**anchor**		**n.** 닻, 앵커 **v.** 닻을 내리다
☐☐ 1367	**asymmetry**		**n.** 비대칭, 불균형
		≡ imbalance	**n.** 불균형
		↔ symmetry	**n.** 대칭
		↔ balance, equilibrium	**n.** 균형
☐☐ 1368	**loop**		**n.** 고리
☐☐ 1369	**withstand**		**v.** 견디다
		≡ bear, resist	
☐☐ 1370	**implement**		**n.** 도구 **v.** 실행하다
☐☐ 1371	**anonymous**		**a.** 익명의
☐☐ 1372	**collide**		**v.** 충돌하다
☐☐ 1373	**memorial**		**n.** 기념물, 기념관

□□ 1374	**vacant** ≡ empty	**a.** 빈, 비어 있는
□□ 1375	**technical**	**a.** 기술[기법]의, 전문적인
□□ 1376	**thrill**	**n.** 스릴, 전율 **v.** 몹시 신나게 하다, 감동시키다
□□ 1377	**wander**	**v.** (정처 없이) 돌아다니다 **n.** 유랑, 방랑
□□ 1378	**proportion** ≡ ratio, part	**n.** 비율, 부분
□□ 1379	**antibiotic**	**n.** 항생 물질, 항생제
□□ 1380	**overtake** ≡ catch up with	**v.** 따라잡다
□□ 1381	**resemble** ≡ look like, be similar to	**v.** 닮다, 비슷[유사]하다
□□ 1382	**orchard**	**n.** 과수원
□□ 1383	**compassion**	**n.** 연민, 동정
□□ 1384	**preoccupation**	**n.** 몰두, 집착, 선취
□□ 1385	**paste**	**n.** 풀, 반죽 **v.** 풀칠하다, 붙이다
□□ 1386	**provoke**	**v.** 선동하다, 자극하다
□□ 1387	**wicked**	**a.** 사악한

□□ 1388	**sprain**	v. (발목·손목 등을) 삐다
□□ 1389	**sequence**	n. 순서, 결과, 연속
□□ 1390	**stool**	n. (등받이가 없는) 의자, 변기
□□ 1391	**disrupt** ≡ disturb	v. 혼란에 빠뜨리다, 방해하다
□□ 1392	**solitary**	a. 혼자의, 외로운, 고독한
□□ 1393	**bury**	v. 파묻다
□□ 1394	**rust** ≡ corrosion	n. 녹 v. 녹슬다, 녹이 슬게 하다 n. 부식, 녹
□□ 1395	**fad** ≡ craze, fashion, vogue	n. 일시적 유행
□□ 1396	**referee** ≡ umpire	n. 심판 v. 심판하다
□□ 1397	**sector**	n. 분야, 지역, 부채꼴
□□ 1398	**boost** ≡ increase	n. 상승, 밀어 올림 v. 밀어 올리다, (생산량을) 증가하다
□□ 1399	**gymnastics**	n. 체육, 체조
□□ 1400	**gross**	a. 엄청난, 총합의 n. 총합 v. ~의 총이익을 올리다

☐☐ 1401	**last**	**v.** 계속되다
☐☐ 1402	**tariff**	**n.** 관세 **v.** 관세를 부과하다
☐☐ 1403	**beloved** ≒ dear, loved	**a.** 사랑스러운
☐☐ 1404	**lyric**	**n.** 노래 가사, 서정시 **a.** 서정적인
☐☐ 1405	**yeast** ≒ leaven	**n.** 효모 **v.** 발효하다
☐☐ 1406	**skyscraper**	**n.** 마천루, 고층 건물
☐☐ 1407	**inquire** ≒ ask, question	**v.** 묻다, 조사하다
☐☐ 1408	**spade**	**n.** 삽
☐☐ 1409	**vacuum**	**n.** 진공, 진공청소기 **v.** 진공청소기로 청소하다
☐☐ 1410	**migrate**	**v.** 이동하다, 이주하다
☐☐ 1411	**spectacle**	**n.** 광경
☐☐ 1412	**surplus** ≒ excess, extra ↔ shortage	**n.** 과잉, 나머지 **a.** 과잉의, 나머지의 **n.** 부족
☐☐ 1413	**simulate**	**v.** 가장하다, 모의실험[훈련]하다
☐☐ 1414	**integration**	**n.** 통합, 〈수학〉 적분
☐☐ 1415	**hypothesis**	**n.** 가설(假說)

☐☐ 1416	**affirm**	**v.** 단언하다
	⊜ declare, confirm	
	⊖ deny	**v.** 부정하다
☐☐ 1417	**fortress**	**n.** (대규모의) 요새
	⊜ castle, fort	
☐☐ 1418	**reed**	**n.** 갈대 **a.** 갈대의
☐☐ 1419	**cue**	**n.** 단서, 신호
	⊜ signal	
☐☐ 1420	**mole**	**n.** 사마귀, 점
	⊜ spot	
☐☐ 1421	**divide**	**v.** 나누다, 분리하다, 나누어지다 **n.** 분할
☐☐ 1422	**inborn**	**a.** 타고난
	⊜ innate, inherent	
	⊖ acquired	**a.** 후천적인, 습득한
☐☐ 1423	**overlap**	**v.** 겹치다 **n.** 중복
☐☐ 1424	**fatigue**	**n.** 피로 **v.** 피곤하게 하다
	⊜ tiredness	**n.** 피로
☐☐ 1425	**clone**	**n.** 복제 생물, 클론 **v.** 복제하다
☐☐ 1426	**peel**	**v.** (과일 등의) 껍질을 벗기다 **n.** 껍질
	⊜ skin, pare	
☐☐ 1427	**ease**	**v.** 진정시키다 **n.** 편함, 용이함
☐☐ 1428	**overcome**	**v.** 극복하다, 압도하다

□□ 1429	**fund**	**n.** 기금 **v.** 자금을 제공하다
□□ 1430	**bias** ≡ prejudice	**n.** 편견 (부정적인 의미)
□□ 1431	**vaccine**	**n.** 백신, 〈컴퓨터〉 바이러스 예방 프로그램
□□ 1432	**tread**	**v.** 밟다, 걷다 **n.** 밟음
□□ 1433	**vomit** ≡ throw up	**v.** 토하다 **n.** 구토
□□ 1434	**prophecy**	**n.** 예언
□□ 1435	**correspond**	**v.** 일치하다, 서신 왕래하다
□□ 1436	**cling** ≡ stick[adhere] to	**v.** 달라붙다, 집착하다 ~을 고수하다
□□ 1437	**mutation**	**n.** 돌연변이, 변화
□□ 1438	**obscure** ≡ unclear	**a.** 불분명한, 이해하기 어려운, 무명의
□□ 1439	**tyrant**	**n.** 폭군, 전제 군주
□□ 1440	**odd** ≡ strange, eccentric, bizarre, weird ↔ even	**a.** 이상한, 홀수의 **a.** 이상한 **a.** 짝수의

☐☐ 1441	**intriguing**		**a.** 아주 흥미로운
☐☐ 1442	**constrict**		**v.** 죄다, 위축시키다
	⊜ tighten		
☐☐ 1443	**bundle**		**n.** 묶음, 꾸러미
☐☐ 1444	**enclose**		**v.** 동봉하다, 에워싸다
☐☐ 1445	**insert**		**v.** 삽입하다
☐☐ 1446	**keen**		**a.** 날카로운, 예민한, 간절히 ~하고 싶은
	⊜ sharp		**a.** 날카로운
	⊜ delicate		**a.** 예민한
☐☐ 1447	**restrain**		**v.** 억제하다, 구속하다
	⟷ encourage		**v.** 장려하다
☐☐ 1448	**aid**		**v.** 돕다 **n.** 도움, 조력
☐☐ 1449	**reputation**		**n.** 평판, 명성
☐☐ 1450	**measurement**		**n.** 측정, 측량, 치수
☐☐ 1451	**originate**		**v.** 시작되다, 비롯하다
	⊜ derive		
☐☐ 1452	**flour**		**n.** 밀가루
☐☐ 1453	**manipulate**		**v.** 조종하다, 조작하다
☐☐ 1454	**experiment**		**n.** 실험 **v.** 실험하다

□□ 1455	**patriot**	**n.** 애국자
□□ 1456	**interchange**	**n.** 교환, 교차점(I.C.) **v.** 교환하다
□□ 1457	**intuitive**	**a.** 직관적인, 직관에 의한
□□ 1458	**garment** ⊜ clothes	**n.** 의복
□□ 1459	**spontaneous** ⊜ unplanned	**a.** 자발적인, 자연히 일어나는
□□ 1460	**vertical** ⊖ horizontal	**a.** 수직의 **a.** 수평의
□□ 1461	**testify**	**v.** 검증하다, 증명하다, 증언하다
□□ 1462	**mentor**	**n.** 조언자
□□ 1463	**vivid**	**a.** 생생한
□□ 1464	**pasture** ⊜ ranch	**n.** 목초지, 목장
□□ 1465	**crust**	**n.** 껍질, 〈지질〉 지각
□□ 1466	**comprehend**	**v.** 이해하다, 포함하다
□□ 1467	**plunge**	**v.** 뛰어들다, 던져 넣다
□□ 1468	**nasty**	**a.** 더러운, 불쾌한
□□ 1469	**appreciate**	**v.** 이해하다, 감상하다, 고맙게 생각하다

□□ 1470	**strip**	v.	박탈하다, (옷이나 껍질을) 벗기다
	⊜ deprive	**v.**	박탈하다
□□ 1471	**deed**	n.	행위, 업적
□□ 1472	**skinny**	a.	피골이 상접한, 마른
	⊜ thin, lean		
	⊖ fat, stout	**a.**	뚱뚱한, 살찐
□□ 1473	**grill**	n.	석쇠 v. 석쇠로 굽다, 심문하다
□□ 1474	**canal**	n.	수로, 운하
□□ 1475	**curse**	n.	저주 v. 저주하다
□□ 1476	**adverse**	a.	거스르는, 반대의, 부정적인
□□ 1477	**censorship**	n.	검열
□□ 1478	**leverage**	v.	이용하다 n. 지레의 작용, 영향력
□□ 1479	**appetite**	n.	식욕, 욕망, 욕구
	⊜ hunger, desire		
□□ 1480	**flaw**	n.	결점, 흠

☐☐ 1481	**outgoing**	**a.** 외향적인
☐☐ 1482	**verbal**	**a.** 말의, 구두(口頭)의
☐☐ 1483	**liberate**	**v.** 해방하다, 자유롭게 하다
☐☐ 1484	**academic**	**a.** 학문적인, 학구적인
☐☐ 1485	**advance**	**v.** 나아가게 하다, 진척시키다 **n.** 전진, 증진
☐☐ 1486	**contemplate**	**v.** 숙고하다, 응시하다
☐☐ 1487	**underlying**	**a.** 밑에 놓인, 근본적인
☐☐ 1488	**segregation**	**n.** 인종 차별, 분리
☐☐ 1489	**stem**	**v.** 생기다, 일어나다 **n.** 줄기, 대
☐☐ 1490	**irrigation**	**n.** 관개, 물 대기
☐☐ 1491	**consecutive** ⊜ successive	**a.** 연속적인, 일관된
☐☐ 1492	**superficial**	**a.** 표면상의, 피상적인
☐☐ 1493	**refuge** ⊜ shelter	**n.** 피난, 피난처, 위안
☐☐ 1494	**swear**	**v.** 맹세하다, 욕하다
☐☐ 1495	**allergy**	**n.** 알레르기
☐☐ 1496	**norm**	**n.** 규범, 기준, 표준

☐☐ 1497	**endeavor**	**n.** 노력 **v.** 노력하다
☐☐ 1498	**erect** ≡ upright	**v.** 세우다 **a.** 똑바로 선
☐☐ 1499	**feminine** ↔ masculine	**a.** 여성의, 여성스러운 **a.** 남성적인
☐☐ 1500	**drowsy** ≡ sleepy	**a.** 졸리는
☐☐ 1501	**inspect**	**v.** 검사하다, 점검하다
☐☐ 1502	**carriage**	**n.** 마차, 탈것
☐☐ 1503	**primitive**	**a.** 원시의, 초기의, 미개의
☐☐ 1504	**compress**	**v.** 압축하다
☐☐ 1505	**steep**	**a.** 가파른, 경사가 급한
☐☐ 1506	**cemetery**	**n.** 공동묘지
☐☐ 1507	**transport**	**v.** 수송[운송]하다 **n.** 수송
☐☐ 1508	**exaggerate** ≡ overstate	**v.** 과장하다, 과장해서 말하다
☐☐ 1509	**random**	**a.** 무작위의, 임의의
☐☐ 1510	**feast**	**v.** 즐겁게[기쁘게] 하다 **n.** 축제(일), 잔치
☐☐ 1511	**commemorate**	**v.** 기념하다

□□ 1512	**govern**	**v.** 통치하다, 지배[좌우]하다
□□ 1513	**multitask**	**v.** 다중 작업을 하다
□□ 1514	**toxic** ⊖ nontoxic	**a.** 유독한, 중독의 **a.** 무독성의
□□ 1515	**stare** ⊜ gaze, peer	**v.** 응시하다, 노려보다
□□ 1516	**chronic** ⊖ acute	**a.** 만성적인, 장기간의 **a.** 급성의
□□ 1517	**designate**	**v.** 지정하다, 가리키다
□□ 1518	**dramatic**	**a.** 연극의, 극적인
□□ 1519	**intense** ⊜ extreme, fierce ⊖ mild	**a.** 강렬한 **a.** 온화한, 부드러운
□□ 1520	**propaganda**	**n.** 선전 활동, 선전

□□ 1521	**numerous** ⊜ many, countless	**a.** 다수의, 수많은
□□ 1522	**shiver** ⊜ shudder	**n.** 떨림 **v.** 떨다
□□ 1523	**retarded**	**a.** (정서·지능·학력 등의) 발달이 뒤진
□□ 1524	**belonging**	**n.** (*pl.*) 소유물, 소지품
□□ 1525	**improvise**	**v.** 즉흥적으로 하다, 즉석에서 하다
□□ 1526	**executive**	**a.** 집행의, 경영의 **n.** 임원, 경영진
□□ 1527	**chaos**	**n.** 혼돈, 무질서
□□ 1528	**microscope**	**n.** 현미경
□□ 1529	**ongoing** ⊜ in progress	**a.** 계속되는, 진행 중인
□□ 1530	**vulnerable**	**a.** 취약한, 상처 입기 쉬운
□□ 1531	**implication**	**n.** 함축, 암시
□□ 1532	**alley** ⊜ path, lane	**n.** 오솔길, 골목길
□□ 1533	**authentic** ⊜ real, genuine ⊖ fake	**a.** 진짜의, 진정한 **a.** 가짜의
□□ 1534	**compel** ⊜ force	**v.** 강요하다, ~하게 만들다
□□ 1535	**transition**	**n.** 변천, 과도기

□□ 1536	**mobility**	**n.** 이동성, 가동성
□□ 1537	**incline**	**v.** 내키게 하다, 기울이다 **n.** 경사
□□ 1538	**attain**	**v.** 달성하다
	⊜ accomplish	
□□ 1539	**innate**	**a.** 천부적인, 본질적인
	⊜ inborn, inherent	
	⊖ acquired	**a.** 후천적인, 습득한
□□ 1540	**ingenuity**	**n.** 솜씨, 독창력
□□ 1541	**upset**	**a.** 마음이 상한, 당황한 **v.** 뒤엎다
		n. 전복, 혼란
□□ 1542	**stretch**	**v.** 늘이다, 뻗다 **n.** 신축성
□□ 1543	**seize**	**v.** 붙잡다, 포착하다, 이해하다
	⊜ grab, grip	
□□ 1544	**screw**	**n.** 나사 **v.** 나사로 고정하다
□□ 1545	**shelter**	**v.** 피난하다, 보호하다 **n.** 피난처
□□ 1546	**province**	**n.** (행정 단위인) 주(州)[도(道)], 분야, 영역
□□ 1547	**coordinate**	**v.** 조정하다 **a.** 동등한
□□ 1548	**deficient**	**a.** 부족한, 불완전한
	⊖ sufficient	**a.** 충분한
□□ 1549	**privilege**	**n.** 특권 **v.** 특권을 주다
□□ 1550	**preview**	**n.** 미리 보기, 예고편, 시사회
	⊜ trailer	**n.** 영화 예고편

☐☐ 1551	**slogan**	**n.** 선전 문구, 슬로건
	⊜ catch phrase	이목을 끄는 문구
	⊜ motto	**n.** 좌우명, 표어
☐☐ 1552	**savage**	**a.** 야만적인, 잔인한 **n.** 야만인
	⊜ wild, barbaric, primitive	
☐☐ 1553	**throughout**	**p.** (장소의) 도처에, (시간의) 처음부터 끝까지
☐☐ 1554	**outlaw**	**v.** 금지하다, 법적으로 무효화하다 **n.** 무법자
	⊜ ban	**v.** 금지하다
	⊖ legalize	**v.** 합법화하다
☐☐ 1555	**squeeze**	**v.** 짜내다
☐☐ 1556	**breakthrough**	**n.** 비약적 발전, 돌파, 타개
	⊜ development	
☐☐ 1557	**consent**	**n.** 동의, 허락 **v.** 동의하다
	⊜ agree, approve, assent	
	⊖ refuse	**v.** 거절하다
☐☐ 1558	**orphan**	**n.** 고아
☐☐ 1559	**negotiate**	**v.** 협상하다
	⊜ bargain	
☐☐ 1560	**nuisance**	**n.** 귀찮은 사람, 성가신 것
	⊜ trouble	

☐☐ 1561	**recipe**	**n.** 조리법, 비법
☐☐ 1562	**deceive** ≡ cheat, trick	**v.** 속이다
☐☐ 1563	**sweep**	**v.** 휩쓸다, 청소하다
☐☐ 1564	**profile**	**n.** 옆모습, 인물 소개
☐☐ 1565	**enterprise** ≡ firm	**n.** 기업, 사업
☐☐ 1566	**successive** ≡ consecutive	**a.** 연속되는, 상속의
☐☐ 1567	**paradox**	**n.** 역설, 패러독스
☐☐ 1568	**surpass** ≡ outdo	**v.** 능가하다
☐☐ 1569	**correlation**	**n.** 상관관계, 상호 관련
☐☐ 1570	**magnitude**	**n.** 거대함, 중요성, (지진의) 진도
☐☐ 1571	**aesthetics**	**n.** 미학
☐☐ 1572	**earnest** ≡ serious	**a.** 진지한 **n.** 진심
☐☐ 1573	**tremble**	**v.** 떨다
☐☐ 1574	**slaughter** ≡ massacre	**v.** 도살하다 **n.** 도살, 대학살

☐☐ 1575	**surrender**	v. 넘겨주다, 포기하다, 항복하다
	⊜ yield	
	⊖ resist	**v.** 저항하다
☐☐ 1576	**philosophy**	n. 철학
☐☐ 1577	**deplete**	v. 고갈시키다, 격감시키다
☐☐ 1578	**admire**	v. 감탄하다, 높이 평가하다
☐☐ 1579	**starvation**	n. 아사, 기아, 궁핍
☐☐ 1580	**summon**	v. 소집하다, 소환하다
☐☐ 1581	**afford**	v. ～할 여유가 있다
☐☐ 1582	**blunt**	a. 무뚝뚝한, 퉁명스러운, 둔감한, 무딘
	⊜ dull	
☐☐ 1583	**sprint**	n. 단거리 경주, 전력 질주 v. 전력 질주하다
☐☐ 1584	**passerby**	n. 통행인, 지나가는 사람
	⊜ pedestrian	
☐☐ 1585	**tense**	a. 팽팽한, 긴장한 v. 긴장시키다
☐☐ 1586	**boil**	v. 끓다, 삶다
☐☐ 1587	**timber**	n. 목재
	⊜ lumber	
☐☐ 1588	**collaborate**	v. 협력하다

□□ 1589	stance	n. 서 있는 자세, 태도
□□ 1590	blow	v. 불다, 바람에 날리다
□□ 1591	ballot ⊜ vote	n. 투표, 투표용지 v. 투표하다
□□ 1592	resilience	n. 회복력
□□ 1593	acquaintance	n. 아는 사이, 교제
□□ 1594	amplify	v. 확대하다, 증폭시키다
□□ 1595	contradict ⊜ deny, refute, dispute	v. 부정하다, 반박하다, 모순되다
□□ 1596	burst	v. 터지다, 터뜨리다, 꽉 차다 n. 파열, 폭발
□□ 1597	cast	v. 내던지다, 보내다, 드리우다
□□ 1598	falsify	v. 잘못을 입증하다, 위조하다
□□ 1599	psychic ⊜ supernatural	a. 초능력이 있는, 초자연적인 n. 무당, 영매
□□ 1600	paddle ⊜ oar	n. 노 v. 노를 젓다

□□ 1601	**steer**		**v.** 조종하다, 인도하다
□□ 1602	**affection**	⊜ emotion, feeling	**n.** 애정, 감정
□□ 1603	**bid**		**v.** 말하다, 명령하다, 입찰하다　**n.** 입찰
□□ 1604	**compost**		**n.** 혼합물, 퇴비
□□ 1605	**temperament**	⊜ character, personality	**n.** 기질, 성질
□□ 1606	**rent**		**v.** 임대하다　**n.** 집세
□□ 1607	**shred**		**v.** 갈기갈기 찢다, 째다
□□ 1608	**unpredictable**		**a.** 예측할 수 없는
□□ 1609	**tribute**		**n.** 감사[존경]의 표시, 증정물, 진상품, 조세
□□ 1610	**artery**	⊖ vein	**n.** 동맥, 간선 도로 **n.** 정맥
□□ 1611	**inherent**	⊜ innate ⊖ extraneous	**a.** 내재하는, 타고난, 고유의 **a.** 타고난 **a.** 이질적인, 외래의
□□ 1612	**harass**		**v.** 괴롭히다, 희롱하다, 침략하다
□□ 1613	**narrative**		**n.** (실제의) 이야기, 서술　**a.** 이야기의
□□ 1614	**assemble**		**v.** 모으다, 조립하다, 소집하다

☐☐ 1615	spike		**n.** 대못 **v.** 대못을 박다
☐☐ 1616	sneak		**v.** 살금살금 움직이다, 몰래 움직이다
☐☐ 1617	sophisticated		**a.** 세련된, 정교한
☐☐ 1618	territory		**n.** 영토, 영역
☐☐ 1619	enlightenment		**n.** 계몽, 개화, 깨달음
☐☐ 1620	cosmetic		**n.** 화장품 **a.** 미용의
☐☐ 1621	gracious		**a.** 상냥한, 우아한
☐☐ 1622	aspire		**v.** 열망하다, 동경하다
☐☐ 1623	obstruct ⊜ hinder, impede		**v.** 막다, 방해하다
☐☐ 1624	patrol		**n.** 순찰, 순찰병 **v.** 순찰하다
☐☐ 1625	accelerate ⊜ step on the gas		**v.** 가속하다, 촉진하다 속도를 내다
☐☐ 1626	heatstroke		**n.** 일사병, 열사병
☐☐ 1627	oval		**a.** 달걀 모양의, 타원형의 **n.** 타원체
☐☐ 1628	veteran		**a.** 경험이 많은 **n.** 베테랑, 퇴역 군인
☐☐ 1629	trail		**n.** 오솔길, 자국

☐☐ 1630	**vocation**		n. 직업, 천직
	⊜ occupation, job, profession		
☐☐ 1631	**vegetarian**		n. 채식주의자 a. 채식주의자의, 채식의
	⊖ carnivorous		a. 육식의
☐☐ 1632	**decode**		v. (암호를) 해독하다
	⊖ encode		v. 암호화하다
☐☐ 1633	**fellow**		n. 사나이, 동료 a. 동료의
☐☐ 1634	**mandate**		v. 명령하다, 위임하다 n. 명령, 위임
☐☐ 1635	**perish**		v. 죽다, 소멸하다
☐☐ 1636	**inseparable**		a. 불가분의, 떼어 낼 수 없는
☐☐ 1637	**domain**		n. 영역, 영토, 분야
☐☐ 1638	**statesman**		n. 정치가
☐☐ 1639	**connotation**		n. 함축, 내포
	⊖ denotation		n. 명시적 의미
☐☐ 1640	**stereotype**		n. 인습, 고정 관념, 연판 인쇄

□□ 1641	**hollow** ⊜ hole	**a.** 속이 빈, 오목한 **n.** 움푹한 곳 **n.** 구덩이
□□ 1642	**structural**	**a.** 구조(상)의, 조직(상)의
□□ 1643	**mortgage**	**n.** 저당, 주택 융자, (담보) 대출
□□ 1644	**inject**	**v.** 주사하다, 도입하다
□□ 1645	**crisis**	**n.** 위기, 중대 국면
□□ 1646	**painkiller**	**n.** 진통제
□□ 1647	**illuminate** ⊜ enlighten	**v.** 밝게 비추다, 계몽하다, 설명하다
□□ 1648	**mimic** ⊜ imitate	**v.** 모방하다 **a.** 흉내를 잘 내는, 모조의 **v.** 모방하다, 흉내 내다
□□ 1649	**unearth**	**v.** 발굴하다, 발견하다
□□ 1650	**wail**	**v.** 울부짖다 **n.** 울부짖음
□□ 1651	**lessen** ⊜ reduce, diminish	**v.** 줄(이)다
□□ 1652	**stride**	**v.** 성큼성큼 걷다 **n.** 성큼성큼 걷기, 진보, 발전
□□ 1653	**applicant**	**n.** 신청자, 지원자
□□ 1654	**disprove**	**v.** 오류를 증명하다, 논박하다

□□ 1655	disturb	**v.** 방해하다, 어지럽히다, 혼란케 하다
□□ 1656	hemisphere	**n.** 반구체, (지구·천체의) 반구
□□ 1657	recur	**v.** 재발하다, 되풀이하다
□□ 1658	elastic ⊖ rigid	**a.** 탄력 있는, 융통성 있는 **a.** 뻣뻣한
□□ 1659	counterpart	**n.** 상대, 대응하는 것[사람]
□□ 1660	stubborn ⊖ compliant	**a.** 완고한, 고집이 센 **a.** 고분고분한
□□ 1661	suicide	**n.** 자살 **v.** 자살하다
□□ 1662	lure ⊜ tempt, allure, 　　attract	**v.** 유혹하다 **n.** 매력
□□ 1663	indigenous ⊜ native	**n.** 토착의, 원산의 **a.** 토박이의, 원산의
□□ 1664	morale	**n.** 사기, 의욕
□□ 1665	examine	**v.** 검사하다, 진찰하다
□□ 1666	compromise	**v.** 타협하다 **n.** 타협
□□ 1667	yearn ⊜ long for N ⊜ long to V	**v.** 그리워하다, 열망하다 ～을 그리워하다 ～하기를 열망하다

□□ 1668	**precaution**	n. 조심, 예방 조치
□□ 1669	**torture**	n. 고문 v. 고문하다
□□ 1670	**entrust**	v. 위임하다, 위탁하다
□□ 1671	**sway** ⊜ swing	n. 흔들림 v. 흔들리다
□□ 1672	**religious**	a. 종교(상)의, 종교적인
□□ 1673	**obligation** ⊜ duty, responsibility	n. 의무, 계약, 채무
□□ 1674	**pest**	n. 해충, 역병, 귀찮은 것
□□ 1675	**foremost** ⊜ leading	a. 주요한, 으뜸가는
□□ 1676	**incorporate**	v. 법인회사로 만들다, 통합시키다
□□ 1677	**regime**	n. 정권, 제도
□□ 1678	**terminate**	v. 끝내다, 종결짓다
□□ 1679	**rebel** ⊜ traitor	n. 반역자 v. 반역[반란]을 일으키다 n. 반역자
□□ 1680	**meanwhile** ⊜ meantime	ad. 한편, 그동안에

☐☐ 1681 **folklore**

n. 민속, 민속 신앙, 신화

☐☐ 1682 **vast**

a. 막대한, 광대한

☐☐ 1683 **preliminary**
⊜ introductory

a. 예비의, 임시의 **n.** 예선, 사전 준비

☐☐ 1684 **theft**
⊜ stealing

n. 도둑질, 〈야구〉 도루

☐☐ 1685 **proliferation**
⊜ surge
⊜ diffusion
⊜ increase

n. 증식, 급증, 확산
n. 급증
n. 확산
n. 증가

☐☐ 1686 **amend**

v. 수정하다, 고치다

☐☐ 1687 **recess**
⊜ rest

n. 휴식, 휴업, 구석진 곳

☐☐ 1688 **exploit**

v. (부당하게) 이용하다, 착취하다 **n.** 위업

☐☐ 1689 **autonomy**
⊜ independence
⊖ dependency

n. 자치(권), 자율

n. 의존, 속국

☐☐ 1690 **outfit**
⊜ costume,
  clothes

n. 옷[복장], 장비 **v.** 공급하다, 준비하다
n. 옷

☐☐ 1691 **mourn**
⊜ grieve for

v. 슬퍼하다, 애도하다

□□ 1692	**evoke**		**v.** 일깨우다, 이끌어 내다
□□ 1693	**burden**		**n.** 짐, 부담　**v.** ~에게 짐을 지우다
□□ 1694	**latitude**		**n.** 〈지리〉 위도, 위선
□□ 1695	**patch**		**n.** (조그만) 부분, 헝겊 조각, 좁은 땅
□□ 1696	**maternal**		**a.** 어머니의, 모계의, 모국어의
□□ 1697	**pharmacy** ⊜ drugstore		**n.** 약국, 약학
□□ 1698	**marine**		**a.** 해양의, 바다의
□□ 1699	**prestigious** ⊜ celebrated ⊖ unknown		**a.** 명망 있는, 고급의, 일류의 **a.** 알려지지 않은
□□ 1700	**friction**		**n.** 마찰, 의견 충돌
□□ 1701	**defend**		**v.** 방어하다, 수비하다
□□ 1702	**fraud** ⊜ deception		**n.** 사기, 속임, 사기꾼
□□ 1703	**easygoing** ⊖ uptight		**a.** 태평스러운, 안이한 **a.** 불안한, 긴장한
□□ 1704	**insomnia**		**n.** 불면증
□□ 1705	**intermediate** ⊜ middle		**a.** 중간의　**n.** 중간물

□□ 1706	**shatter**	**v.** 산산이 부서지다 **n.** 파편
□□ 1707	**paradigm**	**n.** 패러다임, 이론적 틀
□□ 1708	**charge**	**v.** 요금을 청구하다, 채우다
□□ 1709	**rapid** ⊜ quick, fast, swift	**a.** 빠른, 신속한
□□ 1710	**premature** ⊜ early	**a.** 조숙한, 조산한, 시기상조의
□□ 1711	**pollute**	**v.** 오염시키다, 더럽히다
□□ 1712	**altruism**	**n.** 이타주의
□□ 1713	**fiber**	**n.** 섬유(질)
□□ 1714	**irony**	**n.** 반어법, 아이러니
□□ 1715	**spectator**	**n.** 관객, 구경꾼
□□ 1716	**medieval**	**a.** 중세의
□□ 1717	**analogy**	**n.** 유추, 유사점
□□ 1718	**snatch**	**v.** 잡아채다, 날치기하다
□□ 1719	**anthropology**	**n.** 인류학
□□ 1720	**outline**	**v.** 개요를 말하다, 윤곽을 보여 주다 **n.** 개요, 윤곽

☐☐ 1721	**equivalent**	**a.** 동등한, 상당하는
☐☐ 1722	**composure**	**n.** 침착, 평정
☐☐ 1723	**incurable** ⟷ curable	**a.** 불치의, 구제 불능의 **n.** 불치 환자 **a.** 치료할 수 있는
☐☐ 1724	**parallel**	**a.** 평행의, 유사한 **n.** 평행선 **v.** 유사하다
☐☐ 1725	**indulge**	**v.** 탐닉하다, 충족하다, 제멋대로 하게 하다
☐☐ 1726	**meadow** ≡ field, pasture	**n.** 목초지, 초원
☐☐ 1727	**venture**	**n.** 모험, 벤처 기업 **v.** 모험하다
☐☐ 1728	**deflect**	**v.** 빗나가다, 빗나가게 하다, 막다
☐☐ 1729	**adorable**	**a.** 귀여운, 사랑스러운
☐☐ 1730	**complacent**	**a.** (스스로) 만족해하는, 현실에 안주하는
☐☐ 1731	**explicit**	**a.** 명백한, 분명한
☐☐ 1732	**sturdy**	**a.** 견고한, 강건한
☐☐ 1733	**primate**	**n.** 영장류
☐☐ 1734	**patron** ≡ supporter, sponsor	**n.** 후원자, 단골손님, 고객
☐☐ 1735	**endure**	**v.** 참다, 인내하다, 견디다

☐☐ 1736	**manifest** ⊜ clear, obvious, apparent	**v.** 명백하게 하다, 증명하다　**a.** 명백한 **a.** 명백한
☐☐ 1737	**imperial**	**a.** 제국의, 황제의
☐☐ 1738	**duration**	**n.** 지속, 지속 기간
☐☐ 1739	**populate** ⊜ inhabit, settle	**v.** 거주시키다
☐☐ 1740	**frugal** ⊜ economical, thrifty	**a.** 검소한, 절약하는
☐☐ 1741	**aristocrat**	**n.** 귀족
☐☐ 1742	**rejoice**	**v.** 크게 기뻐하다
☐☐ 1743	**comprise**	**v.** 포함하다, 구성하다
☐☐ 1744	**textile**	**a.** 직물의, 방직의　**n.** 직물
☐☐ 1745	**lurk** ⊜ hide, sneak	**v.** 숨다, 잠복하다
☐☐ 1746	**humanity**	**n.** 인류, 인간성, 인간애
☐☐ 1747	**approximate**	**v.** (수량 등이) ~에 가까워지다　**a.** 대략의
☐☐ 1748	**revenge**	**n.** 복수　**v.** 복수하다
☐☐ 1749	**sarcastic**	**a.** 비꼬는, 풍자적인

□□ 1750	**terrain**	**n.** 지형, 지역, 분야, 범위
□□ 1751	**toll** ⊜ charge, fee	**n.** 사용세, 통행료 **v.** 요금으로 징수하다
□□ 1752	**warfare**	**n.** 전쟁, 교전 상태
□□ 1753	**mortal** ⊜ fatal ⊖ immortal	**a.** 죽을 운명의, 치명적인 **a.** 치명적인 **a.** 불사의, 불멸의
□□ 1754	**spouse**	**n.** 배우자
□□ 1755	**crispy** ⊜ crisp	**a.** 바삭바삭한, 부서지기 쉬운
□□ 1756	**statistical**	**a.** 통계적인, 통계(학)상의
□□ 1757	**rubbish** ⊜ garbage, trash	**n.** 쓰레기, 폐기물
□□ 1758	**stimulus** ⊖ response	**n.** 자극, 격려 **n.** 반응
□□ 1759	**clumsy** ⊜ awkward	**a.** 어색한, 서투른
□□ 1760	**subsequent**	**a.** 그 후의, ~에 이어 일어나는

☐☐ 1761	**relevant**	a. 관련이 있는, 적절한
	＝ related	a. 관련된
	＝ appropriate	a. 적절한
	⊖ irrelevant	a. 관련이 없는, 부적절한
☐☐ 1762	**predator**	n. 포식자, 약탈자, 육식 동물
☐☐ 1763	**drain**	v. 물을 빼내다, 소모시키다
☐☐ 1764	**countless**	a. 셀 수 없는, 무수한
☐☐ 1765	**condense**	v. 농축하다, 요약하다
☐☐ 1766	**post**	v. (벽 따위에) 붙이다 n. 우편
☐☐ 1767	**poise**	v. 균형을 잡다 n. 균형, 평정
☐☐ 1768	**disciple**	n. 제자, 문하생
	＝ pupil	
☐☐ 1769	**gust**	n. 돌풍, 질풍
☐☐ 1770	**collective**	a. 집합적인, 집단적인 n. 집단
☐☐ 1771	**scope**	n. (관찰·활동의) 범위, 시야 v. 조사하다
	＝ range	n. 범위 v. 이르다
☐☐ 1772	**compatible**	a. 양립할 수 있는, 모순이 없는
	＝ consistent	a. 일관된, 모순이 없는
	⊖ incompatible	a. 양립할 수 없는, 모순된
☐☐ 1773	**border**	n. 가장자리, 국경 v. 접하다

□□ 1774	**frontier**	**n.** 국경 **a.** 국경의, 최첨단의
	⊜ border	
□□ 1775	**withhold**	**v.** 억누르다, 억제하다, 보류하다
□□ 1776	**verdict**	**n.** 판결, 결정
□□ 1777	**stall**	**n.** 마구간, 우리, 핑계 **v.** 핑계를 대다
□□ 1778	**apparatus**	**n.** 장치, 기구, 조직
	⊜ device	**n.** 장치
	⊜ organization	**n.** 조직
□□ 1779	**hail**	**n.** 싸락눈, 우박 **v.** 우박이 내리다
□□ 1780	**outburst**	**n.** 분출, 폭발
	⊜ eruption	**n.** 분출
	⊜ explosion	**n.** 폭발
□□ 1781	**vanity**	**n.** 허영심, 허무함
□□ 1782	**firsthand**	**ad.** 직접, 바로 **a.** 직접의
	⊖ secondhand	**ad.** 간접적으로 **a.** 간접의, 중고의
□□ 1783	**obesity**	**n.** (병적인) 비만, 비대
□□ 1784	**dilemma**	**n.** 진퇴양난, 딜레마, 궁지
□□ 1785	**render**	**v.** ~이 되게 하다, 주다, 표현하다
□□ 1786	**indispensable**	**a.** 필수 불가결한 **n.** 없어서는 안 될 것

☐☐ 1787	**outdated**	a.	시대에 뒤진, 구식의
	⊜ out-of-date, old-fashioned, outmoded		
☐☐ 1788	**bother**	v.	일부러 ～하다, 괴롭히다
☐☐ 1789	**counteract**	v.	(효력을) 중화시키다, 약화시키다
☐☐ 1790	**static**	a.	정적인, 고정된
☐☐ 1791	**sustain**	v.	지탱하다, 유지하다
☐☐ 1792	**posture**	n.	태도, 자세
☐☐ 1793	**discourse**	n.	담화, 강연
☐☐ 1794	**bribe**	n.	뇌물 v. 뇌물을 주다
☐☐ 1795	**juggle**	v.	잘 처리하다, 저글링하다
☐☐ 1796	**perspiration**	n.	땀, 노력
☐☐ 1797	**retention**	n.	보유, 기억(력)
☐☐ 1798	**outrage**	v.	화나게 하다 n. 분노, 화
	⊜ rage	v.	화를 내다 n. 분노
	⊜ anger, fury, resentment, wrath	n.	분노, 화
☐☐ 1799	**distress**	n.	고민, 고통 v. 괴롭히다
	⊜ suffering		
☐☐ 1800	**nursery**	n.	육아실, 탁아소, 양성소

□□ 1801	**encircle** ⊜ surround	**v.** 에워싸다, 둘러싸다
□□ 1802	**notion**	**n.** 개념, 의견
□□ 1803	**disgust** ⊜ loathing	**n.** 혐오감 **v.** 역겹게 하다
□□ 1804	**fragment**	**n.** 일부분, 부서진 조각
□□ 1805	**oversee** ⊜ supervise	**v.** 감독하다, 감시하다
□□ 1806	**creep**	**v.** 기다, (덩굴 등이) 얽히다 **n.** 포복, 서행
□□ 1807	**clarify**	**v.** 분명히 하다, 명료하게 하다
□□ 1808	**contagious** ⊜ transmissible, infectious	**a.** 전염성의, 감염성의
□□ 1809	**deterioration**	**n.** 악화, (가치의) 하락
□□ 1810	**currency**	**n.** 통화, 통용
□□ 1811	**janitor** ⊜ doorkeeper, doorman, gatekeeper	**n.** 문지기, 관리인, 잡역부
□□ 1812	**blush** ⊜ flush	**v.** 얼굴을 붉히다, 부끄러워하다
□□ 1813	**intervene** ⊜ intrude, interrupt, interfere	**v.** 사이에 끼어들다, 개입하다, 방해하다
□□ 1814	**nomad**	**n.** 유목민, 방랑자

☐☐ 1815	**cuisine** ⊜ cookery, recipe	**n.** (독특한) 요리, 요리법
☐☐ 1816	**dare**	**v.** 감히 ~하다
☐☐ 1817	**solvent**	**a.** 용해력이 있는, 지불 능력이 있는 **n.** 용제
☐☐ 1818	**cultivate** ⊜ farm	**v.** 경작하다, 양성하다, 계발하다 **v.** 경작하다
☐☐ 1819	**ascent** ⟷ descent	**n.** 상승, 오름 **n.** 하락, 강하
☐☐ 1820	**advocate**	**n.** 옹호자, 지지자 **v.** 지지하다
☐☐ 1821	**spur** ⊜ incitement, stimulus	**n.** 박차, 자극(제) **v.** 박차를 가하다
☐☐ 1822	**discern**	**v.** 식별하다, 분별하다, 인식하다
☐☐ 1823	**scheme** ⊜ plan ⊜ plot	**n.** 계획, 체계 **v.** 계획하다 **n.** 계획 **n.** 음모, 책략
☐☐ 1824	**weigh**	**v.** 무게를 달다
☐☐ 1825	**publicity** ⊜ advertising, propaganda	**n.** 널리 알려짐, 명성, 광고, 선전
☐☐ 1826	**declare**	**v.** 선포하다, 선언하다
☐☐ 1827	**brisk** ⊜ active, energetic	**a.** 활발한, 번창하는, 상쾌한

□□ 1828	**exile**	**n.** 망명, 망명자 **v.** 망명시키다
	≡ banishment	**n.** 추방
	≡ expatriate	**n.** 국외 거주자
□□ 1829	**whisper**	**v.** 속삭이다 **n.** 속삭임
□□ 1830	**unanimous**	**a.** 만장일치의, 합의의
	≡ agreed, united	
	↔ divided	**a.** 분리된
□□ 1831	**deviation**	**n.** 변경, 일탈
□□ 1832	**dissolve**	**v.** 용해하다, 해산하다, 해소하다
	≡ melt	**v.** 용해하다
	≡ dissipate	**v.** 해산하다
□□ 1833	**constraint**	**n.** 강제, 압박, 거북스러움
	≡ restriction	
□□ 1834	**itch**	**n.** 가려움, (~하고 싶은) 욕구
		v. 가렵다, (~하고 싶어) 못 견디다
□□ 1835	**fling**	**v.** 내던지다, 돌진하다
	≡ throw	
□□ 1836	**delude**	**v.** 속이다, 착각하게 하다
	≡ deceive	
□□ 1837	**dehydrate**	**v.** 탈수하다, 건조시키다
□□ 1838	**underneath**	**p.** ~의 아래에, 밑에
	≡ under, beneath	
□□ 1839	**metabolism**	**n.** 물질대사, 신진대사
□□ 1840	**appoint**	**v.** 임명[지명]하다, (시간·장소를) 정하다

☐☐ 1841	**pinch**	**v.** 꼬집다, 집다, 괴롭히다
☐☐ 1842	**punctual**	**a.** 시간을 지키는, 기한을 지키는
☐☐ 1843	**arbitrary**	**a.** 임의적인, 독단적인
☐☐ 1844	**catastrophe**	**n.** 대참사, 큰 재앙
	⊜ disaster	
☐☐ 1845	**exert**	**v.** (힘·지식 등을) 쓰다, 발휘하다
☐☐ 1846	**aviate**	**v.** 비행하다, (비행기를) 조종하다
☐☐ 1847	**headquarters**	**n.** 본부 (단수 취급)
	⟷ branch office	지부(= subsidiary)
☐☐ 1848	**rectangular**	**a.** 직사각형의, 직각의
☐☐ 1849	**delegate**	**v.** 파견하다 **n.** 사절, 대표
	⊜ representative, deputy	**n.** 대표자, 대리인
☐☐ 1850	**elect**	**v.** 선출하다
☐☐ 1851	**thorn**	**n.** 가시, 괴로움의 원인
☐☐ 1852	**empathize**	**v.** 공감하다, 감정 이입을 하다
☐☐ 1853	**expertise**	**n.** 전문 지식[기술]
☐☐ 1854	**renovate**	**v.** 새롭게 하다, 수리하다
☐☐ 1855	**wrench**	**n.** 렌치(너트를 죄는 기구), 비틀기
		v. 비틀다, 삐다
	⊜ twist	**v.** 비틀다
	⊜ sprain	**v.** 삐다
☐☐ 1856	**interval**	**n.** 간격, 틈

□□ 1857	**degrade**	**v.**	저하시키다, 강등시키다, 분해하다
□□ 1858	**retort**	**n.** 반박, 말대꾸 **v.**	반박하다, 말대꾸하다
□□ 1859	**shudder** ⊜ shiver	**v.**	떨다, 몸서리치다
□□ 1860	**realm** ⊜ field, area	**n.**	왕국, 영역
□□ 1861	**segment** ⊜ part	**n.** 부문, 부분 **v.**	분할하다
□□ 1862	**coexist**	**v.**	공존하다
□□ 1863	**hospitality** ⊜ welcome, kindness ⊖ hostility	**n.** 환대, 후한 대접 **n.**	적대
□□ 1864	**estate** ⊜ property	**n.**	소유지, 재산
□□ 1865	**displace**	**v.**	옮겨 놓다, 대신하다, 쫓아내다
□□ 1866	**cripple** ⊜ disable	**v.** 불구로 만들다 **n.** 지체 부자유자 **v.**	장애를 입히다
□□ 1867	**drawback** ⊜ disadvantage ⊖ merit ⊖ advantage	**n.** 문제점, 장애 **n.** 장점 **n.**	이점, 강점
□□ 1868	**tactics** ⊜ strategy	**n.**	방안, 전술

□□ 1869 **dread**　　　n. 공포　v. 무서워하다
　　　⊜ fear

□□ 1870 **dispute**　　　n. 논쟁, 분쟁　v. 토의하다
　　　⊜ argument　　n. 논쟁
　　　⊜ discuss　　v. 토의하다

□□ 1871 **console**　　　v. 위로하다
　　　⊜ comfort

□□ 1872 **stack**　　　n. 더미, 쌓아올림, (도서관의) 서가
　　　　　　　v. 쌓다, 쌓이다
　　　⊜ pile

□□ 1873 **cynical**　　　a. 냉소적인, 비꼬는
　　　⊖ trusting　　a. 신뢰하는

□□ 1874 **reprove**　　　v. 꾸짖다, 책망하다

□□ 1875 **verify**　　　v. 검증하다, 입증하다
　　　⊜ prove

□□ 1876 **engross**　　　v. 열중하게 하다
　　　⊜ absorb

□□ 1877 **bulk**　　　n. 크기, 부피, 대부분

□□ 1878 **despise**　　　v. 경멸하다
　　　⊜ scorn,
　　　　look down on
　　　⊖ admire　　v. 감탄하다, 동경하다

□□ 1879 **manuscript**　　　n. 손으로 쓴 것, 필사본, 원고

□□ 1880 **flee**　　　v. 달아나다, 도망치다

□□ 1881	**prehistoric**	a. 선사 시대의
□□ 1882	**barrel**	n. 통, (석유) 1배럴
□□ 1883	**predecessor**	n. 앞서 있었던 것, 선배, 전임자
	⊜ antecedent	
	⊖ successor	n. 후배, 후임자
□□ 1884	**alienate**	v. 소외시키다, 멀리하다
□□ 1885	**proclaim**	v. 선언하다, 증명하다
	⊜ announce, declare	v. 선언하다
□□ 1886	**subordinate**	a. 하급의, 부차적인 n. 하급자 v. 경시하다
□□ 1887	**furnish**	v. (필요한 것을) 제공하다, 갖추다
□□ 1888	**fume**	n. 연기 v. 연기 나다
	⊜ smoke	
□□ 1889	**staple**	a. 주요한 n. 주요 산물
	⊜ principal, main	
□□ 1890	**dimension**	n. 크기, 치수, 규모, 차원
□□ 1891	**dispersal**	n. 분산, 확산
□□ 1892	**eloquent**	a. 웅변의, 표현이 풍부한
	⊜ fluent	
□□ 1893	**innermost**	a. 가장 깊숙한 n. 가장 깊은 부분
	⊜ inmost	a. 가장 깊숙한
□□ 1894	**hazardous**	a. 위험한, 모험적인
	⊜ dangerous, risky	
	⊖ safe	a. 안전한
□□ 1895	**skull**	n. 두개골

☐☐ 1896	**detergent**	**n.** 세제
☐☐ 1897	**brutal**	**a.** 야만적인, 짐승 같은, 잔혹한
	⊜ cruel, inhuman	
☐☐ 1898	**rash**	**n.** 발진, 뾰루지　**a.** 무분별한, 성급한
☐☐ 1899	**bypass**	**v.** 우회하다　**n.** 우회로
	⊜ take a detour	우회하다
	⊜ detour	**n.** 우회로
☐☐ 1900	**dispense**	**v.** 나누어 주다, 내놓다
	⊜ distribute	**v.** 분배하다
	⊜ allocate	**v.** 할당하다
☐☐ 1901	**tact**	**n.** 재치, 기지
☐☐ 1902	**monotonous**	**a.** 단조로운, 지루한
☐☐ 1903	**perpetual**	**a.** 영구의, 끊임없는
	⊜ everlasting, endless, eternal, permanent	
	⊖ temporary	**a.** 일시적인
☐☐ 1904	**eligible**	**a.** 적격의　**n.** 적임자
	⊜ qualified, suitable	
☐☐ 1905	**legacy**	**n.** 유산
	⊜ inheritance, bequest	
☐☐ 1906	**melancholy**	**a.** 우울한　**n.** 우울함
	⊜ depression	**n.** 우울함
	⊖ happiness	**n.** 행복

□□ 1907	simplicity	n. 간단, 단순, 소박
□□ 1908	hierarchy	n. 계급(제), 위계
□□ 1909	overload	n. 과부하, 과적
		v. 과중하게 부담시키다, 과적하다
	⊜ overburden	v. 과중하게 부담시키다
□□ 1910	enact	v. 법제화하다, 제정하다
□□ 1911	burnout	n. 극도의 피로, 쇠진, 연소 종료
□□ 1912	legitimate	a. 타당한, 정당한, 합법의
□□ 1913	shuffle	v. 질질 끌며 걷다, 뒤섞다
□□ 1914	summarize	v. 요약하다
□□ 1915	eject	v. 쫓아내다, 배출하다
□□ 1916	intersection	n. 교차(로), 횡단
□□ 1917	quest	n. 탐색, 탐구
	⊜ search	
□□ 1918	linear	a. 직선의, 길이의, 1차(원)의
	⊖ curved	a. 곡선의
□□ 1919	landslide	n. 산사태, 압도적인 승리
□□ 1920	plausible	a. 그럴듯한, 말재주 있는
	⊜ believable	a. 그럴듯한
	⊖ implausible	a. 믿기 어려운

☐☐ 1921	**endow**	**v.** 부여하다, 기부하다
☐☐ 1922	**extrinsic**	**a.** 외적인, 비본질적인
	↔ intrinsic	**a.** 내재된, 본질적인
☐☐ 1923	**merge**	**v.** 합병하다, 차차 변하다
	≡ combine	**v.** 결합하다[되다]
	↔ separate	**v.** 분리하다
☐☐ 1924	**frantic**	**a.** 광란의, 미친
	≡ insane, crazy	
☐☐ 1925	**moan**	**n.** 신음 **v.** 신음하다, 불평하다
	≡ groan	
☐☐ 1926	**merchandise**	**n.** 〈집합적〉 상품
	≡ goods, stock	
☐☐ 1927	**respectively**	**ad.** 각각, 저마다
☐☐ 1928	**subdue**	**v.** 정복하다, 진압하다, 완화하다
	≡ defeat, overcome	
☐☐ 1929	**conviction**	**n.** 확신, 유죄 판결
☐☐ 1930	**stout**	**a.** 뚱뚱한, (옷 등이) 튼튼한
	↔ slim	**a.** 날씬한
☐☐ 1931	**reckon**	**v.** 세다, 계산하다, 생각하다
	≡ count, calculate	
☐☐ 1932	**enchant**	**v.** 매혹하다, ～에 마법을 걸다
	≡ attract	
☐☐ 1933	**entail**	**v.** 수반하다, 의미하다, 필요로 하다

☐☐ 1934	**demolish** ≛ destroy ↔ build	**v.** 파괴하다, 폐지하다 **v.** 짓다, 세우다
☐☐ 1935	**degenerate** ≛ decline, slip	**v.** 퇴보하다, 타락하다
☐☐ 1936	**sentiment** ≛ feeling	**n.** 감상, 정서
☐☐ 1937	**offspring**	**n.** 자식, 새끼, 성과
☐☐ 1938	**detest**	**v.** 혐오하다, 미워하다
☐☐ 1939	**tackle**	**v.** (일·문제를) 다루다 **n.** 도구, (축구의) 태클
☐☐ 1940	**defy** ≛ resist	**v.** 물리치다, (공공연히) 반항하다, 무시하다
☐☐ 1941	**inference**	**n.** 추론
☐☐ 1942	**refraction**	**n.** (빛·소리 따위의) 굴절
☐☐ 1943	**dusk**	**n.** 땅거미, 어스름
☐☐ 1944	**detach** ≛ separate ↔ attach	**v.** 떼어 내다, 분리하다 **v.** 붙이다
☐☐ 1945	**antagonist**	**n.** 적대자, 라이벌
☐☐ 1946	**thrust** ≛ push, shove	**v.** 밀다, 밀치다
☐☐ 1947	**creed** ≛ doctrine	**n.** 신념, (종교의) 교의

| □□ 1948 | equate | v. 동일시하다, 일치하다 |

□□ 1948 **equate** — v. 동일시하다, 일치하다

□□ 1949 **misplace** — v. 잘못 두다

□□ 1950 **auditory** — a. 귀의, 청각의

□□ 1951 **missionary** — n. 선교사

□□ 1952 **cosmopolitan**
⊜ international — a. 세계적인, 세계주의의   n. 세계인, 국제인

□□ 1953 **secondhand** — a. 중고의, 간접적인

□□ 1954 **multiple** — a. 복합적인, 다수의, 다양한   n. 〈수학〉 배수

□□ 1955 **embed** — v. 깊숙이 박다, 깊이 간직하다

□□ 1956 **propel** — v. 나아가게 하다, 추진하다

□□ 1957 **reptile** — n. 파충류

□□ 1958 **erosion** — n. 부식, 침식

□□ 1959 **feat**
⊜ exploit,
   achievement — n. 위업, 공적

□□ 1960 **utensil**
⊜ tool — n. 가정용품, 기구, 도구

☐☐ 1961	**penetrate** ⊜ pierce	**v.** 침투하다, 꿰뚫다
☐☐ 1962	**intrude**	**v.** 방해하다, 침범하다
☐☐ 1963	**notable** ⊜ remarkable	**a.** 주목할 만한, 유명한
☐☐ 1964	**grumble** ⊜ grump ⊜ growl	**v.** 불평하다, 으르렁거리다 **n.** 불평 **v.** 불평하다(=complain) **v.** 으르렁거리다
☐☐ 1965	**landfill**	**n.** 쓰레기 매립지
☐☐ 1966	**scrutiny** ⊜ overhaul, probe	**n.** (면밀한) 조사
☐☐ 1967	**reckless** ⊜ rash	**a.** 부주의한, 무모한
☐☐ 1968	**synthetic**	**a.** 〈화학〉 합성의
☐☐ 1969	**productive**	**a.** 생산적인, 다산의
☐☐ 1970	**outset**	**n.** 착수, 시작
☐☐ 1971	**peril** ⊜ danger, hazard	**n.** 위험, 위기
☐☐ 1972	**rage**	**n.** 격노
☐☐ 1973	**kidnap**	**n.** 유괴 **v.** 납치하다

☐☐ 1974	**liable** ⊜ responsible	**a.** 책임이 있는, ~할 것 같은, ~하기 쉬운 **a.** 책임이 있는
☐☐ 1975	**insane** ⊖ sane	**a.** 정신 이상의, 비상식적인 **a.** 제정신의
☐☐ 1976	**pitfall**	**n.** 함정, 위험
☐☐ 1977	**radius**	**n.** 반지름
☐☐ 1978	**hybrid**	**n.** 혼합, 잡종
☐☐ 1979	**uncover**	**v.** 폭로하다, (비밀 등을) 알아내다
☐☐ 1980	**limb**	**n.** 사지, 팔다리
☐☐ 1981	**setback**	**n.** 좌절, 차질
☐☐ 1982	**prudent**	**a.** 신중한, 빈틈없는
☐☐ 1983	**solidify**	**v.** 굳어지다, 굳히다, 확고히 하다
☐☐ 1984	**grudge** ⊜ resentment, malice	**n.** 원한, 유감
☐☐ 1985	**transcend**	**v.** 초월하다
☐☐ 1986	**tangle** ⊜ complicate, twist	**v.** 얽히게 하다, 혼란시키다
☐☐ 1987	**subsidy**	**n.** 보조금, 장려금

□□ 1988	**ambiguous**	a. 애매모호한, 두 가지 뜻으로 해석 가능한
	⊖ clear	a. 명백한
	⊖ unambiguous	a. 모호하지 않은
□□ 1989	**enthusiasm**	n. 열광, 열정, 열의
□□ 1990	**bankruptcy**	n. 파산
□□ 1991	**pollination**	n. 〈식물〉 수분 (작용)
□□ 1992	**prosper**	v. 번영하다, 번창하다
□□ 1993	**phase**	n. 단계, 상, 면, 양상
	⊜ aspect	
□□ 1994	**veterinarian**	n. 수의사
□□ 1995	**counterattack**	n. 반격, 역습 v. 반격하다, 역습하다
□□ 1996	**cumulative**	a. 누적되는, 점증적인
□□ 1997	**infrastructure**	n. 사회 기반 시설, (단체 등의) 하부 조직[구조]
□□ 1998	**wound**	v. 부상을 입히다 n. 부상
□□ 1999	**discrete**	a. 분리된, 별개의
□□ 2000	**fluctuation**	n. 변동, 오르내림, 요동

MEMO